Demokratie gestalten

Sozialkunde für Berufsschulen und Berufsfachschulen im Saarland

Altmeyer   Klein   Krier   Schröder   Zimmermann

2. Auflage

VERLAG EUROPA-LEHRMITTEL
Nourney, Vollmer GmbH & Co. KG
Düsselberger Straße 23
42781 Haan-Gruiten

Europa-Nr.: 67524

Autoren:
Michael Altmeyer, OStR, Saarlouis
Wolfgang Klein, StD, Püttlingen
Alexander Krier, OStR, Saarlouis
Jochen Schröder, OStR, Nohfelden
Tim Zimmermann, OStR, Saarbrücken

Arbeitskreisleitung:
Wolfgang Klein, StD

Verlagslektorat:
Dr. Rainer Maurer

2. Auflage 2014

Druck 5 4 3 2

Alle Drucke derselben Auflage sind parallel einsetzbar, da sie bis auf die Behebung von Druckfehlern untereinander unverändert sind.

ISBN   978-3-8085-6753-1

© 2014 by Verlag EUROPA-LEHRMITTEL, Nourney, Vollmer GmbH & Co. KG, 42781 Haan-Gruiten
        http://www.europa-lehrmittel.de
Umschlaggestaltung, Layout, Grafik, Satz: Satz+Layout Werkstatt Kluth, 50374 Erftstadt
Umschlagfoto: © Förderverein BergbauErbeSaar e.V., 66806 Ensdorf
            Landmarke Duhamel – Entwurf: Katja Pfeiffer und Oliver Sachse, Architekten, 10119 Berlin
            Visualisierung: StudioAida, 55120 Mainz
Druck: M.P. Media-Print Informationstechnologie GmbH, 33100 Paderborn

Das Lehr- und Arbeitsbuch „Demokratie gestalten" ist ein modernes, handlungsorientiertes Lehrwerk für den Sozialkundeunterricht an saarländischen Berufsschulen. Es ist bestimmt für:

▸ **Technisch-gewerbliche und sozialpflegerische Ausbildungsberufe**

▸ **Kaufmännische Ausbildungsberufe**

▸ **Berufsfachschulen, da die wichtigsten Lehrplaninhalte dieser Schulform abgedeckt sind**

Grundlage für dieses Buch ist der **Lehrplan des Saarlandes im Fach Sozialkunde von 2012.** Diesem Lehrplan liegt die KMK-Rahmenvereinbarung über die Berufsschule zu Grunde (Beschluss der Kultusministerkonferenz vom 07.05.2008).

Auf Landesebene folgt der Lehrplan den Vorgaben der Verordnung – Schulordnung – über die Ausbildung an Berufsschulen im Saarland (AO-BS).

„Demokratie gestalten" vermittelt den Schülerinnen und Schülern ein solides Grundwissen, das unter **Berücksichtigung der neuesten didaktischen und methodischen Erkenntnisse** präsentiert wird. Auf **aktuelles Material** wurde großer Wert gelegt. Damit ermöglicht das Buch eine fundierte, problemorientierte **Auseinandersetzung mit politischen, wirtschaftlichen, sozialen und kulturellen Themen.** So entwickelt sich eine gesellschaftliche **Handlungskompetenz,** die Schülerinnen und Schüler anregen soll, Demokratie zu gestalten.

Die ausführliche, erläuternde Marginalspalte unterstützt bei der Erarbeitung des Stoffes und hält zudem ergänzende Informationen und Materialien für eine vertiefte Bearbeitung der Themen bereit. Damit gewährleistet und fördert das Buch die **Entwicklung des selbstorganisierten Lernens.**

Um Ihnen das Arbeiten und Lernen mit dem Buch zu erleichtern, finden Sie folgende Textelemente:

Hier finden Sie „Fragen und Arbeitsaufgaben". Darin werden Sie aufgefordert, sich mit Themen und Fragestellungen vertieft auseinanderzusetzen.

Zusammenfassung

In „Zusammenfassung" stehen – knapp und präzise – die wichtigsten Inhalte des jeweiligen Kapitels. Diese Inhalte sollten Sie gründlich lernen.

Wissens-Check

Der „Wissens-Check" ermöglicht sowohl das selbstständige Einüben und Wiederholen des Stoffes als auch den Einsatz im Klassenverband. Hier können Sie überprüfen, ob Sie das Gelernte auch beherrschen. Wenn Sie diese Fragen beantworten können, haben Sie sich ein solides Wissen erarbeitet.

Wenn nicht alle Inhalte im Unterricht durchgenommen werden können, bietet dieses Buch dem interessierten Leser die Möglichkeit zur **umfassenden Eigeninformation.** Die Verwendung nur eines grammatischen Geschlechts dient ausschließlich der Optimierung des Leseflusses. Sie stellt keine geschlechtsspezifische Wertung dar.

Ihr Feedback ist uns wichtig
Wenn Sie mithelfen möchten, dieses Buch für die kommenden Auflagen zu verbessern, schreiben Sie uns unter lektorat@europa-lehrmittel.de. Ihre Hinweise und Verbesserungsvorschläge nehmen wir gerne auf.

Dillingen, Sommer 2014　　　　　　　　　　Autoren und Verlag

Grundstufe

LG 1: Ausbildung und Beruf

LG 2: Soziale Systeme

LG 3: Soziale Beziehungen

Fachstufe II/III

LG 9: Die Europäische Union

LG 10: Globalisierung

LG 11: Umwelt

LG 12: Frieden und Sicherheit

Ausbildung und Beruf

1

Wenn die Lehrstelle nicht passt

2006 wurden 119 399 Ausbildungsverträge vorzeitig gelöst

23,7 %
23,3
20,8
19,8
19,7
18,1
15,4

© Globus 2053

Quelle: Berufsbildungsbericht 2008

Das duale Ausbildungssystem

Möglichkeiten in der beruflichen Bildung

Lebenslang lernen

Grundstufe

LG 1 Ausbildung und Beruf

1 Verantwortungsbereiche und Partizipationschancen in der Berufsschule

Der Start in die Arbeitswelt stellt einen bedeutenden Einschnitt im Leben eines Jugendlichen dar. Schule und Ausbildungsbetrieb haben unterschiedliche Aufgaben. In der Berufsschule werden neben den beruflichen Fähigkeiten und Fertigkeiten auch allgemeinbildende Inhalte vermittelt. Alle an einer Schule Beschäftigten, die Schülerinnen und Schüler, die Erziehungsberechtigten und die Lehrerinnen und Lehrer sind mit einbezogen und Teil der Berufsschule. Schulordnung, Hausordnung und Schülermitverantwortung tragen zur Gestaltung und zum Gelingen des Bildungsauftrages der Berufsschule bei.

1.1 Schulordnung

Im Saarland ist die Schulordnung im Wesentlichen durch das Schulordnungsgesetz (SchoG) und die Allgemeine Schulordnung (ASchO) geregelt.

Wichtige Inhalte sind:

- Aufgabe und Aufbau des Schulwesens
- Aufgabe von Schulleitung und Lehrkräften
- Art und Aufgabe verschiedener Konferenzen
- Beziehungen der Schule zu den Schülern und Erziehungsberechtigten und zu den für die Berufsausbildung Verantwortlichen
- Finanzierung, Verwaltung und Aufsicht der Schulen

Hausordnung

Zusätzlich gibt sich jede Schule eine eigene Hausordnung. In der Hausordnung sind spezielle, für diese Schule geltende Regeln festgelegt. Diese Regeln umfassen beispielsweise den gegenseitigen Umgang miteinander und Einzelheiten zum Unterrichtsbetrieb. Weiterhin ist die Vorgehensweise bei Erkrankungen, Beurlaubungen und Befreiungen vom Unterricht sowie der Umgang mit Konflikten und Beschwerden geregelt. Auch Bestimmungen zu Sauberkeit und Ordnung sowie zum Rauchverbot sind Bestandteil der meisten Hausordnungen.

Das Handy in der Schule wirft viele Fragen auf.

© Cello Armstrong – Fotolia.com

Analysieren Sie die Hausordnung Ihrer eigenen Schule. Welche Regelungen sehen Sie als wichtig an, welche sind Ihrer Meinung nach entbehrlich?

1.2 Schülermitverantwortung

Im Saarland wird die Schülermitbestimmung durch das Gesetz über die Mitbestimmung und Mitwirkung im Schulwesen – Schulmitbestimmungsgesetz (SchumG) geregelt.

> **Schulmitbestimmungsgesetz**
>
> § 1 Ziel und Geltungsbereich des Gesetzes
>
> (1) Ziel dieses Gesetzes ist es, den an der Schule Beteiligten die Möglichkeiten der Mitbestimmung und Mitwirkung zu gewährleisten, die unter Berücksichtigung des Interesses aller Bürger an der Schule und des Auftrags, den der Staat und seine Einrichtungen zu erfüllen haben, gerechtfertigt sind.
>
> …

Die Schülerinnen und Schüler haben das Recht, nach Maßgabe dieses Gesetzes bei der Aufgabe ihrer Schule zur Erfüllung der Unterrichts- und Erziehungsaufgabe mitzuwirken und mitzubestimmen.

Sie sind an der Gestaltung der Unterrichts- und Erziehungsarbeit der Schule beteiligt durch:

▸ Informations- und Meinungsaustausch in der Schülerversammlung

▸ Unmittelbar durch stimmberechtigte Teilnahme an der Wahl von Schülervertreterinnen und Schülervertretern

▸ Mittelbar durch deren Teilnahme an Beratungen und Entscheidungen schulischer Gremien

© S. Nivens – Fotolia.com

Die Beteiligung an der Schülervertretung stärkt die demokratische Kultur an Schulen.

Die gewählte Schülervertretung dient der Vertretung von Interessen der Schülerinnen und Schüler in der Schule, der Beteiligung an den schulischen Gremien sowie der Durchführung übertragener und selbstgewählter Aufgaben im Rahmen der Unterrichts- und Erziehungsaufgabe der Schule.

Ermitteln Sie weitere Rechte der Schülervertretung aus dem Schulmitbestimmungsgesetz.

© Dave Vaughan

Grundstufe

2 Aufbau und gesetzliche Grundlagen der dualen Ausbildung

Bis zum Ende des 18. Jahrhunderts war die menschliche Arbeit von handwerklicher Arbeitsteilung geprägt. Es gab nur wenige Handwerksberufe wie z. B. Bäcker, Schuster, Schneider, Müller, Schmied usw. Die Handwerker stellten meist ein ganzes Stück (z. B. ein Brot, einen Schuh oder eine Hose) selbst her. Die Vielzahl unterschiedlichster Berufe entwickelt sich erst im Zuge der Industrialisierung. Der Herstellungsprozess wurde in viele einzelne Arbeitsgänge und Tätigkeiten aufgeteilt. Diese haben sich zu eigenen Berufen entwickelt. Heute sind an der Herstellung einer modernen Werkzeugmaschine viele hoch qualifizierte Experten und spezialisierte Fachkräfte beteiligt. Die Entwicklung und Herstellung neuer und verbesserter Güter bringt neue und anspruchsvollere Berufe hervor. Mit den gestiegenen Anforderungen ist es nicht mehr möglich, jeden Beruf unabhängig von der Schulbildung zu erlernen. Viele Betriebe fordern bereits einen mittleren Schulabschluss oder gar das Abitur als Einstellungsvoraussetzung.

© Dave Vaughan

Zahlen: Bundesinstitut für Berufsbildung (Stand 2014)

Wie viel Prozent der Jugendlichen durchlaufen das Duale Ausbildungssystem?

2.1 Das duale Ausbildungssystem

Findet die berufliche Ausbildung in der Berufsschule und im Betrieb statt, spricht man von einer Berufsausbildung im Dualen System. Die Ausbildung an den verschiedenen Lernorten soll sich ergänzen und dauert, je nach Ausbildungsberuf und Vorbildung, zwei bis dreieinhalb Jahre. Die Berufsschule deckt den theoretischen Teil der Ausbildung ab. Fachtheoretische Kenntnisse für den jeweiligen Beruf werden vermittelt und die Allgemeinbildung wird gefördert. Der Betrieb übernimmt als Partner im Dualen System die praktische Ausbildung und ermöglicht den Erwerb der erforderlichen Berufserfahrung während der Ausbildung.

In der Berufsschule kann der Unterricht auf verschiedene Weise organisiert sein:

▶ **Teilzeitform**

▶ **Blockunterricht**

In der Berufsschule beträgt der Unterricht in der Regel zwölf Wochenstunden.

Teilzeitform:
An einzelnen Wochentagen

Blockunterricht:
Mehrmals im Jahr zusammenhängende Teilabschnitte mit täglichem Unterricht

Notieren Sie mögliche Argumente für den Blockunterricht und den Unterricht an einzelnen Wochentagen.

2.2 Gesetzliche Grundlagen

Berufsbildungsgesetz

Das Berufsbildungsgesetz (BBiG) ist die wichtigste gesetzliche Grundlage für die Berufsausbildung in Deutschland. Es wurde im Jahre 1969 verabschiedet und blieb in der damaligen Fassung lange bestehen. Im Jahr 2002 wurde die Berufsvorbereitung aufgenommen (Erweiterung auf Jugendliche in berufsvorbereitenden Bildungsmaßnahmen).

Eine große Reform des Berufsbildungsgesetzes folgte 2005:

▶ Die Berufsausbildung wurde internationalisiert: Teile der Berufsausbildung können nun auch im Ausland durchgeführt werden.

▶ Die Lernorte der beruflichen Bildung wurden um sonstige Berufsbildungseinrichtungen erweitert, da eine zunehmende Zahl von Berufsausbildungen außerbetrieblich von externen Trägern angeboten wird.

▶ Das Prüfungswesen wurde reformiert: In vielen Berufen in der Metall- und Elektrobranche gilt seitdem die gestreckte Abschlussprüfung (Teil 1 und Teil 2).

▸ Die mögliche Probezeit wurde von drei auf vier Monate verlängert. Außerdem wurde die Teilzeitberufsausbildung (§ 8 BBiG) eingeführt.

Das BBiG trifft keine Regelungen über Urlaub und Arbeitszeit. Diese werden in anderen Gesetzen des Arbeitsrechts geregelt (z. B. durch das Jugendarbeitsschutzgesetz).

Schulpflicht – Berufsschulpflicht

Im Saarland besteht allgemeine Schulpflicht für alle Kinder, Jugendlichen und Heranwachsenden, die im Saarland ihren Wohnsitz oder gewöhnlichen Aufenthalt oder ihre Berufsausbildungs- oder Arbeitsstätte haben. Die Schulpflicht gliedert sich in die **Vollzeitschulpflicht** und die Berufsschulpflicht. Sie dauert in der Regel zwölf Jahre und umfasst neun Jahre Vollzeitschule und drei Jahre Berufsschule.

Die Berufsschule ist daher für die meisten jungen Auszubildenden eine Pflichtschule:

Vollzeitschulpflicht:

Die allgemeine Vollzeitschulpflicht dauert neun Schuljahre. Sie endet spätestens mit dem erfolgreichen Besuch der Klassenstufe 9.

▸ Auszubildende sind unabhängig davon bis zur Beendigung des Berufsausbildungsverhältnisses berufsschulpflichtig.

▸ Die Berufsschulpflicht endet für Jugendliche ohne Berufsausbildungsverhältnis spätestens mit der Vollendung des 18. Lebensjahres, sofern sie nicht durch Begründung eines Berufsausbildungsverhältnisses wieder auflebt.

▸ Ansonsten endet die Berufsschulpflicht spätestens mit der Vollendung des 21. Lebensjahres.

Mittlerer Bildungsabschluss

Bei guten Leistungen im Abschlusszeugnis der Berufsschule kann die Berufsschule den Mittleren Bildungsabschluss verleihen. Voraussetzungen sind

▸ ein Notendurchschnitt von 3,0 oder besser,

▸ eine mindestens fünfjährige Teilnahme am Fremdsprachenunterricht in anerkannten Schulen (verschiedene Fremdsprachen sind möglich) und

▸ die zuletzt erteilte Fachnote in der Fremdsprache ist mindestens „ausreichend".

© Picture-Factory – Fotolia.com

Mittlerer Bildungsabschluss durch die Berufsschule.

1. Wo können Sie den Mittleren Bildungsabschluss beantragen?

2. Welche Unterlagen sind dazu erforderlich?

2.3 Der Berufsausbildungsvertrag

Auszug aus einem Lehrvertrag von 1864

Eduard Groß in Grünberg einerseits und Philipp Walther in Biedenkopf andererseits haben folgende Übereinkunft getroffen:

Groß nimmt den Sohn des Ph. Walther mit Namen Georg auf vier Jahre auf zwar vom 15ten Oktober 1864 bis dahin 1868, als Lehrling in sein Geschäft auf. Groß macht sich verbindlich, seinen Lehrling in Allen dem, was in seinem Geschäft vorkommt, gewissenhaft zu unterrichten, ein wachsames Auge auf sein sittliches Betragen zu haben und ihm Kost und Logis in seinem Hause frei zu geben. Groß gibt seinem Lehrling alle 14 Tage des Sonntags von 12 bis 5 Uhr frei (...).

Groß (=Ausbildender) verzichtet auf ein Lehrgeld, hat aber dagegen die Lehrzeit auf vier Jahre ausgedehnt. (...)

Der junge Walther darf während der Dauer seiner Lehrzeit kein eigenes Geld führen, sondern die Ausgaben, welche nicht von seinem Vater direkt bestritten werden, gehen durch die Hände des Lehrherrn. (...)

Darf der Lehrling während seiner Lehrzeit kein Wirtshaus oder Tanzbelustigung besuchen, er müsste denn ausdrücklich die Erlaubnis hierzu von seinem Vater oder Lehrherrn erhalten haben und dann besonders darf er auch nicht rauchen im Geschäft oder außer demselben, es bleibt ganz untersagt. (...)

Grünberg und Biedenkopf, den 27. November 1864

Welche Unterschiede zwischen historischen Lehrverhältnissen und modernen Berufsausbildungsverhältnissen stellen Sie fest?

Vor Beginn einer Berufsausbildung wird zwischen dem Ausbildenden und dem Auszubildenden ein Berufsausbildungsvertrag geschlossen (§ 10 BBiG). Dieser Vertrag dokumentiert ein besonderes Arbeitsverhältnis, das den Auszubildenden schützt, aber auch Pflichten auferlegt. Der Ausbildende übernimmt ebenfalls Rechte und Pflichten.

---

§ 10 BBiG (Vertrag)

(1) Wer andere Personen zur Berufsausbildung einstellt (Ausbildende), hat mit den Auszubildenden einen Berufsausbildungsvertrag zu schließen.

§ 11 BBiG (Vertragsniederschrift)

(1) Ausbildende haben unverzüglich nach Abschluss des Berufsausbildungsvertrages den wesentlichen Inhalt des Vertrages schriftlich niederzulegen.

Nennen Sie die Vertragspartner eines Ausbildungsvertrages?

Grundstufe

Rechte und Pflichten

Der Ausbildende	Der Auszubildende
… hat dafür zu sorgen, dass dem Auszubildenden die berufliche Handlungsfähigkeit vermittelt wird, die zum Erreichen des Ausbildungszieles erforderlich ist.	… muss sich bemühen, die berufliche Handlungsfähigkeit zu erwerben, die zum Erreichen des Ausbildungszieles erforderlich ist.
… hat die Berufsausbildung in einer durch ihren Zweck gebotenen Form planmäßig, zeitlich und sachlich gegliedert so durchzuführen, dass das Ausbildungsziel in der vorgesehenen Ausbildungszeit erreicht werden kann.	… muss die im Rahmen der Berufsausbildung aufgetragenen Aufgaben sorgfältig ausführen.
… darf dem Auszubildenden nur Aufgaben übertragen, die dem Ausbildungszweck dienen und seinen körperlichen Kräften angemessen sind.	… hat an Ausbildungsmaßnahmen teilzunehmen, für die er freigestellt wird (z. B. Berufsschulunterricht, Lehrgänge der Innung oder Kammern).
… hat den Auszubildenden zum Besuch der Berufsschule sowie zum Führen von schriftlichen Ausbildungsnachweisen (z. B. Berichtsheft) anzuhalten und diese durchzusehen.	… hat den Weisungen zu folgen, die ihm im Rahmen der Berufsausbildung von Ausbildern bzw. Ausbilderinnen oder von anderen weisungsberechtigten Personen erteilt werden.
… hat selbst auszubilden oder einen Ausbilder oder eine Ausbilderin ausdrücklich damit zu beauftragen.	… muss die für die Ausbildungsstätte geltende Ordnung beachten.
… hat dafür Sorge zu tragen, dass der Auszubildende charakterlich gefördert sowie sittlich und körperlich nicht gefährdet wird.	…ist verpflichtet, über Betriebs- und Geschäftsgeheimnisse Stillschweigen zu wahren
… hat dem Auszubildenden kostenlos die Ausbildungsmittel, insbesondere Werkzeuge und Werkstoffe, zur Verfügung zu stellen.	… hat Werkzeuge, Maschinen und sonstige Einrichtungen pfleglich zu behandeln.

Finden Sie Oberbegriffe für die aufgeführten Rechte und Pflichten

Der Ausbildungsvertrag wird von den zuständigen Stellen (z. B. Handwerkskammer, Industrie- und Handelskammer, Ärztekammer…) geprüft. Mit dem Eintrag in das Verzeichnis der Berufsausbildungsverhältnisse entsteht ein rechtskräftiges Dokument.

Die Eintragung wird nur vorgenommen, wenn folgende Bedingungen erfüllt sind:

▸ Der Berufsausbildungsvertrag entspricht den gesetzlichen Vorgaben.

▸ Ein Auszubildender unter 18 Jahren legt die Bescheinigung über eine Erstuntersuchung vor.

▸ **Die persönliche und fachliche Eignung** des Ausbildungspersonals sowie die Eignung der Ausbildungsstätte wird bestätigt (§ 32 BBiG, § 29 HwO).

Persönliche und fachliche Eignung:

Sie wird erworben durch
▸ die Meisterprüfung
▸ die Technikerprüfung
▸ ein Studium
▸ die Ausbildereignungsprüfung

Dauer der Ausbildung

Die **Ausbildungsdauer** ist in der jeweiligen Ausbildungsordnung vorgeschrieben und muss im Berufsausbildungsvertrag festgelegt sein. Sie beträgt je nach Ausbildungsberuf zwischen zwei und dreieinhalb Jahren. Normalerweise endet das Berufsausbildungsverhältnis mit Ablauf der vorgeschriebenen Ausbildungszeit. In bestimmten Fällen kann die Ausbildungszeit durch die zuständige Stelle verkürzt oder verlängert werden.

Ausbildungsdauer (Beispiele):

2 Jahre
▸ Verkäufer/in
▸ Tiefbaufacharbeiter/-in
3 Jahre
▸ Tischler/-in
▸ Informatikkaufmann/-frau
3 ½ Jahre
▸ Zahntechniker/in

> **§ 21 Abs. 2 BBiG (Beendigung)**
>
> Bestehen Auszubildende vor Ablauf der Ausbildungszeit die Abschlussprüfung, so endet das Berufsausbildungsverhältnis mit Bekanntgabe des Ergebnisses durch den Prüfungsausschuss.

Verkürzung der Ausbildungszeit

Der Auszubildende kann auf Antrag während der Ausbildung vorzeitig zur Prüfung zugelassen werden. Die Ausbildungszeit verkürzt sich um sechs Monate, wenn zwei Bedingungen erfüllt sind:

▸ Der Auszubildende hat gute Leistungen in der betrieblichen Ausbildung erbracht und der Ausbildungsbetrieb befürwortet die vorzeitige Zulassung.

▸ Der Auszubildende weist in den berufsbezogenen Fächern der Berufsschule gute Leistungen nach.

Die Ausbildungszeit kann auch aufgrund der schulischen Vorbildung verkürzt werden, z. B. für Abiturienten.

Verlängerung der Ausbildungszeit

Besteht der Auszubildende innerhalb der Ausbildungszeit die Prüfung nicht, kann die Ausbildung auf Antrag des Auszubildenden verlängert werden. Der Ausbildende ist verpflichtet dem zuzustimmen und den Berufsausbildungsvertrag zu verlängern.

Grundstufe

In Ausnahmefällen kann die zuständige Stelle auf Antrag des Ausbildenden die Ausbildungszeit verlängern, wenn die Verlängerung erforderlich ist, um das Ausbildungsziel zu erreichen.

Solche Ausnahmefälle sind z. B.:

▶ erkennbare schwere Mängel in der Ausbildung,

▶ längere Ausfallzeiten, die vom Auszubildenden nicht zu vertreten sind (z. B. Krankheit).

Vergütung

Der Ausbildende muss dem Auszubildenden eine angemessene Vergütung bezahlen. Sie richtet sich nach dem Alter des Auszubildenden und der Dauer der Berufsausbildung.

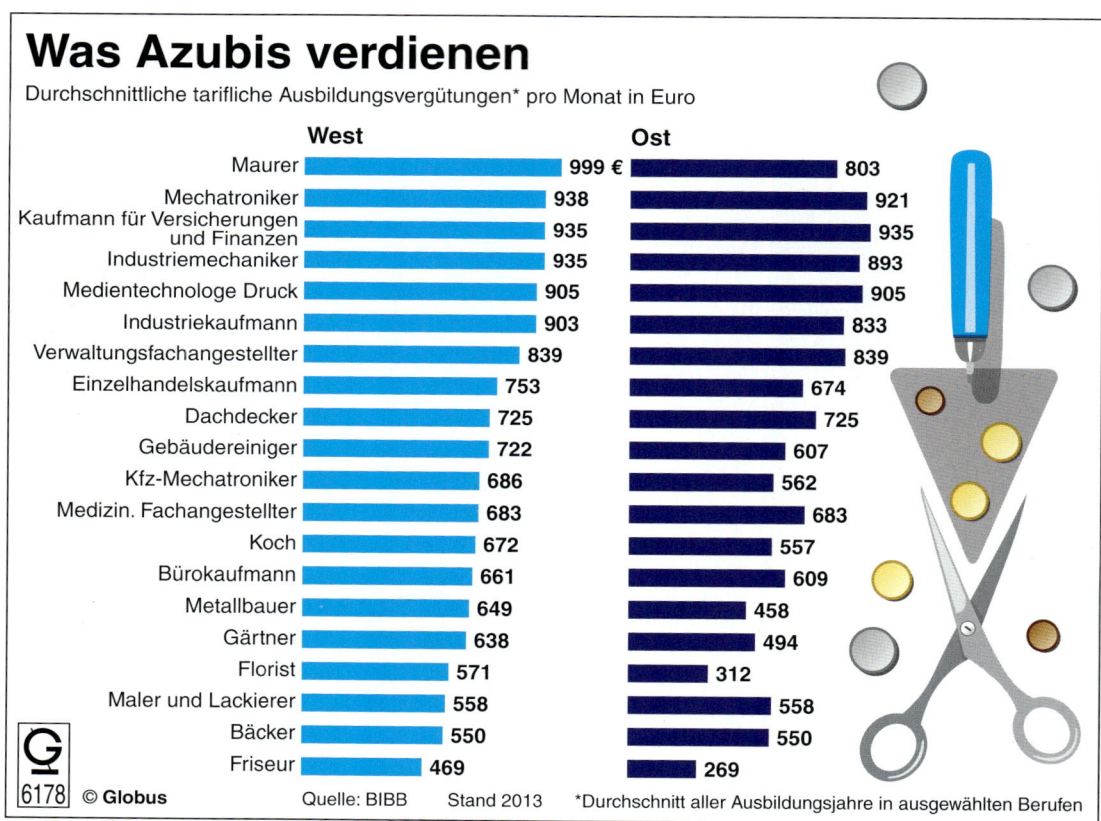

Was Azubis verdienen

Durchschnittliche tarifliche Ausbildungsvergütungen* pro Monat in Euro

	West	Ost
Maurer	999 €	803
Mechatroniker	938	921
Kaufmann für Versicherungen und Finanzen	935	935
Industriemechaniker	935	893
Medientechnologe Druck	905	905
Industriekaufmann	903	833
Verwaltungsfachangestellter	839	839
Einzelhandelskaufmann	753	674
Dachdecker	725	725
Gebäudereiniger	722	607
Kfz-Mechatroniker	686	562
Medizin. Fachangestellter	683	683
Koch	672	557
Bürokaufmann	661	609
Metallbauer	649	458
Gärtner	638	494
Florist	571	312
Maler und Lackierer	558	558
Bäcker	550	550
Friseur	469	269

6178　© **Globus**　　　Quelle: BIBB　　Stand 2013　*Durchschnitt aller Ausbildungsjahre in ausgewählten Berufen

Es gibt zwar keine Mindestvergütung, aber wenn für den Ausbildungsbetrieb eine verbindliche Tarifregelung gilt, dürfen im Ausbildungsvertrag keine niedrigeren Vergütungssätze vereinbart werden. Informationen hierzu erhält man beim Betriebsrat, der Jugendvertretung oder bei Gewerkschaftsmitgliedern im Betrieb.

Ausbildungsstätte

Auszubildende dürfen nur eingestellt werden, wenn die Ausbildungsstätte für die Berufsausbildung geeignet ist. Will ein Betrieb ausbilden, muss eine genügende Ausstattung sowie qualifiziertes Personal vorhanden sein.

Am besten wäre es, wenn jeder Ausbildungsbetrieb alle für einen Beruf nötigen Fertigkeiten und Kenntnisse vermitteln könnte. Dies ist in kleineren Unternehmen jedoch häufig nicht möglich. In solchen Fällen kann nur ein Ausgleich durch Ausbildungsmaßnahmen außerhalb der Ausbildungsstätte geschaffen werden, beispielsweise in Ausbildungswerkstätten oder überbetrieblichen Einrichtungen bei den Handwerkskammern oder Innungen.

Prüfungen

Bei der Ausbildung in vielen **anerkannten Ausbildungsberufen** werden Zwischen- und Abschlussprüfungen durchgeführt. Die Zwischenprüfung findet je nach Ausbildungsberuf nach einem, anderthalb oder zwei Ausbildungsjahren statt.

Für die Zulassung zur Abschlussprüfung müssen folgende Voraussetzungen erfüllt sein:

- ▶ Einhalten der Ausbildungszeit
- ▶ Teilnahme an der Zwischenprüfung
- ▶ Führen eines vorgeschriebenen schriftlichen Ausbildungsnachweises (Berichtsheft)

Organisation und Durchführung der Zwischen- und Abschlussprüfung (auch der **Gestreckten Abschlussprüfung**) liegen bei den zuständigen Stellen.

Nach bestandener Prüfung erhält der Auszubildende ein Zeugnis der zuständigen Stelle und ein Abschlusszeugnis der Berufsschule.

Anerkannte Ausbildungsberufe:

Über 350 nach dem Berufsbildungsgesetz geregelte Ausbildungsberufe, die 13 Berufsfeldern zugeordnet werden

Gestreckte Abschlussprüfung:

Sie besteht aus Teil 1 und Teil 2. Die Gesamtprüfungsnote berechnet sich aus den erbrachten Leistungen in beiden Prüfungsteilen.

Bei den anderen Berufsabschlussprüfungen findet das Ergebnis der Zwischenprüfung keine Berücksichtigung.

© Dave Vaughan

Arbeitszeugnis

Alle Arbeitnehmer haben bei der Beendigung ihrer Tätigkeit einen Anspruch auf ein schriftliches Zeugnis des Arbeitgebers. Dies gilt auch für Auszubildende nach Beendigung ihres Ausbildungsverhältnisses.

Das Arbeitszeugnis spielt bei der Bewerbung eine wesentliche Rolle. Es beschreibt die Person des Auszubildenden und vermittelt einen ersten wichtigen Eindruck. Einerseits müssen die Aussagen der Wahrheit entsprechen – andererseits dürfen keine negativen Formulierungen enthalten sein. Das berufliche Fortkommen des Beurteilten darf nicht ungerechtfertigt erschwert werden.

Grundsätzlich unterscheidet man zwei Arten von Arbeitszeugnissen: Das **einfache** und das **qualifizierte Arbeitszeugnis.**

Einfaches Arbeitszeugnis:

Es ist hauptsächlich ein Tätigkeitsnachweis und enthält folgende Fakten:

Personalien, Dauer und Beschreibung der ausgeübten Tätigkeit

Qualifiziertes Arbeitszeugnis:

Beinhaltet über das einfache Arbeitszeugnis hinaus eine Bewertung von Leistung und Verhaltensweisen des Arbeitnehmers

Grundstufe

1. Recherchieren Sie im Internet oder in Broschüren die derzeit gängigen Formulierungen für Arbeitszeugnisse.
2. Verfassen Sie ein gutes bzw. schlechtes qualifiziertes Arbeitszeugnis für einen Auszubildenden in Ihrem Ausbildungsberuf.

Beendigung des Ausbildungsverhältnisses – Kündigung

Die Voraussetzungen für eine Kündigung sind gesetzlich festgelegt. Jugendliche und Auszubildende genießen einen besonderen Kündigungsschutz.

Probezeit:

Die Probezeit beträgt zwischen einem Monat und vier Monaten.

Nur während der **Probezeit** kann ohne Angabe von Gründen und ohne Einhaltung einer Kündigungsfrist vom Ausbildenden und vom Auszubildenden schriftlich gekündigt werden.

Wichtiger Grund:

Es liegen Tatsachen vor, die unter Berücksichtigung aller Umstände und unter Abwägung der Interessen beider Vertragsteile dem Kündigenden die Fortsetzung des Vertragsverhältnisses unzumutbar machen.

Nach der Probezeit kann nur aus **wichtigem Grund** gekündigt werden.

Ausnahme: Nach der Probezeit kann der Auszubildende mit einer Kündigungsfrist von vier Wochen kündigen, wenn er die Berufsausbildung aufgeben oder sich für eine andere Berufstätigkeit ausbilden lassen will (§ 22 Abs. 2 BBiG).

© ferkelraggae – Fotolia.com

Auch Auszubildende müssen sich nicht alles gefallen lassen.

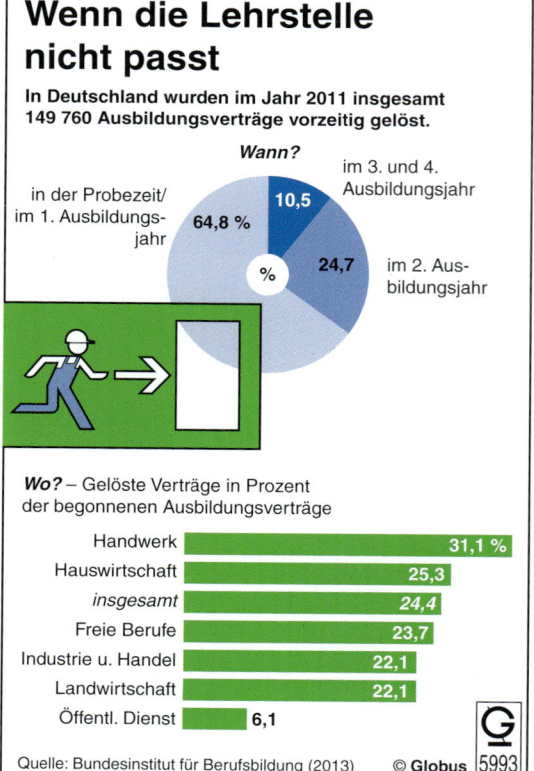

Wenn die Lehrstelle nicht passt

In Deutschland wurden im Jahr 2011 insgesamt 149 760 Ausbildungsverträge vorzeitig gelöst.

Wann?

in der Probezeit/ im 1. Ausbildungsjahr 64,8 %

10,5 %

im 3. und 4. Ausbildungsjahr

24,7 im 2. Ausbildungsjahr

Wo? – Gelöste Verträge in Prozent der begonnenen Ausbildungsverträge

Handwerk 31,1 %
Hauswirtschaft 25,3
insgesamt 24,4
Freie Berufe 23,7
Industrie u. Handel 22,1
Landwirtschaft 22,1
Öffentl. Dienst 6,1

Quelle: Bundesinstitut für Berufsbildung (2013)   © Globus   5993

Aufhebungsvertrag

Im gegenseitigen Einvernehmen kann das Ausbildungsverhältnis jederzeit aufgehoben werden.

> Welcher Unterschied besteht zwischen einer Kündigung während und einer Kündigung nach der Probezeit?

2.4 Jugendarbeitsschutzgesetz (JArbSchG)

Das Jugendarbeitsschutzgesetz regelt den besonderen Arbeitsschutz für Jugendliche, die sich in einem **Arbeitsverhältnis** oder einer Berufsausbildung befinden. Es ist unerheblich, ob sich die Jugendlichen in der Berufsausbildung befinden, oder ob sie als Arbeitnehmer, Heimarbeiter oder in ähnlichen Ausbildungs- oder Arbeitsverhältnissen beschäftigt sind.

Das Jugendarbeitsschutzgesetz wird häufig mit dem **Jugendschutzgesetz** verwechselt, welches dem Schutz der Jugendlichen in der Öffentlichkeit dient.

Arbeitsverhältnis:

Es liegt vor, wenn eine Person aufgrund eines privatrechtlichen Vertrages im Dienst eines anderen zur Arbeit verpflichtet ist und unselbstständige Dienste gegen Entgelt leistet.

Jugendschutzgesetz:

Es regelt den Verkauf und die Abgabe von Tabak, Alkohol, Filmen und Computerspielen sowie den Aufenthalt in Diskotheken und Gaststätten.

Mindestalter

© Drude

© Digitalpress – Fotolia.com

In vielen Ländern der Erde ist der Jugendarbeitsschutz nicht selbstverständlich.

> Kind ist, wer noch nicht 15 Jahre alt ist (§ 2 Abs. 1 JArbSchG).
>
> Jugendlicher ist, wer 15, aber noch nicht 18 Jahre alt ist (§ 2 Abs. 2 JArbSchG).
>
> Kinder dürfen nicht beschäftigt werden (§ 5 Abs. 1 JArbSchG).

Arbeitszeit

> Jugendliche dürfen nicht mehr als acht Stunden täglich und nicht mehr als 40 Stunden wöchentlich beschäftigt werden (§ 8 Abs. 1 JArbSchG).
>
> Wenn an einzelnen **Werktagen** die Arbeitszeit auf weniger als acht Stunden verkürzt ist, können Jugendliche an den übrigen Werktagen der Woche achteinhalb Stunden beschäftigt werden (§ 8 Abs. 2a JArbSchG).

Werktag:

Von Montag bis Samstag (ohne Feiertage)

> Tägliche Arbeitszeit ist die Zeit vom Beginn bis zum Ende der täglichen Beschäftigung ohne Ruhepausen (§ 4 Abs. 1 JArb SchG).

Ruhepausen

Jugendliche müssen spätestens nach viereinhalb Stunden Arbeit eine Pause einlegen. Deren Länge richtet sich nach der Gesamtarbeitszeit:

▸ 30 Minuten bei einer Gesamtarbeitszeit von viereinhalb bis sechs Stunden

▸ 60 Minuten bei einer Gesamtarbeitszeit von mehr als sechs Stunden

Generell gilt eine Arbeitsunterbrechung nur dann als Ruhepause, wenn sie mindestens 15 Minuten dauert.

Freizeit und Urlaub

Jugendliche müssen nach ihrer täglichen Arbeitszeit mindestens zwölf Stunden ununterbrochene Freizeit haben.

In Abhängigkeit von seinem Alter zu Beginn eines Kalenderjahres steht dem jugendlichen Auszubildenden eine unterschiedliche Anzahl von Urlaubstagen mindestens zu.

Die Dauer des Urlaubs richtet sich nach dem Alter des Auszubildenden.

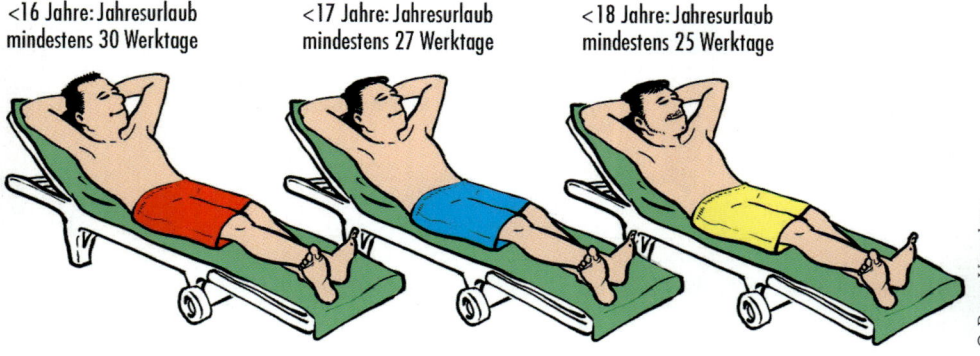

<16 Jahre: Jahresurlaub mindestens 30 Werktage

<17 Jahre: Jahresurlaub mindestens 27 Werktage

<18 Jahre: Jahresurlaub mindestens 25 Werktage

© Dave Vaughan

Beschäftigungsverbote und -beschränkungen

Jugendliche dürfen grundsätzlich nicht zwischen 20 und 6 Uhr beschäftigt werden (Nachtruhe). Es werden aber z. B. die folgenden Ausnahmen eingeräumt:

▸ Gaststättengewerbe: Arbeitszeit bis 22 Uhr

▸ Mehrschichtbetriebe: Arbeitszeit bis 23 Uhr

▸ Backgewerbe: Arbeitsbeginn ab 5 Uhr (für Jugendliche über 17 Jahre ab 4 Uhr)

▸ Landwirtschaft: Arbeitszeit ab 5 Uhr oder bis 21 Uhr

Darüber hinaus gilt für Jugendliche ein Beschäftigungsverbot für **Akkord-,** Samstags-, Sonntags- und Feiertagsarbeit sowie für **gefährliche Arbeiten.**

Allerdings wird die Samstags-, Sonntags- und Feiertagsruhe für Berufe in bestimmten Branchen eingeschränkt.

Akkordarbeit:

Bezahlung nach der angefertigten Menge (Leistungslohn)

Gefährliche Arbeiten:

▸ Arbeiten bei übermäßigen psychischen, physischen oder sittlichen Belastungen

▸ Arbeiten bei übermäßiger Hitze, Kälte oder Nässe

▸ Arbeiten bei übermäßiger Belastung durch Lärm, Erschütterungen, Strahlen, Giftstoffe

▸ Arbeiten bei erhöhter Unfallgefahr, die vom Jugendlichen nicht einschätzbar ist

Lerngebiet 1

---

§ 16 JArbSchG (Samstagsruhe)

(1) An Samstagen dürfen Jugendliche nicht beschäftigt werden.

(2) Zulässig ist die Beschäftigung Jugendlicher an Samstagen nur

1. in Krankenanstalten sowie in Alten-, Pflege- und Kinderheimen,

2. in offenen Verkaufsstellen, in Betrieben mit offenen Verkaufsstellen, in Bäckereien und Konditoreien, im Friseurhandwerk und im Marktverkehr,

3. im Verkehrswesen,

4. in der Landwirtschaft und Tierhaltung,

5. im Familienhaushalt,

6. im Gaststätten- und Schaustellergewerbe,

7. bei Musikaufführungen, Theatervorstellungen und anderen Aufführungen, bei Aufnahmen im Rundfunk (Hörfunk und Fernsehen), auf Ton- und Bildträger sowie bei Film- und Fotoaufnahmen,

8. bei außerbetrieblichen Ausbildungsmaßnahmen,

9. beim Sport,

10. im ärztlichen Notdienst,

11. in Reparaturwerkstätten für Kraftfahrzeuge.

Mindestens zwei Samstage im Monat sollen beschäftigungsfrei bleiben.

© MEV Verlag GmbH

Junge Bäcker dürfen eine Stunde später mit der Arbeit beginnen.

Berufsschule

Die Jugendlichen müssen vom Ausbildungsbetrieb für die Teilnahme am Berufsschulunterricht freigestellt werden (§ 9 Abs. 1 JArbSchG).

Der Arbeitgeber darf den jugendlichen Auszubildenden an einem Berufsschultag mit mehr als fünf Unterrichtsstunden nicht mehr im Betrieb beschäftigen.

Auskünfte, Beschwerden, Klagen

Während der Ausbildung können verschiedene Probleme auftreten. Der Auszubildende kann sich selbstverständlich mit allen Fragen an den Ausbildenden oder den Betriebs- bzw. Personalrat wenden. Sollte das Problem auf diesem Wege nicht gelöst werden können, gibt es eine Reihe weiterer außerbetrieblicher Beratungs- und Beschwerdestellen, z. B. bei den Kammern oder beim Gewerbeaufsichtsamt.

Grundstufe

Zusammenfassung

Die Duale Ausbildung findet in Berufsschule und Betrieb statt. Die Berufsschule deckt den theoretischen Teil der Ausbildung ab, der Betrieb den praktischen.

Die Schulpflicht dauert in der Regel zwölf Jahre. Bei guten Leistungen kann die Berufsschule einen Mittleren Bildungsabschluss verleihen.

Das BBiG regelt die Rechte und Pflichten der Vertragspartner in einem anerkannten Ausbildungsverhältnis.

Personal und Ausbildungsstätte müssen für die Ausbildung geeignet sein.

Die Dauer der Ausbildung beträgt je nach den Anforderungen des Ausbildungsberufes zwischen zwei und dreieinhalb Jahren.

Während der Probezeit können Ausbildender und Auszubildender das Ausbildungsverhältnis ohne Angabe von Gründen kündigen.

Das Jugendarbeitsschutzgesetz gilt für Jugendliche, die sich in einem Arbeits- oder Ausbildungsverhältnis befinden.

Jugendlicher ist, wer 15, aber noch nicht 18 Jahre alt ist. Jugendliche sind vor übermäßiger Belastung zu schützen.

Jugendliche dürfen grundsätzlich nicht zwischen 20 und 6 Uhr sowie samstags, sonntags und feiertags beschäftigt werden. Für Jugendliche, die in bestimmten Branchen oder Unternehmen tätig sind, gibt es Ausnahmeregelungen.

Die Jugendlichen sind für die Teilnahme am Berufsschulunterricht freizustellen.

Wissens-Check

1. Nennen Sie die Ausbildungspartner der Dualen Ausbildung.

2. Martin (18) bricht nach einem Jahr die Ausbildung zum Kaufmann im Einzelhandel ab. Hat er die Schulpflicht erfüllt? Begründen Sie Ihre Antwort.

3. Wer sind die Vertragspartner in einem Berufsausbildungsvertrag?

4. Ein Auszubildender in einem metallverarbeitenden Betrieb wäscht während der Arbeitszeit den Wagen des Gesellen. Ist dies zulässig? Begründen Sie Ihre Antwort.

5. Welche ist die „Zuständige Stelle" für Ihre persönliche Berufsausbildung?

6. Wer ist im Sinne des JArbSchG Jugendlicher?

7. Ein Auszubildender ist in einem Betrieb freitags von 7 Uhr bis 12 Uhr beschäftigt. Um früher nach Hause gehen zu können, verzichtet er am Vormittag auf 20 Minuten Pause. Ist das zulässig? Begründen Sie Ihre Antwort.

8. Auszubildende im Gast- und Hotelgewerbe dürfen bis 22 Uhr arbeiten. Wann ist morgens Arbeitsbeginn, wenn man sinnvolle Pausen voraussetzt?

9. Ein junger Dachdecker arbeitet bei 45 °C auf einem Hausdach. Der Meister verbietet es dem Auszubildenden, er soll stattdessen die Dachziegel in einen Lastenaufzug legen und nach oben befördern. Welche Begründungen könnte der Meister nach dem JArbSchG für seine Entscheidung anführen?

10. Eine Auszubildende wird am 23. Februar 18 Jahre alt. Die ersten Urlaubstage nimmt sie ab dem 25. Februar. Wie viele Urlaubstage stehen ihr insgesamt nach dem JArbSchG in diesem Jahr zu?

3 Möglichkeiten in der beruflichen Bildung

Die beruflichen Schulen im Saarland bieten mit ihrem differenzierten Bildungsangebot vielfältige Möglichkeiten. Neben dem Erwerb einer beruflichen Qualifizierung bieten sie die Möglichkeit, alle allgemein bildenden Abschlüsse – bis hin zur allgemeinen Hochschulreife – zu erlangen.

3.1 Das System der beruflichen Schulen im Saarland

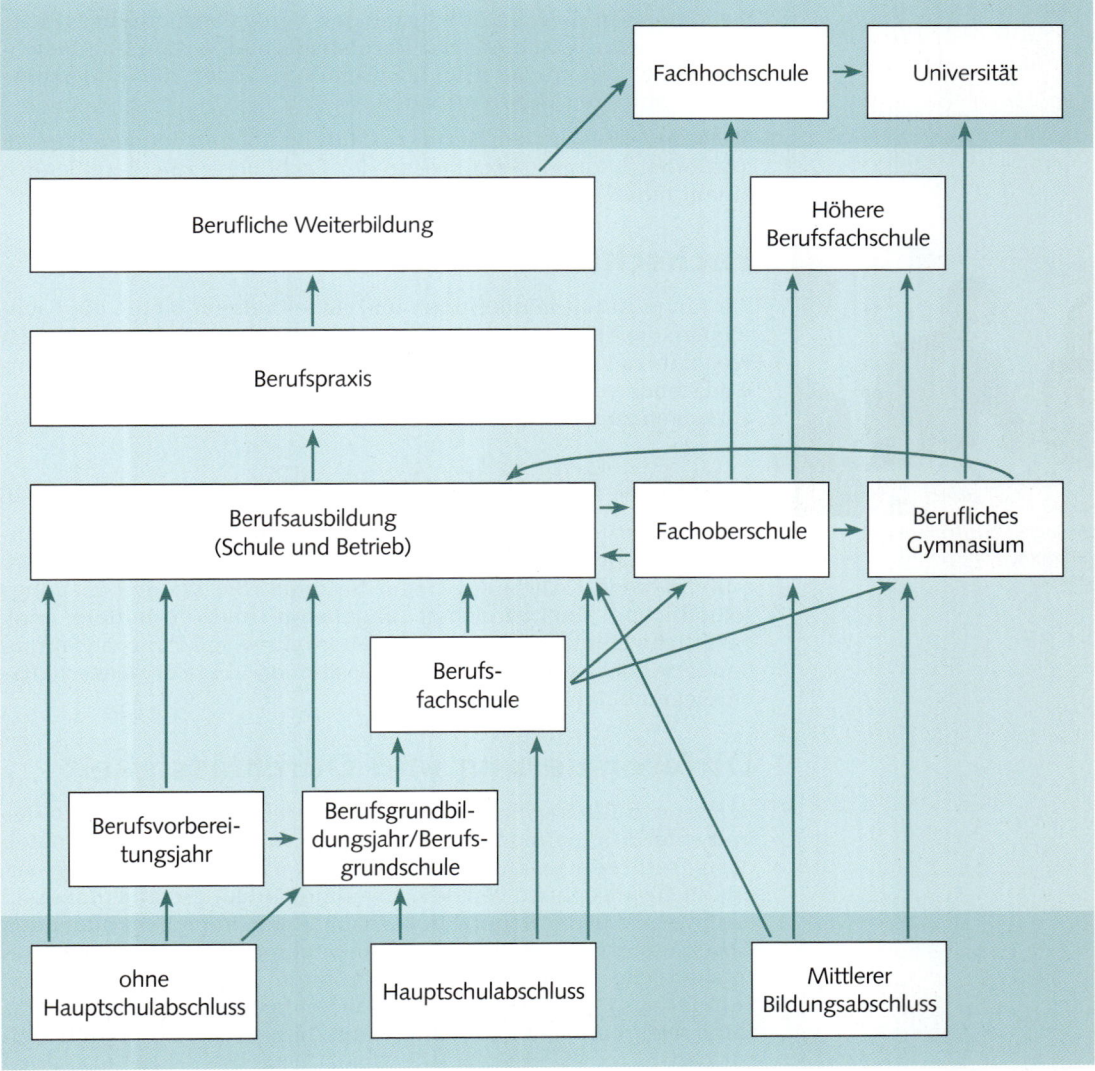

3.2 Berufsausbildung und Anschlussmöglichkeiten

Die meisten Schülerinnen und Schüler verfügen bei Beginn der Berufsausbildung bereits über den Hauptschulabschluss oder den Mittleren Bildungsabschluss. Andernfalls können sie diese Abschlüsse mit dem erfolgreichen Abschluss der Ausbildung unter bestimmten Voraussetzungen zuerkannt bekommen.

Fachoberschule und berufliche Gymnasien

Schülerinnen und Schüler, die nach der Ausbildung ein Studium an der Fachhochschule oder Universität anstreben, finden in der Fachoberschule oder dem Beruflichen Gymnasium attraktive Möglichkeiten.

Sie können in diesen Bildungsgängen bereits vertiefte berufliche Kenntnisse in verschiedenen Berufsfeldern erwerben und gleichzeitig die allgemeine Fachhochschulreife oder die allgemeine Hochschulreife (Abitur) erlangen.

Nach der erfolgreichen Berufsausbildung können Jugendliche mit Mittlerem Bildungsabschluss an der Fachoberschule bereits nach einem Jahr die Fachhochschulreife erwerben.

Fachschulen

Für junge Arbeitnehmerinnen und Arbeitnehmer bieten die Fachschulen die Möglichkeit der beruflichen Weiterbildung. Auf diesem Weg kann auch die Fachhochschulreife erworben werden. Im Saarland stehen verschiedene Fachschulen in unterschiedlichen Berufsbereichen zur Verfügung.

Höhere Berufsfachschulen

Höhere Berufsfachschulen bieten Jugendlichen mit Fachhochschulreife oder allgemeiner Hochschulreife eine attraktive berufsqualifizierende Alternative zum Studium. Sie werden in unterschiedlichen Fachbereichen angeboten und vermitteln eine berufliche Qualifikation, die zur Übernahme von Führungsaufgaben in mittleren und gehobenen Positionen in vielen Wirtschaftsbereichen befähigt.

Differenzierung und Durchlässigkeit

Bei den beruflichen Schulen handelt es sich um ein differenziertes und sehr durchlässiges System. Neben interessanten Angeboten der beruflichen Qualifikation und Weiterbildung kann jeder Jugendliche ausgehend von dem jeweiligen Bildungsstand innerhalb des Systems in der Regel den nächst höheren allgemein bildenden Abschluss erwerben. Da berufliche Schulen für verschiedene Berufsbereiche angeboten werden, können die Schülerinnen und Schüler aus der Vielzahl der Angebote dasjenige auswählen, das ihren Neigungen, Begabungen und Interessen am besten entspricht.

In einigen Berufen wird Fachhochschulreife oder Abitur vorausgesetzt.

© pressmaster – Fotolia.com

4 Berufliche Qualifikation und lebenslanges Lernen

Berufliche Qualifikation und lebenslanges Lernen sind notwendig für einen nachhaltigen Erfolg auf dem Arbeitsmarkt. Technologischer Wandel, veränderte Betriebsorganisation, Globalisierung und Veränderungen in der Form der Arbeitsverhältnisse erfordern neue Berufsbilder und stellen hohe Anforderungen an Flexibilität und Mobilität. Sowohl die Unternehmen als auch der einzelne Mitarbeiter sind hier gefordert.

4.1 Technologischer Wandel

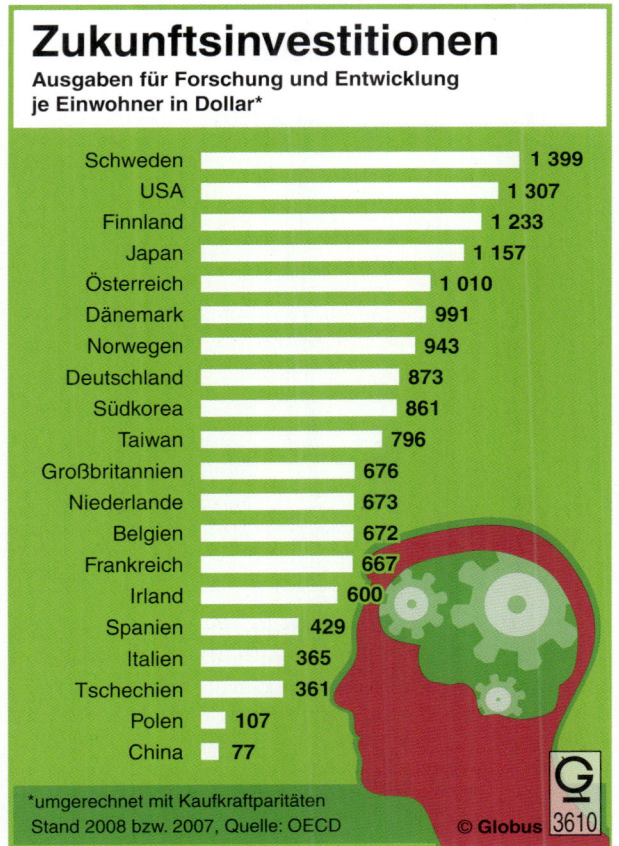

Zukunftsinvestitionen
Ausgaben für Forschung und Entwicklung je Einwohner in Dollar*

Schweden	1 399
USA	1 307
Finnland	1 233
Japan	1 157
Österreich	1 010
Dänemark	991
Norwegen	943
Deutschland	873
Südkorea	861
Taiwan	796
Großbritannien	676
Niederlande	673
Belgien	672
Frankreich	667
Irland	600
Spanien	429
Italien	365
Tschechien	361
Polen	107
China	77

*umgerechnet mit Kaufkraftparitäten
Stand 2008 bzw. 2007, Quelle: OECD

© Globus 3610

Ermitteln Sie jeweils die Gesamtzukunftsinvestitionen für Schweden, Deutschland und China. (Arbeiten Sie mit den aktuellen Einwohnerzahlen.)

Rationalisierung:

Ersatz veralteter Verfahren durch zweckmäßige Vereinheitlichung bzw. Straffung

Technisierung:

Auf Maschinen und technische Mittel gestützte Produktion

Technologie:

Wissen über die Eigenschaften und Einsatzbedingungen der Technik

Nanotechnologie:

Technologie der kleinsten Teilchen

Mitte der 70er-Jahre hat in hoch entwickelten Industrieländern ein **Rationalisierungs-** und **Technisierungsschub** eingesetzt. Das Angebot der Produzenten und die Nachfrage der Verbraucher ändern sich immer schneller. Die Betriebe müssen in kürzester Zeit auf die veränderte Marktsituation reagieren. Zusätzlich müssen neue und zukunftsträchtige Produkte technisch und qualitativ hochwertig sein und zu günstigen Preisen hergestellt werden, um weltweit im Vergleich mit Produkten anderer Unternehmen konkurrieren zu können.

Der technologische Wandel hat sich in folgenden Bereichen rasch vollzogen:

▶ Informations- und Kommunikationstechnik
▶ Mikroelektronik, Prozessortechnik
▶ Gen- und Bio**technologie**
▶ **Nanotechologie**

Technisch hoch entwickelte Produkte (z. B. Smartphone, Computer, Tablet-PC) ermöglichen einen ständigen Datenaustausch. Sie verschaffen direkten Zugang zum Internet.

Kettenantrieb aus Silikon in Nanotechnologie.
Kleiner als der Durchmesser eines Haares ist der Abstand der einzelnen Kettenglieder.

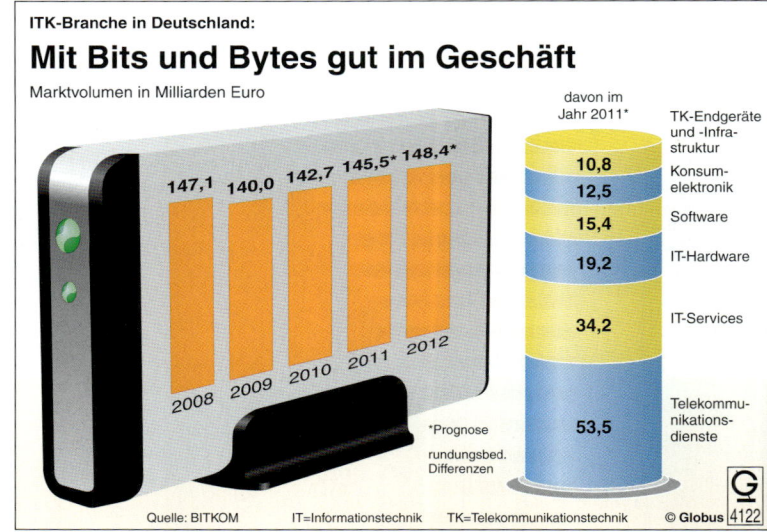

ITK-Branche in Deutschland:

Mit Bits und Bytes gut im Geschäft

Marktvolumen in Milliarden Euro

147,1   140,0   142,7   145,5* 148,4*

2008   2009   2010   2011   2012

davon im Jahr 2011*

10,8	TK-Endgeräte und -Infrastruktur
12,5	Konsumelektronik
15,4	Software
19,2	IT-Hardware
34,2	IT-Services
53,5	Telekommunikationsdienste

*Prognose
rundungsbed. Differenzen

Quelle: BITKOM   IT=Informationstechnik   TK=Telekommunikationstechnik   © Globus 4122

Erste industrielle Revolution:

Durch technische Erfindungen (Dampfmaschine, mechanischer Webstuhl u. a.) im letzten Drittel des 18. Jahrhunderts in England eingeleitete Umwandlung der bisherigen Wirtschafts- und Sozialordnung

Zweite industrielle Revolution:

Durch die zunehmende Verbreitung der Automation, die Entwicklung der Kernenergie und der elektronischen Datenverarbeitung verursachten wirtschaftlichen und sozialen Veränderungen

Der Austausch von Informationen kann durch das Internet zu jeder Zeit und von fast jedem Ort der Welt aus schneller und besser erfolgen. Dies hat große Veränderungen in Gesellschaft und Wirtschaft zur Folge. Die Hauptaufgabe der Technik ist nicht mehr ausschließlich die industrielle Produktion von Gütern. Die Technik dient mittlerweile in hohem Maße dem Transport von Informationen. Das Übermitteln und der Handel mit Informationen werden immer wichtiger.

Weltweit kann man via Internet einkaufen, mit Wertpapieren handeln, Konferenzen planen und abhalten. Ärzteteams sind in der Lage, sich während einer Operation von verschiedenen Orten der Erde aus zu überstützen. Unwetterwarnungen sind präzise und in Sekundenschnelle verfügbar.

Fachleute sprechen bereits von einer dritten **industriellen Revolution.** Die Industriegesellschaft wandelt sich zu einer Informations-

und Kommunikationsgesellschaft. Der technologische Wandel fordert veränderte berufliche Fähigkeiten und besser qualifizierte Mitarbeiter.

4.2 Betriebsorganisatorischer Wandel

Die rasante Entwicklung der Informations- und Kommunikationstechnologien zwingt Unternehmen, sich auf immer neue Marktanforderungen einzustellen. Die Unternehmensstruktur und -organisation passen sich der Entwicklung auf den Weltmärkten an.

Formen veränderter Betriebsorganisation

Auf Dauer wird sich nur die teamorientierte, lernende Organisation behaupten können. Sie begreift Veränderung als permanente Herausforderung und Chance. Kreativität und Eigenverantwortung der Mitarbeiter sind gefordert. Um die Arbeit innerhalb eines Betriebes zu beschleunigen und zu verbessern, müssen **Hierarchien** aufgelöst werden.

Hierarchie:
Rangfolge innerhalb des Betriebes

Vorschlagswesen

Die Mitarbeiter eines Unternehmens können Vorschläge zur Verbesserung von technischen Einrichtungen und des Arbeitsablaufes im Betrieb machen. Wenn Vorschläge umgesetzt werden, kann der Mitarbeiter eine Prämie erhalten.

Ziel ist es, die Produktivität des Unternehmens zu steigern.

> Unser Kopf ist rund, damit das Denken die Richtung wechseln kann (Volksweisheit).

Auf Vorschlag der Mitarbeiter

Eingereichte Verbesserungsvorschläge 2012 je 100 Beschäftigte in diesen Branchen:

Aluminium- und metallverarbeitende Industrie	586
Eisen- und Metallindustrie	246
Dienstleistung, Handel, Bildung	237
Automobilzulieferer	214
Maschinen- und Anlagenbau	186
Elektroindustrie	179
Verkehr, Logistik, Luft-/Raumfahrt	157
Automobilindustrie	84
Öffentliche Körperschaften	84
Chemische Industrie	56
Energie und Energieversorger	32
Banken, Versicherer, Finanzdienstleister	15
Sonstige	94

So viel sparten deutsche Unternehmen durch die Umsetzung von Verbesserungsvorschlägen ihrer Mitarbeiter ein:

02 03 04 05 06 07 08 09 10 11 12

2,0 Mrd. €

1,6   1,5   1,5

1,2 Mrd. Euro   1,3   1,1

Quelle: Deutsches Institut für Betriebswirtschaft

5725 © Globus

Grundstufe

Notieren Sie die Gemeinsamkeiten der Branchen, in denen eine hohe Zahl von Verbesserungsvorschlägen eingereicht wurde.

Outsourcing

Betriebsaufgaben werden aus dem eigenen Betrieb ausgelagert und fremden Betrieben übertragen. Bestimmte Schritte im laufenden Produktionsprozess eines Betriebes werden ganz oder teilweise von Zulieferbetrieben übernommen.

Lean-Production

Dies ist eine aus Japan stammende Unternehmensphilosophie. Die Arbeitsgänge in der Produktion werden immer wieder hinterfragt und überprüft. Ziel ist, alle überflüssigen Kosten abzubauen und einen optimalen Produktionsablauf zu schaffen. Die Verschlankung der Verwaltung und Unternehmensführung nennt man Lean-Management.

Just-in-time (engl.):

hier: gerade rechtzeitig

Just-in-time

Von der Straße abhängig

Es geschah vor ein paar Tagen im Bayerischen Wald. Lkw von Zulieferern auf dem Weg zum BMW-Werk Regensburg blieben irgendwo auf halber Strecke im Schnee stecken und kamen erst mit ein paar Stunden Verspätung ans Ziel. Schnell gab es im Werk einen Lieferengpass, den man jedoch rasch auffangen konnte. Schlimmer lief es Mitte der Woche bei Ford: Weil schwere Lastwagen aus Luxemburg, Belgien und Teilen Frankreichs wegen der starken Schneefälle nicht fahren durften, fehlten im Saarlouiser Ford-Werk Instrumententafeln, Sitze und Heizungen. Folge: Einige hundert Fahrzeuge konnten nicht gebaut werden – die Bänder standen still.

SZ vom 22.12.2010

© MEV Verlag GmbH

Just-in-time in der Automobil-industrie:

Das richtige Teil zur richtigen Zeit am richtigen Ort

Die Grundidee dieses in japanischen Unternehmen entwickelten Verfahrens ist es, die Materialbeschaffung an die Fertigung anzupassen. Zur Produktion benötigtes Material soll genau in dem Moment geliefert werden, in dem es gebraucht wird. Dadurch sollen die Lagerbestände und somit die Kosten reduziert werden. Just-in-time-Verfahren sind vor allem in der Großserienfertigung weit entwickelt, z. B. in der Automobilindustrie.

Folgen des Wandels

Einerseits erhoffen sich die Menschen, dass der technologische und betriebsorganisatorische Wandel die Arbeitsbedingungen verbessert und das Leben erleichtert. Andererseits besteht die Gefahr, dass immer wirkungsvollere Produktionsverfahren die Arbeitsplätze der Menschen gefährden. Hiervon sind besonders geringqualifizierte Arbeitnehmer betroffen.

4.3 Globalisierung: Auswirkungen auf die Arbeitswelt

> „Globalisierung – da hängt doch die Wirtschaft irgendwie weltweit zusammen und wenn die Löhne hier bei uns zu hoch sind, dann gehe ich mit meinem Unternehmen eben nach Bangladesh, wo die Leute froh sind, für ein paar Euro arbeiten zu können."
>
> Aussage eines Unternehmers in der Textilbranche

Arbeitsplatzverlagerung

Arbeitsplätze werden in andere Ländern verlagert, weil dort die

▶ Steuern und Löhne wesentlich niedriger,

▶ Sozialleistungen weitgehend unbekannt oder

▶ Schutzbestimmungen für Arbeitskräfte oder die Umwelt kaum vorhanden sind.

Damit versuchen die Unternehmen, die Kosten der Produktion niedrig zu halten. Ein Beispiel ist die Verlagerung großer Teile der Bekleidungsindustrie aus Deutschland nach Indien. Die Globalisierung führt zu einem Konkurrenzkampf um die Ansiedlung der Produktionsstandorte. Staaten wie die Bundesrepublik Deutschland haben dabei Probleme, mit Ländern mitzuhalten, die Mindeststandards beim Arbeitsschutz unterbieten und deren Lohnniveau deutlich niedriger ist.

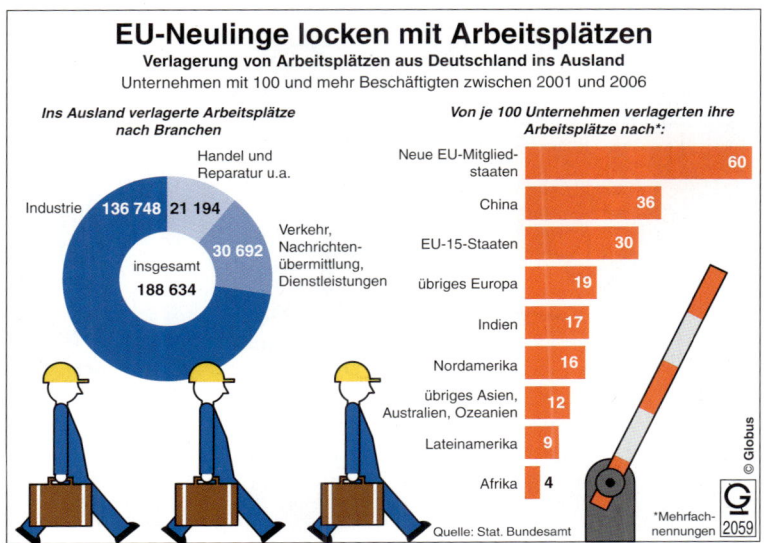

EU-Neulinge locken mit Arbeitsplätzen
Verlagerung von Arbeitsplätzen aus Deutschland ins Ausland
Unternehmen mit 100 und mehr Beschäftigten zwischen 2001 und 2006

Ins Ausland verlagerte Arbeitsplätze nach Branchen

Handel und Reparatur u.a.
Industrie   136 748   21 194
insgesamt   188 634
30 692   Verkehr, Nachrichtenübermittlung, Dienstleistungen

Von je 100 Unternehmen verlagerten ihre Arbeitsplätze nach*:

Neue EU-Mitgliedstaaten	60
China	36
EU-15-Staaten	30
übriges Europa	19
Indien	17
Nordamerika	16
übriges Asien, Australien, Ozeanien	12
Lateinamerika	9
Afrika	4

Quelle: Stat. Bundesamt

*Mehrfachnennungen

© Globus   2059

Die Arbeitsplatzverlagerung aus Deutschland führt zu einem geringeren Steueraufkommen und geringerem Volkseinkommen. Dies kann zu Sozialabbau in Deutschland führen.

Nehmen Sie Stellung zu dieser Aussage.

Grundstufe

Arbeitsplatzabbau durch Unternehmenszusammenschlüsse

Unternehmen können sich zu größeren Einheiten zusammenschließen. Sie wollen auf diese Weise Kapital, Know-how und Markteinfluss koppeln, um sich auf den Märkten behaupten zu können. Oft führen solche Zusammenschlüsse zum Abbau von Arbeitsplätzen, weil dadurch bestimmte Arbeitsabläufe zusammengelegt werden können. Bekannte Beispiele für große **Fusionen** sind die Zusammenschlüsse der Automobilfirmen Daimler Benz und Chrysler und der Chemiefirmen Hoechst und Rhône-Poulenc. Erleichtert und vereinfacht werden die Arbeitsplatzverlagerung und der Arbeitsplatzabbau durch Prozesse der Liberalisierung, Deregulierung und Privatisierung.

Fusion:

Unternehmenszusammenschluss

▶ Liberalisierung meint in diesem Zusammenhang den möglichst uneingeschränkten und kostenfreien Austausch von Waren, Dienstleistungen und Transaktionen.

▶ Deregulierung bezeichnet den Abbau von staatlichen Auflagen und Vorschriften.

▶ Privatisierung liegt vor, wenn Staatsvermögen in private Hände übergeht. Bekannte Beispiele in Deutschland sind die Privatisierung der Deutschen Bundespost (jetzt Telekom bzw. Deutsche Post AG) und der Deutschen Bundesbahn (jetzt Deutsche Bahn AG).

© Dave Vaughan

4.4 Veränderungen in der Form der Arbeitsverhältnisse

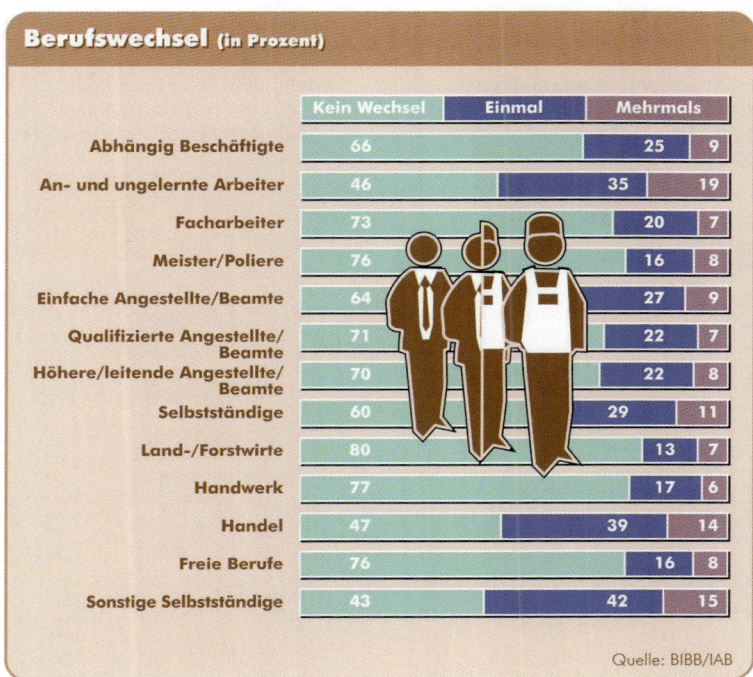

Berufswechsel (in Prozent)

	Kein Wechsel	Einmal	Mehrmals
Abhängig Beschäftigte	66	25	9
An- und ungelernte Arbeiter	46	35	19
Facharbeiter	73	20	7
Meister/Poliere	76	16	8
Einfache Angestellte/Beamte	64	27	9
Qualifizierte Angestellte/Beamte	71	22	7
Höhere/leitende Angestellte/Beamte	70	22	8
Selbstständige	60	29	11
Land-/Forstwirte	80	13	7
Handwerk	77	17	6
Handel	47	39	14
Freie Berufe	76	16	8
Sonstige Selbstständige	43	42	15

Quelle: BIBB/IAB

Überlegen Sie, wer in Ihrem Bekanntenkreis noch den Beruf ausübt, den er ursprünglich erlernt hat.

Häufiger Berufs- und Arbeitsplatzwechsel

Arbeitnehmer werden heutzutage immer häufiger veranlasst, sich einen neuen Arbeitsplatz oder gar Beruf zu suchen. **„Lifelong Employment"** ist eher die Ausnahme als der Regelfall.

Lifelong Employment (engl.):
Lebenslange Anstellung

Die Gründe sind unterschiedlich. Arbeitnehmer suchen immer mehr nach anspruchsvollen, erfüllenden Tätigkeiten. Ein weiterer Grund für einen Berufs- oder Arbeitsplatzwechsel kann die finanzielle Verbesserung sein. Die soziale Anbindung an Familie, Wohnort und Freundeskreise hat abgenommen und lässt damit die Bereitschaft steigen, sich beruflich zu verändern.

Einen besonders hohen Anteil von Berufswechslern gibt es bei Arbeitnehmern ohne Ausbildung.

Facharbeiter und Meister wechseln weniger häufig den Arbeitsplatz oder Beruf. Die gründliche Berufsausbildung und umfangreiche Qualifizierung dieser Fachkräfte sichern den Arbeitsplatz und erleichtern den innerbetrieblichen Aufstieg.

Geringfügige Beschäftigung

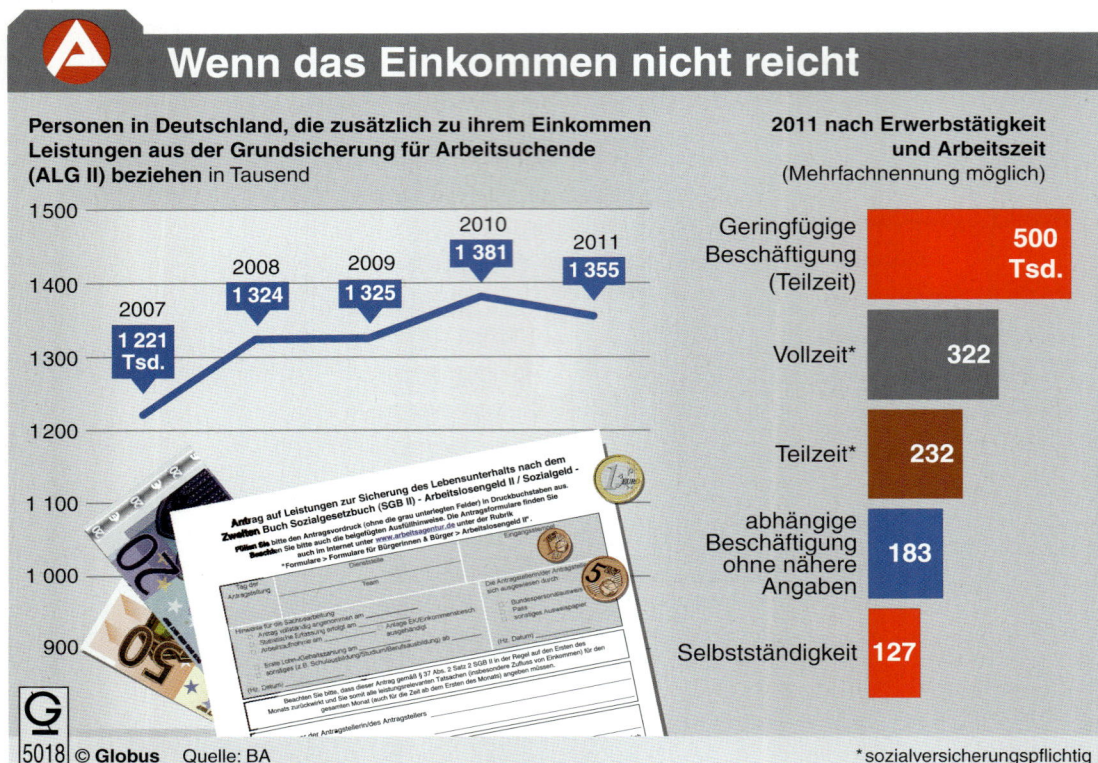

Wenn das Einkommen nicht reicht

Personen in Deutschland, die zusätzlich zu ihrem Einkommen Leistungen aus der Grundsicherung für Arbeitsuchende (ALG II) beziehen in Tausend

2007 — 1 221 Tsd.
2008 — 1 324
2009 — 1 325
2010 — 1 381
2011 — 1 355

2011 nach Erwerbstätigkeit und Arbeitszeit
(Mehrfachnennung möglich)

Geringfügige Beschäftigung (Teilzeit) — 500 Tsd.
Vollzeit* — 322
Teilzeit* — 232
abhängige Beschäftigung ohne nähere Angaben — 183
Selbstständigkeit — 127

G 5018   © Globus   Quelle: BA

*sozialversicherungspflichtig

Mini-Jobs bieten für den Arbeitnehmer und Arbeitgeber die Möglichkeit begünstigte Beschäftigungsverhältnisse zu schließen. Der Arbeitnehmer muss bis zu einer bestimmten Lohnhöhe keine Steuern und Sozialabgaben zahlen.

Die meisten Mini-Jobs sind im Handel, der Gastronomie und im Tourismus entstanden. In vielen Fällen bewältigt die Industrie Produktionsspitzen mit Mini-Jobbern. Unternehmen werden durch Mini-Jobs in ihrer Personalplanung flexibler. Für die Arbeitnehmer entsteht die Möglichkeit eines zusätzlichen Verdienstes. Wer keine Vollzeitbeschäftigung annehmen kann, dem bieten Mini-Jobs ebenfalls Vorteile.

1. Worin liegen die Nachteile der Mini-Jobs?
2. Worin liegen die Unterschiede zwischen einem Mini- und einem Midijob?

Zeitarbeit/Leiharbeit

MAN MÜSSTE IHM MAL ERKLÄREN, WAS ZEITARBEIT IST ...

© Dave Vaughan

© Dietrich Claus

1. Was versteht der Chef in der Karikatur unter Zeitarbeit?
2. Fertigen Sie einen Stichwortzettel an, um dem Chef erklären zu können, was Zeitarbeit bedeutet.

Zeitarbeitsfirmen sind Unternehmen, die Arbeitnehmer für eine bestimmte Zeit an andere Unternehmen ausleihen (Arbeitnehmer-überlassungsgesetz (AüG). Die entleihenden Unternehmen können somit flexibler auf Entwicklungen am Markt reagieren.

Zeitarbeit bedeutet nicht, dass die Arbeit in einer bestimmten Zeit erledigt wird, sondern es ist eine zeitlich begrenzte Einsatzdauer beim Kunden gemeint. Der Arbeitnehmer wird durch die Zeit-arbeit vor Arbeitslosigkeit geschützt. Er muss jedoch **Mobilität** zeigen. An der Arbeitnehmerüberlassung sind Arbeitnehmer, Ver-leiher und Entleiher beteiligt. Ständiger Arbeitgeber des Zeit-arbeitnehmers ist der Verleiher und nicht der Entleiher, bei dem der Mitarbeiter beschäftigt ist.

Mobilität:
Beweglichkeit
hier:
Bereitschaft zum Arbeitseinsatz
an verschiedenen Orten

Das Zeitarbeits-Unternehmen hat sämtliche Arbeitgeberpflichten zu erfüllen. Die Arbeitnehmer bekommen Urlaub. Das Unterneh-men bezahlt Sozialversicherungsbeiträge und Lohnsteuer und ist an sämtliche bestehenden Arbeits- und Sozialgesetze gebunden. Zeitarbeitsverträge werden zwischen dem Zeitarbeits-Unterneh-men und dem Entleiher geschlossen. Im Vertrag sind Dauer und Arbeitsleistung des Zeitarbeitnehmers festgelegt. Das Modell der Zeitarbeit wird verschiedentlich kritisiert, weil die Zeitarbeitneh-mer zur dauernden Billigkonkurrenz für die eigene Belegschaft missbraucht wurden.

Schattenwirtschaft

Mit „Schattenwirtschaft" werden verschiedene wirtschaftliche Tä-tigkeiten bezeichnet, für die (illegal)keine Steuern und Sozialab-gaben geleistet werden. Sie werden von keiner Statistik erfasst und bleiben somit im „Schatten". Eine Form der Schattenwirtschaft ist die **Schwarzarbeit.** In den letzten Jahren ist der Anteil der Schwarzarbeit jedoch zurückgegangen.

Schwarzarbeit:
Illegale Beschäftigungsverhält-nisse, für die weder Steuern noch Sozialabgaben gezahlt werden

Grundstufe

Schwarzarbeit in Deutschland

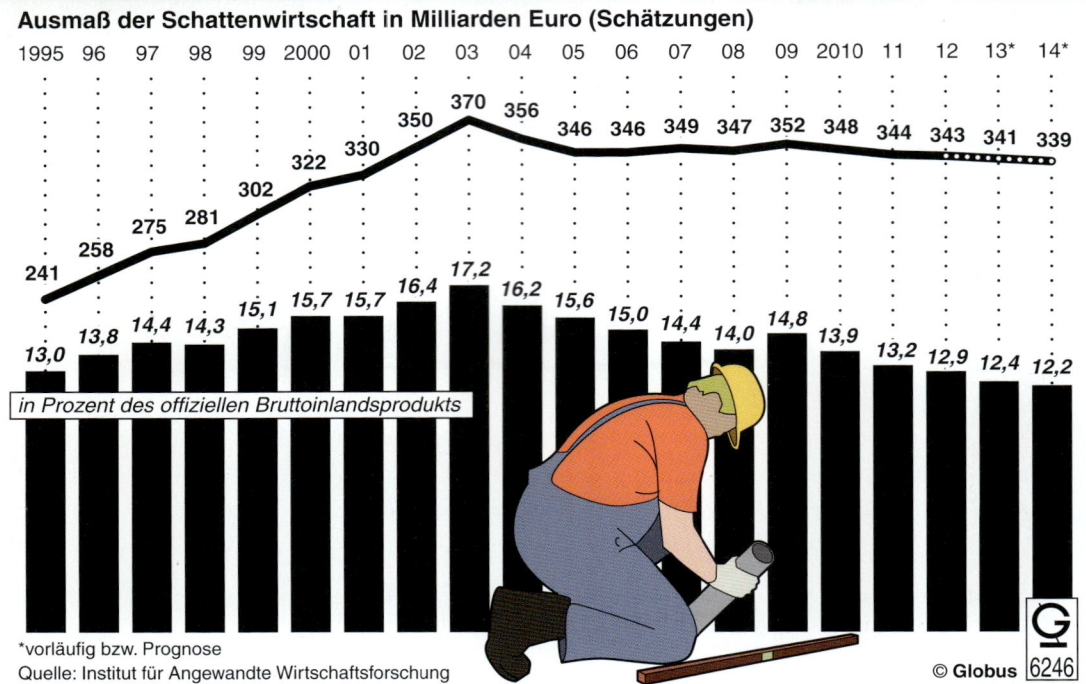

Ausmaß der Schattenwirtschaft in Milliarden Euro (Schätzungen)

1995 96 97 98 99 2000 01 02 03 04 05 06 07 08 09 2010 11 12 13* 14*

241 258 275 281 302 322 330 350 370 356 346 346 349 347 352 348 344 343 341 339

in Prozent des offiziellen Bruttoinlandsprodukts

13,0 13,8 14,4 14,3 15,1 15,7 15,7 16,4 17,2 16,2 15,6 15,0 14,4 14,0 14,8 13,9 13,2 12,9 12,4 12,2

*vorläufig bzw. Prognose
Quelle: Institut für Angewandte Wirtschaftsforschung

© **Globus** 6246

---

1. Diskutieren Sie mögliche Ursachen für das Ansteigen der Schwarzarbeit bis 2003.
2. Worauf führen Sie die Abnahme in den folgenden Jahren zurück?

Illegale Beschäftigung und Leistungsmissbrauch schädigen in erheblichem Maße die Volkswirtschaft. Durch den unfairen Wettbewerb werden viele Unternehmen in ihrer Existenz bedroht. Sie können im Preiskampf gegen die erheblich preiswerteren Anbieter, die illegal Arbeitnehmer beschäftigen, nicht bestehen.

Unternehmer, die gegen die Vorschriften illegaler Beschäftigung und Schwarzarbeit verstoßen, können bis zu drei Jahre von der Vergabe öffentlicher Aufträge ausgeschlossen werden. Zudem müssen diese Unternehmen mit Bußgeldern bis zu 500.000 Euro rechnen.

4.5 Anforderungen an den Einzelnen

Bereitschaft zum lebenslangen Lernen

Die Bereitschaft zum lebenslangen Lernen ist Grundvoraussetzung für einen erfolgreichen beruflichen Werdegang. Das Bildungsan-

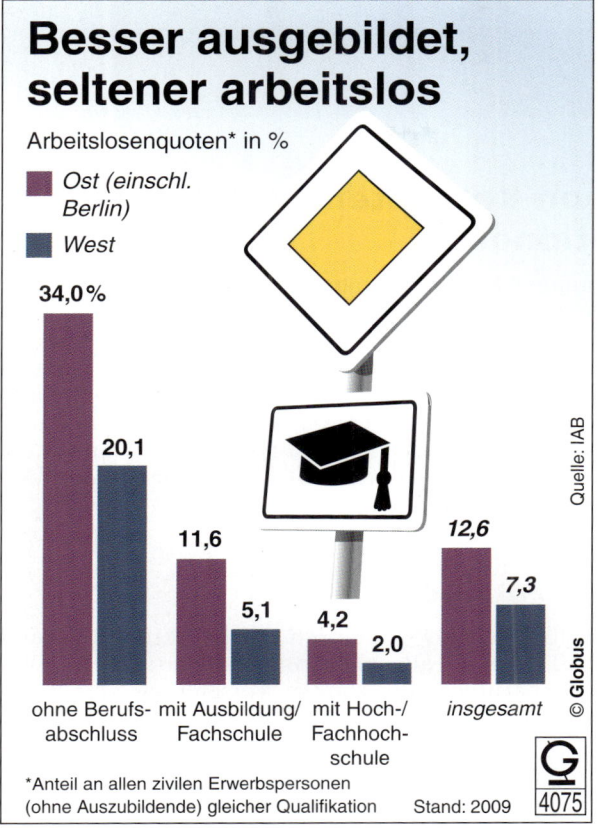

Besser ausgebildet, seltener arbeitslos

Arbeitslosenquoten* in %

- Ost (einschl. Berlin)
- West

34,0 %

20,1

11,6

5,1

4,2

2,0

12,6

7,3

ohne Berufs-abschluss | mit Ausbildung/ Fachschule | mit Hoch-/ Fachhochschule | insgesamt

*Anteil an allen zivilen Erwerbspersonen (ohne Auszubildende) gleicher Qualifikation

Stand: 2009

Quelle: IAB

© Globus

4075

gebot müssen Jugendliche und Erwachsene selbstständig und eigenverantwortlich nutzen.

Der beste Schutz gegen Arbeitslosigkeit ist Bildung – je mehr, desto besser. Nur etwa drei Prozent der Hochschulabgänger in Deutschland sind arbeitslos gemeldet. Facharbeiter und Meister mit einer soliden beruflichen Ausbildung haben beste Chancen einen geeigneten Arbeitsplatz zu finden. Arbeitslosigkeit wird zunehmend ein Problem gering qualifizierter Personen. Die abgeschlossene Erstausbildung reicht in Zeiten des schnellen technologischen Wandels nicht mehr aus. Ständige Weiterbildung ist nötig, um das fachliche Wissen auf dem aktuellen Stand zu halten.

Die Halbwertszeit des Wissens nimmt ständig ab. Beispielsweise veralten 50 Prozent des Fachwissens in der Informations- und Telekommunikationsbranche innerhalb von zwei Jahren.

Die wechselnden Anforderungen an den Arbeitnehmer in den Betrieben durch Umstrukturierungsprozesse und Produktwechsel erfordern **berufliche Mobilität** (Flexibilität). Unternehmen engagieren sich immer stärker in Nachbarstaaten bzw. weltweit (Global Player). Wesentliche Qualifikationen der Arbeitnehmer sind für viele Firmen deshalb

▶ Fremdsprachenkenntnisse,

▶ Toleranz gegenüber anderen Kulturen und

▶ **regionale Mobilität.**

Berufliche Mobilität:

Bereitschaft neue Tätigkeiten auszuführen bzw. sich qualifizieren oder umschulen zu lassen

Regionale Mobilität:

Meint die Bereitschaft auch weiter entfernt vom Wohnort zu arbeiten bzw. den Wohnort zu wechseln

Grundstufe

Recherchieren Sie im Internet, welche Qualifizierungsangebote es für Ihren Beruf gibt.

Personale Kompetenzen:

▶ Belastbarkeit und Durchhalte-
vermögen
▶ Zuverlässigkeit und Selbst-
disziplin
▶ Leistungsbereitschaft und
Initiative
▶ Selbstständigkeit und Verant-
wortungsbewusstsein

Soziale Kompetenzen:

▶ Fleiß, Lern- und Leistungsbereitschaft
▶ Urteils-, Kritik- und Selbstkritik-
fähigkeit
▶ Initiative und Engagement
▶ Flexibilität des Denkens
▶ Problemlösungs-, Kommunika-
tions- und Teamfähigkeit
▶ Ehrlichkeit, Ordnung, Zuverlässigkeit, Gründlichkeit, Pünkt-
lichkeit und Selbstdisziplin
▶ Mitmenschlichkeit, Hilfsbereit-
schaft, Verlässlichkeit und Höflichkeit

Kulturtechniken:

Rechnen, Schreiben, Lesen,
Medienkompetenz

Bildung und Kultur

*Gemeinsames Logo von Sokrates
und Leonardo da Vinci*

Erwerb von Kompetenzen (Schlüssel-qualifikationen)

Soziales Zusammenleben und erfolgreiches leistungsorientiertes Arbeiten sind ohne bestimmte Eigenschaften der Menschen nicht denkbar. Der erfolgreiche Arbeitnehmer verfügt über Wissen und Können, Fertigkeiten und Fähigkeiten, **personale** und **soziale Kompetenzen.** Diese sind besonders wichtig, weil man sich durch sie neues Wissen schnell erschließen kann. Schlüsselqualifikationen veralten im Vergleich zu fachliche Qualifikationen langsamer oder gar nicht. Das Beherrschen der **Kulturtechniken** fördert den Erwerb von Kompetenzen.

Lernen im Ausland

Die Europäische Union bietet gemeinschaftliche Aktionsprogramme wie COMENIUS (für die allgemeine Bildung) oder LEONARDO DA VINCI (für die berufliche Bildung) an. Verschiedene Bildungsprojekte werden auf Antrag finanziell gefördert.

Ziel des Aktionsprogramms COMENIUS ist es, lebenslanges Lernens zu fördern, durch

▶ die Verbesserung der Fremdsprachenkenntnisse,

▶ die Unterstützung der Mobilität und

▶ die zunehmende Verwendung neuer Technologien im Bildungsbereich.

Das Aktionsprogramms LEONARDO DA VINCI fördert

▶ grenzüberschreitenden Mobilität von Personen, die in Europa eine Berufsausbildung absolvieren,

▶ Qualitätssteigerung bei der Berufsbildung,

▶ Sprachenkompetenz,

▶ das Verständnis für andere Kulturen in Zusammenhang mit der Berufsbildung.

4.6 Arbeitslosigkeit

Arbeitslosigkeit kann jeden Arbeitnehmer treffen – vom Firmenmanager bis zum Hilfsarbeiter. Die Arbeitslosigkeit kann schwerwiegende Probleme für den Einzelnen und die Gesellschaft nach sich ziehen.

Arbeitslosigkeit entsteht dann, wenn das Angebot an Arbeitskräften die Nachfrage übersteigt.

Häufige Formen der Arbeitslosigkeit sind:

▸ Konjunkturelle Arbeitslosigkeit: Zeitweise fehlt die Nachfrage nach Gütern und Dienstleistungen

▸ Strukturelle Arbeitslosigkeit: Durch technologische Veränderungen bedingt (z. B Robotereinsatz in der Automobilindustrie) sinkt der Bedarf an Arbeitskräften

▸ Saisonale Arbeitslosigkeit: Jahreszeitlich bedingt werden weniger Arbeitskräfte benötigt (Baugewerbe, Gastronomie)

▸ Friktionelle Arbeitslosigkeit: Sie tritt auf, wenn Arbeitskräfte kündigen oder entlassen werden und kurzfristig bis zum Antritt der neuen Stelle nicht beschäftigt sind.

© Drude

1. Welche Form der Arbeitslosigkeit wird in der Darstellung ausgedrückt?

2. In welchen Branchen gab es in der Vergangenheit strukturelle Arbeitslosigkeit?

Arbeitslosigkeit – Folgen für den Einzelnen

Arbeitslosigkeit ist nicht nur eine Belastung in materieller Hinsicht. Auch gesundheitliche Probleme können die Folge sein. Bei vielen Arbeitslosen treten **psychosoziale** und **psychosomatische** Symptome auf.

Arbeitslose Menschen – besonders Langzeitarbeitslose – zeigen oft:

▸ körperliche Inaktivität,

▸ geistige Trägheit,

▸ seelische Instabilität, z. B. Depressionen,

▸ Verlust von Kontaktfähigkeit und Selbstachtung.

Psychosozial:

Seelische Probleme auf Grund der sozialen Situation

Psychosomatisch:

Unverarbeitete seelische Probleme äußern sich körperlich

Grundstufe

Arbeitslosigkeit – Auswirkungen auf die Gesellschaft

Arbeitslosigkeit ist eines der größten gesellschaftlichen Probleme unserer Zeit. Insbesondere kann sie Ursache sein für folgende Probleme:

▶ vermehrte Jugendkriminalität,

▶ Schwierigkeiten bei der Finanzierung der Sozialversichtungssysteme,

▶ zunehmende Kinderarmut,

▶ soziale Spannungen,

▶ sozialer Abstieg,

▶ Verlust an beruflichen Qualifikationen.

Bekämpfung der Arbeitslosigkeit

„Zwei von drei Arbeitslosen sind nicht oder nur gering Qualifizierte."

Gute Ausbildung ist die Vitamin- und Energiezufuhr für die Wirtschafts- und Exportnation Deutschland. Die jungen Menschen müssen bereits in der Schule die Einstellung gewinnen, ständig und selbstständig weiteren Proviant – Wissen und Bildung – aufzunehmen.

Dr. Dieter Hundt, Präsident der Bundesvereinigung der Deutschen Arbeitgeberverbände, 2010

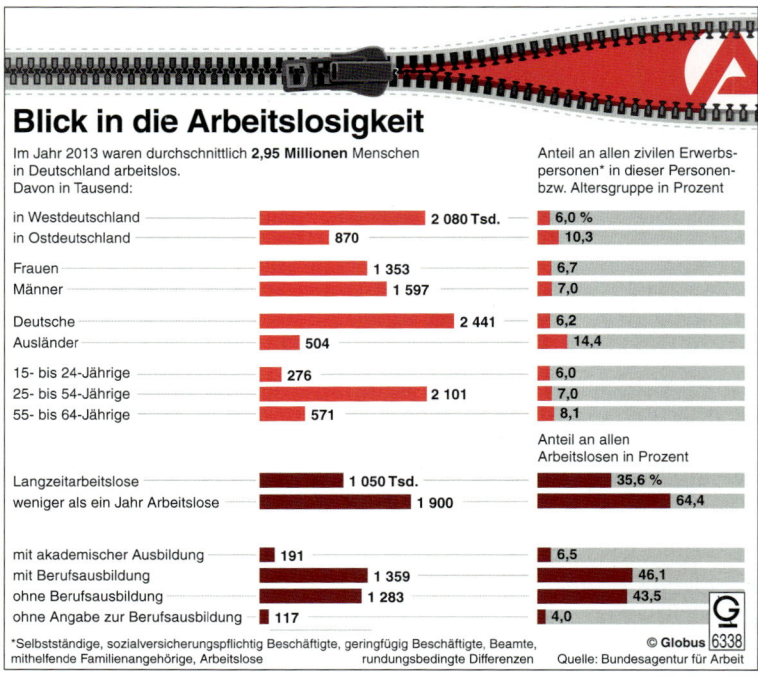

Blick in die Arbeitslosigkeit

Im Jahr 2013 waren durchschnittlich **2,95 Millionen** Menschen in Deutschland arbeitslos.
Davon in Tausend:

Anteil an allen zivilen Erwerbspersonen* in dieser Personen- bzw. Altersgruppe in Prozent

	in Tausend	Anteil in Prozent
in Westdeutschland	2 080 Tsd.	6,0 %
in Ostdeutschland	870	10,3
Frauen	1 353	6,7
Männer	1 597	7,0
Deutsche	2 441	6,2
Ausländer	504	14,4
15- bis 24-Jährige	276	6,0
25- bis 54-Jährige	2 101	7,0
55- bis 64-Jährige	571	8,1

Anteil an allen Arbeitslosen in Prozent

	in Tausend	Anteil in Prozent
Langzeitarbeitslose	1 050 Tsd.	35,6 %
weniger als ein Jahr Arbeitslose	1 900	64,4
mit akademischer Ausbildung	191	6,5
mit Berufsausbildung	1 359	46,1
ohne Berufsausbildung	1 283	43,5
ohne Angabe zur Berufsausbildung	117	4,0

*Selbstständige, sozialversicherungspflichtig Beschäftigte, geringfügig Beschäftigte, Beamte, mithelfende Familienangehörige, Arbeitslose   rundungsbedingte Differenzen

© Globus 6338

Quelle: Bundesagentur für Arbeit

Arbeitslosenquote

Ein Ziel der Wirtschaftspolitik ist Vollbeschäftigung. Sie gilt als erreicht, bei einer Arbeitslosenquote von ca. drei bis vier Prozent. In Deutschland lag die Arbeitslosenquote in den vergangenen Jahren stets über dieser Quote.

Arbeitslosenquote:

Ist der Prozentanteil der Arbeitslosen an den abhängigen Erwerbspersonen

Sie ist die Maßzahl für die Höhe des Beschäftigungsstandes in einer Volkswirtschaft.

Diskutieren Sie, wie sich die Arbeitslosigkeit in den nächsten Jahren entwickeln könnte.

Bundesagentur für Arbeit (BA)

Die Arbeitsmarktpolitik bündelt alle Maßnahmen zur Beeinflussung des Arbeitsmarktes, vor allem zur Bekämpfung der Arbeitslosigkeit. In Deutschland ist die Bundesagentur für Arbeit (Nürnberg) für die Umsetzung der arbeitsmarktpolitischen Maßnahmen zuständig.

Alle Maßnahmen der Arbeitsförderung sind darauf gerichtet,

▶ einen hohen Beschäftigungsstand zu gewährleisten,

▶ die Beschäftigungsstruktur laufend zu verbessern,

▶ die berufliche Eingliederung körperlich oder geistig Behinderter und älterer Arbeitnehmer zu fördern,

▶ nachteilige Folgen, die sich für die Erwerbstätigen aus der technischen Entwicklung oder aus wirtschaftlichen Strukturwandlungen ergeben, zu vermeiden oder zu beseitigen.

Wichtige Aufgaben und Leistungen der BA:

▶ Arbeitsvermittlung und -beratung
▶ Förderung beruflicher Wiedereingliederung und der Aufnahme einer selbständigen Tätigkeit
▶ Förderung der Berufsausbildung
▶ Weiterbildung
▶ berufliche Eingliederung Behinderter
▶ Mobilitätshilfen
▶ finanzielle Absicherung (Arbeitslosengeld, Arbeitslosenhilfe, Kurzarbeitergeld, Unterhalts- u. Übergangsgeld)

Arbeitsmarktpolitische Konzepte und Maßnahmen

Neben den Maßnahmen der BA zur Arbeitsförderung gibt es weitere Bemühungen, den angespannten Arbeitsmarkt zu entlasten.

Staatliche Subventionen

Direkte Subventionen

Subventionen sind gezielte, direkte finanzielle Hilfen für einzelne Betriebe oder ganze Branchen. Mit den Geldern sollen Arbeitsplätze gesichert und die Wettbewerbsfähigkeit erhöht werden.

Indirekte Subventionen (Steuervergünstigungen)

Steuervergünstigungen sind indirekte finanzielle Hilfen. Unter bestimmten Voraussetzungen werden zu zahlende Steuern ganz oder teilweise erlassen. Dadurch soll die wirtschaftliche Entwicklung positiv beeinflusst werden.

Subventionen im Krisenjahr 2009 gestiegen

Bundesregierung legt 22. Subventionsbericht vor

Die Finanz- und Wirtschaftskrise trägt maßgeblich dazu bei, dass die staatlichen Subventionen des Bundes gestiegen sind. Zu diesem Ergebnis kommt der 22. Subventionsbericht der Bundesregierung, der am 13. Januar 2010 vom Kabinett beschlossen wurde. Der Bericht, den die Bundesregierung alle zwei Jahre Bundestag und Bundesrat vorlegt, erfasst sowohl die Finanzhilfen und Subventionen des Bundes, wie auch die geschätzten Mindereinnahmen durch Steuervergünstigungen im Zeitraum von 2007–2010.

Starker Anstieg der Subventionen 2009

Während im Jahr 2008 noch ein leichter Rückgang der Subventionen um 250 Millionen Euro verzeichnet werden konnte, stand das Jahr 2009 im Zeichen der weltweiten Finanz- und Wirtschaftskrise: die Subventionen stiegen auf insgesamt 29,5 Mrd. Euro – das waren gut 6 Mrd. Euro mehr als zuvor.

Während die Mindereinnahmen durch Steuervergünstigungen 2009 leicht zurückgingen, gab der Bund mit über 12 Milliarden Euro wesentlich mehr für Finanzhilfen aus, als noch im Vorjahr. Ein Großteil dieser Aufwendungen ist auf Maßnahmen zur Ankurbelung der Konjunktur in Krisenzeiten zurückzuführen: So gehen mehr als drei Viertel dieser Ausgaben auf die Umweltprämie, auch Abwrackprämie genannt, zurück, mit der 2009 die Automobilindustrie gestützt wurde.

Deutlicher Rückgang für 2010 erwartet

Für das Jahr 2010 rechnet die Bundesregierung wieder mit einem deutlichen Rückgang, das Gesamtvolumen beträgt dann voraussichtlich 24,4 Milliarden Euro. Die Summe der Subventionen nähert sich damit wieder den 23,7 Milliarden Euro aus dem Jahr 2007 an. Ausschlaggebend hierfür ist Sie Senkung der Finanzhilfen auf 6,8 Milliarden Euro. Die Steuervergünstigungen werden allerdings trotz der auslaufenden Eigenheimzulage leicht auf 17,7 Milliarden Euro steigen, da im Gegenzug andere Vergünstigungen ausgeweitet bzw. neu geschaffen werden. Sie liegen aber deutlich unter dem Niveau des Jahres 2007.

Bei der Verteilung der Beihilfen und Vergünstigungen bleibt die private Wirtschaft Spitzenreiter: Etwas mehr als die Hälfte aller Subventionen fließen in diesen Bereich.

Quelle: Bundesministerium der Finanzen – Pressebericht 2009

Wer gewährt Subventionen?

1. Welche Vorteile bringt eine Kürzung der Subventionen mit sich?

2. Erklären Sie, warum die Eigenheimzulage als Steuervergünstigung bezeichnet wurde.

Öffentliche Aufträge

Öffentliche Aufträge sind Aufträge die von Bund, Ländern und Gemeinden öffentlich ausgeschrieben werden (z. B. Schaffung von **Infrastruktur**). Interessierte Unternehmen können Angebote abgeben. In der Regel erhält der billigste Anbieter den Auftrag.

Die Vergabe kann auch gezielt erfolgen, um die wirtschaftliche Lage bestimmter Branchen zu verbessern oder **regionale Arbeitslosigkeit** zu bekämpfen. Beispielsweise wurde durch Vergabe öffentlicher Aufträge im Rahmen des „Wiederaufbaus-Ost" versucht, die Baubranche zu stabilisieren.

Infrastruktur:
Wirtschaftlicher und organisatorischer Unterbau einer Gesellschaft (z. B. Verkehrsnetz, Arbeitskräfte)

Regionale Arbeitslosigkeit:
Arbeitslosigkeit durch Arbeitsplatzmangel in einem bestimmten Gebiet

Überlegen Sie, welche Betriebe und Branchen möglicherweise vom Wiederaufbau-Ost profitiert haben oder noch profitieren.

Notieren Sie aktuelle Beispiele aus ihrer Region.

Qualifizierungsmaßnahmen

Berufliche Qualifizierung

Grundsätzlich sind Arbeitnehmer offen für neues Wissen, jedoch steigt die Bereitschaft zur Weiterbildung mit der Höhe der Qualifikation. Immerhin nehmen jährlich rund 20 Prozent der Erwerbstätigen und Arbeitslosen an einer Weiterbildung teil – Tendenz steigend.

Berufliche Qualifizierung:
Alle Maßnahmen, die eine erfolgreiche Berufsausübung ermöglichen

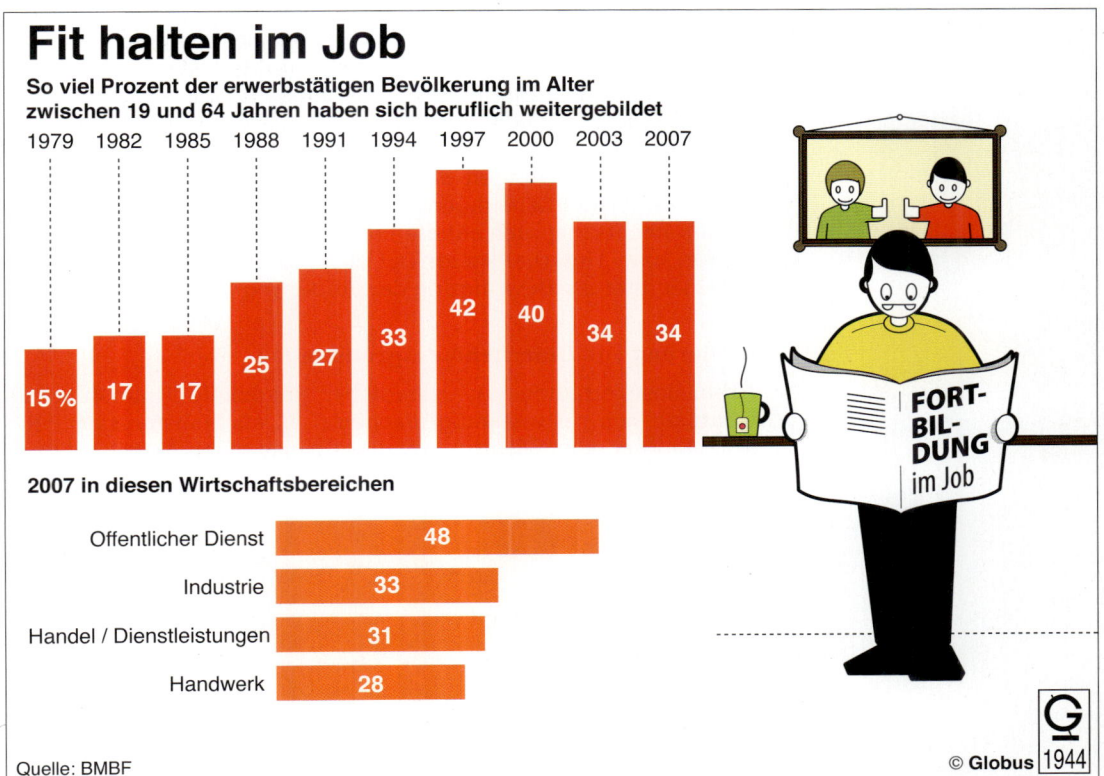

Fit halten im Job

So viel Prozent der erwerbstätigen Bevölkerung im Alter zwischen 19 und 64 Jahren haben sich beruflich weitergebildet

1979	1982	1985	1988	1991	1994	1997	2000	2003	2007
15 %	17	17	25	27	33	42	40	34	34

2007 in diesen Wirtschaftsbereichen

Öffentlicher Dienst	48
Industrie	33
Handel / Dienstleistungen	31
Handwerk	28

FORT-BIL-DUNG im Job

Quelle: BMBF

© Globus 1944

Lerngebiet 1

Über die Förderung einer beruflichen Weiterbildung entscheidet die zuständige Arbeitsagentur.

Wer sich beruflich weiterbildet, verdient bis zu zwölf Prozent mehr als Kollegen, die auf eine entsprechende Weiterbildung verzichten. Das belegt eine Studie des Zentrums für Europäische Wirtschaftsforschung.

Umschulung

Umschulungsmaßnahmen müssen je nach Lage des Arbeitsmarktes zweckmäßig sein.

Das bedeutet: Umschulungen für Arbeitslose werden bewilligt, wenn zu erwarten ist, dass nach der Qualifizierungsmaßnahme die Arbeitslosigkeit endet. Die Teilnehmer erwerben Kenntnisse und Fähigkeiten, die von ihrer bisherigen Ausbildung oder Berufstätigkeit abweichen. Die Umschulung qualifiziert für eine andere geeignete berufliche Tätigkeit (z. B. Umschulung eines Karosserie- und Fahrzeugbaumechanikers mit Ölallergie, Umschulung eines Bäckers mit Mehlstauballergie).

Fortbildung

Sie dient der höheren Qualifizierung im erlernten Beruf (z. B. zum Maurermeister, zum staatlich geprüften Techniker – Fachrichtung Elektrotechnik).

Finanzierung von beruflichen Qualifizierungsmaßnahmen

Das Angebot an Maßnahmen zur Wiedereingliederung von Arbeitslosen ist je nach Bundesland oder Wirtschaftsregion sehr unterschiedlich. Entsprechend der Arbeitsmarktsituation vor Ort können von der Arbeitsagentur verschiedenste Maßnahmen gefördert werden. Grundsätzlich werden spezielle Programme für Berufsrückkehrer, Umschulung und Kurse zur beruflichen Qualifizierung angeboten. Förderungen zur beruflichen Wiedereingliederung sind keine Pflichtleistungen, sondern Kann-Leistungen. Es gibt keinen Rechtsanspruch auf die Förderung oder die Erstattung von Kosten bzw. Unterhaltsgeld. Die zuständige Arbeitsagentur entscheidet über die Bewilligung der Förderung.

Förderung von Unternehmensgründungen

Arbeitslose erhalten eine staatliche, finanzielle Unterstützung, wenn sie sich selbstständig machen (z. B. als Hausmeister, Putzhilfe, Kellner oder Gärtner). Auf diese Weise sollen Arbeitslosigkeit und Schwarzarbeit bekämpft werden.

Zusammenfassung

Der Wandel zur Informations- und Kommunikationsgesellschaft wird als dritte industrielle Revolution bezeichnet.

Die veränderte Betriebsorganisation zeigt sich z.B. durch Outsourcing, Leanproduktion und Just-in-Time-Verfahren. Um kostengünstiger produzieren zu können, werden Arbeitsplätze ins Ausland verlagert oder abgebaut.

Schwarzarbeiter sind illegal Beschäftigte für die keine Steuern und Sozialabgaben gezahlt werden und selbst keine zahlen.

Lebenslanges Lernen, berufliche und regionale Mobilität sind Vorraussetzung für einen sicheren Arbeitsplatz. Der erfolgreiche Arbeitnehmer verfügt über Wissen und Können, Fertigkeiten und Fähigkeiten, personale und soziale Kompetenzen.

Man unterscheidet konjunkturelle, strukturelle, saisonale und friktionelle Arbeitslosigkeit. Der Staat kann durch Subventionen, Steuervergünstigungen und Vergabe öffentlicher Aufträge den Arbeitsmarkt positiv beeinflussen. Berufliche Qualifizierung kann vor Arbeitslosigkeit schützen.

Wissens-Check

1. Nennen Sie Gründe für den betriebsorganisatorischen Wandel.

2. Erklären Sie den Unterschied zwischen Arbeitsplatz- und Produktionsverlagerung.

3. Herr Murr ist Dachdeckergeselle bei einem großen Hochbau-Unternehmen. Geben Sie jeweils die Form der Arbeitslosigkeit an:

   a) Jedes Jahr verliert Herr Murr über die Wintermonate seinen Arbeitsplatz.

   b) Herr Murr wird entlassen, weil das Unternehmen nur noch Fertighäuser mit maschinell eingedeckten Dächern vertreibt.

4. Frau Karg ist Bäckerin. Aufgrund einer Mehlstauballergie kann sie ihren Beruf nicht mehr ausüben. Welche berufliche Qualifizierungsmaßnahme empfehlen sie Frau Karg, um eine dauerhafte Arbeitslosigkeit zu vermeiden?

5. Welche Möglichkeiten gibt es, um sich vor Arbeitslosigkeit zu schützen?

Lerngebiet 1

Ich erwarte

Soziale Systeme

2

E = m · c²

Soziale Sicherung

Private Vorsorge

Transferleistungen des Staates

LG 2 Soziale Systeme

1 Prinzipien sozialer Sicherung

Jeder Mensch ist im Laufe seines Lebens sozialen Risiken ausgesetzt. Um soziale Härten bei dem Einzelnen zu vermeiden und eine gewisse Sicherheit zu garantieren hat die Politik die Aufgabe, diese Risiken abzumildern und ihre finanziellen Folgen im bestimmten Maße auf die Gemeinschaft zu verteilen. Allerdings spielt auch die individuelle Vorsorge eine immer größere Rolle.

1.1 Solidaritätsprinzip

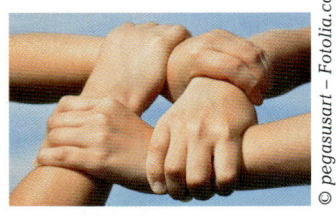

© pegasusart – Fotolia.com

Solidaritätsprinzip:
Einer für alle, alle für einen

Das Solidaritätsprinzip ist die Basis der gesetzlichen Sozialversicherung. Es besagt, dass die Gemeinschaft der Versicherten jedem Mitglied gemeinschaftlich (solidarisch) hilft. Es gilt der Grundsatz „Einer für alle, alle für einen".

1.2 Äquivalenzprinzip

In der privaten Krankenversicherung (PKV) gilt das Äquivalenzprinzip. Die Höhe des Beitrags hängt vom individuellen Risiko und gewünschten Leistungsspektrum des Versicherten ab. Hier gilt der Grundsatz „Je mehr, desto mehr". Während in der gesetzlichen Versicherung jeder einen Beitrag zahlt, damit alle gleichermaßen gut versorgt werden können, versichert sich innerhalb der PKV jeder gegen sein eigenes Risiko.

1.3 Subsidiaritätsprinzip

Das Subsidiaritätsprinzip hat die Entfaltung der individuellen Fähigkeiten der Selbstverantwortung und Selbstbestimmung zum Ziel. Nur, wenn die Möglichkeiten des Einzelnen bzw. einer kleinen Gruppe nicht ausreichen die Aufgaben zu lösen, sollen staatliche Institutionen eingreifen. Hilfe zur Selbsthilfe hat Vorrang vor einer direkten Aufgabenübernahme durch den Staat.

2 Grundlagen des gesetzlichen Sozialversicherungssystems

Die gesetzliche Sozialversicherung stellt einen weitreichenden Schutz insbesondere für Arbeitnehmer dar und ist der wichtigste Bereich der sozialen Sicherung. Die Sozialversicherung besteht aus den fünf Sparten: Krankenversicherung, Rentenversicherung, Arbeitsförderung, Unfallversicherung und Pflegeversicherung.

2.1 Geschichtliche Entwicklung und Bedeutung der Sozialversicherung

Die soziale Sicherheit war in früheren Zeiten durch die Familie garantiert. Die Kinder wurden aufgezogen und ausgebildet. Sie arbeiteten und sorgten dann später für die Alten. Auch bei Krankheit oder einem Unfall musste die Familie einspringen.

Ursprung der Sozialversicherung

Mitte des 19. Jahrhunderts schlossen sich Arbeiter zu Organisationen zusammen. Sie wollten als Gemeinschaft den Arbeitgebern gegenübertreten und ihre Interessen durchsetzen. Vor dem Hintergrund dieser politischen Entwicklung erließ Kaiser Wilhelm I. im Jahr 1881 die „Kaiserliche Botschaft".

Er forderte darin den deutschen Reichstag auf, Gesetze zum Schutze der Arbeiter im Falle von Krankheit (1883), Unfall (1884), Invalidität und Alter (1889) zu beschließen. Dies wird als die Geburtsstunde der deutschen Sozialversicherung angesehen. Reichskanzler und damit Regierungschef war zu dieser Zeit Graf Otto von Bismarck. Unter seiner Regie entstand in Deutschland die damals weltweit vorbildliche Sozialversicherung.

Noch vor der Weltwirtschaftskrise mit der hohen Arbeitslosigkeit wurde im Jahre 1927 die Arbeitslosenversicherung eingeführt.

Seit 1995 gilt in Deutschland die Pflichtmitgliedschaft auch in der Pflegeversicherung.

© Arne Psille (DHM)

Otto von Bismarck, Reichskanzler 1871–1890

Die damaligen Leistungen

Tatsächlich war das deutsche Sozialversicherungssystem damals wegweisend für Europa und die Welt. Die Leistungen waren jedoch verglichen mit der heutigen Zeit eher bescheiden.

▸ Krankengeld ab dem 3. Tag, 50 Prozent des Lohnes bis zu 26 Wochen

▸ Unfallrente ab der 14. Woche

▸ Altersrenten ab dem 70. Lebensjahr

▸ Arbeitslosengeld anfangs eine Reichsmark pro Tag

Die Entwicklung in Deutschland seit 1949

Das Grundgesetz von 1949 legt in Artikel 20 fest, dass die Bundesrepublik Deutschland ein „demokratischer und sozialer Bundesstaat" ist. Dieses sogenannte Sozialstaatsgebot ist gesetzliche Verpflichtung für die Politik. Der Staat sorgt ganz allgemein für den Ausgleich zwischen den sozial Schwachen und den sozial Starken. Außerdem sichert er die Existenzgrundlage seiner Bürger.

Solidaritätsprinzip:

Prinzip der gegenseitigen Hilfe

Ohne sie kann die Familie, der Freundeskreis oder eine staatliche Gemeinschaft nicht existieren.

Die Sozialversicherung ist heute eine auf dem **Solidaritätsprinzip** beruhende Pflichtversicherung, die nach dem Grundsatz der Selbstverwaltung aufgebaut ist und unter staatlicher Aufsicht steht. Der Sozialstaat ist eine Mischform aus Versicherung, Versorgung und Fürsorge.

Die 5 Säulen der gesetzlichen Sozialversicherung

Sozialversicherungsausweis:

Er wird von den Trägern der Rentenversicherung ausgestellt. In bestimmten Branchen wird er mit einem Foto versehen und muss bei der Arbeit mitgeführt werden. Er ist ein wirksames Instrument im Kampf gegen die Schwarzarbeit.

Vorsorge:

Nur wer Vorsorge geleistet hat, also innerhalb der Solidargemeinschaft Beiträge entrichtet hat, kann mit Versicherungsleistungen rechnen.

Alle Berufstätigen sind normalerweise in der Sozialversicherung pflichtversichert. Der Arbeitgeber meldet sie dort an und beschafft in der Regel auch den **Sozialversicherungsausweis.** Der Arbeitnehmeranteil zur Sozialversicherung wird sofort vom Lohn abgezogen. Den anderen Teil zahlt der Arbeitgeber, ohne dass dies auf der Gehaltsabrechnung erkennbar ist. Die gesetzliche Unfallversicherung wird vom Arbeitgeber alleine bezahlt. Für Beamte, Selbstständige und Freiberufler gelten besondere Regelungen. Leistungen aus der Sozialversicherung erhalten nur deren Mitglieder, teilweise auch deren Ehepartner und Kinder. Die Mitglieder bekommen die Leistungen aber nur dann, wenn sie **Vorsorge** leisten.

Diese 5 Säulen sorgen für eine elementare Sicherung eines jeden Bürgers.

© Drude

2.2 Krankenversicherung

Die gesetzliche Krankenversicherung sichert in Deutschland den Großteil der Bevölkerung für den Krankheitsfall ab. Niemand muss sich damit um die teilweise sehr hohen Kosten für ärztliche Leistungen, einen Krankenhausaufenthalt und Medikamente Sorgen machen. Dieser wertvolle Krankenversicherungsschutz besteht nicht in allen Industriestaaten.

Die gesetzliche Krankenversicherung kommt nicht für Leistungen auf, die nach einem Arbeitsunfall oder als Folge einer Berufskrankheit erforderlich sind. Dann ist man über die Unfallversicherung abgesichert.

Träger der gesetzlichen Krankenversicherung

Die Krankenkassen sorgen für die finanzielle Abwicklung im Krankheitsfall. Jeder kann sich selbst die Krankenkasse aussuchen, bei der er krankenversichert und damit auch pflegeversichert sein will. Wichtige Kriterien für die Wahl der Krankenkasse sind: Erreichbarkeit am Wohnort und Umfang der Serviceleistungen. Die gewählte Krankenkasse kann den Versicherten nicht ablehnen. Anders als in einer Privatversicherung darf die Krankenkasse einen Antragsteller auch dann nicht ablehnen, wenn bereits Vorerkrankungen bekannt sind.

Der Gesundheitsfonds

Im System des seit 2009 bestehenden Gesundheitsfonds gilt für alle Krankenkassen ein einheitlicher Beitragssatz. Die Beiträge fließen zunächst in den Gesundheitsfonds. Je nach Zusammensetzung (z.B. Alter, Geschlecht, Gesundheitszustand) der Mitglieder der einzelnen Krankenkassen erhalten diese aus dem Gesundheitsfonds unterschiedlich hohe Finanzmittel. Die einzelnen Krankenkassen können am Jahresende Zusatzbeiträge von ihren Mitgliedern verlangen bzw. an sie Rückerstattungen leisten. Der Gesundheitsfonds ist politisch noch umstritten.

Die Leistungen der gesetzlichen Krankenversicherung

Generell werden alle medizinisch notwendigen Maßnahmen zur Wiederherstellung der Gesundheit bezahlt. Hinzu kommen:

- Krankengeld: Normalerweise zahlt der Arbeitgeber im Krankheitsfall für sechs Wochen das Entgelt weiter. Anschließend zahlt die Krankenkasse 70 Prozent des regelmäßig erzielten Bruttoarbeitsentgelts, für höchstens 78 Wochen innerhalb von drei Jahren.

- Mutterschaftsgeld: Für sechs Wochen vor und acht Wochen nach der Geburt, werden maximal 13 € je Kalendertag gezahlt. Der Arbeitgeber zahlt für die Zeit der Schutzfrist den Differenzbetrag zum Nettolohn dazu.

Höhere Beiträge zur Krankenversicherung für Extremsportler?

Lerngebiet 2

1. Durch Risiko-Sportarten entstehen viele Unfälle. Die Kosten werden durch die gesetzliche Krankenversicherung und damit durch Ihre Beiträge bezahlt. Halten Sie dies für richtig, oder sollten sich solche Sportler extra versichern?

2. Es ist statistisch nachgewiesen, dass Raucher ein erhöhtes Gesundheitsrisiko haben. Sollten in Zukunft Raucher höhere Krankenkassenbeiträge zahlen? Bisher übernehmen auch Nichtraucher durch ihre Beiträge die Krankheitskosten der Raucher.

Wer ist versichert?

Alle Arbeitnehmer sind pflichtversichert. Arbeitnehmer, deren Verdienst über einer bestimmten Grenze liegt, und Selbstständige können sich auch privat versichern.

In der gesetzlichen Krankenversicherung sind im Rahmen der Familienhilfe Ehepartner (wenn sie nicht selbst arbeiten) und Kinder bis zu bestimmten Alters- und Einkommensgrenzen mitversichert.

Was kostet die Krankenversicherung?

Beitragsbemessungsgrenze:
Ab dieser Grenze steigen die Beiträge zur Sozialversicherung auch bei höherem Einkommen nicht mehr an. Der Betrag wird in der Regel jährlich neu festgelegt. Er ist für die Kranken- und Rentenversicherung unterschiedlich hoch.

Der monatliche Beitrag hängt vom Bruttoeinkommen, vom allgemeinen Beitragssatz sowie vom gewählten Tarif ab. Vom persönlichen Beitrag zahlt der Arbeitnehmer zunächst 0,9 Prozent selbst. Den Rest zahlen Arbeitnehmer und -geber jeweils zur Hälfte bis zur **Beitragsbemessungsgrenze.** Sie wird jährlich angepasst. Wenn das Einkommen über diese Grenze hinausgeht, steigt der Krankenkassenbeitrag nicht mehr. Wer eine „Selbstbeteiligung" mit seiner Kasse vereinbart hat, kann von ihr eine Prämie in Form einer Rückerstattung erhalten.

Recherchieren Sie im Internet, wie hoch die diesjährige Beitragsbemessungsgrenze für die Beiträge zur Krankenversicherung ist. Ermitteln Sie auch die Höhe der Pflichtversicherungsgrenze.

Jeden Patienten optimal zu behandeln ist teuer.

© MEV Verlag GmbH

Die Probleme der Krankenversicherung

Die Gesamtausgaben der Krankenkassen werden immer höher. Das hat verschiedene Ursachen:

▶ Heute können Kranke geheilt werden, für die es früher keine Behandlungsmöglichkeit gab (Organtransplantation, Krebsbehandlung).

▶ Die Arzneimittelforschung wird teurer und aufwändiger, was sich in den Preisen für Arzneimittel niederschlägt.

▶ Die Lebenserwartung unserer Bevölkerung steigt; im Alter braucht man mehr ärztliche Hilfe.

▶ In Deutschland gehen die Menschen häufig zum Arzt (18 Besuche/Jahr; Schweden: drei Besuche/Jahr).

Die Sozialpolitik hat die Aufgabe, die notwendige medizinische Versorgung zu sichern. Allerdings sollen die Beiträge für die Krankenkassen nicht weiter steigen.

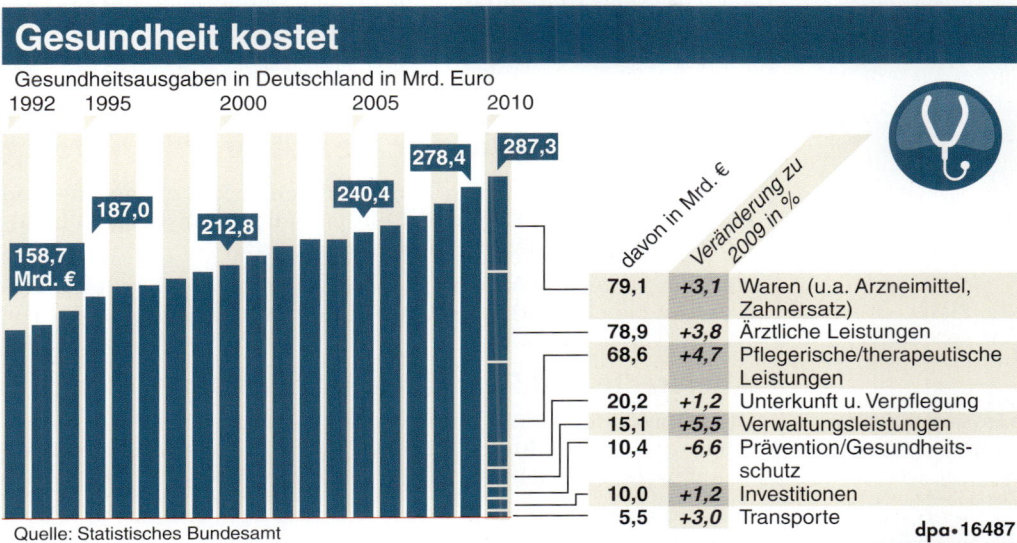

Gesundheit kostet

Gesundheitsausgaben in Deutschland in Mrd. Euro
1992   1995   2000   2005   2010

158,7 Mrd. €   187,0   212,8   240,4   278,4   287,3

davon in Mrd. €	Veränderung zu 2009 in %	
79,1	+3,1	Waren (u.a. Arzneimittel, Zahnersatz)
78,9	+3,8	Ärztliche Leistungen
68,6	+4,7	Pflegerische/therapeutische Leistungen
20,2	+1,2	Unterkunft u. Verpflegung
15,1	+5,5	Verwaltungsleistungen
10,4	-6,6	Prävention/Gesundheitsschutz
10,0	+1,2	Investitionen
5,5	+3,0	Transporte

Quelle: Statistisches Bundesamt   dpa•16487

Mit jedem Jahr steigen die Ausgaben für die Gesundheit.

1. Welche weiteren Ursachen sehen Sie für die steigenden Ausgaben im Gesundheitswesen?

2. Was kann der Einzelne tun, damit die Ausgaben gesenkt werden?

3. In der Kfz-Versicherung gibt es einen „Schadensfreiheitsrabatt" für unfallfreies Fahren. Wie beurteilen Sie eine ähnliche Lösung in der Krankenversicherung („Wer nicht zum Arzt geht, zahlt weniger")?

2.3 Rentenversicherung

Soziale Sicherheit ist untrennbar mit der Rentenversicherung verbunden. Sie sorgt seit vielen Jahrzehnten dafür, dass die Versicherten auch im Alter finanziell versorgt sind. Durch die Entwicklung der letzten Jahre steht die gesetzliche Rentenversicherung vor drei großen Herausforderungen:

▶ Sie muss dafür sorgen, dass die Beitragshöhe nicht weiter steigt.

▶ Sie muss sich auf die bereits eingetretenen und in Zukunft zu erwartenden demografischen Veränderungen einstellen.

Demografische Veränderungen:
Entwicklung der Bevölkerung nach Zahl, Geburten, Alter, Lebenserwartung usw.

Generationenvertrag:
Prinzip, durch das sich die Generationen gegenseitig unterstützen

Träger der Rentenversicherung:
Die Deutsche Rentenversicherung

Sie entstand aus der Zusammenlegung der Bundesversicherungsanstalt für Angestellte (BfA) in Berlin und der Landesversicherungsanstalten

▶ Sie muss in der Lage sein, den **Generationenvertrag** der Entwicklung anzupassen.

Die deutsche Rentenversicherung ist im Umlageverfahren organisiert: Die Beiträge, die vom Bruttolohn einbehalten und an den **Träger der Rentenversicherung** überwiesen werden, werden sofort als Rente an die Rentner ausgezahlt. Wenn die Zahl der Arbeitsplätze zurückgeht, sinken die Einnahmen der Rentenversicherung und damit das Geld, das für die Rentner zur Verfügung steht. Auf der anderen Seite steigen bei einer Lohnerhöhung auch die Einnahmen der Rentenversicherung.

Die Leistungen der Rentenversicherung

Alle Arbeitnehmer sind in der gesetzlichen Rentenversicherung pflichtversichert. Für Beamte, Selbstständige, Künstler und Landwirte gelten besondere Bestimmungen.

Um eine Rente zu bekommen, müssen – wie bei jeder anderen Versicherung auch – vorher Beiträge gezahlt worden sein.

Altersrente und Rente wegen Erwerbsminderung

Teilweise Erwerbsminderung:
Versicherte, die wegen Krankheit oder Behinderung auf nicht absehbare Zeit außerstande sind, mindestens sechs Stunden täglich erwerbstätig zu sein

Volle Erwerbsminderung:
Voll erwerbsgemindert ist ein Versicherter, der wegen Krankheit oder Behinderung auf nicht absehbare Zeit nicht in der Lage ist, unter den üblichen Bedingungen des allgemeinen Arbeitsmarktes mindestens drei Stunden täglich erwerbstätig zu sein.

Die Altersrente beginnt im Normalfall mit dem vollendeten 65. Lebensjahr. In den Jahren 2012 bis 2029 wird der Beginn schrittweise auf 67 Jahre erhöht.

Schwerbehinderte und Bergleute können auch früher die Altersrente beziehen.

Auch **teilweise-** oder **volle Erwerbsminderung** kann zu einem vorzeitigen Rentenbezug führen. (Die Begriffe „erwerbsunfähig/ berufsunfähig" werden umgangssprachlich noch verwendet, entsprechen aber nicht der gesetzlichen Definition.)

Renten im Todesfall

Durch diese Renten erhalten die Hinterbliebenen eines Rentenberechtigten einen Ersatz für den entgangenen Unterhalt.

▶ **Witwen/Witwerrente:** Hinterbliebene erhalten nach dem Tod des Ehepartners einen Teil der Rente des/r Verstorbenen.

▶ **Rentensplitting:** Ehegatten in einer Neu-Ehe können sich zu einer eigenständigen Sicherung entscheiden. Die von ihnen in der Ehezeit erworbenen Rentenansprüche werden als gemeinschaftliche Lebensleistung betrachtet. Später fließen die Renten aus dieser Zeit beiden Partnern je zur Hälfte zu.

▶ **Waisenrente:** Waisen erhalten einen Anteil der Rente des verstorbenen Elternteils. Diese Waisenrente verringert sich bei eigenem Einkommen und wird höchstens bis zum 27. Lebensjahr bezahlt.

Die Rente ihres Mannes wird zum größten Teil an sie weiterbezahlt.

Die Rentenberechnung

Wartezeit:
Zeit, die jemand der Versicherung angehören muss, um einen Anspruch auf die Versicherungsleistung zu haben

Grundsätzlich ist man erst nach einer **Wartezeit** von fünf Jahren rentenberechtigt. Die Höhe einer späteren Rente hängt von unterschiedlichen Faktoren ab:

▶ **Höhe der Beitragszahlungen**

Wer während seines Arbeitslebens gut verdient und deswegen auch hohe monatliche Beiträge an die Rentenversicherung zahlt, erhält später eine höhere Rente.

▶ **Dauer der Beitragszahlungen**

Je länger man in die Rentenversicherung einbezahlt, desto höher ist später die Rente.

▶ **Zusätzliche rentensteigernde Zeiten**

Das sind Zeiträume, in denen die Versicherten keine Beiträge entrichten konnten, die aber dennoch rentenwirksam sind. Zu diesen Zeiten gehören z. B.:

▶ Kindererziehungszeiten

▶ Zeiten der Arbeitslosigkeit

▶ Zeiten der schulischen Ausbildung

Sie werden jedoch nur bis zu bestimmten Höchstgrenzen angerechnet.

Rentenanpassung

Die Renten sollen sich so entwickeln, wie die Bruttolöhne der aktiv Beschäftigten im Vorjahr gestiegen sind. Eine Rentenkürzung ist gesetzlich ausgeschlossen.

Die Erziehung von Kindern wirkt sich rentensteigernd aus.

Lerngebiet 2

Der Beitragssatz zur Rentenversicherung

Der Beitragssatz zur Rentenversicherung wird jährlich festgelegt und bezieht sich auf den Bruttolohn. Der Betrag wird vom Bruttolohn abgezogen. Der Arbeitgeber zahlt die Hälfte der Beiträge. Auch in der Rentenversicherung gibt es eine Beitragsbemessungsgrenze.

Ermitteln Sie den aktuellen Beitragssatz und die Beitragsbemessungsgrenze zur Rentenversicherung im Internet.

Probleme der Rentenversicherung

Die Deutschen werden immer älter und damit steigen die Anzahl der Rentner und die Rentenbezugsdauer. Außerdem gehen viele Menschen heute früher in Rente und beziehen daher länger Rente. Gleichzeitig ging durch die weiterhin niedrige **Geburtenrate** die Zahl der Personen im erwerbsfähigen Alter zurück und damit auch die Zahl der Beitragszahler. Dadurch ist der Beitragssatz immer mehr angestiegen.

Zusätzlich zahlt der Staat einen **Bundeszuschuss,** um den Beitragssatz zu verringern.

Geburtenrate:

Zahl der lebend Geborenen pro tausend Einwohner

Bundeszuschuss:

Ein Teil der Rentenausgaben werden aus Steuermitteln (z. B. Ökosteuer) bezahlt.

Im Jahr 2012 betrug der Bundeszuschuss 58,9 Mrd. Euro.

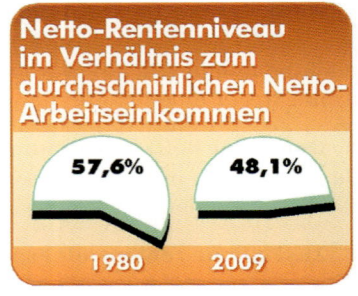

© Drude

Es gibt die Meinung, dass Ehepaare, die keine Kinder bekommen haben, später eine geringere Rente bekommen sollen, als Ehepaare, die Kinder erzogen haben.

Wie beurteilen Sie diesen Vorschlag?

2.4　Arbeitsförderung

Arbeitsförderung:
So wird die Arbeitslosenversicherung seit 1998 offiziell bezeichnet. Sie ist ein eigenständiger Zweig der Sozialversicherung. Ihr obliegen speziell die Arbeitsplatzsicherung und finanzielle Leistungen an Arbeitslose. Träger ist die Bundesagentur für Arbeit mit Sitz in Nürnberg. Örtlich zuständige Dienststellen sind die Agenturen für Arbeit.

Jeder Bürger hat das Recht auf freie Berufswahl, aber nicht immer findet sich auch ein Arbeitsplatz in dem erlernten Beruf. Hier kann die staatliche **Arbeitsförderung** (früher Arbeitslosenversicherung) Hilfe bieten.

Aufgabe der Agenturen für Arbeit (frühere Bezeichnung: Arbeitsamt) ist es, die Erwerbschancen von Arbeitslosen zu verbessern und durch Beratung die Stellensuche am Arbeitsmarkt zu erleichtern. Diese Maßnahmen sind jedoch vergeblich, wenn der oder die Arbeitslose selbst die gebotenen Chancen nicht nutzt. Diejenigen, die von der Solidarität einer großen Gemeinschaft profitieren, müssen ihren Anteil dazu beitragen, damit das soziale Netz keine „soziale Hängematte" wird.

Hilfen der Agentur für Arbeit

Was tun, wenn aber trotz aller Bemühungen ein Arbeitsplatz nicht zu finden ist? Wichtig ist: Sofort bei der Agentur für Arbeit melden. Erst von diesem Tag an kann die Agentur aktiv werden. Ab dann werden Leistungen frühestens fällig.

Das Arbeitslosengeld

Angaben für Alleinstehende mit eigenem Haushalt pro Monat

Arbeitslosengeld I

Leistung für Personen, die in den vergangenen 2 Jahren vor der Arbeitslosigkeit mindestens **12 Monate versicherungspflichtig beschäftigt waren** (Regelanwartschaftszeit) und sich arbeitslos gemeldet haben

Dauer des Bezugs*
• Für bis 49-Jährige: 6 bis 12 Monate
• Für 50- bis 54-Jährige: 6 bis 15 Monate
• Für 55- bis 57-Jährige: 6 bis 18 Monate
• Für ab 58-Jährige: 6 bis 24 Monate

Höhe des Arbeitslosengeldes
• 60 % des errechneten letzten Nettogehalts**
• Eigenes Nebeneinkommen wird mit berücksichtigt***, eigenes Vermögen nicht

Zusätzliche Leistungen
• Keine; bei Bedarf kann zusätzlich ein Antrag auf Arbeitslosengeld II gestellt werden

*je nach Dauer der Einzahlung in die Arbeitslosenversicherung in den vergangenen 5 Jahren
**berücksichtigt werden Gehälter der letzten 12 Monate
***jeweils abzgl. eines bzw. mehrerer Freibeträge; beim ALG I ist eine Tätigkeit unter 15 Stunden wöchentlich erlaubt

Arbeitslosengeld II („Hartz IV")

Grundsicherung für erwerbsfähige Personen im Alter von mindestens 15 Jahren bis zur gesetzlich festgelegten Altersgrenze (zwischen 65 u. 67 Jahren), die ihren **Lebensunterhalt nicht aus eigener Kraft und eigenen Mitteln** decken können

Höhe des Regelsatzes
• 391 Euro
• Eigenes Einkommen und Vermögen werden bei der Höhe der Leistung mit berücksichtigt***

Zusätzliche Leistungen
• Übernahme der Kosten für Unterkunft und Heizung soweit angemessen
• Eventuell Einmalleistungen als Darlehen oder Geld-/Sachleistung für Wohnungs-, Bekleidungserstausstattung und/oder Kosten für medizinische/therapeutische Geräte

Quelle: BA   Stand 2014   © Globus 6223

Auch während einer Arbeitslosigkeit geht der Sozialversicherungsschutz nicht verloren: Die Bundesagentur für Arbeit zahlt für den Arbeitslosen Beiträge zur Renten-, Kranken- und Pflegeversicherung. Die Zeiten der Arbeitslosigkeit zählen bei der späteren Rente mit, allerdings in vermindertem Umfang.

Kurzarbeitergeld

Wenn die Aufträge in den Unternehmen zurückgehen, wollen sie häufig nicht sofort Personal entlassen. Die Fachkräfte müssten erst wieder gesucht werden, falls die Lage der Unternehmen sich wieder bessert. Weiterhin will der Staat Arbeitslosigkeit vermeiden.

Hier hilft das Kurzarbeitergeld der Arbeitsagentur. Es ist ein Zuschuss zum verringerten Arbeitsentgelt, das entsteht, weil die regelmäßige betriebsübliche wöchentliche Arbeitszeit der Arbeitnehmer verkürzt wurde. Kurzarbeitergeld wird auch häufig bei einem saisonalen Rückgang der Beschäftigung gezahlt.

Der Beitragssatz für die Arbeitsförderung

Wie bei der Rentenversicherung zahlt auch hier der Arbeitgeber die Hälfte der Beiträge. Der Beitragssatz bezieht sich auf den Bruttolohn. Die Beitragsbemessungsgrenze entspricht jener der Rentenversicherung.

Ermitteln Sie den aktuellen Beitragssatz und die Beitragsbemessungsgrenze für die Arbeitsförderung.

Grundstufe

Wegeunfall:

Im Sinne der Unfallversicherung ist dies jeder Unfall, der sich auf dem direkten Weg zur oder von der Arbeit ereignet. Fahrgemeinschaften sind auch dann versichert, wenn sich dadurch Umwege ergeben.

Berufskrankheit:

Dies ist eine Krankheit, die ausschließlich oder stark überwiegend durch berufliche Tätigkeit oder anlässlich der Ausübung des Berufs durch schädigende Stoffe oder bestimmte Arbeiten verursacht wurde.

2.5 Unfallversicherung

Die gesetzliche Unfallversicherung sichert gegen die Folgen von Arbeitsunfällen, **Wegeunfällen** und **Berufskrankheiten** ab. Jeder der in einem Arbeits- oder Ausbildungsverhältnis steht, ist über den Arbeitgeber automatisch versichert.

Die gefährlichsten Berufe

1.	Waldarbeiter, Waldnutzer	4,6
2.	Bauhilfsarbeiter, Bauhelfer	4,3
3.	Gerüstbauer	4,3
4.	Wächter, Aufseher	4,1
5.	Betonbauer	4,1
6.	Straßenreiniger, Abfallbeseitiger	3,9
7.	Glas-, Gebäudereiniger	3,9
8.	Dachdecker	3,9
9.	Kraftfahrzeugführer	3,9
10.	Facharbeiter/-innen	3,8
11.	Tiefbauer	3,8
12.	Transportgeräteführer	3,8
13.	Maurer	3,8
14.	Straßenbauer	3,8
15.	Erdbewegungsmaschinenführer	3,7

Quelle: AOK

© Drude

Die gefährlichsten Berufe: Ausfalltage pro Jahr und Mitarbeiter als Folge von Berufsunfällen.

Die Kosten der Unfallversicherung

Die Beiträge zur Unfallversicherung werden vom Arbeitgeber alleine übernommen. Sie hängen vor allem von der Unfallhäufigkeit der Branche ab. Der Beitragssatz bezieht sich auf die Lohnsumme des Betriebes. In der Baubranche, z.B. bei Gerüstbauern oder Dachdeckern, ist die Gefahr eines Unfalls höher als in einer Bank oder Versicherung.

Die Leistungen der Unfallversicherung

▸ Heilbehandlung: Kostenübernahme für die ärztliche Behandlung sowie für Aufenthalte im Krankenhaus

▶ Verletztengeld:
Während der Arbeitsunfähigkeit 80 Prozent des Bruttoentgelts, aber erst, wenn die Lohnfortzahlung des Arbeitgebers ausgelaufen ist

▶ Berufsförderung:
Leistungen zur Umschulung

▶ Verletztenrente:
Wird gezahlt, wenn sich die Erwerbsfähigkeit vermindert

▶ Hinterbliebenen und Waisenrente:
Sollte ein Ehepartner durch einen Arbeitsunfall oder eine Berufskrankheit sterben, zahlt die Unfallversicherung eine Hinterbliebenenrente. Kinder unter 18 Jahren erhalten eine Waisenrente

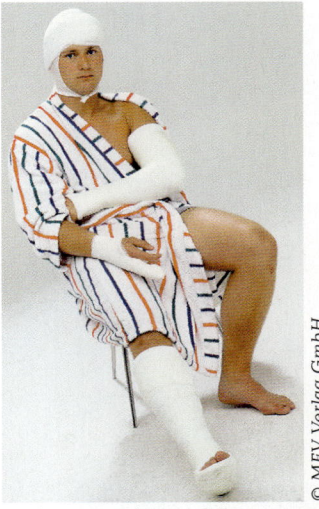

© MEV Verlag GmbH

Nach einem Arbeitsunfall ist man ordentlich versichert.

Lerngebiet 2

Auf dem Weg zur Arbeit ist jeder unfallversichert.

Problematisch wird's, wenn man einen kleinen Umweg einlegt. Angesichts der erheblichen finanziellen Auswirkungen wird oft gestritten, ob ein Unfall tatsächlich ein Arbeitsunfall ist, oder vielmehr ein „normaler" Unfall, für den die Krankenkasse gerade stehen muss. In der vergangenen Woche beschäftigte sich das Bundessozialgericht in Kassel mit einem entsprechenden Streitfall. Dabei ging es um einen Mopedfahrer, der auf dem Heimweg von der Arbeit Geld bei der Bank abholen wollte. Dafür nahm er einen Umweg von gerade 100 Metern in Kauf. Um diese Distanz lag der Geldautomat vom eigentlichen Arbeitsweg entfernt. Und gerade auf dieser Ministrecke verunglückte der Zweiradfahrer schwer.

Kein Arbeitsunfall, urteilte der Zweite Senat (AZ.: B 2 U 40/02 R). Schließlich habe der Mann aus privaten Gründen seinen unmittelbaren Arbeitsweg verlassen.

Also am besten morgens direkt zum Chef und abends ohne Umwege nach Hause.

Frankfurter Allgemeine Sonntagszeitung, 27.03.2011

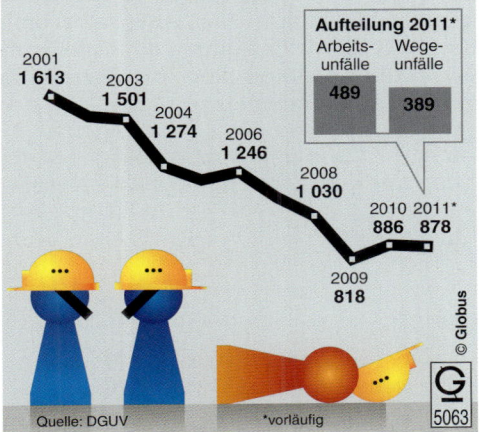

Risiko am Arbeitsplatz

Tödliche Arbeits- und Wegeunfälle im Bereich der gewerblichen Berufsgenossenschaften und der Unfallversicherung der öffentlichen Hand
(ohne Schüler-Unfallversicherung)

Aufteilung 2011*
Arbeits-   Wege-
unfälle   unfälle
489   **389**

2001 **1 613**
2003 **1 501**
2004 **1 274**
2006 **1 246**
2008 **1 030**
2009 **818**
2010 **886** 2011* **878**

© Globus

Quelle: DGUV   *vorläufig   5063

Grundstufe

1. Ist die Zahl der Arbeitsunfälle in Deutschland steigend oder rückläufig?
2. Welches Gericht ist für Streitfälle im Rahmen der Sozialversicherung zuständig?

Träger der Unfallversicherung sind die Berufsgenossenschaften. Es gibt gewerbliche und landwirtschaftliche Berufsgenossenschaften, sowie für den öffentlichen Dienst Gemeindeunfallversicherungsverbände bzw. Unfallkassen der Länder.

Da die Berufsgenossenschaften bei Arbeitsunfällen zahlen müssen, sind sie besonders an der Arbeitssicherheit im Betrieb interessiert:

▶ Sie erlassen Sicherheitsvorschriften

▶ Sie führen Schulungen durch

▶ Sie kontrollieren in den Betrieben, ob die Sicherheitsvorschriften eingehalten werden

1. Nennen Sie drei Vorschriften zur Arbeitssicherheit, die speziell für die Branche Ihres Ausbildungsbetriebes gelten.
2. Warum zahlt die Berufsgenossenschaft auch Reha-Maßnahmen?

Unfallversichert in der Berufsschule

Alle Schüler sind in der Berufsschule und auf dem Schulweg unfallversichert. Allerdings nicht durch die Berufsgenossenschaft des Betriebes, sondern durch die Unfallkasse Saarland (UKS).

2.6 Pflegeversicherung

Der medizinische Fortschritt macht es möglich: Die Menschen leben immer länger. Längere Lebenserwartung bedeutet aber auch mehr Pflegefälle. Viele Menschen sind gegen Ende ihres Lebens pflegebedürftig und auf fremde Hilfe angewiesen. Aber selbst eine gute Rente reicht nicht immer aus für die Bezahlung der Unterbringung in einem Pflegeheim. Früher mussten dann die Sozialhilfe oder die Kinder mit finanziellen Leistungen einspringen.

> Nicht behindert zu sein ist wahrlich kein Verdienst, sondern ein Geschenk, das jedem von uns jederzeit genommen werden kann.
>
> Richard von Weizsäcker

Interpretieren Sie die Aussage Richard von Weizsäckers in Bezug auf den Umgang mit Menschen mit körperlicher Beeinträchtigung und Pflegebedürftigen.

© MEV Verlag GmbH

Jeder kann in die Situation kommen, pflegebedürftig zu werden.

Die Leistungen der Pflegeversicherung

Als fünfte Säule der Sozialversicherung sieht die Pflegeversicherung Leistungen unterschiedlicher Art für Pflegebedürftige vor.

Die Kosten der täglich erforderlichen Hilfeleistungen bei der Körperpflege, der Ernährung oder der Mobilität werden von der Pflegeversicherung nach Pauschalsätzen übernommen.

Manchmal wird die häusliche Pflege ganz oder teilweise auch von nahen Angehörigen übernommen. In diesem Fall kann der Pflegebedürftige ein Pflegegeld beantragen, mit dem die Angehörigen entschädigt werden. Um die Höhe der Leistungen zu bestimmen, werden die pflegebedürftigen Personen nach einem medizinischen Gutachten drei **Pflegestufen** zugeordnet. Die Pflegeversicherung leistet auch Zuzahlungen für technische Hilfsmittel wie z. B. Pflegebetten oder Gehwagen. Zu pflegebedingten Umbaumaßnahmen in der Wohnung können Zuschüsse gezahlt werden.

Träger der Pflegeversicherung sind die Pflegekassen, die bei den Krankenkassen sind.

Pflegestufen:

Stufe I:
Mindestens einmal täglich ist Hilfebedarf erforderlich

Stufe II:
Mindestens dreimal täglich ist Hilfebedarf erforderlich

Stufe III:
Hilfebedarf ist rund um die Uhr erforderlich

Lerngebiet 2

Die Leistungen der Pflegeversicherung

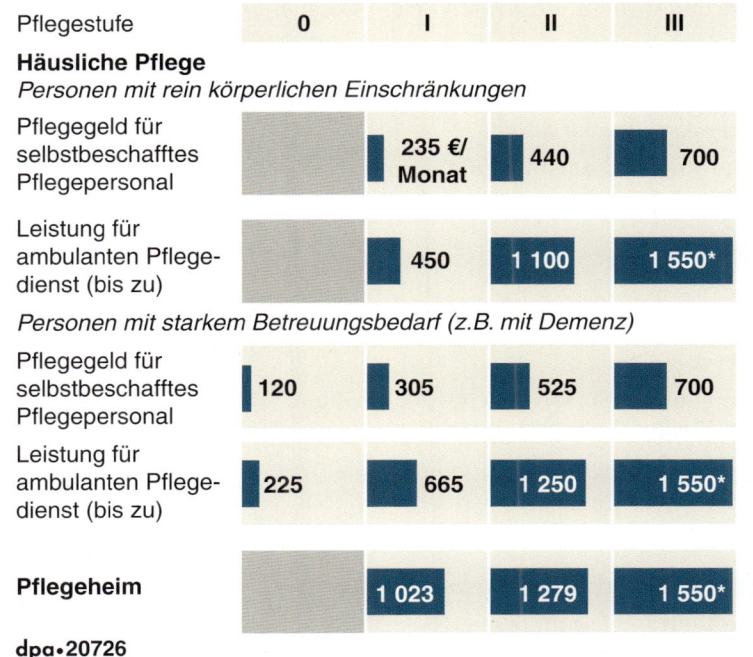

pro Monat in Euro

Pflegestufe	0	I	II	III
Häusliche Pflege				
Personen mit rein körperlichen Einschränkungen				
Pflegegeld für selbstbeschafftes Pflegepersonal		235 €/ Monat	440	700
Leistung für ambulanten Pflegedienst (bis zu)		450	1 100	1 550*
Personen mit starkem Betreuungsbedarf (z.B. mit Demenz)				
Pflegegeld für selbstbeschafftes Pflegepersonal	120	305	525	700
Leistung für ambulanten Pflegedienst (bis zu)	225	665	1 250	1 550*
Pflegeheim		1 023	1 279	1 550*

dpa•20726
Quelle: Bundesgesundheitsministerium   * in Härtefällen bis zu 1 918 Euro

Der Beitrag zur Pflegeversicherung

Mitglied einer Pflegeversicherung wird man automatisch durch die Mitgliedschaft in einer Krankenversicherung. Das gilt auch für Rentner oder mitversicherte Familienangehörige.

Der Beitrag zur Pflegeversicherung wird vom Bruttolohn abgezogen. Arbeitgeber und Arbeitnehmer zahlen jeweils die Hälfte. Kinderlose zahlen ab dem 23. Lebensjahr zusätzlich 0,25 Prozentpunkte mehr. Die Beitragsbemessungsgrenze ist so hoch wie die der Krankenversicherung.

Ermitteln Sie den aktuellen Beitragssatz und die Beitragsbemessungsgrenze für die Pflegeversicherung im Internet.

Zusammenfassung

Jeder Arbeitnehmer wird vom Arbeitgeber bei der Krankenkasse und den Sozialversicherungen angemeldet.

Die Beiträge zur Sozialversicherung werden direkt vom Brutto-Lohn abgezogen.

Die Beiträge werden vom Arbeitgeber und Arbeitnehmer je ungefähr zur Hälfte bezahlt. Bei der Krankenkasse zahlt der Arbeitnehmer 0,9 Prozent mehr als der Arbeitgeber. Bei der Pflegeversicherung zahlen Kinderlose ab einem Alter von 23 Jahre geringfügig höhere Beiträge. Die Unfallversicherung zahlt der Arbeitgeber alleine.

Die Probleme der Sozialversicherung sind entstanden durch:

▶ Wachsende Kosten des Gesundheitssystems

▶ Steigende Zahl von Rentnern

▶ Höhere Lebenserwartung

▶ Hohe Arbeitslosenquote

▶ Geringe Geburtenrate

In Zukunft werden die Leistungen der Sozialversicherung geringer. Das bedeutet für den Einzelnen, dass er in gewissem Maße selbst vorsorgen muss.

Wissens-Check

1. Nennen Sie fünf Leistungen der gesetzlichen Krankenversicherung.
2. Erklären Sie den Begriff „Beitragsbemessungsgrenze".
3. Nennen Sie drei Gründe für das stetige Ansteigen der Krankenversicherungsbeiträge.
4. Welche Aufgaben haben die Berufsgenossenschaften im Bereich der Arbeitssicherheit?
5. Warum wird die Höhe der Renten in Zukunft wahrscheinlich deutlich geringer sein als heute?
6. Erstellen Sie eine Tabelle in der die Träger und die entsprechenden Beitragssätze der fünf Sozialversicherungen aufgelistet sind.

3 Notwendigkeit privater Vorsorge

Unsere Gesellschaft kann nur existieren, wenn die Eltern für ihre Kinder sorgen, materiell und durch ihre Erziehung. Später benötigen die Eltern, wenn sie alt sind und nicht mehr arbeiten können, die Unterstützung ihrer Kinder. Diese Übereinkunft nennt man Generationenvertrag. Dieses Prinzip, übertragen auf den Sozialstaat, funktionierte bislang in Deutschland für alle Beteiligten zufriedenstellend. Mehr und mehr gerät dieses Prinzip in die Krise. Mehr und mehr wird private Vorsorge wichtig.

3.1 Generationenvertrag und demografischer Wandel

Der Generationenvertrag ist kein Vertrag im rechtlichen Sinne, sondern ein langjähriges Prinzip, durch das sich die Generationen gegenseitig unterstützen.

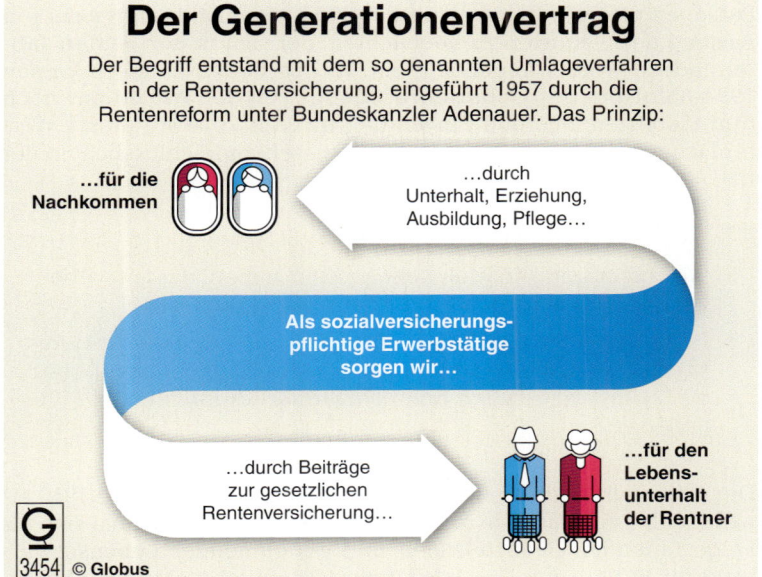

Die Bevölkerungsentwicklung in Deutschland

Wie bei den meisten europäischen Nachbarn auch, sterben in Deutschland mehr Personen als Neugeborene hinzukommen. Nur die Zuwanderung von Ausländern hat bisher verhindert, dass die Bevölkerungszahl in Deutschland zurückgegangen ist. Der Anteil der Jüngeren und der Anteil der Älteren verändert sich merklich.

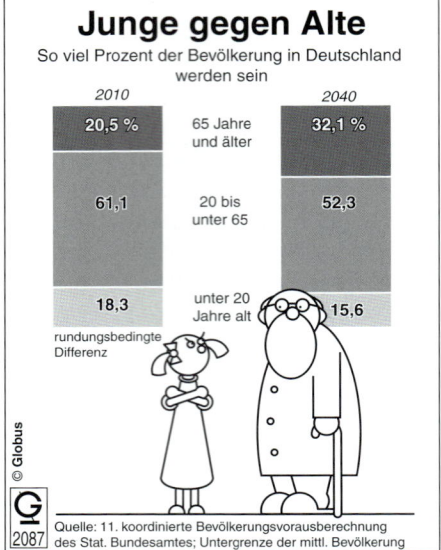

Geburtendefizit:

Die Differenz zwischen Geborenen und Sterbefällen

Beim Geburtenrückgang handelt es sich um einen Trend, der seit etwa 100 Jahren zu beobachten ist. Er hat sich allerdings seit Mitte der 60er-Jahre erheblich verstärkt. So betrug das **Geburtendefizit** bei der deutschen Bevölkerung Mitte der 80er-Jahre über 150.000 Personen pro Jahr. Bis Anfang der 90er-Jahre ist dann wieder ein Anstieg der Geburten zu beobachten, der sich in den letzten Jahren jedoch wieder abgeflacht hat. In den neuen Ländern kamen 1994 aufgrund des Geburtenrückgangs seit der Wende nur noch fünf Geburten auf 1000 Einwohner. Im Jahr 2010 lag dieser Wert für Deutschland bei 8,2. Damit war Deutschland Schlusslicht in der EU.

1. Welche Gründe können dazu geführt haben, dass die Geburtenzahl in den letzten 30 Jahren so gesunken ist?

2. Diskutieren Sie die Folgen, die eine sinkende Bevölkerungszahl in Deutschland haben kann, für Mieten und Grundstückskosten, Schulen und Lehrkräfte, Altenheime und Pflegeberufe.

Die Alterspyramide der Bevölkerung Deutschlands zeigte 1910 einen idealen Aufbau. Die ursprüngliche Pyramidenform hat sich als Folge fallender Geburtenraten und zunehmender Lebenserwartung im Verlauf des 20. Jahrhunderts deutlich verändert. Schätzungen gehen davon aus, dass die Gesamtbevölkerung Deutschlands von 82,4 Mio. (im Jahr 2010) bis 2050 kontinuierlich auf rund 75 Millionen absinken wird. Je nach Höhe der Zuwanderung können es auch nur 68 Millionen sein.

Folgenreicher als die Gesamtzahl der Bevölkerung ist im Hinblick auf die soziale Sicherung deren altersmäßige Zusammensetzung. Die Zahl der aktiv Erwerbstätigen wird geringer werden, die Zahl der Rentenempfänger wird demgegenüber steigen. Ähnlich werden die Auswirkungen für die Krankenkassen sein. Auf der einen Seite wird es zahlreiche Rentner mit hohen Leistungsansprüchen und geringen Beiträgen geben. Auf der anderen Seite wird die Zahl der jungen Menschen mit hohen Beiträgen und geringen Leistungsansprüchen abnehmen, wodurch die Einnahmen der Krankenkassen sinken.

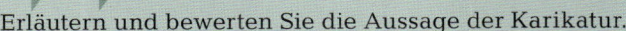

Erläutern und bewerten Sie die Aussage der Karikatur.

© Drude

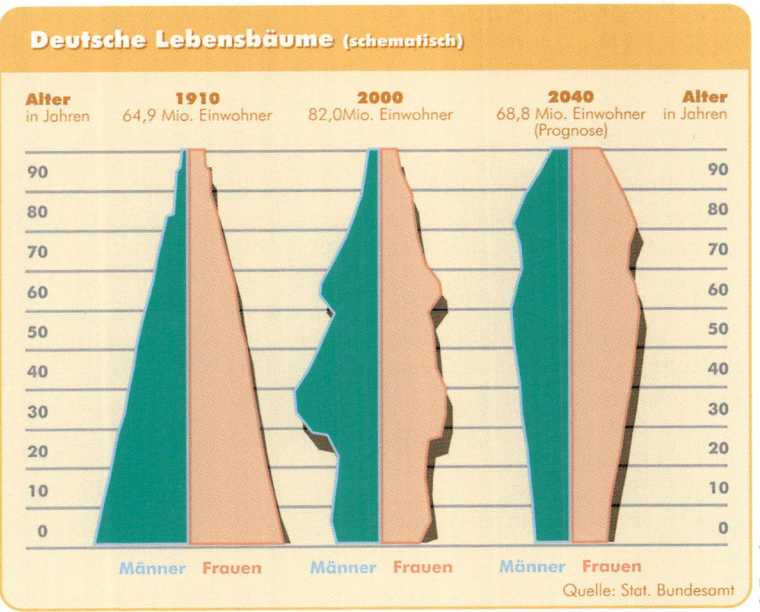

Deutsche Lebensbäume (schematisch)

| Alter in Jahren | 1910 64,9 Mio. Einwohner | 2000 82,0 Mio. Einwohner | 2040 68,8 Mio. Einwohner (Prognose) | Alter in Jahren |

Quelle: Stat. Bundesamt

Männer Frauen   Männer Frauen   Männer Frauen

© Drude

Lösungsansätze in einer sich wandelnden Gesellschaft

UN-Experte: Nur Zuwanderung kann Rente sichern

New York (dpa) – Nur massive Zuwanderung kann nach Ansicht des UN-Bevölkerungsexperten Joseph Chamie langfristig das Rentensystem in Deutschland sichern.

„Um zu vermeiden, dass das Heer der Berufstätigen weiter schrumpft, sind mindestens 487.000 Zuwanderer im Jahr erforderlich", sagte er in einem Gespräch mit der Deutschen Presse-Agentur (dpa) zum Weltbevölkerungstag an diesem Freitag.

Solle das Verhältnis zwischen der Zahl der Beschäftigten und der Rentner auf dem Niveau von 1995 (von 4,4 zu 1) gehalten werden, dann müssten sogar 3,6 Millionen **Immigranten** pro Jahr kommen, sagte Chamie. Die UN räumen ein, dass ein solcher Strom von Einwanderern unrealistisch ist. Theoretisch würde er jedoch vermeiden, dass zu wenige Arbeitnehmer zu viele Rentner miternähren müssen oder letztlich kein Ausweg bleibt, als das Rentenalter zu erhöhen und die Rente zu kürzen. Unter den gegebenen Bedingungen sagen die UN-Experten der Bundesrepublik für das Jahr 2050 ein Verhältnis von statistisch 1,8 Beschäftigten je Rentner voraus.

Immigrant:
Person, die in ein Land einwandert

Grundstufe

Mindestens 344.000 Einwanderer pro Jahr seien notwendig, um die deutsche Bevölkerungszahl von jetzt 82,5 Millionen in etwa konstant zu halten. Derzeit liegt der Bevölkerungsanteil von Ausländern in Deutschland laut UN bei 9 Prozent, in Schweden bei 11 Prozent, den USA bei 13 und der Schweiz sogar bei 25 Prozent.

Ohne gleich bleibenden Zustrom von Einwanderern würden 2050 nach UN-Berechnungen nur noch 65 Millionen Menschen in der Bundesrepublik leben.

Süddeutsche Zeitung, 24.03.2012

1. Wie viele Ausländer leben derzeit in Deutschland?

2. Der Bevölkerungsexperte erklärt, dass mehr Menschen zuwandern müssten, damit sie in die Rentenversicherung einbezahlen. Welche Voraussetzung auf dem Arbeitsmarkt muss dazu aber vorher erfüllt sein?

3. Diskutieren Sie in der Klasse, welche Eigenschaften Zuwanderer haben sollten in Bezug auf
   • Berufsausbildung
   • Alter
   • Herkunftsland
   • Familienstand
   • Sprachkenntnisse

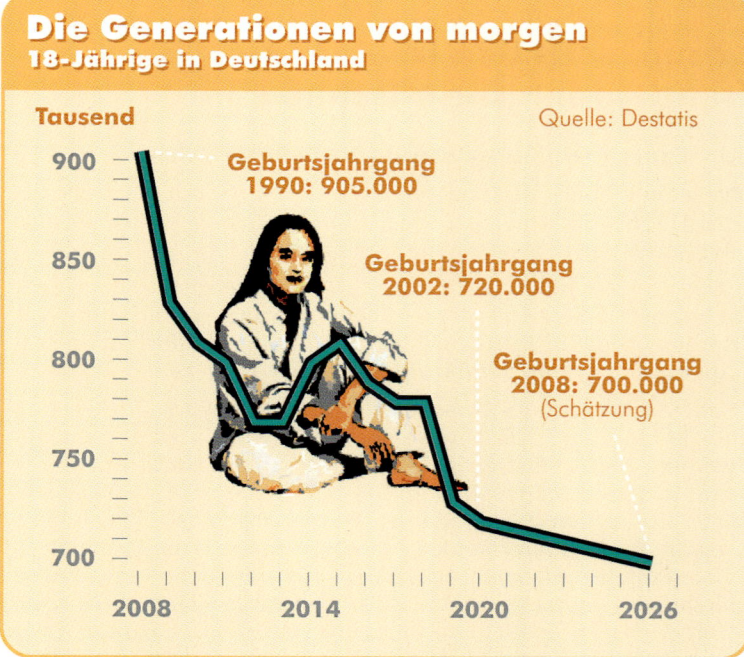

Jetzt schon steht fest, wie viele Jugendliche in den nächsten Jahren in die Schulen oder auf den Arbeitsmarkt kommen werden.

Deutschland vergreist

Die Senioren sind auf dem Vormarsch. Im Jahr 2050 wird jeder dritte Bundesbürger älter als 60 Jahre sein.

Die Politik muss daher schleunigst die Sozialsysteme demografiefest machen. Wie das gehen könnte, hat das Statistische Bundesamt in seiner jüngsten Bevölkerungsvorausberechnung schon mal skizziert: Die Wiesbadener Statistiker schätzen, dass ein höheres Renteneintrittsalter einigen Druck aus der Sozialversicherung lässt.

Werfen die Deutschen erst mit durchschnittlich 65 Jahren das berufliche Handtuch, kämen auf 100 Personen im Erwerbsalter im Jahr 2050 nur 54 Rentner – statt 78.

Bei einem tatsächlichen Renteneintrittsalter von 67 Jahren müssten 2050 besagte 100 Erwerbsfähige sogar nur für 47 Ruheständler aufkommen. Die Berechnungen bestätigen viele Experten, die schon seit langem ein Ende der großzügigen Frühverrentungspraxis und eine Verlängerung des Arbeitslebens fordern.

Ältere Belegschaften. Auch die Unternehmen sind gefragt. Sie müssen dafür sorgen, dass in die Jahre gekommene Mitarbeiter länger produktiv bleiben. Denn die Alten werden bald die stärkste Fraktion am Arbeitsmarkt sein:

Im Jahr 2020 stellt die Gruppe der 50- bis 64-Jährigen mit fast 20 Millionen Menschen rund 40 Prozent der Menschen im erwerbsfähigen Alter.

Daher schlagen viele Fachleute vor, dass die älteren Kollegen noch stärker in den Blick der Personalplanungen rücken sollten. Beispielsweise könnten spezielle Weiterbildungsangebote und eine altersspezifische Arbeitsumwelt den Senioren die Tätigkeit im Büro oder in der Werkhalle erleichtern.

Frankfurter Allgemeine Zeitung, 10.11.2010

Lerngebiet 2

© Monkey Business – shutterstock.com

Familien mit mehreren Kindern werden seltener.

© Dietrich Claus

In Deutschland wird es zukünftig immer mehr Senioren geben.

„Weniger Kinder, später in den Beruf, früher raus, länger leben, länger Rente zahlen: Wenn man das nebeneinander legt, muss man kein Mathematiker sein, da reicht Volksschule Sauerland, um zu wissen: Das kann nicht gehen."

(ehemaliger) Arbeitsminister Franz Müntefering (31.01.2006)

1. Diskutieren Sie, inwiefern folgende Vorschläge die Probleme der Rentenversicherung lösen könnten:

    a) Nicht das Renteneintrittsalter, sondern die Lebensarbeitszeit wird erhöht. Die volle Rente bekommt nur, wer 45 Jahre gearbeitet hat. Wer weniger Jahre gearbeitet hat, muss prozentuale Abzüge hinnehmen.

    b) Der Beitrag zur Rentenversicherung wird auf 19 Prozent festgesetzt. Es herrscht das strenge Umlageverfahren: Nur das Geld, das eingeht, kann als Rente ausbezahlt werden.

    c) Jeder Deutsche erhält in Zukunft eine geringe Grundrente, die das reine Überleben sichert. Alles andere muss er sich im Laufe seines Arbeitslebens ersparen.

2. Diskutieren Sie in der Klasse die Aussage des ehemaligen Arbeitsministers.

3.2   Private Vorsorge zur sozialen Sicherheit

Die Ausgaben des Staates für die soziale Sicherung werden so hoch, dass darunter andere wichtige Investitionen bspw. für Bildung, Forschung, Ausbau des Straßennetzes und der Verkehrswege verringert werden müssen. Die Leistungsfähigkeit des Staates ist begrenzt. Er kann nicht für alle Wechselfälle im Leben des Einzelnen sorgen. Die Eigeninitiative ist notwendig.

Riester-Rente

Es ist damit zu rechnen, dass in Zukunft die Rente nicht mehr in der gewohnten Höhe zur Verfügung steht. Unter dem Begriff **„Riester-Rente"** wurde deswegen eine staatlich geförderte, freiwillige, betriebliche und private Altersvorsorge eingeführt. Jeder, der in jungen Jahren Geld für eine spätere Rentenaufbesserung spart, erhält zusätzliche Prämien vom Staat.

Riester-Rente:

Benannt nach einem früheren Bundesminister für Arbeit und Soziales

Er führte die staatliche Förderung privater Renten ein.

10 Jahre Riester-Rente

Zahl der staatlich geförderten Riester-Vorsorgeverträge jeweils am Jahresende *in Millionen*

über 15 Millionen*

davon Versicherungsverträge

70,9 %

19,4 Investmentfondsverträge

4,9 Bbanksparverträge

4,7 Wohn-Riester/ Eigenheimrente

1,4 – 2001
3,4 – 02
3,9 – 03
4,2 – 04
5,6 – 05
8,1 – 06
10,8 – 07
12,1 – 08
13,3 – 09
14,4 – 10
15 Millionen* – 2011

Quelle: BMAS

*Schätzung

© Globus   4707

Absicherung im Alter durch Immobilien

Ein Eigenheim oder eine Eigentumswohnung sind nicht nur im Alter eine solide Absicherung. Auch in jungen Jahren wohnt es sich sehr beruhigend in den eigenen vier Wänden. Keine Kündigungen drohen und an Stelle der Mietzahlungen schafft man sich ein kleines Vermögen.

Mit Kind und Kegel in das eigene Häuschen

Bauen ist billig wie nie. Niedrige Zinsen und Eigenheimzulage erleichtern die Finanzierung. Doch das lohnt sich nur für den, der die Schulden schnell abbezahlt.

Geschafft! Nicko Berger hat gerade den Kaufvertrag unterschrieben. „Die Kinder sollen einen Garten haben und nicht in der Stadt aufwachsen." Deshalb zieht der 44-jährige Ingenieur nun mit Frau Hanni sowie Kiri und Mike aus der Vier-Zimmer-Wohnung in den Grüngürtel von Regensburg. Hanni fährt nun zwar länger zu ihrer Arbeitsstelle. Doch das zählte für das Doppelverdiener-Paar nicht. „Der kleine, ruhige Ort war entscheidend", sagt Nicko. Alles in allem kostet das 400.000 Euro. Kein Pappenstiel, doch da das Paar 150.000 Euro Eigenkapital mitbringt, einen mit 60 Prozent einbezahlten und zugeteilten Bausparvertrag von 100.000 Euro hat, sind Kredite kein großes Problem. Ein Teil kommt von der Kreditanstalt für Wiederaufbau (KfW), ein anderer Teil von einer örtlichen Bank.

Ihr Ziel ist, die Kredite so schnell wie möglich abzubezahlen. „Wir wollen nicht ewig hoch verschuldet sein", sagt Nicko. Daher sieht der Vertrag jährliche Sondertilgungen von 5.000 Euro vor. Außerdem vereinbarte Familie Berger eine laufende Tilgung von 3,5 Prozent für die ersten zehn Jahre. Standardmäßig sieht die Bank häufig nur ein Prozent Tilgung vor. Das sei „irrsinnig gering", urteilt Stefan Jokl vom Verband der privaten Bausparkassen. Die Gefahr: Wenn der Vertrag so weiterläuft, zahlen die Schuldner auch noch in 30 oder 35 Jahren ihr Darlehen ab, also im Ruhestand. Das sollten Käufer vermeiden. Im Rentenalter sei mit einem Einkommensverlust von 30 bis 40 Prozent zu rechnen. Den könne der Eigenheimbesitzer durch mietfreies Wohnen auffangen. Spätestens bis zur Rente sollte daher das eigene Häuschen abbezahlt sein.

Frankfurter Allgemeine Sonntagszeitung

1. Wie viel Geld muss sich Familie Berger insgesamt leihen?

2. Bis zu welchem Zeitpunkt sollten die Kredite getilgt sein?

3. Informieren Sie sich, wie hoch der Zinssatz für Immobilienkredite derzeit ist.

Lerngebiet 2

Das eigene Haus, die ideale Absicherung für das Alter.

© MEV Verlag GmbH

Lebensversicherung als Polster für sich und die Angehörigen

Bei der Kapital bildenden Lebensversicherung wird nicht nur das Todesfallrisiko abgesichert, sondern gleichzeitig auch Kapital zur Altersvorsorge angespart. Stirbt der Versicherungsnehmer während der Laufzeit, so erhalten die Hinterbliebenen die vertraglich vereinbarte Versicherungssumme; erlebt er das Vertragsende, wird das Kapital (also die Versicherungssumme, Zinsen und Überschussanteil) nach Ablauf der Vertragszeit an den Versicherten ausgezahlt. Das kann je nach Vereinbarung einmal in einer Summe erfolgen oder als monatliche Rente bis ans Lebensende oder bis zu einem bestimmten Alter.

> Den Abschluss einer Lebensversicherung sollte man sich genau überlegen. Auf jeden Fall sollte man verschiedene Angebote prüfen. Eine Kündigung dieses langfristigen Vertrages ist meist nur mit hohen Verlusten möglich. Informieren Sie sich in einer Verbraucherschutzzentrale oder im Internet über verschiedene Angebote.

Lebensversicherung mit dynamischen Beiträgen

In der Regel werden Lebensversicherungen mit festen monatlichen Beiträgen abgeschlossen. Anders die dynamische Lebensversicherung: Beitrag und Versicherungssumme werden in regelmäßigen Abständen erhöht. Maßstab dafür ist meistens die Entwicklung des Höchstbeitrags in der gesetzlichen Rentenversicherung.

Einige Lebensversicherer verwenden für die Dynamisierung auch feste Prozentsätze. Zum Beispiel jedes Jahr erhöhen sich Beiträge und Versicherungssumme um sieben Prozent. Das erscheint zunächst recht gering. Statt 100 Euro pro Monat zahlt man im nächsten Jahr sieben Euro mehr.

Im Folgejahr aber sieben Prozent von 107 Euro und so weiter. Da Lebensversicherungen in der Regel langfristige Verträge sind, kommen nach 20 oder 30 Jahren Laufzeit erhebliche monatliche Beiträge zusammen. Allerdings wird die Auszahlungssumme am Ende der Laufzeit entsprechend hoch sein.

Vor Abschluss einer Lebensversicherung sollte man verschiedene Angebote prüfen.

> Wie hoch ist der monatliche Beitrag im 10./20./30. Jahr, bei einer jährlichen Steigerung von sieben Prozent, wenn der anfängliche Beitrag 100 Euro war?

4 Individualversicherung zum Schutz vor allgemeinen Risiken

Der Staat kann unmöglich alle Risiken des Lebens absichern. Darum muss sich jeder selbst kümmern und entscheiden, was ihm wichtig ist.

Die Bundesbürger legen sehr viel Wert auf die Absicherung privater Risiken. Um sich finanziell abzusichern, besitzen über drei Viertel der Haushalte eine Hausratversicherung und mehr als zwei Drittel eine private Haftpflicht. Auch die Alters- und Hinterbliebenenvorsorge wird immer wichtiger. Die Kosten für juristische Streitereien sind noch bei gut 45 Prozent per Versicherung abgedeckt. Eine Unfallversicherung findet sich in über 40 Prozent der Haushalte.

Individualversicherungen werden in die Zweige **Personenversicherung**, **Vermögensversicherung** *und* **Sachversicherung** *eingeteilt.*

Personenversicherung:
Deckt die Risiken, die in der Person des Versicherten liegen

Vermögensversicherung:
Schützt den Versicherten vor Vermögenseinbußen bei Schäden, die er zu verantworten hat

Sachversicherung:
Deckt den Schaden bei Verlust oder Beschädigung einer Sache des Versicherten

Lerngebiet 2

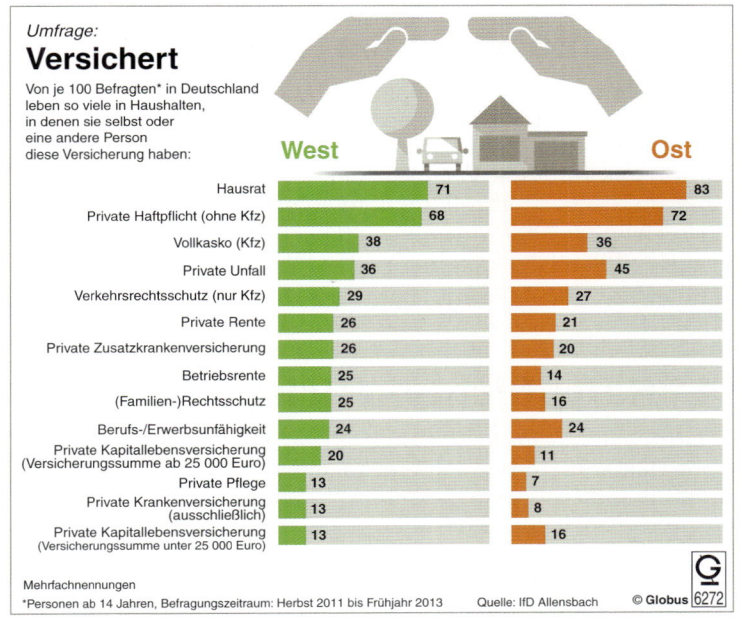

Umfrage:
Versichert
Von je 100 Befragten* in Deutschland leben so viele in Haushalten, in denen sie selbst oder eine andere Person diese Versicherung haben:

	West	Ost
Hausrat	71	83
Private Haftpflicht (ohne Kfz)	68	72
Vollkasko (Kfz)	38	36
Private Unfall	36	45
Verkehrsrechtsschutz (nur Kfz)	29	27
Private Rente	26	21
Private Zusatzkrankenversicherung	26	20
Betriebsrente	25	14
(Familien-)Rechtsschutz	25	16
Berufs-/Erwerbsunfähigkeit	24	24
Private Kapitallebensversicherung (Versicherungssumme ab 25 000 Euro)	20	11
Private Pflege	13	7
Private Krankenversicherung (ausschließlich)	13	8
Private Kapitallebensversicherung (Versicherungssumme unter 25 000 Euro)	13	16

Mehrfachnennungen
*Personen ab 14 Jahren, Befragungszeitraum: Herbst 2011 bis Frühjahr 2013   Quelle: IfD Allensbach   © Globus 6272

4.1 Berufsunfähigkeitsversicherung

Bei Erkrankungen wird der Lohn noch eine bestimmte Zeit vom Arbeitgeber gezahlt. Ist man dann immer noch arbeitsunfähig, zahlt die Krankenkasse für einen gewissen Zeitraum weiter, aber weniger als den vorherigen Lohn. Bald ist man ohne Einkommen. Wenn dann noch eine Familie zu versorgen ist, steht man schnell vor dem Nichts.

Bei Erwerbsminderung in jungen Jahren ist die staatliche Rente nur gering.

Bei Erwerbsminderung zahlt die gesetzliche Rentenversicherung unter bestimmten Voraussetzungen eine Rente. Deren Höhe richtet sich nach den bisherigen Beitragszahlungen. In jungen Jahren wird man also nur mit einer äußerst geringen Rente rechnen können.

Mit dem Abschluss einer Berufsunfähigkeitsversicherung schützt man sich gegen die finanziellen Folgen einer Berufsunfähigkeit. Im Versicherungsfall wird ohne weitere Beitragszahlungen eine Rente in der vereinbarten Höhe gezahlt.

4.2   Private Unfallversicherung

Die gesetzliche Unfallversicherung tritt in Kraft, sofern einem Arbeitnehmer im beruflichen Bereich etwas zustößt. Dagegen zahlt die private Unfallversicherung unabhängig davon, wo und wann ein Unfall passiert ist. Sie zahlt in der Regel einen einmaligen Betrag aus, dessen Höhe von der vereinbarten Versicherungssumme und vom Grad der Invalidität abhängt. Rund 70 Prozent aller Unfälle ereignen sich in der Freizeit und zu Hause – hier schützt nur die private Unfallversicherung.

4.3   Risikolebensversicherung

Mit dieser Versicherung werden die Hinterbliebenen abgesichert. Sie dient vor allem der Abtragung finanzieller Verpflichtungen wie zum Beispiel Hypotheken- oder Ratenzahlungen. Stirbt die versicherte Person, zahlt die Versicherung die vertraglich vereinbarte Summe aus. Da bei dieser Form der Lebensversicherung kein Kapital zur späteren Altersvorsorge aufgebaut wird, sind die Beiträge wesentlich günstiger als bei der Kapital bildenden Lebensversicherung.

4.4   Haftpflichtversicherung

Die Haftpflichtversicherung ist eine der wichtigsten Versicherungen überhaupt. Für den Schaden, den man anderen Menschen zufügt, haftet man mit dem gesamten Vermögen und bis zur Pfändungsgrenze auch mit dem Gehalt – im Extremfall für den Rest des Lebens. Die Haftpflichtversicherung ist daher für jeden sinnvoll. Sie deckt die alltäglichen Risiken des Privatlebens ab. Mitversichert ist automatisch die ganze Familie. Der Versicherungsschutz für Kinder in Schul- oder Berufsausbildung gilt maximal bis zum Alter von 26 Jahren. Unverheiratete Partner, die zusammen wohnen, können eine gemeinsame Haftpflichtversicherung abschließen.

Bei Sachbeschädigung an fremdem Eigentum hilft eine private Haftpflichtversicherung.

4.5   Hausratversicherung

Wer in der eigenen Wohnung lebt, egal ob als Mieter oder Eigentümer, benötigt eine Hausratversicherung. Sie sollte dem Neuwert des Hausrates entsprechen. Die Hausratversicherung leistet Ersatz, wenn durch Feuer, Einbruch, Raub, **Vandalismus,** Leitungswasser, Sturm oder Hagel Schäden entstehen.

Vandalismus:
Mutwillige, sinnlose Verwüstung, z. B. einer Wohnungseinrichtung

5 Transferleistungen des Staates

Neben den fünf Säulen der Sozialversicherung gibt es ein weitgespanntes soziales Netz für alle Bürger. Nahezu jeder kommt im Laufe seines Lebens in den Genuss staatlicher Hilfe.

5.1 Kindergeld

Wer Kinder hat und in Deutschland wohnt, bekommt Kindergeld. Bei der Agentur für Arbeit wird es beantragt und monatlich ausbezahlt.

▶ Für die ersten drei Kinder erhalten die Eltern jeweils 184 Euro, für das dritte Kind 190 Euro (Stand 2013).

▶ Im Normalfall wird es bis zum 18. Lebensjahr bezahlt. Bei längerem Schulbesuch oder Studium bis zum 25. Lebensjahr. Es gelten aber Einkommensgrenzen der Kinder.

Bei Studium und Ausbildung zahlt der Staat bis zum 25. Lebensjahr Kindergeld.

© MEV Verlag GmbH

Eine Familie hat 3 Kinder.

Wie viel Kindergeld hat der Staat (nach heutigem Stand, ohne Zinsen) für alle 3 Kinder bezahlt, bis sie 18 Jahre alt sind? Bevor Sie rechnen, schätzen Sie.

5.2 Elterngeld

Mütter oder Väter können nach der Geburt des Kindes ihre Erwerbstätigkeit unterbrechen. Sie bekommen dann ein Jahr lang ein monatliches Elterngeld in Höhe von 65–67 Prozent des letzten Nettogehaltes desjenigen, der zu Hause bleibt. Mindestens werden 300 Euro, höchstens 1.800 Euro pro Monat geleistet. Wer mehr als 250.000 Euro Jahreseinkommen verdient, erhält kein Elterngeld. Wer Arbeitslosengeld II oder Sozialhilfe bezieht, muss sich das Elterngeld als Einkommen anrechnen lassen. Dadurch verringert sich die Sozialhilfe bzw. das Arbeitslosengeld II. Wenn der zweite Elternteil zwei weitere Monate zu Hause bleibt, wird es 14 Monate gezahlt.

Kindergeld und Elterngeld werden gleichzeitig und unabhängig voneinander ausbezahlt.

Das Elterngeld ermöglicht es, das erste Jahr des Kindes gemeinsam mit ihm zu verbringen.

© athomass – Fotolia.com

Das Elterngeld

Das Elterngeld beträgt maximal 67 Prozent des durchschnittlichen Netto-Monatsgehalts der letzten 12 Monate. Der Mindestsatz liegt bei 300 Euro, die Höchstgrenze bei 1 800 Euro.

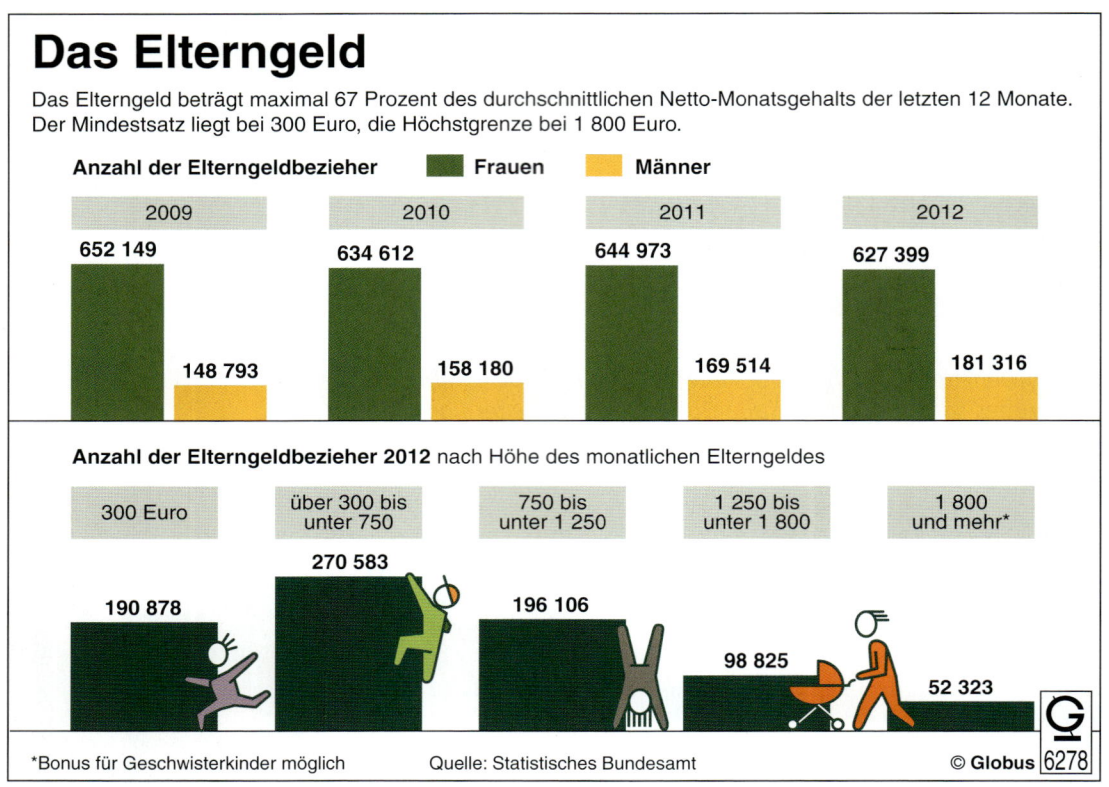

Anzahl der Elterngeldbezieher   ▮ Frauen   ▮ Männer

2009	2010	2011	2012
652 149	634 612	644 973	627 399
148 793	158 180	169 514	181 316

Anzahl der Elterngeldbezieher 2012 nach Höhe des monatlichen Elterngeldes

300 Euro	über 300 bis unter 750	750 bis unter 1 250	1 250 bis unter 1 800	1 800 und mehr*
190 878	270 583	196 106	98 825	52 323

*Bonus für Geschwisterkinder möglich   Quelle: Statistisches Bundesamt   © Globus 6278

5.3   Ausbildungsförderung (BAföG)

BAföG:

Abkürzung für Bundesausbildungsförderungsgesetz

Jeder soll die Chance haben, eine Ausbildung zu erhalten, die seinen Neigungen entspricht. Die finanziellen Möglichkeiten der Eltern sollen dabei kein Hindernis sein. So können bereits Schüler ab der 10. Klasse und Studenten gefördert werden.

▶ Der Höchstbetrag liegt bei 670 Euro (Stand 2013) pro Monat.

▶ Studierende bekommen einen Teil als Zuschuss, der andere Teil muss nach dem Studium zurückgezahlt werden.

▶ Je nach Höhe des eigenen Einkommens oder das der Eltern verringert sich die Förderung.

Meister-BAföG

„Meister-BAföG" (umgangssprachlich):

Amtlich: Aufstiegsfortbildungsförderungsgesetz

Nicht nur Studierende auch Berufstätige mit einer abgeschlossenen Berufsausbildung erhalten staatliche Unterstützung für die Fortbildung. Handwerker, die eine Meisterprüfung ablegen wollen, gehören zu den Berechtigten. Die Förderung wird sowohl für Teilzeit- als auch für Vollzeitmaßnahmen gewährt.

30,5 Prozent des gesamten Maßnahmebeitrages werden als rückzahlungsfreier Zuschuss gewährt, 69,5 Prozent als Darlehen. Weitere Informationen erhält man bei z. B. bei der Industrie- und Handelskammer oder bei der Handwerkskammer.

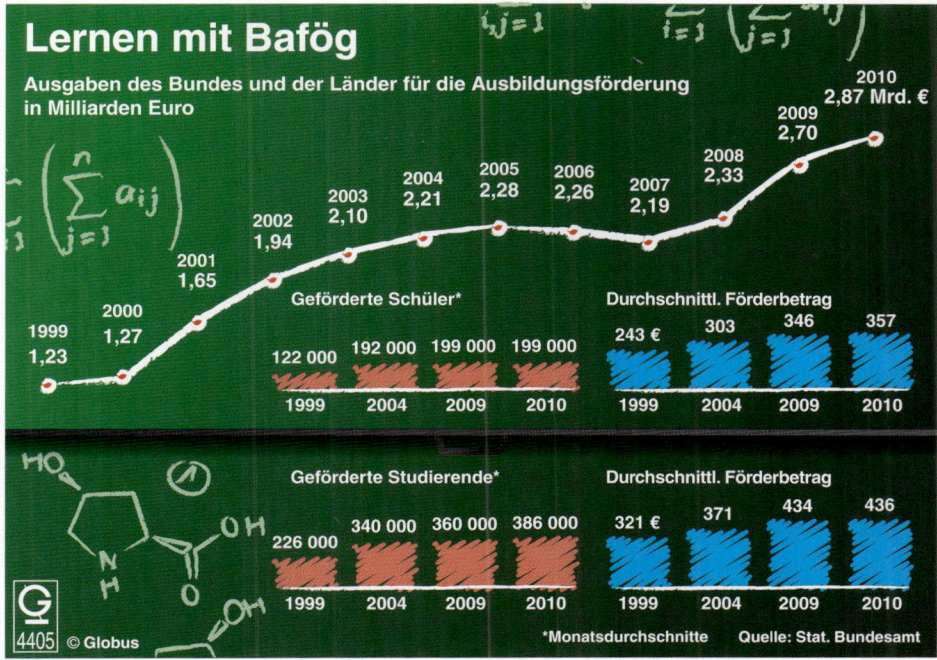

Lernen mit Bafög

Ausgaben des Bundes und der Länder für die Ausbildungsförderung
in Milliarden Euro

Jahr	Ausgaben
1999	1,23
2000	1,27
2001	1,65
2002	1,94
2003	2,10
2004	2,21
2005	2,28
2006	2,26
2007	2,19
2008	2,33
2009	2,70
2010	2,87 Mrd. €

Geförderte Schüler*

1999	2004	2009	2010
122 000	192 000	199 000	199 000

Durchschnittl. Förderbetrag

1999	2004	2009	2010
243 €	303	346	357

Geförderte Studierende*

1999	2004	2009	2010
226 000	340 000	360 000	386 000

Durchschnittl. Förderbetrag

1999	2004	2009	2010
321 €	371	434	436

*Monatsdurchschnitte   Quelle: Stat. Bundesamt

4405 © Globus

5.4 Wohngeld

Für manche Bürger ist die Miete für eine angemessene Wohnung
einfach zu hoch. Besonders in Großstädten sind die Wohnungsprei-
se meist höher als auf dem Land. Wenn die Mietkosten die Leistungsfähigkeit eines Haushalts übersteigen, hilft ein staatlicher
Zuschuss.

Die Höhe des Wohngeldes ist vom Familieneinkommen, der Zahl
der Kinder, besonders aber von den örtlichen Mietpreisen abhängig. Natürlich wird nur normaler Wohnraum bezuschusst. Unange-
messenen Luxus fördert der Staat nicht.

*Wenn die Miete zu hoch ist, hilft
der Staat.*

5.5 Vermögensbildung

Oft zahlt der Arbeitgeber auf Grund tarifvertraglicher Vereinbarungen zusätzlich zum Gehalt **vermögenswirksame Leistungen.**
Wenn der Arbeitgeber diesen Betrag für den Arbeitnehmer vermögenswirksam anlegt, erhält er eine Arbeitnehmer-Sparzulage von
bis zu 20 Prozent. Diese Zulage gilt jedoch nur für mittlere und
geringe Einkommen.

Vermögenswirksame Leistungen:

Zusätzlicher Entgeltbestandteil,
der aber nicht ausbezahlt wird,
sondern angelegt werden muss

Es gibt viele Möglichkeiten, vermögenswirksam zu sparen. Sie
können zum Beispiel einzahlen in:

▶ einen Bausparvertrag

▶ einen **Investmentfond**

▶ einen Wertpapier-Sparvertrag

Die Laufzeit solcher Verträge beträgt meist mehrere Jahre. Nach
dieser Zeit steht das angesparte Vermögen inklusive Arbeitneh-

Investmentfond:

Sammlung von verschiedenen
Anlagen, umso das Risiko geringer zu halten

Lerngebiet 2

© MEV Verlag GmbH

Wer spart, erhält neben den Zinsen noch staatliche Prämien.

merzulage zur freien Verfügung. Dazu kommen die sonst üblichen Zinsen oder Wertsteigerungen.

5.6 Sozialhilfe

Grundstufe

Fürsorge:
Der Staat leistet Hilfe ohne Vorleistung oder Gegenleistung.

Wer in Deutschland in Not gerät, weil er zum Beispiel vorübergehend voll erwerbsgemindert ist, soll dennoch ein menschenwürdiges Leben führen können. Dafür sorgt die Sozialhilfe. Dies ist eine **Fürsorge**leistung des Staates.

Allerdings sind die Hürden für den Bezug von Sozialhilfe recht hoch. Zunächst muss das eigene Vermögen und das des Ehepartners bis auf einen geringen Betrag verbraucht werden. Eigenes Einkommen wird ganz oder teilweise angerechnet. Wenn Kinder dazu in der Lage sind, müssen sie ihre Eltern unterstützen. Wer Arbeitslosengeld II (Grundsicherung für Arbeitssuchende) beziehen kann, erhält keine Sozialhilfe.

Der Regelsatz für den notwendigen Lebensbedarf entspricht dem Regelsatz des Arbeitslosengeldes II. Zusätzlich werden die Kosten für Unterkunft und Heizung erstattet.

5.7 Grundsicherung

Die Grundsicherung erhalten mittellose Personen mit gewöhnlichem Aufenthalt in der Bundesrepublik Deutschland,

▸ die das 65. Lebensjahr vollendet haben oder

▸ die das 18. Lebensjahr vollendet und unabhängig von der jeweiligen Lage des Arbeitsmarktes aus medizinischen Gründen dauerhaft voll erwerbsgemindert sind.

> **§ 19 Sozialgesetzbuch XII**
>
> (2) Grundsicherung im Alter und bei Erwerbsminderung ist Personen zu leisten, sofern sie ihren notwendigen Lebensunterhalt nicht oder nicht ausreichend aus eigenen Kräften und Mitteln, insbesondere aus ihrem Einkommen und Vermögen, beschaffen können.

Diese Personen erhalten wie Empfänger der Sozialhilfe oder des Arbeitslosengeldes II (Hartz IV) einen Regelsatz pro Monat zuzüglich der Kosten für Unterkunft und Heizung einer angemessenen Wohnung. Bei Behinderung oder Erkrankung sind Zulagen möglich. Es gibt Personen, die nur eine sehr geringe Rente beziehen. Sie können sich diese durch die Grundsicherung im Alter „aufstocken" lassen. Das Sozialamt zahlt dann den Differenzbetrag zwischen dem Rentenbetrag und dem Betrag, der durch die Grundsicherung im Alter maximal geleistet würde.

Wer Grundsicherung beziehen könnte, hat möglicherweise Unterhaltsansprüche gegenüber seinen Kindern oder seinen Eltern. Keine Grundsicherung kann bezogen werden, wenn die Kinder oder Eltern finanzielle Unterstützung leisten können. Der Gesetzgeber sieht dies aber erst ab einem jährlichen Gesamteinkommen von 100.000 Euro vor.

5.8 Versorgungsleistungen des Staates

Bestimmte Personengruppen haben ein Anrecht auf **Versorgung.** Darunter fallen Kriegs- und Wehrdienstopfer oder politisch Verfolgte des Nationalsozialismus. Beamte haben bei Krankheit und im Alter Anspruch auf Versorgung.

Versorgung:
Für den Dienst an der Gemeinschaft wird ein finanzieller Ausgleich gewährt.

Gesetz über die Versorgung für die ehemaligen Soldaten der Bundeswehr und ihre Hinterbliebenen (Soldatenversorgungsgesetz – SVG).

Lerngebiet 2

Zusammenfassung

Fast alle Deutschen werden im Laufe ihres Lebens in irgendeiner Form durch den Staat finanziell unterstützt, z. B. durch:

▶ Kindergeld

▶ Elterngeld

▶ BAföG, Meister-BAföG

▶ Wohngeld

▶ Sparzulagen zur Vermögensbildung (Bausparverträge)

▶ Sozialhilfe

Die Absicherung der normalen Risiken des Lebens muss jeder selbst übernehmen.

Empfehlenswerte Versicherungen sind:

▶ Haftpflichtversicherung, um Schadenersatzansprüche abzudecken

▶ Berufsunfähigkeitsversicherung oder Lebensversicherung, besonders wenn Angehörige zu versorgen sind

▶ Hausratversicherung, um Verluste am Hausrat durch Diebstahl, Brand, Wasser abzudecken

Wissens-Check

1. Welche Hilfe bietet der Staat an, die gesetzliche Rente aufzubessern?

2. Nennen Sie vier staatliche Geldleistungen an die Bürger außerhalb der Sozialversicherung.

3. Nennen Sie vier private Versicherungen, die zwar nicht Pflicht, aber empfehlenswert sind.

Die Rente ist sicher

Soziale Beziehungen

3

LG 3 Soziale Beziehungen

1 Umgang miteinander und verantwortliche Mitgestaltung der Gesellschaft

Der Mensch ist ein soziales Wesen, weil er in Gesellschaft mit anderen Menschen lebt. Zu diesen Personen kann er persönliche Beziehungen aufbauen. Dabei übt er auf andere Menschen Einfluss aus und wird gleichfalls von diesen beeinflusst.

Durch diese Bindungen entwickelt der Mensch die Persönlichkeit und sein Wesen weiter. Hier erwirbt er seelische Kräfte und gesellschaftliche Wertvorstellungen. Dadurch werden seine geistigen Fähigkeiten trainiert.

Als Sozialisation bezeichnet man den Prozess, durch den Menschen zu vollwertigen, handlungsfähigen Mitgliedern der Gesellschaft werden. Durch direkte und indirekte Einflüsse lernt der Mensch soziales Verhalten. Er übernimmt verschiedene Rollen und entwickelt seine Persönlichkeit. Die Sozialisation gilt als lebenslanger Prozess.

Grundstufe

Interaktion:
Aufeinander bezogenes Handeln zweier oder mehrerer Personen

1.1 Identitätsfindung durch soziale Kontakte (Interaktion)

Das Verhalten des Menschen ist wesentlich geprägt durch sein soziales Umfeld

Einfluss der Medien:
Internet und Fernsehen beeinflussen die Sozialisation nachhaltig. Ihre tägliche, oft mehrstündige Inanspruchnahme übt einen starken Einfluss auf die Persönlichkeitsentwicklung aus.

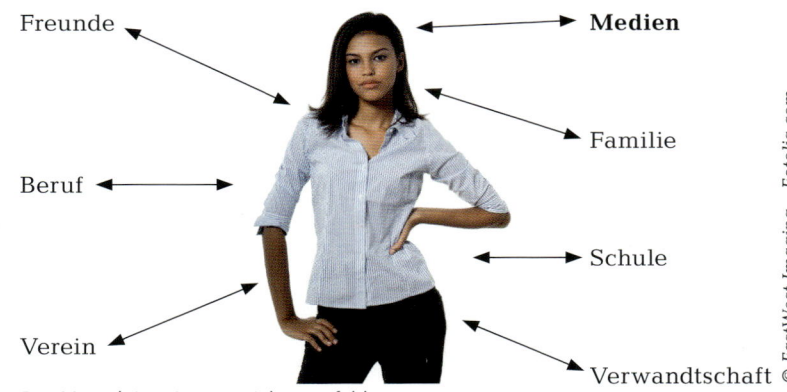

Freunde — Medien — Familie — Schule — Verwandtschaft — Verein — Beruf

© EastWest Imaging – Fotolia.com

Der Mensch in seinem sozialen Umfeld

Soziologen:
Wissenschaftler, deren Untersuchungsgegenstand die Gesellschaft ist

Der Mensch ist in viele verschiedene Umgebungen eingebunden, die auf ihn einwirken. Weil dort jeweils mehrere Personen vertreten sein können, sprechen die **Soziologen** von „Sozialen Gruppen".

1. Welchen sozialen Gruppen gehören Sie an?

2. Welche Unterschiede gibt es zwischen diesen Gruppen?

Soziale Gruppen können sich durch verschiedene Merkmale unterscheiden:

▶ Überzeugungen

▶ Zusammengehörigkeitsgefühl (Wir-Gefühl)

▶ Regeln (Satzung/Statut)

▶ Ziele

Nicht immer sind diese Merkmale gleich stark ausgeprägt.

Die Menschen sind nicht immer freiwillig Mitglieder bestimmter Gruppen.

1. Wie stark sind die erwähnten Merkmale in Gruppen, denen Sie angehören, ausgeprägt?

2. Haben diese unterschiedlichen Merkmale für die Gruppen eine Bedeutung? Welche?

1.2 Primärgruppen

In den meisten Kulturen der Welt wird der Mensch in Familien hineingeboren. Die Familie ist eine Primärgruppe. In der BRD steht die Familie unter dem besonderen Schutz des Staates.

Die Familie hilft ihren Mitgliedern, in die Gesellschaft hineinzuwachsen (Sozialisation). Hier lernen sie die Kultur und die Normen der Gesellschaft kennen, in der die Familie lebt. Weil die Familie eine „Primärgruppe" ist, heißt diese Form der Sozialisation „Primärsozialisation".

Die Mitglieder von Primärgruppen haben engen Kontakt zueinander, sie kennen sich gut. Deshalb prägen sich die Mitglieder dieser Gruppen gegenseitig stark im Wesen und in der Persönlichkeit. Die Gruppen sind klein, die Bindung an die Gruppe ist intensiv und gegenseitiges Vertrauen ist von größter Bedeutung.

Primärgruppen:

Familie, Skatrunde, Stammtisch u. a.

Primär:

Zuerst vorhanden, ursprünglich; an erster Stelle stehend, vorrangig

Lerngebiet 3

© Dean Moriarty – Fotolia.com

Seilschaft: Das Überleben hängt vom Verhalten der Partner ab.

Die „Peer-group" oder die „Clique"

Eine besondere Form der Primärgruppe ist die „Peer-group". Sie ist die Bezugsgruppe eines Individuums mit Personen, die ungefähr im gleichen Alter sind. Die Interessen der Mitglieder sind ähnlich gelagert und sie entstammen der gleichen sozialen Schicht. In Bezug auf das eigene Handeln und Urteilen sind die Mitglieder stark von der Gruppe beeinflusst. Ihr Geschmack stimmt überein in Kleidung, Musik und „Outfit". Die Größe dieser Gruppen kann sehr unterschiedlich sein.

1. Nicht in jeder „Primärgruppe" findet „Primärsozialisation" statt. Nennen Sie solche Primärgruppen und begründen Sie Ihre Meinung.

2. Welche „Peer-group" kennen Sie und was sind deren Merkmale und Anliegen?

Sekundär:

An zweiter Stelle stehend, zweitrangig

„BergbauErbeSaar"

– Satzung –

§ 1: Name, Sitz

Der Förderverein führt den Namen **Bergbau-ErbeSaar – Förderverein zur Wahrung des Erbes des Bergbaus und der Bergleute an der Saar.**

Der Sitz des Fördervereins ist 66806 Ensdorf.

§ 2: Ziele, Zweck

Zweck des Fördervereins ist die Förderung der industriellen Kultur des Bergbaus. Mit der Errichtung einer Landmarke als Identifikationspunkt sollen die technischen und sozialen Leistungen des Saarbergbaus und seiner Beschäftigten, die das Saarland im besonderen Maße geprägt haben, im kollektiven Bewusstsein gehalten werden.

1.3 Sekundärgruppen

Die Familie ist nicht die einzige Gruppe, die die Sozialisation des Menschen prägt. Ab einem bestimmten Alter gehen die Kinder in den Kindergarten, die Schule, in eine Jugendgruppe, einen Sportverein, zur Arbeit (Betrieb) oder zur Universität.

Alle diese Gruppen sind **Sekundär**gruppen. Sie sind gekennzeichnet durch eine große Zahl von Mitgliedern. Die persönlichen Bindungen sind schwächer ausgeprägt.

© Dietrich Claus

Schüler auf Klassenfahrt – auch die Mitschüler prägen das Verhalten.

Sind Ziele und **Satzungen** festgelegt, ebenso wie Verhaltensvorschriften und Normen, so spricht man von „formellen Gruppen". Fehlen diese, spricht man von „informellen Gruppen".

Grundstufe

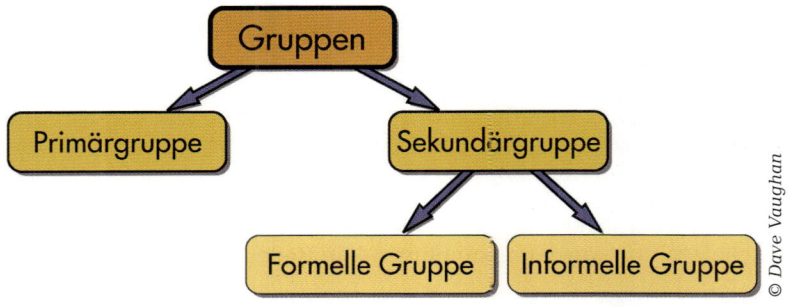

© Dave Vaughan

1. Nennen Sie Sekundärgruppen, in denen Sie Mitglied sind.
2. Ordnen Sie diese in obiges Schema ein und begründen Sie die Zuordnung.
3. Warum lässt sich zwischen Primär – und Sekundärgruppe nicht immer scharf trennen?

Zusammenfassung

Persönlichkeitsentwicklung findet in sozialen Gruppen statt.

Man unterscheidet zwischen Primärgruppen (z. B. Familie, Grundschule) und Sekundärgruppen (z. B. Verein, Partei, Berufsschulklasse).

Sekundärgruppen können formelle Gruppen (Regeln, Verhaltensweisen) oder informelle Gruppen (loser Zusammenhalt) sein. Sekundärgruppen haben in der Regel mehr Mitglieder als Primärgruppen.

Wissens-Check

1. Welche Unterschiede bestehen zwischen Primär- und Sekundärgruppen?
2. Worin unterscheiden sich formelle und informelle Gruppen?

Lerngebiet 3

2 Konflikte und Gewalt: Folgen widersprüchlicher Rollenerwartungen, Interessen und Wertvorstellungen

Die gegenwärtige Gesellschaft in Deutschland wird in den Medien oft als eine reine Spaßgesellschaft dargestellt. Bedeutet dies, dass alles, was wir tun, Spaß machen muss? Oder vielleicht, dass nichts mehr, v. a. von Jugendlichen, ernst genommen wird?

2.1 Wertewandel und Werte-pluralismus

Der jüngeren Generation fehlt es nicht nur einfach an Respekt. Ihr Verhalten ist vielmehr eine Folge der gesamtgesellschaftlichen Veränderungen der letzten Jahrzehnte. Die traditionellen **Werte** und Ideale, die in den vergangenen Jahrhunderten vermittelt wurden und als sichere Basis für ein richtiges Verhalten in der Gesellschaft galten, verlieren zunehmend an Bedeutung.

Werte:

Vorstellungen, welche in einer Gesellschaft allgemein als wünschenswert anerkannt sind und den Menschen Orientierung verleihen

© dpa

„GEIZ IST GEIL"-Kampagne von Saturn

Viele Menschen handeln heute scheinbar nach dem Motto: Ich glaube an nichts und kann alles machen! Neue Wertvorstellungen dienen als Ersatz für abgelegten Ideale früherer Generationen. Dieser Trend lässt sich auch in entsprechenden Werbebotschaften erkennen. „Geiz ist geil" – hier wird eine eigentlich negativ belegte Charaktereigenschaft zum Lebensmotto erhoben.

Traditionelle Werte

Exemplarisch kann man traditionelle Werte unterscheiden in:

Moralische Werte	Religiöse Werte
▸ Aufrichtigkeit ▸ Gerechtigkeit ▸ Treue ▸ Ehrlichkeit ▸ Güte ▸ Rücksicht	▸ Gottesfurcht ▸ Nächstenliebe ▸ Demut
Politische Werte	**Ästhetische Werte**
▸ Toleranz ▸ Freiheit ▸ Gleichheit ▸ Solidarität	▸ Kunst ▸ Schönheit

© dpa – Fotoreport

Priesterweihe: Als Zeichen der Demut strecken sich die Weihekandidaten flach auf dem Boden aus und rufen alle Heiligen des Himmels als Fürsprecher an.

Grundstufe

Materielle Werte	Kulturelle Werte
▸ Wohlstand	▸ Umgangsformen
▸ Kapital	▸ Sitten
▸ Konsum	▸ Pünktlichkeit

Auch in europäischen Ländern hat die gesellschaftliche Entwicklung der letzten sechs Jahrzehnte zu Veränderungen in vielen Lebensbereichen geführt. Zunehmender Wohlstand, große soziale Sicherheit, die Ausweitung der persönlichen Freiheiten und der schnelle technische Fortschritt haben dazu geführt, dass sich der Alltag grundsätzlich verändert hat.

„Neue" Werte

Ein Leben ohne permanente Erreichbarkeit und Information ist für die meisten Jugendlichen nicht mehr vorstellbar. Leider sind Handy und Internet für einige zum einzigen Freizeitinhalt geworden.

▸ Individualität und Selbstverwirklichung

© MEV Verlag GmbH

als neu entstandene Werte bedeuten, dass der einzelne heute vielmehr im Mittelpunkt steht und nicht eine traditionelle Gruppe. Neue Gemeinschaftsformen entstehen (Szenen) und eine Vielfalt von Lebensformen ersetzen Uniformität und Einheitlichkeit

Die beiden von Personalleitern stets geforderten Erfolgsprinzipien

▸ Flexibilität und Mobilität

Handymanie: nie ohne, immer erreichbar

bedeuten offen zu sein für Veränderungen, seine Arbeit anzupassen und sich weiterzuentwickeln, aber auch bereit zu sein, wenn nötig Überstunden zu machen oder neue Aufgaben zu übernehmen. Falls nötig auch den Wohnsitz zu wechseln.

▸ Teamfähigkeit

besagt, nicht nur mit Kollegen persönlich gut auszukommen, sondern **konstruktiv** mit ihnen zusammen arbeiten zu können.

Konstruktiv:

aufbauend, den sinnvollen Aufbau fördernd, entwickelnd

© auremar – Fotolia.com

Eingespieltes Büro-Team bei der Arbeit

Lerngebiet 3

*Ohne Fleiß kein Preis – Berufs-
ausbildung in der Bauwirtschaft*

© Lisa F. Young – Fotolia.com

Universell:
überall zutreffend, allgemein,
alles umfassend, vielfältig verwendbar

Priorität:
Vorrang, Vorrecht, Dringlichkeit,
Wichtigkeit

BiBB:
Bundesinstitut für Berufsbildung

Multikulturelle Gesellschaft:
Gesellschaft, in der Menschen
unterschiedlicher Nationalitäten,
Sprachen, Religionen und
Ethnien friedlich zusammenleben

Grundstufe

Das heißt, eigene Vorschläge einzubringen und zu verfolgen – allerdings nicht um jeden Preis. Gegebenenfalls müssen diese für
den Erfolg des Teams verworfen werden. Wichtigste Grundlage für
die nötige Kritikfähigkeit ist dabei der respektvolle Umgang miteinander.

Wertevielfalt

Unter Wertepluralismus versteht man zeitgleich existierende, unterschiedliche Werte innerhalb einer Gesellschaft. Diese besitzen
gleiche Gültigkeit. Aber es werden nicht alle Werte von allen gleichermaßen anerkannt. An die Stelle für alle gleichermaßen geltende Werte treten zunehmend neue und vielfältige Wertvorstellungen. Diese können sich sowohl ergänzen als auch widersprechen.

In der frühen Industriegesellschaft lag der Schwerpunkt auf Werten wie Pflichterfüllung, Gehorsamkeit und Ordnung. Heute spielen Werte wie die Suche nach Selbstverwirklichung oder Medienkompetenz eine wichtige Rolle.

Werte wie Disziplin und Fleiß, die einst **universelle** Gültigkeit für
alle Lebensbereiche beansprucht haben, verschwinden aber nicht.
Sie werden umgedeutet und an die gegenwärtigen Bedürfnisse angepasst. So kann aus Disziplin Selbstdisziplin werden. Diese stellt
eine wichtige Voraussetzung für die eigene Berufs- und Lebensplanung dar, was angesichts der sich verändernden Arbeitsmärkte
und Lebensformen weiterhin hohe **Priorität** hat.

Trotz des Wertewandels werden von Ausbildungsbetrieben laut
einer Befragung des **BiBB** v. a. traditionelle Werte wie Höflichkeit
(87 Prozent), Zuverlässigkeit (98 Prozent) oder Rücksichtnahme
(89 Prozent) erwartet. Demgegenüber stehen Kreativität (26 Prozent), Teamfähigkeit (56 Prozent) oder Selbstsicherheit (50 Prozent)
noch nicht so hoch im Kurs.

Multikulturelle Gesellschaft bedeutet für den Einzelnen zwar
unterschiedliche Möglichkeiten der Lebensgestaltung, aber es
besteht auch die Gefahr kultureller Konflikte. Der Wunsch nach
individueller Lebensplanung kann konservativen oder religiösen
Wertvorstellungen des Elternhauses entgegenstehen.

© Robert Knechte – Fotolia.com

Von den Kindern könnten wir lernen.

14 Jahre Gefängnisstrafe für „Ehrenmord" an junger Frau

Hagen. Im Prozess um den sogenannten Ehrenmord an einer 20-jährigen Frau aus Schwerte hat das Landgericht Hagen ein hartes Urteil gefällt: Der angeklagte Cousin (21) des Opfers wurde gestern wegen Mordes zu 14 Jahren Haft verurteilt. Die Richter sind davon überzeugt, dass der Angeklagte und sein inzwischen ins Ausland geflohener Onkel (48) die junge Frau Ende August 2008 auf einem Parkplatz an der Autobahn 45 bei Lüdenscheid erschossen haben. Ein sogenannter Familienrat habe die Ermordung der 20-Jährigen angeordnet, um die „Familienehre" wieder herzustellen. Mit ihrem westlich orientierten Lebensstil habe die 20-Jährige ihre konservative Familie gegen sich aufgebracht.

Der Angeklagte hatte im Prozess zugegeben, mit seinem extra aus Finnland angereisten Onkel am Tatort gewesen zu sein. Allerdings habe dieser ihn mit Waffengewalt dazu gezwungen, bei der Tatausführung zu helfen. Anschließend habe er den 48-Jährigen nach Amsterdam fahren müssen. Diese Einlassung überzeugte die Richter jedoch nicht. „Das ist wenig nachvollziehbar, unschlüssig und unglaubwürdig", hieß es im Urteil.

Saarbrücker Zeitung vom 20.01.2010

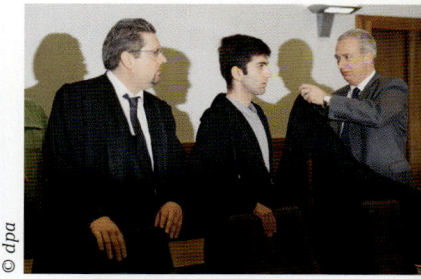

© dpa

Ehrenmord-Prozess in Hagen

2.2 Rollenvielfalt und Rollenerwartungen

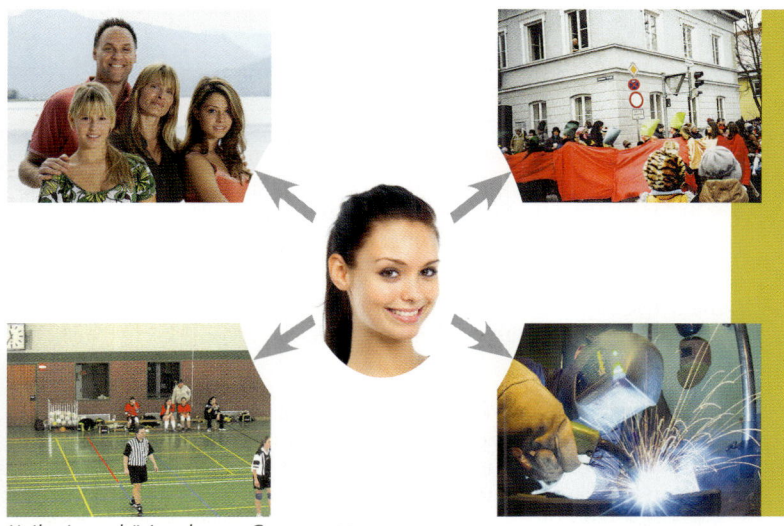

Katharina gehört mehreren Gruppen an.

Ist Katharinas Verhalten in allen Gruppen gleich? Zeigen Sie Unterschiede auf.

Das Leben wäre eintönig, wenn die Menschen jeweils nur einer Gruppe angehörten. Die Verschiedenartigkeit der Anforderungen an den Einzelnen in den unterschiedlichen Situationen hat ihren besonderen Reiz.

Rollenvielfalt

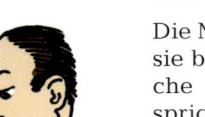

Die Menschen sind Mitglieder verschiedener Gruppen. Dort haben sie bestimmte Aufgaben zu erfüllen und es werden unterschiedliche Erwartungen daran geknüpft. Der Sozialwissenschaftler spricht von Rollen, die in den Gruppen übernommen werden. In der Familie, der wichtigsten sozialen Primärgruppe, gibt es unterschiedliche Rollen zu erfüllen. Folgende Rollenausprägungen sind denkbar:

Vaterrolle

▶ Materielle Sorge für die Familie

▶ Erziehung der Kinder

▶ Verpflichtung gegenüber dem Ehepartner

▶ Pflege der Kinder

Mutterrolle

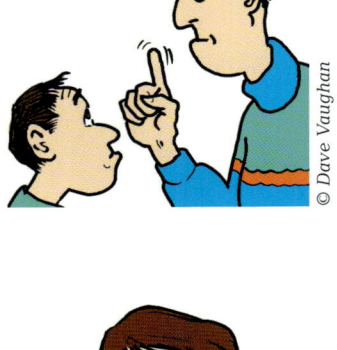

© Dave Vaughan

▶ Erziehung der Kinder

▶ Verpflichtung gegenüber dem Ehepartner

▶ Emotionelle Stütze für die Kinder

▶ Pflege der Kinder

Rolle des Kindes

▶ Gehorsam gegenüber den Eltern

▶ Geschwisterrolle

§ 1631 BGB

(1) Die Personensorge umfasst insbesondere die Pflicht und das Recht, das Kind zu pflegen, zu erziehen, zu beaufsichtigen und seinen Aufenthalt zu bestimmen.

(2) Kinder haben ein Recht auf gewaltfreie Erziehung. Körperliche Bestrafungen, seelische Verletzungen und andere entwürdigende Maßnahmen sind unzulässig.

§ 1619 BGB

Das Kind ist, solange es dem elterlichen Hausstand angehört und von den Eltern erzogen und unterhalten wird, verpflichtet, in einer seinen Kräften und seiner Lebensstellung entsprechenden Weise den Eltern in ihrem Hauswesen und Geschäfte Dienste zu leisten.

© MEV Verlag GmbH

Kinder unterstützen ihren Vater

Ist die im BGB festgeschriebene Rollenverteilung noch zeitgemäß? Begründen Sie Ihre Meinung.

Grundstufe

Die Rollen von Vater und Mutter haben sich im Laufe der Zeit immer mehr angeglichen. Das liegt zum großen Teil daran, dass die Rolle des Ernährers immer häufiger auf beide Elternteile übergegangen ist. Hat in früheren Zeiten der Mann die bestimmende Rolle in der Familie gehabt, so ist dies heutzutage einem partnerschaftlichem Rollenverständnis gewichen.

Rollenerwartungen

Je nach der persönlichen Stellung in einer Gruppe (Gruppenposition) sind die Erwartungen an die Gruppenmitglieder unterschiedlich. Die Aufgaben eines Vereinspräsidenten sind andere als die eines einfachen Mitgliedes. Dementsprechend werden auch andere Erwartungen an die unterschiedlichen Rolleninhaber gestellt.

Je nach Intensität/Stärke der Erwartung unterscheidet man zwischen

▶ Muss-Erwartungen

▶ Soll-Erwartungen

▶ Kann-Erwartungen

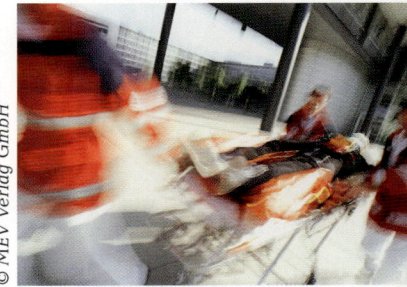

© MEV Verlag GmbH

Notarzt im Einsatz: Eile ist geboten

> **Muss-Erwartungen** sind rechtlich vorgeschrieben. Der Arzt ist verpflichtet Unfallhilfe zu leisten.
>
> **Soll-Erwartungen** beruhen auf üblichen Verhaltensweisen. Es gibt Ärzte, die in normaler Kleidung ihre Sprechstunden halten. Andere Ärzte tragen einen weißen Arzt-Kittel, weil das so üblich ist.
>
> **Kann-Erwartungen:** Weil ein bekannter Arzt viel Geld verdienen kann, geht man davon aus, dass er in einem luxuriösen Haus wohnt und in seiner Freizeit gut gekleidet ist.

Lerngebiet 3

2.3 Rollenkonflikte und Lösungsmöglichkeiten

Die Gruppen erwarten von ihren Mitgliedern, dass sie ihren Rollen gerecht werden. Verstößt ein Mitglied dagegen, muss es mit **Sanktionen** rechnen.

Sanktion:
Zwangsmaßnahme

Es können Mitglieder aus einer Gruppe ausgeschlossen, Vereinspräsidenten abgesetzt oder Schüler mit einem Verweis bestraft werden.

Da der Mensch mehreren Gruppen angehört, kann es zum „Rollenkonflikt" kommen.

Zwischen zwei Rollentypen wird unterschieden:

▶ Interrollenkonflikt und

▶ Intrarollenkonflikt

Interrollenkonflikt

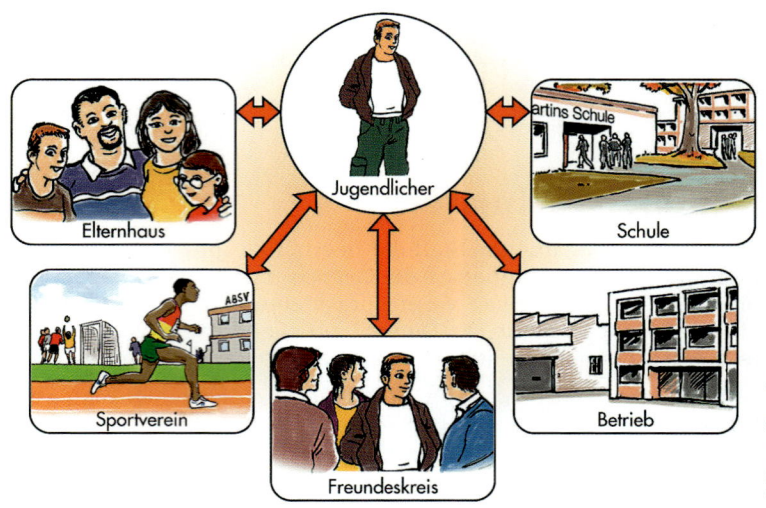

In den jeweiligen Gruppen wird Unterschiedliches erwartet.

© Dave Vaughan

Die Erwartungen an ein Gruppenmitglied können sehr unterschiedlich sein. Im Elternhaus wird von dem Jugendlichen erwartet, dass er sich den Eltern unterordnet und gehorcht.

Als Klassensprecher soll er energisch gegenüber der Schulleitung und den Lehrern die Interessen seiner Mitschüler durchsetzen.

Wenn er noch Vorsitzender der örtlichen Parteijugendgruppe ist, muss er dort über anstehende Aktivitäten verantwortlich entscheiden.

Dabei muss er sich gegenüber Minderheitsinteressen durchsetzen.

Diese, aus verschiedenen Rollen entstehenden Erwartungen, widersprechen sich. Die Soziologen sprechen deshalb von einem Interrollenkonflikt.

Intrarollenkonflikt

Wenn von einem Rolleninhaber unterschiedliches Verhalten in einer bestimmten Rolle erwartet wird, kann es ebenfalls zu Konflikten kommen

Ein Azubi erwartet von seinem Ausbilder etwas anderes als der Geschäftsinhaber. Während der Azubi Hilfe und Verständnis in allen Situationen für sich beansprucht, kann der Geschäftsführer Wert auf äußerste Disziplin legen. Der Ausbilder soll beiden Interessen gerecht werden, was nicht immer möglich ist.

Die Rolle des Schülersprechers birgt ebenfalls Intrarollenkonflikte in sich. Die Erwartungen, die seine Mitschüler an ihn stellen, sind andere als die der Lehrkräfte. Wenn seine Mitschüler während des Unterrichts essen wollen, erwarten sie, dass der Schülersprecher dies beim Lehrer durchsetzt. Der Lehrer kann gleichzeitig erwarten, dass der Schülersprecher seinen Klassenkameraden deutlich macht, dass essen während der Stunden nicht zulässig ist.

Grundstufe

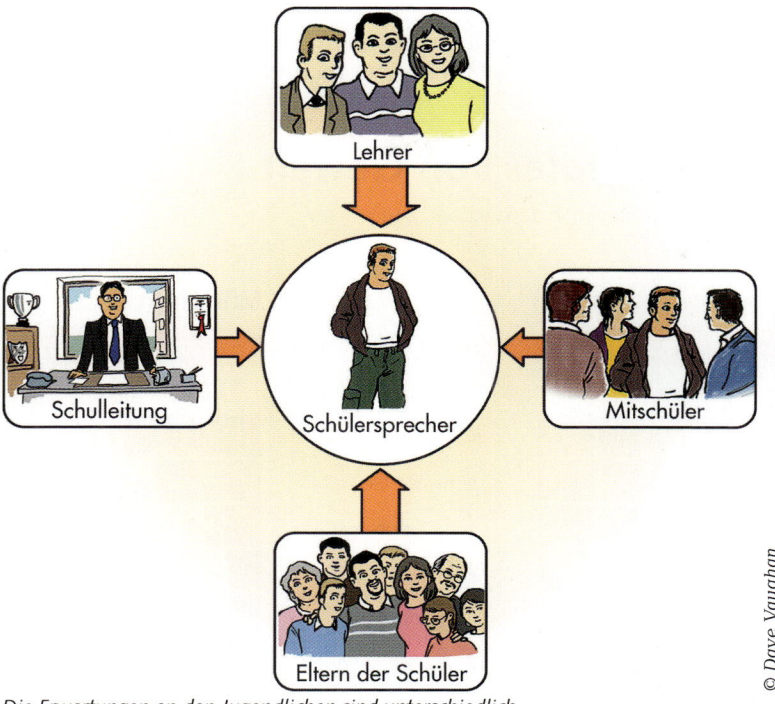

© Dave Vaughan

Die Erwartungen an den Jugendlichen sind unterschiedlich.

Bei unterschiedlichen Erwartungen an seine Rolle muss der Schülersprecher eine Entscheidung treffen, um den Konflikt zu lösen.

Solche Konflikte, die in der Rolle begründet liegen, heißen Intrarollenkonflikte

1. In welchen Rollenkonflikten haben Sie sich schon befunden?
2. Waren es „Interrollenkonflikte" oder „Intrarollenkonflikte"?
3. Wie haben Sie die Probleme gelöst?

Gewalt als Folge von Rollenkonflikten

Die Werte und Lebenseinstellungen von Jugendlichen sind laut der 16. **Shell-Jugendstudie** von 2010 weiterhin pragmatisch: Der persönliche Erfolg in einer Leistungs- und Konsumgesellschaft ist für Jugendliche von großer Wichtigkeit. Leistung ist jedoch nicht alles: Auch wenn Fleiß und Ehrgeiz für 60 Prozent der Jugendlichen hoch im Kurs stehen, darf der Spaß nicht zu kurz kommen: 57 Prozent wollen ihr Leben intensiv genießen.

Nicht alle Jugendlichen sind optimistisch und mit ihrer Lebenssituation zufrieden. Zwar nehmen die Freizeit und die Freiheiten zu, aber gleichzeitig sinkt die Bereitschaft Verantwortung zu übernehmen.

Shell-Jugendstudie:

Empirische Untersuchung der Einstellungen, Werte, Gewohnheiten und des Sozialverhaltens von Jugendlichen in Deutschland, die vom Mineralölkonzern Shell seit 1953 herausgegeben wird

Lerngebiet 3

Bleibt das persönliche Vorankommen dann hinter den Erwartungen zurück, kann sich die Enttäuschung in Wut wandeln. Und der Schritt zur Gewalt scheint vorprogrammiert.

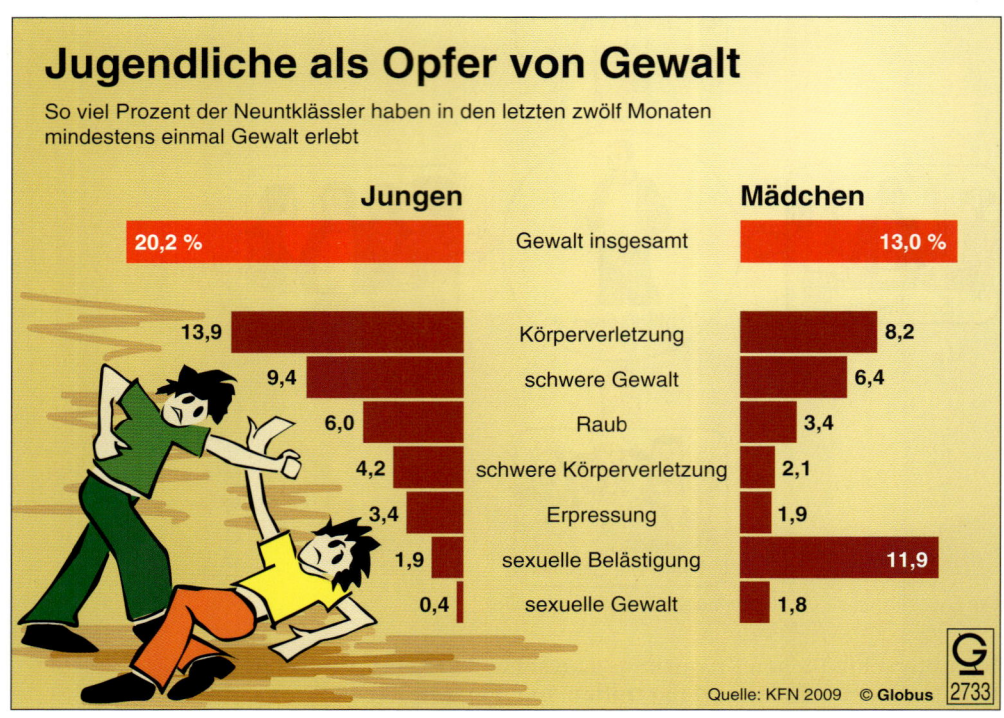

Jugendliche als Opfer von Gewalt

So viel Prozent der Neuntklässler haben in den letzten zwölf Monaten mindestens einmal Gewalt erlebt

Jungen		Mädchen
20,2 %	Gewalt insgesamt	13,0 %
13,9	Körperverletzung	8,2
9,4	schwere Gewalt	6,4
6,0	Raub	3,4
4,2	schwere Körperverletzung	2,1
3,4	Erpressung	1,9
1,9	sexuelle Belästigung	11,9
0,4	sexuelle Gewalt	1,8

Quelle: KFN 2009 © Globus 2733

Ego-Shooter:

Kategorie der Computerspiele, bei der der Spieler aus der Ego-perspektive in einer frei begeh-baren, dreidimensionalen Spiel-welt agiert und mit verschiede-nen Waffen Gegner bekämpft

JIM-Studie:

Seit 1998 im jährlichen Turnus durchgeführte Basisstudie zum Umgang von 12- bis 19-Jährigen mit Medien und Information.

Neben einer aktuellen Standort-bestimmung sollen die Daten zur Erarbeitung von Strategien und Ansatzpunkte für neue Konzepte in den Bereichen Bildung, Kultur und Arbeit dienen

Amokläufe an Schulen wie in Erfurt 2002 oder in Winnenden 2009 fachen immer wieder die Diskussion über ein strengeres Waffen-recht und ein Verbot sogenannter Killerspiele an.

Jugendlicher der sich mit einem „Ego-Shooter"-Computerspiel die Zeit vertreibt.

© A. Popov, shutterstock.com

Viele Jugendliche flüchten sich in die virtuelle Welt des Internets und suchen dort Bestätigung.

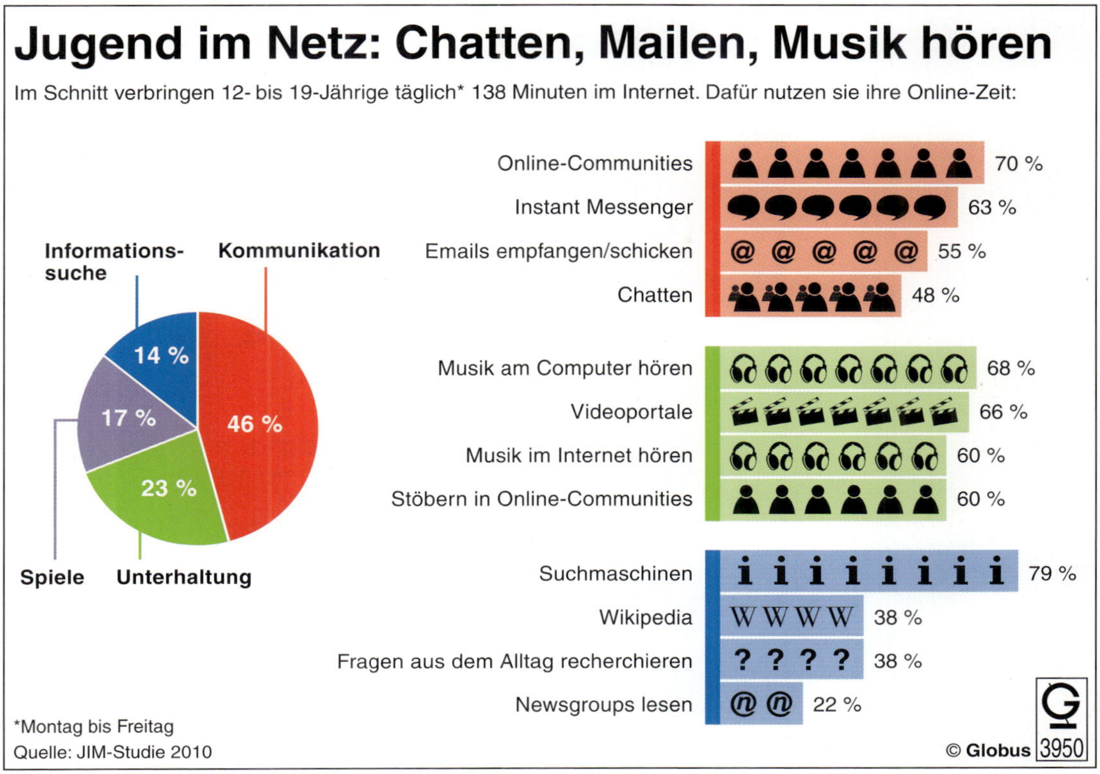

Jugend im Netz: Chatten, Mailen, Musik hören

Im Schnitt verbringen 12- bis 19-Jährige täglich* 138 Minuten im Internet. Dafür nutzen sie ihre Online-Zeit:

Informations-suche — **Kommunikation**

14 %
17 %
46 %
23 %

Spiele — **Unterhaltung**

Online-Communities	70 %
Instant Messenger	63 %
Emails empfangen/schicken	55 %
Chatten	48 %
Musik am Computer hören	68 %
Videoportale	66 %
Musik im Internet hören	60 %
Stöbern in Online-Communities	60 %
Suchmaschinen	79 %
Wikipedia	38 %
Fragen aus dem Alltag recherchieren	38 %
Newsgroups lesen	22 %

*Montag bis Freitag
Quelle: JIM-Studie 2010

© Globus 3950

Soziale Netzwerke entwickeln sich zum beliebten Zeitvertreib im Internet. Facebook ist am weitesten verbreitet und auch in Deutschland Marktführer.

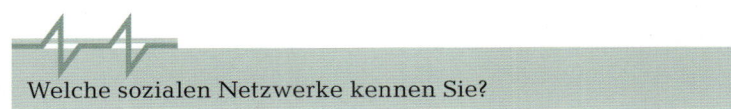

Welche sozialen Netzwerke kennen Sie?

© 1to3 – Fotolia.com

Datenschutz in sozialen Netzwerken?

Jeder zweite Internetnutzer in Deutschland hat ein Online-Profil. So werden oft leichtfertig persönliche Daten, Gedanken und Fotos preisgegeben. Vor allem abfällige Bemerkungen über die Arbeit oder das Arbeitsumfeld kommen bei potenziellen Arbeitgebern gar nicht gut an. Sehr Privates wie beispielsweise Partybilder werten Personalchefs kritisch. Generell durchsuchen Großunternehmen bei der Personalauswahl eher das Internet als kleine Unternehmen. Dabei nutzen sie auch soziale Netzwerke. Verbraucherschützer warnen daher davor, allzu leichtfertig Persönliches ins Netz zu stellen.

Wer im Internet keine Spuren hinterlassen möchte, kann Anonymisierungsdienste nutzen oder im privaten Modus des Internet-Browsers surfen.

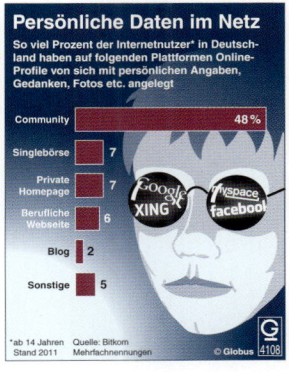

Persönliche Daten im Netz

So viel Prozent der Internetnutzer* in Deutschland haben auf folgenden Plattformen Online-Profile von sich mit persönlichen Angaben, Gedanken, Fotos etc. angelegt

Community	48 %
Singlebörse	7
Private Homepage	7
Berufliche Webseite	6
Blog	2
Sonstige	5

*ab 14 Jahren   Quelle: Bitkom
Stand 2011   Mehrfachnennungen
© Globus 4108

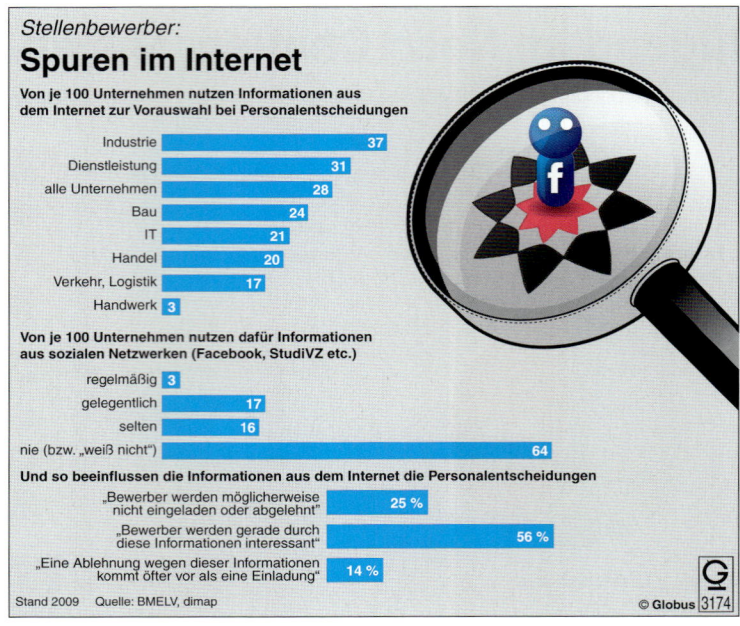

Stellenbewerber:

Spuren im Internet

Von je 100 Unternehmen nutzen Informationen aus
dem Internet zur Vorauswahl bei Personalentscheidungen

Industrie	37
Dienstleistung	31
alle Unternehmen	28
Bau	24
IT	21
Handel	20
Verkehr, Logistik	17
Handwerk	3

Von je 100 Unternehmen nutzen dafür Informationen
aus sozialen Netzwerken (Facebook, StudiVZ etc.)

regelmäßig	3
gelegentlich	17
selten	16
nie (bzw. „weiß nicht")	64

Und so beeinflussen die Informationen aus dem Internet die Personalentscheidungen

„Bewerber werden möglicherweise nicht eingeladen oder abgelehnt"	25 %
„Bewerber werden gerade durch diese Informationen interessant"	56 %
„Eine Ablehnung wegen dieser Informationen kommt öfter vor als eine Einladung"	14 %

Stand 2009   Quelle: BMELV, dimap   © Globus 3174

Wie können Ihre Daten im Netz missbräuchlich genutzt werden?

Mobbing:
Psychoterror – ständiges bzw.
wiederholtes und regelmäßiges
Schikanieren, Quälen und seeli-
sches Verletzen, beispielsweise in
der Schule oder am Arbeitsplatz

Grundstufe

Mobbing und Gewalt

Saarbrücken/Merzig. Mobbing unter Schülern ist ein heikles
Thema. Das zeigt sich daran, dass kaum eine Saarbrücker Schule über Mobbing sprechen will – aus Angst, in Verruf zu geraten.
Heinz Paulus, Schulleiter des Ludwigsgymnasiums, verschließt
sich diesem Thema nicht. „Es hilft nichts, die Augen vor der
Realität zu verschließen. Im Gegenteil: Wir müssen genau hin-
sehen, um Mobbing zu bekämpfen", sagt Paulus.

Opfer von Mobbing sind seiner Erfahrung nach häufig Schüler,
„die aus der Norm fallen". Das müssen nicht nur unattraktive,
schüchterne oder übergewichtige Jugendliche sein. „Auch ein
besonders hübsches oder fleißiges Mädchen kann aus Neid von
fünf anderen Mädchen gemobbt werden", sagt Paulus. Gezielt
versuchen Einzelne oder Gruppen, Mitschülern zu schaden, um
sich vor anderen zu profilieren oder um Grenzen zu testen.

Das bestätigt auch Christa Büch. Sie ist Leiterin des Schulpsy-
chologischen Dienstes Saarbrücken und hilft Betroffenen, mit
dem Thema umzugehen: „Der oder die Täter verstehen es, zu
manipulieren. Sie können Lehrer gut täuschen sowie andere
bloßstellen und schlecht dastehen lassen." Das könne sogar so
weit gehen, dass die Täter andere für sich mobben lassen. Auf-
fällig sei, dass Jungen ihre Opfer eher durch Schläge oder Beschimpfungen erniedrigen, während Mädchen indirekt mobben,
indem sie Gerüchte verbreiten oder lästern.

Saarbrücker Zeitung vom 14.06.2012

Mobbing und Gewalt sind ernst zu nehmende Themen, denn Betroffene leiden unter anderem an Kopf-, Bauchschmerzen und Schlafstörungen, geringem Selbstvertrauen und Rückzugsverhalten. Einige Opfer werden in den Selbstmord getrieben.

Beim Mobbing gibt es auf der Seite der Opfer keine großen Unterschiede zwischen den Geschlechtern.

Der unbeschwerte Umgang mit Daten und Fotos birgt auch die Gefahr von psychischer Gewalt. **„Cybermobbing"** unter Schülern ist in Deutschland sehr verbreitet. Mehr als jeder dritte Jugendliche war schon einmal Opfer einer Internetmobbing-Attacke oder von direkten Drohungen per Handy. Jeder Zehnte gibt zu, selber Täter gewesen zu sein. An erster Stelle stehen Drohungen und Beleidigungen, gefolgt von übler Nachrede, Identitätsmissbrauch und Weitergabe von privaten E-Mails oder Fotos. Anders als beim direkten Mobbing bleibt der Täter beim Internetmobbing oft anonym.

Cyber-Mobbing:

Mobbing im Internet durch die Verbreitung falscher Tatsachen, demütigender Fotos oder Gewaltandrohung

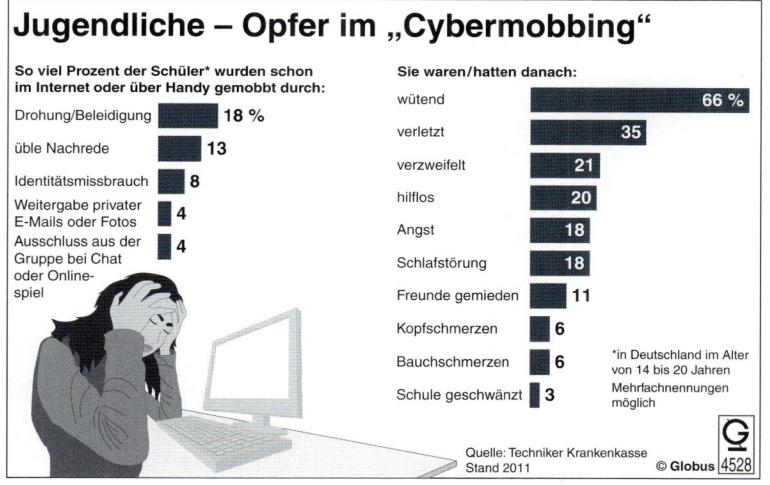

Jugendliche – Opfer im „Cybermobbing"

So viel Prozent der Schüler* wurden schon im Internet oder über Handy gemobbt durch:

Drohung/Beleidigung 18 %
üble Nachrede 13
Identitätsmissbrauch 8
Weitergabe privater E-Mails oder Fotos 4
Ausschluss aus der Gruppe bei Chat oder Online-spiel 4

Sie waren/hatten danach:

wütend 66 %
verletzt 35
verzweifelt 21
hilflos 20
Angst 18
Schlafstörung 18
Freunde gemieden 11
Kopfschmerzen 6
Bauchschmerzen 6
Schule geschwänzt 3

*in Deutschland im Alter von 14 bis 20 Jahren Mehrfachnennungen möglich

Quelle: Techniker Krankenkasse Stand 2011   © Globus 4528

2.4 Möglichkeiten und Modelle der Konfliktlösung

Eine Gesellschaft ohne Konflikte gibt es nicht. Ohne Konflikte gäbe es weniger Veränderungen in Gesellschaften, sozialer Wandel fände nur bedingt statt. Nicht der Konflikt ist gut oder schlecht, sondern die Form der Konfliktaustragung.

Ursache für die meisten Konflikte ist die Vielzahl unterschiedlicher Interessen **(Interessenkonflikt).** Konflikte in der am besten bekannten und von den meisten Menschen erlebten Primärgruppe – der Familie – belegen dies.

Auch unterschiedliche Wertvorstellungen können zu Konflikten führen **(Wertekonflikt).** Die Problematik über den Schwangerschaftsabbruch ist ein Beispiel hierfür. Dabei stehen sich die Positionen der katholischen Kirche und die vieler Frauenbewegungen unversöhnlich gegenüber. Für die katholische Kirche steht das

Interessenkonflikt:

Dies kann eine Auseinandersetzung um materielle Dinge, aber auch um Macht und Einfluss sein.

Wertekonflikt:

Dies sind Konflikte über verschieden moralische/religiöse Auffassungen (z. B. ja oder nein zur Todesstrafe).

Lerngebiet 3

Recht auf Leben im Vordergrund („Tötung ungeborenen Lebens"), für die Frauenbewegung die Rechte der Frau („Mein Bauch gehört mir").

Zur Lösung der Konflikte stehen den Parteien mehrere Möglichkeiten offen. Die folgenden Modelle sind nicht immer eindeutig anwendbar. In der Realität kommen häufig Mischformen vor. Die Soziologie kennt eine Vielzahl von Konfliktlösungsmodellen. Diese wurden zum Teil von der Politikwissenschaft und der Psychologie übernommen.

Man kann drei grundlegende Modelle der Konfliktlösung unterscheiden:

▸ Konfliktregelung durch Macht/Zwang

▸ Konfliktregelung durch bestimmte Verfahrensweisen (Auslosen Stimmenmehrheit)

▸ Konfliktregelung durch Kompromiss/Übereinkunft

Beispiele:

> Der 16-jährige Willi möchte einen moderneren schnelleren PC. Dazu braucht er Geld. Sein Vater ist dagegen, weil Willi einen guten PC hat. Willi hat schon 1000 Euro gespart, ihm fehlen noch 300 Euro. Weil Willi bald einen Sparvertrag ausgezahlt bekommt, leiht der Vater ihm bis dorthin 200 Euro.

> Die Schüler einer Abschlussklasse planen ihre Abschlussfahrt. Fünf Ziele werden immer wieder genannt: Rom, Paris, London, Brüssel und Berlin. Sie lassen das Los entscheiden.

> Der Biergarten „Zur letzten Instanz" hat immer Mühe, zur Sperrstunde seine letzten Gäste zum Aufbruch zu bewegen. Da dies die Anwohner in ihrer Ruhe stört, melden sie den Fall dem Ordnungsamt.

Fröhliche Zecher

© kzenon – Fotolia.com

1. Welchen Konfliktregelungsmodellen würden Sie die Beispiele zuordnen?

2. Welche Lösungsmöglichkeiten schlagen Sie für das zweite Beispiel vor? Begründen Sie Ihre Antwort.

3. Wie könnte man die Probleme anders lösen?

4. Welche Lösungen halten Sie für die besten?

Einige Konflikte ließen sich vermeiden. In vielen Fällen wäre es hilfreich, wenn sich die Konfliktparteien gegenseitig vorurteilsfrei hören würden. Häufig liegt der Grund für Auseinandersetzungen darin, dass man die Argumente der Gegenseite nicht richtig zur Kenntnis genommen hat.

Grundstufe

Bei Gegenargumenten sollte man prüfen, ob man sie respektieren und akzeptieren kann. Dabei kann es sehr hilfreich sein, sich in die Lage des anderen zu versetzen. Mit etwas Großzügigkeit und Toleranz lassen sich einige Konflikte vermeiden. Der größte Feind der Toleranz sind Vorurteile. Bei Problemen, die kompliziert zu beurteilen sind, neigen viele Menschen zu einfachen Antworten. Dies führt unweigerlich zu Fehlbeurteilungen und falschen Schlussfolgerungen.

Häufig sind Vorurteile bei Aussagen über bestimmte Volksgruppen und Randgruppen in der Gesellschaft zu hören:

> „Die Arbeitslosen sind Drückeberger. Wer Arbeit will, findet immer eine."
>
> „Alle Deutschen sind Rassisten."

Diese Vorurteile sind ebenso falsch wie die heute häufig zu hörende Meinung über die Jugendlichen:

> „Die Jugend von heute wird immer dummer und fauler. Sie will nichts mehr arbeiten und nur Spaß haben. Früher war das alles anders."

Dass dieses Vorurteil fest verwurzelt ist, zeigt der über 2000 Jahre alte Ausspruch von **Sokrates:**

> „Unsere Jugend liebt den Luxus. Sie hat schlechte Manieren, missachtet die Autorität und hat kein Respekt vor dem Alter."

Sokrates:
Griechischer Philosoph, 470–399 vor Christus

Die schlechteste und untauglichste Form der Konfliktlösung ist die Gewaltanwendung.

Sie wird im privaten Bereich und auch in zwischenstaatlichen Auseinandersetzungen (Kriegen) eingesetzt.

Gewalt kann sowohl physisch (körperlich) als auch psychisch (seelisch) ausgeübt werden. In der Familie kann der Vater sein Kind schlagen oder seelisch unter Druck setzen, um einen (Rollen-)Konflikt zu lösen. Beide Methoden der Gewaltanwendung sind untauglich. Mag es vielleicht auch zum schnellen Ende des Konflikts führen, dem Kind würde Schaden zugefügt.

Gewaltanwendung in der Schule durch die Lehrkräfte ist nicht mehr erlaubt. Die Anwendung körperlicher Gewalt („Prügelstrafe") war in vergangenen Zeiten aber durchaus als **„Zuchtmittel" der Lehrer** üblich.

In jüngerer Zeit ist es an Schulen zu verheerenden Gewaltanwendungen von Schülern gekommen. Schüler haben in Erfurt, Freising, Winnenden und Ansbach wahllos Mitschüler und Lehrkräfte getötet oder schwer verletzt. Was auch immer die Gründe der Schüler gewesen sein mögen: Sie haben jegliche Hoffnung auf eine Konfliktlösung zunichte gemacht.

Zuchtmittel der Lehrer:
§ 32 (3) saarländisches Schulordnungsgesetz: Körperliche Züchtigung und entwürdigende Maßnahmen sind nicht zulässig.

Lerngebiet 3

Zusammenfassung

Im täglichen Leben übernimmt der mündige Bürger verschiedene Rollen (Schüler, Spielführer, Parteimitglied).

An diese Rollen werden unterschiedliche Erwartungen geknüpft (Muss-, Kann-, Soll-Erwartungen).

Dabei kann es zu Interrollenkonflikten und Intrarollenkonflikten kommen.

(Rollen)Konflikte können durch Macht/Zwang, Los/Stimmenmehrheit oder Kompromiss/Übereinkunft gelöst werden.

Wissens-Check

1. Was sind soziale Rollen?

2. Welche Rollenerwartungen kennen Sie?

3. Worin besteht der Unterschied zwischen Interrollenkonflikten und Intrarollenkonflikten?

4. Was versteht man unter dem Begriff „Cybermobbing"?

5. Nennen Sie Möglichkeiten der Konfliktlösung.

3 Formen des Zusammenlebens

© Familie Deubele

© ullstein bild – ullstein bild

Bauernfamilie (19. Jhd.)

Arbeiterfamilie (19. Jhd.)

Beschreiben Sie die Unterschiede der Familien auf den Fotos (Zusammensetzung, Größe, Lebensverhältnisse).

Viele Menschen leben in Familien. Sie ist die Primärgruppe, in der die Menschen ihre erste Sozialisation erfahren.

Die Familie besteht nach heutigem Verständnis mindestens aus Mutter, Vater und einem Kind.

Im Gemeinwesen werden der Familie verschiedene Aufgaben zugedacht. Die folgenden Merkmale sind nicht ausschließlich auf

Grundstufe

Familien beschränkt. Es gibt andere Lebensgemeinschaften, die die gleichen Leistungen erbringen. Wenn diese Merkmale hier Familien zugeschrieben werden, so ist darin keine Wertung zu sehen. Die Familie ist jedoch die am häufigsten praktizierte Lebensgemeinschaft.

3.1 Rollen- und Funktionswandel der Familie

Familien erfüllen eine Vielzahl wichtiger Aufgaben für ihre Mitglieder und für die Gesellschaft. Diese Aufgaben beziehen sich auf die persönliche, die familiäre und die gesellschaftliche Ebene. Im Verlaufe des familiären Zusammenlebens sind diese Aufgaben verschieden stark ausgeprägt.

Die gesellschaftlichen Aufgaben der Familie lassen sich drei Bereichen zuordnen:

▶ Sorge für die Erhaltung der Gesellschaft/Reproduktion von Nachkommen

▶ Erziehung der Kinder (Sozialisation)

▶ Befriedigung menschlicher Grundbedürfnisse

Heute sind wichtige Aufgaben der Familie auf den Staat übergegangen. Andererseits sind Aufgaben des Staates auf die Familien verlagert worden.

1. Welche Aufgaben der Familie hat der Staat übernommen?
2. Welche Aufgaben hat die Familie vom Staat übernommen?
3. Kann man von einem „Funktionsverlust der Familie" sprechen?

Reproduktion

Eine bedeutende Aufgabe der Familie ist die Reproduktion, das heißt die Zeugung neuer Familien- und Gesellschaftsmitglieder. Auch heute halten ca. 50 Prozent der Bevölkerung Ehen mit Kindern für glücklicher. Dennoch geht die Zahl der Ehen mit Kindern ständig zurück. Das wird in Zukunft auch Auswirkungen auf den Arbeitsmarkt und die Rentenkassen haben. Schon heute ist absehbar, dass die BRD auf Zuwanderer angewiesen sein wird.

Selbst Familien mit zwei Kindern werden weniger.

Der Verzicht auf Kinder wird von manchen Ehepaaren damit erklärt, dass Kinder Zeit und Geld kosten. Generell nimmt die Größe der Familie mit zunehmender Erwerbstätigkeit der Frauen ab.

Die Familiengröße nimmt auch mit zunehmendem Ausbildungsabschluss der Frauen ab. Frauen, die nach dem 26. Lebensjahr heiraten, haben im Durchschnitt weniger Kinder. Die Familiengrößen sind im Freistaat Bayern und in Niedersachsen am höchsten. In den **Stadtstaaten** – insbesondere in Berlin – sind sie am niedrigsten.

Stadtstaaten:
Berlin, Bremen, Hamburg

Familien auf dem Lande haben generell mehr Kinder als solche in der Stadt.

In den vergangenen Jahren ist die Geburtenrate bei ärmeren Familien und denen mit mittlerem Einkommen gesunken. Dennoch sind Familien von Arbeitern und Landwirten im Durchschnitt größer als die von Angestellten und Beamten. Die Kinderzahl von Familien mit Migrationshintergrund und religiös gesinnten Ehepartnern ist größer als die der Durchschnittsfamilie.

1. Warum hat die Anzahl der Kinder eine wesentliche Bedeutung für die Erhaltung des Staates?
2. Sollten Frauen zu Gunsten von Kindern auf eine Berufstätigkeit verzichten? Begründen Ihre Meinung.

Erziehung und Erziehungsstile

© Dave Vaughan

Menschliche Neugeborene und kleine Kinder können nicht alleine überleben: Zunächst bedürfen sie der Pflege, später müssen sie erzogen werden.

Unter Erziehung versteht man soziale Handlungen, durch die die Eltern versuchen, die Persönlichkeitsentwicklung ihrer Kinder zu beeinflussen.

Die Erziehung ist immer an bestimmten Zielen, Idealen, Leitbildern und Normen ausgerichtet. War die Erziehung früher an Strenge und Gehorsam ausgerichtet (autoritärer Erziehungsstil), so hat sich dies im Laufe der Zeit zu Toleranz und Verständnis geändert (partnerschaftlich/demokratischer Stil).

Die Eltern verfügen über verschiedene Arten von Erziehungsmitteln. Eine nicht repräsentative Umfrage unter Eltern im Saarland ergab, dass erzieherische Maßnahmen in folgender Reihenfolge bevorzugt werden:

▶ Beispiel, Vorbild sein
▶ Ideal der Mitte, ausgewogene Erziehung
▶ Verständnisvolle Erziehungsgestaltung
▶ Erklären, argumentieren, beraten
▶ Gemeinsame Aktivitäten mit den Kindern, Anregung der Kinder zu Aktivitäten
▶ Konsequenz, Festigkeit, Stetigkeit, Ruhe
▶ Bestätigung
▶ Härte, Strenge, Strafe

Befriedigung menschlicher Grundbedürfnisse

Die Erhaltung der innerfamiliären Harmonie ist eine weitere wichtige Aufgabe der Familie. Die Familienmitglieder unterstützen sich bei der Verarbeitung von außen kommender Belastungen. Der Abbau von Stress ist in der Familie leichter möglich, hier findet der Mensch Unterstützung bei Krankheit und im Alter.

Menschliche Grundbedürfnisse:

Hierzu zählen u. a.
▶ Nahrung
▶ Kleidung
▶ Sicherheit
▶ Vertrauen
▶ Anerkennung
▶ Zuwendung

1. Welche Gründe sprechen für die Gründung einer Familie?

2. Warum hat die Familie Ihrer Meinung nach eine Zukunft?

3. Was spricht für einen toleranten Erziehungsstil?

4. Was spricht für einen autoritären Erziehungsstil?

3.2 Rechtsstellung der Familie

Die Stellung von Ehe und Familie im Grundgesetz

© elitravo – Fotolia.com

Hochzeitsbrauch: Reiswerfen

Obwohl sich durch die gesellschaftliche Entwicklung weitere Formen des Zusammenlebens ergeben haben, bleibt die Ehe und Familie die häufigste Form der **Lebensgemeinschaft.** Sie wird im Grundgesetz und in den Verfassungen der Bundesländer hervorgehoben und unterstützt.

Lebensgemeinschaft:

Laut einer Erhebung des Statistischen Bundesamtes aus dem Jahre 2010 gab es 2009 in Deutschland rund 18 Mio. Ehepaare und gut 2,6 Mio. nichteheliche Lebensgemeinschaften. In der Shellstudie 2010 waren 92 Prozent der Jugendlichen der Meinung, dass ein gutes Familienleben wichtig sei.

Art. 6 GG

(1) Ehe und Familie stehen unter dem besonderen Schutz der staatlichen Ordnung.

Art. 22 Verfassung des Saarlandes

Ehe und Familie genießen den besonderen Schutz und die Förderung des Staates.

Der verfassungsmäßige Schutz von Ehe und Familie wird in unterschiedlichen Rechtsbereichen deutlich. Ehepaare genießen unter anderem Vorteile

Lerngebiet 3

Ehegattensplitting:

Das gesamte Einkommen in einer Ehe wird auf den Ehemann und die Ehefrau in gleicher Höhe aufgeteilt. Damit ergibt sich häufig ein geringerer Steuersatz für die beiden Hälften als der Steuersatz für das gesamte Einkommen. Insbesondere bei Ehen mit nur einem berufstätigen Ehegatten wirkt sich das Ehegattensplitting steuermindern aus. Das Ehegattensplitting begünstigt auch kinderlose Ehen.

▸ im Steuerrecht (z.B. günstigere Lohnsteuerklasse/**Ehegattensplitting**)

▸ in der gesetzlichen Kranken- und Pflegeversicherung durch die Mitversicherung des nicht berufstätigen Ehegatten und der Kinder

▸ in der gesetzlichen Rentenversicherung durch die Witwen-/Witwerrente

1. Aus welchem Grund unterstützt der Staat die Lebensform „Ehe"?

2. Diskutieren Sie darüber, ob andere Lebensformen (z.B. nichteheliche Lebensgemeinschaften, gleichgeschlechtliche Lebenspartnerschaften) ebenso staatliche Unterstützung erhalten sollten.

3. Halten Sie die steuerliche Begünstigung einer kinderlosen Ehe für gerechtfertigt? Begründen Sie Ihre Meinung.

Rechtsbeziehungen in Ehe und Familie

Die Eheschließung zieht durch das Familienrecht im Bürgerlichen Gesetzbuch eine Reihe von Wirkungen nach sich.

Wenn z.B. Helmut Treu und Petra Fröhlich heiraten, werden sich die beiden über einen **Ehenamen** Gedanken machen.

Die Eheleute sollen einen gemeinsamen Familien- bzw. Ehenamen tragen. Diese Vorschrift ist nicht zwingend. Ehemann und Ehefrau können auch ihren Geburtsnamen beibehalten. Alle ihre Kinder erhalten als Geburtsnamen den Namen des Vaters oder der Mutter. Hier müssen sich die Eheleute entscheiden.

Häufig entscheidet sich das Ehepaar dazu, dass als Ehename der Geburtsname des Mannes oder der Frau gelten soll. Die Kinder tragen dann auch diesen Namen.

Ehenamen:

Die Vielfalt der Ehenamen ist durch eine Entscheidung des Bundesverfassungsgerichtes entstanden. Es hat in einem Normenkontrollverfahren die ehemalige Bevorzugung des Geburtsnamens des Ehemannes für verfassungswidrig erklärt.

Ein Ehepartner, dessen Geburtsname nicht Familienname wurde, kann dem gewählten Familiennamen seinen Geburtsnamen voranstellen oder anfügen. Die Kinder aus einer solchen Ehe bekommen den Familiennamen.

Petra Fröhlich und Helmut Treu hatten folgende Möglichkeiten:

Petra Fröhlich und Helmut Fröhlich
Petra Fröhlich und Helmut Fröhlich-Treu oder Helmut Treu-Fröhlich
Kinder: .... Fröhlich)
Petra Treu und Helmut Treu
Petra Treu-Fröhlich oder Petra Fröhlich-Treu und Helmut Treu
(Kinder: .... Treu)
Petra Fröhlich und Helmut Treu
(Kinder: entweder alle .....Treu oder alle .... Fröhlich)

Wie viele Schüler/innen möchten im Falle einer Eheschließung ihren Geburtsnamen auf irgendeine Art beibehalten? Erhebung in der Klasse.

Auch die standesamtliche Ehe wird auf Lebenszeit geschlossen. Die Eheleute sind einander zur ehelichen Lebensgemeinschaft verpflichtet. Sie tragen für einander Verantwortung. Die Ehe wird zwar vom Staat unterstützt, die Eheleute müssen jedoch für einander sorgen, den Lebensunterhalt tragen. Der Arbeitsverdienst oder das Vermögen der Ehepartner dienen der ehelichen Lebensgemeinschaft. Was aber, wenn ein Ehepartner den Haushalt führt und die Kindererziehung übernommen hat? In diesem Fall hat er durch die Haushaltsführung die Unterhaltspflicht erfüllt.

> **§ 1360 a BGB**
>
> (1) Der angemessene Unterhalt der Familie umfasst alles, was nach den Verhältnissen der Ehegatten erforderlich ist, um die Kosten des Haushalts zu bestreiten und die persönlichen Bedürfnisse der Ehegatten und den Lebensbedarf der gemeinsam unterhaltsberechtigten Kinder zu befriedigen.

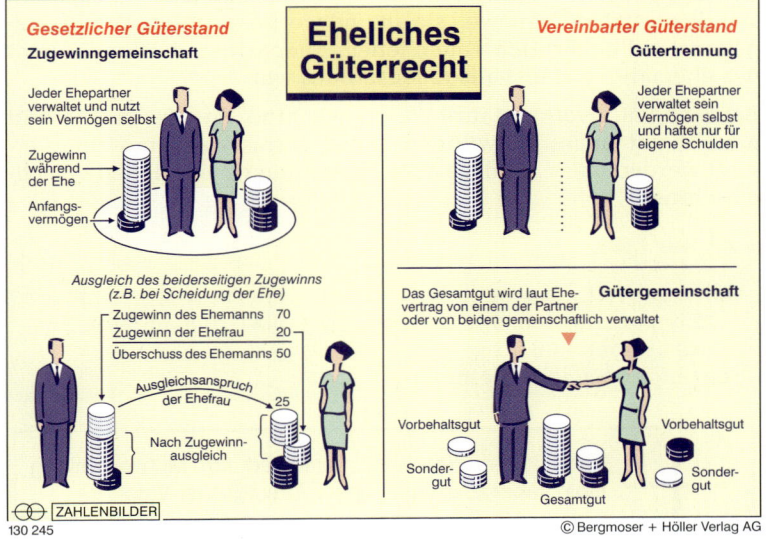

Eheliches Güterrecht

Die Ehepartner besitzen häufig vor der Eheschließung schon ein Vermögen oder Vermögensgegenstände. Wem dieses Vermögen in der Ehe gehört, richtet sich nach der Art des Güterstandes. Wenn die Eheleute nichts vereinbaren, leben sie im gesetzlichen Güterstand, der so genannten Zugewinngemeinschaft. Während der Ehe ist dieser Güterstand fast identisch mit dem **vertraglichen Güterstand** der Gütertrennung. Das heißt:

▸ Vermögen, das ein Ehepartner in die Ehe gebracht hat, bleibt sein bzw. ihr Vermögen

Vertraglicher Güterstand:

Wenn den Eheleuten die Regelungen des gesetzlich vorgeschriebenen Güterstandes nicht gefallen, können sie bei einem Notar einen sogenannten Ehevertrag abschließen. In ihm wird der Güterstand festgelegt. Es gibt zwei Typen: Gütergemeinschaft und Gütertrennung.

Grundstufe

▶ Vermögen, das ein Ehepartner während der Ehe erwirbt, gehört ihm bzw. ihr

Die Zugewinngemeinschaft unterscheidet sich von der Gütertrennung. Dies zeigt sich, wenn die Ehe beendet wird. In der Zugewinngemeinschaft muss der Vermögenszuwachs, der Zugewinn, der beiden Eheleute ausgeglichen werden.

Beispiel: Petra hat in der Ehe einen Vermögenszuwachs von 50.000 Euro, Helmut von 10.000 Euro. Im Falle einer Scheidung hätte Helmut einen Anspruch auf Zugewinnausgleich in Höhe von 20.000 Euro an Petra.

Ist es gerecht, dass bei einer Scheidung jener Ehepartner, der weniger Vermögenszuwachs während der Ehe hatte, einen Zugewinnausgleich vom anderen erhält?
Begründen Sie Ihre Meinung.

Will ein Ehepartner in einer Zugewinngemeinschaft über sein gesamtes Vermögen verfügen, muss der andere Ehepartner einwilligen.

Beispiel: Helmut Treu verwendet sein ganzes Vermögen zum Kauf eines Sportwagens. Hier muss die Ehefrau ihre Zustimmung geben.

Dies gilt auch, wenn ein Ehepartner einen Haushaltsgegenstand, der ihm gehört, verkauft. Häufig müssen solche Haushaltsgegenstände ersetzt werden, weil sie alt und wertlos wurden. Der Ersatzgegenstand gehört dann auch jenem Ehepartner, der Eigentümer des ehemaligen Haushaltsgegenstandes war.

Beispiel: Petra verkauft ihre Waschmaschine. Zu diesem Geschäft muss ihr Ehemann einwilligen. Wenn Petras Waschmaschine ersetzt werden muss, wird sie auch Eigentümerin der neuen Waschmaschine.

Ist es sinnvoll, dass beim Verkauf von Haushaltsgegenständen der Ehepartner, dem der Gegenstand gehört, den anderen Ehepartner fragen muss?
Begründen Sie Ihre Meinung.

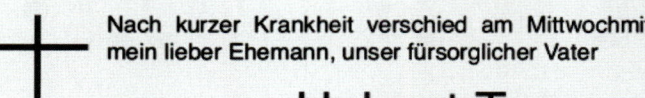

Nach kurzer Krankheit verschied am Mittwochmittag mein lieber Ehemann, unser fürsorglicher Vater

Helmut Treu

* 28.03.1964   † 22.06.2013

St. Wendel, den 24.06.2013

In tiefer Trauer:
Petra Treu, geb. Fröhlich
Erwin Treu, Sohn
Elvira Treu, Tochter

Der Trauergottesdienst findet am 28.06.2013 um 9:15 Uhr auf dem Westfriedhof statt. Von Beileidsbezeugungen am Grabe bitten wir abzusehen.

Wenn ein Ehepartner verstirbt, endet die Ehe. Das Erbrecht verschafft dem überlebenden Ehepartner einen besonderen Erbanteil. Dieser erhält die Hälfte der Erbschaft, wenn die Eheleute im gesetzlichen Güterstand lebten. Die andere Hälfte fällt zu gleichen Teilen an die **Kinder.** Hatte der verstorbene Ehepartner keine Kinder, bekommt der anderen Ehepartner drei Viertel der Erbschaft. Den Rest erhalten die **Eltern** des Verstorbenen.

Kinder in der gesetzlichen Erbfolge:

Sie gelten als Erben der ersten Ordnung. An die Stelle verstorbener Kinder treten deren Kinder.

Eltern in der gesetzlichen Erbfolge:

Sie gelten als Erben der zweiten Ordnung. Anstelle verstorbener Eltern treten deren Kinder, also die Geschwister des Verstorbenen.

Gesetzliche Erbfolge in der Zugewinngemeinschaft			
Kind(er) des Verstorbenen vorhanden		**keine Kinder des Verstorbenen vorhanden**	
überlebender Ehegatte	Kind(er)	überlebender Ehegatte	Eltern des Verstorbenen
Hälfte	Rest zu gleichen Teilen	drei Viertel	Rest zu gleichen Teilen

In der Gütertrennung bekommt der überlebende Ehepartner mindestens ein Viertel und höchstens die Hälfte der Erbschaft. Mit einem **Testament** legen die Ehepartner häufig den überlebenden Ehepartner als Alleinerben fest. Das Testament hat Vorrang vor den gesetzlichen Regelungen.

Testament:

Ein sogenanntes eigenhändiges Testament muss eigenhändig geschrieben und unterschrieben werden, damit es gültig ist. Das sogenannte öffentliche Testament wird mithilfe eines Notars errichtet.

Ist es gerecht, dass in einer Ehe mit Kindern der überlebende Ehegatte weniger erhält als in einer kinderlosen Ehe? Begründen Sie Ihre Meinung.

3.3 Veränderte Geschlechterrollen

Die Familie steht als Keimzelle im Zentrum der Gesellschaft. Dies hat zur Folge, dass sie von gesellschaftlichen Entwicklungen beeinflusst wird. Dabei kann sich die innere Struktur der Familie verändern.

Die Familienmitglieder übernehmen je nach Alter und Geschlecht bestimmte Rollen in der Familie: Ehepartner, Mutter, Kind, Bruder, Schwester usw. Diesen Rollen sind unterschiedliche Rechte und Pflichten zugeordnet.

© MEV Verlag GmbH

Nach der traditionellen Rollenverteilung war der Frau in erster Linie die Rolle der Ehepartnerin, Hausfrau und Mutter zugedacht. Sie galt als passiv, erduldend, sensibel, emotional und musste offen für alle Familienprobleme sein. Das Umsorgen der anderen Familienmitglieder sollte im Mittelpunkt ihres Lebens stehen.

Der Mann war dagegen der „Herr im Haus". Er wurde überwiegend in seiner Berufsrolle gesehen, als Ernährer der Familie. Eigenschaften wie Leistungsbereitschaft, Tatkraft und Härte wurden ihm zugeschrieben. Vom Mann wurde die Familie nach außen hin verteidigt und vertreten.

Die Männer wurden bei dieser Rollenverteilung als höherwertig eingestuft.

Dieses traditionelle Rollenbild wurde in den 60er- und 70er-Jahren des vorigen Jahrhunderts kritisch hinterfragt. Die damaligen Studenten- und Frauenbewegungen haben eine Änderung dieses Schemas bewirkt.

Herausforderungen an Familie und Gesellschaft

© Manuela Schellenberger

Heutzutage werden nur noch wenige Eigenschaften und Fähigkeiten einem bestimmten Geschlecht zugeordnet. Zärtlichkeit, Kinderliebe, Empfindsamkeit werden als gleich wichtig für Männer und Frauen genannt.

Das traditionelle Familienbild wirkt dennoch nach. Es erschwert den Frauen die Entfaltung im Beruf und führt zu unterschiedlichen Aufstiegsmöglichkeiten zwischen Männern und Frauen. Die emanzipierte Frau wird von der Gesellschaft nicht nur positiv bewertet.

Der Mann, der als „Hausmann" Aufgaben in der Familie übernimmt, wird in der Gesellschaft häufig belächelt.

1. Welche Vorteile bietet die traditionelle Rollenaufteilung in der Familie?

2. Kann die Kindererziehung bei der modernen Rollenaufteilung leiden?

3. Warum bezeichnen einige Menschen moderne Frauen als „Emanzen" und Hausmänner als „Weicheier"?

Vereinbarkeit von Beruf und Familie

Bei vielen Mitbürgern herrscht die Meinung vor, dass die Berufstätigkeit beider Elternteile negative Auswirkungen auf die Familie habe.

Beklagt wird, dass die Eltern zu wenig daheim sind. Sie würden an Überarbeitung leiden und hätten zu wenig Zeit für die Familie.

Negativ könne sich besonders Nacht-, Schicht- und Feiertagsarbeit auswirken.

Fest steht, dass sich bei gleitender Arbeitszeit die Familienbelange mit dem Beruf am besten vereinbaren lassen.

Für das Familienleben ist es von großer Bedeutung, ob die erwerbstätigen Familienmitglieder mit ihrem Beruf zufrieden sind. Negativ ist es, wenn sie erschöpft, verärgert, gestresst oder gereizt nach Hause zurückkommen. Dann erleben sie Kinderbetreuung als zusätzliche Belastung.

Umgekehrt wirkt sich das Familienklima auf das berufliche Engagement aus. Ein gutes Familienklima fördert die berufliche Leistung.

Kinderreiche Familie

© Robert Kneschke – Fotolia.com

1. Nennen Sie Gründe, die gegen die Vereinbarkeit von Beruf und Familie sprechen.
2. Welche Gründe sprechen dafür?
3. Wie würden Sie sich entscheiden? Warum?

Kinder als Armutsrisiko

Familien mit mehreren Kindern sind häufig finanziell schlechter gestellt als Kleinfamilien. Viele große Familien sind auf die Hilfe des Staates angewiesen.

Der Staat zahlt Kindergeld und unterstützt Familien, die unter dem Existenzminimum leben müssen. Kinder aus sozial schwachen Familien können Leistungen für Bildung und Teilhabe erhalten. Diese Leistungen werden umgangssprachlich als **Bildungspaket** bezeichnet.

In vielen deutschen Städten und Gemeinden mangelt es an großen, kostengünstigen Wohnungen. Zudem stoßen Mehrkindfamilien bei Vermietern mitunter auf Vorbehalte. Deshalb muss sich ein Teil dieser Familien mit teueren und zu kleinen Wohnungen abfinden. Sozialwohnungen sind gerade in großen Gemeinden nicht immer ausreichend vorhanden. Durch die hohe Miete bedingt, fehlt es an Geld für Freizeitaktivitäten, Urlaub und Bildung.

Mehrere Kinder zu betreuen hat häufig zur Folge, dass nur ein Elternteil berufstätig sein kann. Dies bedeutet einen weiteren Verlust an verfügbarem Einkommen und kann zu **Armut** führen.

Sollte der Staat die Großfamilie stärker fördern? Warum? Wie könnte dies geschehen?

Bildungspaket:

Ersetzt werden z. B. die Kosten für Mittagsverpflegung in Hort oder Schule, Ausflüge und Klassenfahrten, sowie Schulbedarf und Nachhilfeunterricht, Sport- und Kulturangebote

Armut:

Als arm gilt, wer mit weniger als der Hälfte des durchschnittlichen Pro-Kopf-Einkommens leben muss. Diesen Personen steht in der Regel Sozialhilfe zu.

Lerngebiet 3

Neue Formen der Partnerschaft und des Zusammenlebens

Verhandlungs-Familie:

Alle Familienbelange werden gleichberechtigt verhandelt und entschieden.

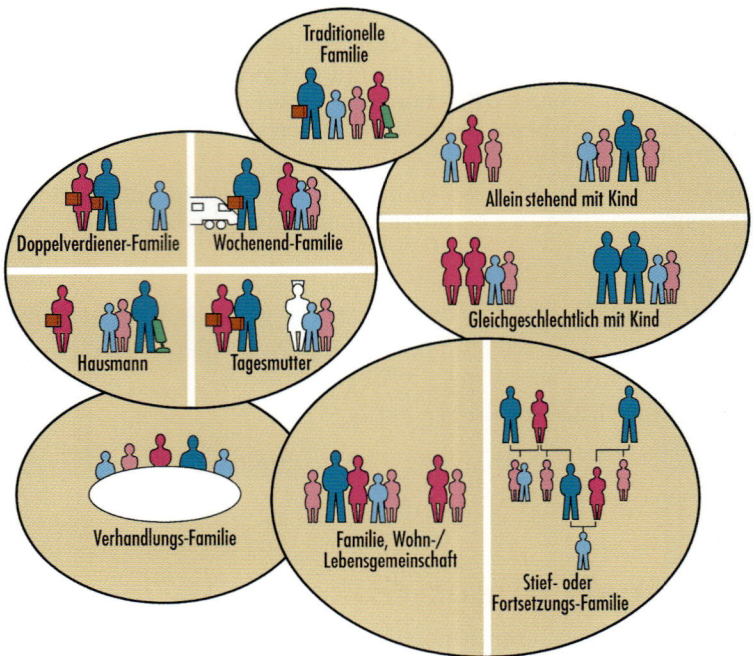

© Dave Vaughan

Neue Formen des Zusammenlebens setzen sich immer mehr durch.

Wohngemeinschaft (WG) in den 70er-Jahren

1. Welche Vor- oder Nachteile sehen Sie in diesen Lebensformen für die Kinder?
2. Welche Nachteile sehen Sie für die Erwachsenen?

Begründen Sie Ihre Meinung.

In den 60er- und 70er-Jahren des vorigen Jahrhunderts haben sich junge Menschen zuweilen in Wohngemeinschaften zusammengeschlossen. Hier wollten sie ihre politischen Ideen schmieden und umsetzen. Das „freie Leben" und die „freie Sexualität" standen dabei im Vordergrund. Wohngemeinschaften junger Leute gibt es auch heute noch. Dabei steht jetzt aber im Vordergrund, für eine bestimmte Zeit einen preiswerten Wohnraum zu haben. Es sind Zweckgemeinschaften, die innere Bindung dieser Gemeinschaften ist nicht so intensiv ausgeprägt.

Neben der klassischen Ehe gibt es weitere, staatlich anerkannte Möglichkeiten des Zusammenlebens.

Heute ist es gleichgeschlechtlichen Paaren möglich, sich als „Lebensgemeinschaft" eintragen zu lassen. Eingetragenen Lebensgemeinschaften haben ähnliche Rechte und Pflichten wie Ehepaare.

© keymoon – shutterstock.com

Gleichgeschlechtliche Lebensgemeinschaft.

Männerpaare – Frauenpaare
Gleichgeschlechtliche Lebensgemeinschaften in 1 000

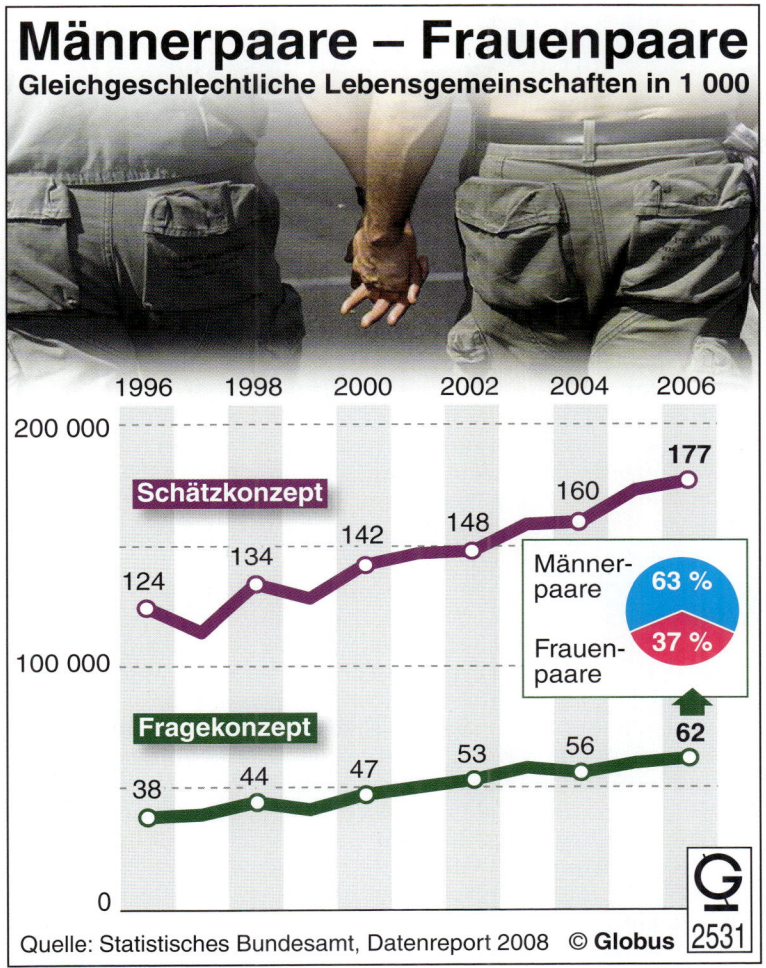

| 1996 | 1998 | 2000 | 2002 | 2004 | 2006 |

200 000

Schätzkonzept

177

160

148

142

134

124

Männerpaare 63 %

Frauenpaare 37 %

100 000

Fragekonzept

62

56

53

47

44

38

0

Quelle: Statistisches Bundesamt, Datenreport 2008   © **Globus** 2531

62.000 Paare gaben an, mit einem Partner gleichen Geschlechts das Leben zu teilen. Dies dürfte eine untere Grenze für die Zahl der gleichgeschlechtlichen Lebensgemeinschaften sein. Geschätzt sind es um die 177.000 Paare. Diese Zahl ist als obere Grenze zu interpretieren, da hier zum Beispiel auch Wohngemeinschaften von Studenten, die kein Paar sind, einfließen.

1. Welche Gründe sprechen für, welche gegen die staatliche Aufwertung gleichgeschlechtlicher Lebensgemeinschaften?

2. Sollten gleichgeschlechtliche Lebensgemeinschaften Kinder adoptieren dürfen? Begründen Sie Ihre Meinung.

3. Wie beurteilen Sie die zurückhaltende Position vieler Menschen zu dieser Regelung?

Lerngebiet 3

Grundstufe

JuLis Saar: Jetzt umfassende Gleichstellung homosexueller Paare umsetzen!

Große Koalition täte gut daran, sich in dieser Frage an der Linie der Jamaika-Regierung zu orientieren

Die Jungen Liberalen (JuLis) Saar kritisieren die jüngsten Äußerungen der saarländischen Ministerpräsidentin Kramp-Karrenbauer zur Gleichstellung homosexueller Paare und fordern eine umfassende Gleichstellung schwuler und lesbischer Lebenspartnerschaften mit heterosexuellen Ehen: „Wer gleiche Pflichten hat, muss auch gleiche Rechte haben", so Tobias Raab, Landeschef der JuLis im Saarland. Es mache weder gesellschaftspolitisch Sinn, noch schütze es die Institution der Ehe, wenn man Homosexuelle weiter diskriminiere. „Durch eine Verhinderung der umfassenden Gleichstellung geht es keinem Ehepaar in unserem Land besser, und es werden auch nicht mehr Kinder geboren, wenn man Schwulen und Lesben Rechte vorenthält", stellt Raab klar. Es sei an der Zeit, endlich die Weichen für eine offene, tolerante und moderne Gesellschaftspolitik in Deutschland zu stellen.

„Bedauerlich ist die Rolle, die hierbei die CDU-SPD-Landesregierung spielt. Während die Jamaika-Regierung unter Peter Müller eine Zustimmung zur Gleichstellung homosexueller Paare vereinbart hatte, macht die Große Koalition unter Kramp-Karrenbauer einen großen Schritt zurück und verwehrt der Gleichstellung bislang jegliche Unterstützung", kritisiert Raab. Es sei schade, dass Kramp-Karrenbauer die Koalition in diese Richtung führe und enttäuschend, dass die SPD dies mittrage. CDU und SPD täten gut daran, sich an dem zu orientieren, was die Jamaika-Regierung 2009 zur Gleichstellung vereinbart hatte. Die Ministerpräsidentin hatte in der Saarbrücker Zeitung diese Rückschritte damit rechtfertigt, dass sie eben „ein anderes Familienbild" habe und ihr „Bauchgefühl" sich gegen eine umfassende Gleichstellung von Schwulen und Lesben sträube. …

Quelle: www.fdp-saar.de/2013/03/04/julis-saar-jetzt-umfassende-gleichstellung-homosexueller-paare-umsetzen/, Zugriff 12.07.2013

1. Mit welchen Argumenten begründet Tobias Raab seine Forderung nach Gleichstellung schwuler und lesbischer Lebensgemeinschaften?

2. Wie beurteilen Sie die Position der Ministerpräsidentin Kramp-Karrenbauer?

3. Recherchieren Sie im Internet, welche Position die übrigen saarländischen Parteien zur Frage der Gleichstellung vertreten.

Zusammenfassung

Die meisten Menschen leben in Familien. Diese helfen den Kindern, in die Gesellschaft hineinzuwachsen (Primärsozialisation).

Im Laufe der Zeit hat sich die Familie von der Großfamilie (Großeltern, Eltern, Kinder) zur Kleinfamilie (Vater, Mutter, ein bis zwei Kinder) entwickelt.

Entsprechend haben sich die Aufgaben in der Familie verändert. Ernährer/Verdiener sind häufig Vater und Mutter. Die Aufgaben im Haushalt und die Kindererziehung werden von beiden Elternteilen getragen.

Die Erziehungsstile haben sich verändert: Vom strengen, autoritären Erziehungsstil wurde zum vorbildhaften, liberalen Erziehungsstil gewechselt.

Das Grundgesetz und die saarländische Verfassung schützen ausdrücklich Ehe und Familie.

Das Namensrecht des BGB ermöglicht den Eheleuten mehrere Kombinationsmöglichkeiten.

Durch die Eheschließung sind sich die Ehepartner zum gegenseitigen Unterhalt verpflichtet.

Die Vermögensverhältnisse in einer Ehe richten sich nach dem Güterstand.

Der gesetzliche Güterstand heißt Zugewinngemeinschaft.

Die vertraglichen Güterstände sind die Gütergemeinschaft und die Gütertrennung.

Wird die Ehe geschieden, so findet in der Zugewinngemeinschaft ein Vermögensausgleich statt.

Das gesetzliche Erbrecht sieht für den überlebenden Ehepartner einen Erbanteil vor.

Die Vereinbarkeit von Beruf und Familie ist weiterhin problematisch. Sie kann sich negativ auf die Kinder auswirken (Stress, Zeitmangel).

Viele Kinder können Armut in die Familie bringen.

Die rechtliche Position gleichgeschlechtlicher Partnerschaften wurde verbessert. Eine Gleichstellung mit der Familie hat nicht stattgefunden.

Wissens-Check

1. Die Aufgaben der Familie haben sich im Laufe der Zeit geändert. Nennen sie Beispiele.

2. Nennen sie Vor- und Nachteile verschiedener Erziehungsstile.

3. Situation: Sigrun Kurz und Johannes Müller heiraten.

   a) Bei der Eheschließung möchte Sigrun die Ehe zunächst für die Dauer von zehn Jahren schließen. Eine Verlängerung könnte sich ja noch anschließen. Was wird der Standesbeamte zu dieser Idee sagen?

   b) Welche Namenskombinationen sind für die beiden Eheleute denkbar?

   c) Die beiden Ehepartner vereinbaren keinen Güterstand. In welchem Güterstand leben sie dann?

   d) Sigrun bringt unter anderem einen Kühlschrank mit in die Ehe. Johannes hat ein Aktiendepot im Wert von 50.000 Euro. Wem gehören die Vermögensgegenstände nach der Eheschließung?

   e) Sigrun möchte ihren Kühlschrank verkaufen. Johannes will sein Aktiendepot auflösen.

      Was müssen die Eheleute bei ihren Verfügungen beachten?

4. Welche Probleme bei der Vereinbarkeit von Beruf und Familie kennen Sie?

5. Warum können Kinder ein Armutsrisiko sein?

6. Warum sind gleichgeschlechtliche Lebensgemeinschaft und Ehe vor dem Gesetz nicht vollständig gleichgestellt?

7. Mit welchen Maßnahmen schützt der Staat Ehe und Familie?

Das Saarland

Perl
Mettlach
Merzig
Wadern
Tholey
Ottweiler
Saarlouis
Homburg
Völklingen
Blieskastel
Saarbrücken

Grundstufe

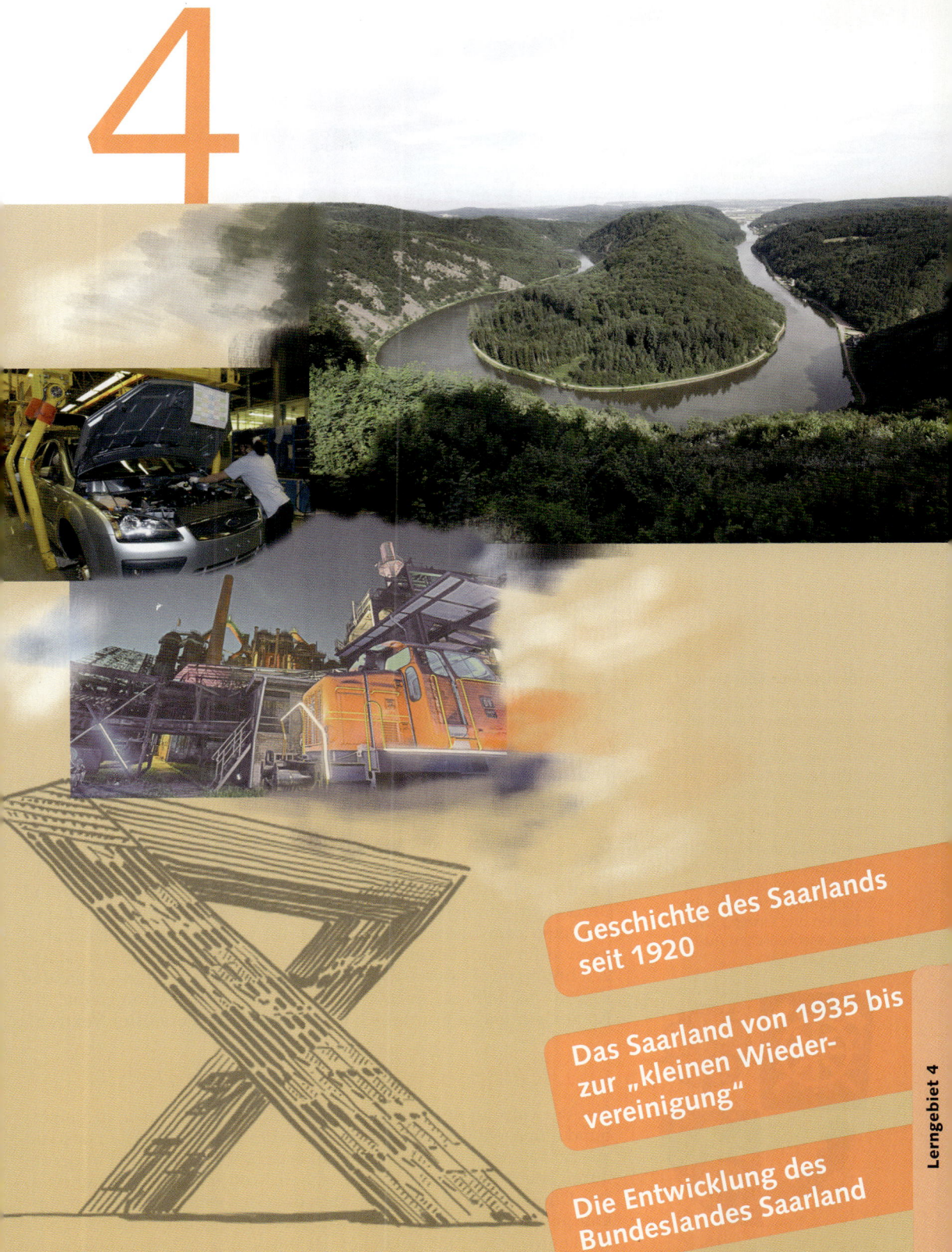

4

Geschichte des Saarlands seit 1920

Das Saarland von 1935 bis zur „kleinen Wiedervereinigung"

Die Entwicklung des Bundeslandes Saarland

Lerngebiet 4

LG 4 Das Saarland

1 Die Geschichte des Saarlandes seit 1920

Der Erste Weltkrieg war vorbei und Deutschland stand vor seiner ersten Republik. Es gab keinen Kaiser, der die Macht kontrollierte und ausübte, stattdessen ein vom Volk gewähltes Parlament, das nach demokratischen Prinzipien arbeitete. Das Saargebiet war bei der Geburtsstunde der „Weimarer Republik" nicht dabei. Die Abtrennung des Saargebietes an den Völkerbund war ein Preis des Friedens, den Deutschland bezahlen musste. Der Völkerbund gab die Ausübung der politischen und wirtschaftlichen Macht in die Hände Frankreichs. Das Saargebiet konnte erst 15 Jahre später über den weiteren Verbleib eigenständig entscheiden. Eine Zeit, in der ein Nationalgefühl entstand, das die Mehrheit der Bevölkerung den Wunsch nach einer Rückkehr zu Deutschland verspüren ließ. „Nix wie hemm" war eine Parole, die gegen jede politische Vernunft gefruchtet hatte.

Artikel 45 Versailler Vertrag:

Als Ersatz für die Zerstörung der Kohlengruben in Nordfrankreich und in Anrechnung auf den Betrag der völligen Wiedergutmachung von Kriegsschäden, die Deutschland schuldet, tritt letzteres an Frankreich das vollständige und unbeschränkte Eigentum an den Kohlengruben im Saarbecken ab, wie dieses im Artikel 48 abgegrenzt ist. Das Eigentum geht frei von allen Schulden und Lasten sowie mit dem ausschließlichen Ausbeutungsrecht über.

Wappen des Saargebietes von 1920–1935.

1.1 Das Saarland unter der Kontrolle des Völkerbundes

Die Situation 1919/1920

Nach dem Ersten Weltkrieg wurde Deutschland verpflichtet, den Versailler Vertrag bedingungslos zu akzeptieren. Neben der Festlegung der deutschen Grenzen wurden detailliert im Artikel 48 des Vertrages die Grenzen des Saarbeckens festgehalten. Das Saarbecken wurde für einen Zeitraum von 15 Jahren dem Völkerbund unterstellt. Danach sollten die Saarländer über ihre weitere Zugehörigkeit selbst entscheiden. Einer der wesentlichen Wirtschaftszweige im Saarbecken waren die Kohlengruben. Mit der Unterzeichnung des Friedensvertrages von Versailles gingen sowohl das Eigentumsrecht als auch das sogenannte Ausbeutungsrecht der Kohlengruben an Frankreich über **(Artikel 45 Versailler Vertrag).**

Die Reaktionen der „Saarländer"

Die Verwaltung des Saargebietes erfolgte durch eine vom Völkerbund eingesetzte Regierungskommission. Die Kommission bestand aus fünf Personen, wobei der französische Einfluss, unter anderem durch die Präsenz des französischen Militärs, am stärksten war. Der Unmut der „Saarländer" über die Grenzbildung und den starken politischen und wirtschaftlichen Einfluss der Franzosen war allgegenwärtig. 1922 gelang es der Bevölkerung, beim Völkerbund die Gründung eines Landesrates durchzusetzen. Der neue „saar-

Grundstufe

ländische Landrat" besaß lediglich ein Beratungsrecht. Die neue Grenzfestlegung des Saargebietes, die politische Unterdrückung, die wirtschaftliche Ausbeutung und die Einführung des französischen Franc als alleiniges Zahlungsmittel (01.06.1923) führten zu starker Unzufriedenheit unter den „Saarländern". Die Integration des Saargebietes in das französische Zollgebiet (1925) ließ den Unmut der Bevölkerung weiter wachsen. Fast alle „Saarländer" verfolgten ab diesem Zeitpunkt das Ziel „Nix wie hemm" ins deutsche Reich.

Die Völkerbundzeit bis 1935

Der Präsident der Regierungskommission, der Franzose Victor Rault, versuchte die Interessen Frankreichs durchzusetzen. Im politischen und wirtschaftlichen Bereich war das Mitbestimmungsrecht der Saarbevölkerung sehr gering. Die Saargruben waren vollständig unter der Kontrolle der „Mines Domaniales Françaises de la Sarre", dazu die Stahlindustrie mit einem Anteil von 60 Prozent. Im kulturellen Bereich unterstützte Victor Rault den Versuch der Franzosen, die Saarbevölkerung in französischem Interesse zu belehren. Am Beispiel der Schulpolitik wurde der Versuch der Einflussnahme deutlich. Der Aufbau von sogenannten Domanialschulen mit einseitigem, nach französischen Vorstellungen organisiertem Unterricht, hatte besonders die Zielgruppe der Bergarbeiterfamilien im Blick. Die saarländische Bevölkerung versuchte fortan, ihren Kindern in den staatlichen deutschen Schulen eine nationale Identitätsbildung zukommen zu lassen. Die „Saarländer" wollten ihre kulturelle und gesellschaftliche Stellung als Deutsche zum Ausdruck bringen.

Flagge des Saargebietes von 1920–1935

Das Vorgehen der französischen Verwaltung führte nicht zu einer profranzösischen Vertrauensbildung, sondern zu einem immer stärker werdenden Wunsch, wieder ins Deutsche Reich zurückzukehren. Ein Höhepunkt der politischen und gesellschaftlichen Auseinandersetzung mit der französischen Verwaltung war 1923 der Bergarbeiterstreik. Der hundert Tage andauernde Streik der Bergarbeiter richtete sich einerseits gegen die Arbeits- und Sozialbedingungen im Bergbau, andererseits war es ein Streik gegen Frankreich. Die geforderten Lohnerhöhungen konnten gegenüber dem französischen Arbeitgeber jedoch nicht durchgesetzt werden. Die politischen Interessen Frankreichs standen weiterhin im Mittelpunkt. Frankreich nutzte den Bergarbeiterstreik als politisches Kampfmittel gegen den beginnenden Ruhrkampf. Die Folge für die Arbeiter im saarländischen Bergbau und der vom Bergbau abhängigen saarländischen Hüttenindustrie waren Entlassungen und Lohnkürzungen um nahezu 30 Prozent.

„Grubengeld", welches nur im Saargebiet gültig war

1. Beschreiben Sie die Folgen des Versailler Vertrages für das Saargebiet.
2. Mit welchen Maßnahmen versuchte die französisch geführte Regierungskommission die saarländische Bevölkerung stärker an Frankreich zu binden?
3. Welches Ziel verfolgte Frankreich während der gesamten Völkerbundzeit?

© ullstein bild – Becker & Bredel

© Rainer Freyer, Riegelsberg

Lerngebiet 4

1.2 Zwischen Vernunft und Nationalgefühl

Die saarländische Bevölkerung erlebte wirtschaftlich ein Auf und Ab in der Zeit des Völkerbundes. Die Saarindustrie boomte in Folge des Wiederaufbaus nach dem Ersten Weltkrieg. Französisches Kapital floss an die Saar und der französische Franc war gegenüber der **inflationären** Mark eine stabilere Währung.

Inflation:

Auf dem Markt befindet sich mehr Geld als Ware. Die Folge: für die vorhandenen Güter muss mehr Geld bezahlt werden, sie werden teurer (Geldentwertung).

Das primäre Ziel Frankreichs, das Saargebiet zu annektieren und die Bevölkerung nach 15 Jahren für eine Abstimmung zur Angliederung an Frankreich zu bewegen, führte zu Unruhen. Die Saarländer zeigten Flagge bei der „Jahrtausendfeier der Rheinlande". Die Feier war eine Demonstration der Bevölkerung an Ruhr und an Saar für eine Rückkehr zu Deutschland. Der französische Aufsichtsratsvorsitzende der Saargruben sagte angesichts der klaren, politischen Ausrichtung der Saarländer während der Feierlichkeiten: „Le plébiscite est fait." („Die Abstimmung ist bereits gelaufen.").

Die politischen Entwicklungen in Deutschland waren unter anderem geprägt durch die Annäherung und Aussöhnung zwischen Deutschland und Frankreich. Die beiden Außenminister Gustav Stresemann und Aristide Briand legten mit den Verträgen von Locarno den Grundstein der Annäherung zwischen den beiden Ländern. Auch der Beitritt Deutschlands in den Völkerbund wurde vorbereitet und 1926 in Genf vollzogen.

Bartholomäus Koßmann

Die außenpolitischen Erfolge Deutschlands waren auch im Saargebiet spürbar. Dadurch wuchs der Einfluss der Saarparteien im Landesrat auf die Politik an der Saar. Auch der Einfluss des Saarländers Bartholomäus Koßmann als Mitglied in der Regierungskommission (seit 1924) wuchs.

Die positive Entwicklung im deutschen Reich (der beginnende wirtschaftliche Aufschwung und der Abzug der Franzosen aus dem Rheinland) sowie die wirtschaftliche und gesellschaftliche Abhängigkeiten des Saargebietes von Frankreich, ließen ein nationales Zugehörigkeitsgefühl der Saarländer an das Deutsche Reich weiter wachsen. Alle saarländischen Parteien verfolgten bis 1933 das Ziel, nach Deutschland zurückzukehren.

Mit der Machtübernahme der Nationalsozialistischen Partei Deutschlands (NSDAP) und der Ernennung Adolf Hitlers zum Reichskanzler (30.01.1933) kam zum ersten Mal der Gedanke auf, den Völkerbundstatus vorübergehend zu sichern. Viele Menschen erkannten die Gefahr, die von Hitler-Deutschland ausging und strebten einen Zusammenschluss mit Deutschland erst nach der Zeit des Nationalsozialismus an. Diese Bewegung nannte sich die Einheitsfront und ihr Ziel war die Erhaltung des jetzigen Völkerbundstatus (Status Quo). Parteipolitisch unterstützt wurde die Status-Quo-Bewegung vor allem von der SPD, mit ihrem Vorsitzenden Max Braun, und der KPD (Kommunistische Partei Deutschland) mit

„Der Hitler, der jemals die Saar bekäme, bliebe an der Saargrenze nicht stehen, sondern mit dem Schlüssel der Ludwigskirche in Saarbrücken würde er den Versuch machen, in das Straßburger und Metzer Münster einzudringen." Max Braun, 1933
Saarland Lexikon

Fritz Pford. Sie waren die zweit- und drittstärksten Parteien im Saargebiet.

Die stärkste Partei im ersten Landesrat (1922) bis zum vierten und letzten Landesrat (1932) war das Zentrum (katholisch geprägte Partei). Der Großteil des Zentrums sowie die Deutsch Saarländische Volkspartei (DSVP) und die Deutschnationale Volkspartei (DNVP) bildeten im Abstimmungskampf die Deutsche Front. Ihr Ziel war es, eine sofortige Angliederung an Hitler-Deutschland zu erreichen. Die NSDAP war bis 1932 nicht im Landesrat vertreten. Erst mit der Wahl zum vierten Landesrat gewann die Nationalsozialistische Partei von Adolf Hitler auch an der Saar an Ansehen und unterstützte tatkräftig die Bewegung der Deutschen Front.

1. Die Saarländer zeigten an wichtiger Stelle „Flagge". Zu welchem Anlass und mit welchem Ziel taten sie das?
2. Welche Entwicklung zeigte sich beim saarländischen „Wir"-Gefühl" mit dem deutschen Reich vor und nach 1933?
3. Erklären Sie die beiden Positionen der Einheitsfront und der Deutschen Front im Abstimmungskampf von 1935.
4. Welche Weitsicht zeigte Max Braun mit seinen Worten im Jahr 1933?

Der Autonomiegedanke an der Saar

Die saarländischen Erfahrungen während der Völkerbundzeit sorgten dafür, dass fast alle Saarländer in den zwanziger Jahren für eine Angliederung an die neue deutsche Republik waren. Niemand fühlte sich als „Saarfranzose", weder kulturell noch politisch. Niemand? Ein kleiner Kreis von Saarländern fand seine politische Heimat im „Saarbund". Ihr Ziel war es zunächst, die wirtschaftlichen Interessen der Saarbevölkerung vor die national-politischen Überlegungen zu setzen. Sie versprachen sich in einem autonomen Saargebiet wirtschaftliche Vorteile. In ihrem Parteiprogramm von 1923 stand, dass nur ein von Deutschland und Frankreich unabhängiges Saarland es verhindern könnte, jemals wieder zwischen die Fronten beider Länder zu geraten. „Das Saarland den Saarländern" war die Parole der **Autonomisten.**

Lediglich 2000 Anhänger zählte der Saarbund, der die Idee eines selbstständigen Saarlandes verfolgte. In den vier Landesräten zwischen 1922 und 1932 waren sie nicht vertreten. Auch innerhalb der saarländischen Bevölkerung galten die Anhänger des Saarbundes als „Saarbündler", die für Landesverrat standen. „Hier wohnt ein Vaterlandsverräter" stand an einigen Hauswänden der Saarbündler. Androhungen vom Verlust des Arbeitsplatzes bis hin zu gewalttätigen Überfällen (u. a. auch von Mitgliedern der kleinen saarländischen NSDAP) zwangen die Autonomisten, sich politisch und gesellschaftlich im Hintergrund zu organisieren. Erst zu Beginn der 30er-Jahre versuchte der Saarbund als unabhängige Arbeiter- und Bürgerpartei auf der politischen Bühne wieder sein Glück. Es dauerte bis zum Jahr 1933 und der Machtübernahme Hitlers in Deutschland, dass die Idee von einem autonomen Saarland wieder mehr Gehör fand.

Autonomisten:

Menschen, die für ihr Land nach Selbstständigkeit, Selbstverwaltung und Unabhängigkeit (Autonomie) streben

Lerngebiet 4

1.3 Die NSDAP an der Saar

Die Nationalsozialistische deutsche Arbeiterpartei hatte im Saargebiet von 1920 an eine Außenseiter-Stellung. Ihre Mitglieder wurden als „Gesindel" bezeichnet, mit dem man nichts zu tun haben wollte. Die saarländische Bevölkerung war stark katholisch geprägt (72 Prozent) und gehörte mehrheitlich der Arbeiterschaft an. Demnach hatten das Zentrum, als katholische Partei, und die SPD als Arbeiterpartei die meisten Stimmen im Land. Sie belegten neben der KPD die Sitze im Landesrat bis 1928. Bis zu diesem Zeitpunkt konnten die Anhänger der NSDAP im Saarland keine nennenswerten Stimmen dazugewinnen. Aufgrund ihres faschistischen Gedankenguts und Äußerungen gegenüber der Regierungskommission wurde sie 1924 sogar verboten und erst 1926 wieder zugelassen. Gegen Ende der 20er-Jahre rückte die NSDAP an der Saar in die Schlagzeilen der Presse. Ihre Versammlungen waren zwar politisch wenig interessant, aber die immer öfter stattfindenden „Saalschlachten" führten zu verstärkter Berichterstattung der Presse über diese gewalttätigen Auseinandersetzungen. Ein Ziel der Partei war erreicht. Man sprach über die Partei und deren offen propagierten **Antisemitismus.**

Antisemitismus:

Dieser Begriff wird heute oft als Oberbegriff und Synonym für alle Formen pauschaler Judenfeindlichkeit gebraucht.

Mit den Folgen der Weltwirtschaftskrise 1929, der deutlich wachsenden Arbeitslosigkeit und der schlechten wirtschaftlichen Lage, wuchs der Kreis der Sympathisanten der NSDAP auch an der Saar. Ihre Propaganda fand jetzt den Nährboden, den sie brauchte, um 1932 mit 6,7 Prozent in den Landesrat gewählt zu werden. Antisemitische Parolen zur Ausschaltung jüdischer Konkurrenz fand gerade bei Geschäftsleuten Gehör. Der Organisationsapparat wurde ausgebaut. 1929 wurde die Hitlerjugend und 1932 der „Bund deutscher Mädel" an der Saar gegründet. Die zielgruppenspezifische Propaganda innerhalb des von der Krise bedrohten Mittelstandes zeigte erste Erfolge.

Der Durchbruch gelang der Partei noch nicht. Das Zentrum und die SPD stellten sich gegen die Diffamierung der jüdischen Bevölkerung. Auch die KPD kämpfte gegen die nationalsozialistische Propaganda und organisierte mehrere Antifaschistentage. Die katholischen Priester predigten gegen die Unvereinbarkeit von Katholizismus und Nationalsozialismus. Die Regierungskommission verbot 1932 die saarländische SA und SS und hinderte reichsdeutsche Propagandaredner an der Einreise ins Saargebiet.

1. Welches Ziel verfolgten die Autonomisten im Saargebiet?

2. Beschreiben Sie die Entwicklung der NSDAP im Saargebiet.

Der Abstimmungskampf 1933–1935

Das Ende des erfolgreichen Widerstandes gegen die Propaganda der NSDAP folgte 1933 mit der Machtübernahme Hitlers. Schlagartig setzte ein Mitgliederboom bei der saarländischen NSDAP ein. Der Ruf nach einer Heimkehr ins Deutsche Reich wurde immer lauter. Viele Bürger die noch vor 1933 mit aller Macht gegen die NSDAP und deren Ideologie waren, unterstützten jetzt das Auftreten der Partei. Eine Zusammenarbeit des Zentrums und der NSDAP in der deutschen Front mit dem Ziel der Angliederung an Hitler-Deutschland verhalfen den Nationalsozialisten zu mehr gesellschaftlicher Anerkennung. Auch Teile der Arbeiterschaft erhofften sich von Hitler eine Befreiung vom Kapitalismus und der andauernden Arbeitslosigkeit.

Sowohl die SPD als auch die KPD an der Saar änderten ab 1934 ihre Strategie bezüglich der Abstimmung über den Völkerbundstatus. Beide hatten sich bis dahin an Diffamierungen und Ausgrenzungen der Autonomisten beteiligt. Unter dem Zwang der herrschenden Verhältnisse im Deutschen Reich schlossen sie sich jetzt unter der Einheitsfront zusammen und proklamierten den Autonomiegedanken für eine Übergangszeit. Der jetzige Zustand sollte bis zu dem Tage gehalten werden, an dem ein wieder frei gewordenes Deutschland eine politische und wirtschaftliche Einordnung des Saargebietes zwischen Deutschland und Frankreich ermöglicht.

Die Ereignisse im Deutschen Reich ab 1933 verursachten eine Kehrtwende bei den großen saarländischen Parteien. Lediglich die Art der Wende unterschied sich erheblich. Waren Zentrumspolitiker und Priester der katholischen Kirche stets gegen die Politik der NSDAP, so unterstützten sie jetzt im Abstimmungskampf die Ziele der Nationalsozialisten, zum Deutschen Reich zurückzukehren.

Das Verhältnis von SPD und KPD zur NSDAP kehrte sich nicht um, allerdings ihr Verhältnis zur Autonomie des Saarlandes. Ihnen schlossen sich vereinzelt Zentrumspolitiker, wie zum Beispiel Johannes Hoffmann an, die sich von ihrer Partei trennten. Gemeinsam traten sie für die Status-Quo-Lösung der Saarfrage an. Ein erbitterter Abstimmungskampf begann, in dessen Mittelpunkt Kundgebungen und vor allem politische Plakate mit großer Aussagekraft standen.

Hauptplakat der Deutschen Front

© Rainer Freyer, Riegelsberg

Plakatpropaganda im Abstimmungskampf

Die Deutsche Front, tatkräftig unterstützt von der NSDAP aus dem Deutschen Reich, konzentrierte sich in ihrer Propaganda darauf, ob das Saarland an Frankreich oder an Deutschland fällt. Dazu entwarf ein NS-Plakatkünstler das Hauptplakat der Deutschen Front: „Deutsche Mutter – heim zu Dir":

Der saarländische Sohn kehrt in die Arme der deutschen Mutter zurück. Hitler-Deutschland wurde mit Wärme, Güte und Geborgenheit gleichgesetzt und versprach den Menschen an der Saar Arbeit und Brot. Die verborgenen Wünsche der Saarländer wurden angesprochen und lautstark propagiert.

Ein weiteres Plakat der Deutschen Front appellierte an die Entschlossenheit und den Siegeswillen der Saarbevölkerung:

Mit letzter Kraft wurde die Tür zum nationalsozialistischen Vaterland weit aufgestoßen. Der Künstler zeigt die rettende Tür, aus der dunklen Unterdrückung heraus, hin zum Licht der wärmenden Sonne des Hakenkreuzes. Beide hier dargestellten Plakate und

Plakat der Deutschen Front

© Rainer Freyer, Riegelsberg

Lerngebiet 4

Plakat der Einheitsfront

viele andere der Deutschen Front sprachen alle Saarländer an und vermieden bewusst, nationalsozialistische Ziele anzusprechen.

Die Einheitsfront versuchte ihrerseits auf den gewaltigen Propagandaaufwand der Deutschen Front mit Plakaten zu reagieren. Die Schwierigkeit bestand darin, an die Vernunft der Saarbevölkerung zu appellieren und gegen die zu dieser Zeit herrschende, große Welle des Nationalgefühls zu Deutschland.

„Nur Status Quo! Schützt unsere Heimat", war eine Plakat-Parole der Einheitsfront. Symbolisiert werden sollte, dass die Heimat Deutschland ist, aber nicht unter Adolf Hitler.

Das Wort „Status-Quo" verunsicherte die Bevölkerung. Sie verstanden die Bedeutung nicht und verknüpften damit einen erneuten, starken Einfluss von Frankreich im Saargebiet. Um den Saarländern die zeitliche Begrenzung der Status-Quo-Lösung deutlich zu machen, wurde das Plakat: „Wir halten die Saar bis Deutschland frei ist." entworfen:

Der saarländische Arbeiter steht hinter der Mauer zu Hitler-Deutschland und wartet, bis Deutschland vom Nationalsozialismus befreit ist. Die Mauer ist nur so hoch, dass sie ausreicht, sich gegen das diktatorische Deutschland zu schützen und so niedrig, um rechtzeitig wieder in das befreite Deutschland zurückzukehren.

Die Plakate der Einheitsfront wurden von den Saarländern oft anders verstanden. Die Angst für immer eingemauert und somit von Deutschland auf Dauer getrennt zu bleiben, überwog. Viele Anhänger der SPD und der KPD kehrten ihrer Partei den Rücken und unterstützen nicht weiter die Status-Quo-Propaganda.

Die Ziele der Einheitsfront waren unter anderem:

▸ Selbstverwaltung der Region

▸ Eine zweite Abstimmung nach dem Ende der Hitlerdiktatur

▸ Beteiligung der Saar am Besitz der Gruben

▸ Beibehaltung des französischen Währungssystems

▸ Sicherung der Sozialversicherungsansprüche

Die Idee eines sozialen und demokratischen Rechtsstaates unter dem Mandat des Völkerbundes fand bei der Saarbevölkerung nur wenig Sympathie. Die Deutsche Front, tatkräftig und finanziell stark unterstützt durch das Propagandaministerium der NSDAP in Deutschland, gewann den „Plakat- und Fahnenkrieg" an der Saar.

Plakat der Einheitsfront

Das Abstimmungsergebnis

Am 13. Januar 1935 stimmten die Saarländer ab. Das Ergebnis war eindeutig und für die Einheitsfront, mit ihrer Status Quo-Idee, ernüchternd.

Rückgliederung nach Deutschland	90,4 Prozent
Status Quo	8,8 Prozent
Anschluss an Frankreich	0,4 Prozent

Am 1. März 1935 wird das Saargebiet dem Deutschen Reich angeschlossen. Für 900 Millionen Francs wurde vom Deutschen Reich das Eigentum an den saarländischen Gruben zurückerworben.

Adolf Hitlers Einmarsch ins Saargebiet war triumphierend, sein erster außenpolitischer Erfolg erreicht. Jedoch können sich die Vertreter der Status Quo-Idee mit ihrem bescheidenen Ergebnis zufrieden zeigen, da der Propagandaapparat der NSDAP gewaltig war. Auch die Einschüchterungen waren so wirkungsvoll, dass die Entscheidung gegen eine vorläufige Rückgliederung mit einer mutigen Widerstandsentscheidung gegen Hitler-Deutschland vergleichbar ist. Verfolgung, Gefangenschaft und Ermordung konnten die Folgen für jeglichen Widerstand sein.

© picture alliance/akg-images

Triumphierender Hitler in Saarbrücken, 1935

1. Erläutern Sie die Plakate der Einheitsfront und der Deutschen Front.
2. Nennen Sie Gründe für das eindeutige Abstimmungsergebnis für die Rückgliederung an Deutschland.

2 Das Saarland von 1935 bis zur „kleinen Wiedervereinigung"

Der Sonderweg unseres Landes begann, als das Saarrevier nach dem Ende des Ersten Weltkriegs aus dem Deutschen Reich herausgelöst und als „Saargebiet" dem Völkerbund unterstellt wurde. Damit entstand zum ersten Mal ein eigenes staatliches Gebilde. Die „Nationale Frage" wurde zum beherrschenden Thema des gesellschaftlichen und politischen Lebens an der Saar.

Nach dem Zweiten Weltkrieg hatte das Saarland einen teilautonomen Status. Im Rahmen der aufkommenden Europaidee sollte der Saarstaat seine volle Autonomie erhalten und im Zentrum Europas eine Brücke zwischen Frankreich und Deutschland schlagen. Aus heutiger Sicht erscheint vieles an der Selbstständigkeit ungewöhnlich. Es lag an dem Ergebnis der Abstimmung zum Saarstatut 1955, warum die Geschichte schließlich doch ihren bekannten Lauf nahm. Der 40-jährige Sonderweg neigte sich einem Ende zu und das Saarland war bis zur „großen Wiedervereinigung" von 1990 das jüngste Bundesland der Bundesrepublik Deutschland.

Wappen des autonomen Saarlands von 1947–1956:
Das Wappen bestand aus der Landesflagge und einer darüber befindlichen roten Brückenkrone. Die „Brücke der Verständigung" symbolisierte die europäische Mittlerstellung des Saarlandes zwischen Frankreich und Deutschland.

Lerngebiet 4

2.1   Das Saarland unter dem Nationalsozialismus

© ullstein bild – Süddeutsche Zeitung Photo/Scherl

Adolf Hitler beim Vorbeimarsch der Parteiorganisationen vor dem Saarbrücker Rathaus am 1. März 1935.

Am 1. März 1935 wurde das Saargebiet dem Deutschen Reich wieder eingegliedert und erhielt den Namen „Saarland". Damit setzte eine neue Form der Fremdbestimmung von Berlin ein. 1940 schloss man das Saarland mit der Pfalz zum Gau Saar-Pfalz zusammen. Die politische Entwicklung des Nationalsozialismus verlief parallel zu der im Deutschen Reich (vgl. hierzu LG 7, „Der Nationalsozialismus"). Am Ende des Zweiten Weltkrieges war das Saarland durch die US-Streitkräfte besetzt. Am 10. Juli 1945 lösten französische Truppen diese ab.

2.2   Der teilautonome Saarstaat

Anfang 1946 ließen die Franzosen politische Parteien wieder zu. Am 5. September 1946 fanden die ersten freien Wahlen zu den Gemeinderäten statt. Auf Landesebene wählten die Bürger am 5. Oktober 1947 die verfassungsgebende Versammlung, die sich im späteren Verlauf als Landtag konstituierte. Bei dieser Wahl ging die CVP (Christliche Volkspartei) unter der Führung des späteren Ministerpräsidenten Johannes Hoffmann mit 51,2 Prozent als stärkste Partei hervor, gefolgt von der SPS (Sozialdemokratische Partei des Saarlandes) mit 32,8 Prozent. In diesen Parteien engagierten sich vor allem Personen, die gegen Hitler und das NS-Regime gekämpft hatten.

Im Dezember 1947 trat die Saarländische Verfassung in Kraft. In dieser war die politische Unabhängigkeit von Deutschland festgeschrieben **(Art. 60).** Eine saarländische Staatsbürgerschaft („Sar-

Art. 60 der Verfassung des Saarlandes vom 15. Dezember 1947:

„Das Saarland ist ein autonom, demokratisch und sozial geordnetes Land und wirtschaftlich an Frankreich angeschlossen."

Grundstufe

rois") wurde eingeführt. Der Saarstaat war wirtschaftlich an Frankreich angegliedert (Zollunion), mit dem Franc als Zahlungsmittel.

Auch im sportlichen Bereich zeigte sich die Selbstständigkeit des Saarlands: Man entsendete zu den Olympischen Spielen 1952 in Helsinki eine eigene Mannschaft. Die saarländische Fußballnationalmannschaft nahm an der Qualifikation für die Weltmeisterschaft 1954 teil und spielte dabei auch gegen den späteren Weltmeister Deutschland.

Anfänglich hatte die Regierung von Johannes Hoffmann eine hohe Zustimmung in der saarländischen Bevölkerung. Dies beruhte auf der raschen wirtschaftlichen Erholung nach dem Krieg und einem hohen Maß an sozialer Sicherheit im Saarland. Eine Trendwende gab es in den 1950er-Jahren, als erstmals wieder die Frage der nationalen Zugehörigkeit des Saarlandes in den Vordergrund trat. Es bildete sich eine nationale Opposition aus allen gesellschaftlichen Schichten gegen die enge Anlehnung an Frankreich und die eingeschränkte Meinungsfreiheit. Parteien, die gegen die Eigenständigkeit eintraten, waren zu diesem Zeitpunkt verboten.

100 Saar-Franken

Eintrittskarte

Das Europäische Saarstatut

In den Beziehungen zwischen Frankreich und der Bundesrepublik Deutschland war die „Saarfrage" immer wieder eine Streitfrage. Dabei fanden die Verhandlungen in zunehmendem Maße ohne Beteiligung des Saarlandes statt. Das ausgehandelte „Saarstatut" war ein Kompromiss zwischen den deutsch-französischen Verhandlungspartnern und führte im Saarland zu harten Auseinandersetzungen.

Im „Saarstatut" wurden im Wesentlichen folgende Vereinbarungen festgehalten:

▶ Die Saar erhält ein Europäisches Statut (Sonderstellung des Saarstaates) im Rahmen der WEU (Westeuropäische Union)
▶ Die saarländische Bevölkerung entscheidet in einer Volksabstimmung über das Statut (1955)
▶ Die vorhandenen wirtschaftlichen Bindungen der Saar an Frankreich bleiben bestehen
▶ Der Franc bleibt Zahlungsmittel
▶ Saarbrücken wird als Sitz der EGKS (Europäische Gemeinschaft für Kohle und Stahl) empfohlen

Eine wirtschaftliche Öffnung zu Deutschland wurde in dem Abkommen nur als vages Ziel formuliert.

© ullstein bild – ullstein bild

Ministerpräsident Johannes Hoffmann (CVP)

Die Befürworter des Saarstatutes und ihre Argumente

Für eine Annahme des Saarstatutes sprachen sich die beiden saarländischen Regierungsparteien CVP (Christliche Volkspartei) unter der Führung von Ministerpräsident Johannes Hoffmann und die SPS (Sozialdemokratische Partei des Saarlandes) aus. Sie setzten sich für die Überwindung des Nationalismus ein. Das zentrale Anliegen dieser Politiker war die Schaffung eines autonomen Saarstaates mit enger Anbindung an Frankreich.

Lerngebiet 4

© ullstein bild – Jacoby

Wahlkampfveranstaltung der Befürworter

Bestärkt wurden sie durch die Tatsache, dass nach dem Ende des Zweiten Weltkrieges das Saarland nicht mehr dem Deutschen Reich angehörte. In der Saarländischen Verfassung von 1947 war die politische Unabhängigkeit von Deutschland ausdrücklich festgeschrieben. Man war der Meinung, dass ein autonomes Saarland eine Brückenfunktion übernehmen und die Aussöhnung der ehemaligen Kriegsgegner Deutschland und Frankreich vorantreiben könnte. Damit hätte man den Streit um die Zugehörigkeit des Saarlandes beenden können. Außerdem hofften die Befürworter auf das Saarland als Vorreiter und Antriebsmotor im Europäischen Einigungsprozess. Die Saarländer profitierten von dem wirtschaftlichen Anschluss an Frankreich und den hohen sozialen Absicherungen. Die guten Wirtschaftsbeziehungen mit Frankreich waren zudem die Existenzgrundlage vieler saarländischer Unternehmen.

© Rainer Freyer, Riegelsberg

Plakat der CVP

Die Gegner des Saarstatutes und ihre Argumente

Drei Monate vor dem Abstimmungstermin wurden die Oppositionsparteien DPS (Demokratische Partei Saar), CDU-Saar (Christlich Demokratische Union) und DSP (Deutsche Sozialdemokratische Partei) zugelassen. Bisher konnten Sie nur im Geheimen agieren. Sie schlossen sich zum „Deutschen Heimatbund" zusammen und sprachen sich gegen das Saarstatut aus. Sie sahen sich im französisch bestimmten Saarstatut wirtschaftlich bevormundet und kulturell überfremdet. Ein „JA" zum Statut würde den Weg zur Wiedervereinigung mit dem „Vaterland" Deutschland verhindern. Auch wenn man wirtschaftlich von Frankreich bisher profitierte, beklagten die Gegner die einseitigen wirtschaftlichen Beziehungen zu Frankreich. Dies führte unter anderem zum Vorwurf der „Ausbeutung" der saarländischen Kohle durch Frankreich. Die Gegner kritisierten die Regierung unter Johannes Hoffmann als undemokratisch und autoritär. Weite Teile der Bevölkerung lehnten das Vorgehen der Regierung gegen die Gegner des Saarstatutes (u.a. mit Polizeieinsätzen) ab. Ein anderer Aspekt war, dass das Saarstatut zwischen Frankreich und Deutschland ohne Beteiligung des Saarlandes ausgehandelt worden war. Die Gegner hielten auch den Europäischen Einigungsprozess noch für viel zu vage.

© Rainer Freyer, Riegelsberg

Plakat der DPS

1. Nennen Sie die Argumente der Befürworter und der Gegner des Saarstatutes?
2. Beschreiben Sie die Wahlplakate der CVP und der DPS.

© ullstein bild – dpa

Polizeieinsatz gegen Demonstranten während der CVP-Kundgebung in St. Ingbert

Der Wahlkampf

Mit großer Leidenschaft und Verbitterung wurde die Wahlschlacht um das Saarstatut geführt. Mehr als einhundert Plakatmotive kamen in dieser „Propagandaschlacht" zum Einsatz. Auch vor verletzenden Plakatmotiven und gegenseitigen Hetzkampagnen wurde nicht zurückgeschreckt, die bisweilen Freundschaften und Familien auseinander rissen. Es kam sogar zu Handgreiflichkeiten und Polizeieinsätzen. Die dabei entstandenen tiefen Wunden in der saarländischen Gesellschaft heilten teilweise über Jahrzehnte nicht.

Plakatwand mit Wahlplakaten

Von der Abstimmung zur „kleinen Wiedervereinigung"

Am 23. Oktober 1955 war der Tag der Entscheidung. Die Stimmabgabe verlief ohne Zwischenfälle und schon ein paar Stunden nach der Schließung der Wahllokale zeichnete sich ein Ergebnis ab. Die Wahlbeteiligung betrug 96,6 Prozent. Für das Saarstatut stimmten 32,3 Prozent und 67,7 Prozent lehnten es ab. Nach Bekanntgabe des vorläufigen Endergebnisses erklärte die Regierung unter Johannes Hoffmann ihren Rücktritt.

Mit der Ablehnung konnte das Saarstatut nicht in Kraft treten. Damit war gleichzeitig der Weg zur Rückgliederung des Saarlandes an Deutschland frei. Zwei Monate später fanden Landtagswahlen statt, bei denen die Parteien des „Deutschen Heimatbundes" (CDU, DSP und DPS) mit 63,9 Prozent eine Mehrheit erhielten. Frankreich akzeptierte die Mehrheitsentscheidung der saarländischen Bevölkerung. In neuen Verhandlungen wurde die politische und wirtschaftliche Eingliederung des Saarlandes in die Bundesrepublik Deutschland vereinbart. Daraufhin erklärte der saarländische Landtag den Beitritt des Saarlandes zur Bundesrepublik Deutschland zum 1. Januar 1957. Der wirtschaftliche Anschluss

Lerngebiet 4

*Gemeinsame Wahlveranstaltung der im „Heimatbund" zusammengeschlossenen
Parteien, die das Saarstatut ablehnen*

© ullstein bild – dpa

vollzog sich am 6. Juli 1959, dem sogenannten „Tag X". Die D-
Mark löste den Franken als Zahlungsmittel ab. Die Grenze zu
Rheinland-Pfalz wurde geöffnet. Gleichzeitig traten deutsche und
französische Zöllner an der saarländisch-französischen Grenze
ihren Dienst an.

*Handschlag zwischen saarländischen Grenzpolizisten und französischen Zollbeamten
beim Öffnen des Schlagbaums in der Nacht vom 5. zum 6. Juli 1959*

Damit war die „kleine Wiedervereinigung" perfekt. Nach 40 Jahren endete der saarländische Sonderweg, der die Bevölkerung tief
gespalten, aber letztlich das Saarland zu dem gemacht hat, was es
heute ist.

Grundstufe

3 Die Entwicklung des Bundeslandes Saarland

Nachdem vor 1957 die politische Ordnung und Zugehörigkeit mehrfach wechselte, ist das Saarland nun ein eigenständiges Bundesland der Bundesrepublik Deutschland. Derzeit stellen jedoch neue wirtschaftliche und gesellschaftliche Herausforderungen das Saarland vor schwierige Aufgaben.

Wappen des Saarlandes: Das Saarlandwappen besteht seit 1957.

3.1 Politische Ordnung

Beitritt des Saarlandes

Am 1. Januar 1957 wurde das Saarland als elftes deutsches Bundesland politischer Teil der Bundesrepublik Deutschland. Am 6. Juli 1959 erfolgte mit der wirtschaftlichen Angliederung (Tag X) der endgültige Zusammenschluss.

Wappen und Flagge

Das Wappen des Saarlandes enthält die Wappen der vier größten Gebiete an der Saar vor der französischen Revolution:

- der silberner Löwe auf blauem Feld der Grafen von Saarbrücken
- das rote geschliffene Kreuz auf silbernem Feld der Kurfürsten von Trier
- der goldene Löwe auf schwarzem Feld der Herzöge von Pfalz-Zweibrücken
- ein roter Schrägbalken mit drei silbernen Adlern auf goldenem Feld der Herzöge von Lothringen

Die Landesflagge des Saarlandes besteht aus der Flagge Deutschlands mit dem Wappen des Saarlandes darauf.

Landesflagge des Saarlandes: Die Landesflagge drückt die Zugehörigkeit des Saarlandes zur Bundesrepublik Deutschland aus.

Verfassung des Saarlandes

Die ursprüngliche Verfassung des Saarlandes von 1947 wurde im Vorfeld des Zusammenschlusses an die Bestimmungen des Grundgesetzes angepasst. Das Saarland konnte somit 1957 Teil der Bundesrepublik Deutschland werden.

Die einzelnen Ministerien sind die oberste Verwaltungsbehörden. Im Gegensatz zu anderen Bundesländern existieren im Saarland keine Regierungspräsidien. Untere staatliche Verwaltungsbehörde ist auf Landkreisebene der jeweilige Landrat; auf Ortsebene nehmen die Bürgermeister der Kommunen staatliche Aufgaben wahr. Weitere Verwaltungsaufgaben werden von Landesämtern (z. B. Landesjugendamt) übernommen.

Artikel 60 der Landesverfassung betont einerseits die Zusammengehörigkeit des Saarlandes zur Bundesrepublik Deutschland, andererseits wird auch die Verbindung des Saarlandes mit Europa und den Regionen festgelegt.

Lerngebiet 4

Art. 60 SVerf

(1) Das Saarland ist eine freiheitliche Demokratie und ein sozialer Rechtsstaat in der Bundesrepublik Deutschland.

(2) Das Saarland fördert die europäische Einigung und tritt für die Beteiligung eigenständiger Regionen an der Willensbildung der Europäischen Gemeinschaften und des vereinten Europa ein.

Es arbeitet mit anderen europäischen Regionen zusammen und unterstützt grenzüberschreitende Beziehungen zwischen benachbarten Gebietskörperschaften und Einrichtungen.

Saarländische Ministerpräsidenten

Bisher hatte das Saarland elf verschiedene Ministerpräsidenten. Franz-Josef Röder war mit über 20 Jahren am längsten im Amt.

Die derzeitige Ministerpräsidentin Annegret Kramp-Karrenbauer ist seit 2011 im Amt und regiert seit 2012 in einer Koalition mit der SPD.

Ministerpräsidenten des Saarlandes

Nr.	Name	Partei	Amtszeit
1	Johannes Hoffmann	CVP	1947–1955
2	Heinrich Welsch	–	1955–1956
3	Hubert Ney	CDU	1956–1957
4	Egon Reinert	CDU	1957–1959
5	Franz-Josef Röder	CDU	1959–1979
6	Werner Klumpp (kommissarisch)	FDP	1979 (Juni–Juli)
7	Werner Zeyer	CDU	1979–1985
8	Oskar Lafontaine	SPD	1985–1998
9	Reinhard Klimmt	SPD	1998–1999
10	Peter Müller	CDU	1999–2011
11	Annegret Kramp-Karrenbauer	CDU	seit 2011

Im Artikel 61 der saarländischen Verfassung ist die Gewaltenteilung festgelegt.

1. Welcher Gewalt gehört die Ministerpräsidentin (hauptsächlich) an?

2. Recherchieren Sie weitere wichtige Vertreter und Institutionen der einzelnen Gewalten im Saarland!

Grundstufe

3.2 Strukturwandel

Von der Montanindustrie zur Automobilindustrie

Die Montanindustrie prägte über lange Zeit das Gesicht und die wirtschaftliche Struktur des Saarlandes. 1960 waren ca. 25 Prozent der Arbeitnehmer (ca. 80.000) direkt in den Bereichen Kohle und Stahl beschäftigt. Rechnete man die indirekt mit der Montanindustrie verbundenen Wirtschaftsbereiche hinzu, ergab sich eine Abhängigkeit der saarländischen Arbeitsplätze von diesem Sektor von fast 50 Prozent.

Nach den ersten Krisen der Kohle- und Stahlindustrie siedelten Unternehmen wie Ford, Bosch, der Getriebehersteller ZF, Michelin und Eberspächer im Saarland an. Diese profitierten von dem Angebot an Arbeitskräften und von deren Bereitschaft in Schichtmodellen zu arbeiten.

Derzeit sind in der Kohle- und Stahlindustrie nur noch ca. 5 Prozent der saarländischen Arbeitnehmer beschäftigt. Die meisten Arbeitnehmer der produzierenden Betriebe im Saarland arbeiten direkt oder indirekt für die Automobilindustrie. Mehr als 42.000 Arbeitsplätze an der Saar sind mit dem automobilen Sektor verbunden.

Auch sonst ist der Strukturwandel spürbar: Über 70 Prozent der Arbeitsplätze des Saarlandes sind mittlerweile im Dienstleistungsbereich angesiedelt.

> **Strukturwandel:**
> Unter Strukturwandel versteht man eine langsame, aber stetige Veränderung der Volkswirtschaft eines Landes oder einer Region.

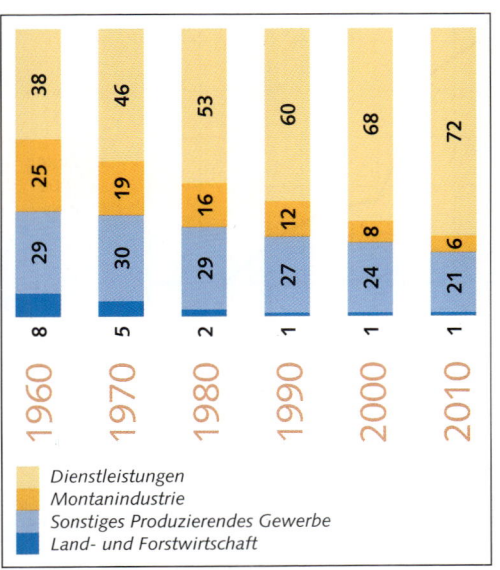

Strukturwandel nach Wirtschaftszweigen (Anteil an Erwerbstätigen in Prozent)

1. Ermitteln Sie die größten privaten Arbeitgeber im Saarland!
2. Wie viele Mitarbeiter beschäftigen sie und welcher Branche gehören diese an?

Lerngebiet 4

Das Ende des Bergbaus im Saarland

Förderturm im Saarland

© Petair – Fotolia.com

Landmarke Duhamel – Entwurf: Katja Pfeiffer und Oliver Sachse, Architekten, Berlin. Visualisierung: StudioAida, Mainz

© Förderverein BergbauErbeSaar e.V., Ensdorf

Bergbau seit vielen Jahrhunderten

Die Förderung von Kohle auf dem Gebiet des Saarlandes ist seit der Zeit der keltischen Besiedelung belegt (7. Jhd. vor Chr.). Erste schriftliche Belege datieren aus dem Jahr 1371. Der Bergbau hat die gesamte Region und deren Menschen über Jahrhunderte geprägt.

Entwicklung und Ende des Saarbergbaus

In der Blütezeit (um 1950) waren saarlandweit mehr als 60.000 Menschen in mehr als 20 Gruben beschäftigt. Nach starken Erderschütterungen durch ein Grubenbeben im Februar 2008 wurde beschlossen, den Kohleabbau zu beenden.

Das letzte aktive Bergwerk im Saarland war das „Bergwerk Saar" in Ensdorf. Der zugehörige Nordschacht in Lebach-Falscheid war mit 1.750 Metern der tiefste noch betriebene Schacht Europas. Zum Bergbauende waren im Bergwerk Saar noch etwa 1.600 Mitarbeiter beschäftigt.

Im Saarland ging die lange Tradition des Bergbaus am 30. Juni 2012 endgültig zu Ende. Die noch verbliebenen Beschäftigten wurden teilweise in das Ruhrgebiet oder nach Ibbenbüren zu weiter betriebenen Standorten der Ruhrkohle AG (RAG) verlegt.

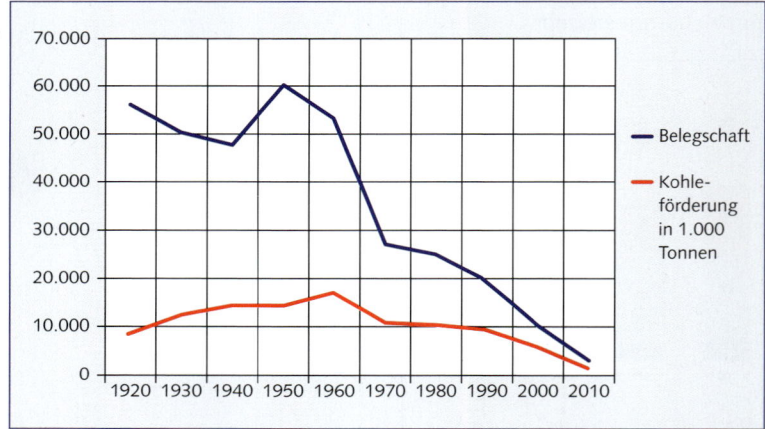

Entwicklung der Kohleförderung und der Belegschaft im Saarbergbau von 1920–2010.

1. Recherchieren Sie Gruben und Bergehalden in der Nähe Ihres Wohnortes. Wann wurden diese geschlossen?
2. Finden Sie weitere Gründe für das Ende des Saarbergbaus.

Grundstufe

3.3 Aktuelle politische, wirtschaftliche und gesellschaftliche Situation

Landtagswahl 2012

Nach Scheitern der sogenannten **„Jamaika-Koalition"** im Januar 2012, kam es am 25. März 2012 im Saarland zu Neuwahlen. Bestes Ergebnis erzielte die CDU gefolgt von der SPD und den Linken. Neben den Grünen zogen erstmals die Piraten in den saarländischen Landtag ein. Die FDP erzielte mit 1,2 Prozent ihr bisher schlechtestes Ergebnis und gehört dem neuen Landtag nicht mehr an.

Jamaika-Koalition:

Eine Koalition zwischen der CDU, der Freien Demokratischen Partei (FDP) und Bündnis 90/Die Grünen (schwarz, gelb, grün)

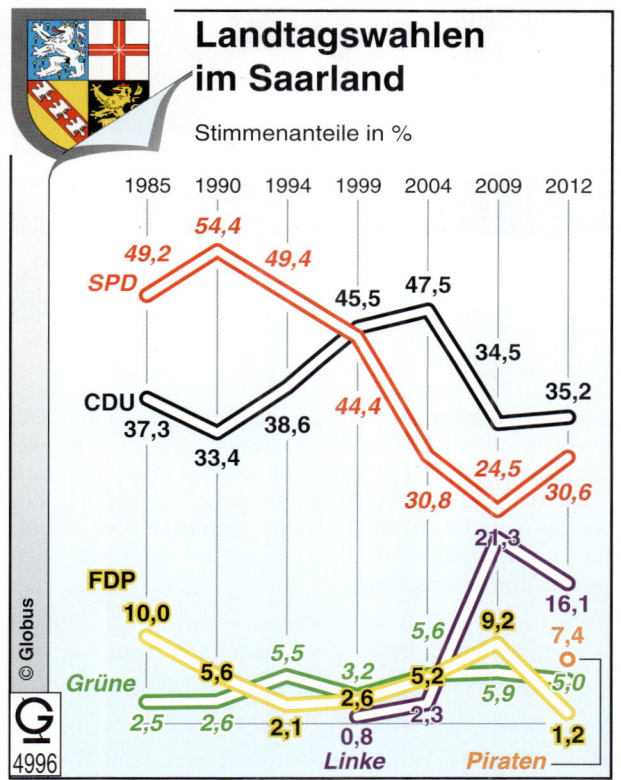

Landtagswahlen im Saarland von 1985–2012

Geben Sie die Entwicklung der Wahlergebnisse der einzelnen Parteien seit 1985 in eigenen Worten wieder!

CDU und SPD hatten bereits vor der Wahl bekannt gegeben, eine Regierungskoalition bilden zu wollen. Nach Einigung auf einen Koalitionsvertrag wurde Annegret Kramp-Karrenbauer (CDU) im Mai 2012 zur Ministerpräsidentin dieser Großen Koalition gewählt.

© dpa

Ministerpräsidentin Annegret Kramp-Karrenbauer und SPD-Chef Heiko Maas mit dem gemeinsamen Koalitionsvertrag

Herausforderung Schuldenbremse

Im Koalitionsvertrag bekennen sich die Koalitionspartner CDU und SPD zur Einhaltung der „Schuldenbremse". Diese sieht vor, die Nettokreditaufnahme des Saarlandes bis 2020 jährlich deutlich zu verringern. Bis 2020 soll der Haushalt ausgeglichen sein. Hierzu sind jährliche Einsparungen in Höhe von mindestens 65 Millionen Euro notwendig. Im Gegenzug erhält das Saarland weiterhin Gelder aus dem **Länderfinanzausgleich.**

Die hohen Einsparungen sollen beispielsweise durch Kürzungen bei Baumaßnahmen, bei Sachkosten, aber auch im Personalbereich erzielt werden.

Länderfinanzausgleich:

Gesetzliche Regelung zum Ausgleich der unterschiedlichen Finanzkräfte der Bundesländer Die einzelnen Bundesländer zahlen entweder in den Länderfinanzausgleich ein oder erhalten Geld aus diesem. Das Saarland war bisher ausschließlich ein „Nehmerland", d. h. bisher hat das Saarland in jedem Jahr Gelder aus dem Länderfinanzausgleich erhalten.

Autoland Saarland

Das Saarland ist das drittgrößte Automobil-Zuliefererzentrum Deutschlands. Insgesamt sind mehr als 42.000 Beschäftigte in ca. 60 Unternehmen direkt oder indirekt vom Auto abhängig. Der Automobilsektor stellt 40 Prozent aller industriellen Arbeitsplätze im Saarland.

Ein Großteil der Fahrzeuge und Fahrzeugteile geht in den Export. Die saarländische Wirtschaft ist auch insgesamt sehr exportorientiert und dadurch von Schwankungen im Welthandel abhängig. In den Jahren vor der Wirtschafts- und Finanzkrise führte dies zu einer überdurchschnittlich guten Entwicklung. Die Folgen der Finanzkrise im Jahr 2009 führten im Saarland auch zu überdurchschnittlichen Rückgängen.

Grundstufe

Tourismus im Saarland

Das Saarland setzt zunehmend auf den Tourismus. In den letzten Jahren sind in den Bereichen Städte-, Kultur- und Erholungstourismus sowie bei Geschäftsreisen Zuwächse über dem Bundesdurchschnitt erzielt worden. Großprojekte, wie der Ferienpark Bostalsee und das Thermalbad Rilchingen, sollen den Bereich Tourismus im Saarland weiter stärken. Ein Radwegenetz wird aufgebaut. Das Saarland besitzt die meisten „Premium-Wanderwege" in Deutschland. Die Tourismuswirtschaft hat im Saarland eine hohe Bedeutung: 1,3 Milliarden Euro jährliche Umsätze und mehr als 32.000 Beschäftigte, deren Einkommen vom Tourismus abhängen.

Der Bostalsee im St. Wendeler Land bietet vielfältige Freizeitmöglichkeiten.

© Tourist-Information St. Wendeler Land/Freizeit-Zentrum Bostalsee

UNESCO Weltkulturerbe

1994 wurde die Völklinger Hütte von der UNESCO zum Weltkulturerbe erklärt. Die Hütte kann als Denkmal besichtigt werden, es finden aber auch Ausstellungen, Konzerte und Theater statt.

„Die Völklinger Hütte ist ein einzigartiges Zeugnis der Industriekultur und der Technikgeschichte des 19. und frühen 20. Jahrhunderts. Sie kann in besonderer Vollständigkeit den inzwischen geschichtlich gewordenen Prozess einer großtechnischen Roheisenerzeugung zeigen. Sie ist darüber hinaus ein Symbol der Leistungen des Menschen in der ersten und zweiten industriellen Revolution, eine „Kathedrale" des Industriezeitalters."

Erklärung der UNESCO zum Weltkulturerbe Völklinger Hütte

© MEV Verlag GmbH

Die Saarschleife ist ein bekanntes Wahrzeichen des Saarlandes.

© Weltkulturerbe Völklinger Hütte/Gerhard Kassner

Künstlerische Lichtinstallation an der Völklinger Hütte

Planen Sie ein touristisches Wochenende für Freunde, die sie im Saarland besuchen kommen. Nutzen Sie das Portal der Tourismuszentrale Saarland.

Lerngebiet 4

Die demografische Entwicklung im Saarland

Das Altern der Bevölkerung, die niedrige Geburtenrate und die zunehmende Lebenserwartung haben Auswirkungen auf die Verhältnisse der einzelnen Generationen untereinander. Dazu kommt noch eine hohe Abwanderungsrate aus dem Saarland. Die Bevölkerung des Saarlandes wird dadurch immer älter und schrumpft.

Werden derzeit noch ca. 1,01 Millionen Einwohner gezählt, wird sich die Bevölkerungszahl bis zum Jahr 2030 um mehr als 100.000 auf ca. 900.000 Einwohner verringern. Bis zum Jahr 2060 wird ein weiterer starker Rückgang auf weniger als 700.000 Einwohner prognostiziert (Quelle: Statistisches Amt des Saarlandes).

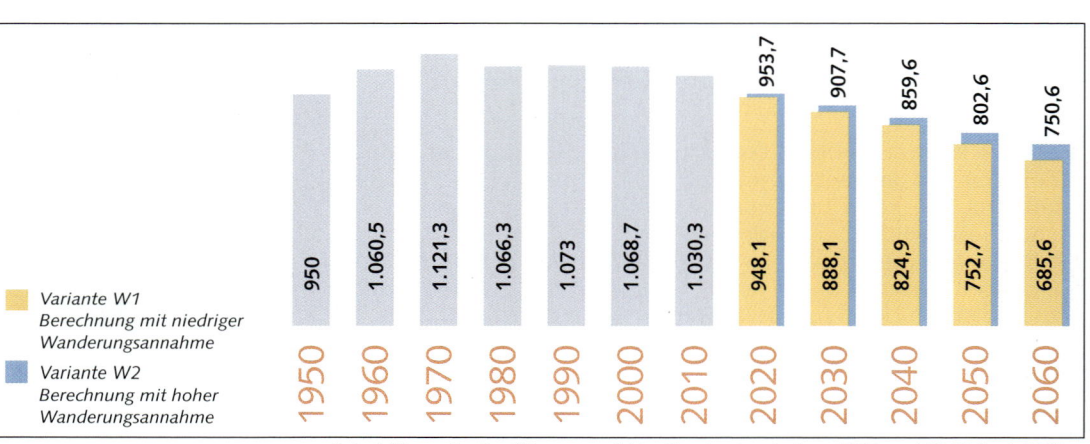

Entwicklung der Bevölkerungszahl im Saarland zwischen 1950 und 2060 (in 1.000) Ab 2009 12. Koordinierte Bevölkerungsvorausberechnung.

> „Das Saarland wird maßgeblich von drei großen Trends beeinflusst. Sie lassen sich auf die kurze Formel: ‚weniger – älter – bunter‘ bringen."
>
> (Statistisches Amt des Saarlandes)

Erläutern Sie mögliche Folgen, wenn die Einwohner des Saarlandes immer „weniger, älter und bunter" werden!

Auswirkungen auf die Regionen im Saarland

Die Bevölkerung geht in allen Regionen des Saarlandes zurück. Bestimmte Gebiete sind jedoch besonders betroffen. Der Landkreis Neunkirchen wird bis 2030 wahrscheinlich einen Bevölkerungsrückgang von ca. 17 Prozent erleiden. Der Kreis Merzig-Wadern

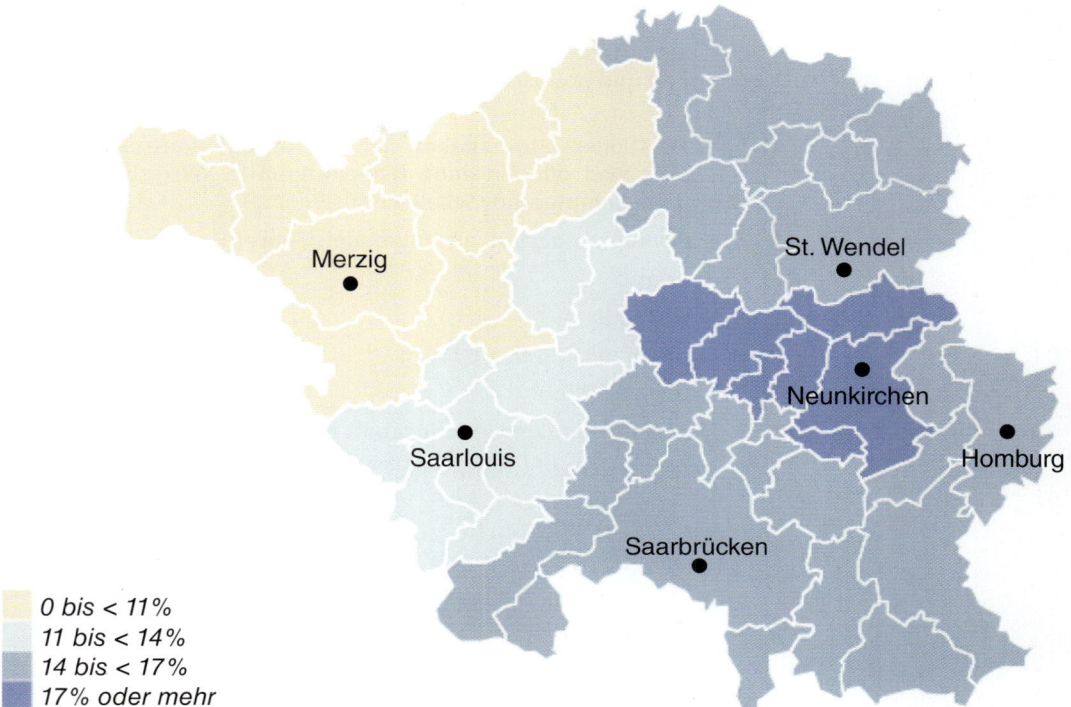

- 0 bis < 11%
- 11 bis < 14%
- 14 bis < 17%
- 17% oder mehr

Abnahme der Bevölkerung 2030 gegenüber 2012

hingegen profitiert vom Zuzug von Grenzgängern aus Luxemburg und hat nur mit einem Rückgang der Bevölkerung von ca. 5 Prozent zu rechnen.

Die Auswirkungen sind schon heute spürbar. Immer mehr Menschen verlassen die ländlichen Gebiete und ziehen in Richtung der Ballungszentren. In kleineren Ortschaften fehlt oft die Infrastruktur (Geschäfte, Nahverkehrsverbindungen) und die steigenden Kraftstoffpreise machen das Pendeln zu den Arbeitsplätzen immer teurer. Dadurch ist der Immobilienmarkt gespalten: In Städten wie Saarbrücken oder Saarlouis sind steigende Haus- und Grundstückspreise zu verzeichnen, in den meisten ländlichen Gebieten hingegen wird es immer schwieriger, überhaupt noch einen Käufer zu finden.

1. Recherchieren Sie Grundstückspreise in Ihrem Wohnort. Vergleichen Sie diese mit anderen Gebieten im Saarland.

2 Beurteilen Sie den Wohnungsleerstand in Ihrem Wohnort.

3. Wie weit ist es von Ihrer Wohnung zur nächsten Einkaufsmöglichkeit?

Lerngebiet 4

Die Großregion

Die sogenannte „Großregion" ist eine der europäischen Groß-
regionen und politisch aus dem Kernraum „Saar-Lor-Lux" entstanden.

Seit den 1950er-Jahren haben sich die Teilregionen zusammengeschlossen und pflegen enge Beziehungen in Wirtschaft, Politik,
Kultur, Forschung und Gesellschaft.

Die Großregion besteht aus folgenden Teilregionen:

▸ Saarland

▸ Lothringen

▸ Großherzogtum Luxemburg

▸ Rheinland-Pfalz

▸ Deutschsprachige Gemeinschaft Belgiens

▸ Wallonien und französische Gemeinschaft Belgiens

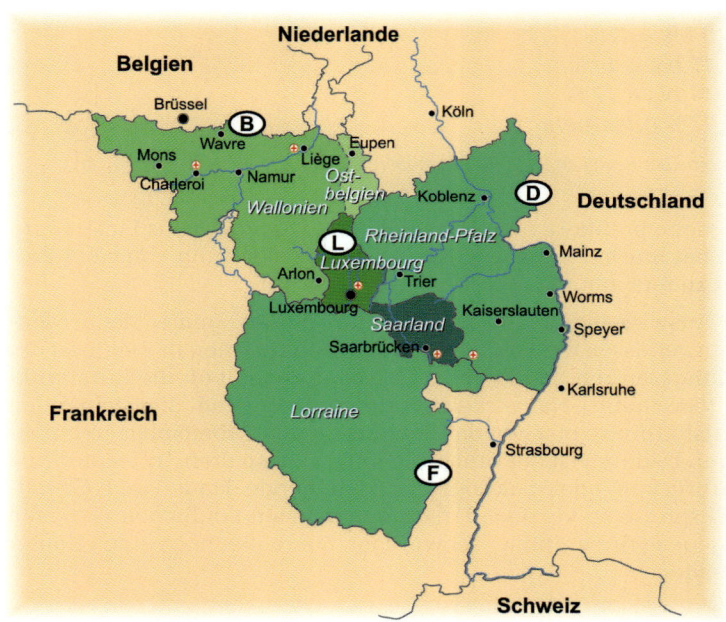

© Dave Vaughan

Die Großregion im Überblick

Die Großregion im Jahr 2020 – eine Vision

„Wir sind im Jahr 2020. Die Großregion bildet einen gemeinsamen Raum im Herzen Europas. 11 Millionen Menschen leben in
diesem Raum. Sie fühlen sich der Großregion zugehörig und
empfinden sich als Gemeinschaft. Dennoch sind sie Wallonen,
Luxemburger, Lothringer, Rheinland-Pfälzer und Saarländer geblieben.

Das ist ihr besonderes Merkmal, das man bislang nirgendwo sonst in Europa findet. Aus diesem Grund spricht man in ganz Europa von einer europäischen Modellregion.

Die politischen Akteure in der Großregion arbeiten eng zusammen. Obwohl sie innerhalb ihrer Region und innerhalb ihres jeweiligen nationalstaatlichen Gefüges ganz unterschiedliche Rechtsstellungen einnehmen, funktioniert diese Kooperation ohne Reibungsverluste. Der Wille zur Gemeinsamkeit und der Stolz auf das Erreichte überdeckt alle Hürden, die noch zwanzig Jahre zuvor unüberwindbar schienen. …

Nach außen gilt diese Kulturlandschaft als touristischer Anziehungspunkt, sodass die Zahl der Besucher jährlich wächst. Bewundert wird die Mehrsprachigkeit vor allem der jüngeren Generation, die perfekt in Französisch, Deutsch und Englisch kommuniziert. Neue grenzüberschreitende Schultypen wie auch Aus- und Weiterbildungsmöglichkeiten sorgen für ein einzigartiges, europaweit nachgefragtes Qualitätsniveau der Absolventen. …

Die Großregion gilt als europäisches Kompetenzzentrum sowohl in den Zukunftstechnologien wie auch in Europafragen.

Der permanent fließende Wissenstransfer von der Forschung zur Wirtschaft der Großregion garantiert einen steten Gründungsimpuls, der den Innovationsanforderungen einer globalisierten Wirtschaft bestens gerecht wird. Das hohe Ausbildungsniveau, die Mehrsprachigkeit, der gemeinsame Arbeitsmarkt ebenso wie der grenzüberschreitende Austausch von Know-how, von Angebots-Nachfrage-Beziehungen wie auch von Menschen sorgt für eine ökonomische Dynamik, deren Hauptproblem heute der Arbeitskräftemangel darstellt. …

Gestärkt wird die wirtschaftliche Dynamik durch eine gut ausgebaute überörtliche Verkehrsanbindung, die die Region zum Knotenpunkt der europäischen Zentralachsen gemacht hat. Ein leistungsstarkes gemeinsames ÖPNV-System unterstützt diese Zentralität im Nahbereich. …

Alles in allem: Die Großregion ist im Jahre 2020 weder ein einheitliches politisches Gebilde noch eine neue Gebietskörperschaft eigenen Rechts. Vielmehr vereinigt sie wie keine andere Region in Europa Vielfalt in Gemeinsamkeit. Und das macht sie zur europäischen Modellregion."

Aus: Politische Kommission „Zukunftsbild 2020", S. 24

1. Erläutern Sie kurz in eigenen Worten den Begriff „Groß-region".
2. In wie weit sehen Sie die formulierte Vision der Großregion bisher umgesetzt?
3. Finden Sie Belege für politische und kulturelle Zusammenarbeit in der Großregion.

Zusammenfassung

Im Versailler Vertrag wurden die Grenzen des Saarbeckens festgehalten und das Gebiet für 15 Jahre dem Völkerbund unterstellt. Anschließend sollten die Saarländer über ihre weitere Zugehörigkeit selbst entscheiden.

Gemäß dem Versailler Vertrag gingen das Eigentumsrecht und das Ausbeutungsrecht an den Kohlegruben an Frankreich. Die Stahlindustrie hatten die Franzosen zu 60 Prozent unter ihrer Kontrolle.

Die Verwaltung des Saargebietes erfolgte durch eine vom Völkerbund eingesetzte Regierungskommission.

Der französische Franc wurde alleiniges Zahlungsmittel.

In den zwanziger Jahren kam es zu einer Annäherung und Aussöhnung zwischen Deutschland und Frankreich.

Die saarländischen Parteien verfolgten bis 1933 das Ziel des Anschlusses an Deutschland.

Die NSDAP spielte erst nach 1933 im Saarland eine Rolle.

Das Zentrum, die Deutsch-Saarländische Volkspartei (DSVP), die Deutschnationale Volkspartei (DNVP) bildeten mit Unterstützung der Nationalsozialistischen Arbeiter Partei (NSDAP) im Abstimmungskampf die Deutsche Front. Ihr Ziel war eine sofortige Angliederung an Hitler-Deutschland.

Die Einheitsfront mit der Sozialdemokratischen Partei Deutschlands (SPD) und der Kommunistischen Partei Deutschlands (KPD) setzte sich für die Erhaltung des Völkerbund-Status (Status Quo) ein.

Am 13. Januar 1935 stimmte eine überwältigende Mehrheit einer Rückgliederung nach Deutschland zu.

Am 1. März 1935 wird das Saargebiet dem Deutschen Reich wieder eingegliedert und erhielt den Namen „Saarland".

Nach dem Zweiten Weltkrieg entsteht ein teilautonomer Saarstaat, der wirtschaftlich an Frankreich angegliedert ist, mit dem Franc als Zahlungsmittel.

Die saarländischen Regierungsparteien CVP (Christliche Volkspartei) und die SPS (Sozialdemokratische Partei des Saarlandes) befürworteten das Saarstatut.

Die Parteien des „Deutschen Heimatbundes" DPS (Demokratische Partei Saar), CDU-Saar (Christlich Demokratische Union) und DSP (Deutsche Sozialdemokratische Partei) lehnten das Saarstatut ab.

Am 23. Oktober 1955 stimmten 1/3 der Saarländer für das Saarstatut und 2/3 dagegen. Infolgedessen tritt das Saarland als 11. Bundesland der Bundesrepublik Deutschland bei.

Das Saarland hat einen Strukturwandel vollzogen. Von einer Bergbauregion hin zu einem Bundesland mit Schwerpunkt in der Automobilindustrie und im Tourismus.

Im Saarland regiert zur Zeit (2012) eine Koalition aus CDU und SPD unter der Ministerpräsidentin Annegret Kramp-Karrenbauer (CDU). Die Große Koalition hat sich zur Einhaltung der „Schuldenbremse" verpflichtet.

Die derzeitige Bevölkerungszahl von ca. 1 Million Einwohner wird in den nächsten Jahrzehnten deutlich zurückgehen. Daraus ergeben sich vielfältige Herausforderungen.

Die „Großregion Saar-Lor-Lux" besteht aus den Teilregionen Saarland, Lothringen, Luxemburg, Rheinland-Pfalz und Teilen Belgiens. Die Zusammenarbeit erfolgt in den Bereichen Wirtschaft, Politik, Kultur, Forschung und Gesellschaft.

Wissens-Check

1. Erstellen Sie eine Zeitleiste für die Geschichte des Saarlandes von 1920 bis zur Abstimmung 1935.

2. Erstellen Sie eine Zeitleiste für die Geschichte des Saarlandes von 1935 bis zum Beitritt des Saarlandes zur Bundesrepublik Deutschland.

3. Beschreiben Sie den Strukturwandel im Saarland.

4. Geben Sie die aktuelle politische Situation im Saarland wieder.

5. Erläutern Sie die demografische Entwicklung im Saarland.

6. Beschreiben Sie die Chancen und Gefahren für das Saarland.

Grundrechte und Grundordnung, Repräsentation und Partizipation in Deutschland

5

Die Stellung der Grund-
rechte im Grundgesetz

Verfassungsgrundsätze

Wahlen und Parteien

Die Rolle der Medien in
der Demokratie

Abb. 1: ullstein bild – Lambert; Abb. 2: ullstein bild – Boness/IPON;
Abb. 3: ullstein bild – K. Rose

LG 5 Grundrechte und Grundordnung, Repräsentation und Partizipation

Exkurs: Die Bedeutung des Staates

Unter Warlords und Piraten

Fast täglich begegnen uns Berichte dieser Art: Somalische Piraten kapern internationale Handelsschiffe im Golf von Aden, Taliban steinigen Frauen in den afghanischen Provinzen, mexikanische Drogenkartelle kontrollieren durch Erpressung und Mord zahlreiche Dörfer und Städte des Landes. Die Konflikte in diesen Regionen sind sehr unterschiedlich, und dennoch haben sie eines gemeinsam: die Handelnden bewegen sich in rechtsfreien Räumen, in denen die offiziellen Regierungen ihr Gewaltmonopol nicht durchsetzen können. De facto haben dort Kriegsherren, islamistische Gruppen, Drogenbarone oder andere nichtstaatliche Mächte das Sagen.

Amnesty Journal 08/09 2009

Thomas Hobbes (1588–1679):

Englischer Staatsphilosoph, dessen Idee zur Entwicklung eines mächtigen Staates von einem negativen Menschenbild ausgeht.

Hobbes sagt: „Homo homini Lupus." (Der Mensch ist des Menschen Wolf.)

Kalter Krieg:

Zeitepoche nach dem Zweiten Weltkrieg bis Ende der 80er-Jahre

Westeuropa und die USA standen dem kommunistischen Osteuropa gegenüber. Beide Machtblöcke waren hochgerüstet, eine direkte gewaltsame Auseinandersetzung fand aber nie statt.

Bürgerkriege können aufgrund einer fehlenden staatlichen Ordnung entstehen. Ohne einen Staat herrscht der jeweils Stärkere. **Thomas Hobbes** begründet die Notwendigkeit eines Staates damit, dass ansonsten ein ständiger Krieg jeder gegen jeden drohe. Die Bedeutung einer staatlichen Ordnung wird heutzutage von niemandem infrage gestellt. Diskutiert wird allenfalls darüber, wie stark der Staat in verschiedene Gesellschaftsbereiche, z. B. in die Marktwirtschaft, eingreifen soll.

Äußere Sicherheit

Den Menschen eines Landes droht der Verlust des Friedens und der Freiheit nicht nur durch kriminelle Aktivitäten im Inneren, sondern auch durch kriegerische Handlungen von außen. Zur Wahrung der äußeren Sicherheit dienen Armeen und Verteidigungsbündnisse.

Für die Bundesrepublik Deutschland spielte die äußere Sicherheit lange Zeit eine herausragende Rolle. Der Grund dafür war der Ost-West-Konflikt bzw. der **Kalte Krieg.** In dieser Zeit wurde deutlich, dass durch ausreichende Bewaffnung und Bündnisbildung Kriege verhindert werden können.

Um den Missbrauch der Bundeswehr zu Angriffszwecken zu verhindern, wurde im Grundgesetz Artikel 26 verankert.

© Knirzporz – Fotolia.com

Die Bundeswehr trägt zur äußeren Sicherheit bei.

Art. 26 GG

(1) Handlungen, die geeignet sind und in der Absicht vorgenommen werden, das friedliche Zusammenleben der Völker zu stören, insbesondere die Führung eines Angriffskrieges vorzubereiten, sind verfassungswidrig. Sie sind unter Strafe zu stellen.

Innere Sicherheit und Ordnung

Der Wunsch der Menschen nach friedvollem Zusammenleben verlangt einen Staat, der die Sicherheit im Inneren gewährleistet. Dies erfolgt durch die Tätigkeit der Polizei und der Gerichte. Die Berechtigung, **physische Gewalt** anzuwenden, liegt dabei grundsätzlich beim Staat. Dies wird als Gewaltmonopol des Staates bezeichnet. Lediglich in Notwehrsituationen darf sich der Einzelne mit Gewalt wehren.

> Welche staatlichen Institutionen sorgen für die innere Sicherheit?

Physische Gewalt:
Körperliche Gewalt

© Picture.Factory – Fotolia.com

Die Polizei trägt zur inneren Sicherheit bei.

Die Wahrung und Entwicklung der Rechtsordnung

Eng verbunden mit der inneren Sicherheit und Ordnung ist die Rechtsordnung eines Staates. In ihr werden das Zusammenleben der Personen und deren Verhältnis zum Staat festgelegt. Das Recht soll Gerechtigkeit stiften. Wichtige Rechtsgrundlagen stellen in Deutschland das **BGB** und das **StGB** dar.

Daseinsvorsorge

Hoch entwickelte Staaten bieten ihren Bürgern zur Daseinsvorsorge eine Vielzahl an öffentlichen Einrichtungen. Straßen, die Wasserversorgung und Abwasserentsorgung, Krankenhäuser, Schulen, Kindergärten, Altersheime, Museen, Theater usw. leisten einen wichtigen Beitrag zur Lebensqualität. Die Kosten hierfür werden in der Bundesrepublik Deutschland vielfach von den Gemeinden getragen.

BGB (Bürgerliches Gesetzbuch):
Es regelt die Rechtsbeziehungen der Bürger untereinander.

StGB (Strafgesetzbuch):
Es legt fest, welche Handlungen in der Bundesrepublik strafbar sind.

> **Art. 5 KSVG (Kommunalselbstverwaltungsgesetz) des Saarlandes**
>
> Selbstverwaltungsangelegenheiten
>
> (1) Die Gemeinden sind … zur Förderung des Wohles ihrer Einwohnerinnen und Einwohner alle öffentlichen Aufgaben zu erfüllen, …
>
> (2) Die Gemeinden haben insbesondere die Aufgabe, das soziale, gesundheitliche, kulturelle und wirtschaftliche Wohl ihrer Einwohnerinnen und Einwohner zu fördern; …

Der Sozialstaat gewährt bedürftigen Personen Wohngeld.

Die soziale Sicherheit

Die Staatsvorstellung im 19. Jahrhundert wurde von den Kritikern als **Nachtwächterstaat** bezeichnet. Nach einer modernen Staatsvorstellung soll der Staat seinen Bürgern auch ein menschenwürdiges Leben ermöglichen. Wie stark der sogenannte Sozialstaat ausgeprägt sein soll, hängt von der jeweiligen Sozialpolitik einer Regierung ab. Mindestansprüche ergeben sich aus dem Grundgesetz.

Nachtwächterstaat:
Seine Aufgaben erschöpften sich darin, die innere und äußere Sicherheit zu gewährleisten und eine Rechtsordnung herzustellen. Die soziale Lage der Bürger hat in dieser Staatsvorstellung den Staat nicht zu interessieren.

Fachstufe I

> **Art. 1 GG**
>
> (1) Die Würde des Menschen ist unantastbar.
>
> **Art. 20 GG**
>
> (1) Die Bundesrepublik Deutschland ist ein demokratischer und sozialer Bundesstaat.

Förderung der wirtschaftlichen Entwicklung

Die soziale Situation der Bürger eines Landes ist vielfach von der wirtschaftlichen Entwicklung abhängig. Daher bemüht sich der Staat die Wirtschaft zu fördern. Dies kann z. B. durch Subventionen geschehen oder durch **Konjunkturprogramme.**

Konjunkturprogramme:
Sämtliche staatlichen Ausgaben, um die Wirtschaft „anzukurbeln" (z. B. verstärkte Vergabe öffentlicher Aufträge)

Schutz der natürlichen Lebensgrundlagen

Die Lebensweise der Menschen in den Industrienationen hat in den vergangenen Jahrzehnten zunehmend Umweltprobleme hervorgerufen. Diese können den Staat nicht unberührt lassen. Daher betreibt er aktive Umweltpolitik. Ihre Bedeutung wird auch durch ihre verfassungsmäßige Verankerung deutlich.

Leistungsverwaltung:
Hier gewährt die öffentliche Verwaltung dem Bürger Rechte oder verschafft ihm Vorteile. Sie können sich direkt finanziell auswirken. Es können aber auch Rechte ohne direkte finanzielle Wirkungen eingeräumt werden (z. B. Baugenehmigung).

> **Art. 20a GG:**
>
> Der Staat schützt auch in Verantwortung für die künftigen Generationen die natürlichen Lebensgrundlagen und die Tiere im Rahmen der verfassungsmäßigen Ordnung durch die Gesetze und nach Maßgabe von Gesetz und Recht durch die vollziehende Gewalt und die Rechtsprechung.

Funktionierende Verwaltung

Eingriffsverwaltung:
Hier greift die öffentliche Verwaltung in die Rechte des Bürgers ein. Er verliert eine Berechtigung oder muss Zahlungen leisten, ohne hierfür eine Gegenleistung zu erhalten.

Alle genannten Staatsaufgaben müssen für die Bürger umgesetzt werden. Dies geschieht durch die öffentliche Verwaltung im Bund, den Ländern und Kommunen. Sie handelt als **Leistungsverwaltung,** wenn sie z. B. Sozialhilfe und Wirtschaftsförderung zahlt oder einen Kindergartenplatz bereitstellt. Dagegen handelt es sich um **Eingriffsverwaltung,** wenn die öffentliche Verwaltung beispielsweise Bürgern Bußgelder auferlegt, von ihnen Steuern eintreibt oder eine Fahrerlaubnis entzieht.

Zusammenfassung

Die Notwendigkeit eines Staates ergibt sich vorrangig aus der Sicherung des Friedens in einer Gesellschaft.

Die innere und äußere Sicherheit dienen dem Frieden in einem Staat.

Moderne Staaten bemühen sich um die Entwicklung ihrer Rechtsordnung, schaffen ein Mindestmaß an sozialer Sicherheit und schützen die natürlichen Lebensgrundlagen.

Wissens-Check

In welche Gesellschaftsbereiche sollte Ihrer Meinung nach der Staat stärker oder weniger stark eingreifen?

1 Die Stellung der Grundrechte im Grundgesetz

*In der **Präambel** des **Grundgesetzes** haben sich die Väter und Mütter des Grundgesetzes zur Verantwortung vor Gott und den Menschen verpflichtet. Die Verfassung der Bundesrepublik Deutschland beinhaltet eine bewusst festgelegte Werteordnung. Viele Grundrechte entstanden vor dem Hintergrund der Verbrechen des Nationalsozialismus. Mit dem Bekenntnis zu einem friedvollen Europa und der Verantwortung für die natürlichen Lebensgrundlagen sind weitere Wertvorstellungen hinzugekommen.*

Präambel:
Feierliche Einleitung einer Verfassung oder eines Staatsvertrages

Grundgesetz:
Bezeichnung für die Verfassung der Bundesrepublik Deutschland

Art. 2 GG

(1) Jeder hat das Recht auf die freie Entfaltung seiner Persönlichkeit, soweit er nicht die Rechte anderer verletzt und nicht gegen die verfassungsmäßige Ordnung oder das Sittengesetz verstößt.

Art. 14 GG

(1) Das Eigentum und das Erbrecht werden gewährleistet, Inhalt und Schranken werden durch Gesetze bestimmt.

(2) **Eigentum** verpflichtet. Sein Gebrauch soll zum Wohl der Allgemeinheit dienen.

Art. 5 GG

(1) Jeder das Recht, seine Meinung in Wort, Schrift und Bild frei zu äußern …

(2) Diese Rechte finden ihre Schranken in den Vorschriften der allgemeinen Gesetze, den gesetzlichen Bestimmungen zum Schutz der Jugend und in dem Recht der persönlichen Ehre.

Sozialbindung des Eigentums:
Umschreibung des Artikel 14 Abs. 2 Grundgesetz

Damit ist gemeint, dass sich die Nutzung des Privateigentums am Gemeinwohl orientieren soll.

1. Welche der oben genannten Grundgesetzartikel stellen den Einzelnen in den Mittelpunkt?
2. Wie wird in diesen Grundgesetzartikeln der Bezug des Einzelnen zur Gemeinschaft erkenntlich?

„Du bist nichts, dein Volk ist alles!"
Parole im Nationalsozialismus

„Die Partei, die Partei, die hat immer Recht"
Textauszug aus dem „Lied der Partei" der ehemals herrschenden Sozialistischen Einheitspartei Deutschlands (SED) in der DDR.

1. Welches Menschenbild lag dem Nationalsozialismus zugrunde?
2. Welche Rolle spielte der Einzelne im kommunistischen DDR-System?

© Dietrich Claus

Gefängniszellen in der Haftanstalt der Staatssicherheit der DDR in Berlin-Hohenschönhausen

1.1 Menschenrechte

Vollversammlung der Vereinten Nationen in New York

Am 10. Dezember 1948 wurde von der Generalversammlung der Vereinten Nationen die „Allgemeine Erklärung der Menschenrechte" verabschiedet. Diese sind **universell, unveräußerlich** und **unteilbar.**

Ihre Bestimmungen wurden in zahlreichen nationalen Verfassungen wie z. B. dem deutschen Grundgesetz aufgenommen. Im Grundgesetz sind Menschenrechte die Grundrechte, die jedem Menschen ab seiner Geburt zustehen (z. B. Menschenwürde, Freiheit der Person).

Universell:

Allgemeingültigkeit der Menschenrechte

Das heißt, dass Menschenrechte überall für alle Menschen gültig sind.

Unveräußerlich:

Menschenrechte können nicht aufgegeben werden. Kein Mensch oder keine Gruppe kann einem anderen Menschen diese entziehen.

Unteilbar:

Menschenrechte müssen demnach stets in ihrer Gesamtheit verwirklicht sein. Die Umsetzung eines Menschheitsrechts (z. B. von Glaubensfreiheit) ist nicht möglich, wenn nicht gleichzeitig ein anderes Menschenrecht (z. B. Meinungsfreiheit) verwirklicht ist.

Allgemeine Erklärung der Menschenrechte

Artikel 1

Alle Menschen sind frei und gleich an Würde und Rechten geboren. …

Artikel 3

Jeder hat das Recht auf Leben, Freiheit und Sicherheit der Person. …

Artikel 5

Niemand darf der Folter oder grausamer, unmenschlicher oder erniedrigender Behandlung oder Strafe unterworfen werden. …

Artikel 7

Alle Menschen sind vor dem Gesetz gleich. …

Artikel 10

Jeder hat … Anspruch auf ein gerechtes und öffentliches Verfahren vor einem unabhängigen und unparteiischen Gericht. …

Artikel 14

(1) Jeder hat das Recht, in anderen Ländern vor Verfolgung Asyl zu suchen und zu genießen. …

Artikel 18

Jeder hat das Recht auf Gedanken-, Gewissens- und Religionsfreiheit; …

Artikel 19

Jeder hat das Recht auf Meinungsfreiheit und freie Meinungsäußerung; …

Artikel 23

(1) Jeder hat das Recht auf Arbeit, auf freie Berufswahl, auf gerechte und befriedigende Arbeitsbedingungen sowie auf Schutz vor Arbeitslosigkeit.

Fast alle Staaten erkennen heute die Menschenrechte prinzipiell an. Jedoch werden sie nicht überall eingehalten.

Menschenrechtler werfen Syrien systematische Folter vor

Die Menschenrechtsorganisation **Human Rights Watch** (HRW) wirft Syrien vor, in möglicherweise tausenden von Gefängnissen Regimegegner zu foltern.

Saarbrücker Zeitung, 03.07.2012

Menschenrechtsorganisationen kämpfen für deren Einhaltung in der ganzen Welt. Eine der bekanntesten unter ihnen ist Human Rights Watch. Die Menschenrechtsorganisation **amnesty international** erhielt für ihren Einsatz für politische Häftlinge den Friedensnobelpreis.

Human Rights Watch:

Human Rights Watch ist die größte Menschenrechtsorganisation mit Sitz in den USA. Sie untersucht Menschenrechtsverletzungen in allen Regionen der Welt. Der Schwerpunkt der Arbeit liegt auf Themen wie außergerichtliche Hinrichtungen, das „Verschwinden" von Menschen, Folter, politische Inhaftierungen, Diskriminierung, ungerechte Gerichtsverfahren und Verletzungen der Meinungsfreiheit, Vereinigungsfreiheit und Religionsfreiheit. Außerdem geht Human Rights Watch Fragen des Frauenrechts sowie Kinderrechtsfragen nach und verfolgt Rüstungslieferungen an Regierungen, die Menschenrechte missachten

amnesty international:

amnesty international (ai) wurde 1961 gegründet und ist eine weltweite, unabhängige Mitgliederorganisation. Auf der Grundlage der Allgemeinen Erklärung der Menschenrechte wendet sich ai gegen schwerwiegende Verletzungen der Rechte eines jeden Menschen auf Meinungsfreiheit, auf Freiheit von Diskriminierung sowie auf körperliche und geistige Unversehrtheit.

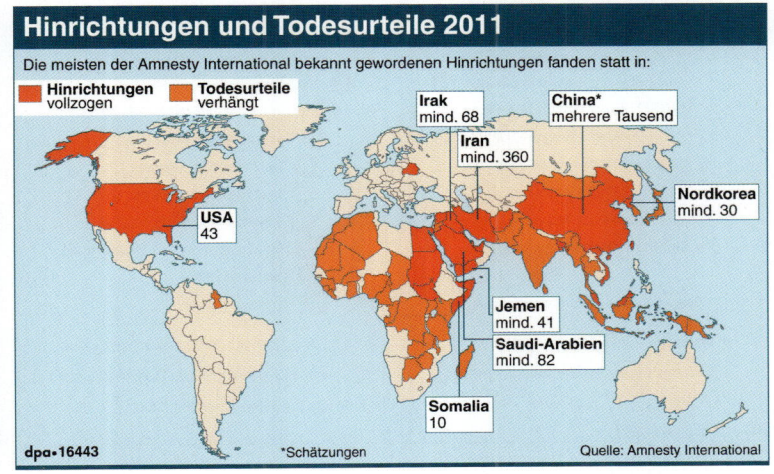

Hinrichtungen und Todesurteile 2011

Die meisten der Amnesty International bekannt gewordenen Hinrichtungen fanden statt in:

Hinrichtungen vollzogen
Todesurteile verhängt

Irak mind. 68
China* mehrere Tausend
Iran mind. 360
Nordkorea mind. 30
USA 43
Jemen mind. 41
Saudi-Arabien mind. 82
Somalia 10

dpa·16443   *Schätzungen   Quelle: Amnesty International

Fachstufe I

1.2 Bedeutung der Grundrechte

Frau muss sich auf Polizeirevier nackt ausziehen

Augsburg (dpa) – Eine 22-jährige Frau aus Augsburg, die bei einen Polizeikontrolle angetroffen wurde, musste sich bei der Überprüfung auf einem Augsburger Polizeirevier nackt ausziehen. Sie wurde von einer Beamtin nach Waffen und Hinweisen auf Rauschgiftsucht untersucht. Die 22-jährige schleppte in der Augsburger Innenstadt mit ihrem Auto den Wagen eines Bekannten ab, als auf einer Kreuzung das Seil riss. Einer Polizeistreife fiel die Frau auf, bei der Kontrolle stellte sich heraus, dass sie weder Personalausweis noch Führerschein dabei hatte. Die Maßnahme der Polizei, so ein Sprecher am Montag habe „der Eigensicherung der Frau" gedient. Gleichzeitig räumte er jedoch ein, dass in Augsburg „etwas falsch gelaufen" sei. … Keinesfalls müsse sich jeder, der zur Personenüberprüfung auf einem Revier sei, nackt ausziehen. Die Polizei, so der Sprecher, habe sich mittlerweile bei der Frau entschuldigt.

> Mit welchen Argumenten würden Sie sich wehren, wenn Sie sich ohne wichtigen Grund bei der Polizei entkleiden müssten?

Kollektivismus:

Vorrang der Gesamtheit, der Gesellschaft oder des Volkes vor dem Einzelnen

Indem das Grundgesetz die Grundrechte (Artikel 1 bis 19) an seinen Anfang stellt, gesteht es dem Einzelnen eine hohe Wertschätzung zu. Dem parlamentarischen Rat als verfassungsgebende Versammlung erschien es 1949 als unerlässlich, dass die Achtung der Menschenwürde und die alten Freiheitsrechte wieder Geltung erlangen sollten. Damit wurde der Idee des **Kollektivismus** der nationalsozialistischen Ideologie und des Kommunismus bewusst

Die Grundrechte und grundrechtsähnliche Vorschriften des Grundgesetzes

© Bergmoser + Höller Verlag AG

entgegengewirkt. Das Grundgesetz verschafft dem Einzelnen allerdings nicht schrankenlose Freiheiten. Die Allgemeinheit, der Staat und die Mitmenschen können die Rechte des Einzelnen beschränken. Somit wird der Gemeinschaftsbezug im Menschenbild des Grundgesetzes erkenntlich.

Die Grundrechte des Grundgesetzes binden alle Behörden der öffentlichen Verwaltung. Die Gerichte und die Parlamente in Deutschland müssen sich an die Grundrechte halten. Sie sind unmittelbar geltendes Recht und stehen über den anderen Rechtsvorschriften unserer Rechtsordnung.

Beispiele: Die öffentliche Verwaltung darf nicht gegen das Grundrecht auf Gleichbehandlung verstoßen. Der Bundestag dürfte kein Gesetz erlassen, das eine Ungleichbehandlung zwischen Männer und Frauen ermöglichen würde.

Privatpersonen sind nicht unmittelbar an die Grundrechte gebunden. Handlungen im Privatleben, bei denen Einzelne aus Gründen der Sympathie bevorzugt werden, sind erlaubt.

Die Grundrechte lassen sich gerichtlich einklagen. Wenn ein Bürger z. B. von einer staatlichen Behörde nachweislich **diskriminiert** wurde, kann er sich vor dem Richter auf den Gleichheitsgrundsatz berufen. Wird eine Demonstration ohne ausreichenden Grund verboten, kann gerichtlich die Versammlungsfreiheit eingeklagt werden. Die hohe Bedeutung der Grundrechte für den Einzelnen wird durch die Verfassungsbeschwerde beim Bundesverfassungsgericht erkenntlich.

Diskriminierung:
Unterschiedliche Behandlung zum Nachteil von Personen oder Gruppen

---

Artikel 12

(1) Alle Deutschen haben das Recht, Beruf, Arbeitsplatz und Ausbildungsstätte frei zu wählen. Die Berufsausübung kann durch Gesetz oder auf Grund eines Gesetzes geregelt werden.

© dpa

Studenten demonstrieren gegen Kürzungen im Bildungsbereich.

Welche Grundrechte üben diese Personen aus?

1.3 Schutz der Grundrechte

„Nach einer Zeit fortgesetzter Bedrückung und schwerster Missachtung der Menschenwürde musste es als unerlässlich erscheinen, die Achtung vor der Menschenwürde und – als eine der notwendigsten Grundlagen dafür – die alten Freiheitsrechte zuzusichern."

Bericht des Parlamentarischen Rates zum Grundgesetz 1949

Vor welchem geschichtlichen Hintergrund wurde diese Aussage formuliert?

Der Parlamentarische Rat hat das Grundgesetz und besonders die Grundrechte mit einem Schutz versehen. So lässt sich das Grundgesetz nur mit einer Zweidrittelmehrheit im Bundestag und Bundesrat verändern. Darüber hinaus darf der in Art. 1 GG fest geschriebene Schutz der Menschenwürde nicht verändert oder abgeschafft werden (Ewigkeitsklausel).

Art. 1 GG

(1) Die Würde des Menschen ist unantastbar.

Art. 79 GG

(3) eine Änderung dieses Grundgesetzes, durch welche … die in den Artikeln 1 und 20 niedergelegten Grundsätze berührt werden, ist unzulässig.

Weil verschiedene Grundrechte mit einem Gesetz eingeschränkt werden können, wurde zum Schutz der Grundrechte ihr Wesensgehalt für unantastbar erklärt. Der Kern eines Grundrechtes muss also unberührt bleiben. So wäre die körperliche Unversehrtheit vor gesetzlich festgelegten Foltermethoden auf jeden Fall geschützt.

Die Freiheit muss mit allen Mitteln verteidigt werden.

© Dave Vaughan

Art. 2 GG

(2) Jeder hat das Recht auf Leben und körperliche Unversehrtheit. Die Freiheit der Person ist unverletzlich. In diese Rechte darf nur auf Grund eines Gesetzes eingegriffen werden.

Anmerkung: *Eine polizeiliche Festnahme wäre ein zulässiger Eingriff in die Freiheit der Person.*

Auch die Bürger können sich für den Schutz der Grundrechte einsetzen. Gewaltlose Demonstrationen gegen radikale Gruppen und Aktionen richten sich gegen Diskriminierung und setzen sich für die Achtung der Menschenwürde ein.

Als sie die Kommunisten holten,

sagte ich nichts, ich war ja kein Kommunist.

Als sie die Studenten holten,

sagte ich nichts, ich war ja kein Student.

Als sie die Katholiken holten,

sagte ich nichts, ich war ja kein Katholik.

Als sie die Gewerkschaftler holten,

sagte ich nichts, ich war ja kein Gewerkschafter.

Als sie mich holten, war niemand mehr da,

der etwas sagen konnte.

(angelehnt an) Gedicht von Martin Niemöller

1. Welches Grundrecht soll der Leser des Gedichtes ausüben?
2. Welches Grundrecht wurde den verhafteten Personen genommen?

1.4 Einteilung der Menschenrechte, Grundrechte und Bürgerrechte

Bürgerrechte sind Grundrechte, die nur deutschen Staatsangehörigen zustehen (z.B. Wahlrecht, Versammlungsfreiheit, Vereinsfreiheit). Während die Menschenrechte für alle Menschen gelten.

Menschenrechte bilden zusammen mit den Bürgerrechten die Grundrechte nach dem Grundgesetz. Die Grundrechte lassen sich in ihrem Inhalt unterscheiden:

▶ Freiheitsrechte (z.B. Glaubensfreiheit, Meinungsfreiheit, Pressefreiheit, freie Berufswahl)

▶ Gleichheitsrechte (z.B. staatsbürgerliche Gleichheit aller Deutschen, Diskriminierungsverbot, Wahlstimmengleichheit)

▶ Verfahrensrechte (z.B. Anspruch auf rechtliches Gehör, Garantie des gesetzlichen Richters)

▶ institutionelle Garantien (z.B. Schutz von Ehe und Familie, Schutz des Eigentums)

Fachstufe I

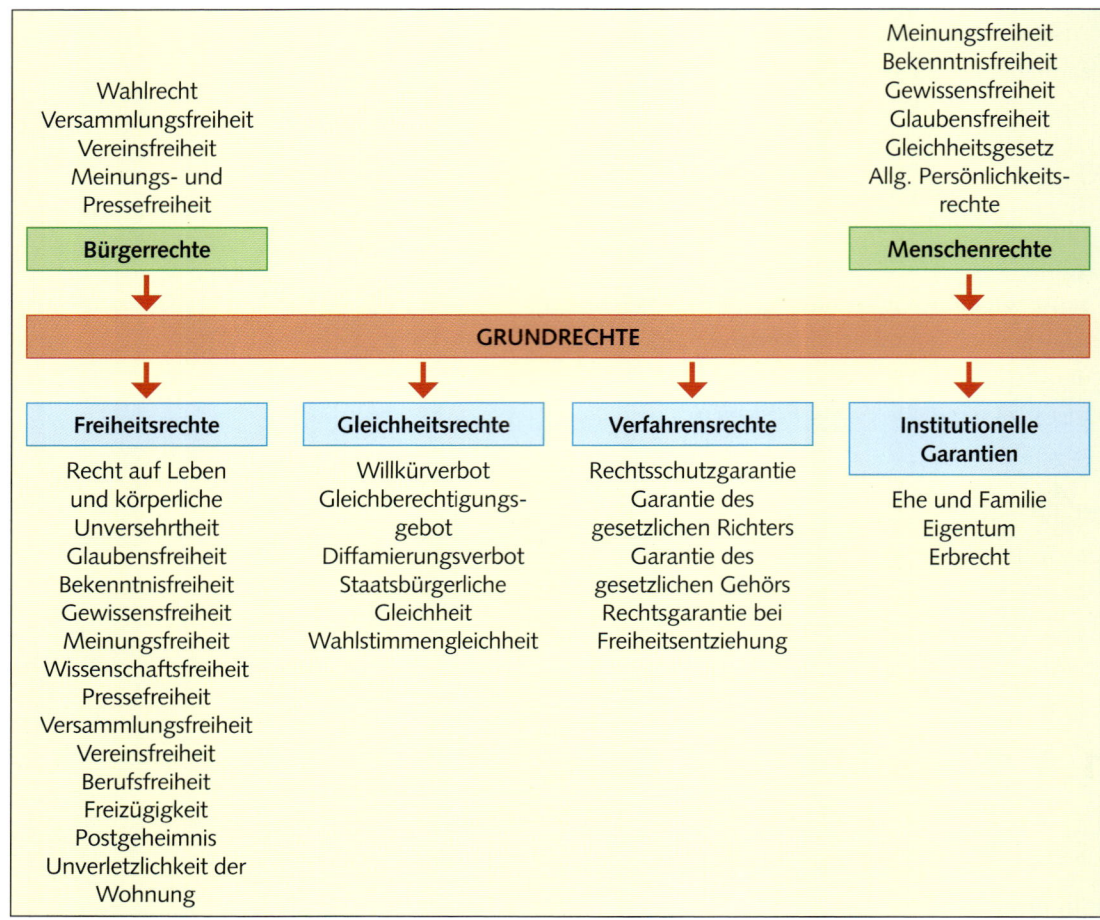

Wahlrecht
Versammlungsfreiheit
Vereinsfreiheit
Meinungs- und
Pressefreiheit

Bürgerrechte

Meinungsfreiheit
Bekenntnisfreiheit
Gewissensfreiheit
Glaubensfreiheit
Gleichheitsgesetz
Allg. Persönlichkeits-
rechte

Menschenrechte

GRUNDRECHTE

Freiheitsrechte	**Gleichheitsrechte**	**Verfahrensrechte**	**Institutionelle Garantien**
Recht auf Leben und körperliche Unversehrtheit Glaubensfreiheit Bekenntnisfreiheit Gewissensfreiheit Meinungsfreiheit Wissenschaftsfreiheit Pressefreiheit Versammlungsfreiheit Vereinsfreiheit Berufsfreiheit Freizügigkeit Postgeheimnis Unverletzlichkeit der Wohnung	Willkürverbot Gleichberechtigungs- gebot Diffamierungsverbot Staatsbürgerliche Gleichheit Wahlstimmengleichheit	Rechtsschutzgarantie Garantie des gesetzlichen Richters Garantie des gesetzlichen Gehörs Rechtsgarantie bei Freiheitsentziehung	Ehe und Familie Eigentum Erbrecht

Unterteilung der Grundrechte

1. Versetzen Sie sich in die Lebenssituation eines Bürgers der ehemaligen DDR oder des Dritten Reiches. Welche Grundrechte des Grundgesetzes wären Ihnen in dieser Lebenslage verwehrt gewesen? Finden Sie jeweils drei Beispiele.

2. Welche Grundrechte werden in den nachfolgenden Fällen berührt?

   a) Einer muslimischen Schülerin wird verboten, im Unterricht ein Kopftuch zu tragen.

   b) Einem Schüler wird ein Verweis erteilt. Er erhält keinerlei Möglichkeit sich zu rechtfertigen.

   c) Ein Landwirt soll für einen Radweg gegen seinen Willen auf einen Streifen seines Grundstückes verzichten.

   d) Die Sicherheitsbehörde verbietet ohne ausreichenden Grund eine Demonstration.

   e) Ein Lehrer erteilt vermehrt Verweise an Schüler, weil er der Meinung ist, dass junge Männer streng erzogen werden müssen.

Zusammenfassung

Das Grundgesetz bekennt sich zu bestimmten Werten.

Das Menschenbild des Grundgesetzes stellt den Einzelnen in den Mittelpunkt. Die Rechte des einzelnen Menschen sind beschränkt.

Die Menschenrechte sind Grundrechte, die jedem Menschen ab seiner Geburt zustehen.

Die Menschenrechte sind universell, unveräußerlich und unteilbar.

Für die Einhaltung der Menschenrechte kämpfen Menschenrechtsorganisationen in der ganzen Welt.

Für alle staatlichen Organe sind die Grundrechte verbindlich.

Sie lassen sich gerichtlich einklagen.

Nur mit einer 2/3-Mehrheit kann das Grundgesetz geändert werden.

Die in Art. 1 bis Art. 20 GG festgelegten Grundwerte, z. B. „Der Schutz der Menschenwürde" unterliegen einem besonderen Schutz.

Gesetzlich vorgesehene Einschränkungen der Grundrechte dürfen nicht deren Wesensgehalt antasten.

Bürgerrechte sind Grundrechte, die nur deutschen Staatsangehörigen zustehen.

Wissens-Check

1. Für wen gelten die Grundrechte unmittelbar?
2. Dürfte ein Gastwirt von den Gästen unterschiedliche Preise verlangen oder ist er an den Gleichbehandlungsgrundsatz gebunden? Begründen Sie Ihre Antwort.
3. Wie können die Bürger sich ihre Grundrechte einfordern?
4. Wie sind die Grundrechte geschützt?
5. Nennen Sie jeweils zwei Menschen- und Bürgerrechte aus dem Grundgesetz.
6. Nennen Sie jeweils zwei Freiheits- und Gleichheitsrechte aus dem Grundgesetz.

2 Verfassungsgrundsätze

Frau Karin Groß ist vor drei Monaten von Saarbrücken nach München umgezogen und hat dort ihr drittes Kind geboren. Ihre vier- und ihre sechsjährige Tochter besuchen einen städtischen Kindergarten. Frau Groß möchte sich ganz der Erziehung ihres Sohnes widmen und nimmt daher keine Beschäftigung auf. Sie erhält Elterngeld nach dem Bundeselterngeldgesetz. Frau Groß erfährt, dass sie auch unter Umständen Landeserziehungsgeld des Freistaates Bayern bekommen kann. Ihr Antrag wird jedoch abgelehnt, weil sie erst vor kurzem zugezogen ist und ihr Kind zu jung ist. Frau Groß erhebt gegen den Bescheid Klage beim Sozialgericht. Sie hofft, dass ein unabhängiges Gericht ihr Recht gibt. In einem Leserbrief in der Zeitung kritisiert sie die Regelungen des Landeserziehungsgesetzes. Bei der nächsten Wahl will sie auf jeden Fall ihren Ärger in die Entscheidung einfließen lassen.

Im Grundgesetz wird die Struktur der Bundesrepublik Deutschland mit wenigen Regelungen festgelegt.

Art. 20 GG

(1) Die Bundesrepublik Deutschland ist ein demokratischer und sozialer Bundesstaat.

(2) Alle Staatsgewalt geht vom Volke aus. Sie wird vom Volke in Wahlen und Abstimmungen und durch besondere Organe der Gesetzgebung, der vollziehenden Gewalt und der Rechtsprechung ausgeübt.

(3) Die Gesetzgebung ist an die verfassungsmäßige Ordnung, die vollziehende Gewalt und die Rechtsprechung sind an Gesetz und Recht gebunden.

---

1. Welche Sozialleistungen bekommt Familie Groß?
2. Wodurch wird in dem Fall erkenntlich, dass Frau Groß in einem Bundesstaat lebt?
3. Welche demokratischen Handlungsmöglichkeiten kann Frau Groß ausüben?
4. Inwieweit wird in diesem Fall deutlich, dass Frau Groß sich auf die Gewaltenteilung verlassen will.

Als Verfassungsgrundsätze des Grundgesetzes der Bundesrepublik gelten:

▸ Die Republik
▸ Die Demokratie
▸ Die Gewaltenteilung
▸ Der Bundesstaat
▸ Der Sozialstaat
▸ Der Rechtsstaat

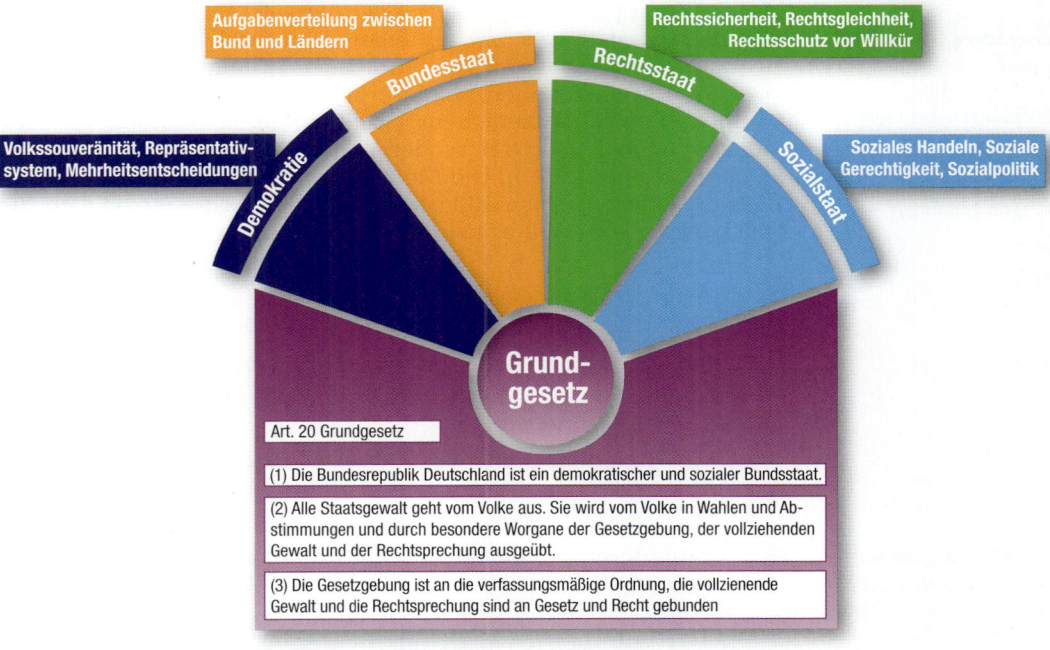

Art. 20 Grundgesetz

(1) Die Bundesrepublik Deutschland ist ein demokratischer und sozialer Bundsstaat.

(2) Alle Staatsgewalt geht vom Volke aus. Sie wird vom Volke in Wahlen und Abstimmungen und durch besondere Worgane der Gesetzgebung, der vollziehenden Gewalt und der Rechtsprechung ausgeübt.

(3) Die Gesetzgebung ist an die verfassungsmäßige Ordnung, die vollzienende Gewalt und die Rechtsprechung sind an Gesetz und Recht gebunden

Art. 28 GG

(1) Die verfassungsmäßige Ordnung in den Ländern muss den Grundsätzen des republikanischen, demokratischen und sozialen Rechtsstaates im Sinne dieses Grundgesetzes entsprechen …

Die große Bedeutung dieser Grundsätze drückt sich im **Homogen**itätsprinzip des Art. 28 Abs. 1 Satz 1 GG aus. Es verlangt, dass die staatliche Ordnung in den Bundesländern jener der Bundesrepublik entspricht.

Homogen:
Gleichartig, gleichmäßig aufgebaut, einheitlich

2.1 Die Republik

Eine Republik ist eine Staatsform mit einem gewählten Staatsoberhaupt. Die Bundesrepublik Deutschland schützt sich somit vor einer Besetzung des Staatsoberhaupts durch Erbfolge, wie es in einer Monarchie üblich ist.

Das Staatsoberhaupt kann nur durch einen Staatspräsidenten verkörpert werden. Für die Bundesrepublik ist dies der Bundespräsident. Für das Bundesland Saarland ist dies der Ministerpräsident.

2.2 Die Demokratie

Art. 20 GG

(2) Alle Staatsgewalt geht vom Volke aus. Sie wird vom Volke in Wahlen und Abstimmungen … ausgeübt.

Fachstufe I

Repräsentative Demokratie:

Es ist die Form der Demokratie, in der die Staatsbürger politische Entscheidungen nicht direkt selbst treffen, sondern sie gewählten Vertretern überlassen. Sie sind nicht an Aufträge und Weisungen gebunden.

Souverän:

Herrscher

Interessenvereinigungen:

Vereine (z. B. Sportvereine, Musikvereine) und Verbände (z. B. Gewerkschaften, Arbeitgeberverbände, ADAC, Bauernverband, Sportverbände)

Mit dieser Festlegung hat sich der parlamentarische Rat 1949 für eine **repräsentative** bzw. mittelbare Demokratie entschieden. Das Volk ist der **Souverän.** Es trifft aber nicht unmittelbar die politischen Entscheidungen, sondern bestimmt dazu in Wahlen seine Vertreter im Parlament, dem Bundestag. Er ist in seinen Entscheidungen nicht völlig frei, sondern muss sich an die verfassungsmäßige Ordnung halten. Die Möglichkeit des Volkes durch Abstimmungen mitzuwirken, ist bislang nur sehr beschränkt möglich. Für Bundesgesetze gibt es keine direkte Beteiligungsmöglichkeit der Bürger.

Als weitere Grundgesetzartikel, die den demokratischen Gedanken im Grundgesetz ausdrücken, sind zu nennen:

▸ Gleichheitsgrundsatz (Art. 3 GG)

▸ allgemeine, unmittelbare, freie, gleiche und geheime Wahlen (Art. 38 Abs. 1 GG)

▸ freie Betätigung und Entfaltung politischer Parteien (Art. 21 Abs. 1 GG)

▸ Meinungsfreiheit und Freiheit der Berichterstattung (Art. 5 GG)

▸ Mitwirkungsmöglichkeiten für die **Interessenvereinigungen** (Art. 9 GG)

Wenn Du Dich nicht entscheidest, verlasse ich Dich!

Deine Demokratie

Auf welches Kernelement unserer Demokratie bezieht sich die Aussage?

2.3 Die Gewaltenteilung

Die Schiedsrichter des politischen Spiels

Berlin. Nicht nur in Berlin ist man nervös – Regierungen in ganz Europa warten gespannt auf den 12. September, wenn das Bundesverfassungsgericht sein Urteil zum dauerhaften Euro-Rettungsschirm verkündet. Sollte der Zweite Senat den ESM stoppen, werden unabsehbare Folgen für die Euro-Staaten befürchtet.

Für die Bundesregierung wäre das der wohl bislang schwerste Schlag aus Karlsruhe – aber keinesfalls der erste. Bei Auswärtsspielen in der Baden-Metropole musste Schwarz-Gelb fast schon in die Serie Niederlagen einstecken. Die Wahlrechtsreform von Unsion und FDP, die im Juli praktisch in der Luft zerrissen wurde, war dafür das vorerst letzte Beispiel. ... Tatsächlich ist es gerade für Juristen aus dem Ausland oft nicht selbstverständlich, dass acht demokratisch eher schwach legitimierte Richter sogar Gesetze aushebeln können, die das Parlament mit Zweidrittelmehrheit beschlossen hat. ...

Saarbrücker Zeitung, 13.08.2013

Wer sind die Streitparteien im obigen Fall?

Die unumschränkte Machtfülle der Herrscher im **Absolutismus** hat dazu geführt, dass Philosophen der **Aufklärung** eine Kontrolle und Begrenzung der Macht gefordert haben. **John Locke** forderte, dass die Staatsgewalt von den Bürgern kontrolliert werden sollte. **Charles de Montesquieu** gilt als Begründer der klassischen bzw. **horizontalen** Gewaltenteilung. Er teilt die Staatsgewalt auf in eine

▸ Legislative – gesetzgebende Gewalt (Parlament)

▸ Exekutive – ausführende Gewalt (z. B. Polizei)

▸ Judikative – rechtsprechende Gewalt (Gerichte)

© Dave Vaughan

Karikatur zur Gewaltenteilung

Absolutismus:
Zeitepoche von Mitte 17. Jahrhundert bis Ende des 18. Jahrhunderts, in der dem Monarchen in den europäischen Staaten alle politische Macht zukam

Aufklärung:
(Philosophische) Gegenbewegung zum Absolutismus

John Locke (1632–1704):
Berater des englischen Parlaments in Verfassungsfragen

Charles de Montesquieu (1689–1755):
Französischer Staatsphilosoph

Horizontal:
Waagerecht

Lerngebiet 5

Im Grundgesetz wird die Gewaltenteilung im Artikel 20 festgelegt und über die Ewigkeitsklausel des Artikels 79 jeder Veränderung entzogen.

> **Art. 20 GG**
>
> (2) Alle Staatsgewalt geht vom Volke aus. Sie wird vom Volk in Wahlen und Abstimmungen und durch besondere Organe der Gesetzgebung, der vollziehenden Gewalt und der Rechtsprechung ausgeübt.

In einer parlamentarischen Demokratie müssen die Aufgaben der einzelnen Gewalten auf Staatsorgane übertragen werden. In der Bundesrepublik Deutschland sind dies die obersten Bundesorgane. Sie sind zwar für unterschiedliche Aufgaben zuständig, hinsichtlich der Gewaltenverteilung gilt im Wesentlichen Folgendes:

▸ Legislative: Bundestag und Bundesrat

▸ Exekutive: Bundesregierung und ihr untergeordnete Behörden (z. B. Bundesamt für Wehrtechnik, Bundeskriminalamt) sowie der Bundespräsident

▸ Judikative: Bundesverfassungsgericht

Oberste Bundesorgane:
▸ Bundestag
▸ Bundesregierung
▸ Bundesrat
▸ Bundespräsident
▸ Bundesversammlung (tagt nicht ständig)
▸ Bundesverfassungsgericht

Machtkontrolle

Die Gewaltenteilung regelt nicht nur Zuständigkeiten, sondern dient auch der Machtkontrolle. Die Bundesregierung verkörpert das Machtzentrum in der BRD. Sie wird im Bundestag durch die

Fachstufe I

Opposition:

Diejenigen im Parlament vertretenen Parteien, die nicht die Regierung unterstützen

jeweilige **Opposition** kontrolliert. Nur in einem Mehrparteiensystem, wie es in der BRD vorliegt, kann eine wirkungsvolle parlamentarische Opposition entstehen. Sie ist zumeist in der Lage beim Bundesverfassungsgericht, einen Antrag auf Normenkontrolle zu stellen. Dabei werden umstrittene Gesetze, welche die Bundesregierung durch den Bundestag gebracht hat, von der Justiz überprüft. Auch nachgeordnete Gerichte können Entscheidungen der Bundesregierung und ihrer Behörden aufheben (siehe Eingangsbeispiel).

Kontrolle der Regierung

Medien:

Presse, Rundfunk, Fernsehen, Internet

Sie können mit ihrer Berichterstattung und Kommentierung als vierte Gewalt eingestuft werden.

Neben den erwähnten drei Gewalten Legislative, Exekutive und Judikative spricht man von den **Medien** als der vierten Gewalt im Staat. Sie informieren die Bürger, kommentieren politische Entscheidungen und bilden stark die öffentliche Meinung. Diese wird von der Bundesregierung in ihrer Politik berücksichtigt, da jede Regierung eine Wiederwahl anstrebt. Somit ergibt sich eine weitere Form der Machtkontrolle. Für die freiheitlich-demokratische Grundordnung ist sie unabdingbar.

Iran verbietet die letzten kritischen Zeitungen

Paris – Die iranische Reformpolitik ist derzeit stimmlos. Alle 16 Zeitungen, die entscheidend zur Herausbildung einer kritischen öffentlichen Meinung beigetragen hatten, sind verboten …

Süddeutsche Zeitung, 15.01.2012

Gericht in Iran verbietet größte Oppositionspartei

Teheran (AP) – Das iranische Revolutionsgericht hat die größte Oppositionspartei des Landes verboten und führende Funktionäre der reformorientierten Freiheitsbewegung zu Haftstrafen bis zu zehn Jahren verurteilt …

SZ-online, 16.05.2013

Beurteilen Sie die beiden Vorgänge im Zusammenhang mit der Gewaltenteilung und Machtkontrolle der freiheitlich demokratischen Ordnung.

Das Grundgesetz hat die Macht in weiterer Hinsicht geteilt. Indem in Artikel 20 GG die Bundesstaatlichkeit festgelegt ist, wird die Macht auch auf die einzelnen Bundesländer übertragen. In bestimmten Bereichen (z. B. dem Schulwesen) haben nur die Bundesländer das Recht, Gesetze zu erlassen. Man spricht dabei auch von der Länderhoheit. Den Gemeinden hat das Grundgesetz das Recht gewährt, alle **Angelegenheiten der örtlichen Gemeinschaft** im Rahmen der Gesetze in eigener Verantwortung zu regeln. Dies wird als kommunale Selbstverwaltung bezeichnet. Die Aufteilung der Macht auf Bund, Länder und Gemeinden ist die **vertikale** Gewaltenteilung.

Angelegenheiten der örtlichen Gemeinschaft:

Hierzu zählen z. B. der Bau von Kindergärten, Turnhallen, Jugendheimen, Krankenhäusern sowie der Erlass von Gemeindesatzungen.

Vertikal:

Senkrecht, lotrecht

Die abwehrbereite Demokratie

„Sammelbecken organisierter Holocaustleugner" verboten

Der Bundesinnenminister hat zwei rechtsextreme Organisationen aus Nordrhein-Westfalen verboten. ... Die Vereine seien Sammelbecken organisierter Holocaustleugner. „Die Vereinstätigkeit besteht aus antisemitischer Propaganda und der Verherrlichung der nationalsozialistischen Gewaltherrschaft", erklärte das Ministerium weiter.

Dieses rechtsextremistische Gedankengut sei im Internet, in Druckerzeugnissen sowie in einer vereinseigenen Liegenschaft ... verbreitet worden. Dort hätten sich Holocaustleugner aus dem gesamten Bundesgebiet getroffen.

Quelle: Tagesschau, 07.05.2008

Welche Grundrechte des Grundgesetzes sehen Sie durch das Verbot betroffen?

Der deutsche Staat ist einerseits **liberal,** kann sich andererseits aber gegen Verfassungsfeinde wehren. Es wird daher von einer wehrhaften oder abwehrbereiten Demokratie gesprochen. Das Grundgesetz sieht mehrere Abwehrmöglichkeiten gegen Verfassungsfeinde vor.

Liberal:

Freiheitlich, für die Rechte des Einzelnen eintretend

Art. 9 GG

(2) Vereinigungen, deren Zweck oder deren Tätigkeit den Strafgesetzen zuwiderlaufen oder die sich gegen die verfassungsmäßige Ordnung oder gegen den Gedanken der Völkerverständigung richten, sind verboten.

Art. 21 GG

(2) Parteien, die nach ihren Zielen oder nach dem Verhalten ihrer Anhänger darauf ausgehen, die freiheitliche demokratische Grundordnung zu beeinträchtigen oder zu beseitigen oder den Bestand der Bundesrepublik Deutschland zu gefährden, sind verfassungswidrig. Über die Frage der Verfassungswidrigkeit entscheidet das Bundesverfassungsgericht.

1. Welche Regelung des Grundgesetzes lag dem Verbot der rechtsextremen Vereinigungen zu Grunde?

2. Warum kann die Bundesregierung keine Partei verbieten?

3. Warum dient die Ewigkeitsklausel (Art. 79 Abs. 3) des Grundgesetzes der abwehrbereiten Demokratie?

Verfassungsschutzbericht:

Das Bundesministerium des Inneren und die Innenministerien der Länder geben jedes Jahr einen Verfassungsschutzbericht heraus. Er stellt die Aktivitäten der extremistischen Vereinigungen und Parteien dar.

Die Erkenntnisse über verfassungswidrige Vereinigungen und Parteien beschaffen die Behörden des **Verfassungsschutzes** der einzelnen Bundesländer und des Bundes.

Als das Bundesverfassungsgericht die Sozialistische Reichspartei 1952 verboten hat, musste es festlegen, was unter der freiheitlich-demokratischen Grundordnung zu verstehen ist. Die damals festgelegten Prinzipien haben bis heute Geltung.

© Dave Vaughan

Volkssouveränität:

Alle Staatsgewalt geht vom Volke aus.

Insbesondere die **Volkssouveränität,** die Gewaltenteilung, das Mehrparteiensystem und das Recht auf Ausübung und Bildung einer verfassungsmäßigen Opposition sind Elemente der Machtkontrolle. Für Beamte stellt die freiheitlich demokratische Grundordnung eine besondere Verpflichtung dar. Sie müssen dem Staat die sogenannte Verfassungstreue halten. Beamte, die gegen die freiheitlich-demokratische Grundordnung eintreten, können aus dem Dienst entlassen werden.

2.4 Der Bundesstaat

1. Welche Bundesländer grenzen an Frankreich?

2. Welches Bundesland liegt am nördlichsten?

3. Welche Bundesländer grenzen an Polen?

Die sechzehn Länder der Bundesrepublik Deutschland bilden den Bundesstaat. Ein derartiger Staatsaufbau wird als **Föderalismus** bezeichnet. Der Bundesstaat hat in der deutschen Geschichte eine lange Tradition. Auch das **Kaiserreich** und die **Weimarer Republik** kannten eigenständige Länder.

Der Föderalismus hat als Vorteile u. a.

▸ Problem- und Bürgernähe

▸ mehr Demokratie, weil es Wahlen zu den Landtagen gibt

Föderalismus:

Dies ist das Staatsprinzip, bei dem sich mehr oder weniger selbstständige Gliedstaaten politisch und organisatorisch zu einem Gesamtstaat zusammenschließen. Ein enger Zusammenschluss ergibt den Bundesstaat, ein lockerer den Staatenbund.

Kaiserreich:

Bezeichnung für die Monarchie in Deutschland (1871–1918) mit dem Kaiser als Staatsoberhaupt

Weimarer Republik:

Von 1919 bis 1933 dauernde Ära der deutschen Geschichte

Fachstufe I

Bundesrat

© Bundesrat

Als Nachteile des Föderalismus gelten:

▸ höhere Kosten durch Landtage, Landesregierungen …

▸ Uneinheitlichkeit, z. B. im Schulwesen

Der Bundesrat ist das Organ der Länder bei der Gesetzgebung und Verwaltung des Bundes (Art. 50 GG). Darüber hinaus räumt das Grundgesetz den Ländern das Recht zur eigenen Gesetzgebung ein (Art. 70 GG). Eine besondere Bedeutung haben die Länder, weil ihre Behörden viele Bundesgesetze ausführen (Art. 83 GG). So werden die Leistungen nach dem Bundessozialhilfegesetz meistens von den Landratsämtern ausbezahlt.

Die Gliederung des Bundes in Länder und ihre Mitwirkung bei der Gesetzgebung sind durch die Ewigkeitsklausel des Grundgesetzes unveränderbar.

Art. 79 GG

(3) Eine Änderung dieses Grundgesetzes, durch welche die Gliederung des Bundes in Länder, die grundsätzliche Mitwirkung der Länder bei der Gesetzgebung oder die in den Artikeln 1 und 20 niedergelegten Grundsätze berührt werden, ist unzulässig.

2.5 Der Sozialstaat

Der Sozialstaat bietet den Bürgern unterschiedliche Sozialleistungen, z. B. jene der Sozialversicherungen. Der Umfang der Sozialleistungen ist von den wirtschaftlichen und den finanziellen Bedingungen des Staates abhängig. Sozial schwache Bürger können bei Bedarf Leistungen beziehen, z. B. Wohngeld. Im Grundgesetz unterstreichen folgende Artikel den Sozialstaatsgedanken:

▸ Schutz von Ehe und Familie (Art. 6 GG)

▸ Gleichheitsgrundsatz (Art. 3 GG)

▸ **Sozialpflichtigkeit des Eigentums** (Art. 14 Abs. 2 GG)

▸ **Schutz der Menschenwürde** (Art. 1 GG)

Sozialpflichtigkeit des Eigentums:

Sie hat eine besondere Bedeutung im Mietrecht, z. B. bei Beschränkungen des Kündigungsrechtes oder von Mieterhöhungen.

Schutz der Menschenwürde:

Ein Leben, das der Würde des Menschen entspricht, sollen die Sozialhilfe und das Arbeitslosengeld II ermöglichen. Der notwendige Lebensunterhalt umfasst insbesondere Ernährung, Unterkunft, Kleidung, Körperpflege, Hausrat, Heizung und persönliche Bedürfnisse des täglichen Lebens. Der Umfang wird vom kulturellen Standard in Deutschland bestimmt.

![Sozialstaat]

2.6 Der Rechtsstaat

Die Gewaltenteilung und die besondere Bedeutung der Grundrechte stellen Grundpfeiler des Rechtsstaates dar. Wenn Bürger Freiheitsrechte ausüben können und sie vor dem Gesetz gleichbehandelt werden, verdanken sie dies der Verwirklichung des Rechtsstaatsgedankens. Auf ihn bezieht sich auch der Bürger, wenn er fragt: „Wo ist dies geregelt?" Die Verwaltungsbehörden müssen sich in ihrer Tätigkeit an das Gesetz und Recht halten. Eine Anzahl von Grundgesetzartikeln, die im Rahmen eines Gerichtsverfahrens wichtig sind, zählen zum Rechtsstaatsgedanken:

© Dietrich Claus

Der Weg zum Gericht muss in einem Rechtsstaat jedermann offenstehen.

▸ Unabhängigkeit der Richter (Art. 97 GG)

▸ Garantie des Rechtsweges, also die Möglichkeit zur Klage (Art. 19 Abs. 4 GG)

▸ jedermann hat vor Gericht Anspruch auf rechtliches Gehör (Art. 103 Abs. 1 GG)

▸ Verbot einer Doppelbestrafung (Art. 103 Ab. 3 GG)

▸ Verbot einer Strafe ohne Gesetz (Art. 103 Abs. 2 GG)

Beispiel: Ein Hundehalter erhält von der Gemeindeverwaltung einen Bußgeldbescheid, weil er seinen Schäferhund im Stadtpark frei umherlaufen ließ. Die Gemeinde begründet ihre Entscheidung mit einer Regelung, die seit dem 1. Juli gilt und eine Geldbuße erlaubt. Wenn der Hundehalter den Bußgeldbescheid nicht akzeptieren will, kann er klagen. Vor Gericht hat er die Möglichkeit sich zu dem Vorgang zu äußern. Falls er vor dem Stichtag seinen Hund frei im Stadtpark umherlaufen ließ, darf er deswegen nicht zu einer Geldbuße verpflichtet werden.

Sicherung des Rechtsstaates

© Dave Vaughan

Erläutern Sie die Aussage der Grafik.

Fachstufe I

Zusammenfassung

Die Demokratie und die Gewaltenteilung, der Sozial-, Bundes- und Rechtsstaat sowie die Republik gelten als Strukturprinzipien des Grundgesetzes. Sie gehören zum Wesenskern der Verfassung und dürfen nicht verändert werden.

Verfassungswidrige Vereinigungen und Parteien können verboten werden.

Extremismus wendet sich auch mit Gewalt gegen die Werte der freiheitlichdemokratischen Grundordnung.

Die Macht wird in der horizontalen Gewaltenteilung auf die Exekutive, Legislative und Judikative aufgeteilt.

Diese Gewaltenteilung vermeidet Machtmissbrauch und führt zur Kontrolle der Machtausübung.

Die vertikale Gewaltenteilung ist die Verteilung von Zuständigkeiten auf Bund, Länder und Gemeinden.

Die Bundesregierung als Machtzentrum in der Bundesrepublik Deutschland wird vom Bundesverfassungsgericht, von den Medien und der Opposition kontrolliert.

Wissens-Check

1. „Leider ist es eine ewige Erfahrung, dass jeder Mensch, der Gewalt hat, versucht, diese zu missbrauchen. Er geht so weit, bis er Grenzen findet. Damit man Gewalt nicht missbrauchen kann, ist es notwendig, dass durch die Regelung der Dinge eine Gewalt die andere anhalte … Alles wäre verloren, wenn derselbe Mann oder dieselbe Körperschaft von Führern oder des Adels oder des Volkes diese drei Gewalten ausübe: die Gewalt, Gesetze zu geben, die Gewalt, die öffentlichen Beschlüsse auszuführen, und die Gewalt, die Verbrechen und die bürgerlichen Streitigkeiten abzuurteilen." (Charles de Montesquieu)

   Welches Merkmal einer freiheitlich demokratischen Grundordnung können Sie dem Text entnehmen? Begründen Sie Ihre Antwort!

2. „Skinheads Allgäu" und „Blood & Honour" sind verbotene verfassungswidrige Organisationen. Die Mitglieder dieser Vereine zeichneten sich durch rechtsextremistische und rassistische Handlungsweisen aus.

   Welche Vorstellung einer Demokratie erlaubt das Verbot von Vereinen dieser Richtung?

3. Angenommene Situation: In einem Staat übernimmt eine radikale Partei die Macht. Der Parteiführer legt fest, dass er und seine Nachkommen als Fürsten des Landes zukünftig Staatsoberhaupt sein sollen. Die regierende Partei beseitigt nach kurzer Zeit alle Regionalparlamente. Die Macht soll zentral ausgeübt werden. Wahlen finden alle drei Jahre statt. Mitglieder der herrschenden Partei besitzen dabei das doppelte Stimmrecht. Eine Oppositionspartei lässt das Staatsoberhaupt durch ein Gericht verbieten. Die Richter dieses Gerichts hat das Staatsoberhaupt selbst eingesetzt. Wegen der finanziellen Lage des Landes wird die bisherige Unterstützung für sozial Schwache gestrichen.

   Warum würden die geschilderten Maßnahmen gegen die Strukturprinzipien des Grundgesetzes verstoßen? Begründen Sie im Einzelnen.

4. Welche Freiheiten des Grundgesetzes sind für Extremisten nützlich?

5. Worin sehen Sie den hauptsächlichen Gegensatz des islamischen Fundamentalismus und extremer Sekten zur freiheitlich-demokratischen Grundordnung?

6. Warum können sozialstaatliche Maßnahmen ein Mittel gegen Links- und Rechtsextremismus sein?

7. Welche Freiheitsrechte könnten Sie verlieren, wenn Extremisten in der Bundesrepublik die Macht erlangten?

3 Wahlen in der Demokratie

Ein wesentliches Merkmal jeder Demokratie ist das Recht der Bürger, selbst oder durch gewählte Vertreter am politischen Willensbildungs- und Entscheidungsprozess teilzunehmen. Wahlen sind Ausdruck dieser Volkssouveränität.

> **Art. 20 GG**
>
> (2) Alle Staatsgewalt geht vom Volke aus, sie wird vom Volk in Wahlen und Abstimmungen … ausgeübt.

Welchen Vorteil oder Nachteil hätte es, wenn bei jeder politischen Frage (Erhöhung der Tabaksteuer oder Herabsetzung des Führerscheinalters auf 17 Jahre) das ganze deutsche Volk abstimmen würde?

3.1 Direkte und repräsentative Demokratie

Die direkte Beteiligung der Bürger an der Politik

In kleinen Kantonen in der Schweiz zum Beispiel ist es heute noch üblich, dass alle Wahlberechtigten zu politischen Entscheidungen befragt werden. Diese Form der direkten Demokratie ist umständlich und bringt auch Gefahren mit sich. Es gibt unbeliebte Vorhaben, die aber für das Gemeinwohl notwendig sein können. Zum Beispiel Steuererhöhungen. Da kann es möglich sein, dass Pläne abgelehnt werden, obwohl sie für den Staat unbedingt notwendig sind. Ein anderes Beispiel sind Ausgaben für die Bildung oder Forschung.

Durch die Direktwahl der Bürgermeister und Landräte ist auch im Saarland eine direkte Beteiligung möglich. Des Weiteren können sich die Saarländer über Volksbegehren und Bürgerbegehren auf Landes- und Kommunalebene beteiligen.

© dpa

In Appenzell (Schweiz) entscheidet die „Landsgemeinde" (alle Wahlberechtigten) über politische Fragen.

Repräsentation durch Abgeordnete

In allen großen Demokratien werden durch Wahlen Repräsentanten (Abgeordnete) gewählt. Nicht mehr der einzelne Bürger, sondern diese Abgeordneten entscheiden dann über neue Gesetze.

Die Abgeordneten halten sich meist an die Programme ihrer Partei und deren politische Ziele. Durch die Wahl kann jeder wahlberechtigte Bürger Einfluss darauf nehmen, welche Partei und welcher Abgeordnete in den entsprechenden Gremien vertreten ist.

Fachstufe I

**Opposition
(wörtlich Widerstand):**

Im Parlament ist damit der politische Gegner gemeint, der nicht an der Regierung beteiligt ist und in der Minderheit ist

Wie bei allen demokratischen Entscheidungen setzt sich auch hier die Mehrheit durch. Oftmals ist die **Opposition** mit den Ergebnissen und der Politik der Regierungsparteien nicht einverstanden.

In verschiedenen Demokratien wird auch das Staatsoberhaupt vom Volk gewählt. Es handelt sich dann um einen Präsidenten. Wenn er durch die Verfassung viel Macht verliehen bekommt, spricht man von einer präsidentiellen Demokratie. Dies liegt zum Beispiel in den USA und zum Teil in Frankreich vor.

1. Zu welcher Zeit konnte in Deutschland das Volk den Präsidenten wählen?
2. Welche Gründe sprechen für eine Wahl des Bundespräsidenten durch das Volk, welche Gründe sprechen dagegen?
3. Wer wählt in Deutschland den Bundespräsidenten?

3.2 Partizipations- und Legitimationsfunktion

Partizipation:

Teilhabe

Legitimation:

Berechtigung

Integration:

Einbezug von Menschen

Durch Wahlen wird die Macht im Staat auf Zeit an die Volksvertreter, die Repräsentanten vergeben (Repräsentationsfunktion). Wahlen sind die wichtigste Möglichkeit des Bürgers, politisch mitzuwirken (**Partizipation**sfunktion). Für Politiker und die Regierung sind Wahlen die **Legitimation,** anstelle der Bürger Entscheidungen für diese zu treffen (Legitimationsfunktion). Der Bürger kann durch Wahlen die Regierenden bestätigen oder abwählen (Kontrollfunktion). Wahlen führen zumeist dazu, dass sich die Bevölkerung vermehrt mit Politik auseinandersetzt (**Integration**sfunktion).

Wahlperioden:

Legislaturperiode (in Jahren):

▸ Europäisches Parlament   5
▸ Deutscher Bundestag   4
▸ Saarländischer Landtag   5
▸ Gemeinde-/
   Stadtrat im Saarland   5

Bei vorgezogenen Wahlen wird sie verkürzt.

Es gibt Überlegungen, die **Wahlperiode** im Bundestag auf fünf Jahre zu verlängern. Die Befürworter argumentieren: Kaum hat sich eine neue Regierung eingearbeitet, muss sie wieder an den nächsten Wahlkampf denken. Die Gegner dieser Idee sehen die Beteiligung des Bürgers in Gefahr, weil er nur alle fünf Jahre durch eine Wahl politisch mitwirken kann.

Wie würden Sie entscheiden?

3.3 Grundsätze und Merkmale demokratischer Wahlen

Wahlgrundsätze

In vielen Ländern der Erde finden Wahlen statt. Nicht alle sind demokratisch. Die folgenden fünf Grundsätze des Wahlrechts sind ein Prüfstein dafür, ob Wahlen demokratisch ablaufen oder nicht.

Art. 38

(1) Die Abgeordneten des Deutschen Bundestages werden in allgemeiner, unmittelbarer, freier, gleicher und geheimer Wahl gewählt. Sie sind Vertreter des ganzen Volkes, an Aufträge und Weisungen nicht gebunden und nur ihrem Gewissen unterworfen.

▶ Allgemein: Alle Staatsbürger ab 18 Jahren dürfen wählen, unabhängig von Herkunft, Geschlecht u. Ä.

▶ Unmittelbar: Die Abgeordneten werden direkt, ohne Zwischenpersonen (Wahlmänner) gewählt.

▶ Frei: Jeder darf frei entscheiden, ohne Zwang, wen er wählt.

▶ Gleich: Jede Stimme hat das gleiche Gewicht.

▶ Geheim: Es muss sichergestellt sein, dass jeder Wähler seine Stimme unbeobachtet abgeben kann und später nicht erkennbar ist, wie er abgestimmt hat.

Erst wenn diese Bedingungen erfüllt sind, spricht man von einer demokratischen Wahl. Darüber hinaus muss sichergestellt sein, dass der Wähler tatsächlich unter verschiedenen Parteien bzw. Personen auswählen kann. Es gilt: „Keine Wahl ohne Auswahl."

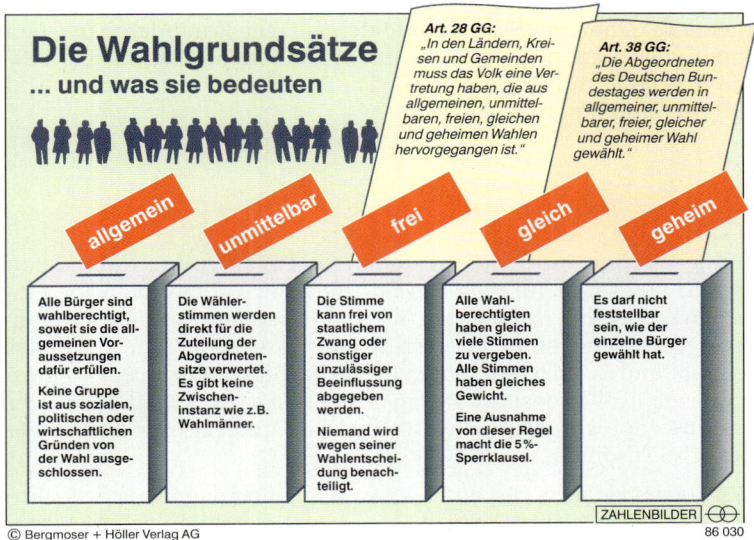

Die Wahlgrundsätze
... und was sie bedeuten

Art. 28 GG:
„In den Ländern, Kreisen und Gemeinden muss das Volk eine Vertretung haben, die aus allgemeinen, unmittelbaren, freien, gleichen und geheimen Wahlen hervorgegangen ist."

Art. 38 GG:
„Die Abgeordneten des Deutschen Bundestages werden in allgemeiner, unmittelbarer, freier, gleicher und geheimer Wahl gewählt."

allgemein — Alle Bürger sind wahlberechtigt, soweit sie die allgemeinen Voraussetzungen dafür erfüllen.
Keine Gruppe ist aus sozialen, politischen oder wirtschaftlichen Gründen von der Wahl ausgeschlossen.

unmittelbar — Die Wählerstimmen werden direkt für die Zuteilung der Abgeordnetensitze verwertet. Es gibt keine Zwischeninstanz wie z.B. Wahlmänner.

frei — Die Stimme kann frei von staatlichem Zwang oder sonstiger unzulässiger Beeinflussung abgegeben werden. Niemand wird wegen seiner Wahlentscheidung benachteiligt.

gleich — Alle Wahlberechtigten haben gleich viele Stimmen zu vergeben. Alle Stimmen haben gleiches Gewicht. Eine Ausnahme von dieser Regel macht die 5%-Sperrklausel.

geheim — Es darf nicht feststellbar sein, wie der einzelne Bürger gewählt hat.

ZAHLENBILDER

© Bergmoser + Höller Verlag AG   86 030

Welche dieser Grundsätze finden bei der Wahl des Klassensprechers Anwendung?

Aktives und passives Wahlrecht

Wer nicht zur Wahl geht – also sein aktives Wahlrecht nicht nutzt – verschenkt seine wichtigste Möglichkeit, Einfluss auf die Politik zu nehmen.

Wahlberechtigt sind alle Deutschen im Sinne des Art. 116 Abs. 1 GG:

Deutscher im Sinne dieses Grundgesetzes ist vorbehaltlich anderweitiger gesetzlicher Regelung, wer die deutsche Staatsangehörigkeit besitzt oder als Flüchtling oder Vertriebener deutscher Volkszugehörigkeit oder als dessen Ehegatte oder Abkömmling in dem Gebiete des Deutschen Reiches nach dem Stande vom 31. Dezember 1937 Aufnahme gefunden hat.

Fachstufe I

Passives Wahlrecht ist das Recht, sich bei politischen Wahlen um ein Amt zu bewerben und sich wählen zu lassen.

Großplakate im Wahlkampf 2013.

Aktives Wahlrecht: das Recht, wählen zu dürfen.

Wahlberechtigt sind alle Deutschen im Sinne des Art. 116 Abs. 1 GG, die am Wahltag

1. das **18. Lebensjahr** vollendet haben und

2. seit mindestens **drei Monaten** in der Bundesrepublik Deutschland wohnen

Für Deutsche im Ausland gelten besondere Bedingungen

Passives Wahlrecht: das Recht, gewählt zu werden.

Wählbar ist, wer am Wahltag

1. **Deutscher** im Sinne des Art. 116 Abs. 1 GG ist und

2. das **18. Lebensjahr** vollendet hat

© Drude

Wahlrecht für die Bundestagswahl

Kandidatenaufstellung

Parteitag:

Versammlung der Delegierten einer Partei

Kandidaten:

Hier: Personen, die sich bei Wahlen um ein politisches Amt bemühen

Die Parteien stellen auf einem **Parteitag** aus der Gruppe ihrer Mitglieder in geheimer Wahl **Kandidaten** auf. Die Kandidaten machen damit von ihrem passiven Wahlrecht Gebrauch. Alle Bürger können in eine Partei eintreten und sich dann um ein politisches Amt in Partei und Staat bemühen.

Wahlkampf

Einige Wochen vor der Wahl stellen die Parteien ihre Kandidaten und ihr Programm für die nächste Amtszeit (Wahlperiode) vor. Plakate werben mit Kandidaten und/oder schlagkräftigen Parolen. Viele Aussagen werden hier vereinfacht dargestellt, damit sie jeder versteht und sie sich einprägen. Im Fernsehen bekommt jede Partei Sendezeit für Werbespots. Durch den Wahlkampf sollen die Wähler dazu bewegt werden, zur Wahl zu gehen und für eine bestimmte Partei zu stimmen.

Wechselwähler:

Entscheiden sich vor jeder Wahl neu und wechseln dabei auch die Partei

Nichtwähler:

Sind entweder politisch nicht interessiert, von der Politik enttäuscht oder unentschlossen

Stammwähler:

Wählen aus Tradition und Überzeugung stets die gleiche Partei

Jede Partei versucht die Wähler davon zu überzeugen, dass sie ihre Interessen am besten vertritt. Die Appelle richten sich in erster Linie an die **Wechselwähler** und **Nichtwähler,** da die **Stammwähler** in der Regel nicht mehr überzeugt werden müssen.

Wahlbeteiligung

Wer sich nicht an Wahlen beteiligt, hat zwar das Recht, politische Entscheidungen zu kritisieren, aber er hat auf sein Recht verzichtet, die Politik personell zu beeinflussen. Eine hohe Wahlbeteiligung zeigt auch den Politikern, dass die Bürger ein großes Interesse an der Politik haben und sehr genau darauf achten, wie regiert wird.

Zur Stimmabgabe

Wahlbeteiligung bei den Bundestagswahlen seit 1949 in Prozent

1949 53 57 61 65 69 72 76 80 83 87 90 94 98 02 05 09 13

91,1

87,7

89,1

82,2

86,7

78,5 %

77,8

71,5

70,8

dpa·19581 Quelle: Bundeswahlleiter, Stat. Bundesamt

Hinsichtlich der Wahlbeteiligung liegt die Bundesrepublik von allen Demokratien, die keine Wahlpflicht kennen, trotz eines Rückgangs bei den letzten Wahlen über dem Durchschnitt. So lag die Wahlbeteiligung bei den amerikanischen Kongresswahlen 2012 bei 62 Prozent, bei den US-Präsidentschaftswahlen 2012 bei 57 Prozent und bei den Präsidentschaftswahlen in Frankreich im Jahre 2012 bei 80 Prozent. Bei Landtagswahlen liegt die Wahlbeteiligung niedriger als bei den Bundestagswahlen. Bei der Landtagswahl am 25. März 2012 im Saarland betrug die Wahlbeteiligung nur 61,5 Prozent (2009: 67,6 Prozent).

> **Max Frisch:** „Demokratie heißt, dass sich Leute in ihre eigenen Angelegenheiten einmischen."
>
> **Abraham Lincoln:** „Kein Mensch ist gut genug, einen anderen Menschen ohne dessen Zustimmung zu regieren."

Prognose – Hochrechnung – Wahlauszählung

Die Anzahl der abgegebenen Stimmzettel muss mit der Zahl der Personen, die gewählt haben, übereinstimmen. Die Auszählung der Stimmzettel ist öffentlich – jeder kann zuschauen, wenn er die Arbeiten nicht behindert.

Auch bei der Befragung durch das Meinungsinstitut Infratest dimap gibt es Wahlurnen.

Fachstufe I

Bundestagswahl 2013		
Partei	Prognose des ZDF um 18.00	End-ergebnis
CDU/CSU	42,5 %	41,5 %
SPD	26,5 %	25,7 %
Die Linke	8,5 %	8,6 %
B'90/Grüne	8,0 %	8,4 %
FDP	4,5 %	4,8 %
AfD	4,8 %	4,7 %
Sonstige	5,2 %	6,3 %

Prognose und Endergebnis der Bundestagswahl am 27. September 2013

Landtagswahl im Saarland am 25. März 2012		
Partei	Prognose		Ender-gebnis
	ARD Infra-test dimap	ZDF Fors. gruppe Wahlen	
CDU	33 %	34 %	35,2 %
SPD	33 %	34 %	30,6 %
Linke	16 %	15 %	16,1 %
FDP	3 %	2 %	1,2 %
Grüne	5 %	5 %	5,0 %
Piraten	6 %	6 %	7,4 %
Sonst.	4 %	4 %	3,9 %

Landtagswahl am 25. März 2012 im Saarland: Prognosen von Infratest dimap (15. März 2012) und der Forschungsgruppe Wahlen e.V. (16. März 2012) sowie das amtliche Endergebnis

Die Hochrechnung im Fernsehen

Jede Fernsehanstalt beauftragt ein eigenes Meinungsforschungsinstitut, das die Hochrechnungen machen soll. Die ARD z. B. vertraut dabei auf die Erhebungen der Infratest dimap aus Berlin, das ZDF dagegen der Forschungsgruppe Wahlen e.V. aus Mannheim. So erhalten die Sender zum Teil abweichende Zahlen. Welches Institut am Ende näher am tatsächlichen Ergebnis liegt, zeigt sich erst, wenn am Montagmorgen das amtliche Endergebnis feststeht.

Prognose und Hochrechnung des ZDF

Die Forschungsgruppe Wahlen e.V. befragt in ganz Deutschland 30.000 Wähler, die in ihren Wahlkreisen gerade ihre Stimmen abgegeben haben. Rund 500 Mitarbeiter des Institutes stehen vor den Wahllokalen und machen mit den zufällig ausgesuchten Wählern Kurzinterviews zu ihren Stimmabgaben. Durch die hohe Anzahl von 30.000 Befragten kann das Institut auch Aussagen über die Altersgruppen und sozialen Schichten und ihre Stimmabgabe geben. Also: Ob besonders Erstwähler eine Vorliebe für eine bestimmte Partei haben. Oder ob berufstätige Frauen ab 35 Jahren eine andere Partei vorziehen. Ob vor allem Menschen ab 65 Jahren zum Wählen gegangen sind und so weiter.

Die Prognose

Die Daten werden dann an weitere Mitarbeiter geschickt, die sie ständig neu auswerten. So kann um 18.00 Uhr die erste Prognose abgegeben werden, obwohl die Stimmen noch gar nicht ausgezählt sind. Die Prognose beruht also nur auf den Befragungen, nicht auf tatsächlichen Wahlergebnissen.

Die Berechnungen

Danach folgen die ersten Hochrechnungen. In diese Berechnungen fließen schon Ergebnisse der ersten ausgezählten Wahlgebiete mit ein. So werden die Zahlen bis 19.30 Uhr immer genauer. Während die Hochrechnungen ständig mit neuen Daten von immer mehr ausgezählten Wahlkreisen verfeinert werden, zählen Wahlhelfer überall in Deutschland die Stimmen weiter aus.

www.zdf.de

3.4 Wahlsysteme

In demokratischen Ländern gibt es je nach Tradition unterschiedliche Wahlsysteme. Großbritannien z. B. hat ein reines Mehrheitswahlsystem. Die Wahl zum EU-Parlament erfolgt im Verhältniswahlsystem. Deutschland hat für die Wahlen zum Bundestag und zu den Länderparlamenten eine Mischung aus beiden Systemen.

Mehrheitswahl

Bei der Mehrheitswahl wird das Land in so viele Wahlkreise eingeteilt, wie Sitze im Parlament zu vergeben sind. Die Person, die im Wahlkreis die meisten Stimmen erhält, bekommt das Mandat. Die für die anderen Kandidaten abgegebenen Stimmen gehen verloren.

Bei der relativen Mehrheitswahl (z. B. in Großbritannien) erhält der Kandidat den Sitz, der die meisten Stimmen hat.

Bei der absoluten Mehrheitswahl ist der Kandidat gewählt, der die absolute Mehrheit der Stimmen – also mehr als 50 Prozent der abgegebenen Stimmen – erhalten hat, z. B. bei Bürgermeisterwahlen im Saarland. Erreicht keiner der Kandidaten die absolute Mehrheit, gibt es eine Stichwahl zwischen den beiden Kandidaten mit den meisten Stimmen.

Großbritannien hat ein reines Mehrheitswahlsystem.

© XtravaganT – Fotolia.com

Lerngebiet 5

Verhältniswahl

Bei der Verhältniswahl stellt jede Partei entsprechend ihres prozentualen Anteils an den abgegebenen Wählerstimmen Abgeordnete. Damit sind auch kleine Parteien in den Parlamenten vertreten. Ihre Zusammensetzung entspricht exakt der Verteilung der Stimmen auf die Parteien, die zur Wahl standen.

Dieses Wahlrecht galt in der Weimarer Republik. Die Folge war, dass viele zum Teil sehr kleine Parteien im Reichstag vertreten waren. Die Regierungsbildung war dadurch schwierig; die Kanzler wechselten oft, weil sie keine stabile Mehrheit hatten.

Personalisierte Verhältniswahl

Die Wahlen zum Deutschen Bundestag finden in einer personalisierten Verhältniswahl statt. Das ist ein Wahlsystem, das Elemente der Verhältnis- und der Mehrheitswahl vereinigt. Die Vor- und Nachteile der beiden Systeme sollen dadurch ausgenutzt bzw. abgeschwächt werden. Das ist der Grund, warum der Wähler bei der Bundestagswahl zwei Stimmen abgeben kann.

Von den vorgesehenen 598 Abgeordneten des Bundestages wird die Hälfte über die Erststimme direkt gewählt. Von jedem der 299 Wahlkreise zieht der sogenannte Direktkandidat einer Partei, der die meisten Stimmen erhalten hat, in den Deutschen Bundestag ein; hier handelt es sich um eine Mehrheitswahl. Von diesem Politiker wird erwartet, dass er im Bundestag die Interessen seines Wahlkreises vertritt. Über die Zweitstimme werden weitere Sitze über **Landeslisten** der Parteien vergeben; hier gilt das Prinzip der Verhältniswahl. Die Zweitstimme ist die wichtigere der beiden Stimmen, da über sie die Sitzverteilung im Parlament ermittelt wird. Erhält beispielsweise eine Partei 30 Prozent der zu berücksichtigenden Zweitstimmen, erhält sie auch 30 Prozent der Sitze im Parlament. Die Zahl der gewählten Direktkandidaten wird davon abgezogen. Die verbleibenden Mandate sind die Listenmandate der Partei. Sie werden in der Reihenfolge auf die Kandidaten verteilt, in der diese auf der vor der Wahl aufgestellten Liste platziert sind.

Verteilung der 299 Wahlkreise bei den Bundestagswahlen 2013	
CDU	191
CSU	45
SPD	58
Die Linke	4
Grüne	1
FDP	0
AfD	0

Landesliste:

Alle Parteien stellen auf der Länderebene Kandidaten in einer bestimmten Reihenfolge auf einer Landesliste zusammen. Der Listenplatz eines Kandidaten entscheidet über die Wahrscheinlichkeit seines Einzugs ins Parlament über den Zweitstimmenanteil.

Fachstufe I

Bundestagswahlen 2013:

Direkt gewählte Abgeordnete aus dem Saarland:
▸ Peter Altmaier (CDU)
▸ Alexander Funk (CDU)
▸ Anette Hübinger (CDU)
▸ Nadine Schön (CDU)

Über Landesliste gewählte Abgeordnete aus dem Saarland:
▸ Elke Ferner (SPD)
▸ Reinhold Jost (SPD)
▸ Heidtrud Henn (SPD)
▸ Thomas Lutze (DIE LINKE)
▸ Markus Tressel
  (BÜNDNIS 90/DIE GRÜNEN)

Die Zweitstimme hat für die kleinen Parteien ein besonderes Gewicht.

Stimmzettel

für die Wahl zum Deutschen Bundestag am 22. September 2013
im Wahlkreis 186 – Darmstadt

Sie haben 2 Stimmen

hier 1 Stimme
für die Wahl
eines/einer Wahlkreis-
abgeordneten

hier 1 Stimme
für die Wahl
einer Landesliste (Partei)
– maßgebende Stimme für die Verteilung der
Sitze insgesamt auf die einzelnen Parteien –

Erststimme   **Zweitstimme**

Muster

Gewinnt eine Partei in einem Bundesland mehr Direktmandate als ihr dort Mandate nach dem Zweitstimmenergebnis insgesamt zustehen, darf sie diese Mandate dennoch behalten. Über die Landeslisten werden dann keine Mandate mehr vergeben. Die Zahl der Abgeordneten des Bundestages erhöht sich entsprechend. Es entstehen dann sogenannte Überhangmandate. Durch eine Wahlrechtsänderung wurden bei der Bundestagswahl 2013 zum ersten Mal auch Ausgleichsmandate vergeben. Dabei werden Überhangmandate so ausgeglichen, dass Parteien, die keine Überhangmandate bekommen haben, nicht benachteiligt werden. Damit sind die Parteien im Bundestag gemäß ihrem Zweitstimmenanteil (d. h. gemäß der Verhältniswahl) vertreten.

Sperrklausel

Im Bundestag erhalten nur die Parteien über die Zweitstimmen Sitze, die fünf Prozent der abgegebenen Stimmen bekommen haben. Erringt eine Partei weniger als fünf Prozent der Zweitstimmen,

© Dave Vaughan

kann sie nur in den Bundestag einziehen, falls sie drei Direktmandate erhalten hat. Ist dies nicht der Fall, bleibt die Partei außen vor.
Errungene Direktmandate verbleiben aber bei den Kandidaten.

Bei der Bundestagswahl 2002 erhielt die PDS nur zwei Direktmandate und erreichte weniger als 5 Prozent der Zweitstimmen. Die
Partei war somit nicht mehr im Parlament vertreten. Die zwei Di-
rektkandidatinnen wurden aber selbstverständlich Abgeordnete.

Im Saarland gilt bei den Landtagswahlen eine reine Verhältniswahl mit einer 5 Prozent-**Klausel** für den Einzug der Parteien in
den Landtag.

Klausel:

Genau definierte Einzelbestim-
mung in Vertragswerken, Gesetzen oder Verordnungen

1. Diskutieren Sie die Vor- und Nachteile der Wahlsysteme.
2. Warum gibt es in Großbritannien im Parlament keine Partei,
   die dem Bündnis 90/Die Grünen in Deutschland entspricht?

Exkurs: Die Stellung des Abgeordneten

Abgeordnete:

Von den Bürgern gewählte Mitglieder eines Parlaments

© Deutscher Bundestag/Achim Melde

Die Sitzungen des Bundestages sind öffentlich.

Freies und imperatives Mandat

Mandat:

Auftrag

Durch die Wahl erhalten die Abgeordneten ihr **Mandat.** Die Mandatsträger, die durch die Stimmen der Bürger in das Parlament gewählt sind, verstehen sich als Beauftragte des Volkes.

> **Art. 38 GG**
>
> (1) Die Abgeordneten des Deutschen Bundestages ... sind Vertreter des ganzen Volkes, an Aufträge und Weisungen nicht gebunden und nur ihrem Gewissen unterworfen.

Imperatives Mandat:

Die Stimmabgabe des Abgeordneten wird von der Partei vorgegeben.

Dieser Artikel ist Ausdruck des freien Mandates. Das Gegenteil ist das **imperative Mandat.** Es ist in den Verfassungen nicht vorgesehen. Oft stehen aber die Abgeordneten unter dem Druck ihrer Partei, in deren Sinne abzustimmen. Man spricht dann von Fraktionsdisziplin. Sie ist für eine Regierungskoalition sehr wichtig, wenn sie nur eine knappe Mehrheit hat

© Drude

Interpretieren Sie die Karikatur.

Ausgewählte Rechte des Abgeordneten

▸ Immunität: Sie schützt den Abgeordneten vor Strafverfolgung und anderen gerichtlichen Einschränkungen seiner persönlichen Freiheit. Dies gilt nicht, wenn er bei Begehung der Tat oder im Laufe des folgenden Tages festgenommen wird. Der Bundestag kann die Immunität aufheben. Die vermutete Straftat darf aber in keinem Zusammenhang mit der parlamentarischen Tätigkeit des Abgeordneten stehen. Die Immunität entstammt aus monarchistischen Zeiten, als unliebsame Abgeordnete nicht selten von der Obrigkeit durch Strafverfolgung eingeschüchtert oder mundtot gemacht werden sollten.

▸ Zeugnisverweigerungsrecht: Es gestattet dem Abgeordneten, über Sachverhalte und deren Herkunft die Aussage zu verweigern, wenn sie ihm in seiner Rolle als Abgeordneter mitgeteilt wurden.

Fachstufe I

▶ Indemnität: Der Abgeordnete darf wegen seiner Aussagen und seines Abstimmungsverhaltens im Parlament nicht strafrechtlich verfolgt werden.

▶ Kündigungsschutz: Eine Kündigung oder Entlassung ist unzulässig, wenn jemand das Amt eines Abgeordneten übernimmt.

▶ Urlaubsanspruch: Zur Vorbereitung seiner Wahl hat jeder, der sich um einen Sitz im Bundestag bewirbt, Anspruch auf Urlaub.

Zusammenfassung

Es ist Kennzeichen jeder Demokratie, dass die Staatsgewalt vom Volk ausgeht. Wahlen sind Ausdruck dieser Volkssouveränität.

Als demokratisch gelten Wahlen, wenn der Bürger zwischen verschiedenen Personen oder Parteien auswählen kann und wenn die Wahlgrundsätze eingehalten werden. Wahlen müssen frei, allgemein, unmittelbar, gleich und geheim sein.

Die gewählten Volksvertreter erhalten durch die Wahl die Legitimation, politische Entscheidungen zu treffen.

Jeder Wahlberechtigte kann von seinem aktiven und passiven Wahlrecht Gebrauch machen.

Wer sich nicht an Wahlen beteiligt, hat auf sein Recht verzichtet, die Politik personell zu beeinflussen.

Grundsätzlich kann nach zwei Verfahren gewählt werden: Mehrheitswahl und Verhältniswahl.

Der Deutsche Bundestag wird nach der personalisierten Verhältniswahl – einer Kombination beider Wahlverfahren – gewählt. Jeder Wähler hat zwei Stimmen zu vergeben. Mit der Erststimme wählt er einen Direktkandidaten nach dem Mehrheitswahlsystem. Die Hälfte der Sitze im Parlament wird mit den Direktkandidaten besetzt. Mit der Zweitstimme wird eine Partei gewählt. Nach dem Verhältniswahlrecht erreicht eine Partei den gleichen Anteil an Sitzen, der dem Anteil an den abgegebenen Stimmen entspricht. Die Zweitstimme bestimmt somit die Zusammensetzung des Parlaments.

Für den Einzug einer Partei in den Bundestag muss sie mindestens 5 Prozent der abgegebenen Zweitstimmen (5 Prozent-Klausel) oder drei Direktmandate erhalten.

Für den Einzug einer Partei in den Saarländischen Landtag muss sie mindestens 5 Prozent der abgegebenen Stimmen erhalten.

Die Abgeordneten der deutschen Parlamente sind Vertreter des ganzen Volkes, an Aufträge und Weisungen nicht gebunden und nur ihrem Gewissen unterworfen.

Wissens-Check

1. Welche Bedeutung haben Wahlen?

2. Erklären Sie den Begriff „Repräsentative Demokratie".

3. Wer besitzt das aktive Wahlrecht zur Bundestagswahl?

4. In wie viele Wahlkreise ist Deutschland aufgeteilt?

5. Formulieren Sie Beispiele für Verstöße gegen die Wahlgrundsätze.

6. Charakterisieren Sie verschiedene Wählertypen.

7. Auf welche Wähler konzentrieren sich die Wahlkampfbemühungen der Parteien hauptsächlich?

8. Stellen Sie die Unterschiede zwischen Mehrheits- und Verhältniswahl dar.

9. Beschreiben Sie die personalisierte Verhältniswahl am Beispiel der Wahl zum Deutschen Bundestag und beurteilen Sie die Stärken und Schwächen des Wahlsystems.

Fachstufe I

10. Erläutern Sie die 5 Prozent-Hürde und zeigen Sie Vor- und Nachteile auf.

11. Nennen Sie bekannte Politiker auf Bundes- und Landesebene.

12. Nennen Sie die besonderen Rechte, die ein Abgeordneter hat.

13. Beschreiben Sie, wie man Abgeordneter in einem deutschen Parlament werden kann.

14. Beschreiben Sie den Unterschied zwischen freiem und imperativem Mandat.

4 Bedeutung von Parteien zur politischen Willensbildung

Eine Partei ist der Zusammenschluss von Personen mit gemeinsamen politischen Zielvorstellungen. Durch die Beteiligung an Wahlen versuchen sie, politische Macht zu erlangen, um ihre Ideen zu verwirklichen.

4.1 Aufgaben und Stellung der Parteien

> **Art. 21 GG**
>
> (1) Die Parteien wirken bei der politischen Willensbildung des Volkes mit. Ihre Gründung ist frei. Ihre innere Ordnung muss demokratischen Grundsätzen entsprechen. Sie müssen über die Herkunft und Verwendung ihrer Mittel sowie über ihr Vermögen öffentlich Rechenschaft geben.

Parteien wirken bei der politischen Willensbildung mit, indem sie

▸ die unterschiedlichen politischen Vorstellungen und Interessen in der Gesellschaft in den jeweiligen Parteiprogrammen zusammenfassen und Lösungsansätze anbieten,

▸ versuchen, die Bürger von ihrer Politik zu überzeugen,

▸ den Bürgerinnen und Bürgern Gelegenheit bieten, sich aktiv politisch zu betätigen,

▸ Kandidaten für die Wahlen bereitstellen,

▸ als Regierungsparteien die politische Führung unterstützen,

▸ als Oppositionsparteien die Regierung kontrollieren, kritisieren und politische Alternativen entwickeln,

▸ die politische Bildung anregen und vertiefen,

▸ für eine lebendige Verbindung zwischen Volk und Staatsorganen sorgen.

1. Welche Parteien sind derzeit im Bundestag vertreten?
2. Welche Parteien wurden bei den letzten Wahlen in den Saarländischen Landtag gewählt?

4.2 Parteienfinanzierung

Zur Erfüllung ihrer Aufgaben benötigen die Parteien erhebliche finanzielle Mittel. Sie müssen von der Kommunal- bis zur Bundesebene eine Organisation mit hauptamtlichen Mitarbeitern unterhalten und Wahlkämpfe durchführen sowie Informationsmaterial und Werbematerial bereitstellen.

Die Parteien erhalten staatliche Mittel, nehmen Beiträge ihrer Mitglieder ein und sammeln Spenden. Die Einnahmen und Ausgaben müssen in einem Rechenschaftsbericht jährlich angegeben werden. Die Höhe der staatlichen Parteienfinanzierung hängt von der Verwurzelung einer Partei in der Gesellschaft ab. Dies wird anhand der Wählerstimmen, der Mitgliedsbeiträge und der Spenden der Bürger berechnet. Für eine Bezuschussung benötigt eine Partei bei den Bundestags- und Europawahlen mindestens 0,5 Prozent der Stimmen oder bei Landtagswahlen mindestens 1 Prozent der Stimmen. Pro Wählerstimme erhalten die Parteien bis zu einer Gesamtzahl von 4 Millionen 0,85 Euro, darüber hinausgehende Stimmen bringen 0,70 Euro. Mit dieser Regelung bekommen auch extreme Parteien staatliche Mittel, auch wenn diese Parteien aufgrund der 5 Prozent-Klausel nicht im Parlament vertreten sind.

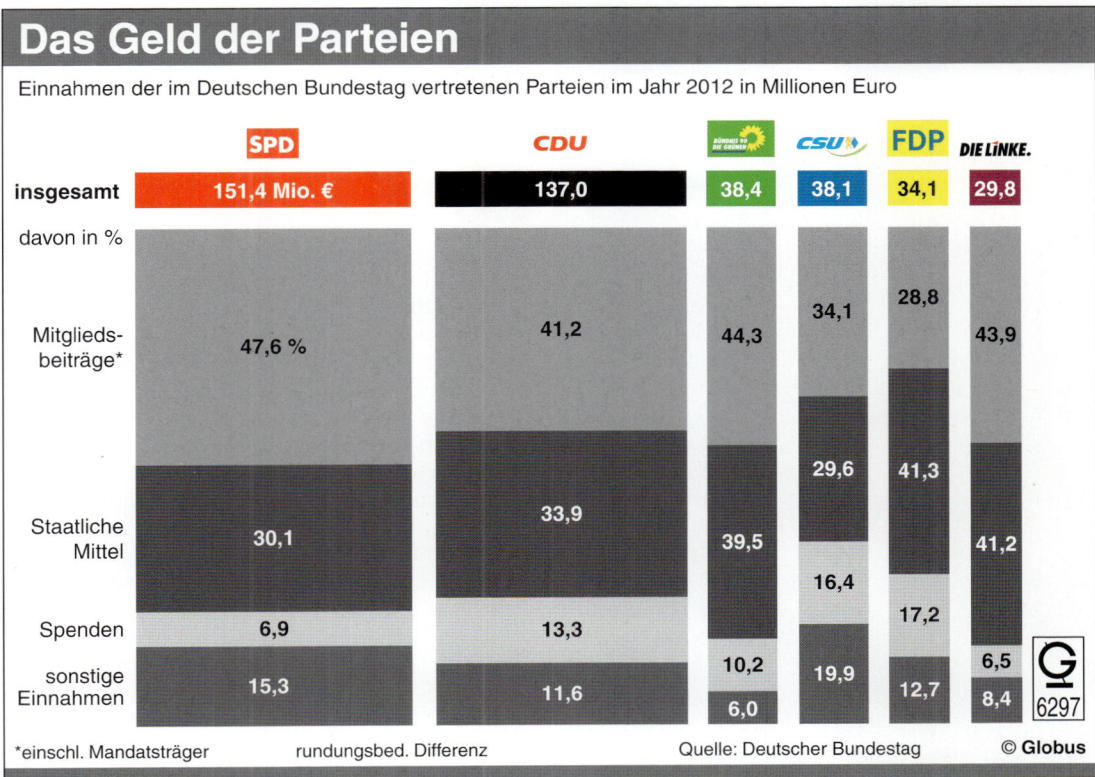

Das Geld der Parteien

Einnahmen der im Deutschen Bundestag vertretenen Parteien im Jahr 2012 in Millionen Euro

	SPD	CDU	BÜNDNIS 90/DIE GRÜNEN	CSU	FDP	DIE LINKE.
insgesamt	151,4 Mio. €	137,0	38,4	38,1	34,1	29,8
davon in %						
Mitgliedsbeiträge*	47,6 %	41,2	44,3	34,1	28,8	43,9
Staatliche Mittel	30,1	33,9	39,5	29,6	41,3	41,2
Spenden	6,9	13,3	10,2	16,4	17,2	6,5
sonstige Einnahmen	15,3	11,6	6,0	19,9	12,7	8,4

*einschl. Mandatsträger   rundungsbed. Differenz   Quelle: Deutscher Bundestag   © Globus   6297

Diskutieren Sie in der Klasse die Vor- und Nachteile von Spenden und einer staatlichen Parteienfinanzierung.

Fachstufe I

4.3   Mitgliederentwicklung

In den letzten Jahren sind die Zahlen der Parteimitglieder in fast allen Parteien zurückgegangen.

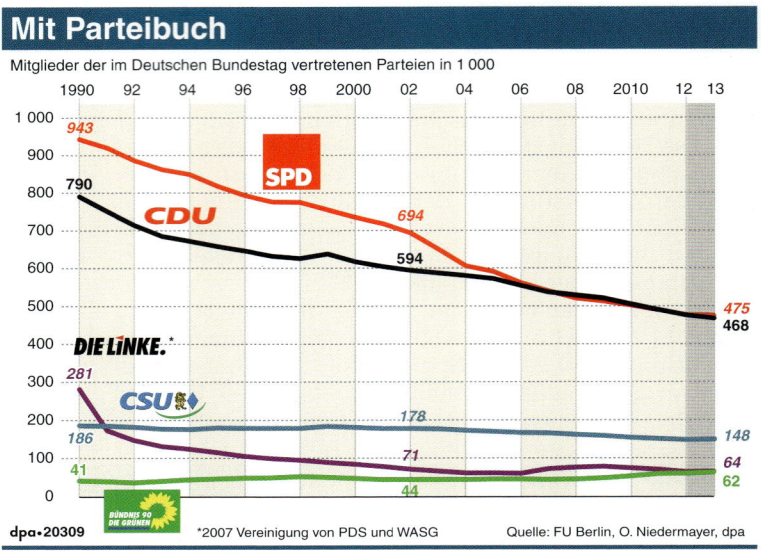

Mit Parteibuch

Mitglieder der im Deutschen Bundestag vertretenen Parteien in 1 000

dpa•20309   *2007 Vereinigung von PDS und WASG   Quelle: FU Berlin, O. Niedermayer, dpa

Mit Ausnahme der Grünen haben alle Parteien das Problem des Mitgliederrückgangs.

Rapider Schwund

Die Sozialdemokraten haben im Jahr 2003 so viel Mitglieder verloren wie seit über 50 Jahren nicht mehr. Die Partei von Bundeskanzler Gerhard Schröder schrumpfte binnen 12 Monaten um 43.096 Mitglieder auf nur noch 650.798 Genossen. Ein Rückgang von 6,21 Prozent. Damit fiel die gesamtdeutsche Sozialdemokratie auf das Niveau der West-SPD des Jahres 1963 zurück. Am heftigsten reagierten im vergangenen Jahr die Genossen in den eher traditionsorientierten Landesverbänden Saarland und Nordrhein-Westfalen auf Schröders Reformpolitik. Kein Landesverband konnte dort zulegen. Am besten behaupteten sich noch, allerdings auf niedrigem Niveau, Mecklenburg-Vorpommern und Brandenburg. Immerhin standen den bundesweiten 38.437 Austritten und den Verlusten durch Tod auch 10.182 Neuanmeldungen gegenüber. Davon waren 44 Prozent im Jusoalter von unter 35 Jahren.

Spiegel online, 17.05.2013

1. Welcher Grund wird im Text für die Parteiaustritte angegeben?

2. Was könnte der Grund dafür sein, dass fast die Hälfte der Neuzugänge unter 35 Jahre alt ist?

4.4 Parteienverbot

> **Art. 21 GG**
>
> (2) Parteien, die nach ihren Zielen oder nach dem Verhalten ihrer Anhänger darauf ausgehen, die freiheitliche demokratische Grundordnung zu beeinträchtigen oder zu beseitigen oder den Bestand der Bundesrepublik Deutschland zu gefährden, sind verfassungswidrig. Über die Frage der Verfassungswidrigkeit entscheidet das Bundesverfassungsgericht.

Die besondere Bedeutung der Parteien wird durch das in Art. 21 GG verankerte Parteienprivileg deutlich. Aus diesem und aus historischen Gründen ist ein Parteiverbot ein politisch sensibles Thema. Daher ist in Deutschland nur das Bundesverfassungsgericht berechtigt, die Verfassungswidrigkeit einer Partei festzustellen und ein Parteiverbot auszusprechen. Die verbotene Partei verliert alle Mandate. Das Parteivermögen wird eingezogen.

Ein Parteiverbotsverfahren kann vom Bundestag, vom Bundesrat oder von der Bundesregierung beantragt werden. Ist die Partei nur in einem Bundesland tätig, kann auch die Landesregierung dieses Bundeslandes einen Antrag stellen.

Das Bundesverfassungsgericht hat bisher erst zwei Parteien verboten:

▸ 1952 die Sozialistische Reichspartei (SRP), eine Nachfolgeorganisation der NSDAP

▸ 1956 die Kommunistische Partei Deutschlands (KPD).

Parteiverbotsverfahren in Deutschland

Seit Bestehen der Bundesrepublik wurden zwei Parteien verboten – die Sozialistische Reichspartei (SRP, 1952) und die Kommunistische Partei Deutschlands (KPD, 1956). So läuft ein Verbotsverfahren ab:

Bundestag — Bundesrat — Bundes-regierung — Länderregierungen*

können jeweils **Verbotsantrag** einreichen

Bundesverfassungsgericht

2. Senat prüft, ob Partei...

„nach ihren Zielen oder dem Verhalten ihrer Anhänger darauf aus ist, die freiheitlich-demokratische Grundordnung zu beeinträchtigen oder zu beseitigen."

Art. 21, Abs. 2 Grundgesetz

Verbot der Partei und der Nachfolgeorganisationen
Mandatsverlust
Einzug des Parteivermögens
Verbot von Kennzeichen

ja ◂ **Entscheidung**** ▸ **nein**

Partei bleibt bestehen

Quelle: BMI, Juraforum   *bei regionalen Parteien   **unanfechtbar   © Globus 4633

Ein erstes NPD-Verbotsverfahren scheiterte 2003.

Innenminister wollen Beweise gegen NPD sammeln

Neun Jahre nach dem Scheitern des NPD-Verbots wollen die Innenminister wieder systematisch Beweise gegen die rechtsextreme Partei sammeln.

Sie beschlossen in Berlin einstimmig, eine Materialsammlung anzulegen und vom 2. April an auf V-Leute des Verfassungsschutzes in der NPD-Führung zu verzichten.

Ob ein neuer Anlauf für ein Verbot der NPD kommt, ist aber weiter offen. Ein erstes Verbotsverfahren war 2003 vor dem Bundesverfassungsgericht wegen der zweifelhaften Rolle von V-Leuten bei der Beweisführung gescheitert. Die systematische Sammlung von Material gegen die rechtsextreme Partei soll bis 2008 zurückgehen und mindestens sechs Monate dauern. Frühestens im Herbst könnte eine Entscheidung für oder gegen ein Verbotsverfahren fallen.

Innenminister Hans-Peter Friedrich (CSU) sagte: „Die NPD ist eine verfassungsfeindliche Partei." Die Innenminister wollten, dass ein mögliches Verbotsverfahren erfolgreich sei. Die Abschaltung der V-Leute sei zwingend, um ein faires Verbotsverfahren zu gewährleisten. Es seien Kriterien dazu erarbeitet worden, wie die Beweise hinsichtlich ihres Gehaltes zu gewichten seien. Erst im Lichte der Materialsammlung könne aber entschieden werden, ob es zu einem neuen Anlauf für ein Verbot der rechtsextremen Partei komme.

Saarbrücker Zeitung, 22.03.2012

„Dran bleiben! Irgendwann habe ich sie alle weg."

© Dave Vaughan

Oft wird über Vor- und Nachteile eines NPD-Parteienverbots diskutiert. Im Wesentlichen werden folgende Argumente angeführt:

Pro

▶ Die Partei verschwindet von der politischen Bühne

▶ Der Partei entfällt eine öffentliche Plattform

▶ Der Partei können finanzielle Mittel entzogen werden

▶ Schwächung extremer Organisationen und deren Infrastruktur

Contra

▶ Gefahr des Scheiterns eines Parteiverbotsverfahrens

▶ Neugründung einer, eventuell erfolgreicheren, extremeren Partei

▶ Kontrollverlust durch die Abwanderung von extremen Mitgliedern in den Untergrund

▶ Radikalisierung der Parteimitglieder

▶ Auseinandersetzung mit Extremismus nimmt ab

© Dave Vaughan

Der Wolf im Schafspelz

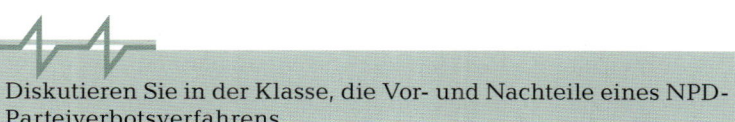

Diskutieren Sie in der Klasse, die Vor- und Nachteile eines NPD-Parteiverbotsverfahrens.

Lerngebiet 5

Zusammenfassung

Eine Partei ist der Zusammenschluss von Personen mit gemeinsamen politischen Zielvorstellungen. Durch die Beteiligung an Wahlen versuchen sie, politische Macht zu erlangen, um ihre Ideen zu verwirklichen.

Jeder Bürger kann Mitglied einer Partei werden und sich so an der politischen Willensbildung beteiligen.

Die Parteien finanzieren sich aus Mitgliedsbeiträgen, Spenden der Bürger und staatlichen Zuwendungen.

Die Mitgliederentwicklung ist in fast allen Parteien rückläufig.

Ein Parteiverbotsverfahren kann vom Bundestag, vom Bundesrat und von der Bundesregierung beantragt werden. Das Bundesverfassungsgericht entscheidet über die Verfassungswidrigkeit von Parteien.

Wissens-Check

1. Nennen Sie vier Aufgaben von Parteien.

2. Woher bekommen Parteien die finanziellen Mittel für ihre Arbeit und für Wahlkämpfe?

3. Welche Parteien erhalten auf Bundesebene staatliche Zuwendungen?

4. Wie entwickelten sich in den letzten Jahren die Mitgliederzahlen der Parteien?

5. Welche Voraussetzung muss für ein Parteienverbot gegeben sein?

6. Welche Institution entscheidet über ein Parteienverbot?

5 Die Rolle der Medien in der Demokratie

Die Demokratie lebt von der Beteiligung ihrer Bürger. Sie wollen über die politische Entwicklung informiert sein. Das geschieht durch Gespräche in der Familie, mit Freunden oder am Arbeitsplatz, vor allem aber durch Medien.

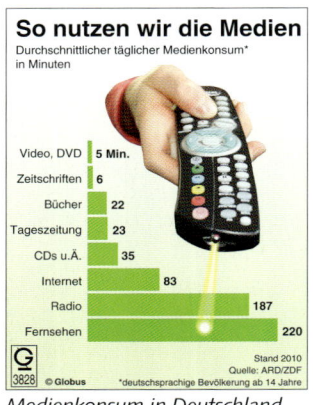

Medienkonsum in Deutschland

5.1 Funktionen der Medien

Unter Massenmedien in der Demokratie versteht man Informationsträger, die ein breites Publikum erreichen.

Sie werden eingeteilt in:

▶ Print-Medien (Zeitungen und Zeitschriften)

▶ elektronische Medien (Radio, Fernsehen, Internet)

Medien erfüllen vielfältige Funktionen für die Leser, Zuschauer oder Hörer.

Informationsfunktion

Die Medien sollen vollständig, sachlich und verständlich informieren, damit die Bürger in der Lage sind, das öffentliche Geschehen zu verfolgen. Mit ihren Informationen sollen die Medien dafür sorgen, dass die Bürger die wirtschaftlichen, sozialen und politischen Zusammenhänge besser verstehen. Um diese Funktion zu erfüllen, ist in erster Linie die Glaubwürdigkeit der Medien wichtig. Im Falle von Fehlinformationen muss die Informationsquelle eine Gegendarstellung veröffentlichen.

© Foto: Edgar Kalis

Boulevardzeitungen, Fachzeitungen, regionale und überregionale Tageszeitungen informieren und beeinflussen die Meinung der Leser. Die Presse kontrolliert Politik und Gesellschaft.

Meinungsbildungsfunktion

Medien geben nicht nur Informationen an die Leser, Zuschauer oder Hörer weiter. Darüber hinaus beeinflussen sie die Meinung durch die

▶ Auswahl,

▶ Aufmachung,

▶ Darstellung,

▶ und die Kommentierung von Nachrichten.

Es gibt Parteizeitungen, Gewerkschaftszeitungen oder Kirchenzeitungen, die eine bestimmte Meinung vertreten.

Nachrichtensendungen wie z. B. „Die Tagesschau" oder das „heute-journal" bieten überparteiliche Informationen.

Kontrollfunktion

Obwohl von der Verfassung nicht vorgesehen, hat sich im Laufe der
Zeit für die Medien eine Kontrollfunktion ergeben. Oftmals werden durch die Medien Missstände in der Politik und Gesellschaft
aufgedeckt. Dadurch werden Politiker zum Handeln veranlasst.

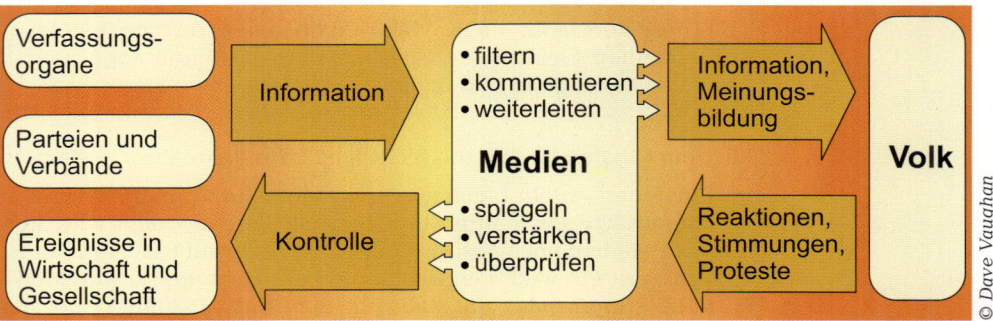

© Dave Vaughan

Wirkungsweise der Medien in der Demokratie

Florida-Rolf: Wie ein König genießt er Sonne, Sand und Suff!

Von DIETER SCHLÜTER und ULRIKE BRENDLIN

Miami – Ex-Banker Rolf J. (64) nippt an einem Glas Orangen-
saft. Er lächelt, genießt das schöne Leben in Miami (US-Staat
Florida). Bei 32 Grad, mildem Wind und Nichtstun. Alles auf
unsere Kosten! Ganz legal, erlaubt von deutschen Richtern!

Satte 1.425 Euro (1.605 Dollar) schickt ihm das Landessozialamt
Niedersachsen. Jeden Monat – dafür muss ein Single ohne Kinder bei uns 2.328 Euro brutto verdienen.

Die offizielle Begründung: Angeblich ist dem Mann nicht zuzu-
muten, in Deutschland zu leben (BILD berichtete).

Helga J. (63), die Ex-Frau von „Florida-Rolf" schüttelt den Kopf,
wenn sie an dessen schönes Leben denkt. Dem „Kölner Express"
sagte sie: „Unfassbar, dass er mit dieser dreisten Tour durch-
kommt." Der Florida-Abkassierer beschäftigt jetzt auch die Bundesregierung! Bundessozialministerin Ulla Schmidt (SPD) sagte
zu BILD: „Die Entscheidungen in diesem Fall sind für mich nicht
nachvollziehbar. Die Sozialämter sollten vorhandene Fälle genau prüfen. Außerdem werden wir das Recht so ändern, dass
Sozialhilfe im Ausland nur noch in ganz dramatischen Notfällen
gezahlt werden muss."

Bild 18.08.03 (gekürzt)

© MEV Verlag GmbH

*Mit Sozialhilfe in Florida: Das
geht nicht!*

Der Sozialhilfeempfänger hatte die Zahlungen auf der damals gesetzlich gültigen Grundlage erhalten. Aufgrund des vielfältigen
Medienechos wurde kurze Zeit später das Gesetz geändert.

Suchen Sie Beispiele, in denen die Medien ihre Kontrollfunktion
erfüllen und Politiker zum Handeln auffordern.

Hinweis: Geben Sie in Ihrer Internet-Suchmaschine den Such-
begriff „Politskandal" ein.

Fachstufe I

5.2 Pressefreiheit

> **Art. 5 GG (Auszug)**
>
> (1) Die Pressefreiheit und die Freiheit der Berichterstattung durch Rundfunk und Film werden gewährleistet. Eine Zensur findet nicht statt.
>
> (2) Diese Rechte finden ihre Schranken in den Vorschriften der allgemeinen Gesetze, den gesetzlichen Bestimmungen zum Schutze der Jugend und in dem Recht der persönlichen Ehre.

Für Journalisten ist dies die rechtliche Grundlage ihrer Arbeit.

Im Einzelnen regeln Landespressegesetze, Rundfunkgesetze und Mediengesetze sowie Rundfunkstaatsverträge die rechtliche Stellung der Medien noch ausführlicher. Das Recht auf freie Meinungsäußerung ist ein wichtiger Bestandteil der Demokratie. Die Medienfreiheit kann als Maßstab für den Entwicklungsstand der Demokratie in einer Gesellschaft angesehen werden.

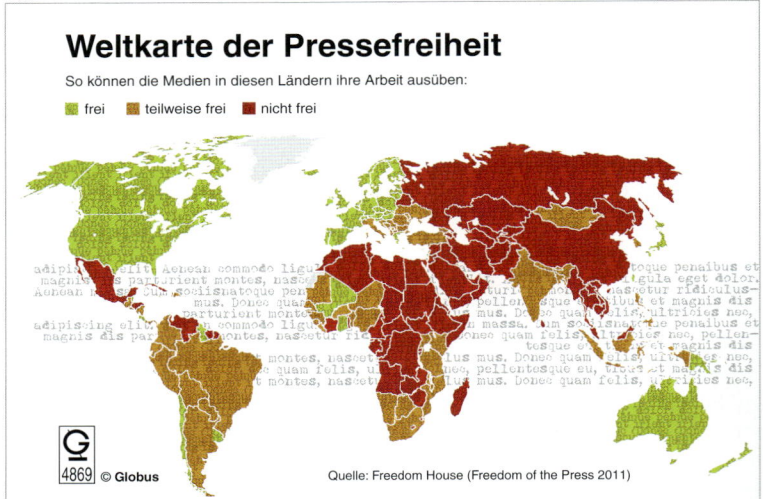

Recht auf eigenes Bild

Selbst Handys haben heute Fotofunktion und Videofunktion. Schnell lassen sich so Personen fotografieren. Jeder Bürger hat aber das Recht auf das eigene Bild.

> **§ 22 Kunsturheberrechtsgesetz (KUG)**
>
> Bildnisse dürfen nur mit Einwilligung des Abgebildeten verbreitet oder öffentlich zur Schau gestellt werden. Die Einwilligung gilt im Zweifel als erteilt, wenn der Abgebildete dafür, dass er sich abbilden ließ, eine Entlohnung erhielt.
>
> **§ 23 KUG**
>
> Ohne die nach § 22 erforderliche Einwilligung dürfen verbreitet und zur Schau gestellt werden: Bildnisse aus dem Bereiche der Zeitgeschichte …

5.3 Medienkonzentration

Liegt die Verfügungsmacht über die Medien in nur wenigen Händen, ist die Demokratie in Gefahr. Meinungsvielfalt wäre nicht mehr gegeben, die Menschen würden einseitig informiert, möglicherweise sogar manipuliert. Selbst das Recht der Pressefreiheit wäre nutzlos, weil freie unabhängige Journalisten kein Medium hätten, in dem sie sich äußern könnten.

Pressekonzentration

Das Angebot an Presseerzeugnissen ist sehr umfangreich. Die Frage, ob die großen Pressekonzerne dennoch eine Meinungsmacht haben, sorgt seit langem für politische Diskussionen.

© MEV Verlag GmbH

Die Auswahl an Zeitungen und Zeitschriften ist in Deutschland sehr groß.

Große Vielfalt

Deutschland ist unverändert das Land mit den meisten Publikumszeitschriften im Vergleich zu den anderen europäischen und außereuropäischen Ländern. Der Markt ist sehr dicht besetzt. In jeder Zeitschriftenkategorie gibt es etliche Wettbewerber.

VERBAND DEUTSCHER ZEITSCHRIFTENVERLEGER e.V.

Große Konzerne

Bertelsmann, Springer, Bauer und Burda – das sind die vier großen Konzerne, von denen die meisten auflagestarken Tageszeitungen und Zeitschriften stammen.

Die Axel Springer Verlag AG ist Herausgeber der

- überregionalen Boulevardzeitung („Bild-Zeitung"),
- Mittagszeitung („Hamburger Abendblatt"),
- Sonntagszeitungen („Bild am Sonntag", „Welt am Sonntag"),
- Hörfunk- und Fernsehzeitschrift („HÖRZU").

Zum Springer-Konzern gehören ferner unter anderem die Tageszeitungen „Berliner Morgenpost", „Die Welt", „BZ", „Elmshorner Nachrichten" und die „Bergedorfer Zeitung" sowie die Zeitschriften „Funk Uhr", „Bildwoche", „AUTOBILD", „Bild der Frau", „SPORT BILD", „Journal für die Frau", „TV neu", „Allegra" und „COMPUTER BILD". Hinzu kommen Anzeigenblätter. Außerdem besitzt der Konzern Kapitalanteile an Zeitungen wie der „Volkszeitung" (Leipzig), der „Ostsee-Zeitung" (Rostock), den „Harburger Anzeigen und Nachrichten", den „Kieler Nachrichten" und den „Lübecker Nachrichten".

Bundeszentrale für politische Bildung, online, 17.05.2013

© Grafik: Axel Springer AG

Medien des Axel Springer-Konzerns

© Drude

Was soll mit der Karikatur ausgesagt werden?

Konzentration auf dem TV-Markt

Der einzelne private Veranstalter darf im Jahresdurchschnitt höchstens 30 Prozent aller Zuschauer auf dem deutschen TV-Markt erreichen. Überschreitet er diese Grenze, dürfen ihm keine weiteren Lizenzen zur Veranstaltung von Fernsehprogrammen erteilt werden. Entscheidend ist, ob von einer „vorherrschenden Meinungsmacht" auszugehen ist, die grundsätzlich bei einem Marktanteil von 30 Prozent als gegeben angesehen wird.

ZDF gewinnt vor ARD und RTL

Marktanteile der Fernsehsender 2012 in Deutschland (Zuschauer ab 3 Jahre) in Prozent		Veränderung zu 2011*
ZDF	12,6 %	+ 0,5
RTL	12,3	- 1,8
ARD	12,3	- 0,1
SAT.1	9,5	- 0,7
ProSieben	5,9	- 0,3
VOX	5,8	+ 0,2
RTL II	4,0	+ 0,4
kabel eins	3,9	- 0,1
SUPER RTL	2,1	- 0,1

Quelle: GfK   Stand 29.12.2010   *in Prozentpunkten   dpa•17985

Finden Sie heraus welche Fernsehsender zu einem Medienkonzern gehören.

5.4 Entwicklung zur Medien- und Stimmungsdemokratie

1. Welche politische Aussage machen diese Plakate?
2. Welches Ziel soll mit diesen Plakaten erreicht werden?

Personalisierung in der Politik

Politische Beobachter behaupten, dass die **Personalisierung** in der Politikvermittlung immer wichtiger wird. Insbesondere im Wahlkampf werden Personen und Kandidaten an Stelle von Inhalten hervorgehoben.

Das Bild der Politik und wie es in den Medien vermittelt wird, hat sich in den vergangenen Jahren stark verändert. Den politischen Alltag prägen heute:

▸ politische Talkshows

▸ TV-Duelle

▸ Online-Wahlkämpfe über die Homepages der Parteien

▸ Inszenierung von politischen Ereignissen durch die Medien (Vorstellung eines Kanzlerkandidaten)

▸ **Infotainment**

Personalisierung:

Hier: Eine Partei wirbt mit der Persönlichkeit ihres Kandidaten und stellt diesen in den Vordergrund.

Infotainment:

Kunstwort; Mischung aus Information und Entertainment (Unterhaltung)

Politiker tritt in Unterhaltungssendung auf, z. B. Gysi bei Raab

Fachstufe I

Telegen:

Positives Erscheinungsbild im Fernsehen (Äußeres, Mimik/Gestik, Sprache)

© Paul Bouserath/KAS-ACDP

Adenauer stellte sich mit 85 Jahren zur Wiederwahl.

Gerhard Schröder (Bundeskanzler von 1998 bis 2005)

Politiker beschäftigen professionelle Berater, die dazu die passenden Strategien und das Erscheinungsbild (z.B. Frisur und Kleidung) entwerfen. Politiker müssen heute **telegen** sein.

Konrad Adenauer stellte sich 1961 im Alter von 85 Jahren als Kanzler zur Wiederwahl. Damals gab es keine Farb- und nur wenig Schwarz-Weiß-Fernsehgeräte und auch nur ein Fernsehprogramm. Heute, sagen Medienberater, sei ein so alter Politiker dem Volk nicht mehr „vermittelbar".

Während des Wahlkampfes 2002 klagte Bundeskanzler Schröder, damals 57 Jahre alt, vor Gericht auf die Unterlassung der Behauptung, seine Haare seien gefärbt. Niemand durfte daraufhin behaupten, Schröder hätte braun gefärbte Haare.

Kanzlerhaare

Nachrichtenagentur scheitert

Verstoß gegen Sorgfaltspflicht

Karlsruhe – Im Rechtsstreit um einen Bericht über die Haarfarbe von Bundeskanzler Gerhard Schröder ist die Nachrichtenagentur ddp endgültig gescheitert. Das Bundesverfassungsgericht hat die Verfassungsbeschwerde der Agentur nicht zur Entscheidung angenommen. Die erste Kammer des Ersten Senats wies am Freitag darauf hin, dass die Äußerung einer Imageberaterin, wonach Schröder gefärbte Haare habe, nicht ungeprüft verbreitet werden durfte.

süddeutsche.de, 17.05.2013

1. Welche Gründe könnten Gerhard Schröder zu diesem Rechtsstreit veranlasst haben?
2. Welche Vorteile und Nachteile können solche rechtlichen Auseinandersetzungen mit sich bringen?

Populismus in der Politik

Politische Systeme und Regierungen können auch in der aufgeklärten Demokratie auf Dauer nur bestehen, wenn sie auch gefühlsmäßig die Wünsche und Erwartungen der Bevölkerung erfüllen. „Wir kümmern uns darum" lautet oft die Parole, was aber konkret geschieht, wird nicht immer klar gesagt.

Oft werden verborgene Ängste geschürt, indem eine mögliche Bedrohung übertrieben dargestellt wird.

Diese Methode kann von der amtierenden Regierung, aber auch von der Opposition angewandt werden.

Beispielsweise behaupten Oppositionspolitiker, das Rentenniveau würde auf die Armutsgrenze sinken. Von den Experten im Regierungslager wird dies sofort bestritten. Zur Beruhigung wird eine Rentenerhöhung angekündigt.

Bestimmte Interessengruppen schüren Ängste beispielsweise mit der Behauptung, genmanipuliertes Saatgut könne verheerende Auswirkungen mit ungeahnten Folgen für die Menschen haben.

Wenn solche Aussagen mithilfe der Massenmedien in die Öffentlichkeit transportiert werden, müssen die Regierenden etwas tun, damit nicht der Eindruck entsteht, sie seien hilf- oder machtlos. Oft wird dann von der Öffentlichkeit nicht so sehr wahrgenommen, was im Einzelnen geschieht; wichtig ist, dass etwas geschieht.

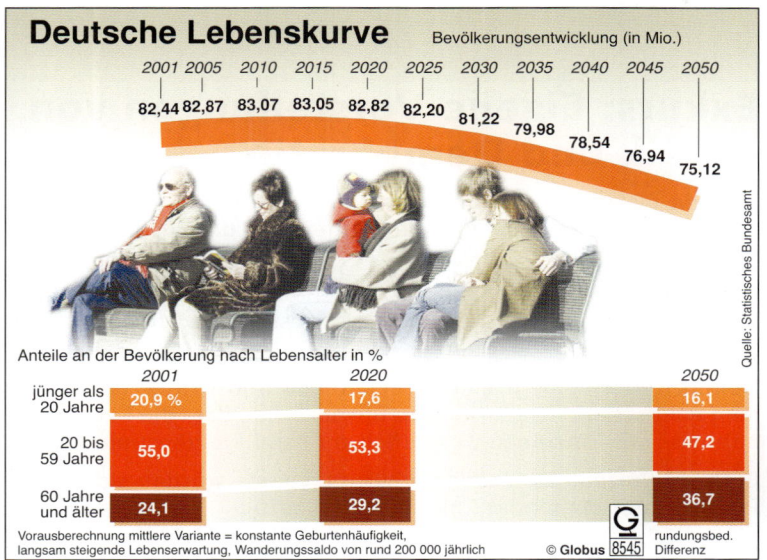

Auch die Behauptung „Das Boot ist voll" soll den Eindruck erwecken, Deutschland könne keine Zuwanderung mehr verkraften. Die nicht ausgesprochene, aber logische Fortsetzung dieses Gedankens wäre, dass das Boot sonst untergeht. Aufgrund der Bevölkerungsentwicklung in Deutschland ist eher das Gegenteil der Fall.

Populismus spricht die Ängste, die steigenden Ansprüche und privaten Glückserwartungen der Bürger an. Daraus soll politisches Kapital geschlagen werden.

Wahlplakat der Republikaner

Zusammenfassung

Unter Massenmedien in der Demokratie versteht man Informationsträger, die ein breites Publikum erreichen. Sie haben eine Informations-, Meinungsbildungs- und Kontrollfunktion.

Auf dem deutschen Markt für Print-Medien gibt es sehr viele Titel, aber nur wenige Pressekonzerne.

Das Recht auf freie Meinungsäußerung (Pressefreiheit) ist ein wichtiger Bestandteil der Demokratie. Die Medienfreiheit gilt als Maßstab für den Entwicklungsstand der Demokratie in einer Gesellschaft.

Personenabbildungen dürfen nur mit Einwilligung der Abgebildeten veröffentlicht werden. Ausnahme: Personen der Zeitgeschichte.

Fachstufe I

Exkurs: Eigene Vorstellungen von Politik und Demokratie

Bei den meisten Jugendlichen rangiert Politik, im Vergleich mit anderen Lebensbereichen, in der Reihenfolge der Wichtigkeit weit hinten.

Freunde, Partnerschaft, Familie, Ausbildung, Beruf sind die Interessensgebiete, die bei der Frage „Was ist wichtig für dich?" am häufigsten genannt werden.

Dennoch gibt es begründete Meinungen und Urteile gegenüber dem Politischen. Es existiert ein Bewusstsein, dass die Lebensverhältnisse des Einzelnen wesentlich von Politik mitbestimmt sind.

Etwa 40 Prozent der Jugendlichen sagen, sie würden sich in die Politik einmischen (Shell Jugendstudie 2010).

Aber fast die Hälfte aller Jugendlichen meinen: „Manchmal finde ich die Politik viel zu kompliziert, als dass ein normaler Mensch sie noch verstehen kann."

1. Diskutieren Sie in Ihrer Klasse, warum so viele Menschen die Politik zu kompliziert finden.
2. Organisieren Sie eine Umfrage in Ihrer Klasse: Welchen Stellenwert hat die Politik in Ihrem Lebensumfeld?

Politikverdrossenheit

Mit Politikverdrossenheit bezeichnet man einen Zustand, bei dem sich große Teile der Bevölkerung für die Politik nicht mehr interessieren.

Ausgelöst wird diese Verdrossenheit durch Politiker, die nach Meinung der betroffenen Bürger nicht mehr das Volk vertreten, sondern nur noch ihren eigenen, meist wirtschaftlichen Interessen nachgehen: *„Die machen ja doch, was sie wollen."*

Damit wird eine Hilflosigkeit gegenüber diesen Politikern ausgedrückt, weil man sich im Stich gelassen fühlt. Die Folgen sind, dass weniger Wahlberechtigte zu den Wahlen gehen und sich in politischen Parteien engagieren.

Politische Partizipation in Deutschland

Trotz der geringen Beteiligung bei der Bundestagswahl kann von einer generellen Politikverdrossenheit in Deutschland nicht die Rede sein. ...

Dem Misstrauen gegenüber Parteien und Politikern stehen bei 77 Prozent der Deutschen ein generelles Vertrauen und eine hohe Akzeptanz der Verfassungsordnung und ihren Institutionen gegenüber. Auch die Einschätzung der persönlichen Möglichkeiten, auf die Politik Einfluss zu nehmen, hat sich positiv entwickelt. Glaubten vor zehn Jahren nur 14 Prozent der Deutschen, individuell politisch Einfluss nehmen zu können, so schreiben sich heute 36 Prozent diese Möglichkeit zu.

Neben den klassischen Möglichkeiten politischer Teilhabe erhalten Engagement in konkreten Projekten und Beteiligungsformen wie Unterschriftensammlungen, Kundgebungen oder Bürgerinitiativen regen Zuspruch. „Die Ergebnisse unserer Studie zur politischen Partizipation entziehen dem Pessimismus und der ‚Lust am Schlechtreden‘ einiges an Grundlagen", sagt Professor Dr. Heribert Meffert von der Bertelsmann Stiftung. ...

Eine Protestwahl können sich 45 Prozent der Befragten vorstellen, 35 Prozent haben diese zur politischen Einflussnahme bereits genutzt. 36 Prozent ziehen darüber hinaus eine protestmotivierte Wahlenthaltung in Betracht. „Es ist an der Politik, diese Signale aufzunehmen", sagt Heribert Meffert. „Sie kann verlorenes Terrain neu gewinnen, indem sie mit innovativen Methoden auf die Bürger zugeht."

Bertelsmann-Stiftung Gütersloh , 20.12.2012

© Drude

Auch der Anteil der Mitglieder in Gewerkschaften geht zurück. 1993 waren noch 10,2 Millionen der Arbeitnehmer im DGB gewerkschaftlich organisiert. Im Jahre 2013 waren es nur noch 6,14 Millionen. Das Problem ist keineswegs auf die Parteien oder Gewerkschaften beschränkt. So sank die Zahl der Mitglieder der evangelischen und katholischen Kirche von 1990 bis 2013 um 11 Millionen auf 46,7 Millionen. Der ADAC ist eine der wenigen Gruppierungen, die einen stetigen jährlichen Mitgliederzuwachs verzeichnen können. Inzwischen sind fast 19 Millionen Autofahrer dort Mitglied.

Auch die Zahl der Kirchenmitglieder geht zurück.

1. Diskutieren Sie die Gründe, warum fast alle politischen oder kirchlichen Organisationen mit Mitgliederschwund zu kämpfen haben.

2. Was könnten die Gründe dafür sein, dass die Interessenvertretung der Autofahrer einen ständigen Zulauf verzeichnet?

Nach der Wahl hat der Bürger keine Möglichkeit mehr, direkt auf den Bundestag einzuwirken. Dies kann bei den Bürgern zu Politikverdrossenheit führen, weil sie während einer Wahlperiode an der Zusammensetzung des Bundestages nichts ändern können.

Tatsächlich achten aber die Politiker sehr genau darauf, wie sie beim Volk „ankommen".

Fachstufe I

Fraktionsspitzen geben dem öffentlichen Druck nach

Koalition kippt zähneknirschend Diätenerhöhung

Angesichts breiter Kritik haben SPD und Union die umstrittene Diätenerhöhung für die laufende Legislaturperiode gestoppt. Die Fraktionschefs … teilten nach einem Treffen in Berlin mit, sie würden ihren Fraktionen nun empfehlen, die geplante Anpassung in der kommenden Woche nicht zu beschließen. … Zuvor hatte sich eine wachsende Zahl von Abgeordneten in beiden Fraktionen gegen ihre Führungsspitze gestellt und ein Nein zur Diätenerhöhung angekündigt. Vor allem in der SPD wollten nach Presseberichten ganze Landesverbände mehrheitlich dagegen stimmen.

Quelle: Tagesschau, 20.05.2008

Meinungsforschungsinstitute untersuchen in kurzen Abständen die Beliebtheit oder auch Unbeliebtheit von Politikern. Diese Daten werden veröffentlicht und der Bürger fühlt sich oft in seinem eigenen Urteil bestätigt.

Suchen Sie im Internet unter dem Begriff „Beliebtheitsskala" die aktuellen Werte für amtierende Politiker.

Vertrauen in staatliche Organe

Das Vertrauen der Deutschen in ihre Politiker ist gering. Es gibt Bürger, die insbesondere lokale Entscheidungen selbst treffen wollen. Umfragen unter Jugendlichen ergeben immer noch ein schwaches Interesse an Politik. Sie vertrauen allerdings durchaus bestimmten staatlichen Organen.

„Ich habe Vertrauen in..."

Wieviel Vertrauen haben Sie in diese Gruppen oder Organisationen? Von 1 (wenig Vertrauen) bis 5 (viel Vertrauen).

1.	Gerichte	3,50
2.	Polizei	3,48
3.	Bundesverfassungsgericht	3,47
4.	Menschenrechtsgruppen	3,42
5.	Umweltschutzgruppen	3,41
6.	Tageszeitungen	3,27
7.	Bundeswehr	3,22
8.	Gewerkschaften	3,12
9.	Bürgerinitiativen	3,02
10.	Fernsehen	2,99
11.	Große Unternehmen	2,95
12.	Bundesregierung	2,82
13.	Kirchen	2,72
14.	Unternehmensverbände	2,67
15.	Politische Parteien	2,55

Quelle: 16. Shellstudie

Die Parteien sind in Verruf geraten; Parteipolitik gilt immer mehr Bürgern als die Verkörperung von Bürgerferne. Das ist der kleine gemeinsame Nenner der Menschen, die fälschlich als „Wutbürger" bezeichnet werden. ... Man kann darüber streiten, ob das, was sie im Einzelfall tun, wirklich dem Gemeinwohl guttut; aber der Streit darüber gehört zur Politik: Bürger verhindern (wie in Hamburg) eine Schulreform, Bürger verordnen dem Land ein Rauchverbot (wie in Bayern), Bürger erzwingen (wie in Stuttgart) eine Schlichtung zum Megaprojekt Stuttgart 21. Bürger haben mehr Kindergärten und Schulen verlangt, Bürger haben ihr Veto gegen die Privatisierung von Wasser- und Stadtwerken eingelegt, den Verkauf des kommunalen Abwasserkanalnetzes verhindert, den Bau von Hochhäusern und Einkaufspassagen gestoppt.

Süddeutsche Zeitung vom 31.12.2010

Interesse an Politik steigt wieder leicht an

Auch wenn das politische Interesse bei Jugendlichen weiterhin deutlich unter dem Niveau der 1970er- und 1980er-Jahre liegt, ist der Anteil der politisch Interessierten wieder leicht angestiegen. Ausschlaggebend dafür sind die mittleren und gehobenen Schichten und die Jüngeren. Bei den 12- bis 14-Jährigen hat sich das Interesse binnen der letzten acht Jahre mit 21 Prozent nahezu verdoppelt, bei den 15- bis 17-Jährigen stieg es von 20 Prozent auf 33 Prozent.

Aus der Shellstudie 2010

Zusammenfassung

Mit Politikverdrossenheit bezeichnet man einen Zustand, bei dem sich große Teile der Bevölkerung für die Politik nicht mehr interessieren.

Die Mitgliederzahlen der meisten politischen und kirchlichen Organisationen gehen zurück.

Wissens-Check

1. Wie wirkt sich die Politikverdrossenheit aus?
2. Inwiefern wirkt sich die Meinung der Bürger auch außerhalb von Wahlen auf die Bundespolitik aus?
3. In welche drei staatlichen Institutionen besteht das größte Vertrauen?

Fachstufe I

6 Interessenartikulation außerhalb von Wahlen

*Es ist ein demokratisches Prinzip, dass auf allen gesellschaftlichen Ebenen die betroffenen Bürger so weit wie möglich beteiligt werden. Sie erhalten dadurch die Möglichkeit einer aktiven Teilnahme an politischen Entscheidungen. Die **Partizipation** an der politischen Willensbildung darf sich nicht darauf beschränken, ein Mal in vier oder fünf Jahren zu wählen.*

Partizipation:
Teilnahme

6.1 Pluralistische Ordnung

Pluralismus:
Unterschiedliche Interessengruppen haben die Möglichkeit, politisch aktiv zu sein.

Pluralismus ist ein Wesensmerkmal aller demokratischen Staaten. Eine Demokratie ist offen für neue Ideen und Vorstellungen, auch wenn sie nur von wenigen Menschen vertreten werden. Jedoch dürfen sie den demokratischen Staat nicht gefährden.

In einer Diktatur gibt es keinen Pluralismus. Nur die Meinung der in der Regel einzigen Partei gilt. Abweichungen sind verboten.

Konkurrierende Interessen und Wertvorstellungen

In unserer Demokratie ermöglichen Grundrechte, dass sich eine Vielzahl von Einzelinteressen und Gruppeninteressen bilden kann. Sie sind häufig unterschiedlich. So verfolgen Unternehmen wirtschaftliche Interessen, die gelegentlich von betroffenen Bürgern kritisch eingestuft werden, sogar bekämpft werden. Dies wird in der Energie- und Atompolitik deutlich.

Parteien nehmen oft gegensätzliche Meinungen zu einem Thema ein. Interessenverbände wie z. B. die Gewerkschaften und die Arbeitgeberverbände haben ebenso häufig entgegengesetzte Ziele. Dadurch sind Konflikte in einer pluralistischen Ordnung unumgänglich.

Ein Volk

Ein Reich

Ein Führer

Propagandaparole aus dem Nationalsozialismus

> Demokratie und Streit gehören zusammen. Eine Demokratie, in der nicht gestritten wird, ist keine.
>
> Helmut Schmidt, ehemaliger Bundeskanzler (1974–1982)

Ein demokratischer Staat garantiert, dass sich die Menschen in frei gebildeten Organisationen zusammenschließen können, um ihre gemeinsamen Interessen wirkungsvoll wahrzunehmen. Solche Organisationen sind neben Parteien, Gewerkschaften und Interessenverbänden auch Kirchen, Vereine oder Bürgerinitiativen.

An verschiedenen Stellen im Grundgesetz zeigt sich, dass der demokratische Staat unterschiedliche Interessen und Wertvorstellungen respektiert und ihre Artikulation gewährleistet.

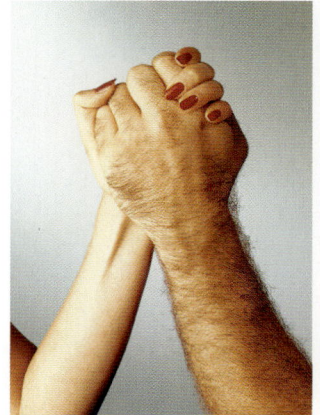

Finden Sie jene Grundrechte, die unsere pluralistische Ordnung ermöglichen.

Toleranz und Kompromissfähigkeit

Toleranz bedeutet, dass man Achtung und Respekt vor allen Menschen hat, dass man ihre verschiedenen Wertvorstellungen, Meinungen, Interessen, Ziele und auch ihre Herkunft akzeptiert.

Eine Demokratie zeichnet sich durch Toleranz aus. Sie erträgt abweichende Meinungen. Sind die Meinungsgrundsätze unüberbrückbar, so ist Kompromissfähigkeit gefragt. Sie ist häufig im Gesetzgebungsverfahren nötig. Innerhalb einer Regierungskoalition müssen sich die Koalitionsparteien auf gemeinsame Ziele einigen. Kompromisse entstehen auch im Zusammenspiel zwischen Bundestag und Bundesrat, weil die Interessen zwischen dem Bund und den Ländern unterschiedlich sind. Letztendlich werden Meinungsunterschiede immer wieder durch Abstimmungen entschieden. Oft sind es aber auch die Gerichte, die bei einem Konflikt entscheiden müssen.

Nicht die Kraft der Arme, sondern die Stärke des Arguments entscheidet.

Darf eine Lehrerin mit Kopftuch unterrichten?

Frau F. Ludin hatte alle Prüfungen für das Lehramt bestanden und wollte nun unterrichten, aber ihr Kopftuch aus religiöser Überzeugung auch im Unterricht tragen. Das nahm das Schulamt zum Anlass, sie nicht in den Schuldienst einzustellen.

Fereshta Ludin habe als Lehrerin an einer öffentlichen Schule das der Verfassung zugrunde liegende Menschenbild zu respektieren. Dazu gehöre auch, die Gleichberechtigung von Mann und Frau aktiv zu vertreten. Durch das Tragen des Kopftuches im Unterricht sei das nicht gewährleistet. Außerdem stehe zu befürchten, dass durch das Urteil der Druck auf muslimische Frauen und Mädchen wachse, die das Kopftuch selbst nicht tragen wollen.

Frau Ludin brachte den Fall vor das Bundesverfassungsgericht.

Das Verfassungsgericht hat den Fall selbst nicht entschieden, sondern die Länder aufgefordert, dafür gesetzliche Grundlagen zu schaffen. Ausdrücklich wurde das Recht zugebilligt, grundsätzlich Lehrerinnen und Lehrern das Tragen von religiösen Symbolen im Unterricht zu verbieten.

Evangelische Landeskirche Württemberg, online news, 17.05.2013

© dpa

Mit Kopftuch als Lehrerin?

1. Diskutieren Sie in Ihrer Klasse das Kopftuch-Urteil.
2. Sollte man Ihrer Meinung nach Lehrerinnen und Lehrern grundsätzlich das Tragen von religiösen Symbolen im Unterricht verbieten?

6.2   Vereine und Verbände

Art. 9 GG

(1) Alle Deutschen haben das Recht, Vereine und Gesellschaften zu bilden.

(2) Vereinigungen, deren Zwecke oder deren Tätigkeit den Strafgesetzen zuwiderlaufen oder die sich gegen die verfassungsmäßige Ordnung oder gegen den Gedanken der Völkerverständigung richten, sind verboten.

Vereine

Jeder zweite Deutsche ist Mitglied eines Vereins oder eines Verbandes. In einem Verein treffen sich die Mitglieder, weil sie in der Regel die gleichen Hobbys haben. Meist bezieht sich das auf Sport- oder Freizeitbetätigungen.

Gesetz zur Regelung des öffentlichen Vereinsrechts (VereinsG):

§ 1 Vereinsfreiheit

Die Bildung von Vereinen ist frei.

§ 2 Begriff des Vereins

(1) Verein im Sinne dieses Gesetzes ist ohne Rücksicht auf die Rechtsform jede Vereinigung, zu der sich eine Mehrheit natürlicher oder juristischer Personen für längere Zeit zu einem gemeinsamen Zweck freiwillig zusammengeschlossen und einer organisierten Willensbildung unterworfen hat.

Aus steuerlichen und aus Haftungsgründen ist es sinnvoll, dass sich Gleichgesinnte zu einem „eingetragenen Verein" zusammenschließen. Dazu lässt sich der Verein beim zuständigen Amtsgericht registrieren (eintragen). Er bekommt dann zu dem frei gewählten Namen den Zusatz „e.V." (z. B. „Deutsche Krebshilfe e.V.").

die lobby für kinder

Wer darf einen Verein gründen?

Verbände

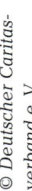

In einem Verband (bzw. Interessensverband) haben die Mitglieder eher politische Ziele. Bürger, Organisationen und Unternehmer schließen sich zusammen, um ihre Interessen gegenüber Parteien, dem Parlament, der Regierung und der öffentlichen Meinung effektiv zu vertreten. Damit sind die Interessensverbände an der politischen Willensbildung beteiligt und nehmen ähnlich wie die Parteien eine Vermittlerfunktion zwischen Gesellschaft und Staat ein.

Nachfolgend werden die Unterschiede zwischen Parteien und Verbänden dargestellt.

Parteien und Verbände

Betätigung in **allen** politischen Bereichen	Betätigung in **einzelnen** politischen Bereichen (Wirtschaft, Umwelt, ...)
Bündelung **unterschiedlicher Interessen** zu einer gesellschaftlichen Gesamtkonzeption	Artikulierung und Durchsetzung **spezifischer Interessen** (Partikularinteressen)
Teilnahme an Wahlen	**Wahlempfehlungen** und Lobbyismus
Beteiligung an der Regierung oder Arbeit in der Opposition	Versuch der **Einflussnahme** auf Regierung und Verwaltung
umfassende politische Beteiligung	**begrenzt**e politische Beteiligung
Verpflichtung zur innerparteilichen Demokratie	**keine** Verpflichtung zur innerverbandlichen Demokratie
Mitwirkung an der politischen Willensbildung des Volkes	Wahrung u. **Förderung** der Arbeits-, Lebens-, Wirtschaftsbedingungen
unmittelbares politisches Handeln in allen Politikbereichen	**mittelbar**es politisches Handeln in allen Politikbereichen

© Dave Vaughan

Tarif:

Durch Vertrag festgelegte Höhe von Preisen, Löhnen u. a.

Autonomie:

Selbstständigkeit

Art. 9 GG

(3) Das Recht, zur Wahrung und Förderung der Arbeits- und Wirtschaftsbedingungen Vereinigungen zu bilden, ist für jedermann und für alle Berufe gewährleistet.

Die bedeutendsten Verbände sind die der Arbeitnehmer und Arbeitgeber. Gewerkschaften und Arbeitgeberverbände oder einzelne Arbeitgeber bezeichnet man als Tarif- oder Sozialpartner. Sie handeln die Tarifverträge aus, in denen die Löhne, die Gehälter und sonstige Arbeitsbedingungen festgeschrieben sind. Die Tarifverträge kommen ohne Beteiligung des Staates zustande. Das nennt man **Tarifautonomie.**

Der Deutsche Gewerkschaftsbund (DGB) mit über 6 Millionen Mitgliedern in seinen 8 Einzelgewerkschaften ist die größte gewerkschaftliche Dachorganisation in der Bundesrepublik Deutschland. Der Christliche Gewerkschaftsbund (CGB) ist mit 0,28 Millionen Arbeitnehmer, nach dem DGB und dem Deutschen Beamtenbund (DBB) mit 1,25 Millionen Beamten, der kleinste Gewerkschaftsdachverband in Deutschland.

Die Unternehmerverbände vertreten wirtschaftspolitische Interessen gegenüber der Politik und der Öffentlichkeit. Sie sind im Bundesverband der deutschen Industrie (BDI) zusammengeschlossen. Die Arbeitgeberverbände vertreten vor allem die sozialpolitischen Interessen. Sie sind als Fachverbände der einzelnen Branchen und nach Regionen gegliedert. Im Allgemeinen sind sie zu Landes- und

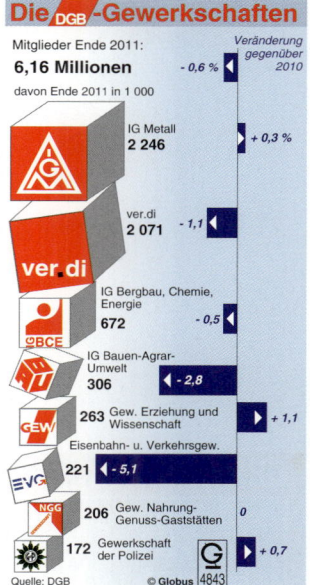

Die DGB-Gewerkschaften

Mitglieder Ende 2011:
6,16 Millionen − 0,6 %
Veränderung gegenüber 2010

davon Ende 2011 in 1 000

IG Metall **2 246** + 0,3 %

ver.di **2 071** − 1,1

IG Bergbau, Chemie, Energie **672** − 0,5

IG Bauen-Agrar-Umwelt **306** − 2,8

Gew. Erziehung und Wissenschaft **263** + 1,1

Eisenbahn- u. Verkehrsgew. **221** − 5,1

Gew. Nahrung-Genuss-Gaststätten **206** 0

Gewerkschaft der Polizei **172** + 0,7

Quelle: DGB © Globus 4843

BDI
Bundesverband der Deutschen Industrie e.V.

© BDI

Fachstufe I

Bundesverbänden zusammengeschlossen. Ihr Spitzenverband ist die Bundesvereinigung der Deutschen Arbeitgeberverbände (BDA).

© BDA

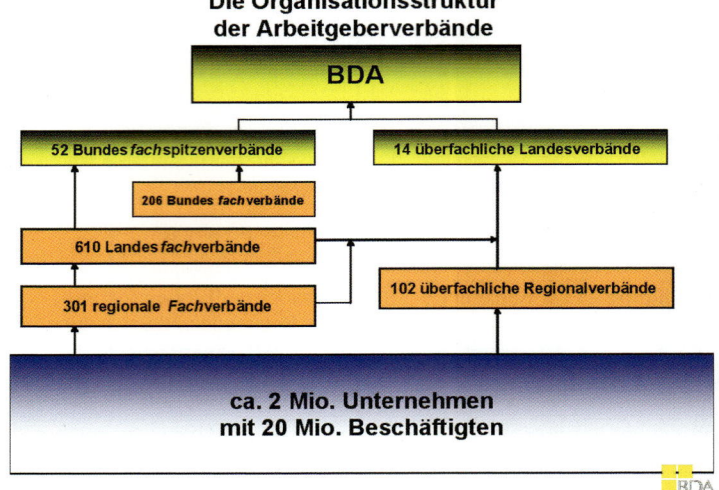

Neujahrsempfang beim Bürgermeister

Neben Vertretern der Betriebe wurden heuer wieder etliche Vertreter der Vereine, der örtlichen Gewerkschaft und der Parteien geladen. Auch die kürzlich in Erscheinung getretene Bürgerinitiative „Rettet die Altstadt" e.V. war erschienen. Der Bürgermeister bedankte sich in seiner Ansprache ausdrücklich bei den Vereinsvertretern. Ihr ehrenamtliches Wirken sei der Kitt, der unsere Gesellschaft zusammenhält. Egal, ob es Sportler, Bienenzüchter oder Schützen seien, alle würden dazu beitragen, dass unsere Stadt lebenswert und liebenswert bleibt, auch im neuen Jahr.

Donau Kurier

1. Erläutern Sie, was der Bürgermeister mit „Kitt, der unsere Gesellschaft zusammenhält" meint.
2. Wie können sich Jugendliche in Staat und Gesellschaft engagieren?

© Foto: Der Spiegel

Spiegeltitelblatt 1993 Nr. 43

Mit Lobbyismus versuchen Interessensverbände, die Verwaltung, die Regierung, das Parlament und die öffentliche Meinung gezielt zu beeinflussen. Zu diesen Interessensverbänden zählen u. a. Unternehmensverbände, Gewerkschaften, Nichtregierungsorganisationen und größere Unternehmen. Deren Vertreter (Lobbyisten) nutzen häufig persönliche Kontakte. Damit wirken sie, vor allem mit Informationen, auf die Entscheidungsträger und die Entscheidungsprozesse ein. Die Lobbyisten vertreten oft Interessen, die nicht den Interessen der Allgemeinheit entsprechen.

Die Macht der Lobbyisten

So viele Verbände sind beim Deutschen Bundestag registriert

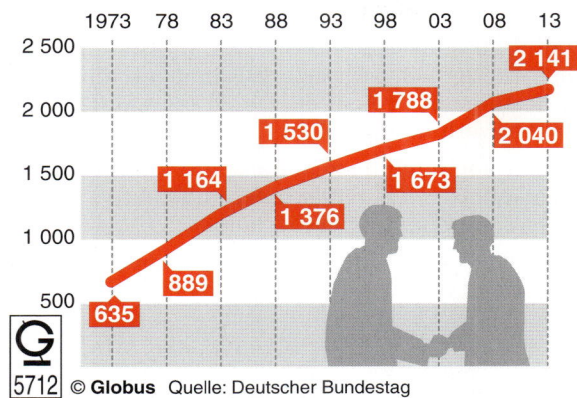

© **Globus**   Quelle: Deutscher Bundestag

1. Bewerten Sie die Vor- und Nachteile der Teilnahme der Interessensverbände an der Willensbildung.
2. Analysieren Sie das Titelblatt des Spiegels.

6.3 Bürgerinitiativen

Art. 5 GG

Jeder hat das Recht, seine Meinung in Wort, Schrift und Bild frei zu äußern …

Art. 8 GG

(1) Alle Deutschen haben das Recht, sich ohne Anmeldung oder Erlaubnis friedlich und ohne Waffen zu versammeln.

Kampf von unten gegen Lärm von oben

Schmelz. „Das Saarland ist keine Müllkippe fürs Militär. Lärm macht krank." Das sind nur zwei von vielen Aussagen, die gestern Abend bei der zweiten Montagsdemo gegen Fluglärm fielen. Aufgerufen hatte die Bürgerinitiative Fluglärm, Bodenlärm und Umweltverschmutzung. Über 60 Menschen folgten dem Aufruf und kamen nach Schmelz.
Saarbrücker Zeitung, 17.07.2012

Streit um Bäume in Beaumarais

Beaumarais. Um die geplante Bepflanzung der Hauptstraße in Beaumarais kommt es zu heftigen Diskussionen. Gestern überreichte der Sprecher einer Initiative Beaumaraiser Bürger, Edmund Reichert, OB Roland Henz eine Liste mit nach eigenen Angaben 290 Unterschriften. Die Unterzeichner wenden sich „gegen Bäume in der Hauptstraße".
Saarbrücker Zeitung, 05.01.2012

Fachstufe I

Gerade auf kommunaler Ebene, zunehmend aber auch auf Länderebene, fordern die Bürger eine direkte Einflussmöglichkeit auf politische Sachentscheidungen. Saarländischen Bürgern stehen verschiedene Instrumente direkter Demokratie zur Verfügung. Am häufigsten findet man Bürgerinitiativen. Diese können im Laufe ihres Bestehens Bürgerbegehren und Bürgerentscheide bzw. Volksbegehren und Volksentscheide anstreben. Bürgerinitiativen sind meist räumlich und zeitlich begrenzte Zusammenschlüsse von Bürgern, die ein bestimmtes Projekt oder eine Idee fördern und durchsetzen oder aber verhindern wollen.

Um die eigenen Absichten erfolgreich durchsetzen zu können, benötigt man neben möglichst vielen Mitstreitern und der Mobilisierung der Öffentlichkeit unbedingt juristischen Rat.

In der Regel sind es die Gerichte, die letztendlich über Erfolg oder Misserfolg von Bürgerinitiativen entscheiden.

© Drude

Welche Meinung über Bürgerinitiativen will der Karikaturist hier andeuten?

Zu viele Autos, zu hohes Tempo

Mangelhausen. Anlieger der Mangelhauser Straße im Dörfchen Mangelhausen haben am Samstag eine Bürgerinitiative gegründet. Das Ziel ist eine Verbesserung der Verkehrssituation in der sehr engen, viel befahrenen Straße.

„Der Verkehr in unserer schmalen Straße nimmt zu, trotz Tempo-30-Zone brettern die Fahrzeuge an unserem Haus vorbei, dass die Wände wackeln. Jetzt muss endlich was geschehen!" Mit diesen Worten skizziert Astrid Stein-Cenkel, die mit ihrer Familie in der Mangelhauser Straße lebt, den Ärger der etwa 100 Anwohner der schmalen Landstraße. Die Menschen, die hier auf der Grenze zwischen Regionalverband Saarbrücken und Landkreis Neunkirchen leben, bangen um die Sicherheit ihrer Kinder, um ihre Gesundheit und Lebensqualität.

Saarbrücker Zeitung, 11.06.2012

Diskutieren Sie, wie die Bürgerinitiative umgesetzt werden könnte.

6.4 Bürgerbegehren und Bürgerentscheide

Bürgerbegehren gegen Windkraftanlagen

Bürgerinitiative hat mehr als 1200 Unterschriften gegen Bauvorhaben gesammelt

Weiskirchen. In Weiskirchen läuft ein Bürgerbegehren über die umstrittene Errichtung von Windkraftanlagen. Wie die „Bürgerinitiative gegen Windkraftanlagen im Wildpark und im Wald" gestern mitteilte, werde die vorgegebene Quote von Unterstützungs-Unterschriften klar überschritten: Statt der benötigten 800 Unterschriften lägen bereits über 1200 vor. Die Bürgerinitiative wird Ende August die Unterschriftenlisten an Bürgermeister Werner Hero übergeben. Dann muss sich der Gemeinderat damit befassen. Wenn der Rat das Begehren formal für zulässig hält, aber dennoch am Bau von Windrädern im Waldgebiet der Gemeinde festhält, folgt ein Bürgerentscheid. Dann wären die Weiskircher erneut aufgerufen, über diese Frage abzustimmen. Bei einer Einwohnerbefragung im Juni war die Mehrheit bereits gegen den Bau.

Saarbrücker Zeitung, 18.08.2010

Umweltfreundliche Stromerzeugung hat auch Gegner.

Kommunalselbstverwaltungsgesetz (KSVG) des Saarlandes

Art. 21a Bürgerbegehren und Bürgerentscheid

(1) Die Bürgerinnen und Bürger einer Gemeinde können beantragen (Bürgerbegehren), dass sie an Stelle des Gemeinderats über eine Angelegenheit der Gemeinde selbst entscheiden (Bürgerentscheid).

Saarländische Bürgerinnen und Bürger haben die Möglichkeit auch außerhalb der Kommunalwahlen direkt in ihren Gemeinden politisch mitzuwirken. Sie können gegen einen Teil der Beschlüsse des Gemeinderates ein Bürgerbegehren initiieren. Dazu muss das Bürgerbegehren als Frage formuliert sein, die mit „Ja" oder „Nein" zu beantworten ist. Das Bürgerbegehren muss je nach Gemeindegröße von bis zu 15 Prozent der Wahlbürger unterzeichnet werden.

Lehnt der Gemeinderat das Bürgerbegehren ab, kommt es zu einem Bürgerentscheid. Zur Annahme müssen die Mehrheit der gültigen abgegebenen Stimmen und mindestens 30 Prozent der Stimmberechtigten mit „Ja" stimmen.

Bis 2011 wurden in Deutschland 5.027 kommunale Bürgerbegehren und 2.806 Bürgerentscheide durchgeführt. Seit 1997 besteht dazu auch im Saarland die Möglichkeit. Bisher fand jedoch noch kein Bürgerentscheid statt. Das lässt sich auf die hohen Hürden im Verfahren und die geringe praktische Erfahrung mit Bürgerbegehren und Bürgerentscheid zurückführen.

Mobilfunkanlagen, Verkehrsberuhigung, Gewerbeansiedlung und seit kurzem auch Windräder sind die Streitpunkte der meisten Bürgerinitiativen und -begehren.

Fachstufe I

6.5 Volksbegehren und Volksentscheide

© dpa

Volksabstimmung über Stuttgart 21 hat begonnen

München (dpa) In Baden-Württemberg hat die Volksabstimmung über das umstrittene Bahnprojekt Stuttgart 21 begonnen. 7,6 Millionen Bürger sind aufgerufen, über einen Ausstieg des Landes aus den Finanzierungsverträgen mit der Deutschen Bahn zu entscheiden.

Stuttgart. Die Fragestellung auf dem Stimmzettel ist kompliziert. Wer gegen Stuttgart 21 ist, muss mit „Ja" stimmen. Wer dafür ist, mit „Nein". Die Grünen um Ministerpräsident Winfried Kretschmann wollen den Bau des unterirdischen Durchgangsbahnhofs stoppen. Der Koalitionspartner SPD ist – wie die Opposition von CDU und FDP – mehrheitlich für das Milliardenprojekt. Das Abstimmungsquorum liegt bei einem Drittel der Wahlberechtigten. Demnach müssten 2,5 Millionen Menschen für den Ausstieg des Landes aus dem Projekt stimmen.

Saarbrücker Zeitung, 27.11.2011

Auf Bundesebene sind Volksbegehren und Volksentscheide nicht vorgesehen. Im Saarland besteht seit 1979 die Möglichkeit, durch Volksbegehren und darauffolgendem Volksentscheid Gesetze zu erlassen, zu ändern und aufzuheben. Der Weg dahin ist in der saarländischen Verfassung beschrieben und wurde zuletzt 2013 weiter ausgebaut.

Art. 99 SVerf (Verfassung des Saarlandes)

(1) Volksbegehren können darauf gerichtet werden, Gesetze zu erlassen, zu ändern oder aufzuheben. …

(2) Dem Volksbegehren muss ein ausgearbeiteter und mit Gründen versehener Gesetzentwurf zugrunde liegen. Es ist einzuleiten, wenn fünftausend Stimmberechtigte es beantragen. Das Volksbegehren ist zustande gekommen, wenn es durch Eintragung in amtlich ausgelegten Unterstützungsblättern von mindestens sieben Prozent der Stimmberechtigten innerhalb von drei Monaten unterstützt wird.

Art. 100 SVerf (Verfassung des Saarlandes)

(3) Das Gesetz ist durch Volksentscheid beschlossen, wenn ihm die Mehrheit derjenigen, die eine gültige Stimme abgegeben haben, jedoch mindestens ein Viertel der Stimmberechtigten, zustimmt.

Um allerdings überhaupt ein Volksbegehren im Saarland zu starten, müssen zunächst 5.000 stimmberechtigte Bürger ein solches beantragen. Danach wird eine Unterstützung von 7 Prozent der Wahlbürger für das Volksbegehren benötigt.

Sollte der Saarländische Landtag das Volksbegehren ablehnen, muss ein Volksentscheid durchgeführt werden. Für die Annahme ist ein Zustimmungsquorum von der Mehrheit der gültigen Stimmen und mindestens 25 Prozent der Wahlberechtigten notwendig. Für einen Volksentscheid über finanzwirksame und verfassungsändernde Gesetze müssen besondere Vorgaben erfüllt werden.

Bisher gibt es im Saarland, im Gegensatz zu anderen Bundesländern, keine praktischen Erfahrungen mit Volksbegehren und Volksentscheiden.

1. Wie beurteilen Sie die Tatsache, dass im Saarland noch kein Volksentscheid stattfand?
2. Auf Bundesebene ist gemäß Grundgesetz eine Volksabstimmung wie im Saarland nicht möglich. Wie beurteilen Sie diesen Sachverhalt?

Vor- und Nachteile von Volksbescheiden werden oft diskutiert. Im Wesentlichen werden folgende Argumente angeführt:

Contra

▸ Die Bürger sind bei Volksentscheiden aufgrund der eventuell komplizierten Sachverhalte überfordert.

▸ Volksentscheide lassen keinen Kompromiss zu, sondern erlauben nur eine Ja- oder Nein-Abstimmung.

▸ Volksentscheide sind eine Chance für **Demagogen.**

▸ Volksentscheide bieten eine Möglichkeit für durchsetzungsfähige Minderheiten, ihre Interessen durchzusetzen.

Demagoge:

Volksverführer, Hetzer, Manipulator

Er appelliert in seinen Reden an die Vorurteile der Zuhörer und versucht den politischen Gegner zu verunglimpfen.

Fachstufe I

Pro

▸ Volksentscheide bieten mehr Demokratie.

▸ Volksentscheide könnten gegen die Politikverdrossenheit wirken.

▸ Entscheidungen, die das Volk trifft, werden von den Bürgern stärker akzeptiert.

6.6 Petitionen

> **Art. 17 GG**
>
> Jedermann hat das Recht, sich einzeln oder in Gemeinschaft mit anderen schriftlich mit Bitten oder Beschwerden an die zuständigen Stellen und an die Volksvertretung zu wenden.

Eine Petition ist eine Eingabe an eine zuständige Behörde oder Volksvertretung. Dabei unterscheidet man:

▸ Ersuchen, die sich auf eine allgemeine politische Regelung beziehen (z.B. auf eine Behördenverfahrensweise, einen Gesetzesbeschluss oder eine Gesetzesänderung)

▸ Beschwerden, die um Abhilfe bei einem selbst erfahrenen Unrecht bitten (z.B. eine formal richtige, aber als unverhältnismäßig empfundene Behördenentscheidung)

Jedermann kann jederzeit eine Petition einreichen. Im Jahre 2012 waren es rund 17.000 Eingaben, die per Brief oder Internet beim Bundestag eingegangen sind. Daher spricht man auch vom „Kummerkasten der Nation".

Auch in der Verfassung des Saarlandes ist das Petitionsrecht verankert.

> **Art. 20 SVerf (Verfassung des Saarlandes)**
>
> Glaubt jemand durch die öffentliche Gewalt in seinen Rechten verletzt zu sein, so steht ihm der Beschwerde- bzw. Rechtsweg offen.
>
> **Art. 78 SVerf (Verfassung des Saarlandes)**
>
> (1) Über Bitten und Beschwerden an den Landtag entscheidet der Ausschuss für Eingaben, sofern nicht der Landtag selbst entscheidet.
>
> (2) Der Ausschuss ist grundsätzlich befugt, von der Landesregierung, ihren Mitgliedern und den anderen obersten Landesbehörden Auskunft und Aktenvorlage zu verlangen sowie Petenten und andere Beteiligte zu hören.

Übergabe des Petitionsberichtes 2012

Am Rande der Plenarsitzung am 26. Juni 2013 hat die Vorsitzende des Ausschusses für Eingaben, Frau Abgeordnete Heike Kugler, Herrn Landtagspräsidenten Hans Ley den Jahresbericht 2012 des Ausschusses überreicht.

Der Eingabeausschuss hat im Jahr 2012 insgesamt 230 Petitionen beraten. Damit steht das Petitionsaufkommen in der Kontinuität der beiden Vorjahre 2011 – mit 240 Fällen – bzw. 2010 – mit (ebenfalls) 230 Fällen.

Inhaltlich haben sich die meisten Eingaben auf die Themenfelder Inneres, Soziales, Justiz und Umwelt erstreckt.

In rund 55 % aller Fälle hat die Prüfung durch die Landesregierung zu einem parlamentarisch nicht zu beanstandenden Ergebnis geführt. 17 % der Verfahren haben einen für die Petenten positiven Abschluss gefunden.

www.landtag-saar.de, Zugriff: 10.07.2013

Zusammenfassung

Eine pluralistische Demokratie ist offen für neue Ideen und Vorstellungen.

Die Bildung von Vereinen und Verbänden ist frei.

Eine Bürgerinitiative ist ein Zusammenschluss von Bürgern, die ein bestimmtes Projekt durchsetzen oder verhindern wollen.

Die Gemeindebürger können über Angelegenheiten der Gemeinde einen Bürgerentscheid beantragen (Bürgerbegehren).

Der erfolgreiche Bürgerentscheid hat die Wirkung eines Beschlusses des Gemeinderates.

Die Wahlbürger im Saarland können ein Volksbegehren einleiten.

Auf Landesebene kann neben dem Saarländischen Landtag auch das Volk durch Volksentscheid einfache Gesetze beschließen.

Jeder Bürger hat das Recht eine Petition einzureichen.

Wissens-Check

1. Nennen Sie Kennzeichen einer pluralistischen Ordnung.

2. Welche Mitwirkungsmöglichkeiten gibt es neben Wahlen und Abstimmungen, um die Politik mitzugestalten?

3. Was muss man tun, um eine Bürgerinitiative zu gründen?

4. Erläutern Sie den Unterschied zwischen Bürgerbegehren und Bürgerentscheid sowie Volksbegehren und Volksentscheid.

5. Vergleichen Sie die Hürden für Bürgerentscheide und Volksentscheide mit anderen Bundesländern, z.B. Baden-Württemberg, Bayern und Rheinland-Pfalz.

6. Wie können sich Jugendliche in Staat und Gesellschaft engagieren?

Politische Entscheidungs-prozesse in Deutschland

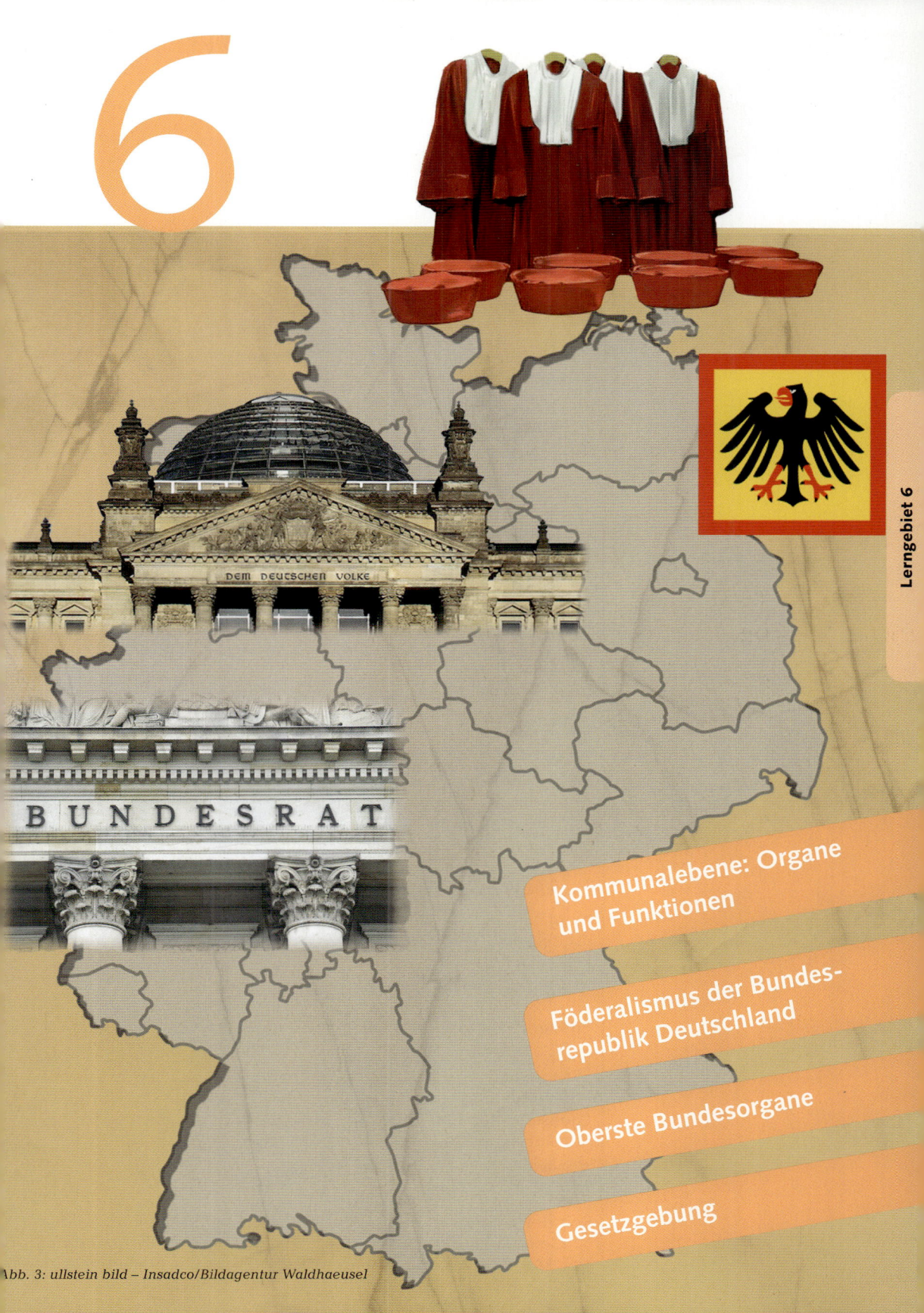

6

DEM DEUTSCHEN VOLKE

BUNDESRAT

Kommunalebene: Organe und Funktionen

Föderalismus der Bundesrepublik Deutschland

Oberste Bundesorgane

Gesetzgebung

Abb. 3: ullstein bild – Insadco/Bildagentur Waldhaeusel

LG 6 Politische Entscheidungs- prozesse in Deutschland

1 Kommunalebene – Organe und Funktionen

*Der Bürger kann politische Entscheidungen in seiner Gemeinde miterleben und mitgestalten. Das Selbstverwaltungsrecht der Gemeinden ermöglicht praxisgerechte Lösungen. Die **Infrastruktur** in einem Wohnort betrifft jeden tagtäglich. Keiner kann auf die Dienstleistungen der kommunalen Verwaltung verzichten.*

Infrastruktur:
Z. B. öffentliche Bauten, Einrichtungen wie Straßen und Schulen

Fachstufe I

Fünf Krippengruppen sind geplant

Ensdorf. Der Neubau der Kinderkrippe in Ensdorf macht Fortschritte. Nachdem der Gemeinderat entschied, an Stelle des ehemaligen Schwesternhauses die neue Einrichtung zu bauen, fiel mit den Abrissarbeiten am 12. August der Startschuss. Die Gesamtkosten belaufen sich auf 1,67 Millionen Euro, davon erhält die Gemeinde von Bund, Land und Landkreis einen Zuschuss von 1,2 Millionen Euro.

Saarbrücker Zeitung, 23.10.2012

Bürgermeister will Busangebot in Großrosseln überprüfen

Großrosseln. … Nach Bürger-Klagen über eine Verschlechterung des Angebotes in einzelnen Ortsteilen und in Richtung Völklingen will Bürgermeister Jörg Dreistadt den Fahrplan unter die Lupe nehmen. …

Saarbrücker Zeitung, 05.01.2012

Straßensanierung in Neuweiler großteils beendet

Sulzbach. … Für die Erneuerung von drei größeren Teilabschnitten … gab die Stadt Sulzbach nach eigenen Angaben rund 470.000 Euro aus.

Saarbrücker Zeitung, 08.06.2012

Bürgerbegehren ist Thema im Gemeinderat Nohfelden

Nohfelden. Mit 17 Tagesordnungspunkten beschäftigen sich die Mitglieder des Nohfelder Gemeinderates … Breiten Raum wird dabei wohl der Beschluss über die Zulässigkeit des Bürgerbegehrens, das sich gegen die Finanzierung des Ferienparks am Bostalsee richtet, einnehmen. …

Saarbrücker Zeitung, 13.04.2011

Seit der Gebietsreform in den 1970er-Jahren gibt es im Saarland 52 Gemeinden, fünf Landkreise und den Regionalverband Saarbrücken. Die kommunale Selbstverwaltung der Gemeinden und der Landkreise bzw. des Regionalverbands Saarbrücken, ist im Grundgesetz, im **KSVG** und in der saarländischen Verfassung geregelt. Damit stellen die Kommunen, nach Bund und Land, die dritte politische Ebene dar.

KSVG:
Kommunalselbstverwaltungsgesetz des Saarlandes

1.1 Aufgaben der Kommunen

> **Art. 28 GG**
>
> (2) Den Gemeinden muss das Recht gewährleistet sein, alle Angelegenheiten der örtlichen Gemeinschaft im Rahmen der Gesetze in eigener Verantwortung zu regeln.

> **Art. 1 KSVG Wesen der Gemeinde**
>
> (1) Die Gemeinden sind die in den Staat eingeordneten Gemeinwesen der in örtlicher Gemeinschaft lebenden Menschen. Sie regeln alle Angelegenheiten der örtlichen Gemeinschaft im Rahmen der Gesetze durch die von der Bürgerschaft gewählten Organe oder durch Bürgerentscheid in eigener Verantwortung.
>
> **Art. 5 KSVG Selbstverwaltungsangelegenheiten**
>
> (1) Die Gemeinden sind berechtigt und in den Grenzen ihrer Leistungsfähigkeit verpflichtet, zur Förderung des Wohls ihrer Einwohnerinnen und Einwohner alle öffentlichen Aufgaben zu erfüllen, soweit diese nicht kraft Gesetzes anderen Stellen übertragen sind.

Aus dem Recht, die örtlichen Angelegenheiten selbst zu regeln, ergeben sich die Aufgaben aus dem eigenen Wirkungskreis der Gemeinden und Landkreise.

Dabei handelt es sich einmal um freiwillige Aufgaben, beispielsweise um den Bau von Sportanlagen, Kinderspielplätzen, Theatern und Museen.

Daneben gibt es die Pflichtaufgaben, die von Bundes- und Landesebene festgelegt werden, die jede Gemeinde erfüllen muss. Allerdings haben die Gemeinden bei der Ausführung einen eigenen Gestaltungsspielraum. Darunter fallen etwa Kindergärten, Gemeindestraßen, Trinkwasserversorgung, Abwasserentsorgung und die Feuerwehr.

Der Weg zum Rathaus ist für die meisten Bürger kurz. Daher werden den Gemeinden viele Verwaltungsaufgaben übertragen. Die Gemeinden und Landkreise setzen diese Weisungsaufgaben im Auftrag und unter Aufsicht des Landes und des Bundes um. Hier haben die Gemeinden keine Entscheidungsfreiheit. Dazu gehören unter anderem die Ausstellung von Personalausweisen und Lohnsteuerkarten, das Einwohnermeldewesen, Angelegenheiten des Standesamtes und die Abwicklung von Wahlen.

Die Aufteilung der Aufgaben zwischen den Gemeinden und den Landkreisen kann ständig angepasst werden:

	Freiwillige Aufgaben	Pflicht-aufgaben	Weisungs-aufgaben
Landkreise bzw. Regio-nalverband	**ÖPNV,** Sportstätten, Kindertages-stätten, …	Sozialhilfe, Berufs-schulen, …	Bauaufsicht, Gewerbeauf-sicht, Kfz-Zulassung, …
Gemeinden	Kindergärten, Sportanlagen, Kinderspiel-plätze, Theater, Museen, …	Wasser-versorgung, Feuerwehr, Gemeinde-straßen, …	Standesamt, Pass- und Meldeamt, …

Beispielhafte Aufgabenverteilung zwischen den Landkreisen bzw. dem Regionalverband und den Gemeinden im Rahmen der kommunalen Selbstverwaltung.

ÖPNV:

Öffentlicher Personennahverkehr (z. B. Busse, Züge und Straßen-bahnen)

© vrabelpeter1 – Fotolia.com

Spielplätze sind eine freiwillige Aufgabe der Gemeinden.

1. Was versteht man unter dem Begriff kommunale Selbstver-waltung?

2. Welche Aufgaben werden in Ihrer Heimatgemeinde erfüllt?

3. Wovon hängt es ab, ob eine Gemeinde die freiwilligen Aufga-ben übernehmen kann?

4. Welche Vorteile hat die kommunale Selbstverwaltung?

1.2 Entscheidungsprozesse in den Kommunen

Auf der kommunalpolitischen Ebene gibt es in den Landkreisen und Gemeinden jeweils zwei voneinander unabhängige Organe. In den Landkreisen haben wir Kreistage als parlamentarische Ver-tretungen der Bürger und Landräte als Chefs der Verwaltung. In den Gemeinden haben wir Gemeinderäte und direkt gewählte Bürgermeister.

Staatsangehörige anderer Mitgliedstaaten der Europäischen Union haben nur auf der kommunalpolitischen Ebene das aktive und das passive Wahlrecht.

Darüber hinaus haben die Bürger die Möglichkeit, sich mit Bürger-begehren und Bürgerentscheiden direkt in die Kommunalpolitik einzumischen.

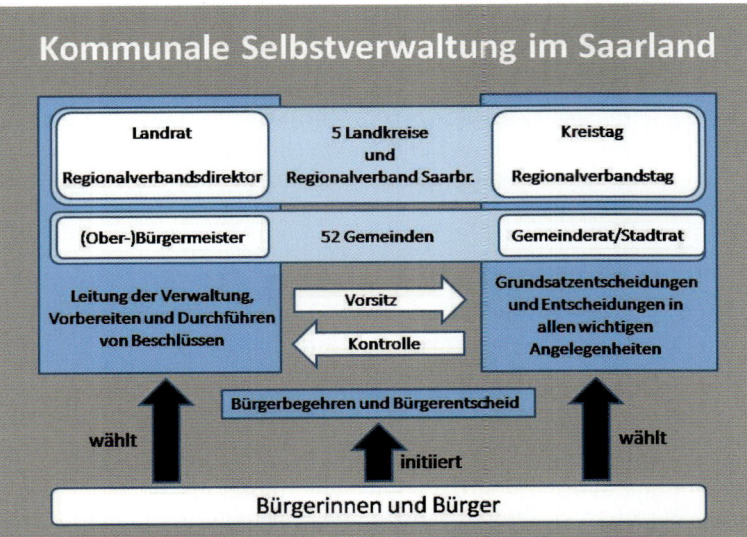

Kommunale Selbstverwaltung im Saarland

Landrat / Regionalverbandsdirektor	5 Landkreise und Regionalverband Saarbr.	Kreistag / Regionalverbandstag
(Ober-)Bürgermeister	52 Gemeinden	Gemeinderat/Stadtrat
Leitung der Verwaltung, Vorbereiten und Durchführen von Beschlüssen	Vorsitz → / ← Kontrolle	Grundsatzentscheidungen und Entscheidungen in allen wichtigen Angelegenheiten

Bürgerbegehren und Bürgerentscheid

wählt — initiiert — wählt

Bürgerinnen und Bürger

Der Gemeinderat

Bei der Kommunalwahl im Saarland wählen die wahlberechtigten Bürger alle fünf Jahre Orts-, Gemeinde- und Stadträte nach dem Prinzip der Verhältniswahl. Die Mitglieder dieser kommunalen Volksvertretungen sind ehrenamtlich tätig und erhalten eine Aufwandsentschädigung.

Anzahl der Gemeinderats- mitglieder:

Abhängig von der Anzahl der Einwohner einer Gemeinde

Gemeinderat berät über Anbau an Weidentalhalle

Beckingen. In Hargarten soll an die Weidentalhalle ein Versammlungsraum angebaut werden. ...

Saarbrücker Zeitung, 11.06.2012

Gemeinderat ändert Satzung über das Bestattungswesen

Ensdorf. Der Gemeinderat Ensdorf hatte zwar einstimmig die Satzung über das Friedhofs- und Bestattungswesen geändert, ...

Saarbrücker Zeitung, 09.11.2011

Gemeinderat verabschiedet Haushalt

Der Gemeinderat Saarwellingen hat den Haushalt 2012 verabschiedet. Zum Ausgleich benötigt er Kredite und Entnahmen aus der Rücklage. Das ermöglicht aber Investitionen und freiwillige Leistungen, ohne Steuern zu erhöhen.

Saarbrücker Zeitung, 02.04.2012

Gemeinderat entlastet Bürgermeister und Beigeordnete

Riegelsberg. Einstimmig hat der Riegelsberger Gemeinderat in seiner jüngsten Sitzung Bürgermeister ... Entlastung für das Rechnungsjahr 2011 erteilt.

Saarbrücker Zeitung, 25.10.2012

Die wichtigen Projekte einer Gemeinde wie z. B. der Bau eines Versammlungsraumes werden vom Gemeinderat beraten. In Städten

Lerngebiet 6

Fachstufe I

bezeichnet man ihn als Stadtrat. Der Gemeinderat tagt zumeist in öffentlicher Sitzung. Der Bürgermeister leitet die Sitzungen des Gemeinderates. Er setzt sich aus den Gemeinderatsmitgliedern zusammen. Deren Anzahl ist von der Größe der jeweiligen Gemeinde abhängig. Sie werden von den Bürgern bei den Kommunalwahlen auf fünf Jahre gewählt und sind häufig Mitglieder einer der politischen Parteien. Neben den bekannten Parteien auf Bundes- und Landesebene sind in vielen Gemeinderäten auch Wählergruppen und Freie Listen vertreten. Der Gemeinderat ist zuständig für

Satzungen:

Es sind Rechtsvorschriften, die im Gemeindegebiet gelten. Mit der Haushaltssatzung werden die Einnahmen und Ausgaben der Gemeinde eines Jahres rechtlich festgelegt.

▶ Grundsatzentscheidungen

▶ Erlass von **Satzungen**

▶ Beschluss des Haushalts der Gemeinde

▶ Kontrolle des Bürgermeisters und der Verwaltung

▶ die Einstellung von Gemeindebediensteten

Der Gemeinderat bildet auch Ausschüsse. In ihnen werden Entscheidungen vorberaten bzw. Entscheidungen mit geringer Tragweite getroffen. Sie verkörpern einen verkleinerten Gemeinderat und sind für unterschiedliche Bereiche zuständig (z. B. Finanzen, Bauen, Personal, Sport und Kultur).

Die gewählten Ortsräte vertreten die Interessen der jeweiligen Ortsteile. Meistens sprechen sie nur Empfehlungen an den Gemeinderat aus.

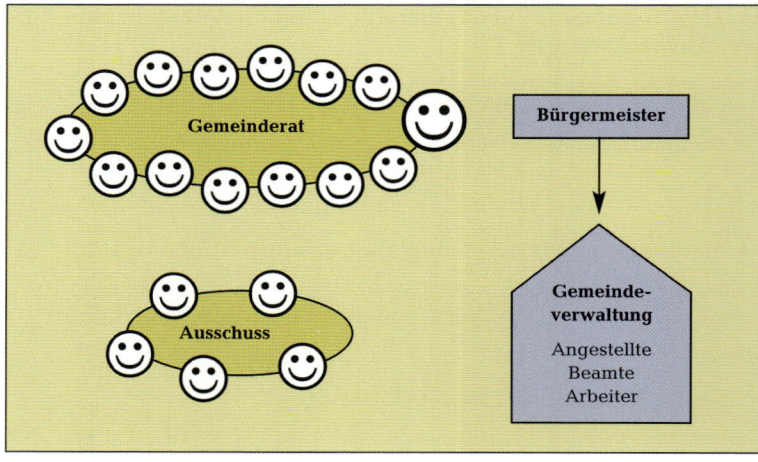

Der Bürgermeister

Blieskasteler fällen klare Entscheidung

Die Wahlbeteiligung bei der Bürgermeister-Stichwahl am vergangenen Sonntag lag bei 55,5 Prozent.

Annelie Faber-Wegener konnte am vergangenen Sonntag die Stichwahl zum Amt des Blieskasteler Bürgermeisters deutlich für sich entscheiden …

Saarbrücker Zeitung, 18.09.2012

Rathaus Saarwellingen

Der Bürgermeister bzw. **Oberbürgermeister** wird von den Bürgerinnen und Bürgern nach dem Prinzip der Mehrheitswahl direkt gewählt. Dadurch hat er eine gewisse Unabhängigkeit vom Gemeinderat und den Parteien. Erreicht keiner der Bürgermeisterkandidaten die absolute Mehrheit, kommt es zu einer Stichwahl unter den beiden Kandidaten mit den meisten Stimmenanteilen. Auch Einzelbewerber, die nicht von einer Partei nominiert wurden, haben bei der Direktwahl Aussichten gewählt zu werden.

Oberbürgermeister:
Der Titel des Verwaltungschefs in größeren Städten

Bürgermeister schwört auf neue Strukturen

Die Stadt Sulzbach hat mittlerweile vier Stabsstellen. Sie, die keiner Amtsleitung, sondern nur der Verwaltungsspitze unterstellt sind, sollen klar abgegrenzte Tätigkeitsfelder beackern. ...

Saarbrücker Zeitung, 24.11.2011

Bürgermeister Lutz dankt Anwohnern für Geduld

Straße „Im Fröschengarten" in Eppelborn wurde in den vergangenen Jahren mehrmals saniert.

Saarbrücker Zeitung, 28.12.2011

Bürgermeister billigen neue Müll-Gebühren für das Saarland

Völklingen. Der Abfall-Verband EVS will die Zahl der gebührenpflichtigen Mindestleerungen pro Jahr für die 120-Liter-Restmülltonnen rückwirkend zum 1. Januar 2011 von zehn auf vier reduzieren. Dem hat die Verbandsversammlung, der die Bürgermeister der im EVS angegliederten Kommunen angehören, gestern zugestimmt. ...

Saarbrücker Zeitung, 07.12.2011

Bürgermeister legt den Grundstein

Umbaumaßnahmen am Wasserwerk der Gemeinde Schmelz laufen auf Hochtouren

Saarbrücker Zeitung, 16.11.2011

Dem Bürgermeister weist die Gemeindeordnung folgende Aufgaben zu:

▸ Leitung der Gemeindeverwaltung

▸ Vorsitz im Gemeinderat und in den Ausschüssen

▸ Vertretung der Gemeinde nach außen

▸ Zuständigkeit für laufende und dringende Angelegenheiten (z.B. Kauf von Büromaterial, Reparaturauftrag für zerstörte Telefonanlage im Rathaus)

Der Bürgermeister und seine Gemeindeverwaltung bereiten die Entscheidungen für den Gemeinderat vor. Dies ermöglicht dem Bürgermeister auf die Willensbildung im Gemeinderat einzuwirken.

1. Ist der Bürgermeister der Chef der Gemeinde?

2. Was sind die Vor- und Nachteile eines starken Bürgermeisters?

Lerngebiet 6

Landkreise und Landrat

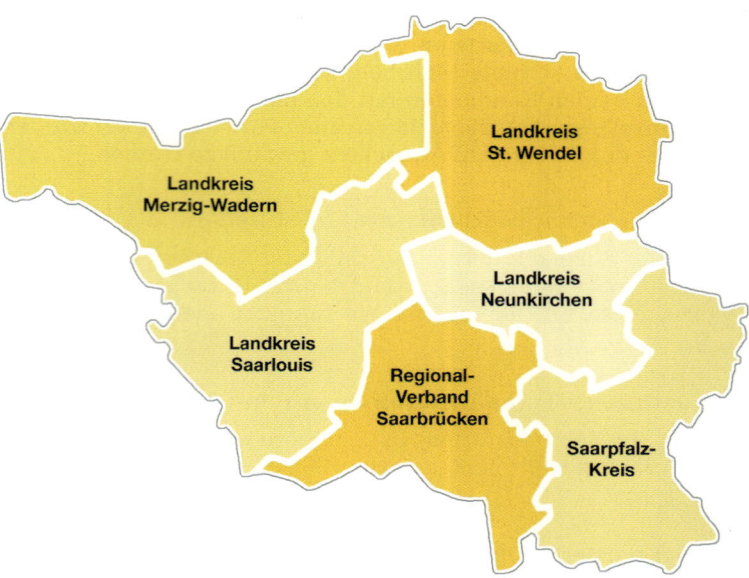

Das Saarland ist in fünf Landkreise und den Regionalverband Saarbrücken eingeteilt. Die Kreistage sind die Volksvertretung des Landkreises bzw. der Regionalverbandstag des Regionalverbandes Saarbrücken. Diese werden alle fünf Jahre im Rahmen der Kommunalwahl nach dem Prinzip der Verhältniswahl gewählt. Die Kreistagsmitglieder sind wie die Gemeinderäte ehrenamtlich tätig und erhalten eine Aufwandsentschädigung.

Dafür gibt der Landkreis Geld aus

Buslinien, Schulen, Sozialleistungen, Personal: Der Kreistag befasst sich heute mit dem kommenden Haushalt

St. Wendel. … 83 Prozent des 88 Millionen Euro schweren Kreishaushalts gehen für soziale Aufgaben und Bildung drauf. „Rechnet man die Personal-, Sach- und Gebäudekosten hinzu, dann sind dies 91 Prozent", sagt Kämmerer Adalbert Lauck.

0,5 Prozent seien freiwillige Ausgaben für Vereine und Verbände: 339 000 Euro. Etwa zwei Millionen Euro seien für Investitionen vorgesehen, die meisten für Schulen.

Saarbrücker Zeitung, 19.12.2011

Der Kreistag beschließt über alle Selbstverwaltungsangelegenheiten des Landkreises. Der Schwerpunkt liegt im Bereich Jugend und Soziales, für den der größte Teil des Haushaltes aufgewandt wird. Er erlässt Satzungen in kommunalen Angelegenheiten und die Haushaltssatzung. Er beschließt über die Errichtung oder Erweiterung öffentlicher Einrichtungen sowie über Aus- und Durchführung von Maßnahmen und Projekten.

Wie die Bürgermeister wird der Landrat bzw. Regionalverbandsdirektor direkt von der Bevölkerung gewählt. Er ist der Leiter der

Kreisverwaltung (Landratsamt) und der gesetzliche Vertreter des Landkreises. Zum Landratsamt gehören u. a.:

▶ Sozial- und Jugendamt

▶ Gesundheitsamt

▶ Fahrzeugzulassungsstelle

▶ Bauaufsichtsbehörde

Der Landrat führt in den Sitzungen des Kreistages und deren Ausschüssen den Vorsitz. Er bereitet mit seiner Verwaltung Beschlüsse für den Kreistag vor und führt sie aus.

Landratsamt Saarlouis

Ermitteln Sie auf der Internetseite Ihres Landkreises bzw. Regionalverbandes Aufgaben des Landkreises.

Bürgerbegehren und Bürgerentscheid

Die Bürgerinnen und Bürger können in bestimmten Angelegenheiten der Gemeinde unter gewissen Voraussetzungen ein Bürgerbegehren initiieren und einen Bürgerentscheid herbeiführen. Dann entscheiden die Bürger und nicht mehr die „Volksvertreter" über eine bestimmte Frage. Statt repräsentativer Demokratie wird ein Element der direkten Demokratie genutzt.

Zusammenfassung

Kommunen haben laut Grundgesetz das Recht, ihre Angelegenheiten selbst zu regeln.

Der Gemeinderat und der Bürgermeister sind die beiden Hauptorgane der Gemeinden.

Der Gemeinderat trifft Grundsatzentscheidungen, erlässt Satzungen, beschließt den Haushalt, entscheidet über die Einstellung von Gemeindebediensteten und kontrolliert den Bürgermeister sowie die Verwaltung.

Der Bürgermeister wird nach dem Prinzip der Mehrheitswahl direkt gewählt. Er leitet unter anderem die Gemeindeverwaltung, führt den Vorsitz im Gemeinderat, vertritt die Gemeinde nach außen und erledigt laufende Angelegenheiten.

Der Kreistag und der Landrat sind die beiden Hauptorgane des Landkreises. Der Regionalverbandstag und der Regionalverbandsdirektor sind die beiden Hauptorgane des Regionalverbandes Saarbrücken.

Der Kreistag oder der Regionalverbandstag beschließt über alle Selbstverwaltungsangelegenheiten des Landkreises.

Der Landrat oder Regionalverbandsdirektor wird direkt gewählt und leitet die Kreisverwaltung.

Mit dem Bürgerbegehren und Bürgerentscheid haben die Gemeindebürger die Möglichkeit, einzelne Entscheidungen der Gemeinden mitzugestalten.

Fachstufe I

Wissens-Check

1. Erklären Sie den Unterschied zwischen Freiwilligen-, Pflicht- und Weisungsaufgaben einer Gemeinde und nennen Sie jeweils zwei Beispiele.

2. Eine Gemeinde baut eine Sporthalle. Wer entscheidet in der Gemeinde über den Bau? Wer bereitet diese Entscheidung vor? Wer führt die Entscheidung für den Bau der Sporthalle aus?

3. Wie werden die Gemeinderäte und Kreistage sowie die Bürgermeister und Landräte gewählt?

4. Wer kontrolliert den Gemeinderat und den Bürgermeister?

5. Wie können Sie die Selbstverwaltung in Ihrer Gemeinde beeinflussen?

2 Föderalismus der Bundesrepublik Deutschland

Lesen und Schreiben

Leistungspunkte in der Schultest-Studie von Schülern der 9. Klasse im Fach Deutsch

Leseverständnis		Rechtschreibung	
Durchschnitt: 496 Punkte		Durchschnitt: 500 Punkte	
Bayern	509	Bayern	524
Sachsen	508	Baden-Württemberg	512
Baden-Württemberg	504	Saarland	507
Rheinland-Pfalz	497	Hessen	506
Thüringen	497	Rheinland-Pfalz	505
Sachsen-Anhalt	496	Sachsen	492
Mecklenburg-Vorp.	493	Thüringen	492
Hessen	492	Nordrhein-Westfalen	490
Saarland	492	Mecklenburg-Vorp.	490
Nordrhein-Westfalen	490	Sachsen-Anhalt	489
Niedersachsen	490	Niedersachsen	488
Schleswig-Holstein	488	Schleswig-Holstein	487
Brandenburg	485	Berlin	479
Hamburg	484	Hamburg	474
Berlin	480	Brandenburg	473
Bremen	469	Bremen	461

dpa•12909   Stand: 2009

Pisa-Rangliste der Bundesländer beim Lesen und Schreiben

Pisa-Studie:

Sie ist ein wissenschaftlicher weltweiter Ländervergleich, in dem die Fähigkeiten der Schüler untersucht wurden.

Kritik an PISA-Studie

Deutsche Schüler belegten nur Platz 20! Insgesamt wurden die Fähigkeiten 15-Jähriger aus 32 Nationen miteinander verglichen. Besonders gut schnitten dagegen Finnland, aber auch Japan und Korea ab. Das schlechte Abschneiden deutscher Schüler im internationalen Vergleich „PISA" ist für Erziehungswissenschaftler Peter Struck nicht sehr aussagekräftig. Schulsysteme verschiedener Länder und Kulturkreise könnten nicht miteinander verglichen werden, betont der Professor der Universität Hamburg. „Man vergleicht Äpfel mit Birnen".

Problematisch in NRW ist der sehr hohe Anteil von Schülern mit Migrationshintergrund. Fast ein Viertel der Schüler haben Eltern, die beide im Ausland geboren wurden. Schüler mit diesem Hintergrund schnitten bei PISA besonders schlecht ab. In Bayern sind es hingegen fast zehn Prozent weniger.

wdr.de, 13.05.2013

1. Welche Probleme können sich für deutsche Schülerinnen und Schüler ergeben, wenn ihre Eltern innerhalb der Bundesrepublik umziehen?

2. „In Deutschlands Schulen werden die Schüler ungleich behandelt!" Wie stehen Sie zu dieser Behauptung?

3. Welche Chancen sehen Sie darin, dass die Schulpolitik in der Bundesrepublik nicht einheitlich ist?

2.1 Sinn der bundesstaatlichen Ordnung

Die Bundesrepublik Deutschland besteht aus sechzehn deutschen Bundesländern. Die bundesstaatliche Ordnung bewahrt Vielfalt und erzeugt zugleich Einheit. Auf regionale Unterschiede kann die Politik besser eingehen. Daneben gibt es viele Gemeinsamkeiten wie die verfassungsmäßige Ordnung und die gemeinsame deutsche Geschichte ab **1871.** Der Bundesstaat bietet somit ein gemeinsames Dach der Einheit und ermöglicht den einzelnen Ländern dennoch Verschiedenartigkeit.

1871:

Nach dem deutsch-französischen Krieg schlossen sich unter Kaiser Wilhelm I. die deutschen Einzelstaaten zum Deutschen Reich zusammen. Als Gründer des Deutschen Reiches gilt Otto von Bismarck.

© toologott – Fotolia.com

© MEV Verlag GmbH

Kohlegrubenförderturm in Göttelborn und Containerhafen in Hamburg.

Durch die Unterschiedlichkeit zwischen den Ländern eines Bundesstaates entstehen Wettbewerb und Experimentierfreudigkeit. Einzelne Länder können sich in ihrem Zuständigkeitsbereich etwa bei der Ganztagsschule, der Drogenbekämpfung und in der Hochschulpolitik eigene Ziele setzen.

Neue Schul-Ära im Saarland beginnt

63 Schulen im Land gelten ab Donnerstag als Gemeinschaftsschulen

Saarbrücken. Es war das Vorzeige-Projekt eines grünen Bildungsministers: Die Einführung der Gemeinschaftsschule, eine Zusammenfassung von Erweiterten Realschulen (ERS) und Gesamtschulen. Die neue Schulform soll neben dem achtjährigen Gymnasium einen zweiten Weg zum Abitur ermöglichen – in neun Jahren. … Dieses „grüne" Reformprojekt hat die große Koalition übernommen, … 4300 Schüler sitzen am Donnerstag an 63 Schulen erstmals in 183 Eingangsklassen (Klassenstufe 5).

Lerngebiet 6

Fachstufe I

Es sind dies 219 Schüler weniger als sich im Jahr davor für ERS und Gesamtschule entschieden. Die Nachfrage nach Gymnasialplätzen (3310) blieb dem hingegen unverändert. Neun Jahre wird es dauern, bis die Gemeinschaftsschule als einzige zweite Säule neben dem Gymnasien die bisherigen Erweiterten Realschulen und Gesamtschulen verdrängt haben wird.

Saarbrücker Zeitung, 14.08.2012

Würden Sie die Gemeinschaftsschule bundesweit einführen? Begründen Sie Ihre Antwort.

Das Saarland lebt den Strukturwandel

Wer das Saarland kennt, denkt schnell an einen klassischen Industriestandort. Die Metall-Industrie hat hier – wie auch der Bergbau – schon immer einen besonderen Stellenwert eingenommen. Der Bergbau ist Vergangenheit, dafür haben sich in vielen anderen Technologie-Bereichen aber Türen weit geöffnet. Der Strukturwandel ist überall sichtbar und bringt frischen Wind in die Saar-Wirtschaft.

Saarbrücker Zeitung, 31.10.2011

Massentourismus in den Alpen hinterlässt Spuren

Bayerische Staatsregierung will Gegenmaßnahmen ergreifen. Gemeinden sollen **Verordnungen** erlassen können.

Verordnung:

Rechtliche Regelung aufgrund eines Gesetzes

Mit Verordnungen sollen Detailprobleme gelöst werden. Im Saarland können Gemeinden z. B. Verordnungen für die Benutzung von Campingplätzen erlassen.

Worin liegt der Vorteil, wenn die oben genannten Probleme durch das betroffene Bundesland gelöst werden?

Subsidiarität:

Der Staat wird nur unterstützend tätig. Die Verantwortung soll bei kleineren Gemeinschaften liegen.

Probleme lassen sich häufig vor Ort besser lösen. Die betroffenen Bürger haben ein starkes Interesse an einem Ergebnis. Ihre Kenntnisse und Erfahrungen sind dabei wertvoll. Wenn staatliche Entscheidungen auf unteren bzw. untersten Ebenen getroffen werden, spricht man von **Subsidiarität.** In einem Bundesstaat können bestimmte Aufgaben durch die Länder besser gelöst werden.

Problemnähe im Zentralstaat und im Bundesstaat.

Die Entscheidungen sind den örtlichen Gegebenheiten angepasst. So verlangt der Öffentliche Personennahverkehr (ÖPNV) im Saarland andere Maßnahmen als jener in Berlin.

Straßenbahn in Berlin – Saarbahn in Saarbrücken

Die Länder dienen auch zur Rekrutierung von Personal für die Bundespolitik. So treten Ministerpräsidenten der Länder immer wieder als Kanzlerkandidaten bei Bundestagswahlen an, wie z.B. 2002 der bayrische Ministerpräsident Edmund Stoiber gegen den amtierenden Bundeskanzler Gerhard Schröder. Der Vorteil für das politische System besteht darin, dass sie schon in ihren Ländern Regierungserfahrung sammeln konnten.

2.2 Strukturen und Aufgaben

Art. 28 GG

(1) Die verfassungsmäßige Ordnung in den Ländern muss den Grundsätzen des republikanischen, demokratischen und sozialen Rechtsstaates im Sinne dieses Grundgesetzes entsprechen.

Die Verfassungsgrundsätze, die die Bundesländer berücksichtigen müssen, sind im Grundgesetz festgeschrieben. Darüber hinausgehendes kann von den einzelnen Bundesländern selbst geregelt werden, z.B. das Wahlverfahren für die Landesregierung. Daher unterscheiden sich die Wahlsysteme in den einzelnen Bundesländern. Die Bundesländer haben eigene **Länderverfassungen.**

Gewaltenteilung

Art. 61 SVerf (Verfassung des Saarlandes)

(1) Alle Staatsgewalt geht vom Volke aus. Sie wird vom Volk in Wahlen und Abstimmungen und durch besondere Organe der Gesetzgebung, der vollziehenden Gewalt und der Rechtsprechung ausgeübt.

Lerngebiet 6

Der Föderalismus der Bundesrepublik Deutschland macht es möglich, dass es ein Landesparlament wie den Saarländischen Landtag und eine Landesregierung wie die Saarländische Staatsregierung gibt. Das Gleiche gilt für die Gerichtsbarkeiten, z. B. Saarländischer Verwaltungsgerichtshof. In den Stadtstaaten existieren statt der Landtage ein Abgeordnetenhaus in Berlin sowie eine Bürgerschaft in Bremen und Hamburg.

© Landtag des Saarlandes

Landtag des Saarlandes und Staatskanzlei des Saarlandes in Saarbrücken

Die Aufteilung der Staatsgewalt in eine Legislative, Exekutive und Judikative wird als horizontale Gewaltenteilung bezeichnet. Indem im föderalistischen Staat bestimmte Entscheidungen auf untere Ebenen, also die Länder, verlagert werden, kommt es zu einer zusätzlichen Gewaltenteilung, die von oben nach unten wirkt. Sie wird als vertikale Gewaltenteilung bezeichnet.

Horizontale Gewaltenteilung			
	Legislative gesetzgebende Gewalt	**Exekutive** ausführende Gewalt	**Judikative** rechtsprechende Gewalt
Bundesebene	**Bundestag und Bundesrat**	**Bundesregierung mit ihrer Verwaltung,** z. B. Bundesamt für Statistik, Bundeskriminalamt	**Bundesgerichte,** z. B. Bundesverfassungsgericht, Bundesgerichtshof
Landesebene	**Parlamente der Länder,** z. B. Landtag des Saarlandes, Hamburgische Bürgerschaft	**Landesregierung mit ihrer Verwaltung,** z. B. Polizei, Landesamt für Denkmalschutz, Landratsämter	**Landesgerichte,** z. B. Saarländischer Verwaltungsgerichtshof, Amtsgericht

Vertikale Gewaltenteilung (Zeilenbeschriftung links)

Horizontale und vertikale Gewaltenteilung auf Bundes- und Landesebene

Finden Sie in Ihrer Klasse Beispiele für die Vor- und Nachteile der vertikalen Gewaltenteilung und diskutieren Sie diese in Ihrer Klasse.

Das Saarland verfügt auf der Bundesebene über einen gewissen Einfluss. Einerseits wirken die Bundesländer durch ihre Vertreter im Bundesrat an der Bundesgesetzgebung mit. Andererseits gehören dem 2009 gewählten deutschen Bundestag mit seinen 622 Abgeordneten 10 saarländische Abgeordnete an. Wie alle Bundesländer hat das Saarland eine Landesvertretung in Berlin. Hier finden auch Veranstaltungen für Politiker, Wirtschaftsvertreter, Gewerkschaften und Kulturschaffende statt. Man bezeichnet sich selbst als das „Schaufenster des Saarlandes in Berlin".

© Landesverband Saarland

Gesetzgebung

Die einzelnen Bundesländer haben vielfältige Aufgaben zu erfüllen. Von den Landesparlamenten wird ein Teil der Gesetzgebung übernommen. In welchen Bereichen die Bundesländer Gesetze erlassen können, wird durch das Grundgesetz geregelt.

Saarländische Landesvertretung in Berlin

Ausschließliche Gesetzgebung des Bundes Nur der Bund erlässt Gesetze. **Artikel 71 GG**	Konkurrierende Gesetzgebung Die Länder dürfen nur dann Gesetze erlassen, wenn nicht schon der Bund dies getan hat. **Artikel 72 GG**	Gesetzgebungsrecht der Länder Die Länder dürfen Gesetze erlassen. **Artikel 70 Abs. 1 GG**
Beispiele: auswärtige Angelegenheiten, Verteidigung, Passwesen, Ein- und Auswanderung **Artikel 73 GG**	**Beispiele:** bürgerliches Recht, Strafrecht, Vereinsrecht, Sozialhilferecht Sozialversicherungsrecht, Arbeitsrecht **Artikel 74 GG**	**Beispiele:** Schulwesen, Kommunalrecht (Recht der Gemeinden, Landkreise, Bezirke), Polizeirecht, Strafvollzug, Ladenschlussregelungen

Die Gesetzgebungszuständigkeit zwischen Bund und Ländern

Der Bund hat in der konkurrierenden Gesetzgebung sehr viel geregelt. Den Ländern verbleiben damit nur noch wenige Bereiche, in denen sie Regelungen aufstellen können. Sollte es zu entgegengesetzten Rechtsvorschriften kommen, gilt: „Bundesrecht bricht Landesrecht" (Art. 31 GG).

Verschiedentlich wollen die Länder einen **Konsens** untereinander erreichen. Dies erfolgt in **Konferenzen** der Ministerpräsidenten oder Fachminister der einzelnen Bundesländer. Bei der Gesetzgebung der Bundesgesetze sind die Bundesländer nicht ohne Einfluss. Durch den Bundesrat wirken die Länder bei der Gesetzgebung des Bundes mit.

Über Volksbegehren und Volksentscheide können die Bürgerinnen und Bürger an der Gesetzgebung des Landes mitwirken.

Konsens:
Übereinstimmung

Kultusministerkonferenz (KMK):
Die Kultusminister der einzelnen Bundesländer stimmen sich z. B. hinsichtlich der Anforderungen in den Schulen ab.

Lerngebiet 6

Gesetzesvollzug

> **Art. 30 GG**
>
> Die Ausübung der staatlichen Befugnisse und die Erfüllung der staatlichen Aufgaben ist Sache der Länder, soweit dieses Grundgesetz keine andere Regelung trifft oder zulässt.

Die Ausführung der Länder- und Bundesgesetze erfolgt weitgehend durch die Verwaltung der Bundesländer. Nur für vereinzelte Bundesgesetze sind die Behörden des Bundes zuständig.

Gesetzesvollzug durch die Länder:

Beispiel: Ausbildungsförderung nach dem Bundesausbildungsförderungsgesetz wird von den Bundesländern erledigt.

> Worin liegt der Sinn, dass viele Bundesgesetze durch bereits vorhandene Behörden der Bundesländer vollzogen werden?

Staatsfinanzierung

Die Staatsgewalt verteilt sich im Föderalismus auf den Bund und die Länder. Die Steuereinnahmen müssen sich dementsprechend auch auf die beiden Ebenen verteilen. Dem Bund stehen u. a. Zölle, Tabak- und Mineralölsteuer zu. Die Länder erhalten die Erbschafts- und Vermögenssteuer. Die Einnahmen der Einkommens-, Körperschafts- und Umsatzsteuer fließen dem Bund und den Ländern gemeinsam zu. Länder mit hoher Finanzkraft (z. B. Bayern, Hessen und Baden-Württemberg) müssen einen **Finanzausgleich** an finanziell schwächere Länder (z. B. Saarland, Rheinland-Pfalz und Berlin) leisten.

Finanzausgleich:

Er wird immer wieder von den Geberländern kritisiert, weil sie nicht für Nehmerländer zahlen wollen.

2.3 Landtag und Landesregierung

Der Landtag

© Landtag des Saarlandes

Plenarsaal des Landtages des Saarlandes

> **Art. 65 SVerf (Verfassung des Saarlandes)**
>
> (1) Der Landtag ist die gewählte Vertretung des Volkes.

Der saarländische Landtag hat eine **Legislaturperiode** von fünf Jahren und wird nach den Grundsätzen eines Verhältniswahlrechts gewählt. Ihm gehören 51 Abgeordnete an. Nach der letzten Landtagswahl vom 25. März 2012 bildete sich eine Große Koalition aus CDU und SPD.

> **Art. 87 SVerf**
>
> (1) Der Ministerpräsident wird mit der Mehrheit der gesetzlichen Mitgliederzahl vom Landtag gewählt.

> **Art. 65 SVerf (Verfassung des Saarlandes)**
>
> (2) Der Landtag übt die gesetzgebende Gewalt aus, soweit sie nicht durch die Verfassung dem Volk unmittelbar vorbehalten ist. Er kann sich der gesetzgebenden Gewalt nicht entäußern.
>
> (3) Dem Landtag obliegt die Kontrolle der vollziehenden Gewalt.

Damit sind die typischen Hauptaufgaben eines Landesparlamentes definiert:

▸ Wahl des Ministerpräsidenten

▸ Gesetzgebungsbefugnis

▸ Kontrolle der Landesregierung

▸ Beschluss des Landeshaushaltes

Das Recht, Gesetze zu beschließen, gehört zu den wichtigsten Aufgaben jedes demokratisch gewählten Parlamentes. Dabei sind die Zuständigkeiten zwischen dem Bund und den Bundesländern aufgeteilt und durch das Grundgesetz genau geregelt.

Die Landesregierung

> **Art. 86 SVerf**
>
> Die Landesregierung besteht aus dem Ministerpräsidenten, den Ministern und Staatssekretären als weiteren Mitgliedern.

Die Mehrheit im Landtag wählte Annegret Kramp-Karrenbauer zur Ministerpräsidentin. Sie ernennt und entlässt mit Zustimmung des Landtages die Minister und Staatssekretäre.

Der derzeitigen Landesregierung gehören folgende Mitglieder an:

▸ Ministerpräsidentin

▸ Minister für Wirtschaft, Arbeit, Energie und Verkehr

▸ Minister für Finanzen und Europa

▸ Ministerin für Inneres und Sport

▸ Minister für Bildung und Kultur

▸ Ministerin für Justiz, Umwelt und Verbraucherschutz

▸ Minister für Soziales, Gesundheit, Frauen und Familie

Im Vergleich zum Landtag kann die Landesregierung auf die Landesverwaltung mit ihren spezialisierten Sachkenntnissen zugreifen. Daher wird der weitaus größte Teil an Gesetzesentwürfen von der Landesregierung in den Landtag eingebracht.

Die Kontrolle der Regierung

Die Abgeordneten kontrollieren nicht nur nachträglich das Handeln der Regierung. Das Parlament formuliert auch Empfehlungen für zukünftiges politisches Handeln. Die Haushaltsberatungen

Opposition:

Diejenigen im Parlament vertretenen Parteien, die nicht an der Regierung beteiligt sind

sind ein Beispiel für diese doppelte Kontrollfunktion. Einerseits bieten diese der **Opposition** die Gelegenheit einer Generalabrechnung mit der Politik der Landesregierung. Andererseits hat das Parlament die Möglichkeit, die Politik der Regierung zu beeinflussen.

Haushaltsentwurf im Saarland sieht 526 Millionen neue Schulden vor

Finanzminister Stephan Toscani (CDU) hatte bereits am Dienstag im Plenum erläutert, welche Akzente die Finanzpolitik im kommenden Jahr setzen will. Dabei sind die Eckdaten des Haushalts klar: Knapp 3,9 Milliarden Euro stehen auf der Ausgaben-Seite. Davon allein rund 1,4 Milliarden fürs Personal und 500 Millionen für Zinsen. Die Neuverschuldung liegt bei 526 Millionen, rund 65 Millionen weniger als ursprünglich geplant. Das Saarland steht insgesamt mit 13 Milliarden Euro in der Kreide. … Bei der Haushaltssanierung peilt die Regierung sowohl eine Senkung der Ausgaben als auch steigende Einnahmen an. So mache sich die schwarz-rote Koalition im Bundesrat für eine Erhöhung des Spitzensteuersatzes stark. …

„Nebulös und nicht präzise" nannte Heinz Bierbaum von den Linken gestern die Sparpolitik der Regierung. Er warnte vor einem Kahlschlag im öffentlichen Dienst. … Ein Kurswechsel in der Steuerpolitik zur Einnahmeverbesserung sei unumgänglich.

Piraten-Fraktionschef Michael Hilberer kritisierte, in Sachen Mehreinnahmen blieben die Absichten von Union und SPD „wolkig". Hubert Ulrich, Vormann der Grünen, vermisste „beherzte Vorstöße" der Regierung in diese Richtung. Bei den Stellenstreichungen befürchtete Ulrich, dass auch der Bildungssektor betroffen sein könnte. …

Saarbrücker Zeitung, 18.10.2012

Anfrage

▸ Mündliche Anfrage in der Fragestunde

▸ Schriftliche Anfrage, die jedes Mitglied des Landtages einbringen kann

▸ Große Anfrage, die von mindestens fünf Abgeordneten oder einer Fraktion gestellt wird

▸ Dringlichkeitsanfrage und die Aktuelle Aussprache, die zu aktuellen und allgemeinen Themen Stellung nimmt

Untersuchungsausschuss

Dies ist eine Gruppe von Abgeordneten, die Sachverhalte untersuchen, deren Aufklärung im öffentlichen Interesse liegen.

Zur Ausübung der Kontrollfunktion stehen dem Parlament eine Reihe von Instrumenten zur Verfügung, wie z.B. eine **Anfrage** oder ein **Untersuchungsausschuss.** Das stärkste Kontrollinstrument des Saarländischen Landtages ist das Misstrauensvotum. Verliert die Regierung (Ministerpräsident und die Minister) das Vertrauen des Landtages, dann muss sie aus dem Amt ausscheiden.

U-Ausschuss soll Fiasko um Vierten Pavillon klären

Im Landtag heftige Debatte bei der Einsetzung des Gremiums

Der dritte Landtags-Untersuchungsausschuss in der laufenden Amtsperiode: Er soll klären, wie es zum Finanz-Fiasko beim Vierten Museumspavillon kam und wer dafür die politische Verantwortung trägt.

Saarbrücker Zeitung, 17.11.2011

2.4 Probleme des Föderalismus

Der Föderalismus der Bundesrepublik Deutschland ist nicht unumstritten. Kritik entzündete sich am zu starken Einfluss der Länder an der Bundesgesetzgebung durch den Bundesrat und an der geringen Möglichkeit der Länder, selbst Gesetze zu erlassen. Die konkurrierende Gesetzgebung lasse den Ländern kaum noch Gelegenheit, eigene Gesetze zu verabschieden. Diese Kritikpunkte wurden mit den Bestimmungen der Föderalismusreform gemildert.

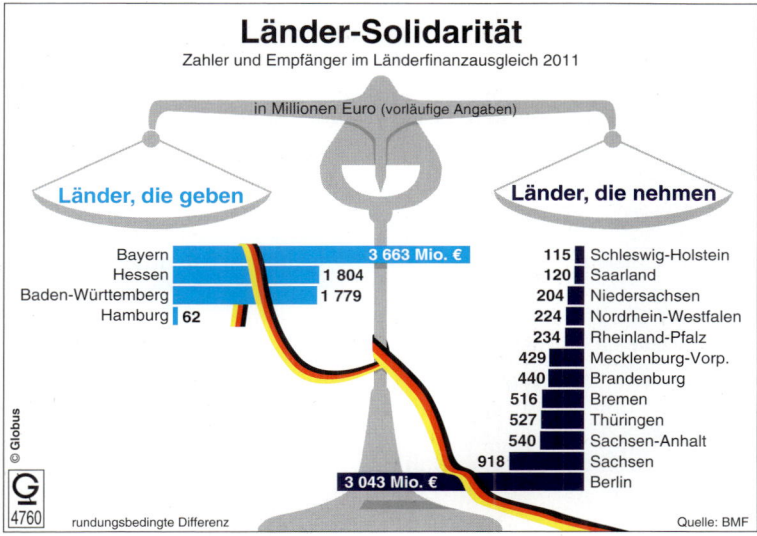

Länder-Solidarität
Zahler und Empfänger im Länderfinanzausgleich 2011

in Millionen Euro (vorläufige Angaben)

Länder, die geben

Bayern	3 663 Mio. €
Hessen	1 804
Baden-Württemberg	1 779
Hamburg	62

Länder, die nehmen

115	Schleswig-Holstein
120	Saarland
204	Niedersachsen
224	Nordrhein-Westfalen
234	Rheinland-Pfalz
429	Mecklenburg-Vorp.
440	Brandenburg
516	Bremen
527	Thüringen
540	Sachsen-Anhalt
918	Sachsen
3 043 Mio. €	Berlin

© Globus
4760
rundungsbedingte Differenz
Quelle: BMF

Wenn die Bundesländer in vermehrtem Umfang Gesetze selbst verabschieden können, kann sich eine Uneinheitlichkeit ergeben. Sehen Sie darin einen Nachteil oder Vorteil?

Die Bundesstaatlichkeit ermöglicht Vielfalt. Der Preis dafür sind die Kosten, die sich aus sechzehn Länderregierungen und Länderparlamenten ergeben. Ein weiteres Problem des Bundesstaates liegt darin, dass sich die Wirtschaftskraft in den Bundesländern unterscheidet. Die Lebensverhältnisse der Bundesbürger hängen somit auch davon ab, ob der Einzelne in einem wirtschaftlich schwachen oder starken Bundesland wohnt. Um die Leistungsfähigkeit zu steigern, erlaubt das Grundgesetz einen Zusammenschluss von Bundesländern.

Art. 29 GG

Das Bundesgebiet kann neu gegliedert werden, um zu gewährleisten, dass die Länder nach Größe und Leistungsfähigkeit die ihnen obliegenden Aufgaben wirksam erfüllen können.

Lerngebiet 6

Eine Neugliederung von Bundesländern wird immer wieder diskutiert. Dafür ist in den betroffenen Bundesländern ein Volksentscheid notwendig. Daran scheiterte im Jahre 1996 eine Fusion der Bundesländer Brandenburg und Berlin.

Fusions-Forderung läuft stets ins Leere

„Neuer Ruf nach Länderfusion"

Die Forderung nach einer Länderneugliederung kommt in steten Intervallen mit sehr guten Argumenten – und läuft ebenso sicher stets ins Leere. Mit Blick auf das Saarland muss festgestellt werden, dass es im Bund Landkreise gibt, die über mehr Einwohner verfügen. … Die Regelung, dass die Bevölkerung einer Neugliederung zustimmen muss, blockiert diese so lange, bis alle mit dem Rücken an der Wand stehen.

Saarbrücker Zeitung, 02.01.2010

Neue Debatte um Länderfusionen

Der Ruf nach einer Länderneugliederung wird immer lauter. Auch der Präsident des Deutschen Instituts für Wirtschaftsforschung (DIW), Klaus Zimmermann, stellte die Existenz des Saarlandes infrage.

Berlin. Die Diskussion über eine Verringerung der Zahl der Bundesländer gewinnt angesichts der schwierigen Haushaltslage an Fahrt. Der Präsident des Deutschen Instituts für Wirtschaftsforschung (DIW), Klaus Zimmermann, bezeichnete Länderfusionen gestern als überfällig. In der bisherigen Form sollten nach seiner Ansicht lediglich Bayern, Baden-Württemberg, Hessen, Sachsen und Nordrhein-Westfalen erhalten bleiben. Der Parlamentarische Geschäftsführer der CSU-Landesgruppe im Bundestag, Stefan Müller, warnte: „Deutschland kann es sich nicht leisten, kleine Stadtstaaten zu erhalten, die am Tropf reicherer Länder hängen und letztlich auf Kosten der kommenden Generationen am Leben erhalten werden." Das hoch verschuldete Bremen bekräftigte jedoch, dass es weiter eigenständig bleiben will. Auch im Saarland gibt es breiten Widerstand gegen eine Neugliederung.

Zimmermann sagte, vielleicht bringe der „brutale Spardruck" auf die Kassen der Bundesländer Bewegung in die Debatte. Der DIW-Präsident mahnte: „Nur mit weniger und stärkeren Ländern können wir den Föderalismus retten." Er sprach sich unter anderem für eine Fusion von Rheinland-Pfalz und dem Saarland aus. …

Saarbrücker Zeitung, 17.06.2010

Neugliederung im Südwesten: 1952 entstand aus einem Zusammenschluss von drei Ländern das Bundesland Baden-Württemberg.

© Dave Vaughan

1. Halten Sie eine Neugliederung der Bundesländer für sinnvoll?

2. Ordnen Sie die Landkarte Deutschlands neu! Welche Bundesländer würden Sie verschmelzen? Begründen Sie Ihre Veränderungen!

Zusammenfassung

Die Bundesrepublik Deutschland ist ein Bundesstaat.

Der Bundesstaat ermöglicht seinen Ländern Vielfalt und Wettbewerb untereinander.

Der Föderalismus begünstigt die Subsidiarität und schafft Problembewusstsein sowie Bürgernähe.

Die Staatsgewalt in der Bundesrepublik Deutschland ist zwischen der Bundes- und Landesebene aufgeteilt (vertikale Gewaltenteilung). In den Ländern gibt es Landesregierungen, Landesparlamente und Landesgerichte (horizontale Gewaltenteilung).

Die Gesetzgebung in der Bundesrepublik Deutschland wird weitgehend vom Bund ausgeübt.

Die Bundesländer übernehmen in der Bundesrepublik Deutschland weitgehend den Gesetzesvollzug.

Der saarländische Landtag wird nach den Grundsätzen eines Verhältniswahlrechts alle fünf Jahre gewählt. Ihm gehören 51 Abgeordnete an. Zu seinen Aufgaben gehört die Wahl des Ministerpräsidenten, die Gesetzgebung und der Beschluss des Landeshaushaltes sowie die Kontrolle der Landesregierung.

Die Landesregierung besteht aus dem Ministerpräsidenten, den Ministern und Staatssekretären.

Es gibt Steuern, die entweder dem Bund oder den Ländern zustehen. Gewisse Steuern sind Gemeinschaftssteuern.

Es gibt einen Finanzausgleich.

Eine Neugliederung von Bundesländern ist durch einen Volksentscheid möglich.

Wissens-Check

1. Können Sie an der Landkarte Deutschlands erkennen, dass die Bundesrepublik Deutschland ein Bundesstaat ist? Begründen Sie Ihre Antwort.

2. Ein Weg der allgemeinen Bildungsabschlüssen führt jetzt im Saarland über das Gymnasium oder die Gemeinschaftsschule. In anderen Bundesländern stehen Schülern andere Schulformen zur Verfügung. Welches Merkmal eines Bundesstaates erkennen Sie darin?

3. Warum bietet ein föderalistischer Staat mehr Bürgernähe als ein Zentralstaat (z. B. Frankreich)?

4. Wer beschließt Gesetze, die nur im Saarland gelten?

5. Nennen Sie zwei Bereiche, in denen die Bundesländer selbst Gesetze erlassen können.

6. Nennen Sie zwei Bereiche, in denen die Bundesländer in keinem Fall Gesetze erlassen können.

7. Wer ist in der Aufgabenverteilung zwischen Bund und Ländern für den Gesetzesvollzug in der Regel zuständig?

8. Nennen Sie Kritikpunkte am Föderalismus in der Bundesrepublik Deutschland.

Lerngebiet 6

3 Oberste Bundesorgane

Jeder Staat benötigt Staatsorgane, um seine Aufgaben auszuführen. In freiheitlichen Staaten werden Staatsorgane durch demokratische Wahlen legitimiert. Das Grundgesetz sieht als Staatsorgane die obersten Bundesorgane vor.

Zu den ständigen obersten Bundesorganen zählen:

▶ Der Bundestag (Abs. III des GG, Art. 38–48)

▶ Die Bundesregierung (Abs. VI des GG, Art. 62–69)

▶ Der Bundesrat (Abs. IV des GG, Art. 50–53)

▶ Der Bundespräsident (Abs. V des GG, Art. 54–61)

▶ Das Bundesverfassungsgericht (GG, Art. 93, 94, 99, 100)

© MEV-Verlag

Reichstag/Bundestag

© B. Roder

Bundesregierung/Bundeskanzleramt

© Bundesrat

Bundesrat/Sitz des Bundesrates (Berlin)

© Rolf Langohr – Fotolia.com

Bundespräsident/Schloss Bellevue

Amtsitze der obersten Bundesorgane

© Fontanis – istockphoto.com

Bundesverfassungsgericht/BVG in Karlsruhe

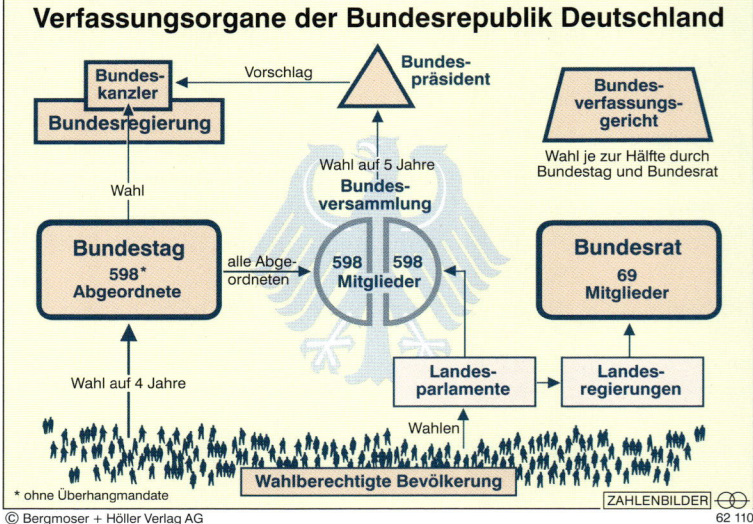

Verfassungsorgane der Bundesrepublik Deutschland

Bundespräsident — Vorschlag → Bundeskanzler / Bundesregierung

Wahl je zur Hälfte durch Bundestag und Bundesrat — Bundesverfassungsgericht

Wahl auf 5 Jahre — Bundesversammlung — 598 | 598 Mitglieder

Bundestag 598* Abgeordnete — alle Abgeordneten

Bundesrat 69 Mitglieder

Wahl — Landesparlamente — Landesregierungen

Wahl auf 4 Jahre — Wahlen

Wahlberechtigte Bevölkerung

* ohne Überhangmandate

© Bergmoser + Höller Verlag AG

ZAHLENBILDER

62 110

Die nichtständigen obersten Bundesorgane sind der Gemeinsame Ausschuss (Abs. IVa. des Grundgesetzes, Art. 53a) und die Bundesversammlung (Abschnitt V des Grundgesetzes, Art. 54).

Fachstufe I

3.1   Der Bundestag

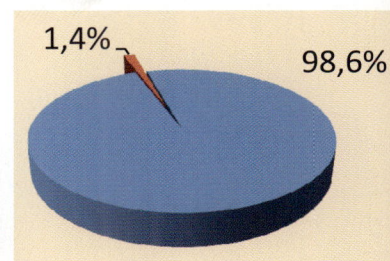

Deutscher Bundestag im Reichstagsgebäude in Berlin

Wenn vom Parlament der Bundesrepublik Deutschland gesprochen wird, ist der Bundestag gemeint. Er stellt die Volksvertretung Deutschlands dar und wird vom Volk auf vier Jahre gewählt. Der Deutsche Bundestag hat mindestens 598 Abgeordnete.

Der Anteil der 2013 gewählten saarländischen Bundestagsabgeordneten im Verhältnis zu den Bundestagsmandaten insgesamt beträgt 1,4 %.

Gewählte saarländische Abgeordnete:

▸ Peter Altmaier (CDU)
▸ Alexander Funk (CDU)
▸ Anette Hübinger (CDU)
▸ Nadine Schön (CDU)
▸ Elke Ferner (SPD)
▸ Heidtrud Henn (SPD)
▸ Reinhold Jost (SPD)
▸ Thomas Lutze (Die Linke)
▸ Markus Tressel
  (Bündnis 90/Die Grünen)

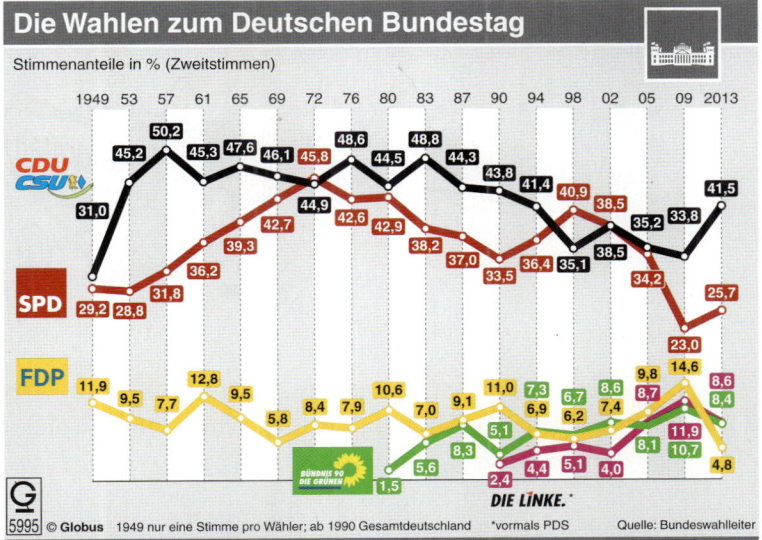

Bei der Bundestagswahl am 22. September 2013 wurde der 18. Deutsche Bundestag gewählt. Ihm gehören mit den Überhang- und Ausgleichsmandaten 631 Abgeordnete an. Die **Koalitionsfraktionen** (bzw. Regierungskoalitionen) CDU/CSU und SPD haben 504 Abgeordnete. Die **Oppositionsfraktionen** aus Die Linke und Bündnis 90/Die Grünen zählen 127 Abgeordnete.

Die Hauptaufgaben des Bundestages sind:

▸ Die Gesetzgebungsfunktion; häufig unter Mitwirkung des Bundesrats

▸ Die Wahlfunktion. Der Bundestag wählt u. a. den Bundeskanzler und ist an der Wahl des Bundespräsidenten sowie der Verfassungsrichter beteiligt.

Fraktion:

Bruchteil oder Teil eines Ganzen

Eine Fraktion bezeichnet einen freiwilligen Zusammenschluss von Abgeordneten zur Durchsetzung ihrer politischen Interessen und Ziele. Im Bundestag sind mindestens fünf % der Abgeordneten nötig, um den Fraktionsstatus zu bekommen.

Koalitionsfraktionen:

Jene Parteien, welche die Regierung unterstützen; zumeist identisch mit Mehrheitsfraktionen

Oppositionsfraktionen:

Jene im Parlament vertretenen Parteien, die nicht die Regierung unterstützen

▶ Die Willensbildungs- und Artikulationsfunktion

▶ Wichtige politische Themen werden diskutiert, Lösungen und Alternativen werden angeboten (z.B. Chancen und Risiken der Gentechnik).

▶ Die Zustimmung zum Bundeshaushalt

▶ Die Zustimmung zu Staatsverträgen

Eine weitere wichtige Aufgabe des Parlaments ist die Kontrollfunktion gegenüber der Regierung und deren Verwaltung. Dies geschieht im Bundestag hauptsächlich durch die Oppositionsfraktionen. Sie können im Bundestag beispielsweise

Untersuchungsausschuss:

Die Einsetzung eines Untersuchungsausschusses muss von einem Viertel der Mitglieder des Bundestages beantragt werden. In Zeiten einer Großen Koalition ist dies für eine einzelne Oppositionsfraktion kaum möglich.

▶ beantragen, einen **Untersuchungsausschuss** einzuberufen, der Missstände aufdecken soll,

▶ in den Lesungen des Gesetzgebungsverfahrens ihre eigene Position vertreten,

▶ Anfragen stellen, die die Bundesregierung zwingen, Auskunft zu geben.

OB AUS **DEM** KIND EINMAL WAS WIRD!

Reformen

© Dave Vaughan

Wodurch werden in der Karikatur die Regierung und die Opposition erkenntlich?

Mit der Entscheidungsgewalt über die Entsendung von Bundeswehrsoldaten in Krisenregionen erhielt der Bundestag eine weitere bedeutsame Aufgabe.

Abgeordnete verlängern Afghanistan-Mandat

Der Bundestag hat mit großer Mehrheit für die Verlängerung des Afghanistan-Einsatzes der Bundeswehr um ein Jahr bis 31. Januar 2012 gestimmt. 420 Abgeordnete votierten in der namentlichen Abstimmung für die Verlängerung, 116 dagegen, 43 Parlamentarier enthielten sich. Neben der Regierungskoalition aus CDU/CSU und FDP hatte auch die SPD in der vorausgehenden Debatte ihre mehrheitliche Zustimmung angekündigt. Die Grünen sprachen sich gegen das Mandat aus; die Linkspartei lehnt den Einsatz grundsätzlich ab.

Erstmals sieht das Mandat aber auch einen Zeitrahmen für den Abzug der Kampftruppen vor … Er soll Ende 2011 beginnen, wenn die Bedingung erfüllt ist, dass es die Sicherheitslage vor Ort erlaubt und die verbleibenden Soldaten dadurch nicht gefährdet werden.

www.tagesschau.de vom 28.01.2011

Halten Sie es für nötig, dass der Bundestag die Entsendung von Bundeswehrsoldaten beschließen muss?

3.2 Die Bundesregierung

© Dietrich Claus

Bundeskanzleramt in Berlin als Zentrum der Macht

Art. 62 GG

Die Bundesregierung besteht aus dem Bundeskanzler und den Bundesministern.

Die politische Bedeutung der Bundesregierung

Die Bundesregierung stellt das Machtzentrum in der Bundesrepublik Deutschland dar. Das Ziel der Parteien besteht letztendlich darin, die Regierungsverantwortung zu übernehmen bzw. zu behalten. Wer sie besitzt, hat Chancen die eigenen politischen Ziele durchzusetzen. Um die Regierung bilden zu können, entwickelten sich in der Geschichte der Bundesrepublik Deutschland zumeist **Koalitionen**.

Koalition:

Zusammenschluss von mindestens zwei im Parlament vertretenen Parteien zum Zwecke der Regierungsbildung

Lerngebiet 6

Fachstufe I

Bundesregierungen seit der Wende					
Bundeskanzler Helmut Kohl		Bundeskanzler Gerhard Schröder		Bundeskanzlerin Angela Merkel	
CDU/FDP		SPD/Grüne		CDU/SPD	CDU/FDP
1991–1994	1994–1998	1998–2002	2002–2005	2005–2009	ab 2009

dpa•11480

Bundeskanzler und Koalitionsfraktionen von 1991 bis 2013

Die Bundesregierung wird formal der Exekutive (vollziehenden Gewalt) zugeordnet. Der Bundesregierung obliegt im Wesentlichen die Staatsleitung der Bundesrepublik Deutschland. Für eine **Legislaturperiode** bestimmt die Bundesregierung die politischen Ziele. Diese werden in der Regierungserklärung niedergeschrieben. Die Umsetzung erfolgt mit konkreten Gesetzesinitiativen, die von den Koalitionsfraktionen im Deutschen Bundestag unterstützt werden.

Legislaturperiode:
Amtsdauer einer Volksvertretung

IWF (Internationaler Währungsfonds):
Der IWF ist eine Organisation der Vereinten Nationen.

Zu seinen Aufgaben gehören u. a. die Förderung der internationalen Zusammenarbeit in der Währungspolitik, die Ausweitung des Welthandels, die Stabilisierung von Wechselkursen und die Überwachung der Geldpolitik.

Streit um Reformaufschub für Athen

Merkel und Schäuble geben IWF-Chefin kontra

IWF-Chefin Christine Lagarde fordert mehr Zeit zum Sparen für Griechenland. Kanzlerin Angela Merkel reagiert reserviert und will erst den Troika-Bericht abwarten.

Saarbrücker Zeitung, 13.10.2012

Die Bundesregierung vertritt die Bundesrepublik in den Organen der EU, der NATO und der UNO. Bei internationalen Konferenzen, wie z. B. zum Umweltschutz, handeln für Deutschland der Bundeskanzler oder der jeweilige Bundesminister. Die Vorbereitung von Verträgen mit anderen Staaten obliegt ebenfalls der Bundesregierung.

Bundeskanzlerin Merkel vertritt Deutschland auf dem EU-Sondergipfel in Brüssel

Der Bundeskanzler und die Bundesminister

„Auf den Kanzler kommt es an", so lautete ein Wahlslogan der CDU/CSU, bei dem die herausragende Stellung des Bundeskanzlers deutlich wird. Die wahlberechtigten Bürger können den Bundeskanzler aber nicht direkt wählen. Wenn ein neu gewählter Bundestag zusammentritt, ist die Wahl des Bundeskanzlers eine seiner ersten Handlungen. Das Vorschlagsrecht liegt beim Bundespräsidenten. Er wird dem Bundestag jenen Kandidaten vorschlagen, der die besten Chancen hat, gewählt zu werden. Die Parteizugehörigkeit des Bundespräsidenten spielt für den Vorschlag keine Rolle. Der Bundeskanzler muss selbst nicht Abgeordneter des Bundestages sein. Für die Wahl ist die **absolute Mehrheit des Bundestages** notwendig. Der dabei gewählte Bundeskanzler wird vom Bundespräsident ernannt.

Die beiden Volksparteien werben mit ihren Kanzlerkandidaten: Angela Merkel (CDU) und Peer Steinbrück (SPD).

„Herr Präsident, ich nehme die Wahl an"

Bundeskanzlerin Angela Merkel ist mit klarer Mehrheit für eine dritte Amtszeit wiedergewählt worden. Die 59-Jährige erhielt im Bundestag 462 von insgesamt 621 abgegebenen Stimmen. …

Das Grundgesetz verleiht dem Bundeskanzler eine hervorgehobene Stellung. Er hat das Vorschlagsrecht für die Bundesminister, die vom Bundespräsidenten ernannt werden. Der Bundeskanzler ernennt ferner einen Bundesminister zu seinem Stellvertreter (Vizekanzler).

Das Vorschlagsrecht wird in der politischen Wirklichkeit beeinträchtigt. Jeder Bundeskanzler, der nur mit einer Koalition regieren kann, muss dem Koalitionspartner Ministerämter einräumen. Auch die Wünsche der eigenen Partei hat der zukünftige Regierungschef zu berücksichtigen.

Saarländer Peter Altmaier übernimmt Minister-Büro in Berlin

Kurz nach der Ernennung zum Bundesumweltminister durch Bundespräsident Joachim Gauck bezog Peter Altmaier (CDU) aus Rehlingen-Siersburg gestern sein Büro als Bundesumweltminister in Berlin.

Saarbrücker Zeitung, 23.05.2012

Bundesminister können nicht vom Bundestag „gestürzt" werden. Ihre Entlassung wird auf Vorschlag des Bundeskanzlers vom Bundespräsidenten ausgesprochen. Ein freiwilliger Rücktritt eines Bundesministers ist ebenso möglich.

Die Amtszeit des Bundeskanzlers ist im Regelfall an die Legislaturperiode des Bundestages gekoppelt (vier Jahre). Allerdings gibt es mehrere Möglichkeiten, einen Kanzlerwechsel während der Legislaturperiode herbeizuführen. Dies ist möglich durch ein **konstruktives** Misstrauensvotum. Dabei wählt die absolute Mehrheit des Bundestages einen neuen Bundeskanzler (Art. 67 GG). Außerdem findet ein Kanzlerwechsel statt, wenn der amtierende Bundeskanzler zurücktritt und der Bundestag einen neuen wählt.

Darüber hinaus kann der Bundeskanzler im Bundestag die Vertrauensfrage (Art. 68 GG) stellen. Spricht ihm die Mehrheit des

Absolute Mehrheit im Bundestag:

Die Mehrheit der gesetzlichen Mitgliederzahl des Bundestages

Diese Mehrheit wird auch als Kanzlermehrheit bezeichnet.

Konstruktiv:

Aufbauend, helfend; hier: Ein Nachfolger wird gewählt.

Bundestags nicht das Vertrauen aus, kann der Bundeskanzler dem Bundespräsidenten vorschlagen, den Bundestag aufzulösen und Neuwahlen durchzuführen. Der Bundestag kann dies verhindern, indem er einen neuen Bundeskanzler wählt.

Die Amtszeit des Bundeskanzlers endet erst dann, wenn ein Nachfolger gewählt ist. Damit soll eine „kanzlerlose" Zeit verhindert werden. Mit der Beendigung der Amtszeit eines Bundeskanzlers verlieren auch die amtierenden Bundesminister ihre Position.

Aus der Geschichte der Bundesrepublik Deutschland

1966: Die Koalition aus CDU/CSU und FDP unter Ludwig Erhard (CDU) bricht auseinander. Ludwig Erhard tritt zurück. CDU/CSU und SPD wählen Kurt Georg Kiesinger (CDU) zum Nachfolger in einer **Großen Koalition.**

1972: Die Fraktion der CDU/CSU beantragt gegen Willy Brandt als Bundeskanzler der **sozialliberalen Koalition** ein konstruktives Misstrauensvotum. Als Nachfolger soll Rainer Barzel (CDU) gewählt werden. Der Antrag scheitert.

1974: Willy Brandt tritt als Bundeskanzler zurück. Die sozialliberale Koalition wählt Helmut Schmidt (SPD) zum Nachfolger.

1982: Die sozialliberale Koalition zerbricht. Die Mehrheit im Deutschen Bundestag spricht Helmut Schmidt das Misstrauen aus. Helmut Kohl (CDU) wird zum Nachfolger in einer neuen Koalition aus CDU/CSU und FDP gewählt.

2005: Nach der Niederlage der SPD bei den Landtagswahlen in Nordrhein-Westfalen kündigt Bundeskanzler Gerhard Schröder Neuwahlen für den Herbst an. Als er die Vertrauensfrage stellt, erhält er nicht die erforderliche Mehrheit. Der Bundespräsident löst den Bundestag auf. Aus den Neuwahlen ergibt sich eine Große Koalition und Angela Merkel (CDU) wird Bundeskanzlerin.

2009: Nach der Bundestagswahl bildet sich eine neue Koalition aus CDU/CSU und FDP. Angela Merkel wird als Bundeskanzlerin bestätigt.

2013: Bei der Bundestagswahl scheitert die FDP an der 5-%-Hürde. Wieder wird eine Große Koalition gebildet und Angela Merkel tritt ihre dritte Amtszeit an.

Große Koalition:
Koalition bestehend aus SPD und CDU/CSU

Sozialliberale Koalition:
Koalition bestehend aus SPD und FDP

© Dietrich Claus

Kabinettsaal der Bundesregierung

Die dominierende Position des Bundeskanzlers innerhalb der Bundesregierung wird auch durch die Prinzipien des Art. 65 GG deutlich:

▸ **Kanzlerprinzip:**
Der Bundeskanzler bestimmt die Richtlinien der Politik und trägt dem Bundestag gegenüber die Verantwortung.

▸ **Ressortprinzip:**
Jeder Minister leitet im Rahmen der Richtlinien des Bundeskanzlers seinen Geschäftsbereich selbstständig und ist für sein Ministerium verantwortlich.

▸ **Kollegialprinzip:**
Bei Meinungsverschiedenheiten zwischen den Ministern entscheidet die Bundesregierung als Kollegium. Das Kollegialprinzip gilt auch, wenn im Grundgesetz oder in Bundesgesetzen die Bundesregierung genannt wird (z.B. bei der Gesetzesinitiative).

Kanzlerprinzip:
Dieses Prinzip wird auch als Richtlinienkompetenz bezeichnet.

Ressort:
Amtsbereich, Aufgabengebiet

Kollegium:
Gruppe von Personen von gleichem Amt

Die Persönlichkeit des Bundeskanzlers prägt die jeweilige Bundesregierung. Wenn er seinen Machtspielraum stark ausnützt, spricht
man von einer Kanzlerdemokratie.

3.3 Der Bundesrat

Plenarsaal des Bundesrates

Art. 55 GG

Durch den Bundesrat wirken die Länder bei der Gesetzgebung
und Verwaltung des Bundes und in Angelegenheiten der Europäischen Union mit.

Der Bundesrat ist die Vertretung der Bundesländer. Über den Bundesrat beeinflussen die Länder den Inhalt der Bundesgesetze. Bei
Zustimmungsgesetzen kann der Bundesrat ein Bundesgesetz verhindern. Der Bundesrat hat auch das Recht zur Gesetzesinitiative.

Zustimmungsgesetze im Bundesrat:

Der Bundesrat versagt die Zustimmung nur selten:

1994–1998: 33 Gesetze bei
328 verkündeten Zustimmungsgesetzen

1998–2002: 19 Gesetze bei
299 verkündeten Zustimmungsgesetzen

2002–2005: 21 Gesetze bei
196 verkündeten Zustimmungsgesetzen

2005–2009: 1 Gesetz bei
256 verkündeten Zustimmungsgesetzen

2009–21.07.2011: 3 Gesetze bei
64 verkündeten Zustimmungsgesetzen

	Land/Landeshauptstadt	Fläche (km²)	Einwohner (Mio)	Anzahl der Stimmen*	
	Hamburg / Hamburg	755	1,7	3	(SPD)
	Berlin / Berlin	890	3,4	4	(SPD, CDU)
	Mecklenburg-Vorpommern / Schwerin	23.171	1,8	3	(SPD, CDU)
	Sachsen-Anhalt / Magdeburg	20.447	2,6	4	(CDU, SPD)
	Thüringen / Erfurt	16.172	2,4	4	(CDU, SPD)
	Saarland / Saarbrücken	2.570	1,1	3	(CDU, SPD)
	Bayern / München	70.548	12,4	6	(CSU)
	Rheinland-Pfalz / Mainz	19.847	4,1	4	(SPD, Grüne)
	Baden-Württemberg / Stuttgart	35.751	10,7	6	(Grüne, SPD)
	Niedersachsen / Hannover	47.613	8,0	6	(SPD, Grüne)
	Nordrhein-Westfalen / Düsseldorf	34.080	18,1	6	(SPD, Grüne)
	Bremen / Bremen	404	0,7	3	(SPD, Grüne)
	Schleswig-Holstein / Kiel	15.769	2,8	4	(SPD, Grüne, SSW)
	Sachsen / Dresden	18.413	4,4	4	(CDU, FDP)
	Brandenburg / Potsdam	29.476	2,6	4	(SPD, Linke)
	Hessen / Wiesbaden	21.115	6,1	5	(CDU, Grüne)

* Jedes Land hat mindestens drei Stimmen. Länder mit mehr als 2 Mio Einwohnern erhalten 4 Stimmen,
Länder mit mehr als 5 Mio Einwohnern erhalten 5 Stimmen,
Länder mit mehr als 7 Mio Einwohnern erhalten 6 Stimmen,

Zusammensetzung des Bundesrates.

Lerngebiet 6

© Bundesrat

Stimmenanzahl im Bundesrat:

Jedes Bundesland hat entsprechend seiner Einwohnerzahl zwischen 3 und 6 Stimmen.

Bei mehr als 2 Mio. Einwohnern:
4 Stimmen,

Bei mehr als 6 Mio. Einwohnern:
5 Stimmen,

Bei mehr als 7 Mio. Einwohnern:
6 Stimmen.

Der Bundesrat besteht aus den Mitgliedern der Regierungen der Bundesländer. Die **Stimmenanzahl** eines Bundeslandes hängt von seiner Einwohnerzahl ab. Insgesamt gibt es 69 Stimmen. Die Stimmen eines Landes können nur einheitlich abgegeben werden. Eine Stimmenthaltung wirkt im Bundesrat wie eine Ablehnung.

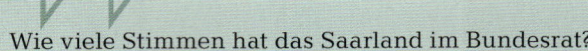

Wie viele Stimmen hat das Saarland im Bundesrat?

Die Mehrheitsverhältnisse im Bundestag können anders sein als im Bundesrat. So wurde von 1998 bis 2005 die Mehrheit im Bundestag von der SPD und Bündnis 90/Die Grünen gebildet und die Mehrheit im Bundesrat von der CDU, CSU bzw. einer Koalition aus CDU/CSU und der FDP gestellt. Bei Zustimmungsgesetzen kam es daher zu Blockaden durch den Bundesrat. In den Jahren 1994 bis 1998 waren die Mehrheitsverhältnisse umgekehrt.

© Dave Vaughan

3.4 Der Bundespräsident

Der Bundespräsident ist das Staatsoberhaupt der Bundesrepublik Deutschland. Insofern ist der Bundespräsident mit dem König in einer **Monarchie** zu vergleichen.

Monarchie:

Sie ist die Staatsform, in der ein König oder Kaiser Staatsoberhaupt ist (z. B. Spanien, Schweden, Großbritannien). Die Übernahme des Throns erfolgt durch Erbfolge.

Landtag:

Parlament in einem Bundesland, z. B. Landtag des Saarlandes

Jeder Deutsche, der das Wahlrecht zum Deutschen Bundestag besitzt und das 40. Lebensjahr vollendet hat, kann für fünf Jahre zum Bundespräsidenten gewählt werden. Eine anschließende Wiederwahl ist nur einmal möglich. Der Bundespräsident wird von einem besonderen Wahlorgan, der Bundesversammlung, gewählt. In ihr sind alle Mitglieder des Bundestages vertreten. Mit gleicher Anzahl sitzen Vertreter der Bundesländer in der Bundesversammlung. Diese Personen werden von den **Landtagen** gewählt. Verschiedentlich sind dies Personen des öffentlichen Lebens, die nicht Mitglied einer Partei sein müssen.

© Marcel Sarközi – Fotolia.com

Schloss Bellevue – Amtssitz des Bundespräsidenten in Berlin

Das Grundgesetz verleiht dem Bundespräsidenten nur geringe Macht. Er hat vor allem folgende Aufgaben und Befugnisse:

▸ Vorschlagsrecht bei der Kanzlerwahl, Ernennung und Entlassung des Bundeskanzlers und der Bundesminister

▸ Auflösung des Bundestages unter bestimmten Bedingungen

▸ **Ausfertigung** und **Verkündung** der Bundesgesetze

▸ Völkerrechtliche Vertretung der Bundesrepublik Deutschland nach außen

Die Hauptaufgabe des Staatsoberhauptes der Bundesrepublik liegt in der Repräsentation unseres Staates. Die bisherigen Bundespräsidenten haben versucht, **integrativ** zu wirken. Sie haben sich nicht in den Parteienstreit eingemischt. Ihre Reden haben Denkanstöße in grundlegenden Fragen gegeben. Die Persönlichkeit eines Bundespräsidenten muss Würde ausstrahlen können.

Ausfertigung:

Unterzeichnung der Originalurkunde des Gesetzes

Damit wird bestätigt, dass das Gesetzgebungsverfahren ordnungsgemäß verlaufen ist (formelle Prüfung). Der Bundespräsident bestätigt mit der Unterschrift außerdem, dass das Gesetz mit dem Grundgesetz übereinstimmt (inhaltliche Prüfung).

Verkündung:

Amtliche Bekanntgabe des Gesetzes im Bundesgesetzblatt

Integration:

Verbindung einer Vielheit zu einer Einheit

Lerngebiet 6

Wir sollten nicht mit Angst oder gar zitternd vor dem demographischen Wandel stehen. Wir müssen ihn, glaube ich, in aller Ernsthaftigkeit als große Herausforderung nehmen, aber ohne ihn zu dramatisieren, ohne Schockwellen durch die Bevölkerung zu treiben, denn das würde die Menschen nur zusätzlich verängstigen. Es geht darum, (…) das Bewusstsein zu schaffen, dass das Thema jeden angeht, wirklich jeden.

Schlusswort des ehemaligen Bundespräsidenten Horst Köhler bei der Konferenz „Demographischer Wandel" in Berlin, süddeutsche.de, 17.05.2013

Welche Aufgabe erfüllte der Bundespräsident mit der obigen Aussage?

3.5   Das Bundesverfassungsgericht

Mit Bundesverfassungsrichter Peter Müller,
ehemaliger saarländischer Ministerpräsident von 1999–2011

© dpa

Verfassungsrechtliche Stellung und Zusammensetzung

> ### § 1 Bundesverfassungsgerichtsgesetz
>
> Das Bundesverfassungsgericht ist ein allen übrigen Verfassungsorganen gegenüber selbstständiger und unabhängiger Gerichtshof des Bundes. Der Sitz des Bundesverfassungsgerichts ist Karlsruhe.

Gesetzgebungsauftrag:

Im Februar 2010 hat das Bundesverfassungsgericht entschieden, dass der Gesetzgeber bis 31.12.2010 die Hartz-IV-Regelsätze reformieren muss.

Senat:

Eigentlich Rat der Alten; hier Richterkollegium

Das Bundesverfassungsgericht wird häufig als Hüter der Verfassung bezeichnet. Seine Entscheidungen binden die Verfassungsorgane des Bundes und der Länder sowie alle Gerichte und Behörden. Die Entscheidungen haben eine politische Wirkung. „Karlsruhe" kann den **Gesetzgeber** auch beauftragen, neue Gesetze auszuarbeiten.

Das Bundesverfassungsgericht besteht aus zwei **Senaten.** In jeden Senat werden acht Richter gewählt. Die Vorsitzenden der beiden Senate sind zugleich Präsident bzw. Vizepräsident des Bundesverfassungsgerichtes.

Wahl des Bundesverfassungsgerichtes

Seine Richter werden je zur Hälfte vom Bundesrat und vom Bundestag gewählt. Die Wahl erfolgt mit Zweidrittelmehrheit. Zwölf Jahre dauert die Amtszeit der Richter; sie können danach nicht wiedergewählt werden. Sie sind häufig Mitglieder der großen Parteien gewesen. Die lange Wahlzeit und die Unmöglichkeit einer Wiederwahl schützen die Richter vor parteipolitischer Beeinflussung.

Die Aufgaben des Bundesverfassungs-
gerichtes

Die größte Anzahl aller Verfahren beim Bundesverfassungsgericht sind die **Verfassungsbeschwerden** mit 96 %. Jedermann kann eine solche mit der Behauptung erheben, dass die öffentliche Gewalt (z. B. Behörden, Gerichte) ihn in einem seiner Grundrechte verletzt hat. Bevor eine Verfassungsbeschwerde beim Bundesverfassungsgericht eingereicht werden kann, muss der Kläger allerdings den Rechtsweg einhalten. Das heißt, der Betroffene muss zunächst vor den unteren Gerichten (z. B. dem Amtsgericht) klagen.

Verfassungsbeschwerden:

Von der Gründung des Bundesverfassungsgerichtes im Jahre 1951 bis zum Jahre 2009 gingen 182.388 Klagen ein, davon 175.900 Verfassungsbeschwerden, von denen etwa 2,4 % erfolgreich waren.

Deutsches Wahlrecht ist verfassungswidrig

Karlsruhe kippt „willkürliche" Klausel zu Überhangmandaten

Die Regelung der Überhangmandate im deutschen Wahlrecht stellt laut Bundesverfassungsgericht eine Verletzung der Wahlgleichheit dar. Dennoch bleibt das Ergebnis der Bundestagswahl 2005 gültig.

Karlsruhe. Die gesetzliche Grundlage für Bundestagswahlen muss bis Mitte 2011 geändert werden. Grund für die gestrige Entscheidung des Bundesverfassungsgerichts ist eine ungerechte Klausel. Sie kann dazu führen, dass eine Partei durch einen Stimmengewinn unter dem Strich einen Abgeordnetensitz einbüßt – aus Sicht der Karlsruher Richter eine Verletzung der Wahlgleichheit. Damit erklärte das Bundesverfassungsgericht erstmals in seiner Geschichte eine Bestimmung im Wahlrecht für verfassungswidrig. Der Zweite Senat gab der Beschwerde zweier Bürger gegen die Bundestagswahl 2005 statt. ...

Saarbrücker Zeitung, 04.07.2008

Verfassungsgericht kippt auch neues Wahlrecht

Regierung muss Gesetz vor Wahl 2013 nochmal überarbeiten

Karlsruhe. Die erst vor wenigen Monaten beschlossene Wahlrechtsreform der schwarz-gelben Koalition verstößt gegen das Grundgesetz. Das Bundesverfassungsgericht hat gestern zentrale Bestimmungen des Gesetzes mit sofortiger Wirkung für unwirksam erklärt. Damit gibt es in Deutschland derzeit kein gültiges Wahlrecht. Eine Neuregelung muss spätestens bis zur Bundestagswahl im Herbst kommenden Jahres beschlossen werden.

Dabei sollten besonders Überhangmandate begrenzt werden. ... Die Entscheidung ist ein Erfolg für SPD, Grüne und 3064 Bürger, die in Karlsruhe geklagt hatten.

Saarbrücker Zeitung, 25.07.2012

Im Grundgesetz wird den Parteien eine hervorgehobene Stellung eingeräumt. Sie können aber auch verboten werden. Ein **Parteienverbot** kann allerdings nur das Bundesverfassungsgericht aussprechen. Man spricht daher vom Parteienprivileg.

Eine politische Wirkung ergibt sich häufig bei Entscheidungen des Bundesverfassungsgerichtes auf Grund einer sogenannten **Normenkontrolle** oder einer **Organklage.**

Parteienverbot:

1952 verbot das Bundesverfassungsgericht die neonazistische Sozialistische Reichspartei (SRP) und 1956 die Kommunistische Partei Deutschlands (KPD).

Normenkontrolle:

Gerichtliche Überprüfung einer Rechtsnorm auf ihre Vereinbarkeit mit höherrangigem Recht. Wird die Rechtsnorm als unvereinbar mit dem höherrangigen Recht, z. B. dem Grundgesetz, eingestuft, dann wird die Rechtsnorm für nichtig erklärt.

Organklage:

Gerichtliche Überprüfung der Rechte und Pflichten eines Verfassungsorgans

Lerngebiet 6

© Dave Vaughan

Das Bundesverfassungsgericht überprüft bei einem Normenkontrollverfahren, ob ein Gesetz im Widerspruch zum Grundgesetz steht. So dürfte ein Gesetz nicht eine unbegründete Ungleichbehandlung zwischen Mann und Frau enthalten, weil es damit dem Gleichheitsgrundsatz widersprechen würde. Auch die Art des Zustandekommens eines Gesetzes kann in einer Normenkontrolle geprüft werden. Den Antrag auf Normenkontrolle können die Bundesregierung, eine Landesregierung oder ein Drittel der Mitglieder des Bundestages stellen. Man spricht hier von der abstrakten Normenkontrolle, weil sie unabhängig von einem Rechtsstreit ist.

Bayern macht Ernst und klagt gegen Länderfinanzausgleich

München. Der Länderfinanzausgleich muss erneut vom Bundesverfassungsgericht überprüft werden. Das Hauptgeberland Bayern wird in Karlsruhe klagen. Das hat gestern das Kabinett in München beschlossen.

Saarbrücker Zeitung, 18.07.2012

Hält ein Gericht ein Gesetz für verfassungswidrig, so kann es auch eine Entscheidung des Bundesverfassungsgerichts einholen. In diesem Fall liegt eine konkrete Normenkontrolle vor.

Im Rahmen der Organklage muss „Karlsruhe" bei Streitigkeiten über die Zuständigkeit oberster Bundesorgane wie z. B. der Bundesregierung oder des Bundestages entscheiden.

Karlsruhe stärkt Rechte des Bundestages

Karlsruhe – Bundestag und Bundesverfassungsgericht können bewaffnete Einsätze der Bundeswehr wesentlich stärker als bisher kontrollieren. Das folgt aus einem Grundsatz-Urteil zum Einsatz deutscher Soldaten in Awacs-Aufklärungsflugzeugen der Nato zu Beginn des Irak-Krieges im Frühjahr 2003. Dafür hätte die Bundesregierung die Zustimmung des Bundestages einholen müssen, entschied Karlsruhe. Das Verfassungsgericht präzisierte auf eine Klage der FDP-Bundestagsfraktion sein Urteil vom Juli 1994, in dem es die Bundeswehr als „Parlamentsheer" bezeichnet hatte.

Süddeutsche Zeitung, 08.05.2008

Ein knapper Ausgang der Bundestagswahlen hat verschiedentlich dazu geführt, dass Parteien und Bürger eine Wahlprüfung beantragten. Diese Prüfung ist Sache des Bundestages. Gegen dessen Entscheidung kann Beschwerde beim Bundesverfassungsgericht eingereicht werden.

Zusammenfassung

Der Bundestag ist die Volksvertretung in der Bundesrepublik Deutschland.

Die Gesetzgebung und die Wahl des Bundeskanzlers sind die wichtigsten Aufgaben des Bundestages. Außerdem verabschiedet er den Bundeshaushalt, stimmt Staatsverträgen zu, kontrolliert die Bundesregierung und hat eine Willensbildungs- und Artikulationsfunktion.

Die Bundesregierung, bestehend aus Bundeskanzler und Bundesminister, stellt das politische Machtzentrum in der Bundesrepublik dar.

Ihre Aufgabe zur politischen Führung erfüllt die Bundesregierung durch Gesetzesvorhaben, die sie mit den Mehrheitsfraktionen im Deutschen Bundestag verwirklicht.

Die Kontrolle der Bundesregierung findet im Bundestag hauptsächlich durch die Oppositionsfraktionen statt.

Die auswärtigen Angelegenheiten der Bundesrepublik Deutschland werden durch die Bundesregierung wahrgenommen.

Der Bundeskanzler wird auf Vorschlag des Bundespräsidenten von der absoluten Mehrheit des Bundestages gewählt und anschließend vom Bundespräsidenten ernannt.

Mit dem konstruktiven Misstrauensvotum kann ein Bundeskanzler aus dem Amt entfernt werden, indem zugleich ein neuer Bundeskanzler gewählt wird.

Der Bundeskanzler hat das Vorschlagsrecht für die Bundesminister.

Der Bundeskanzler bestimmt die Richtlinien der Politik.

Die Bundesminister leiten ihr Ministerium auf der Grundlage des Ressortprinzips.

Über den Bundesrat wirken die Länder an der Gesetzgebung des Bundes und in Angelegenheiten der Europäischen Union mit.

Die Bundesländer werden im Bundesrat durch die Landesregierung vertreten.

Im Bundesrat können sich parteipolitische Interessen auf die Entscheidungen auswirken. Damit wird der Gesetzgebungsvorgang langwierig und kompliziert.

Der Bundespräsident ist das Staatsoberhaupt der Bundesrepublik Deutschland. Er hat nur eingeschränkte Macht.

Die Bundesversammlung wählt den Bundespräsidenten für fünf Jahre. Eine Wiederwahl ist nur einmal möglich.

Repräsentation und Integration sind die Hauptaufgaben des Bundespräsidenten.

Das Bundesverfassungsgericht mit Sitz in Karlsruhe ist das oberste deutsche Gericht. Es gilt als Hüter der Verfassung.

Die Entscheidungen des Bundesverfassungsgerichtes sind für den gesamten Staat bindend.

Die Richter des Bundesverfassungsgerichtes werden vom Bundesrat und von Vertretern des Bundestages mit Zweidrittelmehrheit gewählt.

Die Hauptaufgaben des Bundesverfassungsgerichtes sind Entscheidungen zu Verfassungsbeschwerden und Normenkontrollverfahren.

Nur das Bundesverfassungsgericht kann eine Partei verbieten.

Wissens-Check

1. Inwieweit hängt der Bundeskanzler vom Bundestag ab?

2. Welche Gruppe im Bundestag übt vor allem die Kontrollfunktion aus?

3. Nennen Sie drei Hauptaufgaben des Deutschen Bundestages.

4. Mit welchem parlamentarischen Instrument kann die Opposition Missstände untersuchen lassen?

5. Warum wird schon bei der Wahl zum Deutschen Bundestag die zukünftige Regierung indirekt festgelegt?

6. Welcher Bundestagsabgeordnete wurde zuletzt in Ihrem Wahlkreis direkt gewählt?

7. Wie kann die Opposition im Deutschen Bundestag versuchen, vor Ablauf der Legislaturperiode einen Regierungswechsel herbeizuführen?

8. Wo lassen sich die politischen Schwerpunkte der derzeitigen Regierung nachlesen?

9. Wer wird durch den Bundesrat vertreten?

10. Wovon hängt die Stimmenanzahl im Bundesrat ab?

11. Auf welche Art und Weise kann der Bundesrat als Instrument für die Oppositionspartei im Bundestag benützt werden?

12. Welche Regelungen bei der Wahl der Verfassungsrichter tragen zu deren politischer Unabhängigkeit bei?

13. Ein Bürger fühlt sich durch eine Maßnahme einer Behörde in seinen Grundrechten eingeschränkt. Welche rechtliche Möglichkeit bleibt dem Bürger, nachdem er von allen zuständigen Gerichten abgewiesen wurde?

14. Was versteht man unter dem Parteienprivileg?

15. Welche Art der Entscheidung hat „Karlsruhe" in dem nachfolgenden Fall getroffen?

    Homo-Ehe rechtmäßig

    Augsburg – Das Bundesverfassungsgericht hat eine Klage der Länder Bayern, Sachsen und Thüringen gegen das seit 1. August 2001 geltende Lebenspartnerschaftsgesetz zurückgewiesen und die Homo-Ehe als verfassungsmäßig anerkannt.

16. „Die Bundesrepublik ist eine Bundesverfassungsgerichtsrepublik." Diskutieren Sie vor dem Hintergrund dieser Aussage die Rolle des Bundesverfassungsgerichts hinsichtlich seines politischen Einflusses.

Fachstufe I

4 Gesetzgebungsverfahren auf Bundesebene

Wir erleben Veränderungen in der Gesellschaft, Wirtschaft und Politik. In einem Rechtsstaat wirkt sich dies in der Rechtsordnung aus: Es entstehen neue Gesetze oder bestehende Gesetze werden reformiert. Dies geschieht in der Bundesrepublik Deutschland in einem vorgegebenen Gesetzgebungsverfahren. An ihm werden die obersten Bundesorgane beteiligt. Interessensverbände, Parteien und die Medien beeinflussen und kommentieren die Entstehung eines Gesetzes.

Gesetzgebung im Bund:

Vom Bundestag beschlossene Gesetze:
1990–1994: 507 Gesetze
1994–1998: 565 Gesetze
1998–2002: 558 Gesetze
2002–2005: 401 Gesetze
2005–2009: 616 Gesetze
2009–2013: 553 Gesetze

Lerngebiet 6

Bundesgesetzblatt Jahrgang 2012 Teil I Nr. 35, ausgegeben zu Berlin am 25. Juli 2012

Gesetz über die Vereinfachung des Austauschs von Informationen und Erkenntnissen zwischen den Strafverfolgungsbehörden der Mitgliedstaaten der Europäischen Union

Der Bundestag hat mit Zustimmung des Bundesrates das folgende Gesetz beschlossen:

....

Das vorstehende Gesetz wird hiermit ausgefertigt. Es ist im Bundesgesetzblatt zu verkünden.

Berlin, den 21. Juli 2012

Der Bundespräsident
Joachim Gauck

Die Bundeskanzlerin
Dr. Angela Merkel

Der Bundesminister des Innern
Hans-Peter Friedrich

Die Bundesministerin für Justiz
Sabine Leutheuser-Schnarrenberger

Auszug aus dem Bundesgesetzblatt

© Dave Vaughan

4.1 Warum wir Gesetze brauchen – Beispiel Zuwanderung

Einwanderung wird auf unterschiedliche Art deutlich

Einwanderung für die Rentenversicherung:

UN: Deutschland braucht 17 Millionen Einwanderer

New York (AFP) – Das gegenwärtige Rentenniveau in Deutschland kann nur durch massive Einwanderung oder die Erhöhung des Rentenalters und der Beiträge gehalten werden. Zu diesem Schluss kommt eine Untersuchung der Vereinten Nationen (…) Um die Bevölkerung bis zum Jahr 2050 stabil zu halten, müsste Deutschland 17 Millionen Einwanderer ins Land lassen.

süddeutsche.de, 17.05.2013

Für den wirtschaftlichen Aufschwung in der Bundesrepublik Deutschland während der 50er- und 60er-Jahre wurden ausländische Arbeitskräfte aus Südeuropa und der Türkei angeworben. Ihre Integration ist nur teilweise gelungen. In den 90er-Jahren baten Hunderttausende politisch Verfolgter und Armutsflüchtlinge um Asyl in Deutschland. Vielen von ihnen wurde nur ein vorläufiges Bleiberecht gewährt. Nach der Öffnung der Grenzen in Osteuropa konnten Aussiedler in die Bundesrepublik Deutschland ziehen. Aufgrund der demografischen Entwicklung wird für Deutschland ein Arbeitskräftebedarf vorhergesagt, der durch Einwanderung gedeckt werden könnte. Wie viele Einwanderer und welche Einwanderer kommen können, ist in der Bevölkerung und unter den Parteien stark umstritten. Damit ergeben sich in einem Gesetzgebungsverfahren zu einem Zuwanderungsgesetz von Anfang viele Streitpunkte.

4.2 Ziele und Vorstellungen der Parteien

Parteien versuchen im Gesetzgebungsverfahren, ihre Vorstellung zu einem Problem einzubringen. Ob dies gelingt, hängt stark davon ab, über welchen Einfluss die jeweilige Partei im Bundestag und Bundesrat verfügt. Wenn sich die Ziele einzelner Parteien zu einem Thema decken, steigt die Möglichkeit einer Partei, ihre Vorstellung durchzusetzen.

Die nachfolgend dargestellten Positionen der Parteien haben sich zum Teil seit diesem Gesetzgebungsverfahren verändert. Die grundsätzlichen Vorstellungen zur Zuwanderung bleiben erhalten.

CDU/CSU

Deutschland muss Zuwanderung stärker steuern und begrenzen als bisher. Zuwanderung kann kein Ausweg aus den demografischen Veränderungen in Deutschland sein … Verstärkte Zuwanderung würde den inneren Frieden gefährden und radikalen Kräften Vorschub leisten … Bei einer Arbeitslosigkeit von insgesamt fast sechs Millionen Menschen gibt es für **Arbeitsmi-**

gration nach Deutschland nur in Ausnahmefällen eine Rechtfertigung … Die Qualifizierung einheimischer Arbeitskräfte hat Vorrang vor Zuwanderung. Wir müssen in Zukunft nicht nur in Sport und Kultur, sondern auch zur Sicherung wissenschaftlicher Spitzenleistungen … für ausländische Spitzenkräfte verstärkt offen sein. Wir wollen Zuwanderungsanreize für nicht anerkennungsfähige Asylbewerber weiter einschränken. Nur staatliche Verfolgung darf einen Anspruch auf Asyl und Aufenthalt auslösen.

Regierungsprogramm 2002/2006, Mai 2002

Arbeitsmigration:
Einwanderung auf den Arbeitsmarkt

1. Wie steht die CDU/CSU zur Zuwanderung?
2. In welchem Bereich sieht die CDU/CSU Zuwanderungsmöglichkeiten?

SPD

Deutschland ist ein weltoffenes und ausländerfreundliches Land … Etwa zwei Drittel der hier lebenden ausländischen Kinder und Jugendlichen sind in Deutschland geboren. Das bisherige Ausländerrecht wird den neuen Herausforderungen nicht mehr gerecht. Steuerung der (qualifizierten) Zuwanderung und Integrationsverpflichtungen fehlen … Eine erfolgreiche Integration braucht den Erfolgswillen beider Seiten. Sie braucht die Zustimmung der Deutschen, und sie setzt bei den Zuwanderern den ernsthaften Willen zur Integration in die deutsche Gesellschaft voraus. Eine vernünftige Arbeitsmigration begrenzt die Zuwanderung auf das volkswirtschaftlich Sinnvolle und für den Arbeitsmarkt Notwendige, ohne die Aufnahmefähigkeit des Landes zu überfordern. Wir stehen uneingeschränkt zum Grundrecht auf Asyl.

Regierungsprogramm 2002, Juni 2002

Wie steht die SPD zur Zuwanderung?

Bündnis 90/Die Grünen

Europa kann sich nicht als Wohlstandsinsel gegen die übrige Welt abschotten. Nicht zuletzt aus demografischen Gründen sind die europäischen Gesellschaften auf Zuwanderung angewiesen. Aus historischen und humanitären Gründen verteidigen wir gleichzeitig das individuelle Grundrecht auf Asyl. Einwanderung ist eine produktive Kraft. Unser Land, früher Jahrhunderte lang ein Auswanderungsland, ist faktisch längst zum Einwanderungsland geworden … Der Umgang mit Neuankömmlingen und Fremden ist ein Gradmesser für die Offenheit unserer Gesellschaft. Unser Leitbild ist das gleichberechtigte Zusammenleben von Menschen unterschiedlicher Herkunft bei Anerkennung ihrer kulturellen Vielfalt.

Grundsatzprogramm 17. März 2002

Lerngebiet 6

Wie steht die Partei Bündnis 90/Die Grünen zur Zuwanderung?

FDP

Die Bundesrepublik Deutschland ist seit Jahren faktisch ein Einwanderungsland … Unter Fachleuten ist unstreitig, dass Deutschland auch in Zukunft im eigenen Interesse Zuwanderung braucht. … Der Gesetzentwurf der FDP sieht vor, durch die Schaffung eines Gesetzes zur Steuerung der Zuwanderung Regeln für den Umfang, für die Voraussetzungen (z.B. Qualifikationen) und die Art und Weise des Zuzugs sowie für die Integration von Ausländern zu begründen. Die Steuerung der Zuwanderung ist eine herausragende Zukunftsaufgabe, der verantwortungsvolle Politik nicht ausweichen darf.

Programm zur Bundestagswahl 2002

1. Wie steht die FDP zur Zuwanderung?
2. In welchem Parteiprogramm wird von den Einwanderern eine Anpassung an die Kultur Deutschlands verlangt?
3. Zwischen welchen Parteien sehen Sie die Möglichkeiten, einen Kompromiss im Gesetzgebungsverfahren zu finden?

4.3 Verbandsinteressen im Gesetzgebungsverfahren

Die Bürger und Unternehmen können ihre Vorstellungen bei der Entstehung eines Gesetzes besser zur Geltung bringen, wenn sie durch **Interessenverbände** unterstützt werden.

Interessenverbände kommentieren Gesetzesvorschläge in der Öffentlichkeit und werden beim Gesetzgebungsverfahren im Bundestag angehört. Wenn Interessenverbände ihre Vorstellungen im Parlament und gegenüber der Regierung durchsetzen wollen, spricht man von Lobbyismus.

Interessenverbände:
Z.B. Gewerkschaften, Arbeitgeberverbände, ADAC, Bauernverband, Sportverbände

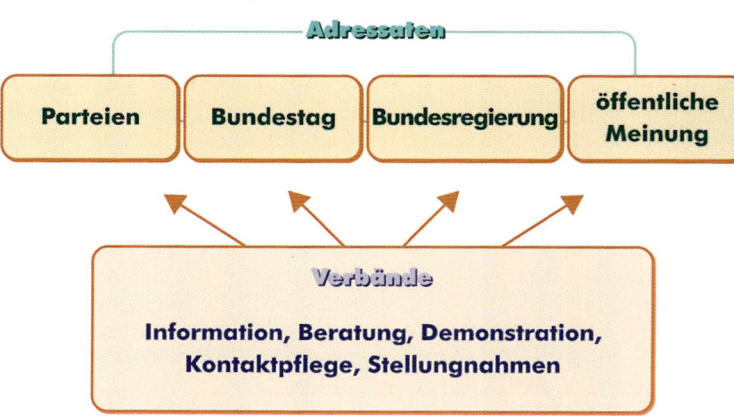

Adressaten und Methoden des Verbandseinflusses.

© R A Drude

Die Zuwanderung von Arbeitskräften nach Deutschland interessiert die Wirtschaftsverbände und die Gewerkschaften gleichermaßen. Weil Zuwanderung auch über Asylverfahren erfolgt, melden sich **Menschenrechtsorganisationen** zu Wort. Wenn Menschen in Deutschland einwandern, lassen sie häufig ihre Familie im Herkunftsland. Für den Nachzug der Familienangehörigen machen sich die Kirchen bei der Gesetzgebung zum Zuwanderungsgesetz stark.

Menschenrechtsorganisationen:

amnesty International, Human Rights Watch und Pro Asyl.

Sie setzen sich für die Aufnahme von politischen Verfolgten ein und kämpfen für ein faires Asylverfahren

Der Bedarf ist da

Das deutsche Bildungs- und Beschäftigungssystem ist zumindest mittelfristig nicht in der Lage, den Bedarf an Fachkräften wie Informatikern zu decken. ... In der Anwerbung ausländischer Fachkräfte und Hochschulabsolventen sehen daher viele Unternehmen eine Chance, den Fachkräftemangel aufzufangen. Ein entsprechendes Zuwanderungsgesetz könnte sich bei der Frage, wie groß der Arbeitskräftebedarf tatsächlich ist, auf eine unlängst vom Institut der deutschen Wirtschaft Köln entwickelte Engpassdiagnose stützen.

Direkt, Publikation des Instituts der deutschen Wirtschaft, Köln, 2008

1. Warum wünscht sich die Wirtschaft Zuwanderung?
2. Welche Methode des Verbandseinflusses wird hier ausgeübt?

Ein Perspektivenwechsel in der Einwanderungspolitik ist nötig

Der DGB fordert ein umfassendes und transparentes Einwanderungs- und Integrationsgesetz zur Gestaltung der Einwanderung aus arbeitsmarktpolitischen und wirtschaftlichen Gründen.

Im Zusammenhang mit der EU-Erweiterung fordert der DGB, dass Branchen mit hoher Arbeitslosigkeit länger verschlossen, Branchen mit hohem Arbeitskräftebedarf früher geöffnet werden.

Die Auswahl der Arbeitnehmer soll durch ein Punktesystem mit folgenden Kriterien geregelt werden: Alter, Qualifikationen, Sprachkenntnissen, Berufserfahrung, integrationsfördernde Kriterien wie familiäre Bindungen in Deutschland.

Positionen des DGB für die Regelung der Einwanderung, Zusammenfassung von Beschlüssen

1. Welches Alter und welche Art der Qualifikation würden Sie bei der Auswahl eines Einwanderers fordern?
2. An welche Partei kann der DGB bei der Entstehung eines Zuwanderungsgesetzes seine Positionen mit Aussicht auf Erfolg einbringen?

Lerngebiet 6

4.4 Öffentliche Meinung und Medien

Gesetze entstehen nicht hinter verschlossenen Türen. Die Parteien stellen bereits ihre Gesetzesvorhaben der Öffentlichkeit vor. Dies geschieht insbesondere vor Bundestagswahlen. Die Wähler sollen die Absichten der Parteien kennen. **Meinungsforschungsinstitute** befragen die Bevölkerung, wie sie zu einem Thema stehen, das mit einem Gesetz geregelt werden soll. Die Parteien und ihre Politiker vermeiden es, Entscheidungen gegen eine große Mehrheit der Bevölkerung zu treffen. Die Einstellung der Bürger fließt somit indirekt in das Gesetzgebungsverfahren ein.

Meinungsforschungsinstitute:

Z. B. Politbarometer des ZDF, Forschungsgruppe Wahlen, Institut für Demoskopie Allensbach

Wie viele Zuwanderer Deutschland zukünftig aufnehmen soll (Personen im Alter von 12 - 25 Jahren)

Quelle: 15. Shellstudie 2006

weiß nicht: 14%

Gleich/Mehr: 28%

Weniger als bisher: 56%

*Die **Demoskopie** erfasst die öffentliche Meinung*

Demoskopie:

Meinungsforschung

Zeitungen, Fernsehen, Rundfunk und das Internet beeinflussen die Meinung zu politischen Themen. Aus den Medien können die Politiker zustimmende und ablehnende Reaktionen auf ihre Entscheidungen im Gesetzgebungsverfahren entnehmen. Insbesondere überregionale Zeitungen, Politikmagazine und die **Boulevardpresse** besitzen einen großen Einfluss auf die politische Willensbildung.

Boulevardpresse:

Sensationell aufgemachte, in großen Auflagen erscheinende und daher billige Zeitung, die überwiegend im Straßenverkauf angeboten wird (z. B. Bildzeitung, Bild am Sonntag)

Politik mit der Brechstange

Der Kanzler ist aufs Ganze gegangen – und hat die Oberhand behalten. Das rot-grüne Zuwanderungsgesetz ist mit harten Bandagen durch den Bundesrat gepeitscht worden – mit einer Stimme Mehrheit

Augsburger Allgemeine, 13.04.2008

Streitthema Zuwanderung: Seit 1954 kamen 34 Millionen

Berlin (dpa) – Jahrzehntelang galt Deutschland nicht als Einwanderungsland. Doch Zuwanderung gibt es seit Bestehen der Bundesrepublik. Seit 1954 zogen 31 Millionen Deutsche und Ausländer nach Deutschland, 22 Millionen Menschen zogen wieder weg. Gegenwärtig leben etwa 7,3 Millionen Ausländer in Deutschland. Das entspricht knapp 9 Prozent der Gesamtbevölkerung.

Hamburger Morgenpost, 29.12.2007

Welche Absicht verfolgen die beiden Texte zum Thema Zuwanderung?

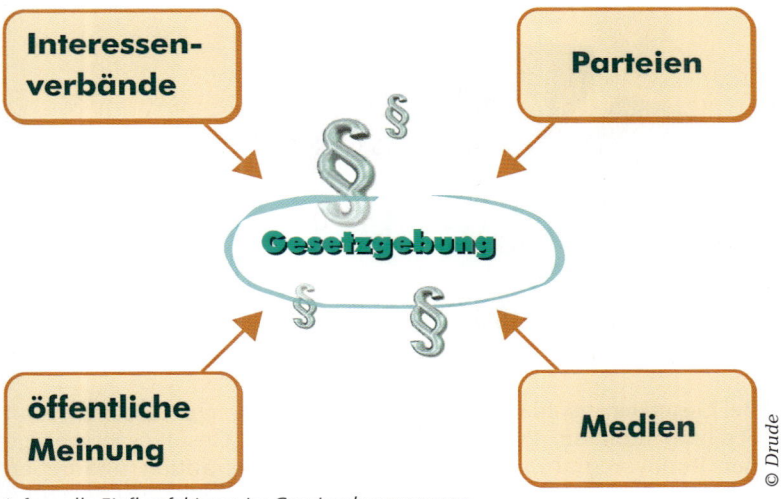

© Drude

Informelle Einflussfaktoren im Gesetzgebungsprozess

4.5   Der Gesetzgebungsweg

Den Weg eines Gesetzes von der Gesetzesinitiative bis zur Verkündung schreibt das Grundgesetz vor.

Gesetzesinitiative

Bei bedeutsamen Gesetzesvorhaben werden im Vorfeld der Gesetzgebung **Kommissionen** mit Experten gebildet.

Kommissionen:
Für das Zuwanderungsgesetz wurde die „Zuwanderungskommission" gebildet.
Ideen zur Bekämpfung der Arbeitslosigkeit entstanden in der Hartz-Kommission.
Lösungsvorschläge für das Rentenproblem sollte die Rürup-Kommission entwickeln. Diese beiden Kommissionen erhielten ihren Namen vom jeweiligen Kommissionsvorsitzenden.

Fachstufe I

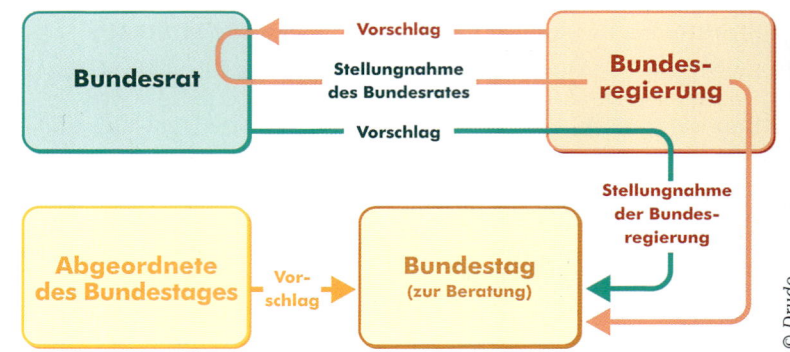

Gesetzesinitiativen (Gesetzesvorschlag)

Bundesregierung, Bundesrat und eine Gruppe von mindestens fünf % der Abgeordneten des Bundestages haben das Recht zur Gesetzesinitiative. Die meisten Gesetze gehen auf Entwürfe der Bundesregierung zurück.

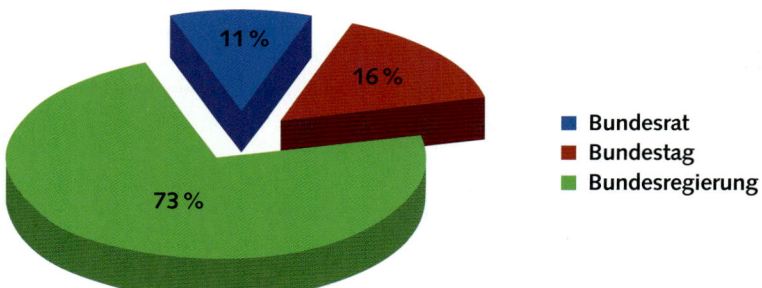

Ursprung der Gesetzentwürfe von 1949 bis Oktober 2009

Regierungsvorlagen:

Um die Stellungnahme des Bundesrates zu umgehen, leitet die Bundesregierung ihre Vorschläge meist an die sie stützende Fraktion weiter. Diese bringt sie dann direkt in den Bundestag ein. Damit kann der Gesetzgebungsweg beschleunigt werden.

Bei Gesetzesvorschlägen der Bundesregierung muss der Bundesrat Stellung nehmen. **Regierungsvorlagen** sind Gesetzesvorschläge der Bundesregierung, die einer Regierungsfraktion übergeben werden. Schlägt der Bundesrat ein Gesetz vor, dann läuft dies über die Bundesregierung, die zum Gesetzesvorschlag Stellung nimmt und den Gesetzentwurf an den Bundestag weiterleitet. Abgeordnete des Bundestages können ihre Gesetzesvorschläge direkt in den Bundestag einbringen.

Gesetzentwurf der Bundesregierung

Entwurf eines Gesetzes zur Steuerung und Begrenzung der Zuwanderung ... (Zuwanderungsgesetz)

Drucksache 15/420 des Bundestages vom 07.02.03

1. Wessen Gesetzesvorschläge gelangen am schnellsten zur Beratung?

2. Von wem stammt die Gesetzesinitiative zum Zuwanderungsgesetz?

Einfache Gesetze und Zustimmungsgesetze

Jeder Gesetzentwurf durchläuft im **Plenum** des Bundestages drei **Lesungen.** Nach der ersten Lesung wird jeder Gesetzentwurf in einem oder mehreren Ausschüssen vertieft behandelt. **Ausschüsse** sind fachlich spezialisierte Arbeitsgruppen von Bundestagsabgeordneten. Die im Bundestag vertretenen Parteien sind in den Ausschüssen im gleichen Verhältnis vertreten wie im Bundestag. Während der Ausschussberatung werden die betroffenen Verbände zum Gesetzentwurf angehört (Hearing).

Findet ein Gesetzentwurf im Bundestag nicht die Mehrheit der anwesenden Abgeordneten, so ist er gescheitert. Liegt die Mehrheit vor, wird der Gesetzentwurf an den Bundesrat weitergeleitet.

> Berlin – Der Bundesrat beschäftigt sich heute erneut mit dem Zuwanderungsgesetz. Der Bundestag hatte das Gesetz am 9. Mai mit seiner rot-grünen Mehrheit verabschiedet. Der von der Union dominierte Bundesrat will das rot-grüne Reformprojekt ablehnen.
>
> Hamburger Morgenpost, 14.09.2004

Bei der Mitwirkung des Bundesrates beim Gesetzgebungsverfahren ist es von Bedeutung, ob das Bundesgesetz der Zustimmung des Bundesrates bedarf oder ob es sich um ein sogenanntes **einfaches Gesetz** handelt. Das Grundgesetz legt fest, in welchem Fall ein Zustimmungsgesetz vorliegt:

▸ Gesetze, die das Grundgesetz ändern

▸ Gesetze, die das Steueraufkommen zwischen Bund und Ländern regeln

▸ Gesetze, die von der Verwaltung der Länder ausgeführt werden

Beim Zuwanderungsgesetz handelt es sich um ein **Zustimmungsgesetz.** Wenn der Bundesrat einem Zustimmungsgesetz nie zustimmt, ist es gescheitert. Bei einem **einfachen Gesetz** kann der Bundesrat zwar seinen Einspruch einlegen. Er kann aber vom Bundestag überstimmt werden.

> Berlin – Die Bundesregierung hat wegen des vom Bundesrat gestoppten Zuwanderungsgesetzes den Vermittlungsausschuss angerufen. Die von der Union dominierte Länderkammer hatte die zum zweiten Mal eingebrachte rot-grüne Reform … abgelehnt.
>
> Hamburger Morgenpost, 19.09.2004

Wenn ein vom Bundestag beschlossenes Zustimmungsgesetz vom Bundesrat abgelehnt wird, kann der Vermittlungsausschuss angerufen werden. Dieser Ausschuss setzt sich aus jeweils 16 Mitgliedern des Bundestages und Bundesrates zusammen. Er versucht in geheimer Sitzung einen Kompromiss zu finden. Der Kompromissvorschlag benötigt erneut den Beschluss des Bundestages. Auch der Bundesrat muss dem Kompromiss zustimmen, damit das Gesetz nicht scheitert.

Plenum des Deutschen Bundestages:
Versammlung aller Bundestagsabgeordneten

Lesung:
Beratung eines Gesetzes

Ausschüsse des Deutschen Bundestages:
Z. B. Innenausschuss, Finanzausschuss, Verteidigungsausschuss, Sportausschuss, Ausschuss für Wirtschaft und Technologie

Einfaches Gesetz:
Es wird auch Einspruchsgesetz genannt und stellt jenes Gesetz dar, zu dem keine Zustimmung des Bundesrates nötig ist.

Zustimmungsgesetz:
Der Anteil der Zustimmungsgesetze von allen beschlossenen Bundesgesetzen beträgt 30 bis 40 %.

Lerngebiet 6

Fachstufe I

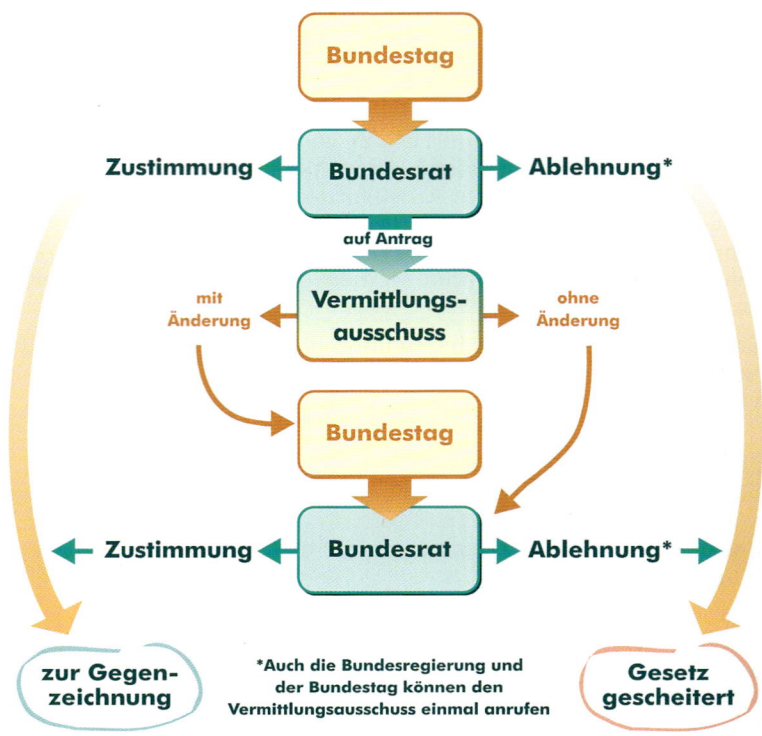

Die Mitwirkung des Bundesrates bei Zustimmungsgesetzen

1. Was passiert mit dem Zuwanderungsgesetz als Zustimmungsgesetz, wenn der Bundesrat es stets ablehnt?

2. Warum setzt sich der Vermittlungsausschuss aus zweimal 16 Mitgliedern zusammen?

Ausfertigung:

Es ist die Unterzeichnung der Originalurkunde des Gesetzes. Damit wird bestätigt, dass das Gesetzgebungsverfahren ordnungsgemäß verlaufen ist (formelle Prüfung). Der Bundespräsident bestätigt mit der Unterschrift auch, dass das Gesetz mit dem Grundgesetz übereinstimmt (inhaltliche Prüfung).

Verkündung:

Amtliche Bekanntgabe des Gesetzes im Bundesgesetzblatt

Die nach den Vorschriften des Grundgesetzes entstandenen Gesetze werden vom Bundeskanzler und den Fachministern gegengezeichnet. Die **Ausfertigung** und **Verkündung** des Gesetzes ist Aufgabe des Bundespräsidenten.

Der im Jahr 2002 erstmalig eingebrachte Entwurf eines Zuwanderungsgesetzes wurde vom Bundesrat nur mit einer hauchdünnen Mehrheit angenommen. Dabei wurde die Stimme des Bundeslandes Brandenburg nicht einheitlich abgegeben. Dieses Abstimmungsverhalten stellte sich nachträglich als verfassungswidrig heraus. Der Bundespräsident hätte die Verkündung dieses Gesetzes verweigern können. Damit wäre das Gesetz gescheitert gewesen.

Raus salomonische Entscheidung

Johannes Rau hat sich gut aus der Affäre gezogen. Der Bundespräsident unterschreibt das unter fragwürdigen Umständen zustande gekommene rotgrüne Zuwanderungsgesetz – und empfiehlt zugleich die Einschaltung des Bundesverfassungsgerichtes, um die heikle Frage klären zu lassen. Damit kommt Rau auch der Union entgegen, die den Gang nach Karlsruhe nun sozusagen mit dem Segen des Präsidenten antritt.

Süddeutsche Zeitung, 16.11.2005

Salomonisch:
Weise, klug

Verstößt ein Gesetz in seinem Inhalt gegen das Grundgesetz oder kam es in einer Art zustande, die nicht dem Gesetzgebungsverfahren des Grundgesetzes entspricht, kann das Bundesverfassungsgericht das Gesetz für nichtig erklären. Die Entscheidung des Bundesverfassungsgerichtes muss beantragt werden.

Zuwanderungsgesetz gestoppt

Das Zuwanderungsgesetz, eines der wichtigsten Reformprojekte der Koalition, ist gestoppt. Das Bundesverfassungsgericht erklärte heute das Abstimmungsverfahren im Bundesrat für nicht rechtmäßig. Das geteilte Votum des Landes Brandenburg, so das Urteil, hätte nicht als Zustimmung zu dem Gesetz gewertet werden dürfen. Recht erhielten damit die sechs unionsgeführten Länder, die nach dem Eklat im Bundesrat Klage eingereicht hatten.

Tagesschau

Wurde das Zustimmungsgesetz 2002 aus inhaltlichen oder aus formellen Gründen für nichtig erklärt?

Gesetzgebung durch Kompromiss

Im Jahr 2004 berieten Vertreter des Bundes und der Länder über mehrere Monate hinweg das Zuwanderungsgesetz. Dies geschah in einer speziellen Arbeitsgruppe des Vermittlungsausschusses.

Einigung auf Zuwanderungsgesetz

Drei Jahre hartes Ringen liegen hinter ihnen: Ende Mai konnten die Verhandlungsführer von Regierung und Opposition auch die letzten Streitpunkte im Bereich Anti-Terror-Maßnahmen, Integration, Arbeitsmigration und Flüchtlingsschutz klären. Nach der Absegnung durch den Bundesrat wird das Zuwanderungsgesetz endgültig am 1. Januar 2005 in Kraft treten …

Tagesschau, 29.12.2004

Der Vermittlungsausschuss tagt im Gebäude des Bundesrates. Die Sitzungen sind nicht öffentlich.

Lerngebiet 6

Fachstufe I

Kompromiss:
Übereinkunft auf der Grundlage gegenseitiger Zugeständnisse

Gesetze stellen häufig einen **Kompromiss** aus verschiedenen politischen Ansichten dar. Die Bundesregierung besteht zumeist aus einer Koalition zweier oder mehrerer Parteien. Diese Regierungsparteien vertreten oft unterschiedliche Meinungen zu bestimmten politischen Themen. Um jedoch einen gemeinsamen Vorschlag für ein neues Gesetz erarbeiten zu können, muss eine Einigung erzielt werden. Bei Zustimmungsgesetzen muss oft außerdem noch ein Kompromiss mit dem Bundesrat gefunden werden. Nur dann kann das Gesetz verabschiedet werden.

Der Zuwanderungskompromiss

ARBEITSMIGRATION: Die Zuwanderung von Arbeitskräften soll flexibel entsprechend den Bedürfnissen des Arbeitsmarktes gesteuert werden. Ausländer außerhalb der EU dürfen sich nur dann in Deutschland niederlassen, wenn es für die zu besetzende Stelle weder deutsche noch EU-Arbeitnehmer gibt. … Ebenso bleibt es grundsätzlich beim Anwerbestopp, der ursprünglich wegfallen sollte …

HUMANITÄRES RECHT: Der Aufenthaltsstatus von Opfern **nichtstaatlicher** und geschlechtsspezifischer **Verfolgung** wird verbessert. Bisher nur geduldete Bürgerkriegsflüchtlinge erhalten eine begrenzte Aufenthaltserlaubnis. … Die Altersgrenze für den Kindernachzug wird nicht von 16 auf 12 Jahre abgesenkt. …

INTEGRATION: Die Kosten für Integrationskurse übernimmt der Bund. Wer sich nicht beteiligt, muss mit Sanktionen und Verschlechterungen seines Aufenthaltsstatus rechnen.

SPÄTAUSSIEDLER: Auch mitreisende Familienangehörige müssen ausreichende Sprachkenntnisse nachweisen.

SICHERHEIT: Gefährliche Ausländer können aufgrund einer von Tatsachen gestützten Gefahrenprognose abgeschoben werden. …

Tagesspiegel, 30.12.2004

Nichtstaatliche Verfolgung:
Verfolgung, die nicht von staatlichen Stellen ausgeübt wird, sondern z. B. durch andere Volksgruppen in einem Land

---

Zusammenfassung

Die Parteien entwickeln zu den Gesetzesvorhaben ihre Vorstellungen

Interessenverbände versuchen, auf die Gesetzgebung Einfluss zu nehmen.

Die öffentliche Meinung und die Medien wirken auf die Gesetzgebung ein.

Bundesregierung, Bundestag und Bundesrat können Gesetze vorschlagen.

Gesetzesentwürfe werden im Bundestag beraten und nach drei Lesungen beschlossen.

Hinsichtlich des Einflusses des Bundesrates beim Gesetzgebungsverfahren ist zwischen Zustimmungsgesetzen und einfachen Gesetzen zu unterscheiden.

Wenn der Bundesrat bei einem Zustimmungsgesetz die Zustimmung endgültig verweigert, ist es gescheitert.

Der Bundespräsident fertigt Gesetze aus und verkündet sie.

Gesetze, die nicht dem Grundgesetz entsprechen, können auf Antrag vom Bundesverfassungsgericht für nichtig erklärt werden.

Wissens-Check

1. Welche Gruppen nehmen indirekt Einfluss auf den Gang der Gesetzgebung?

2. An wen wenden sich die Interessenverbände, um ihren Einfluss auszuüben?

3. Wer kann die Meinung der Bevölkerung zu einem Gesetzesvorhaben ermitteln und veröffentlichen?

4. Welchen Einfluss spielen die Medien bei der Gesetzgebung?

5. Wer kann Gesetze vorschlagen?

6. Wer beschließt die Gesetze?

7. Was versteht man unter einer Lesung?

8. Wo findet im Gesetzgebungsverfahren eine vertiefte Behandlung durch Spezialisten statt?

9. Beschreiben Sie den Unterschied zwischen einem einfachen Gesetz und einem Zustimmungsgesetz.

10. In welchen Fällen liegt ein Zustimmungsgesetz vor?

11. Welche Aufgabe hat der Vermittlungsausschuss?

12. Was versteht man unter der Ausfertigung eines Gesetzes?

13. Wer kann Bundesgesetze für nichtig erklären?

Lerngebiet 6

Der Nationalsozialismus

7

ARBEIT MACHT FREI

Politische und wirtschaftliche Probleme der
Weimarer Republik

Widerstand gegen den
Nationalsozialismus

Bedrohung der Demokratie
durch Extremismus

LG 7 Der Nationalsozialismus

1 Die Weimarer Republik

© ullstein bild – ullstein bild

Soldaten in Berlin während der Novemberrevolution 1918

Beim Rückblick auf die deutsche Geschichte des 20. Jahrhunderts erscheint die Weimarer Republik wie eine kurze Zwischenphase. Diese erste deutsche Republik war nach dem Zusammenbruch des Deutschen Kaiserreiches 1918/1919 gegründet worden und hielt nur 14 Jahre. Viele belastende Faktoren von innen und außen erschwerten von Anfang an den demokratischen Politikern der Weimarer Republik ihre Arbeit. Mit dem Untergang der ersten deutschen Demokratie durch die Übergabe der politischen Macht an Adolf Hitler (1933) begann die Errichtung einer menschenverachtenden Diktatur, die die ganze Welt in einen Krieg und zu einem beispiellosen Völkermord führte.

1.1 Die Weimarer Reichsverfassung

Als sich im Spätsommer 1918 die militärische Niederlage im Ersten Weltkrieg abzeichnete, brachte dies bereits weitreichende politische Veränderungen im Deutschen Kaiserreich mit sich. Als Matrosen der kaiserlichen Hochseeflotte in Kiel gegen die sinnlose Fortführung des Krieges rebellierten, weitete sich der Aufruhr zu einer Rebellion aus.

Am 9. November 1918 verkündete Reichskanzler Prinz Max von Baden eigenmächtig die Abdankung des deutschen Kaisers Wilhelm II. und übergab gleichzeitig Friedrich Ebert (SPD) die Regierungsgewalt. Noch am selben Tag riefen in Berlin mit nur zwei Stunden Abstand Philipp Scheidemann (SPD) die Deutsche Republik und Karl Liebknecht (Spartakusbund) die Sozialistische Republik Deutschland aus. Der Kaiser flüchtete ins niederländische Exil. Die **Monarchie** war am Ende.

Die provisorische Übergangsregierung unter der Leitung Friedrich Eberts bestand aus drei Sozialdemokraten und drei Sozialisten. Von Beginn an war der „Rat der Volksbeauftragten" über das zukünftige politische System in Deutschland zerstritten.

Ebert trat für eine parlamentarische Demokratie ein. Das gesamte Volk sollte eine Nationalversammlung wählen, die eine Verfassung ausarbeiten sollte. Die Sozialisten hingegen wollten die Revolution weiterführen. Es kam zu Straßenschlachten und bürgerkriegsähnlichen Zuständen in mehreren deutschen Städten.

Das vom Rat der Volksbeauftragten beschlossene Wahlrecht bestand aus einer reinen Verhältniswahl. Auch Frauen wurde zum ersten Mal in Europa das aktive und passive Wahlrecht bei diesen ersten freien, geheimen und gleichen Wahlen in Deutschland eingeräumt.

Fachstufe I

Monarchie:
Der Begriff bezeichnet eine Staats- bzw. Regierungsform, bei der ein Monarch oder eine Monarchin das Amt des Staatsoberhauptes innehat und bildet somit das Gegenstück zur Republik.

Der Rat der Volksbeauftragten, oben: Landsberg, Haase, Ebert, Barth; unten: Dittmann, Scheidemann

Weil Ebert sich die Unterstützung der alten monarchischen Kräfte, besonders des Militärs mittels Zugeständnissen sicherte, konnte Ebert seine Position durchsetzen. Am 19. Januar 1919 wurde die verfassungsgebende Nationalversammlung gewählt.

Als Sieger gingen die demokratischen Parteien hervor. Die SPD, das Zentrum und die DDP bildeten eine Regierungskoalition, die sogenannte „Weimarer Koalition".

Am 6. Februar 1919 trat die Nationalversammlung zum ersten Mal in Weimar zusammen. Berlin war nicht der Tagungsort, weil dort weiterhin Unruhen die Sicherheit der Abgeordneten gefährdeten. Die Wahl Weimars als Ort großer Literaten wie Goethe und Schiller sollte an deren hohe Ideale anknüpfen. Ebert wurde zum ersten Reichspräsidenten gewählt.

Die Nationalversammlung erarbeitete in der Folge die Verfassung der neuen Republik. Am 11. August 1919 trat sie in Kraft.

Partei	Prozent	Sitze
SPD	37,9	165
Zentrum	19,7	91
DDP	18,6	75
DNVP	10,3	44
USPD	7,6	22
DVP	4,4	19
Bayerischer Bauernbund	0,9	4
Deutsch-Hannover-sche Partei	0,3	1
Schleswig-Holsteinische Bauern- und Landarbeiter-demokratie	0,2	1
Braunschwei-gischer Lan-deswahlver-band	0,2	1
Gesamt	100	423

Wahlergebnis zur National-versammlung.

SPD:
Sozialdemokratische Partei Deutschland

Zentrum:
Vertreter des katholischen Deutschlands

DDP:
Deutsche Demokratische Partei

DNVP:
Deutschnationale Volkspartei

USPD:
Unabhängige Sozialdemokra-tische Partei Deutschlands

DVP:
Demokratische Volkspartei

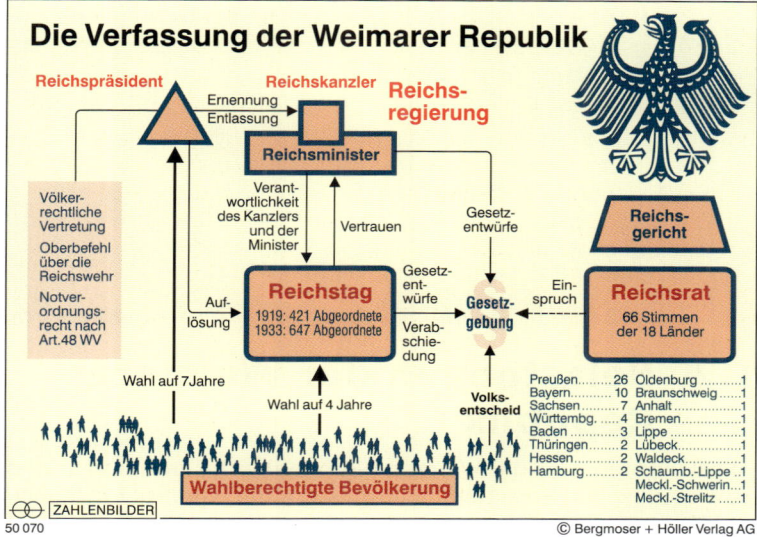

Die Verfassung der Weimarer Republik

Reichspräsident

Reichskanzler **Reichs-regierung**

Ernennung
Entlassung

Reichsminister

Völker-rechtliche Vertretung

Oberbefehl über die Reichswehr

Notver-ordnungs-recht nach Art. 48 WV

Verant-wortlichkeit des Kanzlers und der Minister

Vertrauen

Gesetz-entwürfe

Reichs-gericht

Auf-lösung

Reichstag
1919: 421 Abgeordnete
1933: 647 Abgeordnete

Gesetz-ent-würfe

Gesetz-gebung

Verab-schie-dung

Ein-spruch

Reichsrat
66 Stimmen
der 18 Länder

Wahl auf 7 Jahre

Wahl auf 4 Jahre

Volks-entscheid

Preußen.........26 Oldenburg 1
Bayern..........10 Braunschweig 1
Sachsen..........7 Anhalt 1
Württembg. .....4 Bremen 1
Baden............3 Lippe 1
Thüringen........2 Lübeck 1
Hessen..........2 Waldeck 1
Hamburg.........2 Schaumb.-Lippe ..1
Meckl.-Schwerin...1
Meckl.-Strelitz 1

Wahlberechtigte Bevölkerung

ZAHLENBILDER

50 070

© Bergmoser + Höller Verlag AG

1. Wie kam die Weimarer Republik zu ihrem Namen?
2. Betrachten Sie den Aufbau der Weimarer Verfassung. Welche Stellung haben die Grundrechte im Vergleich zum Grundgesetz?
3. Der 9. November wird auch als „Schicksalstag der Deutschen" bezeichnet. Finden Sie heraus, warum.

Schwächen der Weimarer Verfassung

Die Weimarer Verfassung enthält aus heutiger Sicht einige Schwächen:

▶ Durch das reine Verhältniswahlrecht waren alle Parteien im Verhältnis zu ihren erreichten Stimmen im Reichstag vertreten. Eine Sperrklausel gab es nicht. Dadurch waren durchschnittlich 14 Parteien im Parlament. Diese Zersplitterung erschwerte eine stabile Regierungsbildung. 21 Regierungen und zwölf verschiedene Reichskanzler in den 14 Jahren der Weimarer Republik zeigen die hierdurch verursachte politische Instabilität.

▶ Es waren auch Parteien zugelassen, deren eigentliches Ziel es war, die Demokratie abzuschaffen. Am politisch linken Rand trat die KPD für einen Kommunismus nach russischen Vorbild ein, am rechten Rand bekämpften die kaisertreue DNVP und später vor allem Hitlers **NSDAP** die Republik.

▶ Der Reichstag hatte die Möglichkeit, dem Reichskanzler oder einem Minister das Misstrauen auszusprechen, ohne einen neuen Amtsinhaber zu benennen („einfaches Misstrauensvotum"). Die Regierungen waren dadurch häufig handlungsunfähig.

▶ Der Reichspräsident konnte ohne Rücksicht auf die Mehrheitsverhältnisse im Reichstag den Reichskanzler entlassen oder ernennen.

▶ Durch Art. 48 WRV hatte der Reichspräsident eine sehr starke Stellung. In Krisenzeiten konnte er mit Notverordnungen Gesetze erlassen und so ohne den Reichstag die Gesetzgebung komplett übernehmen.

NSDAP:

Nationalsozialistische Deutsche Arbeiterpartei

1. Vergleichen Sie die Gewichtung der einzelnen Verfassungsorgane der Weimarer Republik mit denen der Bundesrepublik Deutschland.
2. Der Reichspräsident wurde in der Weimarer Republik auch als „Ersatzkaiser" bezeichnet. Erläutern Sie diese Aussage.
3. Warum zählt die Weimarer Verfassung trotz ihrer Schwächen heute noch zu den freiheitlichsten Verfassungen der Welt?
4. Diskutieren Sie darüber, ob eine andere Verfassung das Dritte Reich ggf. verhindert hätte.

1.2 Belastungen der Weimarer Republik

Von Beginn an war die Weimarer Republik schweren innen- und außenpolitischen Belastungen ausgesetzt, die hauptsächlich noch aus der Kaiserzeit stammten.

Die Dolchstoßlegende

Seit Mitte des Ersten Weltkrieges war die **OHL** der eigentliche Machthaber im Deutschen Reich. Der deutsche Kaiser blieb zwar bis Kriegsende auf dem Papier oberster Befehlshaber, de facto war er aber entmachtet. Das Ergebnis war eine absolute Militärdiktatur an Stelle der Monarchie.

Als sich im Spätsommer 1918 die militärisch aussichtslose Lage des Deutschen Reiches immer klarer abzeichnete, drängte die OHL entgegen der bisherigen Durchhaltepolitik auf sofortigen Waffenstillstand. Allerdings sollten nicht das Militär, sondern Politiker dieses Eingeständnis der Niederlage aushandeln. Der Zentrumspolitiker Matthias Erzberger unterzeichnete als Leiter der deutschen Delegation trotz größter Bedenken am 11. November 1918 in einem Eisenbahnwagen im Wald von **Compiègne** den Waffenstillstand.

Von Hindenburg und von Ludendorff nutzten die revolutionären Unruhen im November 1918, um sich der eigenen Verantwortung für die militärische Niederlage zu entziehen und die Kriegsfolgen auf die demokratischen Kräfte abzuwälzen. Nach Kriegsende behaupteten sie, das deutsche Heer sei „im Felde unbesiegt" gewesen, aber „von hinten erdolcht" worden. Für die Niederlage machten sie die Vertreter der Novemberrevolution und die demokratischen Politiker verantwortlich, die hinter ihrem Rücken den Waffenstillstand ausgehandelt hätten.

> **Von Ludendorff im Herbst 1918 zu seinen Mitarbeitern:**
>
> „Die (Politiker der neuen Regierung) sollen nun den Frieden schließen, der jetzt geschlossen werden muss. Sie sollen die Suppe jetzt essen, die sie uns eingebrockt haben."
>
> Sturm, Reinhard: Vom Kaiserreich zur Republik 1918/19, in: Die Weimarer Republik. Bundeszentrale für politische Bildung, Bonn 2011, S. 4

Die Bevölkerung und die Soldaten glaubten dieser Erklärung, da bei Kriegsende keine feindlichen Truppen auf deutschem Boden standen und der Krieg gegen Russland siegreich beendet war. Der größte Teil des Volkes sah nun die demokratischen Parteien als Verantwortliche der Niederlage und der Kriegsfolgen an. Diese bewusste Fälschung der Tatsachen hielt sich als Verschwörungstheorie während der ganzen Weimarer Republik und wurde von den Gegnern der Republik immer wieder verbreitet.

> **Von Hindenburg am 3. Oktober 1918 an den Reichskanzler:**
>
> 1. „Die Oberste Heeresleitung bleibt auf ihrer Forderung der sofortigen Herausgabe des Friedensangebotes an unsere Feinde bestehen. Noch steht das deutsche Heer fest gefügt und wehrt siegreich alle Angriffe ab. Die Lage verschärft sich aber täglich."
>
> Aussage von Hindenburgs im Protokoll des parlamentarischen Untersuchungsausschusses in der Nationalversammlung am 18. November 1919:
>
> 2. Aber trotz der ungeheuren Ansprüche an Truppen und Führung, trotz der zahlenmäßigen Überlegenheit des Feindes konnten wir den ungleichen Kampf zu einem günstigen Ende führen, wenn die geschlossene und einheitliche Zusammen-

OHL:

Abkürzung für Oberste Heeresleitung, die oberste militärische deutsche Kommandobehörde im Ersten Weltkrieg

1916 übernahmen Feldmarschall Paul von Hindenburg, der „Sieger von Tannenberg" und sein „Kopf" General Erich von Ludendorff, die Kommandogewalt. Im Oktober 1918 wurde die OHL entlassen.

Compiègne:

Französische Kleinstadt nördlich von Paris

© ullstein bild – ullstein bild

Wahlplakat der DNVP von 1924

Lerngebiet 7

wirkung von Heimat und Heer eingetreten wäre. ... Die Absichten der Führung konnten nicht mehr zur Ausführung gebracht werden. Unsere wiederholten Anträge auf strenge Zucht und strenge Gesetzgebung wurden nicht erfüllt. So aber mussten unsere Operationen misslingen, es musste der Zusammenbruch kommen; die Revolution bildete nur den Schlussstein. Ein englischer General sagte mit Recht: „Die deutsche Armee ist von hinten erdolcht worden."

Aussagen von Hindenburgs. Hoffmann, Joachim: Die großen Krisen 1917–1933. 4. Aufl., Frankfurt 1970, S.86

1. Analysieren Sie das Wahlplakat der DNVP von 1924.

2. Vergleichen Sie die beiden Aussagen von Hindenburgs.

Der Versailler Vertrag

Nach dem Waffenstillstand im November 1918 wurden die deutschen Hoffnungen auf einen milden Friedensvertrag schnell zerstört. Die Siegermächte lehnten eine Beteiligung der Verlierer an den Friedenskonferenzen in Versailles kategorisch ab, obwohl dies bis dahin üblich war. Der am 7. Mai 1919 überreichte Friedensvertrag übertraf die schlimmsten Befürchtungen der Besiegten:

▸ Hohe Gebietsverluste

▸ Das Saarland sollte 15 Jahre vom Völkerbund unter französischer Besatzung verwaltet werden

▸ Entwaffnung und Abrüstung des Heeres

▸ Zerstörung und Verbot von schwerem Kriegsmaterial wie Panzer, Flugzeuge oder U-Boote

▸ Entmilitarisierung des Rheinlandes und Besetzung durch gegnerische Truppen

▸ Hohe Reparationszahlungen

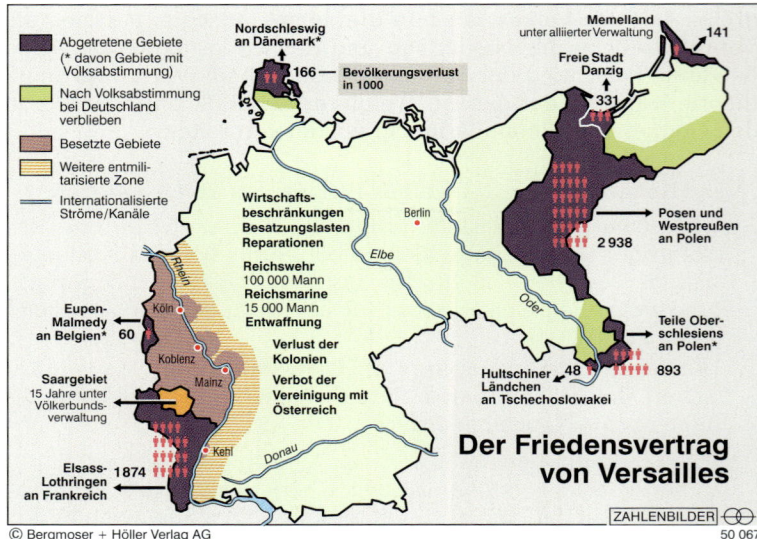

Bestimmungen des Friedensvertrags von Versailles

© Bergmoser + Höller Verlag AG   50 067

Daneben belasteten weitere Bestimmungen des Friedensvertrages die neue deutsche Republik. Zum einen weist Artikel 231 Deutschland und seinen Verbündeten die alleinige Kriegsschuld zu. Dazu wurde durch Artikel 227 auch der deutsche Kaiser als Kriegsverbrecher bezeichnet und dessen Auslieferung verlangt. Diese Friedensbedingungen wurden von den meisten Deutschen als Kränkung ihrer nationalen Ehre empfunden. Sie lehnten den Vertrag als zu hart und ungerecht ab.

Auch die deutschen Politiker protestierten gegen diesen Friedensvertrag. Die Alliierten drohten daraufhin mit der Besetzung Deutschlands. Notgedrungen unterschrieben die Deutschen im Juni 1919 das „Friedensdiktat" in Versailles, an dem Ort, an dem 1871 das Deutsche Reich durch die Kaiserproklamation gegründet wurde.

Der so empfundene „Schmachfrieden" von Versailles und die „Dolchstoßlegende" stellten sowohl schwere außenpolitische als auch innenpolitische Belastungen für die Republik dar. Die rechtsradikalen Parteien nutzten sie symbolisch als Propagandamittel, mit dem sie die politischen Entscheidungträger der **Weimarer Koalition** als „Vaterlandsverräter", „Novemberverbrecher" und „Erfüllungspolitiker" beschimpften. Rechtsgerichtete Fanatiker versuchten sogar, durch politische Morde das demokratische System der jungen Republik zu erschüttern und den Versailler Vertrag zu revidieren. Erzberger wurde wegen seiner Unterschrift unter dem Waffenstillstands-Abkommen ermordet. Auch Reichsaußenminister Rathenau fiel einem Attentat zum Opfer.

Im sogenannten Kapp-Putsch (1920) versuchten aktive und ehemalige Angehörige des deutschen Heeres die Regierungsgewalt zu übernehmen. Nur mit der Ausrufung eines Generalstreiks gelang es der aus Berlin geflüchteten Reichsregierung, den Putsch zu vereiteln.

© picture alliance/akg-images

Deutsches Plakat (1919)

Weimarer Koalition:

Bezeichnung für die Regierungskoalitionen bestehend aus SPD, Zentrum und DDP während der Weimarer Republik

1. Warum wurde der Versailler Vertrag von vielen Deutschen als „Schandfrieden" angesehen?

2. Erklären Sie, warum die „Dolchstoßlegende" und der Versailler Vertrag enorme Belastungen für die Weimarer Republik darstellten.

3. Warum war der Versailler Vertrag auch eine außenpolitische Belastung?

4. Diskutieren Sie über die Aussage des Art. 20 GG.

Art. 20 GG:

(4) Gegen jeden, der es unternimmt, diese Ordnung zu beseitigen, haben alle Deutschen das Recht zum Widerstand, wenn andere Abhilfe nicht möglich ist.

Lerngebiet 7

Antidemokratische Kräfte

Die Übergangsregierung stand nach dem Krieg vor großen Problemen: Sie musste die Rückführung und Wiedereingliederung der Soldaten organisieren und die Arbeitslosigkeit und Hungersnot bekämpfen. Ebert sah sich daher gezwungen, auch auf alte monarchisch geprägte Kräfte zurückzugreifen, um die politischen Verhältnisse im November 1918 zu stabilisieren und den geordneten

Übergang zur Demokratie zu verwirklichen. In einem „Pakt mit den alten Mächten" vereinbarte Ebert mit dem Militär ein gemeinsames Vorgehen gegen linke Revolutionäre.

Die Armee unterstützte in den krisengeschüttelten Anfangsjahren der Weimarer Republik immer wieder die Regierung im Kampf gegen aufständische linke Kräfte. Beim rechten Kapp-Putsch verweigerte sie jedoch den Gehorsam („Reichswehr schießt nicht auf Reichswehr").

Viele leitende Positionen in Staat und Verwaltung, bei der Polizei, der Rechtsprechung, dem Bildungswesen und dem Militär blieben mit Personen besetzt, die die Demokratie offen ablehnen und sich eine Rückkehr zur Monarchie wünschten. Sie nutzten häufig ihre Stellung zur Bekämpfung der verhassten Republik oder zeigten sich den Parolen rechter Parteien gegenüber aufgeschlossen. Das neue System baute damit auf den alten Strukturen des Kaiserreiches auf. Dadurch blieb die innenpolitische Situation gerade in den Anfangsjahren der Weimarer Republik geschwächt.

Die breite Mehrheit der Deutschen fühlte sich mit der alten Monarchie mehr verbunden als mit der neuen parlamentarischen Demokratie mit einem Präsidenten an der Spitze. Man sprach häufig von einer „Republik ohne Republikaner".

Erst der einsetzende wirtschaftliche Aufschwung ab 1924 in Folge von US-amerikanischen Krediten überdeckte diese Belastungen und führte in Deutschland zu einer kurzen Phase der Stabilität in den sogenannten „Goldenen Zwanziger" Jahren.

© ullstein bild – The Granger Collection

George Grosz: „Stützen der Gesellschaft" (1928)

1. Diskutieren Sie, warum Ebert auf alte Strukturen zurückgreift, um seine Ziele zu erreichen.

2. Analysieren Sie das nebenstehende Bild. Welche Gruppen sind dargestellt? Welche Vorwürfe werden ihnen gemacht?

3. Erläutern Sie, was unter dem Begriff „Republik ohne Republikaner" verstanden wird.

4. Beschreiben Sie das politische „Klima" in der Weimarer Republik.

1.3   Wirtschaftskrisen

Das Krisenjahr 1923

Schon im Ersten Weltkrieg begann der Verfall der deutschen Währung. Die deutsche Mark hatte 1919 nur noch die Hälfte ihres Vorkriegswertes. Die Probleme der Nachkriegszeit – Rückführung eines Millionenheeres ins zivile Leben, Flüchtlinge, Reparationen, niedrige Steuereinnahmen – versuchte der Staat zu lösen, in dem er Geld drucken ließ. Damit konnte er seinen Zahlungsverpflichtungen nachkommen. Jedoch wurde so das Geld immer weiter entwertet, da dem Geld kein entsprechendes Warenangebot gegenüberstand. Gerade das mittelständische Bürgertum verlor dadurch seine letzten Ersparnisse. Die wirtschaftliche Not stieg.

© picture alliance/akg-images

Wertlose Banknoten als Kinderspielzeug

Im Januar 1923 nahmen Frankreich und Belgien einen kleinen Rückstand der deutschen Reparationsleistungen zum Anlass, das Ruhrgebiet militärisch zu besetzen. Die deutsche Regierung rief zum „passiven Widerstand" auf. Bergleute und andere Berufsgruppen legten die Arbeit nieder, Beamte verweigerten die Zusammenarbeit mit den Besatzern. Die Streikenden wurden dabei von der Regierung finanziell unterstützt. Immer mehr Banknoten mussten dafür gedruckt werden. Das Geld war fast nichts mehr wert. Erst durch Aufgabe des Widerstandes und eine Währungsreform konnte die „Hyperinflation" gestoppt und die Wirtschaft wieder in geordnete Bahnen gelenkt werden.

Preis für 1 kg Brot	
Juli 1914	0,26 Mark
Juli 1916	0,38 Mark
Juli 1918	0,44 Mark
Juli 1919	0,52 Mark
Juli 1920	2,40 Mark
Juli 1921	2,70 Mark
Juli 1922	7,00 Mark
Januar 1923	248,00 Mark
März 1923	463,00 Mark
Juni 1923	1.428,00 Mark
August 1923	69.000,00 Mark
September 1923	1,52 Millionen Mark
Oktober 1923	1,7 Milliarden Mark
November 1923	210 Milliarden Mark

Schwere politische Krisen erschütterten das ganze Land. Umsturzversuche im Rheinland scheiterten am Widerstand der Bevölkerung, kommunistische Aufstände wurden von der Reichswehr blutig niedergeschlagen. Am 9. November 1923 versuchte Adolf Hitler in München mit einem „Marsch nach Berlin" die Macht an sich zu reißen. Der Demonstrationszug wurde von der Polizei durch Waffeneinsatz gestoppt. Hitlers Partei, die NSDAP, und die kommunistische KPD wurden zeitweise verboten. Hitler wurde verhaftet. Wirtschaft und Politik stabilisierten sich langsam.

Plakat zum Hitlerputsch 1923

© ullstein bild – ullstein bild

Lerngebiet 7

Die Weltwirtschaftskrise

Der Börsencrash in den USA

Ende der zwanziger Jahre litten die USA unter wirtschaftlichen Problemen. Als am **Schwarzen Freitag** an der New Yorker Börse die Aktienkurse einbrachen, brach Panik unter den Anlegern aus. Viele Investoren versuchten, gleichzeitig ihre Aktien zu verkaufen. Der Börsenkrach führte zu einer schweren Wirtschaftskrise in den USA.

Da die amerikanische Wirtschaft nach dem Ersten Weltkrieg viel Geld im Ausland investiert hatte, forderten zahlreiche Banken und Unternehmen ihre kurzfristigen Kredite zurück. Diese Kredite hatten in vielen Ländern die wirtschaftliche Stabilität wesentlich getragen. Die Folge war eine weltweite Wirtschaftskrise.

Schwarzer Freitag

Der 24. Oktober 1929 ging so in die Geschichte ein.

März 1931	4,7 Mio.	23,1 %
Dez. 1931	5,7 Mio.	30,3 %
Feb. 1932	6,1 Mio.	33,8 %
Sep. 1932	5,1 Mio.	25,7 %
Dez. 1932	5,8 Mio.	31,2 %

Entwicklung der Arbeitslosenzahlen im Deutschen Reich während der Weltwirtschaftskrise

© ullstein bild – Archiv Gerstenberg

Arbeitslosigkeit in Deutschland (1929)

Die Folgen für Deutschland

Neben den USA traf die Weltwirtschaftskrise Deutschland am härtesten. Fast die Hälfte der deutschen Wirtschaftsinvestitionen in den „Zwanziger Jahren" war aus US-Krediten finanziert. Zudem hatten die deutschen Unternehmen nach der Inflation 1923 kaum Rücklagen für schlechte Zeiten bilden können. In Deutschland kam es daher zum Zusammenbruch vieler Banken und des gesamten Geldmarktes. Die Kaufkraft und die Nachfrage auf dem deutschen Markt sanken rapide. Es folgte eine beispiellose Pleitewelle. Die Arbeitslosenzahlen stiegen steil an. Millionen waren nur noch als Kurzarbeiter beschäftigt. Weniger Steuereinnahmen, ansteigende staatliche Soziallasten und die weiterhin zu leistenden Reparationszahlungen verhinderten stützende Investitionen des Staates und verschärften die Krise.

Auf dem Höhepunkt der Krise im Jahr 1932 waren mehr als sechs Millionen (> 30 %) Menschen arbeitslos. Hunger und der Kampf um die nackte Existenz beherrschten den Alltag der Arbeitslosen. Diejenigen, die noch Arbeit hatten, lebten in ständiger Angst, diese zu verlieren. Die Krise führte zur Verarmung eines großen Teils der Bevölkerung.

Die Hoffnungslosigkeit und Verbitterung der Menschen bereiteten den Nährboden für extreme Parteien wie die KPD und die NSDAP. Besonders die Nationalsozialisten nutzen die wirtschaftliche Not der Bevölkerung für ihre Zwecke aus. Mit aggressiven und hetzerischen Reden vergifteten sie weiter die politische Atmosphäre. Sie gaben den Kriegsgegnern und dem Weimarer System die Schuld für die Krise und versprachen allen die Lösung der Probleme. Ihr „Führer" Adolf Hitler verstand es, seinen verschiedenen Zuhörergruppen gerade das zu versprechen, was sie gern hören wollten.

1. Warum kann man bei der Weltwirtschaftskrise von 1929 von einem wirtschaftlichen „Teufelskreis" sprechen?
2. Vergleichen Sie die wirtschaftliche Situation am Ende der Weimarer Republik mit der wirtschaftlichen Situation heute.

1.4 Das Ende der Weimarer Republik

Die Wahl von Hindenburgs zum Reichspräsidenten 1925 deutete bereits die demokratiefeindliche Haltung vieler Bürger an. Dass von nun an ein überzeugter Monarchist und der Urheber der „Dolchstoßlegende" das höchste und einflussreichste Staatsamt in der Weimarer Republik bekleidete, war für die demokratischen Kräfte ein schwerer Schlag.

Fachstufe I

„Präsidialkabinette"

Die große Koalition aus fünf Parteien unter Führung der SPD ab 1928 war die letzte demokratisch geprägte und vom Parlament gestützte Regierung der Weimarer Republik. Die Regierung zerbrach schließlich 1930 an innenpolitischen Differenzen. Ihr Scheitern bedeutete den Anfang vom Ende der Weimarer Republik. Drei Tage später ernannte Reichspräsident von Hindenburg den Zentrumsabgeordneten Brüning zum Reichskanzler. Dieser bildete eine Regierung ohne Mehrheit im Parlament und war somit allein vom Vertrauen des Reichspräsidenten abhängig. Bei Problemen mit dem Reichstag regierten sie mithilfe von Notverordnungen des Reichspräsidenten nach Art. 48 WRV. Brünings Regierung war das erste von insgesamt vier sogenannten „Präsidialkabinetten". Der Notstand, den die Väter der Weimarer Verfassung im Ausnahmefall eingeräumt hatten, wurde zum Normalfall.

© dpa

Karikatur von Karl Arnold (1933): Das Kunststück der Präsidialkabinette

Deutsche Zauberwerke AG – Kein Grund zum Verzagen, solange noch Kanzler am laufenden Band produziert werden.

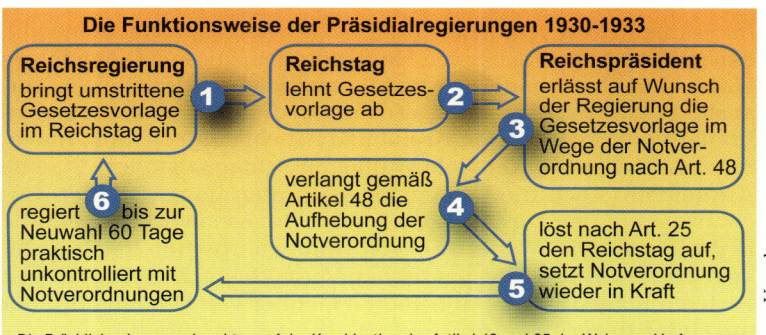

Die Funktionsweise der Präsidialregierungen 1930-1933

Reichsregierung bringt umstrittene Gesetzesvorlage im Reichstag ein

1 →

Reichstag lehnt Gesetzesvorlage ab

2 →

Reichspräsident erlässt auf Wunsch der Regierung die Gesetzesvorlage im Wege der Notverordnung nach Art. 48

3

verlangt gemäß Artikel 48 die Aufhebung der Notverordnung

4

6 regiert bis zur Neuwahl 60 Tage praktisch unkontrolliert mit Notverordnungen

löst nach Art. 25 den Reichstag auf, setzt Notverordnung wieder in Kraft

5

Die Präsidialregierungen beruhten auf der Kombination der Artikel 48 und 25 der Weimarer Verfassung. Durch Androhung und Anwendung beider Artikel konnte der Reichspräsident das Parlament ausschalten.

© Dave Vaughan

	Gesetze	Notverordnungen	Reichstagssitzungen
1930	98	5	94
1931	34	44	41
1932	5	60	13
	Gesetze	Notverordnungen	Bundestagssitzungen
2002–2005	401	–	187 (1667 Ausschusssitzungen)
2005–2009	611	–	233 (1981 Ausschusssitzungen)

Gesetzgebung in der Zeit der Präsidialkabinette: zum Vergleich Gesetzgebung heute.

Die Reichstagswahl am 14. September 1930 machte die katastrophale Lage der Demokratie sichtbar. Die NSDAP konnte mit einem Ergebnis von 18,3 % ihre Abgeordneten von zwölf auf 107 steigern. Auch die KPD am linken Rand verzeichnete einen deutlichen Stimmenzuwachs und erreichte 13,1 %. Damit war das Parlament funktionsunfähig, die Demokratie weitgehend am Ende. Rapide Kursstürze und eine zweite Welle der Wirtschaftskrise waren die Folge.

Die politischen Kämpfe wurden immer mehr auch auf der Straße ausgetragen. Vor allem die radikalen Parteien verfügten über mit Messern und Schusswaffen bewaffnete Kampfverbände, die sich

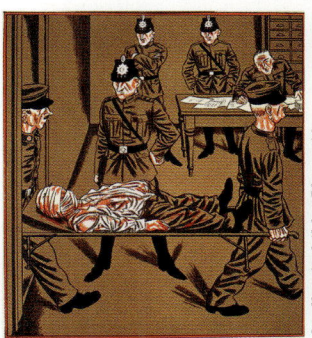

© ullstein bild – Photo 12

Berlin am Sonntag – „Ist der Mann unters Auto gekommen?" – „Nein, unter die Nationalsozialisten!" Satirezeitschrift „Simplicissimus" (1927)

blutige Straßenschlachten lieferten. Die Kommunisten hatten den „Rotfrontkämpferbund", die Nationalsozialisten die „Sturmabteilung" (SA). Jeder Wahlkampf brachte Dutzende Tote und unzählige Verletzte mit sich.

Die durch die politische Instabilität hervorgerufenen häufigen Wahlen führten bei der Bevölkerung schnell zur Politikverdrossenheit. Viele Bürger sahen die Lösung entweder in der Rückkehr zum alten System oder folgten den Versprechungen der Nationalsozialisten.

Wahlplakat der NSDAP zur Reichstagswahl vom 31. Juli 1932

© ullstein bild – Stary

Fachstufe I

Hitler wurde Reichskanzler

Im Frühjahr 1932 versuchte Hitler bei der Reichspräsidentenwahl, den greisen Amtsinhaber von Hindenburg abzulösen. Dabei führte Hitler einen hochmodernen Wahlkampf mit gut inszenierten Veranstaltungen. In seinen Reden schürte er die Angst vor kommunistischer Verschwörung, vor Armut und Arbeitslosigkeit. Sein souveränes Auftreten war für viele Wähler ausschlaggebender als seine Argumente. Auch die Kommunisten wurden immer stärker. Gemeinsam mit den Nationalsozialisten nahmen sie die Demokratie in die Zange. Die Wiederwahl von Hindenburgs zum Reichspräsident zeigte die absurden politischen Verhältnisse: Die bürgerlichen Parteien unterstützen den früheren Gegner von Hindenburg, nur um Hitler zu verhindern.

Regiert wurde ohne Parlament mit bisheriger Notverordnungspraxis und wechselnden Kanzlern, zuerst Franz von Papen, einem Familienmitglied der saarländischen Keramikdynastie Villeroy & Boch, später General von Schleicher. Bei den Reichstagswahlen im Juli 1932 wurden die Nationalsozialisten mit 37,3 % stärkste Fraktion. Die antidemokratischen Parteien stellten nun über 57 % der Abgeordneten im Reichstag.

Trotz massiver Propaganda schien Hitler eine Machtübernahme durch Wahlen nicht zu gelingen. Dies gelang erst durch die Hilfe weiterer Unterstützer. In einer Atmosphäre von Ratlosigkeit und Passivität unterschätzten sie völlig die Gefahr, die von Hitler ausging. Großindustrielle, Bankiers und Großgrundbesitzer sprachen sich bei von Hindenburg für Hitler aus. Doch der Reichspräsident weigerte sich weiterhin, den „böhmischen Gefreiten" Hitler zum Kanzler zu machen.

Auch von Papen und andere Vertraute von Hindenburgs setzten sich für Hitler ein. Von Papen wollte Hitler in einer Regierung „einrahmen", in der Hitler nur wenig Spielraum hätte. Schließlich gab von Hindenburg seine Zweifel und Vorbehalte auf. Am 30. Januar 1933 ernannte er Hitler zum Reichskanzler. Dem Kabinett aus 13 Ministern gehörten neben Hitler nur noch zwei weitere Nationalsozialisten an. Hitler schien tatsächlich „eingerahmt" zu sein. Für Hitler selbst war dieser Tag der Beginn der „größten germanischen Rassenrevolution der Weltgeschichte". Sein Propagandaminister Joseph Goebbels schrieb in sein Tagebuch: „Die deutsche Revolution beginnt!"

© picture alliance/akg-images

Hitler und Hindenburg – „Der verhängnisvollste Händedruck des 20. Jahrhunderts"

1. Erläutern Sie mithilfe des Funktionsschemas der Präsidialregierungen das System der Präsidialkabinette. Inwiefern tragen sie zur Unterhöhlung der parlamentarischen Demokratie bei?

2. Erklären Sie den Zusammenhang zwischen wirtschaftlicher Krise und den erkennbaren politischen Veränderungen. Bewerten Sie, welche Bedeutung solche Veränderungen für eine stabile demokratische Entwicklung haben können.

3. Stellen Sie Faktoren für das Scheitern der Weimarer Republik zusammen. Welche Lehren können heute aus den Erfahrungen der Weimarer Republik gezogen werden?

4. Warum nannte von Hindenburg Hitler einen „böhmischen" Gefreiten?

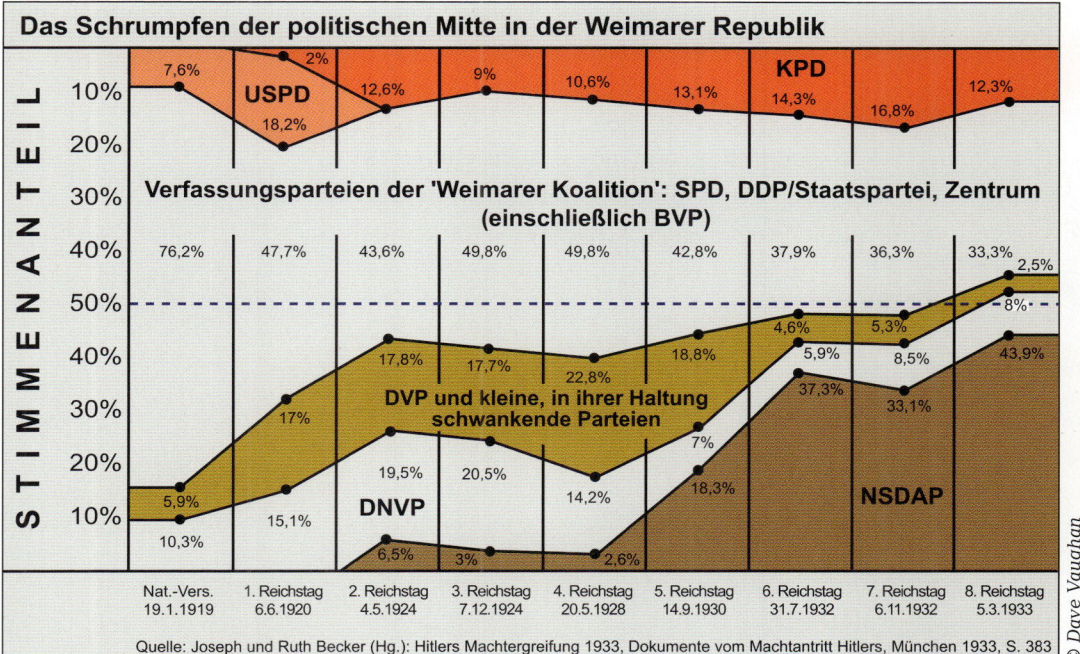

Ergebnisse der Reichstagswahlen in der Weimarer Republik

Werten Sie die Wahlergebnisse anhand nachfolgender Fragen aus:

1. In welchen Phasen wächst jeweils der Wähleranteil der radikalen Parteien?

2. Zu Lasten welcher Parteien geht dieses Anwachsen des Wähleranteils der radikalen Parteien?

3. Welche Partei bleibt relativ gleich im Wähleranteil? Nennen Sie mögliche Ursachen.

Zusammenfassung

Nach der Niederlage im Ersten Weltkrieg und dem Zusammenbruch der Deutschen Monarchie wurde die „Weimarer Republik" als erste deutsche Demokratie errichtet.

Bei der Wahl zur verfassungsgebenden Nationalversammlung errangen die demokratischen Parteien der „Weimarer Koalition" eine Mehrheit. Sie arbeiteten 1919 in Weimar die Verfassung der ersten deutschen Republik aus.

Die Ursachen für das Scheitern der Weimarer Republik waren vielfältig:

Der Versailler Vertrag in Verbindung mit der „Dolchstoßlegende" belastete die junge Republik.

In vielen wichtigen öffentlichen und staatlichen Institutionen blieben demokratiefeindliche, monarchische Verantwortungsträger im Amt und bekämpften die Demokratie von innen („Republik ohne Republikaner").

Die Schwächen der Weimarer Verfassung ermöglichten dem Reichspräsidenten diktatorische Vollmachten (Präsidialkabinette).

Die Weltwirtschaftskrise (1929) stürzte große Teile der Bevölkerung in eine Existenzkrise.

Die radikalen Parteien profitierten von dieser Situation und nahmen die Demokratie in die Zange. Am 30. Januar 1933 wurde Hitler zum Reichskanzler ernannt.

Wissens-Check

1. Beschreiben Sie die politischen Vorgänge in Deutschland 1918/19.

2. Nennen Sie Stärken und Schwächen der Weimarer Reichsverfassung.

3. Mitunter wurde der Reichspräsident in der Weimarer Republik auch als „Ersatzkaiser" bezeichnet. Warum?

4. Erläutern Sie die Funktion der Präsidialregierungen am Ende der Weimarer Republik.

Fachstufe I

2 Aufbau und Festigung der Diktatur 1933–1945

Brandenburger Tor: Beim Fackelzug der SA 1933

© picture alliance/akg-images

© BARCH, B145 Bild – PO54320, C. Weinrother

Bei Kriegsende 1945

Mit der Ernennung Adolf Hitlers zum Reichskanzler war die erste deutsche Demokratie, die Weimarer Republik, am Ende. In kurzer Zeit gelang es den Nationalsozialisten, in Deutschland eine Diktatur zu errichten. Mit Rassenwahn, Verfolgung und brutaler Gewalt zog das NS-Regime Deutschland und die ganze Welt in einen Krieg, der am Ende mehr als 60 Millionen Menschen das Leben kostete.

2.1 Die nationalsozialistische Ideologie

In den Augen vieler Wähler bestand die Programmatik des Nationalsozialismus lediglich aus der Beseitigung der Demokratie, der Revision des Versailler Vertrags und der Bekämpfung der Massenarbeitslosigkeit. Die nationalsozialistische Ideologie reichte über diese sicherlich zentralen Aspekte jedoch weit hinaus.

Als Hitler 1933 an die Macht kam, waren seine politischen Vorstellungen und Ziele schon lange klar umrissen. Schon während seiner Haft 1925 formulierte er in seinem Buch „Mein Kampf" seine Weltanschauung und Ziele als Prinzipien und Leitlinien der nationalsozialistischen Ideologie.

Plakat der NSDAP

© Deutsches Historisches Museum, Berlin

Die Rassenlehre

Im Mittelpunkt stand die Rassenlehre. „Rasse und Blut" sind darin entscheidend für den Wert eines Menschen. Nach Hitlers Weltanschauung gibt es wertvolle und minderwertige Rassen. Die „höchs-

Lerngebiet 7

te" Rasse stellen die Arier dar, die von den germanischen Völkern gebildet werden. Die „nordische Rasse", eine Unterrasse der Arier, hat sich am reinsten beim deutschen Volk bewahrt. Die äußeren Rassenmerkmale sind Schönheit, eine hohe Körpergröße, blonde Haare und blaue Augen. Dazu kommen noch innere Merkmale wie Tapferkeit und Opferbereitschaft. In einem dauernden „Kampf ums Dasein" zwischen den „höherwertigen" und „minderwertigen" Rassen werden die Schwächeren nach dem Prinzip der natürlichen Auslese untergehen. Die Herrschaft steht demnach der „arischen Rasse" (Herrenmensch) zu. Der Staat muss dafür sorgen, dass die Rasse reingehalten wird.

Nach Hitlers Auffassung ist der Lebensraum der Völker begrenzt. Daher herrscht ein ewiger Kampf um den Lebensraum. Dieser Lebensraum konnte für die Deutschen nur im Osten liegen. Noch beherrschten ihn minderwertige Völker und er muss von den Deutschen erobert werden. Krieg ist somit ein natürlicher Zustand, der mit Sieg oder Untergang endet.

Hitlers Buch: Mein Kampf

© BARCH, Plak. 003-022-005, fR

Die völkische Weltanschauung … glaubt somit keineswegs an eine Gleichheit der Rassen, sondern erkennt mit ihrer Verschiedenheit auch ihren höheren und minderen Wert und fühlt sich … verpflichtet, … den Sieg des Besseren, Stärkeren zu fördern, die Unterordnung des Schlechteren und Schwächeren zu verlangen. Sie sieht nicht nur den verschiedenen Wert der Rassen, sondern auch den verschiedenen Wert der Einzelmenschen. … Der Stärkere hat zu herrschen und sich nicht mit den Schwächeren zu verschmelzen, um so die eigene Größe zu opfern. Nur der geborene Schwächling kann dies als grausam empfinden… Der Kampf um das tägliche Brot lässt alles Schwache und Kränkliche, weniger Entschlossene unterliegen. Immer aber ist der Kampf ein Mittel zur Förderung der Gesundheit und Widerstandskraft der Art und mithin eine Ursache zur Höherentwicklung derselben … Würde man die Menschheit in drei Arten einteilen: in Kulturbegründer, Kulturträger und Kulturzerstörer, dann käme als Vertreter der ersten wohl nur der Arier infrage. …

Nur ein genügend großer Raum auf dieser Erde sichert einem Volke die Freiheit des Daseins. … Deutschland wird entweder Weltmacht oder überhaupt nicht sein. … Wir Nationalsozialisten müssen unverrückbar an unserem außenpolitischen Ziel festhalten, nämlich dem deutschen Volk den ihm gebührenden Grund und Boden auf dieser Erde zu sichern. … Wenn wir aber heute in Europa von neuem Grund und Boden reden, können wir in erster Linie nur an Russland und die ihm untertanen Randstaaten denken. … Wenn uns der Ural mit seinen unermesslichen Rohstoffschätzen und die sibirischen Wälder zur Verfügung stehen und wenn die endlosen Weizenfelder der Ukraine zu Deutschland gehören, wird unser Land im Überfluss schwimmen. … Heute werde ich nur von der nüchternen Erkenntnis geleitet, dass man verlorene Gebiete nicht durch die Zungenfertigkeit geschliffener Mäuler zurückgewinnt, sondern durch ein geschliffenes Schwert zu erobern hat, also durch einen blutigen Kampf.

Auszug aus Hitlers „Mein Kampf" 1925/1927, München 1933, S. 134

Fachstufe I

Der Judenhass

Nach Hitlers Rassenlehre sind die Juden die minderwertigste aller Rassen. In seinen Augen waren sie die Wurzel allen Übels und damit wertlos. Hitler gab ihnen die Schuld am verlorenen Ersten Weltkrieg, am Versailler Vertrag, der Weltwirtschaftskrise und am kulturellen Verfall. Für ihn sind die Juden die Urheber des ihm verhassten Parlamentarismus und Liberalismus, des Marxismus, (amerikanischen) Weltkapitalismus und des sowjetischen Bolschewismus. Neben den Juden galten Sinti und Roma, Homosexuelle, Behinderte und Menschen mit Erbkrankheiten als rassisch „minderwertig".

© BARCH, Plak. 002-032-020-T2, Grafik M.E.

Plakat Völkischer Block

> Den gewaltigsten Gegensatz zum Arier bildet der Jude ... Der Jude ist und bleibt der typische Parasit, ein Schmarotzer, der wie ein schädlicher Bazillus sich immer mehr ausbreitet, sowie nur ein günstiger Nährboden dazu einlädt. Die Wirkung seines Daseins aber gleicht ebenfalls der von Schmarotzern, wo er auftritt, stirbt das Wirtsvolk nach kürzerer oder längerer Zeit ab ... So ist der Jude heute der große Hetzer zur restlosen Zerstörung Deutschlands. Wo immer wir in der Welt Angriffe gegen Deutschland lesen, sind Juden ihre Fabrikanten ... Werden unser Volk und unser Staat das Opfer dieser blut- und geldgierigen jüdischen Völkertyrannen, so sinkt die ganze Erde in die Umstrickung dieses Polypen; befreit sich Deutschland aus dieser Umklammerung, so darf diese größte Völkergefahr als für die ganze Welt gebrochen gelten.
>
> Auszug aus Hitlers „Mein Kampf" 1925/1927, München 1933, S. 137

Die Volksgemeinschaft und das Führerprinzip

Um dem Kampf gewachsen zu sein, sollte das deutsche Volk zu einer rassisch reinen Volksgemeinschaft verschmelzen. Der einzelne Mensch war unwichtig:„Du bist nichts, Dein Volk ist alles!" Diejenigen, die den nationalsozialistischen Rassevorstellungen nicht entsprachen, waren aus der Volksgemeinschaft ausgeschlossen.

An der Spitze steht der „Führer". Dem Führerprinzip entsprechend baut sich der Staat und auch die Partei auf: Die obersten Verantwortungsträger werden nicht demokratisch gewählt, sondern vom Führer eingesetzt. Diese setzen jeweils ihre Unterführer ein. Der jeweils Untergeordnete hat bedingungslosen Gehorsam zu leisten.

© BARCH, Plak. 003-002-046

Plakat der NSDAP

> Es war notwendig, dem deutschen Volk jenes große Gefühl der Gemeinschaft zu geben, so wie der einzelne Soldat nichts ist, aber alles im Rahmen seiner Kompanie, seines Bataillons, seiner Division, und damit im Rahmen der Armee, so ist auch der einzelne Volksgenosse nichts, aber alles im Rahmen seiner Volksgemeinschaft. Hier wird persönlich aus dem schwachen Willen von 60 Millionen Einzelner ein gigantischer, gewaltiger, zusammengeballter Wille aller. Das muss jedem Volksgenossen sichtbar werden und deshalb hat auch unsere Bewegung dieses ganz

besondere Gepräge bekommen, deshalb diese Massenkundge-
bungen, diese Massendemonstrationen, diese Generalappelle
der Nation.

Hitler am 1. Mai 1936 über die Volksgemeinschaft. Herz, Rudolf: Hoffmann & Hitler. München 1994, S. 142

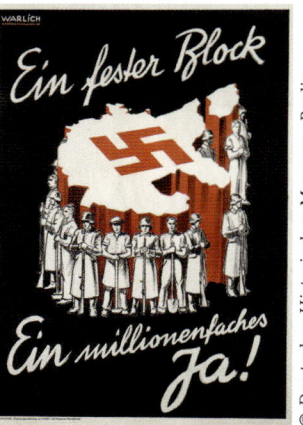

Plakat der NSDAP

© Deutsches Historisches Museum, Berlin

Die Bewegung vertritt im Kleinsten wie im Größten den Grundsatz der unbedingten Führerautorität, gepaart mit höchster Verantwortung. ... Die praktischen Folgen dieses Grundsatzes sind
nachstehende: Der erste Vorsitzende einer Ortsgruppe wird
durch den nächsthöheren Führer eingesetzt, er ist der verantwortliche Leiter der Ortsgruppe ... Der gleiche Grundsatz gilt
für die nächsthöhere Organisation, den Bezirk, den Kreis und
den Gau. Immer wird der Führer von oben eingesetzt und
gleichzeitig mit unbeschränkter Vollmacht und Autorität beklei-
det. Der Führer der Gesamtpartei ist aber der ausschließliche
Führer der Bewegung ... . Damit ist die Bewegung aber antipar-
lamentarisch und selbst die Beteiligung an einer parlamentarischen Institution kann nur den Sinn einer Tätigkeit zu deren
Zertrümmerung besitzen, zur Beseitigung einer Einrichtung, in
der wir eine der schwersten Verfallserscheinungen der Menschheit zu erblicken haben.

Auszug aus Hitlers „Mein Kampf" 1925/1927, München 1933, S. 145

1. Erklären Sie die Schlagworte Volksgemeinschaft, Führerprinzip, Volk ohne Raum und Herrenmenschen.
2. Wer hatte Vor- und wer hatte Nachteile durch die nationalsozialistische Ideologie?
3. Diskutieren Sie, warum die NS-Ideologie von der Bevölkerung damals angenommen wurde.

Hitler am Abend des 30. Januars
1933 am Fenster der Berliner
Reichskanzlei

© ullstein bild – Süddeutsche Zeitung Photo/Scherl

2.2 Errichtung der national-
sozialistischen Diktatur

Innerhalb von nur 18 Monaten gelang es den Nationalsozialisten
im Deutschen Reich, Schritt für Schritt die volle Kontrolle zu erlangen und eine totalitäre Diktatur aufzubauen sowie jegliche Opposition auszuschalten.

Die „Machtergreifung"

Die Nationalsozialisten inszenierten den 30. Januar 1933 als Tag
ihrer „Machtergreifung". Der Begriff sollte den Eindruck erwecken, als habe sich eine junge, dynamische Bewegung die ihr
längst zustehende Position mit eigenen Kräften erkämpft. Hierbei
handelte es sich aber lediglich um die Ernennung Hitlers zum
Reichskanzler. Da Hitler von den Verantwortlichen das Amt angeboten bekam, beschreibt der Begriff „Machtüberlassung" besser

die tatsächlichen Ereignisse. Formal betrachtet kam Hitler legal an die Macht. Man kann aber sagen, dass die Ernennung Hitlers gegen den „Geist der Verfassung" verstieß. Mit ihm wurde einem Politiker das Kanzleramt übergeben, der immer wieder als oberstes Ziel die Abschaffung der Verfassung und Umgestaltung des politischen Systems gefordert hatte.

Um ihre Macht weiter auszubauen, benötigte die NSDAP jedoch die absolute Mehrheit im Parlament. Auf Wunsch Hitlers löste von Hindenburg den Reichstag auf und setzte Neuwahlen für den 5. März 1933 an. Der Wahlkampf stand ganz im Zeichen des Terrors. Hitler konnte durchsetzen, dass 50.000 **SA-** und **SS-**Mitglieder zu Hilfspolizisten ernannt wurden. Diese sorgten nicht für Recht und Ordnung, sondern übten mit brutalen Gewaltübergriffen, Folter und Mord Rache an ihren politischen Gegnern.

SA:
Abkürzung für Sturmabteilung, die uniformierte und bewaffnete Kampf-, Schutz- und Propagandatruppe der NSDAP

SS:
Abkürzung für Schutzstaffel
Sie fungierte zunächst als „Stabswache" zum persönlichen Schutz Hitlers und später auch anderer NSDAP-Funktionäre. Anfänglich noch der SA unterstellt, entwickelte sich die SS zunehmend zu einer Elitetruppe mit besonderen Aufträgen.

Die „Reichtagsbrandverordnung"

Die ständig wiederholten Behauptungen Hitlers, die Kommunisten würden einen Umsturz planen, wurden von weiten Teilen der Bevölkerung geglaubt und sollten die Notwendigkeit harter Maßnahmen unterstreichen. In der Nacht vom 27. auf den 28. Februar 1933 brannte der Berliner Reichstag. Die Ursachen sind bis heute ungeklärt. Sofort verkündeten die Nationalsozialisten, dass dies das Signal für den geplanten kommunistischen Aufstand gewesen sei. In einer großangelegten Aktion wurden noch in derselben Nacht Tausende Kommunisten und Sozialdemokraten verhaftet (insgesamt wurden 40.000 Personen verhaftet). Um dies zu rechtfertigen, erwirkte Hitler bei von Hindenburg bereits am nächsten Morgen eine Notverordnung „zum Schutz von Volk und Staat" (sog. Reichstagsbrandverordnung). Sie setzte „bis auf Weiteres" alle wichtigen Grundrechte außer Kraft. Dieser „Notstand" galt bis 1945.

Die Nationalsozialisten konnten jetzt scheinbar legal Menschen ohne Anklage, ohne Beweise und ohne Rechtsbeistand willkürlich verhaften und festhalten (sog. „Schutzhaft"). Die Notverordnung leitete den Abbau des Rechtsstaates ein und war die scheinlegale Grundlage der nationalsozialistischen Diktatur.

© ullstein bild – TopFoto

In der Nacht des 27. Februar 1933 brannte das Reichstagsgebäude in Berlin.

Lerngebiet 7

> Auf Grund des Artikels 48 Abs. 2 der Reichsverfassung wird zur Abwehr kommunistischer staatsgefährdender Gewaltakte folgendes verordnet:
>
> § 1 Der Artikel 114, 115, 117, 118, 123, 124 und 153 der Verfassung des Deutschen Reiches werden bis auf Weiteres außer Kraft gesetzt. Es sind daher Beschränkungen der persönlichen Freiheit, des Rechts der freien Meinungsäußerung einschließlich der Pressefreiheit, des Vereins- und Versammlungsrechts, Eingriffe in das Brief-, Post-, Telegraphen- und Fernsprechgeheimnis, Anordnungen von Haussuchungen und von Beschlagnahmen sowie Beschränkungen des Eigentums auch außerhalb der sonst hierfür bestimmten gesetzlichen Grenzen zulässig.
>
> Auszug aus der Notverordnung zum „Schutz von Volk und Staat" (Reichstagsbrandverordnung). Schönbrunn, Günther: Weltkriege und Revolutionen 1914–1945, Geschichte in Quellen, Bd. 5, München 1961, S. 66

Artikel 1:

Reichsgesetze können außer in dem in der Reichsverfassung vorgesehenen Verfahren auch durch die Reichsregierung beschlossen werden …

Artikel 2:

Die von der Reichsregierung beschlossenen Reichsgesetze können von der Reichsverfassung abweichen, soweit sie nicht die Einrichtung des Reichstags und des Reichsrats als solche zum Gegenstand haben. Die Rechte des Reichspräsidenten bleiben unberührt.

Auszug aus dem „Gesetz zur Behebung der Not von Volk und Staat" (Ermächtigungsgesetz). Reichsgesetzblatt 1933, Teil 1.

Instrumentalisierung:

Ein Ereignis, einen Sachverhalt so nutzen (unter Umständen auch missbrauchen), dass er für einen ganz bestimmten Zweck dienlich ist.

Gau:

Ursprünglich Bezeichnung für einen germanischen Stammes-, Herrschafts- oder Verwaltungsbezirk, von der NSDAP als Name für ihre Verwaltungsbezirke angewandt

Das „Ermächtigungsgesetz"

Trotz massiver Propaganda verfehlte die NSDAP Anfang März 1933 in den letzten freien Wahlen im Deutschen Reich mit 43,9 % der Stimmen die absolute Mehrheit im Parlament. Um trotzdem ihre Macht zu festigen, versuchen die Nationalsozialisten, den Reichstag auszuschalten. Am 23. März 1933 forderte Hitler vom Reichstag das Recht, dass auch er als Reichskanzler Gesetze erlassen darf. Dies begründete er damit, die allgemeine Notlage der Bevölkerung beheben zu wollen. Zur Durchsetzung dieses sogenannten „Ermächtigungsgesetzes" musste der Reichstag mit Zweidrittelmehrheit zustimmen. Den Nationalsozialisten gelang es mit einer Mischung aus Propaganda, Drohung, Einschüchterung und Terror, das Gesetz durchzusetzen. Die Abgeordneten der KPD und einige der SPD konnten nicht an der Abstimmung teilnehmen, da sie bereits widerrechtlich verhaftet, ermordet oder untergetaucht bzw. geflüchtet waren. Die übrigen 94 SPD-Abgeordneten stimmten als einzige gegen das Gesetz. Dennoch wurde die Zweidrittelmehrheit erreicht und das „Ermächtigungsgesetz" trat in Kraft. Damit war die Gewaltenteilung aufgehoben. Der Reichstag hatte sich selbst entmachtet. Von diesem Zeitpunkt an konnte Hitler autoritär herrschen.

1. Erläutern Sie die **Instrumentalisierung** des Reichstagsbrands durch die Nationalsozialisten.

2. Erklären Sie, inwiefern das Ermächtigungsgesetz die Grundlage für die nationalsozialistische Diktatur bildet.

3. Ist Hitler legal an die Macht gekommen? Nehmen Sie Stellung.

Die Gleichschaltung

Ab März 1933 begann im gesamten Deutschen Reich die Ausrichtung der privaten, beruflichen und politischen Lebensbereiche auf die Ziele des Nationalsozialismus. Ziel der sogenannten „Gleichschaltung" war die Ausschaltung jeglicher Opposition, was mit einer umfassenden Überwachung, Verfolgung und Misshandlung vieler Menschen einherging.

Zunächst wurden die Länderregierungen abgesetzt und durch parteitreue „Reichsstatthalter" ersetzt, die häufig zugleich **Gauleiter** waren. Die Länder verloren ihre Eigenständigkeit. Ein Jahr später wurden die Landtage und der Reichsrat aufgelöst. Das Deutsche Reich war ein zentralistisch regierter Staat geworden.

Es folgte die Gleichschaltung der Verwaltungen, Schulen und Hochschulen. Mithilfe des „Arierparagraphen" konnten die Nationalsozialisten missliebige Beamte aus ihrem Amt entfernen und durch loyale Parteigenossen ersetzen. Auf diese Weise erfolgte eine „Säuberung" des gesamten Beamtenapparats.

Ob Juristen, Ärzte, Lehrer oder andere Gruppen, alle wurden in NSDAP-abhängigen Organisationen erfasst und im Sinne der nationalsozialistischen Ideologie beeinflusst. Selbst in völlig un-

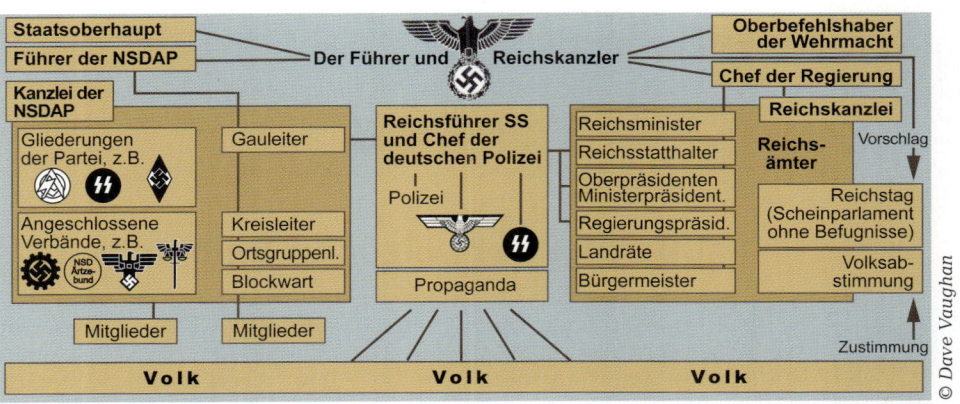

Herrschaftssystem der Nationalsozialisten

politischen Vereinen, bei Sportlern und Sängern, übernahm die NSDAP die Kontrolle.

Neben Verbänden und Organisationen wurden auch Presse, Film und Rundfunk gleichgeschaltet. Propagandaminister Goebbels gab den Journalisten vor, was und in welcher Form sie zu berichten hatten. Künstler und kulturelle Einrichtungen wurden in der „Reichskulturkammer" zusammengefasst. Was den Nationalsozialisten nicht passte, wurde als „entartete Kunst" bezeichnet und verboten, ins Ausland verkauft oder zerstört. Wer als Künstler nicht den Geschmack der Machthaber traf, erhielt Berufsverbot.

Am 1. Mai 1933 wurde mit großem Propagandaaufwand der „Tag der nationalen Arbeit" als Feiertag eingeführt. Nur einen Tag später verboten die Nationalsozialisten alle freien Gewerkschaften und gründeten als Ersatzorganisation die von ihnen kontrollierte „Deutsche Arbeitsfront" (DAF). Forderungen nach Lohnerhöhung oder gar Streiks wurden von nun an als staatsfeindliche Handlungen angesehen und verfolgt.

Ähnlich erging es auch den Parteien. Im Juni 1933 wurde die SPD verboten. Angesichts der erdrückenden Übermacht der NSDAP lösten sich die anderen Parteien selbst auf. Mit dem „Gesetz gegen die Neubildung von Parteien" im Juli 1933 wurde die NSDAP zur einzigen Staatspartei. Damit existierte endgültig keine organisierte parlamentarische Opposition mehr.

Selbst die beiden großen Kirchen ordneten sich teilweise dem Nationalsozialismus unter. Durch den Abschluss eines **Konkordats** mit dem Vatikan wurde ein möglicher Widerstand der katholischen Kirche vorerst unterbunden. Die „Deutschen Christen", eine Organisation protestantischer Nationalsozialisten, übernahm die Führung der evangelischen Kirche. Sie bezeichneten sich selbst als „SA Christi" und forderten die „rassische" Säuberung der Kirche. Oppositionelle Priester wie die Mitglieder der „Bekennenden Kirche" wurden verfolgt, verhaftet und ermordet.

Mit der Errichtung des Volksgerichtshofs als oberstem Gericht kontrollierten die Nationalsozialisten auch die Justiz. Der Volksgerichtshof diente fortan als Sondergericht zur Aburteilung von Hoch- und Landesverrat gegen den NS-Staat. Nur wer als zuverlässig im nationalsozialistischen Sinne galt, wurde als Richter berufen.

Plakat zur Ausstellung „Entartete Musik" (1938)

Konkordat:

Vertrag zwischen der katholischen Kirche und einer weltlichen Regierung über Angelegenheiten, die die Kirche in diesem Land betreffen

Lerngebiet 7

Prozess Volksgerichtshof – Urteilsverkündung durch Roland Freisler

1. Erläutern Sie den Prozess der Gleichschaltung.
2. Welche staatlichen Bereiche wurde von der Gleichschaltung erfasst?

Säuberung der „eigenen Reihen"

Hitler und Röhm bei einem SA-Aufmarsch

© ullstein bild – ullstein bild

Nach der Gleichschaltung gab es neben der NSDAP nur noch zwei mächtige Gruppen: Die SA und die Reichswehr. Die SA (1934 mehr als zwei Millionen Mitglieder) war innerhalb der NSDAP zu einer mächtigen Instanz geworden. Ihr Führer, Ernst Röhm, plante, die SA und die Reichswehr unter seiner Leitung zu vereinigen. Dies sah die Reichswehr als ernste Gefahr. Hitler musste sich zwischen SA und Reichswehr entscheiden. Da er für seine kriegerischen Pläne ein ausgebildetes Heer mit Berufsoffizieren benötigte, entschied sich Hitler gegen seinen Kameraden Röhm. Er ließ im Sommer 1934 die Führungsspitze der SA und weitere politische Gegner verhaften und ohne Gerichtsurteil von der SS ermorden. Hitler rechtfertigte den Mord an über 400 Menschen nachträglich als Staatsnotwehr. Dem Volk gegenüber behauptete man, Röhm habe mit Hilfe der SA eine Revolte geplant („Röhm-Putsch"). Hitler sei Röhm zuvorgekommen und hätte „blitzschnell" Deutschland vor dem Chaos retten müssen. Dadurch sei er „des Deutschen Volkes oberster Gerichtsherr" geworden. Damit vereinigte er neben Exekutive und Legislative nun auch die Judikative in einer Hand. Der Übergang zur Diktatur war abgeschlossen.

Hitler versprach der Reichswehr, dass sie die einzigen „Waffenträger der Nation" bleiben. Schon eine Woche nach seinem Versprechen gab er dem Anführer der SS Heinrich Himmler den Auftrag zur Aufstellung einer bewaffneten „Verfügungstruppe", der späteren „Waffen-SS". Die SS stieg zum zentralen Herrschaftsinstrument des NS-Regimes auf. Mit der Besetzung der Spitzenpositionen der Polizei durch SS-Mitglieder und einem eigenen Nachrichtendienst (SD) wurde die SS das entscheidende Terror- und Unterdrückungsorgan der Nationalsozialisten.

Hitler wird Führer und Reichskanzler

Als Reichspräsident von Hindenburg am 2. August 1934 starb, vereinigte Hitler durch Gesetz die Ämter von Reichskanzler und Reichspräsidenten. Hitler nannte sich von nun an „Führer und Reichskanzler". Zur uneingeschränkten Herrschaft fehlte ihm jetzt nur noch der Oberbefehl über die Armee. Die Reichswehrführung veranlasste noch am selben Tag die Vereidigung der Soldaten auf die Person Hitlers. Die Eidesformel der Reichswehr wurde zu diesem Zweck verändert:

Eidesformel der Reichswehr vor dem Tod von Hindenburgs:

Ich schwöre Treue der Reichsverfassung und gelobe, dass ich als tapferer Soldat das Deutsche Reich und seine gesetzmäßigen Einrichtungen jederzeit schützen, dem Reichspräsidenten und meinen Vorgesetzten Gehorsam leisten will.

Eidesformel der Reichswehr nach dem Tod von Hindenburgs:

Ich schwöre bei Gott diesen heiligen Eid, dass ich dem Führer des deutschen Volkes, Adolf Hitler, dem Oberbefehlshaber der **Wehrmacht,** unbedingten Gehorsam leisten und als tapferer Soldat bereit sein will, jederzeit für diesen Eid mein Leben einzusetzen.

Treueeide vor und nach dem Tod von Hindenburgs
Sven Lange: Der Fahneneid. Die Geschichte der Schwurverpflichtung im deutschen Militär, Bremen 2003, S. 98

Wehrmacht:

Bezeichnung für die Streitkräfte im nationalsozialistischen Deutschland ab März 1935

Treueeide

Soldaten der Reichswehr leisteten ihren Eid auf Hitler. Durch das von Hitler beschlossene Gesetz über die Vereinigung der Ämter des Reichspräsidenten und des Reichskanzlers war Adolf Hitler auch Oberbefehlshaber der Armee geworden.

Damit übernahm Hitler den Oberbefehl über die Reichswehr. Diese persönliche Bindung an Hitler durch den Eid stürzte später viele Soldaten bei der Ausführung verbrecherischer Befehle im Zweiten Weltkrieg in Gewissenskonflikte.

1. Erörtern Sie mögliche Folgen für den Fall, dass Sie den Treueeid auf eine Person und nicht auf die Verfassung ablegen.

2. Beurteilen Sie die Vorgehensweise der Nationalsozialisten im Zeitraum 30. Januar 1933 bis 2. August 1934.

3. Über welche politischen Instrumente verfügt die Bundesrepublik, um sich vor einer so gearteten Vorgehensweise zur Machtübernahme zu schützen?

4. Wie wäre der Nationalsozialismus nach der Machtübernahme noch zu stoppen gewesen?

2.3   Leben im Nationalsozialismus

Arbeitsbeschaffung und Aufrüstung

Als Hitler im Januar 1933 die Macht übernahm, waren sechs Millionen Deutsche (ca. 30 %) arbeitslos. Im Gegensatz zu heute lag damals die Unterstützung für Arbeitslose weit unter dem Existenzminimum. Der Rückgang der Arbeitslosigkeit innerhalb von vier Jahren zählte bei der Bevölkerung zu den größten Erfolgen Hitlers. Zahlreiche staatliche Maßnahmen hatten zu diesem Rückgang beigetragen, die jedoch vor allem zur Kriegsvorbereitung dienten:

▸ Ausbau des Autobahnnetzes

▸ Ankurbelung der Autoproduktion

▸ Einstellung von mehr Berufssoldaten

▸ Einführung des „Reichsarbeitsdienstes"

Lerngebiet 7

Busreise mit „Kraft durch Freude"

Die Ausgaben für die Arbeitsbeschaffung und Aufrüstung konnten bald nicht mehr aus Steuereinnahmen gedeckt werden. Hitler zwang die Banken und Versicherungsgesellschaften, einen großen Teil der Spareinlagen dem Staat zur Verfügung zu stellen, ohne dass es die Sparer merkten. Papiergeld wurde vermehrt gedruckt. Die Staatsverschuldung erreichte eine bedrohliche Höhe. Hitler hoffte, durch einen siegreichen Krieg und die Ausbeutung der besiegten Länder die Staatsschulden begleichen zu können.

Nur bei den Löhnen wurde gespart. Gewerkschaften, die Löhne mit den Arbeitgebern hätten vereinbaren können, waren verboten. Der Staat legte die Löhne fest.

Der Arbeitsbeschaffung folgte schon ab 1934 der Arbeitszwang. Der Staat konnte bestimmen, wer an welchem Ort und Betrieb beschäftigt wurde. Mit der Freizeitorganisation „Kraft durch Freude" versuchten die Nationalsozialisten, die Arbeitnehmer zu motivieren, z. B. mit verbilligten Theateraufführungen bis hin zu Ferienreisen. Geschickt mischte man Unterhaltung mit Propaganda.

Erziehung im Nationalsozialismus

Besonderes Augenmerk richteten die Nationalsozialisten auf die deutsche Jugend. Sie wurde im „Geiste des Nationalsozialismus" erzogen, um sie für die nationalsozialistische Ideologie zu begeistern. Dabei wurden sie körperlich abgehärtet und langfristig auf den Krieg vorbereitet.

> Am 14. September 1935 hielt Adolf Hitler vor rund 50.000 HJ-Jungen im Nürnberger Stadion eine Rede zu den Erziehungszielen der NSDAP:
>
> „In unseren Augen muss der deutsche Junge der Zukunft schlank und rank sein, flink wie Windhunde, zäh wie Leder und hart wie Kruppstahl."
>
> Der Parteitag der Freiheit vom 10. bis 16. September 1935. Offizieller Bericht über den Verlauf des Reichsparteitages mit sämtlichen Kongressreden, München 1935, S. 183

HJ:
Abkürzung für Hitlerjugend

BDM:
Abkürzung für Bund deutscher Mädel

Bereits ab dem zehnten Lebensjahr wurden alle Jungen und Mädchen zunächst im Jungvolk (10–14 Jahre) und dann in der **HJ** oder dem **BDM** zusammengefasst. Wer sich weigerte, musste mit Nachteilen in der Schule oder in der Berufsausbildung rechnen.

> **Ein Hitlerjunge berichtet**
>
> Im Alter von 10 Jahren wurden wir aufgefordert, den Jugendorganisationen der Nazis beizutreten. Die meisten Kinder machten freiwillig mit, denn die Nazis verstanden es meisterhaft, das Interesse der jungen Menschen zu wecken. Man konnte Sport treiben, basteln, das Segelfliegen erlernen, gemeinsame Radtouren machen. Es wurden Geländespiele veranstaltet, Zeltlager abgehalten mit Abkochen und Lagerfeuerromantik. Die Erbsensuppe, die wir da zusammenbrauten, war zwar manchmal angebrannt, schmeckte uns aber dennoch sehr gut. Die allen Jungen innewohnende Abenteuerlust fand

hier Möglichkeiten der Verwirklichung. Ja, wir trugen die Uniform als äußeres Zeichen einer Gemeinschaft gern: schwarze Hose, braunes Hemd, schwarzes Halstuch mit einem Lederknoten, Koppel und Schulterriemen. Das Erstrebenswerteste für uns war das sogenannte Fahrtenmesser, das am Koppel getragen wurde. Doch neben die jungenhaften Spiele traten bald vormilitärischer Drill und ideologische Schulung. Dafür aber konnte ich mich nicht begeistern. Dann wollte ich schon lieber im Jungvolk-Spielmannszug Musik machen. Ich wählte Querflöte und Fanfare. Ich fand das Instrument toll: Das blitzende Messing mit dem daran befestigten schwarzen Tuch und der schwarz-weißen Tragekordel beeindruckte mich. Wenn wir dann bei den häufig veranstalteten Umzügen an der Spitze des Zuges marschierten und „Preußens Gloria" pfiffen oder einen Fanfarenmarsch schmetterten, war das schon ein tolles Gefühl. Wir wurden auf die Dörfer gerufen, um zum Erntedankfest oder zur Kirmes zu spielen. Danach gab es reichlich Kaffee und Kuchen. Also, mir hat's Spaß gemacht.

G. Hätte, Kollektives Gedächtnis, Berlin 2002

© ullstein bild

Die Jugend wurde frühzeitig durch die Partei beeinflusst.

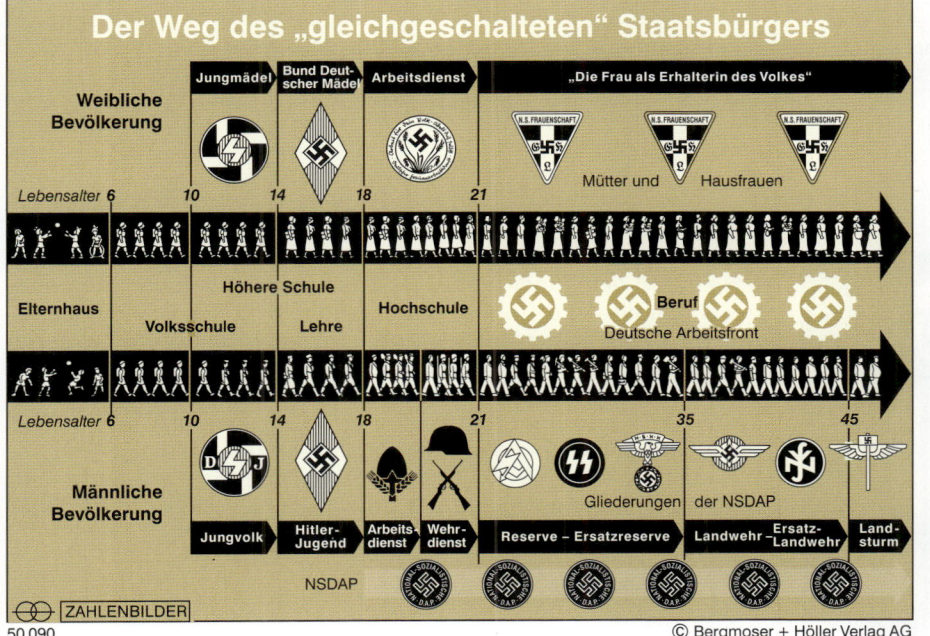

Der Weg des „gleichgeschalteten" Staatsbürgers

Lerngebiet 7

1. Mit welchen Mitteln „köderten" die Nazis die Arbeitslosen?

2. Wie versuchten die Nazis die Kinder zu begeistern?

Nach Beendigung der Schul- oder Lehrzeit begann für alle Deutschen der Reichsarbeitsdienst. Den offiziellen Zweck gab § 1 des Gesetzes über den Reichsarbeitsdienst wider:

*Vormilitärischer Drill zur Kriegs-
vorbereitung*

NSKK:

Nationalsozialistisches Kraft-
fahrerkorps

Plakat der NSDAP

*Dieses Bild hing in Wohnzim-
mern, Geschäften, auf Ämtern
und Klassenzimmern.*

© BARCH, Plak. 003-002-040

---

§ 1 Reichsarbeitsdienstgesetz vom 26. Juni 1935

„Der Reichsarbeitsdienst ist Ehrendienst am deutschen Volke. Alle jungen Deutschen beiderlei Geschlechts sind verpflichtet, ihrem Volke im Reichsarbeitsdienst zu dienen. Der Reichsarbeitsdienst soll die deutsche Jugend im Geiste des Nationalsozialismus zur Volksgemeinschaft und zur wahren Arbeitsauffassung, vor allem zur gebührenden Achtung der Handarbeit, erziehen. Der Reichsarbeitsdienst ist zur Durchführung gemeinnütziger Arbeiten bestimmt."

Danach begann für jeden männlichen Deutschen der Wehrdienst.

„Diese Jugend, die lernt ja nichts anderes als deutsch denken, deutsch handeln. Und, wenn hier dieser Knabe, dieses Mädchen mit ihren zehn Jahren in unsere Organisation hineinkommen, und dort nun so oft zum ersten Mal überhaupt eine frische Luft bekommen und fühlen, dann kommen sie vier Jahre später vom Jungvolk in die Hitler-Jugend. Und dort behalten wir sie wieder vier Jahre, und dann geben wir sie erst recht nicht zurück in die Hände unserer alten Klassen- und Standeserzeuger (Lachen), sondern dann nehmen wir sie sofort in die Partei, oder in die Arbeitsfront, in die SA, in die SS, in das **NSKK** und so weiter. ... Und sie werden nicht mehr frei ihr ganzes Leben! (Heil-Rufe)"

Rede Adolf Hitlers 1938 vor Tausenden Jugendlichen der HJ
www.dhm.de/ausstellungen/lebensstationen/ns_4.htm, 17.10.2012

Der Führerkult

Der Staat, die Partei und deren Verbände waren streng von oben aufgebaut („Führerprinzip"). Jeder Vorgesetzte konnte seine Untergebenen befehligen, er selbst war wieder von seinem Vorgesetzten abhängig. An der Spitze dieser Befehlspyramide stand der Führer. Um Adolf Hitler entstand ein „Führerkult", also eine starke Überbetonung seiner Person. Ihm wurden mystische und übermenschliche Kräfte sowie Unfehlbarkeit bescheinigt. Zweifel am Führer und an seiner Politik wurden nicht geduldet und kamen einer Gotteslästerung gleich. Da im Führerstaat der Wille des Führers auch als Wille des deutschen Volkes angesehen wurde, bedeutete ein Auflehnen gegen die Politik Hitlers als volksschädigendes Verhalten.

Beschreiben Sie weitere historische oder aktuelle Beispiele von Diktaturen, bei denen Führerkult betrieben wird.

Bespitzelung der Bevölkerung

Es entwickelte sich eine totale Kontrolle der Bürger. Wer sich negativ über die Regierung äußerte, musste mit beruflichen Problemen bis hin zu Verhaftungen rechnen. Neben Polizei und der gefürchteten „Geheimen Staatspolizei" (Gestapo) wurden die Bürger von einer großen Anzahl von Informanten aus der Bevölkerung überwacht. Das perfekte Erfassungssystem bis hinunter zum sogenannten Blockwart, der ca. 50 Personen „betreute" (kontrollierte), gab keinem die Möglichkeit, sich dem NS-Regime ohne entsprechende Folgen zu entziehen. Aus Angst vor Bespitzelung, Denunziation und **Schutzhaft** versuchten viele, sich der neuen Staatsmacht anzupassen.

Schutzhaft:

Möglichkeit zeitlich unbegrenzter Verhaftung ohne irgendwelche richterlichen Voraussetzungen, z. B. Haftbefehl

2.4 Der Weg in den Zweiten Weltkrieg

Hitlers Außenpolitik entsprach seiner Rassen- und Lebensraumideologie, die er bereits in seinem Buch „Mein Kampf" formuliert hatte. Sein Ziel war die Schaffung eines Großdeutschen Reiches mit Weltmachtstatus.

In der Öffentlichkeit forderte Hitler die Revidierung des Versailler Vertrags und das „Selbstbestimmungsrecht" für alle Deutschen. Auch bei den Siegermächten des Ersten Weltkriegs setzte sich mehr und mehr die Erkenntnis durch, dass man den Deutschen das Selbstbestimmungsrecht auf Dauer nicht vorenthalten könne. Somit fanden Hitlers Forderungen im Ausland zögerndes Entgegenkommen, sofern es dem Frieden diene. Bei jedem sich bietenden Anlass beteuern die Nationalsozialisten ihre friedlichen Absichten und täuschten damit das eigene Volk und die Nachbarstaaten über ihre eigentlichen Pläne und Ziele. Zu spät erkannte man, dass die anfänglichen Forderungen Hitlers nur ein taktisches Mittel waren, um Deutschland eine bessere Ausgangsstellung zur Kriegsführung zu sichern.

Amerikanische Karikatur auf Hitlers Friedensrede

Interpretieren Sie die Karikatur.

„Indem wir in grenzenloser Liebe und Treue an unserem eigenen Volkstum hängen, respektieren wir die nationalen Rechte auch der anderen Völker aus dieser selben Gesinnung heraus und möchten aus tiefinnerstem Herzen mit ihnen in Frieden und Freundschaft leben … Die Deutsche Regierung wünscht, sich über alle schwierigen Fragen mit den Nationen friedlich auseinanderzusetzen. Sie weiß, dass jede militärische Aktion in Europa auch bei deren völligem Gelingen, gemessen an den Opfern, in keinem Verhältnis stehen würde zu dem Gewinn."

Hitler vor dem Reichstag am 17. Mai 1933
www.reichstagsprotokolle.de, 17.10.2012

Bereits im Oktober 1933 trat das Deutsche Reich aus dem **Völkerbund** aus. Somit konnte sich das NS-Regime der internationalen Kontrolle entziehen und ungehemmt aufrüsten.

Hitlers aggressive „Politik der vollendeten Tatsachen" brachte die benachbarten Großmächte immer wieder in die Situation, mit Krieg oder mit Nachgeben auf Hitlers Forderungen reagieren zu müssen. Die britische **Appeasement-Politik** räumte der Friedenssicherung höchste Priorität ein. Zugeständnisse gegenüber den Aufrüstungsplänen sowie den Gebietsansprüchen Deutschlands sollten Hitler davon abhalten, militärische Gewalt anzuwenden. So konnte Hitler ungehindert seinen Machtbereich erweitern.

Völkerbund:

Internationale Organisation (1920–1946), die als inoffizieller Vorgänger der Vereinten Nationen (UNO) gilt

Appeasement-Politik:

Bezeichnung für eine Politik der Zugeständnisse, der Zurückhaltung, der Beschwichtigung und des Entgegenkommens gegenüber Aggressionen zur Vermeidung von Konflikten

Lerngebiet 7

Aufmarsch der SA vor dem Hauptbahnhof Saarbrücken nach der Saarabstimmung 1935

Durch diese Maßnahmen wurde der Machtanspruch realisiert:

▶ Am 13. Januar 1935 fand die im Versailler Vertrag vorgesehene Volksabstimmung im Saargebiet statt. Ca. 92 % der Saarländer entschieden sich für die Rückkehr zum Deutschen Reich. Dies brachte den Nationalsozialisten einen erheblichen Prestigegewinn.

▶ Nach der Rückgliederung des Saargebietes wagte Hitler die offene Verletzung mit dem Versailler Vertrag und führt die allgemeine Wehrpflicht wieder ein. Das Ausland protestierte nur zaghaft.

▶ Im März 1936 ließ Hitler seine Truppen ins entmilitarisierte Rheinland einmarschieren. Wiederum beließen es die Großmächte nur bei Protesten.

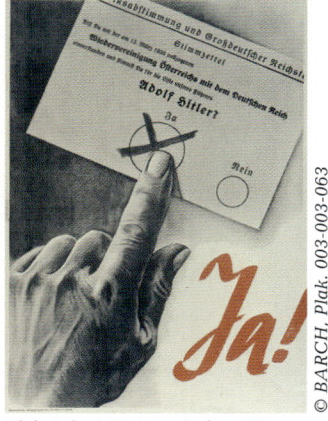

© BARCH, Plak. 003-003-063

Plakat der NSDAP mit dem Stimmzettel zur nachträglichen Volksabstimmung zum Anschluss Österreichs

Selbstbestimmungsrecht der Völker:

Völkerrechtlicher Rechtssatz, demzufolge jedes Volk das Recht hat, über seinen politischen Status, seine Staats- und Regierungsform und seine wirtschaftliche, soziale und kulturelle Entwicklung zu entscheiden

> Kurz zusammengefasst: Ich halte es für notwendig, dass nunmehr mit eiserner Entschlossenheit auf all den Gebieten eine 100-%ige Selbstversorgung eintritt, … Ich möchte dabei betonen, dass ich in diesen Aufgaben die einzige wirtschaftliche Mobilmachung sehe, die es gibt, und nicht in einer Drosselung von Rüstungsbetrieben im Frieden zur Einsparung und Bereitlegung von Rohstoffen für den Krieg. …
>
> I. Die deutsche Armee muss in vier Jahren einsatzfähig sein.
>
> II. Die deutsche Wirtschaft muss in vier Jahren kriegsfähig sein.
>
> Denkschrift Hitlers zum Vierjahresplan 1936. Wendt, Bernd-Jürgen: Großdeutschland, München 1987, S. 37

1. Beschreiben Sie die Appeasement-Politik.

2. Erklären Sie die Zielsetzung des Vierjahresplans. Dieser Plan unterlag strengster Geheimhaltung. Warum?

Mit dem Vorwand des **Selbstbestimmungsrechtes der Völker** griff Hitler nun auch nach Gebieten außerhalb des Deutschen Reiches:

▶ Im März 1938 kam es zum „Anschluss Österreichs", nachdem die Nationalsozialisten die österreichische Regierung bereits unterwandert hatten. Die meisten Österreicher begrüßten den Einmarsch deutscher Truppen und die Vereinigung mit Deutschland zum „Großdeutschen Reich". Das Ausland beließ es bei Protesten.

▶ Im **Münchner Abkommen** wurde die von Hitler geforderte Angliederung des Sudetenlandes an das Deutsche Reich beschlossen.

▶ Unter Bruch des Münchner Abkommens marschierten deutsche Truppen im März 1939 in die „Resttschechei" ein. Sie wurde als „Reichsprotektorat Böhmen und Mähren" Bestandteil des Deutschen Reichs. Den Tschechen kam keine der verbündeten Mächte zu Hilfe.

Bewerten Sie das Vorgehen der Großmächte in Bezug auf die Tschechoslowakische Republik.

Deutschland hat weder die Absicht noch den Willen, sich in die inneren österreichischen Verhältnisse einzumengen, Österreich etwa zu annektieren oder anzuschließen.
Hitler am 21. Mai 1935 vor dem Reichstag
www.reichstagsprotokolle.de, 20.10.2012

Wir wollen gar keine Tschechen!
Hitler am 26. September 1938 im Sportpalast Berlin
www.ns-archiv.de, 20.10.2012

Zur Verbesserung unserer militärpolitischen Lage müsse in jedem Fall einer kriegerischen Verwicklung unser 1. Ziel sein, die Tschechei und gleichzeitig Österreich niederzuwerfen, um die Flankenbedrohung eines etwaigen Vorgehens nach Westen auszuschalten.
Niederschrift zu Anweisungen Hitlers in einer Besprechung am 5. November 1937 („Hoßbach-Protokoll")
www.ns-archiv.de, 20.10.2012

Es ist mein unabänderlicher Entschluss, die Tschechoslowakei in absehbarer Zeit durch eine militärische Aktion zu zerschlagen. Den politisch und militärisch geeigneten Zeitpunkt abzuwarten oder herbeizuführen, ist Sache der politischen Führung."
Weisung Hitlers am 30. Mai 1938 an die Wehrmacht („Studie Grün")
www.ns-archiv.de, 20.10.2012

---

1. Vergleichen Sie die unterschiedlichen Aussagen Hitlers zu seinen außenpolitischen Zielen!

2. Beschreiben Sie die Ziele und Methoden von Hitlers Außenpolitik.

3. Erläutern Sie, warum man Hitler als „Mann mit zwei Gesichtern" bezeichnen könnte.

Die Westmächte erkannten, dass ihre Appeasement-Politik endgültig gescheitert war. Die Zugeständnisse an Hitler entspannten die Lage in Europa nicht. Frankreich und Großbritannien erwarteten als Nächstes ein deutsches Vorgehen gegen Polen. Sie verpflichte-

Münchner Abkommen:
Im Münchner Abkommen vom 30. September 1938 wurde zwischen dem Deutschen Reich, Italien, Großbritannien und Frankreich und ohne Beteiligung der Tschechoslowakei die Angliederung des überwiegend von Deutschen bewohnten deutsch-tschechischen Grenzgebietes („Sudetenland") an das Deutsche Reich verhandelt. Frankreich und Großbritannien gaben nach, um den Frieden zu sichern. Im Gegenzug versicherte Hitler, keine weiteren Forderungen zu stellen. Die „Resttschechei" erhielt eine britisch-französische Beistandsgarantie.

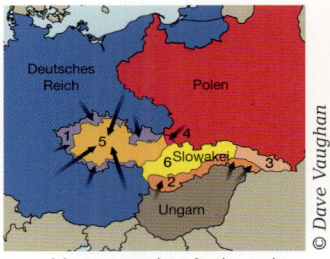
© Dave Vaughan

Zerschlagung und Aufteilung der Tschechoslowakei:

1 Sudetendeutsche Gebiete werden dem Deutschen Reich angegliedert (Herbst 1938)
2 und 3 von Ungarn besetzte Gebiete (Herbst 1938)
4 von Polen besetzte Gebiete (Herbst 1938)
5 Im März 1939 wurde die „Resttschechei" von Deutschland faktisch annektiert und zum Protektorat Böhmen und Mähren erklärt
6 Von der Tschechoslowakei blieb nur der Satellitenstaat Slowakei

Lerngebiet 7

ten sich, im Falle eines deutschen Angriffs den Polen militärisch zu helfen.

Um die Gefahr eines Zweifrontenkriegs abzuwenden, schloss Hitler sogar mit seinem offensichtlichen Feind, der **„bolschewistischen"** Sowjetunion unter der Führung Stalins, einen Nichtangriffspakt. Beide Diktatoren, Hitler und Stalin, sahen hierin strategische Vorteile. In einem geheimen Zusatzprotokoll teilten sie Polen als Kriegsbeute untereinander auf. Am 1. September 1939 überfiel die deutsche Armee Polen, zwei Tage später erklärten Frankreich und England dem Deutschen Reich den Krieg.

Bolschewismus:

Ein politischer Begriff, der zumeist in einem abwertenden Sinne für die kommunistischen Parteien Europas verwendet wurde

Deutsche Truppen überschreiten die polnische Grenze
© BARCH/Hans Söhnke/
146-1979-056-18A

Ich habe den Befehl gegeben …, dass das Kriegsziel nicht im Erreichen bestimmter Linien, sondern in der physischen Vernichtung des Gegners besteht. So habe ich, einstweilen nur im Osten, meine Totenkopfverbände bereitgestellt mit dem Befehl, unbarmherzig und mitleidslos Mann, Weib und Kind polnischer Abstammung und Sprache in den Tod zu schicken. Nur so gewinnen wir den Lebensraum, den wir brauchen … Polen wird entvölkert und mit Deutschen besiedelt. Mein Polenprojekt war nur als Zeitgewinn gedacht. Und im Übrigen, meine Herren, ereignet sich mit Russland ja nur dasselbe, was ich mit Polen durchexerziert habe. Nach Stalins Tod, er ist ein schwerkranker Mann, zerbrechen wir die Sowjetunion. Dann dämmert die deutsche Erdherrschaft heraus … Denken wir als Herren und sehen wir in diesen Völkern bestenfalls lackierte Halbaffen, die die Knute spüren wollen … Und nun: ran an den Feind! In Warschau feiern wir Wiedersehen! …

Ansprache Hitlers vor Generälen der Wehrmacht am 22. August 1939. Akten zur Deutschen Auswärtigen Politik Ser. D Bd. VII, Nr. 193

---

1. Welche Anknüpfungspunkte zur NS-Ideologie sind in den Ausführungen Hitlers vor den Generälen erkennbar?
2. Welches Menschenbild vermittelt Hitler vom polnischen und russischen Volk?

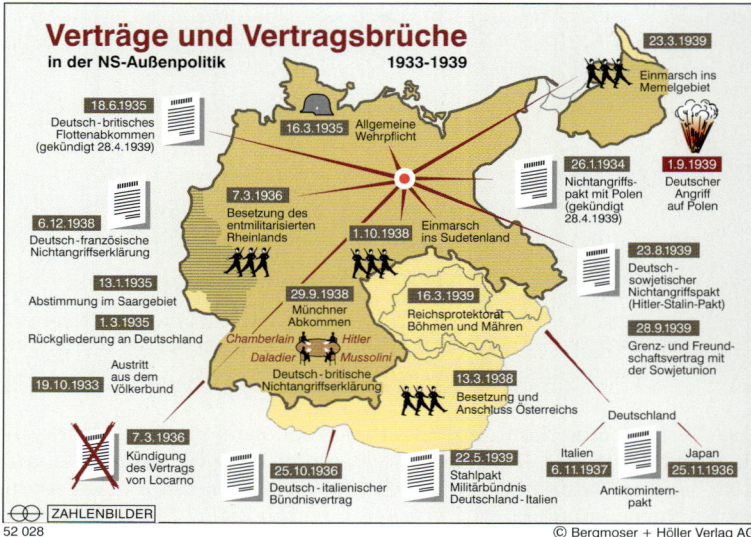

1. Stellen Sie die Schritte der NS-Außenpolitik in einem Zeitstrahl dar.

2. Erörtern Sie, warum die NS-Außenpolitik in den Augen vieler Deutscher erfolgreich war und dadurch das NS-System innenpolitisch stabilisierte.

3. Erklären Sie, warum die Appeasement-Politik scheiterte und indirekt mit zur Entstehung des Zweiten Weltkriegs beigetragen hat.

4. Beurteilen Sie den Nichtangriffspakt zwischen Hitler und Stalin.

2.5 Der Zweite Weltkrieg

Die Menschen in Deutschland reagierten mit Besorgnis und Niedergeschlagenheit auf den Kriegsbeginn und nicht mit Begeisterung, wie zu Beginn des Ersten Weltkriegs. Mit konzentriertem Einsatz von Luft- und Panzerverbänden in einer neuartigen **„Blitzkriegstrategie"** konnten die Deutschen anfangs Erfolg um Erfolg erringen. Polen, Dänemark, Norwegen und die Benelux-Staaten wurden in kürzester Zeit besetzt. Selbst die französische Armee, die bis dahin als stärkste Armee Europas galt, musste nach nur sechs Wochen kapitulieren. Nur Großbritannien konnte aufgrund seiner Insellage den Kampf gegen das Deutsche Reich fortsetzen. Hitler befand sich auf dem Höhepunkt seiner Macht. Sein ohnehin schon hohes Prestige in Deutschland wuchs durch die Siege noch mehr an.

Am 22. Juni 1941 begann der Krieg gegen die Sowjetunion, der sich in seiner Brutalität und Verbissenheit von den bisherigen Feldzügen unterschied. Der Ostfeldzug war von Anfang an gemäß Rasseideologie als Vernichtungskrieg geplant.

Mit dem Kriegseintritt der USA nach dem japanischen Angriff auf Pearl Harbour (Hawaii/USA) am 7. Dezember 1941 weitete sich der europäische Krieg zu einem Weltkrieg aus.

Das Scheitern der deutschen Armee bei Stalingrad (heutiges Wolgograd/Russland) steht symbolisch für den Wendepunkt des Krieges. Trotz Mobilisierung der letzten Kraftreserven und der Ausrufung des „Totalen Krieges" musste sich die deutsche Armee fortan von allen Kriegsschauplätzen zurückziehen. Die **Alliierten** versuchten mit massiven Bombardements auf deutsche Städte den Kriegswillen der Deutschen zu brechen, was zu Zerstörungen in nie dagewesenem Ausmaße führte.

Mit der Landung der Alliierten in der Normandie war die Niederlage Deutschlands besiegelt. Obwohl gegen Ende des Krieges selbst deutsche Jugendliche und alte Männer (sog. Volkssturm) die Heimat verteidigen mussten, konnte der Vorstoß gegnerischer Streitkräfte nicht mehr aufgehalten werden. Um sich der Verantwortung und einer Gefangennahme zu entziehen, beging Hitler am 30. April 1945 in seinem Bunker in Berlin Selbstmord. Die Kapitulation am 8. Mai 1945 beendete Hitlers „Tausendjähriges Reich" und den Krieg in Europa.

Blitzkriegstrategie:
Schlagwort für eine neuartige Kampfmethode, durch die eine rasche militärische Entscheidung herbeigeführt werden sollte und die von der Wehrmacht in der Anfangsphase des Zweiten Weltkrieges angewandt wurde

© dpa

Landung der Alliierten in der Normandie am 6. Juni 1944 („D-Day")

Alliierte (hier):
Die im Zweiten Weltkrieg gegen die Achsenmächte Deutschland, Italien und Japan verbündeten Großmächte

© ullstein bild

Hiroshima nach dem Atombombenabwurf

In Asien erzwangen die USA nach verlustreichen Kämpfen im Pazifik und dem verheerenden Abwurf von Atombomben auf die Städte Hiroshima und Nagasaki die Kapitulation Japans. Dabei nahmen die USA den Tod Hunderttausender japanischer Zivilisten in Kauf.

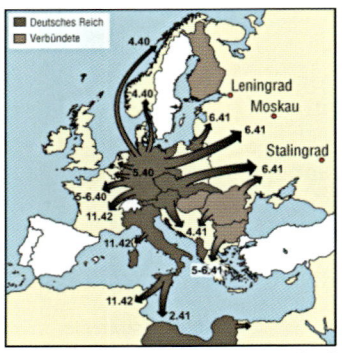 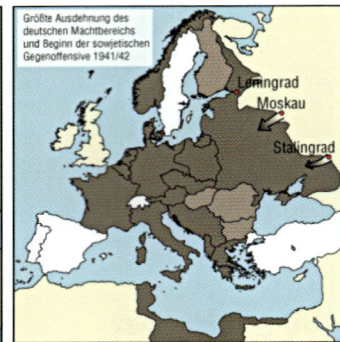 

Verlauf des Zweiten Weltkriegs in Europa

1. Erklären Sie die deutsche Blitzkriegstrategie.
2. Informieren Sie sich über die Kriegsereignisse in Ihrer Region.

Zusammenfassung

Hitler und den Nationalsozialisten gelang es in knapp 18 Monaten, Deutschland in eine totalitäre Diktatur umzuwandeln.

Die Nationalsozialisten setzten ihre Ideologie, die Hitler in seinem Buch „Mein Kampf" schriftlich verfasst hatte, Schritt für Schritt um.

Die Reichstagsbrandverordnung und das Ermächtigungsgesetz hoben die Grundrechte und die Gewaltenteilung auf. Mithilfe der Gleichschaltung durchdrangen und kontrollierten die Nationalsozialisten alle Lebensbereiche der Bürger. Durch die Vereinigung der Ämter von Reichspräsident und Reichskanzler verfügte der „Führer" Hitler über die uneingeschränkte Macht im Deutschen Reich.

Die nationalsozialistische Innen- und Außenpolitik wurde stark durch die Rassenlehre in Verbindung mit der Frage der Erweiterung des Lebensraumes im Osten geprägt. Ziel war die Errichtung eines Großdeutschen Reiches mit Weltmachtstatus. Außenpolitisch bedeutete dies die Revision der Bestimmungen des Versailler Vertrags, die ungehemmte Aufrüstung und Vorbereitung des Krieges.

Mit dem Einsatz gezielter politischer Propaganda täuschten die Nationalsozialisten sowohl die eigenen Bürger als auch das Ausland über ihre wahren politischen Absichten. Dies führte dazu, dass die europäischen Großmächte Hitler zu spät die Grenzen aufzeigten (Appeasement-Politik).

Mit dem Einmarsch in Polen entfesselte Hitler den Zweiten Weltkrieg, der nach großen Anfangserfolgen für das Deutsche Reich am 8. Mai 1945 mit einer bedingungslosen Kapitulation endete. Nach dem Abwurf von Atombomben auf japanische Städte durch die USA kapitulierte auch Japan.

Insgesamt starben ca. 60–80 Millionen Menschen im Zweiten Weltkrieg.

Fachstufe I

Wissens-Check

1. Beschreiben Sie die Schritte, mit denen die Nationalsozialisten die Demokratie in eine Diktatur umwandelten.

2. Warum ist der Begriff „Machtergreifung" irreführend?

3. Erläutern Sie den Begriff „Gleichschaltung".

4. Was beinhaltet der Begriff „Führerprinzip"?

5. Was ist der zentrale Bestandteil der nationalsozialistischen Rassenlehre und welche Folgen hatte sie?

6. Beschreiben Sie die wichtigsten Erziehungsziele der Nationalsozialisten.

7. Mit welchen Mitteln wurde die nationalsozialistische Herrschaft ausgeübt?

3 Die Verfolgung der Juden im Dritten Reich

1933 lebten in Deutschland ca. eine halbe Million Bürger jüdischen Glaubens. Gleich nach der Machtübernahme begannen die Nationalsozialisten mit der Diskriminierung und Entrechtung der Juden und anderer Gruppen, die nach ihrer Vorstellung nicht ins Schema der Volksgemeinschaft passten. Hitlers Rassenwahn mündete schließlich in der systematischen physischen Vernichtung von ca. sechs Millionen Juden in ganz Europa.

© ullstein bild – Granger Collection

Aufruf zum Boykott eines jüdischen Geschäftes durch die SA

Lerngebiet 7

3.1 Ausgrenzung aus dem gesellschaftlichen Leben

Für die Nationalsozialisten zählten vor allem die Juden zu den „minderwertigen" Menschen, aber auch Behinderte, Sinti und Roma, „Asoziale", Homosexuelle und Anhänger religiöser Sekten. Gezielt begann das NS-Regime die bürgerliche Existenz dieser Menschen rücksichtslos zu zerstören.

Anfangs noch ungeplant, begannen die Nationalsozialisten bald mit organisierten Gewalttaten gegen Juden. Am 1. April 1933 kam es zum **Boykott** jüdischer Geschäfte, Ärzte und Rechtsanwaltspraxen. In den darauffolgenden Wochen wurden jüdische Beamte aus dem Staatsdienst entfernt und jüdische Studenten der Universitäten verwiesen. Im Rahmen einer „kulturellen Säuberung" wurden die Werke jüdischer und anderer „undeutscher" Schriftsteller, Literaten, Musiker und Künstler verboten. Das NS-Regime richtete bereits 1933 die ersten Konzentrationslager (KZ) ein, zunächst für politische Gegner. Jüdische Gefangene wurden dort besonders schikaniert und gequält. Es setzte eine starke jüdische Auswanderung ein, bei der viele Persönlichkeiten aus Wissenschaft und Kultur Deutschland den Rücken kehrten, z. B. Albert Einstein, Siegmund Freud, Alfred Döblin und Stefan Zweig.

Boykott:

Ein Boykott kann die Absage der Teilnahme an Veranstaltungen oder den Verzicht auf den Kauf der Produkte eines bestimmten Herstellers beinhalten.

Diffamierung jüdischer Bürger

3.2 Die Nürnberger Gesetze von 1935

Mit den Nürnberger Gesetzen vom 15. September 1935 wurde die Diskriminierung der Juden pseudo-rechtlich abgesichert und weiter ausgedehnt. Mit dem „Gesetz zum Schutz des deutschen Blutes und der deutschen Ehre" sollte der „Fortbestand des deutschen Volkes" gesichert werden.

▸ Eheschließungen und außerehelicher Kontakt zwischen Juden und Nichtjuden wurden verboten („Rassenschande"). Bereits bestehende Ehen wurden aufgelöst.

▸ Fortan war ein „Ahnenpass" mit dem Nachweis „arischer" Abstammung über drei Generationen Voraussetzung für die Eheschließung und die Aufnahme in den öffentlichen Dienst.

▸ Durch das gleichzeitig erlassene „Reichsbürgergesetz" verloren die Juden zudem wichtige Staatsbürgerrechte, z. B. das Wahlrecht.

Die Juden wurden damit zunehmend aus dem öffentlichen Leben verdrängt.

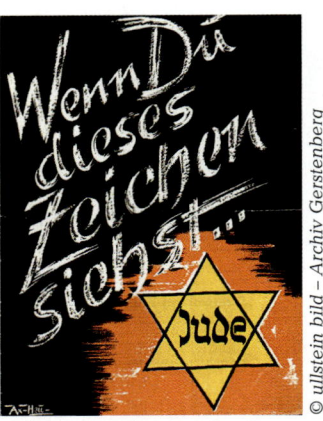

© ulstein bild – Archiv Gerstenberg

Plakat zum Judenstern: Das Tragen dieses Kennzeichens wurde ab September 1939 im besetzten Polen und ab dem 19. September 1941 im Deutschen Reich und in weiteren besetzten Gebieten verordnet.

§ 1 Eheschließungen zwischen Juden und Staatsangehörigen deutschen oder artverwandten Blutes sind verboten. Trotzdem geschlossene Ehen sind nichtig …

§ 2 Außerehelicher Verkehr zwischen Juden und Staatsangehörigen deutschen oder artverwandten Blutes ist verboten. …

Auszug aus dem „Gesetz zum Schutz des deutschen Blutes und der deutschen Ehre" vom 15. September 1935

1. Analysieren Sie, wie der rechtliche Grundsatz „keine Strafe ohne Gesetz" in den Nürnberger Gesetzen missachtet wurde und so ihren Unrechtscharakter aufzeigt.

2. Woran machten die Nationalsozialisten in den Nürnberger Gesetzen die Zugehörigkeit zu einer Rasse fest? Welcher Eindruck wurde hierdurch erweckt?

3.3 Verfolgung und Terror

Ab 1938 verschärfte das NS-Regime die Verfolgung der Juden erneut:

▸ Berufsverbote für jüdische Ärzte, Apotheker, Juristen, Kaufleute und Handwerker

▸ Jüdische Betriebe und Häuser wurden „arisiert", also enteignet, oder mussten deutlich unter Wert an Nationalsozialisten verkauft werden

▸ Juden wurde es untersagt, Verkehrsmittel (Auto, Motorrad, Straßenbahn etc.) zu benutzen

Fachstufe I

▶ Juden durften keine Wertgegenstände wie Schmuck, Rundfunkgeräte, Kameras oder Pelze mehr besitzen

▶ Laut Namensänderungsverordnung mussten alle Juden zusätzlich „typisch jüdische" Vornamen wie Israel oder Sara tragen

▶ Der Besuch von kulturellen Einrichtungen wie Kino, Konzerte und Theater sowie der Zutritt zu Strand- und Schwimmbädern, Wäldern und Parkanlagen wurde Juden untersagt

▶ Juden erhielten keine Fisch- und Fleischwaren mehr, keine Milch, keine Süßwaren

▶ Jüdische Kinder durften keine öffentliche Schulen mehr besuchen

▶ Ab 1941 mussten alle Juden im gesamten Reichsgebiet einen „Judenstern" an ihrer Kleidung tragen

© Rebecca Zimmermann

Eine Gedenktafel erinnert heute an die Zerstörung der Saarbrücker Synagoge durch die Nationalsozialisten in der Pogromnacht 1938.

Im Oktober 1938 wurden ca. 17.000 jüdische Polen aus Deutschland gewaltsam abgeschoben („Polenaktion"). Ein junger Jude, dessen Eltern von der Abschiebung betroffen waren, erschoss im November 1938 aus Rache einen deutschen Botschaftssekretär in Paris. Die Nationalsozialisten nutzen dieses Attentat als willkommenen Anlass und organisierten in der Nacht vom 9. November 1938 die bis dahin schlimmste Gewaltmaßnahme gegen jüdische Bürger (Reichspogromnacht). Überall im Reich wurden jüdische Wohnungen und Geschäfte von SA- und SS-Kommandos geplündert und verwüstet sowie zahlreiche Synagogen in Brand gesteckt. Juden wurden unter Beschimpfungen, Demütigungen und Misshandlungen durch die Straßen getrieben. Bei diesen Terroraktionen fanden hunderte von Juden den Tod. In der Öffentlichkeit stellte die deutsche Regierung die Ausschreitungen als „spontanen" Ausbruch allgemeinen „Volkzorns" dar. Für die von den Nationalsozialisten angerichteten Schäden mussten die Juden selbst aufkommen und noch eine „Sühneleistung" von einer Milliarde Reichsmark für die Zerstörungen aufbringen. Zudem wurden knapp 20.000 Juden verhaftet und in Konzentrationslager gesperrt.

© dpa

Brennende Synagoge in Bielefeld während der Reichspogromnacht

Jetzt erst setzte eine Massenflucht ein. Nach der „Reichskristallnacht", wie die Nationalsozialisten die Ausschreitungen vom 9. November 1938 nannten, verließen weitere 150.000 Juden Deutschland.

1. Erstellen Sie eine Übersicht über die nationalsozialistischen Maßnahmen zur Ausgrenzung der jüdischen Bevölkerung. Welche Lebensbereiche sind betroffen?

2. Wer bzw. welche Bevölkerungsgruppe profitiert von der „Arisierung" jüdischen Besitzes?

3.4 Der Holocaust

Mit Beginn des Zweiten Weltkriegs gelangten auch die polnischen Juden unter die Herrschaft der Nationalsozialisten. Sie wurden in **Ghettos** zwangsumgesiedelt und zur Zwangsarbeit verpflichtet. Tausende Ghettobewohner starben an Hunger, Seuchen, Kälte und Entkräftung. In den besetzten Ostgebieten ermordeten **Einsatz-**

Holocaust (griech. „vollständig verbrannt"):

Bezeichnung für den Völkermord an den Juden im Dritten Reich

Viele Juden bevorzugen allerdings das hebräische Wort „Shoah" (= „die Katastrophe").

Ghettos:

Stadtviertel, in dem Juden leben mussten, da es ihnen gesetzlich so vorgeschrieben war

Lerngebiet 7

Einsatzgruppen:
Bezeichnung für Sondereinheiten der Sicherheitspolizei (Sipo) und des Sicherheitsdienstes (SD) der SS, die besonders im Zuge des Angriffskrieges gegen die Sowjetunion systematische Massenerschießungen von vermeintlich „reichs- und deutschfeindlichen Elementen hinter den Linien der kämpfenden Truppe" durchführten

gruppen der SS allein bei Massenerschießungen ca. 2,2 Millionen Juden. Die Opfer wurden zu eigens eingerichteten Exekutionsorten in Wäldern transportiert. Sie mussten Gruben ausheben, vor denen sie schließlich gruppenweise erschossen wurden.

Auch die Lage der deutschen Juden verschlimmerte sich nach Kriegsbeginn noch weiter. Ab 1940 wurden sie in die besetzten Ostgebiete deportiert, wo die meisten den Vernichtungsaktionen zum Opfer fielen. Die Deportationen blieben auch der deutschen Bevölkerung nicht verborgen. Nur wenige wagten ihr Leben und versteckten jüdische Freunde.

© picture alliance/akg-images

Jüdische Frau mit Davidstern vor einem Deportationszug

In Ergänzung der Ihnen bereits mit Erlass von 24. Januar 1939 übertragenen Aufgaben, die Judenfrage in Form der Auswanderung oder Evakuierung einer den Zeitverhältnissen entsprechend möglichst günstigen Lösung zuzuführen, beauftrage ich Sie hiermit, alle erforderlichen Vorbereitungen in organisatorischer, sachlicher und materieller Hinsicht zu treffen für eine Gesamtlösung der Judenfrage im deutschen Einflussgebiet in Europa … Ich beauftrage sie weiter, mir in Bälde einen Gesamtentwurf über die organisatorischen, sachlichen und materiellen Vorausmaßnahmen zur Durchführung der angestrebten Endlösung der Judenfrage vorzulegen.

Auszug aus der Weisung Görings (führender nationalsozialistischer Politiker und Oberbefehlshaber der Luftwaffe) an Heydrich (Chef des SD) vom 31. Juli 1941
www.ns-archiv.de, 20.10.2012

Mitte 1941 fiel der Entschluss, alle europäischen Juden als „Endlösung" zu ermorden. Auf der „Wannseekonferenz" am 20. Januar 1942 wurden Planung, Organisation und Koordination der systematischen Judenvernichtung besprochen:

▸ Erfassung aller Juden im besetzten Europa und Abtransport in Vernichtungslager im Osten

▸ Zwangsarbeit für Juden, die zur „natürlichen Verminderung der arbeitsfähigen Juden" führen sollte

▸ Ermordung der restlichen Juden in den Vernichtungslagern

© Rebecca Zimmermann

Um die Opfer möglichst lange über ihr Schicksal im Unklaren zu lassen, wurden die Gaskammern mit Duschkopf-Attrappen getarnt.

Unter entsprechender Leitung sollen im Zuge der Endlösung die Juden im Osten zum Arbeitseinsatz kommen. In großen Arbeitskolonnen, unter Trennung der Geschlechter, werden die arbeitsfähigen Juden Straßen bauend in diese Gebiete geführt, wobei zweifellos ein Großteil durch natürliche Verminderung ausfallen wird. Der allfällig endlich verbleibende Restbestand wird, da es sich bei diesem zweifellos um den widerstandsfähigsten Teil handelt, entsprechend behandelt werden müssen, da dieser, eine natürliche Auslese darstellend, bei Freilassung als Keimzelle eines neuen jüdischen Aufbaues anzusprechen ist. Im Zuge der praktischen Durchführung der Endlösung wird Europa von Westen nach Osten durchgekämmt.

Aus dem Protokoll der Wannsee-Konferenz 20. Januar 1942
www.ns-archiv.de, 20.10.2012

Was war auf der Wannseekonferenz mit dem Begriff der besonderen „Behandlung" gemeint?

Die deportierten Juden wurden in Vernichtungslager, vor allem nach Auschwitz/Polen, transportiert und dort meist durch Motorabgase oder in Gaskammern ermordet und anschließend verbrannt. Insgesamt starben ca. sechs Millionen Juden durch den Holocaust. Neben dieser hohen Zahl schockiert vor allem die bürokratische Sachlichkeit und präzise Systematik, mit der dieser Völkermord betrieben wurde.

> Aus dem Generalgouvernement (Polen) werden jetzt … die Juden nach dem Osten abgeschoben. Es wird ein ziemlich barbarisches und hier nicht näher zu beschreibendes Verfahren angewandt und von den Juden selbst bleibt nicht viel übrig. … An den Juden wird ein Strafgericht vollzogen, das zwar barbarisch ist, das sie aber vollauf verdient haben. … Man darf in diesen Dingen keine Sentimentalitäten obwalten lassen. Die Juden würden, wenn wir uns ihrer nicht erwehren würden, uns vernichten. Es ist ein Kampf auf Leben und Tod zwischen der arischen Rasse und dem jüdischen Bazillus.
>
> Tagebuchauszug des Propagandaministers Goebbels, 27. März 1942
> www.ns-archiv.de

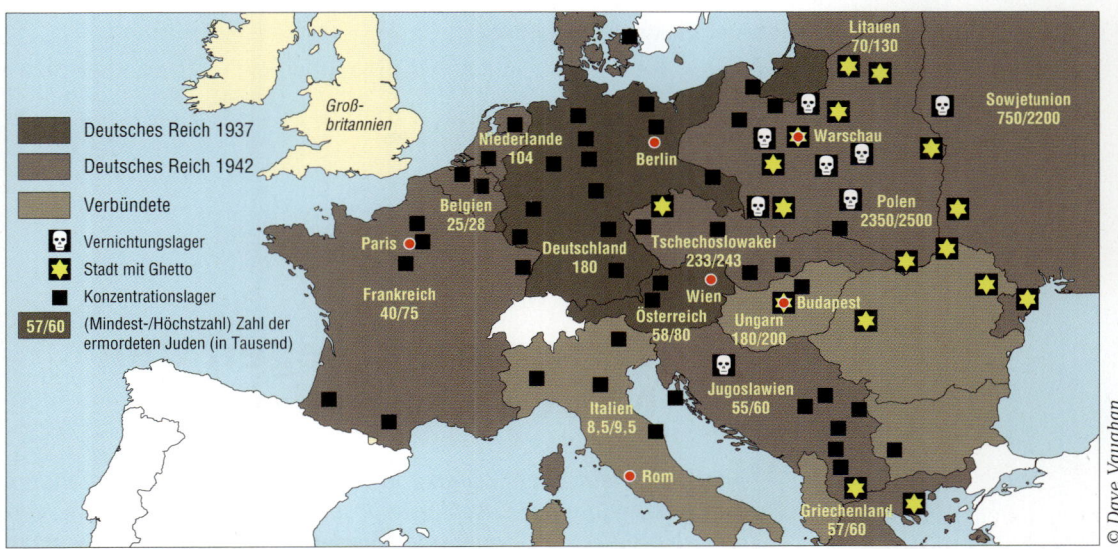

Karte der Konzentrationslager und jüdische Opferzahlen nach Herkunftsländern

© Dave Vaughan

1. Beurteilen Sie den Sprachgebrauch der Nationalsozialisten bei Maßnahmen gegen die Juden.

2. Analysieren Sie die Karte. Wo befinden sich die Vernichtungslager? Welche Hintergründe könnte dies haben?

3. „Die Erinnerung darf nicht enden; sie muss auch künftige Generationen zur Wachsamkeit mahnen." Nehmen Sie zu dieser Aussage des ehemaligen Bundespräsidenten Roman Herzog Stellung.

Zusammenfassung

Der Begriff „Holocaust" bezeichnet die systematische Vernichtung der Juden in Europa, die von angeordneten Massenerschießungen bis hin zur systematischen Vergasung in eigens dafür errichteten Vernichtungslagern reichte. Ca. sechs Millionen Juden mussten durch Hitlers Rassenwahn sterben.

Das Verbrechen gegen die Juden und gegen andere Minderheiten erfolgte in mehreren Schritten. Schon ab 1933 fand eine Ausgrenzung der jüdischen Bürger aus dem gesellschaftlichem Leben statt. Die ersten Konzentrationslager wurden errichtet, zuerst vor allem zur Inhaftierung politischer Gegner. 1935 wurden diese Diskriminierungen mit den Nürnberger Gesetzen „pseudorechtlich" abgesichert. Ab 1938 verstärkten sich die Verfolgung und der Terror. 1942 beschlossen die Nationalsozialisten als „Endlösung der Judenfrage" die totale Vernichtung aller Juden. Zu diesem Zweck errichteten sie Vernichtungslager in Osteuropa, in denen Juden und andere Gegner des Regimes systematisch ermordet wurden.

Wissens-Check

1. Erläutern Sie die Phasen der Judenverfolgung von 1933 bis 1945.

2. Was regelten die „Nürnberger Gesetze" von 1935?

3. Erläutern Sie die Geschehnisse der Pogromnacht („Reichskristallnacht") im November 1938 in Deutschland.

4. Was wurde auf der „Wannseekonferenz" 1942 beschlossen?

4 Widerstand gegen den Nationalsozialismus

Nicht alle Deutschen waren mit dem NS-System einverstanden. Die Umwandlung Deutschlands in eine Diktatur sowie die Verfolgung politischer Gegner und Minderheiten wollten einige nicht ohne Gegenwehr hinnehmen. Hitlers Vernichtungskrieg und das Ignorieren der aussichtslosen militärischen Lage gegen Ende des Krieges brachten selbst anfängliche Anhänger des NS-Regimes dazu, Widerstand zu leisten.

Der Widerstand reichte von nicht angepasstem Verhalten über die Verweigerung von Befehlen, Sabotage, Wandparolen, Flugblättern bis hin zu über 30 Attentatsversuchen auf Hitler. So versuchte z. B. Georg Elser im Alleingang im November 1939, Hitler durch eine Bombe im Münchner Bürgerbräukeller zu töten. Hitler verließ unerwartet früh die Veranstaltung und überlebte. Elser wurde gefasst und 1945 hingerichtet. Jeder weitere gescheiterte Attentatsversuch ließ Hitler mehr daran glauben, dass eine höhere Macht ihn beschützt.

4.1 Widerstand im Alltag

Für den Einzelnen war es schwierig und gefährlich, etwas gegen das NS-Regime zu unternehmen. Das 1934 eingeführte „Heimtückegesetz" schränkte das Recht auf freie Meinungsäußerung weiter ein und bestrafte alle kritischen Äußerungen, die angeblich das Wohl des Reiches schädigten. Die Verbreitung von politischen Witzen zählte auch dazu.

Treffen sich ein Internist und ein Psychiater. Der Psychiater grüßt: „Heil Hitler!" Darauf der Internist: „Heil Du ihn! Du bist doch der Irrenarzt!"

„Was gibt's für neue Witze?" – „Zwei Monate im KZ Dachau"

Ein Wunderrabbi wird von einem Gläubigen gefragt: „Rabbi sag mir, wann wird Hitler sterben?" Der Rabbi denkt lange nach und sagt dann: „Das genaue Datum kann ich dir nicht sagen, aber eins weiß ich – es wird ein Feiertag sein."

„Lieber Bomber fliege weiter, wir sind alle Bergarbeiter. Fliege weiter nach Berlin, die hann alle Ja geschrien."

Flüsterwitze und Sprüche im Dritten Reich
H.-J. Gamm: Der Flüsterwitz im Dritten Reich, München 1972, S. 27

Welche Funktion und Wirkung kann der politische Witz in Diktaturen haben?

Gegen Ende des Krieges wurden viele kritische Meinungsäußerungen als Wehrkraftzersetzung ausgelegt und mit der Todesstrafe geahndet.

Auf Grund der schweren Strafandrohungen gab es nur sehr wenig Deutsche, die im Alltag den Mut aufbrachten, sich dem NS-System zu verweigern oder gar zu widersetzen. Aber man fand vereinzelt immer wieder Möglichkeiten, Anordnungen der Regierung nicht zu befolgen. Eltern versuchten, ihre Kinder vor dem Einfluss der HJ fernzuhalten. Soldaten weigerten sich, an Kriegsverbrechen teilzunehmen. Über zwei Millionen Deutsche hörten während des Krieges verbotene „Feindsender". Besonders gefährlich war es, Deserteure oder Juden zu verstecken. Ebenso gefährlich war es, Zwangsarbeiter oder Kriegsgefangene mit Nahrung zu versorgen. Wer in einem Rüstungsbetrieb durch langsames Arbeiten oder ab-

Das Abhören von „Feindsendern" war verboten. Die Verbreitung von Nachrichten konnte sogar mit dem Tode bestraft werden.

© dresden – Fotolia.com

Lerngebiet 7

© ullstein bild

Linkes Bild: Willi Graf (2.1.1918–12.10.1943)

Rechtes Bild: Gedenkstein am Ehrengrabmahl Willi Grafs auf dem alten Friedhof St. Johann in Saarbrücken

Kreisauer Kreis:

Auf dem Gut Kreisau (Niederschlesien) von Helmut Graf von Moltke trafen sich ab 1940 regelmäßig bürgerliche Widerständler. Nach der Verhaftung von Moltkes 1944 schlossen sich einige Mitglieder des Kreisauer Kreises der Gruppe um Claus Schenk von Stauffenberg und Goerdeler an und wirkten an den Vorbereitungen zum Attentat am 20. Juli 1944 mit.

Fachstufe I

sichtliche Fehler die Produktion behinderte, wurde wegen Hochverrats hingerichet.

4.2   Widerstandsgruppen

Gleich nach der Machtübernahme der Nationalsozialisten 1933 bildeten sich vielerorts kleine Widerstandsgruppen.

Bürgerlicher Widerstand

Im Bürgertum waren die kritischen Stimmen gegen Hitler anfangs noch selten. Diejenigen, die schon zu Beginn des Unrechtsregimes skeptisch waren und eine weitere Radikalisierung Deutschlands ahnten, wanderten entweder aus oder bevorzugten einen Rückzug vom politischen Leben ins Privatleben. Erst spät formierte sich der bürgerliche Widerstand in kleinen Gruppen, die sich vor allem mit dem politischen Neuaufbau Deutschlands nach dem NS-Regime befassten. Ein Zentrum des bürgerlichen Widerstands war der **„Kreisauer Kreis".** Auch die Gruppe um den ehemaligen Leipziger Oberbürgermeister Carl Friedrich Goerdeler spielte eine wichtige Rolle in der Zusammenarbeit des bürgerlichen und des militärischen Widerstands.

Widerstand in der Arbeiterschaft

Aktiven Widerstand leisteten schon in den Anfangsjahren der NS-Herrschaft die Kommunisten, die besonders unter der Verfolgung und dem Terror zu leiden hatten. Linke Widerstandsgruppen verbreiteten Flugblätter und Plakate gegen den Nationalsozialismus. Während des Krieges versorgte die kommunistische Widerstandsgruppe „Rote Kapelle" mit Spionage die Sowjetunion mit kriegswichtigen Informationen. Die Gruppe flog auf. Nur wenige konnten den Verhaftungen der Gestapo und dem Tod im KZ entgehen.

Widerstand Jugendlicher

Die „Weiße Rose" ist wohl die bekannteste Widerstandsgruppe junger Deutscher im Dritten Reich. Ihr Kern bestand u. a. aus den Studenten Hans und Sophie Scholl sowie dem Saarbrücker Willi Graf. Sie verfassten, vervielfältigten und verteilten Flugblätter, die zum passiven Widerstand gegen den Krieg und gegen die geistige Unterdrückung durch die Nationalsozialisten aufforderten.

Als sie am 18. Februar 1943 in der Münchner Universität beim Verteilen der Flugblätter entdeckt wurden, war das Schicksal der Gruppe besiegelt. Sie wurden zum Tode verurteilt und hingerichtet. Über Deutschland hinaus wurden die Aktionen der Weißen Rose noch während des Krieges bekannt. Das letzte Flugblatt der Weißen Rose wurde nach England geschmuggelt, im Juli 1943 nachgedruckt und in großen Mengen von britischen Flugzeugen über Deutschland abgeworfen.

© ullstein bild – AKG/Wittenstein

Mitglieder der Münchner Widerstandsgruppe „Weiße Rose"

„Es fallen so viele Menschen für dieses Regime, es wird Zeit, dass einer dagegen fällt."

Sophie Scholl am 16. Februar 1943 zu einem Bekannten
www.uni-mainz.de/Schulen/BBSII/sophie_scholl.htm, 20.10.2012

Interpretieren Sie das Zitat.

Andere Jugendgruppen gaben sich zunächst unpolitisch und wollten sich nur von dem NS-Regime abheben. Die sogenannte „Swing-Jugend" entstand unter der mittelständischen, großstädtischen Jugend, benannt nach ihrer Vorliebe für Swingjazz. Das Auftreten der Swing-Jugend war betont zivil und sollte ihren amerikanisch-englischen Lebensstil zum Ausdruck bringen. Die Swing-Jungen trugen lange Haare bis an den Kragen langer, karierter Jacketts und weitgeschnittene Hosen. Die Swing-Mädchen trugen kurze Röcke und schminkten sich auffallend stark. Das Herumsitzen in Bars und ausgelassenes Swingtanzen, waren ihr Freizeitideal. Traf man sich gegenseitig auf der Straße, begrüßte man sich mit „Swing-Heil". Über 300 Mitglieder der Swing-Jugend wurden verhaftet. Viele kamen als „Schutzhäftlinge" in Gestapo-Gefängnisse oder in Konzentrationslager.

Verbotsschild aus dem Dritten Reich

© ullstein bild – Müller-Stauffenberg

Im Rheinland bildeten sich die sogenannten „Edelweißpiraten", die schließlich im gesamten Reichsgebiet existierten. Ihr Erkennungszeichen war ein Edelweiß unter dem linken Rockaufschlag oder am Revers. Es wird geschätzt, dass die Edelweißpiraten mehrere tausend Anhänger im Alter von 14 bis 17 Jahren hatten. Sie organisierten Zeltlager, sangen verbotene Lieder und schwänzten den HJ-Dienst. Später versteckten sie Deserteure und verübten Anschläge auf Gestapo und NS-Funktionäre.

Kirchlicher Widerstand

Als der NS-Terror auch vor den Angehörigen der beiden großen christlichen Kirchen nicht Halt machte, regte sich mancherorts schnell Widerstand. Predigten wurden doppeldeutig verlesen, so

Lerngebiet 7

Euthanasie:

Der Begriff bezeichnet die systematische Ermordung von mehr als 70.000 Psychiatrie-Patienten und behinderten Menschen durch SS-Ärzte und -Pflegekräfte von 1940 bis 1941. Neben ideologischen Vorstellungen („Reinheit der Rasse") sind kriegswirtschaftliche Erwägungen zur Begründung herangezogen worden. Mit Rücksicht auf die Stimmung in der aufgebrachten Bevölkerung ließ Hitler das „Euthanasie"-Programm offiziell einstellen. Jedoch starben mehr als 30.000 Behinderte anschließend noch in geheim weitergeführten Tötungsaktionen.

© dpa – Bildarchiv

Oberst Graf Schenk von Stauffenberg

dass man heraus hören konnte, dass sie sich gegen den Nationalsozialismus richteten. Jedoch blieben die vereinzelten Rufe nach einer vereinten Kritik am Regime ungehört. Erst 1937 brandmarkte der Papst „mit brennender Sorge" die Rechtsverletzungen im Dritten Reich und die Verfolgung der Geistlichen. Der Bischof von Münster prangerte öffentlich die **Euthanasie** kranker und behinderter Menschen an.

Evangelische Christen, die gegen das NS-Regime waren, schlossen sich in der „Bekennenden Kirche" zusammen. Auch ihr Widerstand forderte die Verfolgung durch die Gestapo heraus. Dietrich Bonhöffer, ein führender Vertreter der Bekennenden Kirche, wurde kurz vor Kriegsende hingerichtet.

Militärischer Widerstand

Die anfänglichen innen- und außenpolitischen Erfolge der neuen Regierung ließen nur sehr wenige Militärs an Hitler zweifeln. Die wenigen Skeptiker unter ihnen verstummten zunächst angesichts der schnellen Siege der deutschen Wehrmacht zu Beginn des Zweiten Weltkriegs. Erst als die Niederlagen sich häuften, waren einige hohe Militärs zum Schlag gegen Hitler bereit. Erfolgsaussichten bestanden nur dann, wenn es gelang, Hitler durch ein Attentat auszuschalten. Danach sollte durch einen Putsch in Berlin die Macht ergriffen werden. Mehrere Anschläge scheiterten. Am 20. Juli 1944 unternahm Claus Graf Schenk von Stauffenberg während einer Lagebesprechung im ostpreußischen Führerhauptquartier „Wolfsschanze" den Versuch, Hitler mit einer Zeitbombe zu töten. Hitler erlitt durch die Detonation nur leichte Verletzungen und der Umsturzplan misslang. Die Widerstandskämpfer wurden verhaftet und hingerichtet.

> … es kommt nicht mehr auf den praktischen Zweck an, sondern darauf, dass die deutsche Widerstandsbewegung vor der Welt und vor der Geschichte unter Einsatz des Lebens den entscheidenden Wurf gewagt hat. Alles andere ist daneben gleichgültig.
>
> Henning von Tresckow, 1944 (Mitglied der militärischen Widerstandsgruppe um von Stauffenberg)
> Von Schlabrendorff, F.: Offiziere gegen Hitler. Zürich 1946, S. 74

1. Interpretieren Sie das Zitat.

2. Beurteilen Sie die Aussage: „Nur das Militär hätte so viele Machtmittel zur Verfügung gehabt, um Hitler und das NS-System zu stürzen."

Zusammenfassung

Nicht alle Deutsche waren mit der Politik Hitlers einverstanden und leisteten Widerstand (z. B. nicht angepasstes Verhalten, Verweigerung von Befehlen, Sabotage, Flugblättern bis hin zu Attentaten).

Nur wenige hatten den Mut, sich im Alltag den Anweisungen der Nationalsozialisten entgegenzustellen. Selbst kleinere Vergehen wurden hart bestraft. Wer sich aktiv dem System entgegenstellte, beging Hochverrat.

Am 20. Juli 1944 versuchte eine Gruppe aus der Wehrmachtsführung um Oberst Graf Schenk von Stauffenberg durch eine Zeitbombe Hitler zu töten. Das Attentat misslang und die Widerstandskämpfer wurden hingerichtet.

Die Männer und Frauen, die trotz Lebensgefahr Widerstand geleistet hatten, geben mit ihrer Entschlossenheit ein Beispiel für heutige Demokraten.

Wissens-Check

1. Nennen Sie die wichtigsten deutschen Widerstandskämpfer gegen die Nationalsozialisten und beschreiben Sie ihren Widerstand.

2. Erläutern Sie die Ziele der „Weißen Rose".

3. Welche Faktoren erschwerten den Widerstand gegen das NS-Regime?

5 Aktuelle Gefahren für die Demokratie

Die Meinungsfreiheit ist ein Merkmal der freiheitlichen demokratischen Grundordnung. Kritik an der Demokratie ist erlaubt. Die Idee der abwehrbereiten Demokratie sieht aber vor, dass sich der demokratische Staat von seinen Gegnern nicht abschaffen lassen darf.

*Die Widersacher der Demokratie kommen als **extreme** Gruppierungen und Parteien vom rechten und vom linken Meinungsrand. Gefahren ergeben sich auch durch einen religiös motivierten Extremismus sowie demokratiefeindliche Sekten.*

Extrem:

(lat. extremus – äußerst, der äußerste Rand): hier besonders radikal

5.1 Rechtsextremismus

Rechtsextremistische Jugendliche bei einer verbotenen Demonstration

Fachstufe I

Die Rechtsextremisten haben zwar keine einheitliche **Ideologie,** bestimmte Grundhaltungen stimmen aber überein. Sie lehnen die Demokratie ab. Ein Führerstaat soll an ihre Stelle treten. Besondere Merkmale des Rechtsextremismus sind:

Ideologie:
Weltanschauung, Grundeinstellung

▶ Übersteigerter, aggressiver Nationalismus

▶ Überbewertung einer sogenannten Volksgemeinschaft, dies geschieht zu Lasten des Einzelnen

▶ Offener oder verdeckter **Rassismus** und die damit verbundene Missachtung der Menschenwürde und des Gleichheitsgrundsatzes

Rassismus:
Form der Fremdenfeindlichkeit, die sich auf tatsächliche oder behauptete Rassenunterschiede stützt

Die eigene Rasse wird als höherwertig eingestuft.

▶ Hervorhebung angeblich positiver Leistungen des Dritten Reiches

▶ Überbetonung militärischer und soldatischer Werte

In Deutschland gilt neben der nur regional auftretenden „ProNRW" besonders die NPD (Nationaldemokratische Partei Deutschlands) als rechtsextreme Partei. Daneben haben sich häufig unter Jugendlichen neonazistische Organisationen entwickelt. Rechtsextremistische **Skinheads** fallen durch hohe Gewaltbereitschaft auf.

Skinheads:
Ursprünglich unpolitische Bewegung arbeitsloser oder sozial deklassierter Jugendlicher

Sie lebten in den großen Industriestädten Großbritanniens während der 70er-Jahre des letzten Jahrhunderts. Den Stolz auf ihre Herkunft drückten ihre Mitglieder mit typischer Arbeiterkleidung und der Glatze aus.

> Als in der Nacht ... sieben Rechtsradikale zwei Vietnamesen durch die mecklenburgische Stadt Eggesin jagten, da sangen sie ein Lied. Und während sie den beiden Männern mit ihren Springerstiefeln die Schädel eintraten, da sangen sie noch immer, vor allem die Liedzeile „Fidschi, Fidschi – gute Reise". Immer wieder. Und im Takt traten sie auf die Köpfe der Vietnamesen ein.
>
> Süddeutsche Zeitung, 24. August 1999

Eine starke Stellung im rechtsradikalen Spektrum nehmen die „Autonomen Nationalisten" ein. Ihr äußeres Erscheinungsbild ähnelt dem anderer Jugendlicher, sodass eine direkte Zuordnung zur rechten Szene schwerfällt.

1. Welche äußeren Erkennungsmerkmale der Rechtsextremisten kennen Sie (z. B. Kleidermarken, Frisuren, Symbole)?

2. Nehmen Sie Stellung zur Forderung, die NPD gesetzlich zu verbieten.

Eine neuartige Aktionsform der Rechtsextremen sind die unangemeldeten, meist nächtlichen „Aufmärsche der Unsterblichen". Bei diesen Fackelzügen marschieren mit weißen Masken vermummte Rechtsextremisten durch deutsche Innenstädte und grölen ihre Parolen. Durch Videos im Internet erlangen die an sich kleinen Aufmärsche hohen Bekanntheitsgrad.

Lerngebiet 7

© dpa

Demonstration gegen Rechtsextremismus

Der rechtsextremistischen Musik kommt eine herausragende Bedeutung für die gesamte Szene zu. Durch die in den letzten Jahren zu beobachtende Öffnung für andere Musikstile bieten die Bands ein breites Spektrum, das vor allem junge Menschen anspricht.

> Da kommt der Paul mit seinem Rollstuhl an,
>
> Ich stech ihm beide Reifen platt.
>
> Da schreit er laut: „Mensch was soll das, Mann?"
>
> Jetzt tret ich zu, jetzt ist er platt.
>
> Deutsches Blut darf nie vergehn auf dieser Welt,
>
> Deutschland muss zusammenstehn,
>
> Ganz egal was auch geschieht,
>
> Deutschland kommt und sieht und siegt.
>
> Aus: Politischer Radikalismus bei Jugendlichen, Handreichungen für Schulen in Bayern, herausgegeben vom Bayerischen Staatsministerium für Unterricht, Kultus, Wissenschaft und Kunst, 1996

Welche Gedanken der Rechtsextremisten werden in den Texten ausgedrückt?

Im November 2011 wurde die Existenz der rechtsterroristischen Vereinigung „Nationalsozialistischer Untergrund" (NSU) bekannt. Deren Morde und Anschläge stellten einen neuen Höhepunkt rechter Gewalt dar. Die in den Medien auch „Zwickauer Zelle" genannte rechtsextremistische Gruppierung verübte zahlreiche Bombenattentate in Deutschland und ermordeten willkürlich ausgewählte Bürger ausländischer Herkunft. Die Behörden des Verfassungsschutzes und die Polizei haben bei der Aufklärung dieser Verbrechen schwerwiegende Fehler begangen. Elf Jahre lang konnten die Mörder unerkannt agieren.

5.2 Linksextremismus

Auch die Linksextremisten haben keine einheitliche Ideologie. Es gibt Parteien wie die DKP (Deutsche Kommunistische Partei), die sich auf den **Kommunismus** beziehen. Seine Fehlinterpretation durch den **Stalin**ismus war die Grundlage für die kommunistischen Diktaturen in Osteuropa bis Anfang der Neunziger Jahre des 20. Jahrhunderts.

Die **Sozialrevolutionäre** im Linksextremismus wenden sich gegen eine Ausbeutung der Arbeiter. Die Anarchisten sind gegen jede staatliche Ordnung. Gemeinsam ist diesen Gruppen die Ablehnung der bestehenden Staats- und Gesellschaftsordnung. Die Linksextremisten behaupten, die Bundesrepublik Deutschland sei

▸ kapitalistisch, weil die Macht in den Händen der reichen Minderheit läge

▸ rassistisch, weil sie **ethnische** Minderheiten verfolge

▸ imperialistisch, weil sie weltweit für die kapitalistischen Interessen arbeite

Der Beweggrund „Antifaschismus" hat für die linksextreme Szene seit jeher einen hohen Stellenwert. Doch entsprechende Aktivitäten bezwecken nur vordergründig die Bekämpfung des Rechtsextremismus. Ziel ist vielmehr die Abschaffung der freiheitlich-demokratischen Grundordnung, da die Linksextremisten im „kapitalistischen Staat" die Ursache des Faschismus sehen.

Die Linksextremisten üben oft Gewalt aus, um ihre politischen Ziele zu erreichen. Sie missachten demokratische Mehrheitsentscheidungen und das Gewaltmonopol des Staates. Einen Höhepunkt hat dies in den 70er-Jahren mit den Aktionen der terroristischen Organisation „Rote Armee-Fraktion" (RAF) gefunden. Die militanten Aktivitäten der linksextremistischen Gruppierungen sind momentan rückläufig.

Kommunismus:

Ideologie, die sich auf das Gedankengut von K. Marx, F. Engels und W. Lenin bezieht

Stalin:

Sowjetischer Diktator (1927–1953)

Sozialrevolutionäre:

Bewegung, die eine revolutionäre Veränderung der Gesellschaft anstrebt

Dabei sollen die Besitzenden zu Gunsten der sozial Schwachen enteignet werden.

Ethnisch:

Volksgruppen betreffend

© dpa

Autonome bei einer gewaltsamen Ausschreitung in Berlin-Kreuzberg

Autonome:

Sie stellen den weitaus größten Anteil des gesamten gewaltbereiten linksextremistischen Potenzials. Ihr Ziel ist die Überwindung des kapitalistischen Systems.

Lerngebiet 7

5.3 Religiös motivierter Extremismus

In Deutschland hat religiös motivierter Extremismus meist islamistischen Hintergrund. Die islamistische Szene besteht aus verschiedenen Strukturen, die immer stärker miteinander vernetzt sind. Dies birgt Gefahren für die innere Sicherheit, die jederzeit in Form von Anschlägen real werden können.

Neben international vernetzten Organisationen gibt es in Deutschland islamistische Aktivitäten von Kleingruppen bis hin zu Einzeltätern, die Anschläge selbstständig planen.

Fundamentalismus:
Kompromissloses Festhalten an politischen, ideologischen und religiösen Werten

Koran:
Glaubenswerk des Islam

Scharia:
Islamische Rechtsordnung

Ziel der Islamisten ist es, in Deutschland einen islamischen Gottesstaat zu errichten. Der islamische **Fundamentalismus** ist geprägt von Intoleranz gegen Andersgläubige. Nur Muslime können gleiche Rechte haben. Menschenrechte nach westlichem Verständnis werden nur teilweise anerkannt. Die Demokratie wird abgelehnt, weil sie nicht im Einklang mit der extremen Auslegung des **Koran** und der **Scharia** steht.

Hassrede eines Predigers der islamischen Gemeinschaft Milli Görus e.V.

„Amerika ist ein großer Teufel, Großbritannien ein kleiner, Israel ein blutsaugender Vampir. Einst waren die Europäer unsere Sklaven, heute sind es die Muslime. Dies muss sich ändern. Heute sind wir abhängig von den Ungläubigen. Sie wollen unsere Religion verbieten … Wir müssen die Ungläubigen bis in die tiefste Hölle treiben. Wir müssen zusammenhalten und uns ruhig verhalten bis es soweit ist. Ihr könnt jetzt noch nichts sehen, aber es ist alles in Vorbereitung. Es läuft im Verborgenen. Ihr müsst euch bereithalten für den richtigen Zeitpunkt. Wir müssen die Demokratie für unsere Sache nutzen. Wir müssen ganz Europa mit Moscheen und Schulen überziehen."

Verfassungsschutzbericht 2002 des Bayerischen Staatsministerium des Innern, S. 161f.

---

1. Welche extremistischen Aussagen enthält der Text?
2. Welcher Zweck wird der Demokratie zugeschrieben?

5.4 Demokratiefeindliche Sekten

Als kleinere religiöse Gruppen, die von der Lehrmeinung der Großkirchen abweichen, geben Sekten ihren Anhängern ein hohes Maß an Halt und Orientierung. Sekten sind streng **hierarchisch** gegliedert und verlangen von ihren Mitgliedern oft eine spezielle Lebensführung. Hieraus können sich Unfreiheit und Demokratiefeindlichkeit ergeben. In ihrem missionarischen Auftreten gegenüber der Außenwelt geben Sekten vor, im Besitz der einzigen Wahrheit zu sein. Diese Intoleranz steht im Gegensatz zur freiheit-

Hierarchisch:
Einer Rangordnung folgend, Über- und Unterordnung

lich demokratischen Grundordnung der Bundesrepublik Deutschland.

Besondere Beachtung hat bei den Behörden des Verfassungsschutzes die **Scientology-Organisation** (SO) gefunden.

Die Organisation stellt sich nach außen als unpolitische Religionsgemeinschaft dar. Sie strebt jedoch als Fernziel eine von ihr allein beherrschte Gesellschaftsordnung an. Danach sollen wesentliche Menschen- und Grundrechte eingeschränkt oder abgeschafft werden. Im scientologischen Rechtssystem sind keine unabhängigen Gerichte vorgesehen.

Scientology:

Im Jahre 1950 veröffentlichte der Science-Fiction-Autor L. Ron Hubbard seine Technologie zur Heilung psychosomatischer Krankheiten und geistiger Störungen. Die SO erklärte er zur Religion und gründete eine Kirche.

Finden Sie Gemeinsamkeiten und Unterschiede der verschiedenen Extremisten-Gruppen im Hinblick auf die Motivation ihrer Anhänger und deren Gewaltbereitschaft.

Zusammenfassung

Auch heute stützen sich Extremisten in ihrer Propaganda auf wirtschafts- und sozialpolitische Themen.

Rechts- und Linksextremisten versuchen die Unsicherheit in der Bevölkerung gegenüber den Auswirkungen der Globalisierung für ihre Zwecke auszunützen.

Aufrufe zur Gewalt und der Kampf gegen die freiheitlich-demokratische Grundordnung verbinden Extremisten jeder Art.

Der Islamische Fundamentalismus will einen Gottesstaat an die Stelle der Demokratie setzen.

Sekten haben antidemokratische Organisationsstrukturen.

Wissens-Check

1. Welchen Extremisten ordnen Sie die nachfolgenden Parolen zu? Wie stehen Sie zu diesen Aussagen?

   „Deutschland den Deutschen!"

   „Gegen die Herrschaft der Reichen in der BRD!"

2. Worin sehen Sie den hauptsächlichen Gegensatz des islamischen Fundamentalismus und extremer Sekten zur freiheitlich demokratischen Grundordnung?

3. Welche Freiheitsrechte würden Sie verlieren, wenn Extremisten in der Bundesrepublik die Macht erlangten?

Die Würde des Menschen ist unantastbar.

Die Entwicklung der Bundesrepublik Deutschland

Fachstufe I

8

„Die Stunde Null"

Der deutsche Einigungs-
prozess

Entwicklungen im
wiedervereinten Deutschland

LG 8 Die Entwicklung der Bundesrepublik Deutschland

1 Politische und wirtschaftliche Situation nach dem Zweiten Weltkrieg

Ergebnisse einer Razzia 1945 in Frankfurt

Am 30. April 1945 begang Adolf Hitler Selbstmord. Der Krieg war verloren. Das deutsche Oberkommando unterzeichnete am 8. Mai 1945 die bedingungslose Kapitulation. Zwischen 60 und 80 Millionen Menschen sind in Folge des Krieges und der nationalsozialistischen Herrschaft gestorben. Am Ende des Krieges – in der sogenannten Stunde Null – war Deutschland fast vollkommen zerstört. Es fehlte an Nahrung und Kleidung. Der Schwarzmarkt wurde zum überlebenswichtigsten Handelsplatz.

© picture alliance

1.1 Die „Stunde Null"

Der 8. Mai 1945 ging mit der Kapitulation des Deutschen Reiches als „Stunde Null" in die deutsche Geschichte ein. Die Situation war verheerend, die Aussichten alles andere als vielversprechend. Das einzige, was von der Mehrheit der Bevölkerung als positiv angesehen wurde, war die Befreiung vom Nationalsozialismus und das Ende des Zweiten Weltkrieges. Der Tiefpunkt der deutschen Geschichte in einigen Fakten:

▸ 60–80 Mio. Menschen gestorben, 30 Mio. ohne Heimat, 35 Mio. verwundet

▸ Über 11 Millionen Wehrmachtsangehörige in Kriegsgefangenschaft

▸ Städte und Wohnungen waren zerbombt und ausgebrannt

▸ In Westdeutschland 1/4 des Wohnraums völlig zerstört, in sowjetischer Besatzungszone ungefähr 1/10

▸ Ende 1946 standen für 14 Millionen Haushalte nur acht Millionen Wohnungen zur Verfügung

▸ Der Zustrom von Flüchtlingen und Vertriebenen verstärkte dieses Problem

▸ Industrie- und Versorgungseinrichtungen waren zerstört

▸ Alltagsprobleme waren Kälte und Hunger

▸ Millionen von Umsiedlern, Vertriebenen, Flüchtlingen, befreiten Häftlingen der Konzentrationslager und Gefängnisse sowie Zwangsarbeiter suchten nach Angehörigen und einem neuen Zuhause

© picture alliance/KPA/Andres

Zerstörter Reichstag in Berlin, 1945

Fachstufe I

Jeder Deutsche erfuhr unter dieser Situation seine persönliche „Stunde Null". Manche Bürger machten diese Erfahrung auch zu einem späteren Zeitpunkt. Je nachdem, wann Gefangenschaft oder Besetzung zu Ende waren.

Bereits während des Krieges (1943) machten sich die Alliierten Gedanken über eine Nachkriegsordnung in Deutschland und Europa. Entscheidend war die Konferenz in Potsdam im Juli 1945. Hier wurde Deutschland territorial neu aufgeteilt.

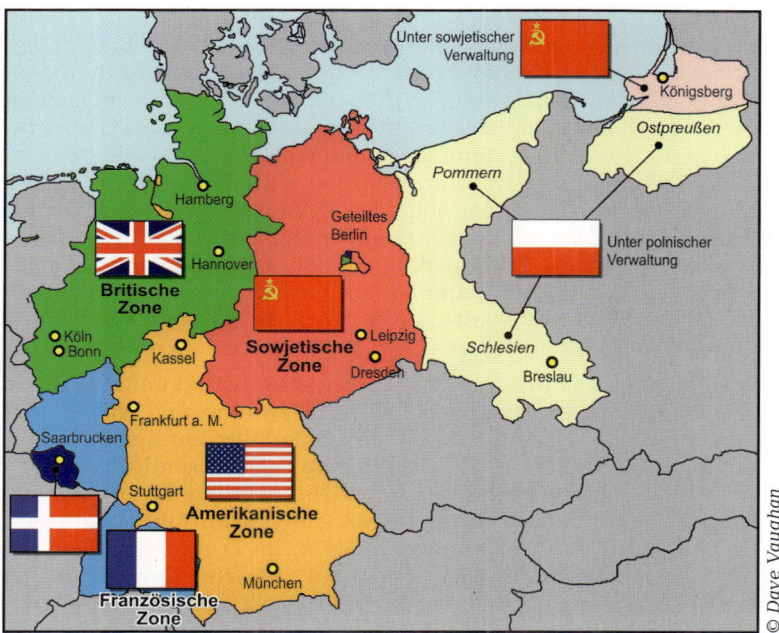

Deutschland 1945

Politisch wurde in den **Grundsätzen der Alliierten** beschlossen, dass Deutschland demokratisiert und denazifiziert werden sollte. Wirtschaftlich verfolgten die Alliierten die Ziele der Demilitarisierung und der Dezentralisierung. Maßnahmen waren u. a. die Demontage der noch funktionstüchtigen Industrieanlagen und die Einführung eines Kriegsverbrechertribunals in Nürnberg. Hier sollten die Verantwortlichen für die Gräueltaten des Zweiten Weltkrieges verurteilt und zur Rechenschaft gezogen werden.

Grundsätze der Alliierten:

Bekannt durch die vier D's:
Demokratisierung
Denazifizierung
Demilitarisierung
Dezentralisierung

1.2   Die Besatzungszonen und der wirtschaftliche Neubeginn

Die Potsdamer Konferenz legte neben den territorialen Veränderungen auch die Aufteilung Deutschlands in Besatzungszonen fest. Den Westen des Landes teilten sich die Vereinigten Staaten, Großbritannien und Frankreich auf. Mitteldeutschland wurde vollständig von der Sowjetunion besetzt. Die Hauptstadt Berlin und das Saarland erhielten einen Sonderstatus. Während Berlin von allen

Annexion:

Die einseitige, also nicht vertragliche Eingliederung bisher unter fremder Regierung stehender Gebiete

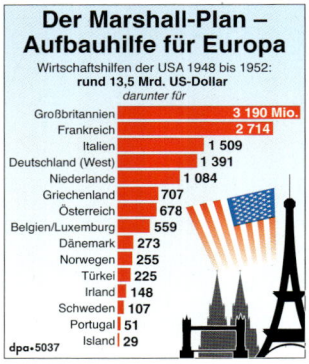

Internierungen:

Personen werden in Lager unter Arrest gestellt

Alliierten Kontrollrat:

Setzte sich nach dem Zweiten Weltkrieg aus Vertretern der vier alliierten Siegermächte zusammen und stellte ein gemeinsames oberstes Regierungsorgan für Deutschland dar

Kalter Krieg:

Der „Kalte Krieg" bezeichnet Formen der Auseinandersetzung zwischen den USA und der Sowjetunion, die sich auf ideologischer, wirtschaftlicher und machtpolitischer Ebene und unter Vermeidung direkter bewaffneter Konfrontationen abspielte.

vier Siegermächten verwaltet wurde, hatte das Saarland Frankreich als alleinige Besatzungsmacht. Eine **Annexion,** wie von Frankreich verlangt, war nicht vorgesehen.

Die einzelnen Besatzungsmächte verhielten sich unterschiedlich in ihren Besatzungszonen. Während Frankreich, Russland und Großbritannien massiv Industrieanlagen demontierten (mit Ausnahme im Saarland), waren die Amerikaner zurückhaltender. Eine geschwächte deutsche Wirtschaft wäre für lange Zeit auf Hilfe von außen angewiesen. Die Gefahr eines kommunistischen Einflusses wäre zu groß gewesen.

Die sowjetische Zone ließ keine Zweifel daran, die Macht der alten Eliten zu brechen. Neben Verhaftungen und **Internierungen** ehemaliger Nationalsozialisten in Konzentrationslagern, versuchten die Sowjets, ein sozialistisches System aufzubauen. Der Demokratiegedanke war ein anderer als in den Westzonen. Hier waren Demokratisierung und Dezentralisierung von wesentlicher Bedeutung. Über die Kommunen sollte Deutschland eine Basisdemokratie aufbauen. Dazu wurden Parteien bereits 1945 auf lokaler Ebene zugelassen. Mit der Zusammenlegung der britischen und der amerikanischen Zonen, zur sogenannten Bizone, konnten auch höhere politische Organisationstrukturen über die Kommunen hinweg geschaffen werden.

Nachdem auch Frankreich der Bizone (1948) beitrat und sich so die Trizone bildete, verbesserte sich die Versorgungs- und Wirtschaftslage erheblich. Auch die finanzielle Unterstützung in den westlichen Zonen im Zuge des **Marshall-Plans** half wesentlich zur wirtschaftlichen Verbesserung mit. Die Einführung der Deutschen Mark (1948) als einer vertrauenswürdigen Währung stabilisierte die Wirtschaft im Westen der Republik. Im Osten reagierten die Machtinhaber mit dem Austritt aus dem **Alliierten Kontrollrat** und der Einführung einer eigenen Ostmark. Der Osten und der Westen Deutschlands trifteten immer weiter auseinander und bildeten die Nahtstelle für den aufkommenden **„Kalten Krieg".**

Zusammenfassung

Die „Stunde Null" (1945) diente als Neuanfang für ein Deutschland, das durch die nationalsozialistische Diktatur viel Leid über die Welt gebracht hatte.

Kontrolliert wurde das besiegte Deutschland durch vier Besatzungsmächte, die über die ganze Republik verteilt waren.

Drei der Besatzungsmächte (USA, Frankreich und Großbritannien) verfolgten zielstrebig unteranderem die Ziele der Demokratisierung und der Dezentralisierung für den westlichen Teil Deutschlands.

Der Osten Deutschlands wurde von der Sowjetunion kontrolliert. Sie strebten ein sozialistisches Regime unter der Führung einer Partei (der SED) an.

1948 wurde im Westen Deutschlands die D-Mark eingeführt. Der Osten Deutschlands führte die Ostmark ein.

Die Fronten zwischen den Besatzungsmächten verhärteten sich. Auch international spürte man eine Spannung zwischen den Großmächten der Welt. Der Kalte Krieg zwischen den USA und der Sowjetunion hatte begonnen.

2 Gründung der beiden deutschen Staaten

Vier Jahre nach dem Ende des Zweiten Weltkrieges gründeten sich 1949 zwei zunächst begrenzt souveräne Staaten. Diese doppelte Staatsgründung steht für zwei in politischer, wirtschaftlicher und gesellschaftlicher Hinsicht gegensätzliche Wege des Neuanfangs. Eine parlamentarische Demokratie auf Seiten der Bundesrepublik Deutschland gegen eine sozialistische Demokratie auf Seiten der Deutschen Demokratischen Republik. Jahre gegenseitiger Abschottung und Diffamierung folgten Jahre des Wandels durch Annäherung. Die beiden deutschen Staaten wurden in die internationalen Machtblöcke integriert und dadurch zunächst zementiert. Internationale Ereignisse und Annäherungen sowie die beharrliche Haltung der Bundesrepublik bezüglich des Status der deutschen Frage prägten die Ereignisse der nächsten 40 Jahre.

2.1 Gründung zweier deutscher Staaten

Die Kriegskoalition zwischen den Westmächten und der Sowjetunion ist aufgebrochen. Beide Machtblöcke traten für ihre Interessen ein. Die freiheitliche Demokratie im Westen stand gegen das sozialistische Demokratieverständnis im Osten. „Es muss demokratisch aussehen, aber wir müssen alles in der Hand haben", so kennzeichnete Walter Ulbricht das Demokratieverständnis der sozialistisch geführten Länder. Die Gründung einer sozialistischen Einheitspartei (SED) wurde durch die erzwungene Fusion von SPD und KPD bereits 1946 erreicht. Die SED bildete mit Wilhelm Pieck und Walter Ulbricht an ihrer Spitze das Zentrum der politischen Macht in der Sowjetzone. Eine echte Alternative zur SED gab es nicht. Auch der 1948 aufgestellte Volksrat (ohne eine demokratische Wahl) verfügte über eine deutliche SED-Mehrheit. Die SED versuchte ab diesem Zeitpunkt den Volksrat als gesamtdeutsches Parlament darzustellen.

Im Westen wurde in der Stadt Bonn die Gründung eines westdeutschen Teilstaates vorbereitet. Die Westmächte gaben dem Parlamentarischen Rat die Vorgabe, eine Parteiendemokratie zu gründen, die marktwirtschaftlich und **föderal** sein sollte.

© dpa – Bildarchiv

W. Pieck (links) und W. Ulbricht (rechts)

Föderal:

Ein Staat, der aus mehreren Einzelstaaten (Länder) besteht, die mit eigenen Kompetenzen ausgestattet sind

Lerngebiet 8

Der Parlamentarische Rat

Das Grundgesetz auf Glas vor dem Berliner Reichstagsgebäude

An der Spitze dieses Rates stand Konrad Adenauer. Von Anfang an war den Mitgliedern des Parlamentarischen Rates bewusst, dass eine Verfassung gleichbedeutend mit einer Spaltung Deutschlands war. Daher konnte man sich mit den West-Alliierten auf die Erarbeitung eines Grundgesetzes mit provisorischem Charakter einigen.

Am 23. Mai 1949 trat das Grundgesetz für den Westen Deutschlands, die Bundesrepublik Deutschland, in Kraft. Nur eine Woche später verabschiedete der Osten Deutschlands die Verfassung für die Deutsche Demokratische Republik.

Die doppelte Staatsgründung wurde zunächst mit den Wahlen zum ersten deutschen Bundestag im August 1949 in der Bundesrepublik vollzogen. Am 7. Oktober folgte die zweite Staatsgründung in der DDR. Wilhelm Pieck wurde Präsident der DDR und Konrad Adenauer erster Bundeskanzler der Bundesrepublik Deutschland. Zwei Staaten auf deutschem Boden mit noch offenen Grenzen. Jeder konnte zwischen den beiden Staaten reisen. Lediglich die Entwicklung im Westen war aus wirtschaftlicher Sicht erfolgreicher und der Lebensstandard wuchs schneller als im Osten. Unterstützt wurde die Bundesrepublik durch die Westmächte, die zum Ziel hatten, den aufkommenden Kommunismus in seiner Verbreitung zu stoppen.

2.2   Einbindung in die Machtblöcke des Kalten Krieges

Zwischen den USA und der Sowjetunion entwickelte sich immer mehr ein Feindbild. Die Vorstellungen von Demokratie und Staatsführung gingen weit auseinander. Die Angst, dass einer der beiden Staaten eine militärische Vormachtstellung auf der Welt einneh-

Fachstufe I

men könnte war groß. Auf beiden Seiten wurde die Politik der Abschreckung ausgebaut. Für die USA und die Sowjetunion gab es entweder eine Entscheidung für oder gegen die jeweilige Politik. Militärische Aufrüstungen auf beiden Seiten und Demonstrationen der Stärke der jeweiligen Waffen, brachten die Welt stets an den Rand eines dritten Weltkrieges. Diese Phase mit politischen und militärischen Drohungen von Seiten der USA und der Sowjetunion, wird als die Zeit des Kalten Krieges bezeichnet.

Die Bundesrepublik positionierte sich eindeutig in Richtung Westen. Allein der Weg zu dieser Westintegration wurde von den großen Volksparteien (CDU und SPD) unterschiedlich gesehen. So verfolgte Konrad Adenauer (CDU) zielstrebig die Integration der Bundesrepublik in Richtung Westen und war bereit die gesamtdeutschen Fragen zurückzustellen. Für ihn gab es auf diesem Weg keine Kompromisse dem Osten gegenüber. Die offenen Fragen nach dem Status Berlins, die Zukunft des Saarlandes und die Forderung eines gemeinsamen deutschen Staates blieben in dieser Phase zurück. Das Ziel, eine vollständige staatliche Souveränität der Bundesrepublik wieder zu erhalten, hatte erste Priorität.

Konrad Adenauer, Bundeskanzler 1949–1963

© Paul Bouserath/KAS-ACDP

„Lieber das halbe Deutschland ganz, als das ganze Deutschland halb", wird Adenauer zitiert.

Die Erfolge für Westdeutschland blieben nicht aus.

Mit dem Deutschlandvertrag 1952 beschlossen die westlichen Besatzungsmächte das Ende des Besatzungsstatuts. Die Bundesrepublik Deutschland erlangte ein hohes Maß an Souveränität zurück. Der Vertrag trat 1955 in Kraft, nachdem die Bundesrepublik mit der Unterzeichnung der Pariser Verträge auch in die Gemeinschaft der Westeuropäischen Union (WEU) aufgenommen wurde. Damit wurde die Bundesrepublik in das System der gegenseitigen militärischen Hilfeleistung der WEU einbezogen. Deshalb war eine Wiederbewaffnung der Bundesrepublik notwendig. Trotz heftig geführter Diskussionen im Bundestag und innerhalb der Bevölkerung wurde Westdeutschland wieder bewaffnet. Die Bundesrepublik stellte zehn Jahre nach dem Zweiten Weltkrieg wieder eine eigene Armee auf. Mit der Gründung der Bundeswehr 1955 konnte die Bundesrepublik ihrer Verpflichtung militärischer Hilfeleistungen gegenüber den Mitgliedsländern der WEU nachkommen. Mit der Unterzeichnung der Pariser Verträge und deren Zustimmung am 9. Mai 1955 durch den Bundestag, wurde auch der Beitritt Westdeutschlands zur NATO vollzogen. Dieses internationale militärische Bündnis von zunächst 28 europäischen und nordamerikanischen Staaten, hatte das Ziel der Verteidigung gegen die Sowjetunion.

Der Beitritt Westdeutschlands zur NATO führte letztendlich zur Gründung des Warschauer Paktes, ein Bündnis osteuropäischer Staaten unter der Führung der Sowjetunion. Er bildete das Gegenstück zum NATO-Bündnis. 1956 wurde in der DDR die Nationale Volksarmee gegründet. Jetzt trat auch die DDR dem militärischen Teil des Bündnisses bei. Damit war die Ostintegration der DDR vollzogen. Sie entwickelte sich auch politisch zu einem Staat nach sowjetischem Vorbild. Der **Demokratische Zentralismus** der SED lenkte alle öffentlichen Bereiche.

Plakat zur Westintegration

© Foto: Stadtmuseum München

VEREINTE ABWEHR

NATO-Fahne

© expose – shutterstock.com

Demokratischer Zentralismus:

Von Lenin entwickeltes Organisationsprinzip für den kommunistischen Staat

Die Führungskreise werden von den unteren Ebenen gewählt. Danach sind sie absolut weisungsberechtigt.

Lerngebiet 8

Ein letzter Versuch Stalins, die Bundesrepublik an einer endgültigen Westintegration zu hindern, war ein Angebot, das unter der Stalin-Note von 1952 bekannt wurde. Deutschland sollte als neutraler Staat wiedervereinigt werden. Ein Angebot, dass kontrovers diskutiert worden ist, jedoch vonseiten der Westmächte und Adenauer abgelehnt wurde.

Warum lehnten Westdeutschland und die Westmächte die Stalin-Note ab?

Doktrin:

Die Doktrin ist ein System von Ansichten und Aussagen, oft mit dem Anspruch, allgemeine Gültigkeit zu besitzen.

So stand für die DDR die Existenz zweier deutscher Staaten fest (Zweistaatentheorie). Die Bundesrepublik Deutschland entwickelte dem entgegengesetzt den Alleinvertretungsanspruch gemäß der Hallstein-**Doktrin.** Sie forderte, dass die Regierung der Bundesrepublik Deutschland international alleine vertritt. Sie erkannte die DDR nicht als eigenständigen Staat an. Alle diplomatischen Beziehungen wurden zu den Ländern abgebrochen, die die DDR als Staat anerkannten. Erst eine vom gesamten deutschen Volk frei gewählte Regierung würde diesen Anspruch aufheben.

Die Gräben waren tief und eine Annäherung war nicht in Sicht.

Zusammenfassung

Ein parlamentarischer Rat auf der einen Seite und ein Volksrat auf der anderen Seite waren die Vorbereiter zweier deutscher Verfassungen.

Am 23. Mai 1949 tritt für Westdeutschland (Bundesrepublik Deutschland) das Grundgesetz in Kraft. Eine Woche später tritt für Ostdeutschland (Deutsche Demokratische Republik) die Verfassung in Kraft.

Eine Politik der Stärke durch militärische Aufrüstung prägte das Bild im Kalten Krieg.

Eine deutliche Westorientierung wurde von Adenauer und somit keine Kompromisse für eine Annäherung gegenüber dem Osten Deutschlands angestrebt.

Es folgten wirtschaftliche und politische Erfolge für Westdeutschland und die erfolgreiche Integration Westdeutschlands in die West-Europäische-Union.

1955 wurde die Bundeswehr gegründet und der Beitritt Westdeutschlands zur NATO vollzogen.

1956 tritt die DDR dem Warschauer Pakt bei.

Die DDR lebte den Demokratischen Zentralismus nach dem Vorbild der Sowjetunion.

Als auch der letzte Versuch einer Lösung für die deutsche Frage scheiterte (Gesamtdeutschland mit neutralem, politischem Stand), stand für die DDR die Zweistaatenlösung fest.

Wissens-Check

1. Beschreiben Sie kurz den Weg zur Gründung zweier deutscher Staaten.

2. Welche Ziele verfolgte Adenauer mit der Westorientierung?

3. Was versteht man unter der Hallstein-Doktrin?

Fachstufe I

3 Politische Spannungen und Entspannungsansätze im geteilten Deutschland

Weltpolitisch war nicht die Zeit, eine Gesamtdeutsche Lösung mit der Gründung eines deutschen Staates zu verfolgen. Die Weltmächte rüsteten auf und keine Seite wollte Schwächen eingestehen. Ausgetragen wurde das Kräftespiel zwar nicht direkt miteinander, aber umso intensiver in anderen Ländern, so zum Beispiel im Korea-Krieg oder Vietnam-Krieg. Auch in Deutschland kam es zu Ereignissen, die das Austragen des Konflikts der Machtblöcke zeigten.

Ein „Eiserner Vorhang" zwischen Ländern unter sowjetischem Einfluss und den Staaten Westeuropas ging mitten durch Deutschland, ging mitten durch Berlin.

3.1 Berlin-Blockade und Luftbrücke

Die Währungsreform am 20. Juni 1948 in der Westzone war der erste Schritt der wirtschaftlichen Spaltung Deutschlands. Die SBZ (Sowjetische Besatzungszone) reagierte mit einer eigenen Währungsreform und führte die Ostmark ein. Berlin war geteilt und verfügte ab sofort über zwei Währungen. Stalins Ziel war es, ganz Berlin in die SBZ einzugliedern und somit ein Einbinden Westberlins in das westdeutsche Wirtschaftssystem zu verhindern. Dazu waren ihm alle Mittel Recht. Er ließ alle Lieferungen von Versorgungsgütern nach Westberlin unterbinden und alle Zufahrtswege in den Westsektor Berlins schließen. Die Berlin-Blockade begann. Die Westmächte reagierten mit einer in diesem Ausmaß und über einen Zeitraum von fast einem Jahr noch nie dagewesenen Luftbrücke. Die sogenannten Rosinenbomber versorgten die Westberliner Bevölkerung mit Lebensmittel und Kleidung. Als im Mai 1949 die Sowjetunion die Blockade Berlins aufgab, waren die Westmächte die Sieger der ersten Auseinandersetzung im Kalten Krieg. Berlin war der Spielball, den vor allem die Amerikaner nutzten, um das Vertrauen der Deutschen zu gewinnen. Gleichzeitig galt die Sowjetunion als eine Gefahr gegen die Freiheit und die Demokratie. Deutschland musste geschützt werden vor einer drohenden, kommunistischen Diktatur.

© picture alliance/akg

Luftbrücke zur Versorgung Berlins. Ein „Rosinenbomber"

3.2 Volksaufstand 1953

Niemand konnte damals ahnen, welchen hohen Stellenwert der 17. Juni 1953 in der deutschen Nachkriegsgeschichte einmal gewinnen sollte: Aus einem Arbeiterkonflikt entwickelte sich in wenigen Stunden ein politischer Aufstand, aus einem Arbeiterprotest wurde ein Volksaufstand – ein Aufstand für Einheit, Recht und Freiheit. Wir müssen den 17. Juni als herausragendes

© ullstein bild

Das Plakat zeigt die Orte in der DDR, in denen es während des Volksaufstandes zu Unruhen gekommen ist.
Plakat: Haus der Geschichte, Bonn

© picture alliance/akg-images

Berlin, Aufstand am 17. Juni 1953

Ereignis unserer demokratischen Entwicklung in Deutschland seit 1848 begreifen. Mithilfe von Panzern und der Volkspolizei schlug das sowjetische Militär die Erhebung blutig nieder. Tausende büßten ihren Mut hinter Gittern, mindestens fünfzig mit ihrem Leben.

[lpb-Baden-Württemberg]

Politische Unterdrückung und eine schlechte, wirtschaftliche Versorgung, waren Gründe für eine Vielzahl von DDR-Flüchtlingen nach Westdeutschland. Die Bevölkerung der DDR war zunehmend verärgert über die Politik in ihren Land. Der Unmut derjenigen, die nicht flüchten wollten oder konnten wuchs und entlädt sich am 17. Juni 1953 in Form eines Arbeiteraufstandes. Zunächst gingen die Bauarbeiter wegen weiterer Verschlechterungen sozialer Leistungen und Steigerung der Mehrarbeit bei gleichem Lohn auf die Straße. Schon bald schlossen sich Fabrikarbeiter an und die Welle der Empörung ging über das ganze Land. Die Regierung von Ministerpräsident Grotewohl floh nach Berlin-Karlshorst um sich unter den Schutz der sowjetischen Behörden zu geben. Diese riefen den Ausnahmezustand aus und somit übernahm die Sowjetunion die Regierungsgewalt über die DDR. Mit sowjetischen Soldaten und Panzern wurde der Aufstand niedergeschlagen. Nur mit der militärischen Hilfe der Sowjetunion konnte sich die SED-Regierung retten. Die Diktatur wäre nach vier Jahren vorbei gewesen. Doch der Kalte Krieg verlangte nach Siegern auf der Seite des Ostblockes. Deutschland wurde zum zweiten Mal zum Spielball der Weltpolitik. Ein Eingreifen der Westmächte und die damit verbundene Gefahr eines Weltkrieges waren zu hoch. Die Bevölkerung der DDR stand alleine und chancenlos der militärischen Stärke der Sowjetunion gegenüber.

Mehr als 13.000 Menschen wurden festgenommen. Darüber hinaus gibt es keine genauen Zahlen über alle Todesopfer. Die Angaben bewegen sich zwischen 50 und 125 Toten.

Für die westliche Welt wurde der 17. Juni 1953 zum Symbol für den Freiheitswillen der Bevölkerung in der DDR. Die Niederschlagung des Aufstandes durch sowjetische Panzer wurde zum offensichtlichen Beweis der Abhängigkeit der DDR von Moskau. Damit waren sowohl für den Westen als auch für den Osten der Kurs und die Geschichte der deutschen Teilung bis zum Herbst 1989 bestimmt.

3.3 Der Mauerbau

„Ich verstehe Ihre Frage so: Dass es Menschen in Westdeutschland gibt, die wünschen, dass wir die Bauarbeiter der Hauptstadt der DDR mobilisieren, um eine Mauer aufzurichten, ja? Eh, mir ist nicht bekannt, dass eine solche Absicht besteht, da sich die Bauarbeiter in der Hauptstadt hauptsächlich mit Wohnungsbau beschäftigen und ihre Arbeitskraft voll eingesetzt wird. Niemand hat die Absicht, eine Mauer zu errichten."

Walter Ulbricht, 15. Juni 1961 Pressekonferenz in Berlin

Im Frühjahr 1961 verschlechterte sich die wirtschaftliche Lage der DDR rapide. Die Zahl der Flüchtlinge wuchs von Tag zu Tag. Zehntausende flüchteten jeden Monat aus der DDR. Das Ende der DDR schien ein zweites Mal nach 1953 nahe. Rund 2,7 Mio. Menschen hatten zwischen 1949 und 1961 die DDR in Richtung Westen verlassen. Darunter waren vor allem gut ausgebildete junge Arbeiter und Akademiker. Allein im Juli 1961 verließen 30.000 Menschen die DDR. Der einzige noch offene Fluchtweg führte nach West-Berlin. Täglich passierten rund eine halbe Million Menschen in beide Richtungen die Sektorengrenzen in Berlin.

Walter Ulbricht

Am 13. August 1961 wurde die Mauer gebaut. Am Morgen, war die Grenze dicht. Erschütternde Szenen spielten sich in den Tagen des Mauerbaus entlang der Sektorengrenze ab: Von einem Tag auf den anderen wurden die Menschen in West- und Ostberlin voneinander getrennt, Straßen, Plätze und Häuser wurden geteilt. Die Sperranlage schnitt über 50.000 Ost-Berliner von ihren Arbeitsplätzen im Westen ab. Fassungslos stehen sich die Westberliner auf der einen, die Ostberliner auf der anderen Seite an der Sektorengrenze gegenüber. Auf der Ostseite hält die Volkspolizei die Umstehenden mit Maschinengewehren in Schach, in West-Berlin schirmt die Polizei die Grenzanlagen vor den aufgebrachten Bürgern ab.

Bruderkuss zwischen Breschnew und Honecker

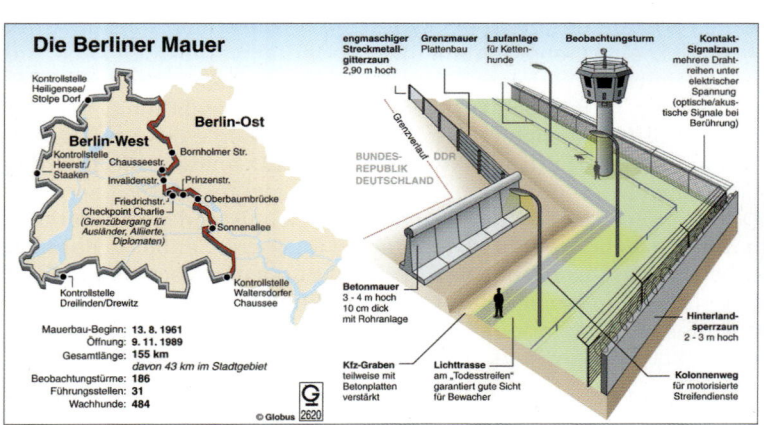

In den nächsten Wochen und Monaten entstand eine Befestigungsanlage, die neben der Mauer, Todesstreifen mit Selbstschussanlagen, Minenfeldern, Wachtürmen und Grenzzäunen hatte. Eine Flucht über diese Grenzbefestigung schien unmöglich. Für die Bevölkerung in der DDR bedeutete die Mauer das endgültige Ende ihrer Freizügigkeit und der Möglichkeit, sich der SED-Politik durch Abwanderung zu entziehen. Trotzdem versuchten immer wieder Menschen über die Mauer in die Freiheit zu gelangen. Bis 1989 zählte man mindestens 136 „Mauertote".

Deutschland war endgültig geteilt. Die Mauer war das sichtbare Symbol des Ost-West-Konfliktes.

Bau der Berliner Mauer

Berliner Mauer mit Brandenburger Tor

Lerngebiet 8

Anstehen und Warten vor einem Lebensmittelgeschäft in der DDR

3.4 Alltag in der DDR

Der Alltag in der DDR war geprägt vom politischen und wirtschaftlichen System des „real existierenden Sozialismus" dieser Jahre. Arbeit für alle, Geborgenheit und Solidarität waren auch Ziele, die der Sozialismus verfolgte. Diese Werte standen im Mittelpunkt der politischen Kultur der DDR, kontrolliert und zielstrebig verfolgt von der SED. Wer sich in den Dienst der Ideologie des Sozialismus stellte und den Führungsanspruch der SED anerkannte und das Gemeinwohl in den Mittelpunkt stellte, lebte relativ „normal". Dazu zählten Arbeit, ein bescheidener Wohlstand und Anerkennung. Das Leben verlief in geordneten und berechenbaren Bahnen. Dieser politische Friede wurde erkauft durch den Verzicht auf Freiheit, Individualismus und politischen **Pluralismus.** Wer sich nicht mit diesem System identifizierte, d.h. gegen planwirtschaftliche und sozialistische Strukturen war, musste mit Nachteilen rechnen.

Pluralismus:

Zentrales Leitbild moderner Demokratien, deren politische Ordnung auf der Anerkennung und dem Respekt vor den vielfältigen individuellen Meinungen, Überzeugungen, Interessen, Zielen und Hoffnungen beruhen

Vor einigen Geschäften, die Modeartikel, Westwaren, Elektroartikel oder Südfrüchte verkauften, kam es immer wieder zu Warteschlangen. Zivilisiert warteten zahlreiche Menschen auf den Einlass in das Geschäft. Meistens waren jedoch nach kürzester Zeit die Waren alle ausverkauft und das Warten hatte sich nicht gelohnt. Die Grundversorgung war in der DDR sichergestellt und niemand musste hungern. Für Luxusartikel oder Dinge zur Steigerung der Lebensqualität über das Nötigste hinaus, war kein Geld, und meistens die Ware selbst nicht da. Die Mangelwirtschaft war die Folge der Planwirtschaft, die das einfache, sozialistische Leben zum Ziel hatte. Niemand sollte sich aus der Gemeinschaft durch übermäßigen Reichtum und Wohlstand herausheben. Niedrige Löhne und einheitliche Preise wurden durch den Staat bestimmt. Die Regulierung des Warenangebotes durch das Prinzip von Angebot und Nachfrage widersprach dem sozialistischen Prinzip für einheitliche Verbraucherpreise. Ein PKW (Trabant) hatte eine Lieferzeit von zwölf Jahren.

Das Leben jenseits von Berufstätigkeit, gesellschaftlichen Verpflichtungen in Vereinen, Parteiarbeit oder der Aufgabe im Eltern-

Das DDR-Auto – der Trabant

Fachstufe I

beirat war knapp bemessen. Für die individuelle und gelenkte Freizeitgestaltung gab es viele Angebote. Dazu zählten Bibliotheken und Kinos sowie Theater, Museen und Sportvereine. Aber auch das Lesen von Zeitschriften und Illustrierten war eine beliebte Freizeitbeschäftigung.

Der Breitensport wurde überdurchschnittlich gefördert. Jeder Jugendliche wurde für mindestens eine Sportart geworben. Durch regelmäßige Wettkämpfe wurden die Besten gesichtet und für den Spitzensport rekrutiert. Mithilfe von Medaillen bei internationalen Wettkämpfen erlangte man so ein Aushängeschild für die Überlegenheit des Sozialismus.

Breitensport in der DDR für alle Jugendliche

© BARCH, Bild 183-48084-0030, Wlocka

Die Wohnsituation in der DDR war anfangs schlecht. Es herrschte akute Wohnungsnot und der Staat versuchte durch koordinierten Wohnungsbau, die Situation auf dem Wohnungsmarkt zu verbessern. Wohnraum wurde nach Dringlichkeit zwangszugewiesen. Auch die Größe der zu beziehenden Wohnung wurde durch den Staat bestimmt. Erst ab 1970 versuchte die DDR mit einem Wohnungsbauprogramm die Situation zu entschärfen. Es entstanden einheitliche Wohnungsbausysteme in industrieller Plattenbauweise. Die dazugehörige Infrastruktur wie Kindergärten, Schulen und Einkaufsmöglichkeiten waren ebenfalls landesweit identisch. Die Ausstattung der Plattenbauwohnungen war für DDR-Verhältnisse sehr komfortabel. Fernheizung, Warmwasser und ein eigenes Bad charakterisierten die neuen Wohnungen und waren dadurch sehr begehrt. Auch die Innenausstattung der Wohnungen war flächendeckend gleich. Der Wunsch nach einer individuellen Gestaltung führte oftmals zur Sammlung und Restaurierung von Erbstücken. Auch die Freizeitgestaltung in der Natur verhalf der Bevölkerung dem tristen Alltag zu entgehen. Man traf sich am Wochenende in Schrebergärten und pflegte die „sozialistische Nachbarschaft". Man war in allen Dingen sehr hilfsbereit und für ein gemeinsames Vereinsfest mit geselligem Beisammensein gerne bereit.

Plattenbauten in Berlin

© BARCH, Bild 183-76678-0001, Foto Zühlsdorf

Die allgemeine Situation in der DDR verstärkte die freundschaftlichen Beziehungen und die nachbarschaftlichen Unterstützungen. Egoismus und Neid waren weit weniger ausgeprägt als in wohlhabenderen Gesellschaften.

DDR-Schrebergarten-Datsche

© dpa

Worin sehen Sie Vorteile und worin Nachteile im Alltagsleben in der DDR?

Vergleichen Sie das Alltagsleben in der ehemaligen DDR mit dem der heutigen Bundesrepublik.

3.5   Entspannungspolitik

„Aufgabe der praktischen Politik in den jetzt vor uns liegenden Jahren ist es, die Einheit der Nation dadurch zu bewahren, da[ss] das Verhältnis zwischen den beiden Teilen Deutschlands aus der bisherigen Verkrampfung gelöst wird.".

vgl. BRANDT, Willy: Regierungserklärung 1969

Lerngebiet 8

© dpa – Bildarchiv

Der Kniefall Willi Brandts vor dem Mahnmal des ehemaligen Warschauer Ghettos war eine weltweit beachtete Geste als Symbol für erste Annäherungsschritte zwischen der Bundesrepublik und den Ostblockstaaten.

Ost-Verträge (ab 1970):

▸ Moskauer Vertrag

▸ Warschauer Vertrag

▸ Viermächte-Abkommen über Berlin inklusive des Transitabkommens zwischen der DDR und der Bundesrepublik

▸ Der deutsch-deutsche Grundlagenvertrag

Fachstufe I

Mit dem Beginn der sozialliberalen Koalition unter Bundeskanzler Willy Brandt (1969–1974) vollzog sich in der Bundesrepublik ein politischer Wandel. Was zuvor in der Großen Koalition teilweise angedeutet wurde, versuchte Willy Brandt zielstrebig umzusetzen. Das langfristige immer wieder bekräftigte Ziel der nationalen Einheit wurde integriert in die Vision einer europäischen Friedensordnung. Damit sollte zuerst die Teilung Europas und damit auch die Spaltung Deutschlands überwunden werden. Durch die Einbettung der deutschen Frage in dieses größere, europäische Konzept, war die Anerkennungsbereitschaft gegenüber der DDR ein politisches Mittel, die Lage in Europa und Deutschland zu verändern. Ostpolitik, so Brandt, sei im Grunde Friedenspolitik. Sie diene der Entspannung auf dem ganzen Kontinent.

Das wichtigste Ziel der neuen Ostpolitik war die Konsequenzen der Teilung Berlins und Deutschlands zu vermindern. Sie war auch eine Entspannungspolitik für das gesellschaftliche und poltische Miteinander der beiden deutschen Staaten. Die sozialliberale Ostpolitik war ein neuer Versuch, Deutschland wieder zu vereinigen.

Ein wesentlicher Faktor der neuen Ostpolitik war nicht nur die europäische Perspektive, sondern die Übereinstimmung mit der Strategie des gesamten atlantischen Bündnisses unter Einschluss der USA. Sie gefährdete nicht die grundlegende Westbindung der Bundesrepublik, sondern brachte im Gegenteil sogar die Interessen der westlichen Verbündeten in Übereinstimmung. Ohne diese Orientierung wäre die Ostpolitik auch gar nicht denkbar gewesen. Denn nur durch den Schutz und die Verantwortung der vier Alliierten waren für Deutschland weitere Fortschritte möglich. Der Verdienst von Willy Brandt (SPD) und Walter Scheel (FDP) war es, dass ab 1969 Entspannung und Wiedervereinigung nicht mehr im Widerspruch zueinander standen. Jeder Schritt zur internationalen Entspannung im Ost-West-Konflikt galt als Wegweiser zur deutschen Einheit.

Kennzeichnend für die Entspannungspolitik zwischen der Bundesrepublik Deutschland und der Deutschen Demokratischen Republik waren verschiedene Verträge mit osteuropäischen Ländern **(Ost-Verträge).** Zum einen war das Ziel, Gewaltverzicht und Unverletzlichkeit der Grenzen mit Polen und der UdSSR zu erreichen. Zum anderen wurden in den Verträgen wirtschaftliche Beziehungen mit der Sowjetunion sowie eine Garantie der Lebensfähigkeit Berlins und seiner Zufahrtswege festgehalten. Die Sowjetunion war der erste Ansprechpartner, aus der Erkenntnis heraus, dass der Schlüssel zu Ostberlin in Moskau lag.

Der entscheidende Vertrag innerhalb der Politik der Annäherung und der Entspannung war der Grundlagenvertrag zwischen der BRD und der DDR (1972). Dieser etablierte die „besonderen Beziehungen" zwischen den beiden deutschen Staaten, schloss jedoch eine völkerrechtliche Anerkennung aus. Ferner wurden menschliche Erleichterungen durch kulturellen Austausch, Reisen usw. ermöglicht. Damit ist man der Regelung praktischer Fragen, die sich aus den bestehenden familiären Bindungen zwischen den beiden Teilen Deutschlands ergaben, gerecht geworden.

Wesentliche Inhalte des Grundlagenvertrags:

© BARCH, Bild 183-Z0713-409

▸ Gleichberechtigung beider Staaten auf internationaler Ebene und Verzicht der Bundesrepublik auf den Alleinvertretungsanspruch

▸ Gegenseitiger Gewaltverzicht und Etablierung ständiger Vertretungen zur Regelung der diplomatischen Beziehungen zwischen der Bundesrepublik und der DDR

▸ Gegenseitige Anerkennung der Unverletzlichkeit der Grenzen

▸ Verbesserungen in praktischen und humanitären Fragen für die Bevölkerungen

Erich Honecker

Diese Annäherungspolitik war auch unter der neuen Führung der DDR möglich. Seit 1971 übernahm der gebürtige Saarländer **Erich Honecker** die Führung des Staates.

Zusammenfassung

Die Sowjetunion versuchte verzweifelt ihre Stärke zu zeigen. Mit der Berlin-Blockade wollte sie die Westalliierten in die Knie zwingen. Eine, fast ein Jahr andauernde, Luftbrücke versorgte die eingeschlossene Westberliner Bevölkerung mit Lebensmittel und Kleidung.

Die Blockade wurde aufgegeben und so ging die erste Schlacht im Kalten Krieg an die Westmächte.

Am 17. Juni 1953 führten die schlechte wirtschaftliche Versorgung und die politische Unterdrückung die Arbeiter auf die Straßen der DDR.

Der Volksaufstand wurde blutig durch das sowjetische Militär beendet. Deutschland stand wieder einmal im Mittelpunkt des Kalten Krieges.

Am 13. August 1961 wurde mit dem Bau der Berliner Mauer begonnen. Zusätzlich entstand eine Befestigungsanlage, die die Menschen in der DDR vor einer Flucht in die BRD abhalten sollte.

Viele Menschen versuchten trotzdem die Flucht aus der DDR. Zahlreiche verloren dadurch ihr Leben. Deutschland war nun auch für alle sichtbar ein geteiltes Land.

Der Alltag in der DDR war geprägt durch die Ziele des Sozialismus. Ein freundschaftlicher Umgang miteinander und gegenseitige Nachbarschaftshilfe beim Umzug oder bei Reparaturen, waren selbstverständlich.

Die Planwirtschaft beherrschte den Alltag. Dazu zählten das Anstehen an Geschäften und das lange Warten auf Luxusgüter und Südfrüchte.

Der Sport war weit verbreitet.

Mit dem Bundeskanzler Willy Brandt und seiner Entspannungspolitik begann die Annäherung an den Osten. Zahlreiche Verträge sicherten den Verzicht auf Gewalt und die Anerkennung der bestehenden Grenzen.

Der Grundlagenvertrag zwischen der BRD und DDR legte 1972 den Grundstein für mehr kulturellen Austausch und für eine Erleichterung im Reiseverkehr zwischen den beiden Staaten.

Eine völkerrechtliche Anerkennung der Existenz zweier deutscher Staaten war mit dem Grundlagenvertrag jedoch ausgeschlossen.

Lerngebiet 8

Wissens-Check

1. Warum blockierte die sowjetische Besatzungszone die Zufahrtswege nach Berlin?

2. Welches Interesse verfolgten die Westmächte mit der Aufrechterhaltung der Versorgung der Westberliner durch eine Luftbrücke?

3. Woran erkannte man insbesondere 1953, dass es sich bei der DDR um eine Diktatur handelte?

4. Nennen Sie Folgen des Mauerbaus für die Bürger innerhalb der DDR und für die internationale Politik.

5. Beschreiben Sie den Tagesablauf eines DDR-Bürgers.

6. Warum änderte die Bundesrepublik mit Willy Brandt ihre Haltung gegenüber der DDR?

7. Begründen Sie, warum eine Annäherung der Politik mit Russland auch zu einer Annäherung mit der DDR führte.

8. Versuchen Sie zu begründen, ob die Ostpolitik der SPD/FDP-Regierung die deutsche Teilung verstärkt oder eine Wiedervereinigung auf den Weg gebracht hat.

4 Der deutsche Einigungsprozess: Verlauf und Folgen

Die Vereinigung der beiden deutschen Teilstaaten musste aufgrund der Weltordnung, die der Kalte Krieg mit sich brachte, mit den internationalen und europäischen Gegebenheiten abgestimmt werden. In Bezug auf die mögliche Überwindung des Kalten Krieges tat sich mit der Wiedervereinigung eine historische Chance auf. Die Perspektive eines unter den Vorzeichen des westlichen Demokratiemodells geeinten Deutschlands wurde seitens der USA vorbehaltlos unterstützt. Aus der Perspektive der Sowjetunion hingegen bedeutete die Wiedervereinigung zugleich das Eingeständnis, dass die sozialistische Systemordnung gescheitert war.

4.1 Veränderungen in Mittel- und Osteuropa

Das Wettrüsten zwischen den beiden Großmächten USA und Sowjetunion führte 1962 mit der Kuba-Krise die Welt an den Rand eines Atomkrieges. Diese Erkenntnis und die enormen Kosten der Aufrüstung waren unter anderem Grundsteine für ein neues, politisches Denken und Handeln. Wirtschaftliche Krisen auf der einen Seite und eine politisch andersdenkende Nachkriegsgeneration auf der anderen Seite verlangten nach einer neuen Politik und „neuen" Politikern. In den 1970er-Jahren begann die Entspannungspolitik zwischen den USA und der Sowjetunion durch eine Vielzahl von Verträgen. Ein Beispiel dafür sind die Rüstungsbegrenzungsverträge **SALT** I und II.

SALT-Verträge:
Strategic **A**rms **L**imitation **T**alks
Verträge zur nuklearen Rüstungsbegrenzung

Fachstufe I

© Dave Vaughan

1. Beschreiben und interpretieren Sie die Karikatur.

2. Welche Personen werden hier dargestellt?

3. Informieren Sie sich über die Kuba-Krise. Was waren die Auslöser für die Krise?

In Mittel- und Osteuropa waren es die 1970er- (erste Hälfte) und 1980er-Jahre, die politische Veränderungen vorantrieben. In den 1970er-Jahren standen die **KSZE**-Verhandlungen im Mittelpunkt. Die Sicherheitskonferenz in Europa endete erfolgreich mit der nach langen Verhandlungen unterzeichneten Schlussakte von Helsinki. Die Ziele einer Friedens- und Entspannungspolitik wurden in der Schlussakte in drei Bereichen gegliedert:

KSZE:

Abkürzung für „Konferenz über Sicherheit und Zusammenarbeit in Europa"

▸ Sicherheit, also die Anerkennung von der Unverletzlichkeit der Grenzen (und damit eine Anerkennung der DDR), Gewaltverzicht, Gleichberechtigung der Völker, Nichteinmischung in innere Angelegenheiten und Achtung von Menschenrechten

▸ Zusammenarbeit in den Bereichen Wirtschaft, Wissenschaft, Technik und Umwelt

▸ Zusammenarbeit in humanitären Bereichen, wozu menschliche Kontakte, Informationen und Kulturaustausch gehörten

Die Helsinki-Schlussakte war der Gipfel der deutschen und europäischen Entspannung. Sie schrieb den Status quo in Europa, die Unverletzlichkeit der Grenzen, für alle europäischen Länder fest.

In den 1980er-Jahren stand die Politik von Helmut Kohl (ab 1982) im Zentrum des deutschen Einigungsprozesses. Seine Strategie war einerseits der Ausbau der Freundschaft mit den USA und mit Frankreich. Andererseits wollte er einen Ausbau der Beziehungen zur Sowjetunion und zur DDR. Dazu bürgte die BRD 1983 mit einem Milliardenkredit für die DDR und unterstützte dadurch ihre

Michail Gorbatschow

Breschnew-Doktrin:

Leonid Breschnew (Staatschef der Sowjetunion von 1964–1982): „Die Souveränität der einzelnen Staaten findet ihre Grenze an den Interessen der sozialistischen Gemeinschaft."

Karikatur zum 40. „Geburtstag" der DDR

marode Wirtschaft. Im Gegenzug verpflichtete sich die DDR zum Abbau von Selbstschussanlagen an der innerdeutschen Grenze und der Erleichterung von Familienzusammenführungen.

Auf sowjetischer Seite vollzog sich ein Politikwechsel mit dem neuen Staatschef Michail Gorbatschow (1985). Die von ihm eingeleiteten innen- und außenpolitischen Reformierungen des sowjetischen Systems waren Voraussetzungen für die deutsche Einheit.

Die beiden Schlagworte, die sich mit diesem reformorientierten Politikansatz verbanden, waren „Glasnost" und „Perestroika". „Glasnost" meinte dabei die von Gorbatschow befürwortete politische Öffnung und größere Informationsfreiheit im gesellschaftlichen Raum. Unter „Perestroika" verstand er die Umgestaltung und den Umbau der maroden sowjetischen Wirtschaft. Die Ursachen dieser von Gorbatschow vorangetriebenen Reformprozesse sind vielfältig. Wesentlich war aber die desolate wirtschaftliche Lage in der Sowjetunion.

Unter Gorbatschow wurde auch auf ein militärisches Eingreifen durch die Sowjetunion verzichtet, falls ein Staat des Warschauer Paktes vom Sozialismus abkommen sollte. Für die Führung der DDR war die Abkehr Moskaus von der Doktrin militärischer Intervention **(Breschnew-Doktrin)** fatal. Sie konnte nun nicht mehr erwarten, dass die Sowjetunion (wie noch 1956 in Ungarn bzw. 1968 in Prag) einschreiten würde, wenn das Volk auf die Straße ging. Damit wurde ein Grundstein für eine friedliche Wiedervereinigung in Deutschland gelegt.

4.2   Prozess der deutschen Einigung

Die politischen Veränderungen in Europa und die Annäherung der beiden Supermächte im Kalten Krieg, waren gute Voraussetzungen für die Bürgerinnen und Bürger der DDR, ihren Unmut nach außen zu tragen. Sie erkannten, dass der Weg, den die SED einschlug, gegenläufig zu dem Weg war, der international zu mehr Freiheit und Demokratie führte.

Die Staatsführung der DDR lehnte den von Gorbatschow eingeleiteten sowjetischen Reformkurs ab. Die oppositionellen Gruppierungen im Land jedoch beriefen sich bei ihren Forderungen auf das Vorbild der Sowjetunion. Es brodelte, weil die wahrgenommenen reformorientierten Veränderungen in den benachbarten mittel- und osteuropäischen Staaten mit der eigenen Lage verglichen wurden. Deren Erfolge stand die eigene Lage gegenüber. Sie war geprägt von einer schlechten Wirtschaftssituation, gefolgt mit einer sich verschlechternden Versorgung mit Grund- und Konsumgütern. Ein politischer Stillstand und eine Verstärkung der Kontrolle durch die Staatssicherheit (Stasi) wollten sich die Bürgerinnen und Bürger der DDR nicht länger bieten lassen.

Drei zentrale Vorgänge waren der Auslöser dafür, dass sich im Herbst 1989 eine massenhafte Opposition formierte, welche die DDR zusammenbrechen ließ:

▶ Die Ende der 80er-Jahre einsetzenden Massenfluchten und Botschaftsbesetzungen in Warschau, Budapest und Prag

▶ Die junge Generation, die vor einer beruflichen Perspektivlosigkeit stand und den immerwährenden Spareinschränkungen trotzte

▶ Die Gründung des „Neuen Forums", der ersten politischen oppositionellen Gruppierung, die viele DDR-Bürger für einen politischen Umbruch mobilisierte

Sie organisierten zusammen mit der evangelischen Kirche friedliche Demonstrationen, die als „Montagsdemonstrationen" in die Geschichte eingingen.

DDR-Flüchtlinge in der Prager Botschaft (1989)

Die ungarische Grenzöffnung im Mai 1989 war der erste Schlag für das SED-Regime, dessen Diktatur nicht länger aufrecht erhalten werden konnte. Die in Ungarn Urlaub machenden DDR-Bürger konnten ohne Probleme nach Österreich und von dort nach Westdeutschland ausreisen. Nachdem sich die Anzahl der Reisenden nach Ungarn drastisch erhöhte (7000 Menschen), verbot die DDR-Führung alle Reisen nach Ungarn. Prag wurde als neue Fluchtmöglichkeit ausgemacht. Hier fanden sich über 8000 Menschen auf

Günter Schabowski, Mitglied des Politbüros des Zentralkomitees der SED

Schabowskis Zettel

Lerngebiet 8

Gedenktafel an die Berliner Mauer

9. November:

Ein Schicksalstag der Deutschen:

1848 Standrechtliche Erschießung des Demokraten Robert Blums (Mitglied Frankfurter Nationalversammlung)
1918 Abdankung des Kaisers und Ausrufung der Republik
1923 Hitler-Ludendorff-Putsch
1938 Reichspogromnacht
1967 Beginn der Studentenrevolte in Berlin
1989 Mauerfall

Friedrich Engels, links, (1820–1883) und Karl Marx, rechts, (1820–1895) Theoretiker des Sozialismus/Kommunismus

© Dave Vaughan

dem Gelände der westdeutschen Botschaft ein. Sie verharrten über Wochen zusammengedrängt im Garten des Botschaftsgeländes in der tschechoslowakischen Hauptstadt. Ein frenetischer Jubel brach aus, als der Außenminister der BRD, Hans-Dietrich Genscher, am 30. September 1989 abends die mit der DDR-Regierung ausgehandelte Ausreisegenehmigung bekanntgab.

In der DDR vergrößerte sich die Zahl der Montagsdemonstranten auf über Hunderttausend. Trotz Anwesenheit der Volkspolizei und der NVA (Nationale Volksarmee) propagierten die Demonstranten gemeinsam den „Einheitsruf": „Wir sind das Volk". Die Forderung nach einer Wiedervereinigung mit der Bundesrepublik wurde immer lauter und deutlicher. Als Günter Schabowski (SED-Funktionär und Mitglied im Politbüro der Partei) am Abend des **9. Novembers 1989** eine von der SED-Führung neu angeordnete Ausreiseregelung vorlas, brachen alle Dämme. Hunderttausende stürmten zur Berliner Mauer und gingen durch das Brandenburger Tor in den Westteil von Berlin. Ein Strom von Menschen bewegte sich von Ost nach West entlang der gesamten innerdeutschen Grenze. Diese war nun offen und die Tür zur deutschen Einheit stand einen großen Spalt weit offen.

Welcher Teil auf Schabowskis Zettel löste diese Welle der Begeisterung und den Strom zum Brandenburger Tor aus?

Die DDR-Bevölkerung war sich einig. Die deutsche Wiedervereinigung musste jetzt erfolgen. Auf beiden Seiten war klar, dass ein Zusammenschluss nur durch die freie Selbstbestimmung der Deutschen erfolgen und dadurch legitimiert werden konnte. Die Staatsgeschäfte lagen nach der Absetzung von Erich Honecker in der Hand von Egon Krenz. Die neue SED-Führung veranlasste für den 18. März 1990 die ersten freien Wahlen. Sie selbst trat unter einem neuen Namen zur Wahl an. Sie nannte sich jetzt die Partei des Demokratischen Sozialismus (PDS). Sie erlangte jedoch weniger als

Zehn-Punkte-Programm für Deutschland

Bundeskanzler Kohl im Bundestag am 28.11.1989

Mögliche Stufen der Annäherung zwischen den beiden deutschen Staaten…

Ziel: Bundesstaatliche Ordnung für ganz Deutschland

Konföderative Strukturen zwischen beiden Staaten — Neue Formen institutioneller Zusammenarbeit

Vertragsgemeinschaft — Dichtes Netz von Vereinbarungen, Gemeinsame Einrichtungen

Umfassende Hilfe und Zusammenarbeit — Bedingung: Unumkehrbare Reformen in der DDR

Bestehende Zusammenarbeit vertiefen — Umweltschutz, Verkehr, Wirtschaft, Forschung, Kultur

Soforthilfe — Humanitäre Hilfe, Devisenfonds für Westreisen und andere Maßnahmen

Fortschritte im KSZE-Prozess

Stärkung der EG

Abrüstung, Rüstungskontrolle

…eingebettet in die gesamteuropäische Entwicklung

ZAHLENBILDER

© Bergmoser + Höller Verlag AG   58 280

20 %. Gewinner waren die Parteien, die eine schnelle Vereinigung mit der Bundesrepublik vorsahen. Eine Koalition zwischen der „Allianz für Deutschland", Sozialdemokraten und Liberalen nahmen durch den Regierungschef Lothar de Maizière umgehend Verhandlungen mit der Bundesrepublik auf.

In der BRD war es Helmut Kohl, der bereits im November 1989 mit seinem Zehnpunkteprogramm die Weichen für eine Wiedervereinigung stellte. Das Ziel war nicht die sofortige Zusammenführung beider deutscher Staaten. Vielmehr dachte man an einen Prozess, der sich über einen längeren Zeitraum entwickeln sollte.

Die Wiedervereinigung war keine rein deutsche Angelegenheit. Die vier Siegermächte aus dem Zweiten Weltkrieg mussten die Basis für eine solche Vereinigung noch gemeinsam legen. Die eingeleiteten Reformen durch die Sowjetunion und die friedlichen, erfolgreichen Demonstrationen in der DDR, hatten eine Welle von Reformforderungen in ganz Osteuropa nach sich gezogen. Um eine gesamteuropäische Lösung zu finden und dadurch eine neue Konfrontation der beiden Supermächte zu vermeiden, trafen sich die Regierungschefs der USA und der Sowjetunion im Dezember 1989. Die Grundlage für eine erfolgreiche Verhandlung wurde gelegt. Die Deutsche Frage sollte in den sogenannten **„Zwei-Plus-Vier-Verhandlungen"** mit einem abschließenden Vertrag geregelt werden. Von Mai bis September 1990 wurde in vier Sitzungen verhandelt und am 12. September 1990 in Moskau das Ergebnis im Zwei-Plus-Vier-Vertrag unterzeichnet. Dieser Staatsvertrag zwischen der DDR, der BRD und den vier Siegermächten garantierte die Herstellung der Einheit und die volle Souveränität Deutschlands. Der außenpolitische Rahmen war gesteckt.

Zwei-Plus-Vier-Verhandlungen:
Verhandlungen über einen deutschen Staatsvertrag mit den Vertretern der Länder:
Bundesrepublik Deutschland
DDR
USA
Sowjetunion
Frankreich
Großbritannien

> „Die Französische Republik, die Union der Sozialistischen Sowjetrepubliken, das Vereinigte Königreich Großbritannien und Nordirland und die Vereinigten Staaten von Amerika beenden hiermit ihre Rechte und Verantwortlichkeiten in Bezug auf Berlin und Deutschland als Ganzes. Als Ergebnis werden die entsprechenden, damit zusammenhängenden vierseitigen Vereinbarungen, Beschlüsse und Praktiken beendet und alle entsprechenden Einrichtungen der Vier Mächte aufgelöst."
>
> Artikel 7 Abs. 1 Vertrag über die abschließende Regelung in Bezug auf Deutschland

© dpa – Fotoreport

Bei diesem Gespräch zwischen Hans-Dietrich Genscher, Michail Gorbatschow und Helmut Kohl wurden die Bedingungen der Sowjetunion für die Wiedervereinigung ausgehandelt.

Am 3. Oktober 1990 wurde die politische Einheit offiziell verwirklicht. Dieses Datum geht als Gedenktag an den „Tag der deutschen Einheit" in die Geschichte ein und wird als Feiertag in Deutschland geehrt.

Auch wenn vieles im Nachhinein an der Schnelligkeit der Wiedervereinigung kritisiert wurde, bleibt festzuhalten, dass es eine einmalige historische Gelegenheit war. Eine zum Greifen nahe Chance, die Diktatur der SED zu beenden, und ein friedliches Ende des Kalten Krieges erfolgreich anzustreben.

Lerngebiet 8

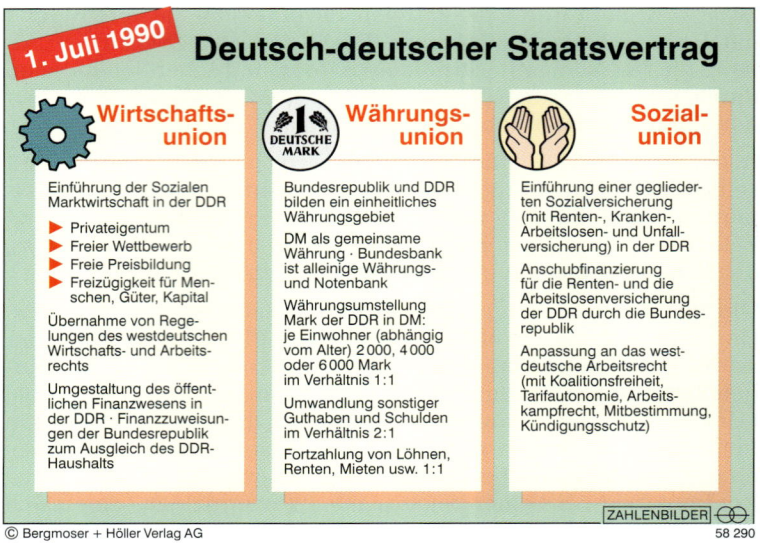

© Bergmoser + Höller Verlag AG   58 290

© Haus der Geschichte, Bonn

DDR-Bürger fordern u. a. eine zügige Währungsunion, um schnell den Lebensstandard des Westens zu erreichen.

4.3   Gesellschaftliche Probleme und wirtschaftliche Veränderungen nach der Wiedervereinigung

Nach der Freude über die Wiedervereinigung holte die Deutschen bald der Alltag ein. Die Kosten für die Vereinigung stiegen ins Uferlose. Eine Privatisierung der vorhandenen, durch den Staat kontrollierten Planwirtschaft, gestaltete sich sehr schwierig. Die Folge war unter anderem ein starker Anstieg der Arbeitslosenzahlen in der ehemaligen DDR. Ein Solidaritätszuschlag, also eine direkte Steuer für alle Bundesbürger, sollte einen Teil der Kosten auffangen. Doch der Unmut auch in den alten Bundesländern wuchs, da auch die Staatsverschuldung gegenüber der Zeit vor der Wiedervereinigung sich verdoppelte. Die von Helmut Kohl versprochenen „blühenden Landschaften" blieben zwar aus, trotzdem schaffte man es, viele ostdeutsche Städte zu modernisieren.

Mit der Wiedervereinigung begannen in den neuen und alten Bundesländern neue Integrationsprozesse. Man war jetzt ein Staat, aber dieser hatte noch zwei Gesellschaften. Insbesondere mussten sich die Ostdeutschen mit ihrer neuen Rolle im neuen Staat zurechtfinden. Viele wanderten immer noch in den Westen der Republik aus um bessere Arbeitsplätze zu finden. Die Spaltung war (ist) unter anderem daran zu erkennen, dass gerne abfällig von „Ossi" und „Wessi" gesprochen wurde (wird). Der ehemalige DDR-Bürger musste tiefe Einschnitte im Alltag hinnehmen. Aus diesem Grund war eine aufkommende „DDR-Ostalgie" geradezu verständlich, um den Angleichungsprozess an individuellere, westdeutsche Lebensstile etwas zu verlangsamen.

Eine wirtschaftliche Gleichstellung bezüglich der gezahlten Löhne und Gehälter ist bis heute nicht vollständig gelungen. Die Anhebung der Löhne im Osten war zwar unter dem Niveau der alten

Bundesländer, entsprach jedoch nicht der Produktivität der Betriebe vor Ort. Dafür sind die Sozialleistungen im Osten schon frühzeitig gestiegen. Somit konnten sich die Lebensstandards in den neuen Ländern denen des Westens schneller anpassen. Besonders die sozialen Errungenschaften, über die sich die alte und neue Bundesrepublik zu einem wesentlichen Teil definiert, addierten sich in den zwei Jahrzehnten ab 1990 zu einer Summe von etwa zwei Billionen Euro. Die Kosten dafür zahlte der Staat und damit jeder einzelne Bundesbürger mit einem enormen Anstieg der Staatsverschuldung.

Karikaturen zur Problematik der Wiedervereinigung

Von einem gänzlichen Zusammenwachsen der beiden deutschen Teilgesellschaften kann auch 20 Jahre nach dem Mauerfall noch immer nicht die Rede sein. Selbst wenn es übertrieben scheint, die „Mauer in den Köpfen" zu beschwören, sind die fortbestehenden Unterschiede zwischen Ost und West nicht zu übersehen. Deshalb ist damit zu rechnen, in Anlehnung an Willy Brandt, „dass es noch lange dauern wird, bis zusammengewachsen ist, was zusammen gehört".

Zusammenfassung

Mit der Kuba-Krise 1962 war der Höhepunkt im Kalten Krieg erreicht.

Danach setzte international eine Entspannung im Bereich der militärischen Aufrüstung ein.

In Europa waren es die KSZE-Verhandlungen die politische Veränderungen vorantrieben.

1982 begann die 16-jährige Regierungszeit von Helmut Kohl. Er verfolgte mit der CDU/FDP-Regierung eine intensive Europapolitik. Dabei standen die guten Beziehungen mit UdSSR und der Ausbau der Freundschaft mit Frankreich im Mittelpunkt.

Der sowjetische Staatschef Michail Gorbatschow leitete weitreichende Reformen ein. Seine Strategien von Glasnost und Perestroika waren die Voraussetzung für eine friedliche Revolution innerhalb der DDR.

Gorbatschows Politik führte auch zu einer Annäherung an die USA. Der Friedensprozess im Kalten Krieg wurde vorangetrieben und die Entspannungspolitik wieder verstärkt.

Die DDR lehnte den eingeleiteten Reformkurs Russlands ab. Politische Öffnung und Lockerungen der SED-Führung gegenüber einer politischen Opposition waren tabu. Der Druck durch die Bevölkerung und der Ruf nach mehr Freiheit und Mitbestimmung wurden immer größer.

Die ersten Grenzöffnungen in Ungarn leiteten den Prozess der friedlichen Revolution der DDR-Bürger ein. Die seit langem andauernden Montagsdemonstrationen fanden immer mehr Zuspruch innerhalb der Bevölkerung.

Mit der Pressekonferenz am 9. November 1989 wurde die sofortige Öffnung der Grenze durch neue, vereinfachte Ausreiseregelung verkündet. Eine überwältigende Freude auf beiden Seiten Deutschlands ging durch die Bevölkerung. Die Berliner Mauer wurde „gestürmt" und der Wille zu einer sofortigen Vereinigung war überall präsent.

Mit den Zwei-plus-Vier-Verhandlungen und dem daraus resultierenden Vertrag, wurden die Grundlagen für eine Vereinigung Deutschlands gelegt.

Am 3. Oktober 1990 wurde die deutsche Wiedervereinigung offiziell vollzogen.

Die Kosten der Wiedervereinigung wurden unterschätzt. Auch ein Zusammenwachsen zweier unterschiedlicher Gesellschaften braucht Zeit. Die Folgen waren eine sehr hohe Staatsverschuldung und ein Wachsen der Unzufriedenheit zwischen den West- und Ostbürgern.

23 Jahre nach der Wiedervereinigung hat sich vieles zum Positiven entwickelt. Die Staatsverschuldung ist zurückgegangen und Vorurteile wurden weitestgehend abgebaut.

Lerngebiet 8

Wissens-Check

1. Was versteht man unter den SALT-Verträgen?

2. Fasse die Ergebnisse der KSZE-Verhandlungen kurz zusammen.

3. Welche Reformen leitete Michail Gorbatschow in Russland ein?

4. Was waren die Ziele der Breschnew-Doktrin?

5. Warum wollte die SED-Führung die neue „Öffnungspolitik" der Sowjetunion nicht unterstützen?

6. Nennen Sie die zentralen Vorgänge, die Auslöser der friedlichen Revolution in der DDR waren.

7. Welche entscheidende Rolle spielten osteuropäische Länder bei der Revolution in der DDR?

8. Wann „fiel" die Mauer und an welchem Tag wurde Deutschland offiziell vereinigt?

9. Welche Ziele verfolgte Helmut Kohl mit seinem Zehnpunkte-Programm?

10. Nennen Sie den „außenpolitischen Rahmen" der notwendig war, um Deutschland zu vereinigen.

11. Warum kam es nach der Vereinigung zu einer „Ostalgie" bei den Bürgern der ehemaligen DDR?

12. In welchen Bereichen musste die Bundesrepublik erhebliche Zahlungen leisten, um einen Angleichungsprozess zwischen Ost und West in Gang zu setzen?

13. Warum konnten die Gehälter in den neuen Bundesländern nicht sofort dem Niveau der alten Bundesländer angeglichen werden?

5 Entwicklungen im wiedervereinigten Deutschland

In den vergangenen Jahren hat sich Ostdeutschland trotz der Finanzkrise mit einem stabilen Wirtschaftswachstum erfolgreich behauptet. Die Arbeitslosigkeit ist weiter deutlich gesunken und erreichte im Sommer 2012 den niedrigsten Stand seit der Wiedervereinigung. Der Prozess der wirtschaftlichen Angleichung zwischen Ost und West wurde selbst in der Krise nicht unterbrochen.

Besonders in den Bereichen Bildung und Gesundheit sind keine Unterschiede zwischen Ost und West mehr sichtbar.

Auf einigen Feldern ist Ostdeutschland sogar Vorreiter, wie beispielsweise bei der Kinderbetreuung.

Um die noch bestehenden Unterschiede in der Wirtschaftskraft und am Arbeitsmarkt abzubauen, setzt die Bundesregierung folgende Schwerpunkte in der Förderung gewerblicher Investitionen, im Ausbau der Innovationskraft in der Wirtschaft und in der Stärkung der Exportorientierung.

(Jahresbericht 2012 zur Deutschen Einheit)

5.1 Deutschlands Rolle im europäischen Einigungsprozess

Aus dem Jahresbericht 2012 zur Deutschen Einheit wird die positive Entwicklung seit der Wiedervereinigung hervorgehoben. Auch durch die wirtschaftliche Unterstützung der Europäischen Union ist in vielen Gebieten der neuen Bundesländer ein Strukturwandel gelungen. Die neue Bundesrepublik hat ihre Aufgabe innerhalb Europas nach 1990 weiter ausgebaut. Ihr Engagement bei der Aufstellung und Unterzeichnung von **EU-Verträgen** zwischen 1992 und 2007 sind hierfür beispielhaft zu erwähnen. Es gilt, sich den rasanten Wandlungen der weltpolitischen Gegebenheiten anzupassen und sich als eigenständiger Akteur darzustellen.

EU-Verträge von 1992–2007:

1992 Vertrag von Maastricht
1997 Vertrag von Amsterdam
2001 Vertrag von Nizza
2007 Vertrag von Lissabon

Deutschland übernimmt weiterhin mit Frankreich die Rolle des „europäischen Motors". Dazu zählt auch die Einbeziehung und Integration der neuen Staaten in Osteuropa. Die Erweiterung der EU in Richtung Osteuropa sowie die guten wirtschaftlichen Beziehungen mit Russland, lassen Deutschland eine Führungsrolle in der Europapolitik zukommen. Deutschlands Einfluss in Europa hängt auch von der wirtschaftlichen Kraft im Vergleich zu den anderen europäischen Staaten ab. Gerade während der Eurokrise und der Notwendigkeit die gemeinsame Währung zu stützen, spielte Deutschland eine entscheidende Rolle. Zwar waren Entscheidungen bezüglich Einschränkungen in der Haushaltspolitik europäischer Länder nicht gerne gesehen, letzlich jedoch alternativlos. Auch die Einführung einer Bankenaufsicht sind erste Schritte, die für eine Sicherheit des Euros für die Zukunft notwendig sind. Deutschland spielte und spielt bei all diesen Entscheidungen eine führende Rolle. Nicht zuletzt wegen der starken Wirtschaftskraft in Europa und weltweit. Das sich daraus resultierende **Bruttoinlandsprodukt** (2012 ca. 660 Mrd. Euro) führt zu einer Finanzierung des EU-Haushaltes von ca. 20 %.

Wirtschaftliche Probleme führten zur Eurokrise

Bruttoinlandsprodukt (BIP):

Gesamtwert aller Güter, Waren und Dienstleistungen, die innerhalb eines Jahres innerhalb einer Volkswirtschaft hergestellt werden

Das wiedervereinte Deutschland hat gezeigt, dass es mit der internationalen Verantwortung umgehen und anderen Perspektiven eröffnen kann.

Zwanzig Jahre nach dem Zusammenbruch der alten Weltordnung beginnen sich die Staaten und Völker der Erde auf die Verhältnisse der neuen, der globalisierten Welt einzustellen. Bei allen Konkurrenzen werden sie das nur schaffen, wenn sie sich als Partner verstehen. Die Deutschen, deren Land umfassend wie kaum ein zweites in die internationalen Gemeinschaften integriert ist, wissen, welche Chancen darin liegen.

5.2 Aktuelle Entwicklungen

Neben dem Einsatz zur Stabilisierung und Sicherung des Euros, setzt sich die Bundesrepublik Deutschland mit Nachdruck für die Überwindung globaler Herausforderungen wie Klimawandel, Ressourcenknappheit und eine Welt ohne Atomwaffen ein. Hinzu kommt aufgrund des demografischen Wandels, insbesondere in Deutschland eine verstärkte Nachfrage nach Fachkräften. Deutschland versucht neben der Förderung interner Fachkräfte auch ausländische Facharbeiter zu gewinnen. Gezielte Angebote sollen speziell junge Arbeitnehmerinnen und Arbeitnehmer nach Deutschland locken. Facharbeitermangel kann sich negativ auf den Wohlstand eines Staates auswirken.

Lerngebiet 8

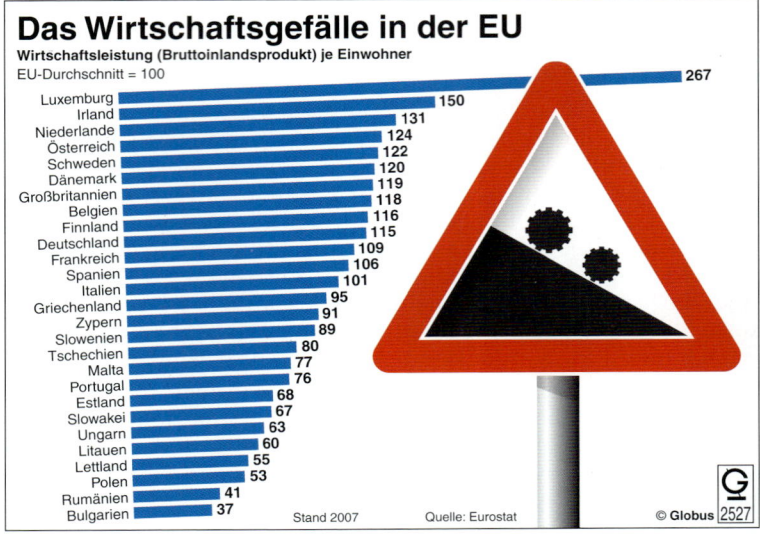

Das Wirtschaftsgefälle in der EU

Wirtschaftsleistung (Bruttoinlandsprodukt) je Einwohner
EU-Durchschnitt = 100

Luxemburg	267
Irland	150
Niederlande	131
Österreich	124
Schweden	122
Dänemark	120
Großbritannien	119
Belgien	118
Finnland	116
Deutschland	115
Frankreich	109
Spanien	106
Italien	101
Griechenland	95
Zypern	91
Slowenien	89
Tschechien	80
Malta	77
Portugal	76
Estland	68
Slowakei	67
Ungarn	63
Litauen	60
Lettland	55
Polen	53
Rumänien	41
Bulgarien	37

Stand 2007   Quelle: Eurostat   © Globus 2527

1. Informieren Sie sich über die Problematik des Facharbeiter-mangels in Deutschland.

2. Stellen Sie einen Vergleich zwischen dem BIP von 2005 (s. Grafik) und heute (Internetrecherche) her.

Programme zur Förderung und zum Ausbau eines gemeinsamen, friedlichen Europas werden von der Bundesrepublik aktiv unterstützt. So auch das 2004 eingeführte Programm „Ein Europa für die Bürger", das 2007 erweitert worden ist. Ziel ist es, durch die aktive Mitwirkung der Europäer am Einigungsprozess, die europäische Identität zu stärken.

Jeder Bürger der Europäischen Union sollte seine Rechte kennen. Seit dem Maastrichter Vertrag 1992 besitzt jeder Bürger der EU neben der Staatsbürgerschaft die Unionsbürgerschaft. Das Jahr 2013 soll das „Europäische Jahr der Bürgerinnen und Bürger" werden.

„Wenn die Europäer ihre Rechte nicht kennen, können sie sie auch nicht wahrnehmen. Das Jahr 2013 wird uns eine gute Gelegenheit bieten, erneut aufzuzeigen, was die Europäische Union für jeden einzelnen von uns tun kann."

Kommissionsvizepräsidentin Viviane Reding

Zu den EU-Rechten gehören u. a. das Recht, sich an den Europäischen Bürgerbeauftragten zu wenden. Weiterhin das Recht, Gesetzesvorlagen zu initiieren (Bürgerinitiativen) und das aktive und passive Wahlrecht bei den Kommunal- und Europawahlen auszuüben. Unionsbürger und Unionsbürgerinnen haben auch das Recht, sich im Hoheitsgebiet der EU frei zu bewegen und aufzuhalten.

In der heutigen Europäischen Union (EU) zieht Deutschland besonderen Nutzen aus friedlicher und guter Nachbarschaft. Ein – auch wirtschaftlich – vitales Europa liegt im Interesse Deutschlands: Der Integrationsprozess hat sich als eine geeignete Rahmenbedingung zur Absicherung von Frieden, Wohlstand und Sicherheit erwiesen.

Die globalisierte Welt wird Europa weiter fordern. Die prägenden Koalitionen und Konstellationen werden sich verändern. Kompromissfähigkeit wird die entscheidende Kompetenz sein, um sich friedlich weiterzuentwickeln. Dies verlangt eine vertrauensvolle Politik der Entwicklung und Partnerschaft. Dies gilt gleichermaßen auch für das Ziel der globalen Nachhaltigkeit. Das gemeinsame Handeln in einer Europäischen Energie- und Klimapolitik oder in der Reaktion auf Finanzkrisen sind zukunftsweisende Aufgaben. Die Bundesrepublik Deutschland hat ein starkes Interesse und Anliegen am Erreichen dieser Ziele.

Europa ist nicht der Ort der kleinen Dinge. Wohlfahrt und Sicherheit, klassische und elementare Leistungsbereiche des Staates, sind heute in der EU leichter zu erbringen. Jedes große Thema der Gesellschaften auf dem Kontinent enthält zugleich eine Anfrage an den Gestaltungsbeitrag der EU. Dazu zählt auch die Frage nach der Erweiterung der EU und der Handlungsfähigkeit ihrer Institutionen. Dies ist eine Frage, die sich alle Europäer stellen müssen, insbesondere das vereinigte Deutschland.

Zusammenfassung

Deutschland und Frankreich werden als „Motoren" für den europäischen Einigungsprozess gesehen.

Europa erweitert sich mit dem Engagement Deutschlands weiter nach Osten und vergrößert sich zu einer Union mit 28 Mitgliedsstaaten.

Mit der Einführung des Euros in 18 Staaten der EU wird ein starkes, wirtschaftliches Zusammenwachsen der Euro-Staaten erreicht. Deutschland spielt als führende, europäische Wirtschaftsmacht eine wesentliche Rolle bei der Einführung des Euros.

Die Euro-Krise führt Europa in finanzielle Schwierigkeiten. Sofortlösungen und Maßnahmen für zukünftige Regelungen zur Vermeidung solcher Krisen werden unter der Federführung Deutschlands angestrebt und beschlossen.

Europa soll und muss konkurrenzfähig in einer stetig wachsenden globalisierten Welt sein.

Neben den finanziellen und wirtschaftlichen Aufgaben der EU, setzt sich die Bundesrepublik auch für den gemeinsamen Umweltschutz und den sinnvollen Umgang mit endlichen Ressourcen ein.

Mit der Unionsbürgerschaft für alle EU-Bürger werden die europäischen Rechte besonders herausgestellt. Das Recht zur Mitbestimmung durch z. B. die aktive und passive Teilnahme an Wahlen soll den Bürgerinnen und Bürgern näher gebracht werden.

Der europäische Integrationsprozess sichert den Frieden in Europa. Eine Grundvoraussetzung für ein notwendiges, weiteres Zusammenwachsen in Zeiten des demographischen Wandels und dem Mangel an Facharbeitern.

Wissens-Check

„Die Türkei als Ganzes ist ein Teil Asiens", sagt Arnulf Baring. Sie könne kein Mitglied der EU werden. Auch für die Ukraine sieht er momentan keine Möglichkeit des Beitritts, wohl aber auf lange Sicht, da sie ohne Zweifel ein europäisches Land sei.

„Brüssel muss den Westbalkan stärker ins Visier nehmen", fordert Andrea Despot. Kroatien, Serbien, Mazedonien, Bosnien-Herzegowina, Montenegro, Kosovo und Albanien: Sie alle müssten in die EU integriert werden. Dies sei eine historische Aufgabe ohne Alternative.

„Die EU-Erweiterung ist ein Auslaufmodell", glaubt Barbara Lippert. Deshalb habe die EU das Erweiterungstempo bereits erheblich gedrosselt. Um zu Stabilität und Wohlstand beispielsweise in den östlichen Nachbarländern beizutragen, solle die EU klären, welche anderen Optionen es unterhalb der Mitgliedschaft gibt.

Nehmen Sie Stellung zu den Meinungen der drei Politikwissenschaftler. Sammeln Sie Pro- und Kontra-Argumente in Bezug auf eine Erweiterung der EU.

Lerngebiet 8

EU

Die Europäische Union

EWG

9

Motive der europäischen Einigung und der Einigungsprozess

Institutionen und Entscheidungsprozesse in der EU

Probleme der europäischen Einigung

LG 9 Die Europäische Union

1 Motive der europäischen Einigung und der Einigungsprozess

Immer stärker bestimmt heute in vielen Lebensbereichen die EU – neben unserem eigenen Staat – unser Leben.

Die europäische Integration vollzieht sich dabei in einem langen, nicht immer einfachen Prozess. Ausgangspunkt waren Überlegungen zu einer europäischen Sicherheitspolitik nach den grausamen Erfahrungen der beiden großen Weltkriege. Stufenweise wurde die wirtschaftliche Zusammenarbeit der westeuropäischen Staaten auch vor dem Hintergrund des Ost-West-Konflikts intensiviert und eine politische Union angestrebt.

Exkurs:

Ökonomie:
Beschreibt das wirtschaftliche System eines Landes und somit den wirtschaftlichen Verbrauch von Waren und Geld

Das 20. Jahrhundert war zunächst von Nationalstaaten geprägt, die ihre eigenen Interessen bezüglich einer Vormachtstellung in Europa eigensinnig verfolgten. Zwei Versuche Deutschlands eine Vormachtstellung in Europa und der Welt zu erlangen, endeten blutig. Vor allem der nationalsozialistische Wahnsinn führte zu einem Umdenken in Europa. Der Nationalstaat war für viele die Ursache der beiden Kriege. Eine dauerhafte Neustrukturierung für das Zusammenleben der Menschen in den Staaten von Europa, war das primäre Ziel nach den beiden Weltkriegen. Die Schaffung einer neuen Friedensordnung durch eine gemeinsame Union sollte den Frieden dauerhaft sichern und **ökonomische** Vorteile gegenüber den wirtschaftlich starken USA bringen. Nach dem Zweiten Weltkrieg befand sich Europa in einer fast hoffnungslosen Lage. Mangelhafte Versorgung der Bevölkerung mit dem Lebensnotwendigsten, gegenseitiges Misstrauen, Vorurteile und Verbitterungen waren allgegenwärtig. Diese schlechten Voraussetzungen standen dem Ziel eines gemeinsamen Europas anfänglich entgegen.

© BARCH, Plak. 005-002-007

Marshall-Plan:
Benannt nach dem Konzept des US-Außenministers George Marshall (1947)
(ERP: European Recovery Program)

Für die USA war ein geschwächtes Europa verheerend, da sie darin die Gefahr einer sowjetischen Expansion sah. Die USA versuchten verstärkt, eine Vereinigung Westeuropas voranzubringen. Die Idee des britischen Regierungschefs Winston Churchill: „Wir müssen so etwas wie die Vereinigten Staaten von Europa schaffen", wurde von den USA mit finanziellen Mittel unterstützt. Der **Marshall-Plan** bot allen europäischen Staaten ein gemeinsames Wiederaufbauprogramm mit massiver US-amerikanischer Wirtschaftshilfe an. Nur ein wirtschaftlich starkes Europa könnte einer kommunistischen Machtübernahme durch die Sowjetunion widerstehen.

Der europäische Einigungsprozess war in Gang gesetzt worden. Die Motive waren unterschiedlich und niemand wusste, wie schnell und wie weit sich dieser Prozess noch weiterentwickeln würde. Die Weltpolitik, allen voran die Entstehung des **„Kalten Krieges"**, prägte den Entwicklungsprozess der Europäischen Union.

Kalter Krieg:
Konflikt zwischen den Westmächten unter Führung der Vereinigten Staaten von Amerika und dem Ostblock unter Führung der Sowjetunion, ohne sich gegenseitig mit militärischen Mitteln zu bekämpfen

Nennen Sie die verschiedenen Motive, die zur europäischen Einigung geführt haben.

1.1 Der Entwicklungsprozess

Das europäische Einigungswerk sorgt seit 60 Jahren für Stabilität, Frieden und wirtschaftlichen Wohlstand. Die Erfolge der Europäischen Union im Einzelnen sind vielfältig und gelten mittlerweile als selbstverständlich. Dazu zählen unter anderem:

▶ Höherer Lebensstandard für alle EU-Bürger

▶ Freizügigkeit innerhalb der EU

▶ Errichtung des Binnenmarktes

▶ Einführung des Euro

▶ EU ist führende Handelsmacht in der Welt

Der Weg zu diesen Erfolgen war nicht einfach und vollzog sich in verschiedenen Etappen. Besonders die Initiative einiger herausragender Persönlichkeiten **(„Väter Europas")** machte die Integration vieler Staaten in Europa erst möglich.

„Väter Europas":

© BARCH, Bild 183-19000-2453
© Europäische Union

Robert Schuman,
Französischer
Außenminister

Konrad Adenauer,
Erster deutscher
Bundeskanzler

Die Europäische Gemeinschaft für Kohle und Stahl

Der 1949 gegründete Europarat brachte nicht die Erwartungen einer Übertragung von Teilen der nationalen Souveränität (Eigenständigkeit) an die Gemeinschaft. Vor allem Großbritannien wehrte sich gegen die Pläne einer Minderung von nationalstaatlicher Souveränität. Die **Benelux-Länder** hatten Angst vor einer zu großen Einflussnahme Frankreichs innerhalb Europas und Frankreich wollte ohne Großbritannien keine Einbindung Deutschlands mit Vormachtstellung in Europa. Die Weltpolitik hingegen forderte ein Handeln, da die Sowjetunion und die USA weiter militärisch aufrüstete und ein schwaches Europa ein potenzielles Opfer für die befürchteten Expansionspläne der UdSSR darstellte.

Benelux-Länder:
Bezeichnung für die Staaten Belgien, Niederlande und Luxemburg

Am 9. Mai 1950 stellte der französische Außenminister Robert Schuman das Projekt einer europäischen **Montanunion** für Kohle und Stahl vor. Zur Erinnerung an die „Geburtsstunde" der Europäischen Union ging dieser Tag als Europatag in die europäische Geschichte ein.

Montanunion:
Vertrag der Europäischen Gemeinschaft für Kohle und Stahl

In seiner Erklärung zeichnete sich ab, dass diese Produktionsgemeinschaft zwischen Deutschland und Frankreich einen zukünftigen Krieg zwischen diesen beiden Ländern unmöglich machte. Der Beitritt weiterer Staaten zu dieser Gemeinschaft war offen und

EGKS:

Der Begriff leitet sich aus der Montanindustrie ab, der für die Industriezweige Kohlebergbau sowie Eisen- und Stahlproduktion steht.

so stellte die **EGKS** die erste Grundlage für die wirtschaftliche Entwicklung in Europa sicher.

Auszug aus der Schuman-Erklärung über eine Montanunion

…

Europa lässt sich nicht mit einem Schlage herstellen und auch nicht durch eine einfache Zusammenfassung: Es wird durch konkrete Tatsachen entstehen, die zunächst eine Solidarität der Tat schaffen. Die Vereinigung der europäischen Nationen erfordert, dass der Jahrhunderte alte Gegensatz zwischen Frankreich und Deutschland ausgelöscht wird. Das begonnene Werk muss in erster Linie Deutschland und Frankreich erfassen.

Zu diesem Zweck schlägt die französische Regierung vor, in einem begrenzten, doch entscheidenden Punkt sofort zur Tat zu schreiten.

Die französische Regierung schlägt vor, die Gesamtheit der französisch-deutschen Kohle- und Stahlproduktion einer gemeinsamen Hohen Behörde zu unterstellen, in einer Organisation, die den anderen europäischen Ländern zum Beitritt offensteht. Die Zusammenlegung der Kohle- und Stahlproduktion wird sofort die Schaffung gemeinsamer Grundlagen für die wirtschaftliche Entwicklung sichern – die erste Etappe der europäischen Föderation – und die Bestimmung jener Gebiete ändern, die lange Zeit der Herstellung von Waffen gewidmet waren, deren sicherste Opfer sie gewesen sind.

Die Solidarität der Produktion, die so geschaffen wird, wird bekunden, dass jeder Krieg zwischen Frankreich und Deutschland nicht nur undenkbar, sondern materiell unmöglich ist. Die Schaffung dieser mächtigen Produktionsgemeinschaft, die allen Ländern offensteht, die daran teilnehmen wollen, mit dem Zweck, allen Ländern, die sie umfasst, die notwendigen Grundstoffe für ihre industrielle Produktion zu gleichen Bedingungen zu liefern, wird die realen Fundamente zu ihrer wirtschaftlichen Vereinigung legen.

…

http://europa.eu/, Zugriff: 13.Dezember 2012

1. Welche Ziele verfolgte der Schuman-Plan?

2. Welche Folgen hatte die Gründung einer gemeinsamen Aufsichtsbehörde auf die Souveränität der einzelnen Staaten?

Für die Bundesrepublik Deutschland war dieser Schritt von wesentlicher Bedeutung. Die bis dahin noch gültige Einschränkung der deutschen Stahlproduktion entfiel und der Weg zur Gleichberechtigung Deutschlands innerhalb Europas wurde weiter geöffnet.

Supranational:

Eine Verlagerung von Kompetenzen von der nationalen Ebene auf eine höher stehende Ebene

Die Schaffung eines gemeinsamen Marktes für Kohle und Stahl sollte für 50 Jahre Gültigkeit haben. Binnenzölle wurden aufgehoben und gemeinsame Außenzölle geschaffen. Zum ersten Mal wurden mit der Gründung der EGKS nationale Hoheitsrechte auf eine gemeinsame **(supranationale)** Behörde übertragen.

Im Juli 1952 trat der 1951 von den sechs Gründungsstaaten (Deutschland, Frankreich, Italien, Belgien, Niederlande, Luxemburg) unterzeichnete Vertrag in Kraft. Er endete nach 50 Jahren im Juni 2002. Zur Erinnerung an diesen ersten Erfolg der europäischen Integration wurde die Austragung des 85. Radrennens des Giro d'Italia durch alle sechs Gründungsländer geleitet.

© picture alliance/Augenklick

Giro d'Italia 2002 in Völklingen

Die Europäische Wirtschaftsgemeinschaft und die Europäische Atomgemeinschaft

Die Erfolge der EGKS auf der Basis einer wirtschaftlichen Zusammenarbeit sollten ausgebaut werden. Auf dem Gebiet der wirtschaftlichen Integration sollten nicht nur Kohle und Stahl im Mittelpunkt stehen. Ein freier Waren-, Personen-, Dienstleistungs- und Kapitalverkehr (vier Grundfreiheiten) wurde angestrebt. Auch die gemeinsame Entwicklung und Nutzung der Atomindustrie wurden diskutiert.

1957 unterzeichneten die Gründungsstaaten der EGKS in Rom Verträge („Die Römischen Verträge"), welche die Grundlage für einen immer engeren Zusammenschluss der europäischen Völker legten. Diese Römischen Verträge besiegelten den **EWG**-Vertrag, der die vier Grundfreiheiten und eine Zollfreiheit im Handelsverkehr zwischen den Mitgliedsstaaten festlegte. Auch ein gemeinsamer Zolltarif gegenüber dritten Staaten wurde ausgehandelt. Zusätzlich wurde in Rom der **EAG**-Vertrag abgeschlossen. Dieser beinhaltet die friedliche Nutzung der Kernenergie für industrielle Zwecke.

Die wirtschaftlichen Erfolge blieben nicht aus. Die Industrieproduktion der sechs Länder wuchs bis 1960 um 37 %. Eine enorme Steigerung verglichen mit den USA (28 %) und Großbritannien (14 %). Das Bruttonationaleinkommen **(BNE)** der EWG nahm um rund 80 % zu und der Lebensstandard wurde um das Doppelte erhöht.

EWG:

Europäische Wirtschaftsgemeinschaft

EAG:

Europäische Atomgemeinschaft (EURATOM)

BNE:

Er misst den Wert aller Waren und Dienstleistungen pro Jahr, die sich im Besitz von Personen befinden, die im betrachteten Staat leben (Inländerprinzip).

Um eine weitere Steigerung der guten Zusammenarbeit zu erhalten, verschmolzen 1967 die drei Organe EGKS, EWG und EAG zur Europäischen Gemeinschaft (EG).

1.2   Die Mitgliedsländer der EU

Die weiteren Länder in Westeuropa erkannten die Erfolge der wirtschaftlichen Gemeinschaft an und standen bezüglich ihrer eigenen schlechteren Handelsbilanz unter Zugzwang. Als erstes kam es zu einer Norderweiterung der EG mit den Ländern Großbritannien, Dänemark und Irland (1973). Es folgte die Süderweiterung mit Griechenland, Portugal und Spanien. Diese zwölf Staaten standen für fast zehn Jahre für das Bild der Europäischen Gemeinschaft, bis 1995 Schweden, Finnland und Österreich hinzukamen. 2004 wurde die Gemeinschaft um zehn osteuropäische Staaten erweitert. 2007 (Rumänien und Bulgarien) und 2013 (Kroatien) wurde die EU auf jetzt 28 Staaten erweitert.

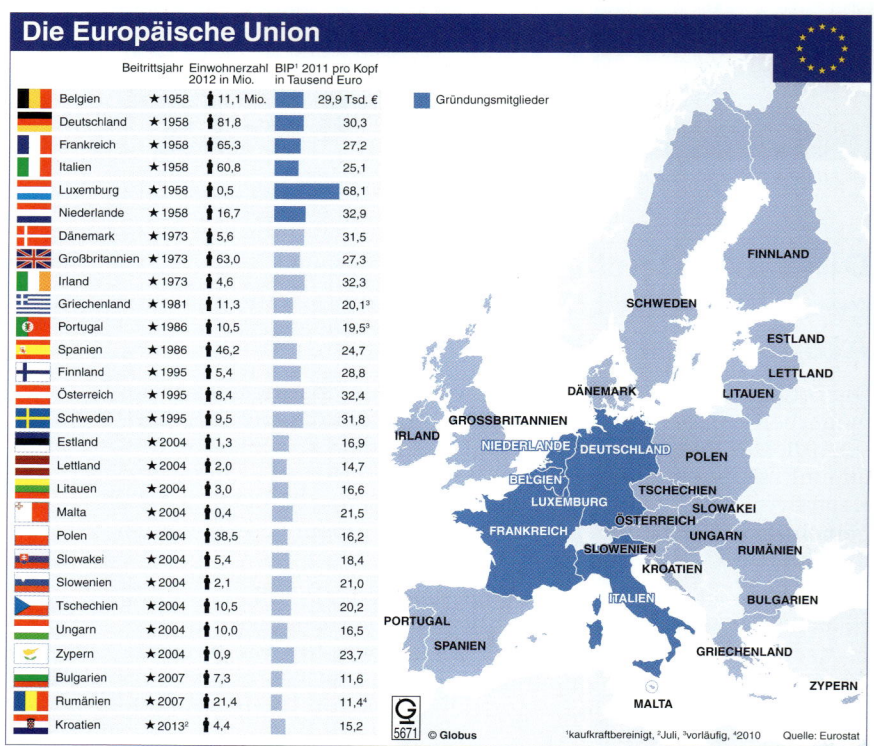

Die Europäische Union

	Beitrittsjahr	Einwohnerzahl 2012 in Mio.	BIP[1] 2011 pro Kopf in Tausend Euro	
Belgien	★ 1958	11,1 Mio.	29,9 Tsd. €	Gründungsmitglieder
Deutschland	★ 1958	81,8	30,3	
Frankreich	★ 1958	65,3	27,2	
Italien	★ 1958	60,8	25,1	
Luxemburg	★ 1958	0,5	68,1	
Niederlande	★ 1958	16,7	32,9	
Dänemark	★ 1973	5,6	31,5	
Großbritannien	★ 1973	63,0	27,3	
Irland	★ 1973	4,6	32,3	
Griechenland	★ 1981	11,3	20,1[3]	
Portugal	★ 1986	10,5	19,5[3]	
Spanien	★ 1986	46,2	24,7	
Finnland	★ 1995	5,4	28,8	
Österreich	★ 1995	8,4	32,4	
Schweden	★ 1995	9,5	31,8	
Estland	★ 2004	1,3	16,9	
Lettland	★ 2004	2,0	14,7	
Litauen	★ 2004	3,0	16,6	
Malta	★ 2004	0,4	21,5	
Polen	★ 2004	38,5	16,2	
Slowakei	★ 2004	5,4	18,4	
Slowenien	★ 2004	2,1	21,0	
Tschechien	★ 2004	10,5	20,2	
Ungarn	★ 2004	10,0	16,5	
Zypern	★ 2004	0,9	23,7	
Bulgarien	★ 2007	7,3	11,6	
Rumänien	★ 2007	21,4	11,4[4]	
Kroatien	★ 2013[2]	4,4	15,2	

FINNLAND, SCHWEDEN, ESTLAND, LETTLAND, LITAUEN, DÄNEMARK, GROSSBRITANNIEN, IRLAND, NIEDERLANDE, DEUTSCHLAND, POLEN, BELGIEN, TSCHECHIEN, LUXEMBURG, SLOWAKEI, FRANKREICH, ÖSTERREICH, UNGARN, SLOWENIEN, RUMÄNIEN, KROATIEN, ITALIEN, BULGARIEN, PORTUGAL, SPANIEN, GRIECHENLAND, ZYPERN, MALTA

5671 © Globus

[1]kaufkraftbereinigt, [2]Juli, [3]vorläufig, [4]2010   Quelle: Eurostat

Politische Annäherung

Politisch vollzog sich der Einigungsprozess wesentlich langsamer.

Bereits die EWG richtete verschiedene politische Organe ein und stattete sie mit unterschiedlichen Machtbefugnissen aus. Die Europäische Gemeinschaft übernahm diese Organe. Neben einem Ministerrat, einer Kommission, einem europäischen Gerichtshof und einem beratenden Wirtschafts- und Sozialausschuss näherte sich die EG langsam auch einem europäischem Parlament. Dieses wesentliche demokratische Organ blieb in den Augen der Europäer stets ein nationalstaatliches Gut. Ein den Ländern übergeordnetes Organ mit starken parlamentarischen Rechten wollte die Union zu diesem Zeitpunkt noch nicht.

In der Außenpolitik wurde versucht, gemeinsam Politik zu machen **(EPZ).** Weiter wollte die EG eine Realisierung einer Wirtschafts- und Währungsunion (WWU). Erster Schritt dazu war die Einführung eines Europäischen Währungssystems (EWS) mit einer gemeinsamen Rechnungseinheit dem ECU.

EPZ:

Europäische Politische Zusammenarbeit

In den 70er-Jahren kam es zur Gründung des Europäischen Rates. Ihm gehörten die Staats- und Regierungschefs der Mitgliedsländer an. Ihre Aufgabe bestand darin, die Grundlinien der EG festzulegen, bevor diese in den weiteren Organen politisch umgesetzt wurden. Ein weiteres, in den 70er-Jahren wesentliches Ereignis zu einer demokratischen Legitimation der Gemeinschaft, war die Einführung von Wahlen. Zum ersten Mal wurden die Abgeordneten des Europäischen Parlaments nach demokratischen Grundsätzen gewählt.

Diese langsame, aber weiterführende Entwicklung der EG zu einer wirtschaftlichen und politisch funktionierenden Einheit, basierte zunächst auf dem Prinzip der Einstimmigkeit. Alle Entscheidungen mussten von allen Mitgliedsstaaten getragen werden, sonst war eine verpflichtende Umsetzung in den Nationalparlamenten nicht notwendig.

1986 machte die EG einen großen Entwicklungssprung hin zu einer gemeinsamen Union. Die Einheitliche Europäische Akte (EEA) wurde unterzeichnet. Mit ihr wurde wirtschaftlich die Vollendung des Binnenmarktes angestrebt sowie politisch eine Vertiefung des Integrationsprozesses vorangetrieben. Im Einzelnen waren die Ziele:

Wirtschaftlich	Politisch
▶ Materielle Hindernisse beseitigen	▶ Vom Prinzip der Einstimmigkeit zur Mehrheitsabstimmung im Europäischen Rat überzugehen
▶ Steuerliche Hindernisse beseitigen	▶ Eine Aufwertung der Rolle des Europäischen Parlaments zu erreichen
▶ Rechtliche Klarheit und Sicherheit schaffen	▶ Eine rechtliche Basis für die EPZ erreichen

Nach Jahren der **Stagnation** war die Zeit für Reformen gekommen. Mit den Veränderungen in der UdSSR und dem endgültigen Fall des „Eisernen Vorhangs" 1989 war ein weiterer Ausbau der EG hin zu einer Europäischen Union möglich.

Stagnation:

Konjunkturelle Phase, in der die wirtschaftliche Entwicklung still steht

1. In welchen Schritten erfolgte eine politische Annäherung der Mitgliedsstaaten an ein gemeinsames Europa?

2. Ordnen Sie die 28 EU-Länder nach ihrem Eintritt in die EU.

1.3 Die europäischen Verträge

Im niederländischen Maastricht wurde 1992 der Grundstein zur Europäischen Union gelegt. Nach anfänglichen Zustimmungsverweigerungen der dänischen Bevölkerung gelang es am 1. November 1993 den *Maastrichter Vertrag* in Kraft treten zu lassen. Mit ihm wurden wichtige Neuerungen vereinbart, die mit dem Drei-Säulen-Modell anschaulich verdeutlicht wurden.

Mit dem Vertrag von Amsterdam (1997) und seiner endgültigen **Ratifizierung** 1997 wurde das Drei-Säulen-Modell auf die nachstehenden Bereiche erweitert und mit zusätzlichen Politikfeldern ergänzt.

Ratifizierung:

Annahme durch das jeweilige, nationale Parlament

Die Europäische Union		
Europäische Gemeinschaft (EG)	Gemeinsame Außen- und Sicherheitspolitik (GASP)	Polizeiliche und justizielle Zusammenarbeit in Strafsachen (PJZS)
Beispiele: ▸ Wirtschafts- und Währungsunion ▸ Agrarpolitik	*Beispiele:* ▸ Friedenserhaltung und Menschenrechte ▸ Abrüstung und gemeinsame Eingreiftruppe	*Beispiele:* ▸ Drogen- und Waffenhandel ▸ Terrorismus
Supranationale Zusammenarbeit	Intergouvernementale Zusammenarbeit	Intergouvernementale Zusammenarbeit

Die Europäische Union verstand sich als Dachorganisation dieser drei Säulen. Sie war keine eigene **Rechtspersönlichkeit.** Die supranationale Zusammenarbeit in den Bereichen der EG wurde durch die intergouvernementale Zusammenarbeit der GASP und der PJZS erweitert. Konnte die EG mit Mehrheitsentscheid im Rat der Europäischen Union und im Europäischen Parlament über die Interessen der Einzelstaaten hinaus entscheiden, so war das in den beiden neuen Säulen der EU nicht möglich. Das Einstimmigkeitsprinzip war Voraussetzung. Auch hatte das Europäische Parlament kein Mitbestimmungsrecht auf die Entscheidungen des Europäischen Rates. Eine Regierungszusammenarbeit mit gegenseitigem Vetorecht war demnach die Rechtsbasis der zweiten und dritten Säule.

Wichtige weitere Neuerungen waren unter anderem die Einführung der **Unionsbürgerschaft,** eine Ausweitung der Zusammenarbeit innerhalb der beruflichen Bildung, Integration des Abkommens von Schengen sowie die schrittweise Umsetzung einer gemeinsamen Währung.

Mit der Einführung des Europäischen Zentralbankensystems 1994 wurde der Weg für den Euro als gemeinsames und alleiniges Zahlungsmittel gelegt. 2002 wurde der Euro in zwölf Mitgliedsstaaten verbindlich eingeführt.

Mit dem Vertrag von Amsterdam wurde das 1985 in dem Luxemburgischen Ort Schengen getroffene Abkommen (Schengener Abkommen) in den Vertrag aufgenommen. Die Abschaffung der

Rechtspersönlichkeit:

Vergleichbar mit der Rechtsfähigkeit, d.h. Träger von Rechten und Pflichten zu sein

Unionsbürgerschaft:

Sie ergänzt die nationale Staatsbürgerschaft

Dadurch entsteht zwischen dem Bürger und Union ein Rechtsverhältnis, das zusätzliche Rechte beinhaltet (Wahlrecht zum EU-Parlament).

© Dave Vaughan

Grenzkontrollen zwischen den Unterzeichnerstaaten führte zu einer einzigen sogenannten Schengener Außengrenze der EU. Das Ziel der Schaffung eines Raumes der Freiheit innerhalb der EU wurde durch die Freizügigkeit im Personenverkehr erreicht.

Der Vertrag von Nizza 2001 trat 2003 in Kraft. In erster Linie wurden die Institutionen der EU neu geordnet. Dazu zählten u. a. die Stärkung der Stellung des Kommissionspräsidenten und die Festlegung der Obergrenze der Sitze im Europäischen Parlament auf 732. Bezüglich der Mehrheitsentscheidungen wurde neben der Mehrheit der Stimmen vereinbart, dass auch die Mehrheiten der Staaten und der Bevölkerung bei Beschlussfassungen notwendig sind.

Mit dem Vertrag von Nizza wurde eine Erklärung bezüglich der Zukunft der Union formuliert. Hier wurde die Aufnahme eines intensiven Dialoges zu folgenden Themen vereinbart:

▶ Die Charta der Grundrechte

▶ Abgrenzung der Kompetenzen zwischen den Mitgliedsstaaten und der EU

▶ Die Rolle der nationalen Parlamente

▶ Die Vereinfachung der Verträge

Der letzte Punkt der Erklärung wurde durch die Ausarbeitung einer Europäischen Verfassung konkretisiert. 2005 waren die Ausführungen bezüglich eines Vertrags über eine Verfassung für Europa (VVE) zur Ratifizierung in den Länderparlamenten fertig. Die Ablehnung Frankreichs und der Niederlande führte jedoch zu einem Ratifizierungs-Stopp in den Mitgliedsländern. Somit hatte der Vertrag keine Rechtsgültigkeit. Stattdessen einigt man sich 2007 in Portugal auf einen neuen Vertrag.

© dpa

Unterzeichnung des Vertrages von Lissabon

Der Vertrag von Lissabon ist der derzeit gültige Vertrag für alle 28 Mitgliedsstaaten der Europäischen Union. Er trat am 1. Dezember 2009 in Kraft und reformierte den VVE. Im Vergleich mit dem Drei-Säulen-Modell der EU nach dem Vertrag von Maastricht und Amsterdam, wurde mit dem Vertrag von Lissabon ein neuer einheitlicher Rechtsrahmen geschaffen. Die EU ist nicht mehr nur eine Dachorganisation, sondern besitzt eigene Rechtspersönlichkeit. Die EG wurde als institutionelle Organisation aufgehoben und in die EU integriert. Die Ziele eines VVE wurden weitestgehend übernommen. Lediglich die Schaffung eines einzigen Vertragswerkes für die EU blieb unberücksichtigt. Unter anderem werden nachfolgende Ziele verfolgt:

▶ Reduzierung der Vetomöglichkeiten (Einführung einer **doppelten Mehrheit**)

▶ Sicherung der Handlungsfähigkeit der EU nach der Osterweiterung

▶ Stärkung der Rechte des Europäischen Parlaments

▶ Die Einrichtung eines Europäischen Auswärtigen Dienstes

▶ Verschärfung der EU-Beitrittserklärungen

▶ Einführung Europäischer Bürgerinitiativen

Doppelte Mehrheit:
Für eine Beschlussfassung ist erstens, eine Stimmenmehrheit von 55 % der Mitgliedsstaaten notwendig (jedes Land hat eine Stimme), zweitens, 65 % der EU-Bevölkerung müssen repräsentiert sein (tritt 2014 in Kraft)

Unter Berücksichtigung der politischen, wirtschaftlichen und sozialen Entwicklungen in Europa hat sich die EU in Lissabon auf neue Regeln geeinigt. So ermöglicht es der Vertrag von Lissabon, die europäischen Institutionen anzupassen, die demokratische Legitimität der Union zu stärken und das Fundament ihrer Grundwerte (Rechte der Freiheit, der Solidarität und der Sicherheit) zu festigen.

1. Erläutern Sie, warum zwischen Vertragseinigung und in Kraft treten eines Vertrages mehrere Jahre vergehen können.
2. Erklären Sie die Unterschiede zwischen supranationaler und intergouvernementaler Zusammenarbeit.

2 Vorteile der europäischen Einigung

Der europäische Einigungsprozess hat viele Höhen und Tiefen im Laufe der Geschichte erlebt. Sicherlich zählen zu den herausragenden Erfolgen die Friedenssicherung und die Annäherung der Staaten nach den beiden Weltkriegen. Heute werden die Vorteile der EU mit den Nachteilen verglichen und gegenseitig abgewogen. Die Vorteile überwiegen, auch wenn der Prozess der Einigung an Geschwindigkeit zugenommen und dadurch Fehler gemacht wurden.

Allein das Ziel eines dauerhaften Friedens und die Erkenntnis, dass dies nur in einer Gemeinschaft zu erreichen ist, lassen am Erfolg der EU keine Zweifel.

2.1 Friedenssicherung

Die längste Friedensphase in der Geschichte des europäischen Kontinents ist einer der Haupterfolge der Europäischen Union. Seit über sechzig Jahren leben die Völker in Europa friedlich zusammen. Dies ist keine Selbstverständlichkeit, wenn man sich an die Grauen der beiden Weltkriege im letzten Jahrhundert zurückerinnert. Frieden wahren ist kein Selbstläufer. Stetes Arbeiten an den Grundzügen der Demokratie und der Menschenrechte sind die Voraussetzungen für ein friedliches Zusammenleben. Die Europäische Union hat diesen Prozess schrittweise ausgebaut und kann sich heute auf Grund vielfältiger Vernetzungen in wirtschaftlichen, politischen und gesellschaftlichen Bereichen den Erfolgen sicher sein. Durch die gemeinsame polizeiliche und justizielle Zusammenarbeit in Strafsachen (PJZS) lassen sich wirksame Maßnahmen gegen den Drogenhandel ergreifen. Auch eine effektivere Bekämpfung der Geldwäsche und Finanzkriminalität ist möglich geworden.

© dpa – Fotoreport

François Mitterrand (links, franz. Staatspräsident von 1981–1995) und Helmut Kohl (rechts, deutscher Bundeskanzler von 1982–1998)

> „Die gemeinsame Währung, der Wegfall des Eisernen Vorhangs, die Ausweitung der Europäischen Union nach Osten – dies alles stärkt Europa als Hort von Frieden und Freiheit, im globalen Wettbewerb und als Partner in der Welt. ...Wo stünden wir heute in Europa, wenn wir den Kleinmütigen und Bedenkenträgern immer erlegen wären und die große europäische Idee nicht gegen erhebliche Widerstände durchgesetzt hätten?"
>
> Helmut Kohl, 28. Februar 2012, http://www.n-tv.de, 10.05.2013

2.2   Europäischer Binnenmarkt

Mit rund 500 Millionen Verbrauchern ist der europäische Binnenmarkt einer der größten Märkte der Welt. Er trägt wesentlich zum Wohlstand in Europa bei. Durch den stärkeren Wettbewerb steigt die Produktivität und die Preise sinken.

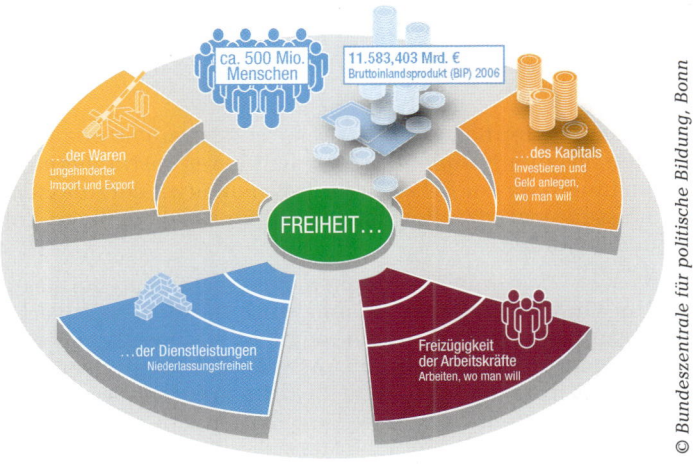

© Bundeszentrale für politische Bildung, Bonn

Die Grafik zeigt die vier Freiheiten, die zu einem Binnenmarkt gehören.

▶ Freizügigkeit der Arbeitskräfte

▶ Warenverkehrsfreiheit

▶ Dienstleistungsfreiheit

▶ Kapitalverkehrsfreiheit

Im Rahmen der *Freizügigkeit der Arbeitskräfte* (Personenverkehrsfreiheit) genießen alle EU-Bürger das Recht, sich in jedem Land der EU aufzuhalten, einen Beruf auszuüben und dort zu verbleiben. Arbeitnehmer haben das Recht, in jedem Mitgliedsland zu leben und zu arbeiten. Kein Unionsbürger darf aufgrund seiner Staatsangehörigkeit benachteiligt werden (Diskriminierungsverbot).

Der freie Warenaustausch innerhalb der Staaten der EU wird im Rahmen der *Warenverkehrsfreiheit* gewährleistet. Sie besteht aus:

▶ der Zollunion und

▶ dem Verbot mengenmäßige Beschränkungen der Ein- und Ausfuhr von Waren sowie alle anderen Maßnahmen, welche die gleiche Wirkung entfalten.

Ziel ist es dabei, über die Öffnung der nationalen Märkte das Produktangebot auf allen Märkten zu verbessern. Weiterhin soll eine Benachteiligung anderer Mitgliedsstaaten verhindert werden. Die EU-Verträge definieren Waren folgendermaßen:

AEU-Vertrag:

Vertrag über die Arbeitsweise der Europäischen Union

Seit dem Lissabonner Vertrag gelten der AEU- und der EU-Vertrag als primärrechtliche Grundlage des politischen Systems der EU.

> **AEU-Vertrag** (Auszug)
>
> …
>
> Waren sind alle beweglichen körperlichen Gegenstände mit kommerziellem Wert, die Gegenstand von Handelsgeschäften sein können. Dazu gehören nicht nur Waren, die aus den Mitgliedsstaaten selbst stammen, sondern auch Waren aus Drittländern, die sich in den Mitgliedsstaaten im freien Warenverkehr befinden.
>
> Die Warenverkehrsfreiheit darf zum Schutz des Lebens oder der Gesundheit von Menschen, Tieren und Pflanzen, aber auch aus Gründen des Verbraucher- und Umweltschutzes eingeschränkt werden.
>
> …

Dienstleistungsfreiheit bzw. Niederlassungsfreiheit erlaubt allen Personen aus den Mitgliedsstaaten sich unter bestimmten Bedingungen innerhalb der EU zu Erwerbszwecken niederzulassen. Firmen müssen nach den Rechtsvorschriften des jeweiligen Landes gegründet werden.

Europäische Richtlinien bestimmen, dass die eigene Berufsausbildung im Gastland auch anerkannt wird. Werden massive Unterschiede im Vergleich zur Ausbildung im Aufnahmestaat erkannt, ist eine Eignungsprüfung oder ein Anpassungslehrgang vorgesehen. Für einige Berufe gibt es bereits Richtlinien für die Anerkennung. Sie regeln Inhalt und Dauer der verschiedenen Ausbildungen. Für einige Berufe ist eine inhaltliche Harmonisierung meistens schwierig. Zudem genießen alle Unionsbürger innerhalb der EU das Recht auf Freizügigkeit, d. h. freies Einreisen, freier Aufenthalt, freies Wohnrecht und die freie Wahl des Studien- und Arbeitsplatzes.

Unter der *Freizügigkeit des Kapitals* versteht man den freien Kapitalverkehr. Er ermöglicht europaweit offene und wettbewerbsfähige Finanzmärkte und Finanzdienstleistungen (z. B. Darlehen und Kredite) zu nutzen, was für uns alle viele Vorteile mit sich bringt. So können die Bürgerinnen und Bürger zahlreiche Geschäfte im Ausland tätigen, beispielsweise ein Bankkonto eröffnen oder Aktien ausländischer Unternehmen kaufen. Auch können ausländische Immobilien erworben werden.

Den Unternehmen eröffnet der freie Kapitalverkehr vor allem die Möglichkeit, in andere europäische Unternehmen zu investieren.

Fassen Sie die Vorteile, die der Europäische Binnenmarkt für Sie bringt, zusammen.

2.3 Währungsunion

In den letzten Jahren waren die Eurokrise und die Finanzkrise in den Schlagzeilen. Rettungsschirme wurden aufgespannt. Ziel war und ist es, den Euro als Währungseinheit stabil zu halten und finanzschwächere Länder mit hohen Verschuldungen zu unterstützen. Doch wie konnte es zu einer solchen Situation kommen?

Die Grundidee einer gemeinsamen Währung in einem gemeinsamen Binnenmarkt war mit der Gründung der Europäischen Wirtschaftsgemeinschaft 1957 (EWG) bereits vorhanden. Nur langsam wurde die Idee weiter ausgebaut und politisch gefestigt. Mit dem Vertrag von Maastricht haben sich die Mitgliedsstaaten der Europäischen Union gemeinsam darauf geeinigt, dass nach der ersten Stufe der Währungsunion die beiden wesentlichen Stufen zwei und drei folgen müssen. Damit wurde der Grundstein einer gemeinsamen Währungsunion gelegt.

Die drei Stufen der Wirtschafts- und Währungsunion (WWU)		
Stufe 1	**Stufe 2**	**Stufe 3**
1. Juli 1990 – Aufhebung aller Beschränkungen des freien Kapitalverkehrs	1. Januar 1994 – Gründung des Europäischen Währungsinstituts, der Vorgängerinstitution der EZB	1. Januar 1999 – Unwiderrufliche Festlegung der Wechselkurse, EZB übernimmt die Verantwortung für die Geldpolitik 1. Januar 2002 – Einführung der Euro-Banknoten und -Münzen

Die Europäische Zentralbank in Frankfurt

© Fotolia.com – Berlin

BIP:

Misst den Gesamtwert aller Waren und Dienstleistungen pro Jahr, die in den Landesgrenzen hergestellt wurden, egal wo die Personen leben (Inlandsprinzip)

Euro-Zone:

EU-Länder, die den Euro eingeführt haben

In der zweiten Stufe wurde unter anderem eine verstärkte Koordinierung der Geldpolitik durch die Zentralbanken der Mitgliedsländer vereinbart. Auch der Name der gemeinsamen Währung wurde von ECU auf EURO festgelegt.

Mit der politischen Unabhängigkeit der Zentralbanken der einzelnen Staaten begann die dritte Stufe der Währungsunion. Am 1. Januar 1999 wurde der Euro als Währungsmittel eingeführt. Die Wechselkurse wurden festgelegt und eine übergeordnete Zentralbank, die Europäische Zentralbank (EZB), gegründet. Sie war für die Durchführung der Geldpolitik verantwortlich.

In dieser letzten Stufe der Währungsunion wurde durch den Europäischen Rat festgehalten, welches EU-Land den Euro als einziges Zahlungsmittel von Beginn an einführen durfte. Die Entscheidung wurde anhand zuvor festgelegter Kriterien getroffen. Die wichtigsten, der sogenannten Konvergenzkriterien, sahen wie folgt aus:

▶ Preisstabilität, d.h. die Inflationsrate (Geldentwertung) darf nicht mehr als 1,5 % über derjenigen der drei preisstabilsten Mitgliedsstaaten liegen

▶ Der staatliche Schuldenstand muss insgesamt < = 60 % des Bruttoinlandsprodukts **(BIP)** sein

▶ Das jährliche Haushaltsdefizit muss < = 3 % des Bruttoinlandsprodukts betragen

Das Einhalten dieser Kriterien war und ist die Voraussetzung für die Einführung des Euros und dem vollständigen Beitritt zur Währungsunion. Durch den Maastrichter Vertrag haben sich alle EU-Mitglieder dazu verpflichtet, diese Kriterien zu erreichen, den Euro einzuführen und die Kriterien auf Dauer zu sichern. Lediglich Großbritannien und Dänemark nehmen aufgrund einer Ausnahmeregelung nicht an der Währungsunion mit Einführung des Euros teil.

Im Jahr 2013 haben 18 der 28 Staaten der EU den Euro eingeführt. Das Einhalten der Konvergenzkriterien zeigte sich als schwierig. Mehrmals hatten Staaten (auch Deutschland) die Kriterien nicht einhalten können. Der zuvor festgelegte Maßnahmenkatalog bei Nichteinhaltung von Kriterien wurde nicht erfolgreich umgesetzt. Hinzu kam eine allgemeine Finanzkrise, die von den USA und deren Bankensystem ausging. Fehlende Haushaltspolitik und notwendige Sparmaßnahmen durch den Staat führten in vielen Ländern der **Euro-Zone** zu hohen Staatsverschuldungen. Diese hatten und haben einen negativen Einfluss auf die Stabilität des Euros. Der gesamte Wirtschaftsmarkt leidet unter dieser Situation, welche zu Geldentwertungen bis hin zu Staatspleiten führen kann. Die EU versucht durch Regulierungen des Finanzmarktes, gesteuert durch die EZB, Mitgliedsländer finanziell zu unterstützen. Umstritten sind die Erfolge, die dadurch erzielt werden können. Staatspleiten würden auch andere Länder und den gesamten Wirtschaftsmarkt stark belasten. Ein Austritt aus der Euro-Zone ist im AEU-Vertrag nicht vorgesehen, sodass dieser Schritt mit einem Austritt aus der EU in Verbindung stünde. Die Ziele der EU und ihre lange Erfolgsgeschichte, einschließlich der bereits oben erwähnten Vorteile, wären in Gefahr.

Die europäische Staatsschuldenkrise ist nicht der Anfang vom Ende des Euro. Doch sie sollte uns Mäßigung und mehr Realismus lehren, nicht zuletzt auch deshalb, weil das Vertrauen in „Europa" massiv geschwunden ist... Der Außenwert des Euro sinkt (durchaus zum Gefallen europäischer Exporteure), als Reservewährung büßt er an Bedeutung ein, internationale Anleger ziehen sich aus dem Euroraum zurück... Wenn Europas Weltmachtstatus wenigstens zum guten Teil auf dem Euro beruht, wie das ja vermutet worden ist, dann zeigt die jüngste Entwicklung, was viele davon halten: Europa wird als Sorgenkind der Weltwirtschaft wahrgenommen, nicht als beherzt und selbstbewusst agierende Macht von globaler Reichweite. Die Brötchen werden kleiner, werden kleiner sein müssen.

Das hängt mit der wirtschaftlichen Lage und dem Ausblick in vielen europäischen Ländern zusammen und zwangsläufig mit der Notwendigkeit, die Staatsfinanzen unter Kontrolle zu bringen. Mit anderen Worten: Wenn die Politik unter dem Primat der Haushaltskonsolidierung steht, und das muss sie, dann sind auch alle jene Bereiche betroffen, die das Verhältnis der europäischen Länder nach außen bestimmen: Überall wird der Rüstungshaushalt gekürzt; die Etats für Entwicklungshilfe werden zurückgefahren; der Ehrgeiz, in der Klimapolitik den anderen leuchtendes Modell zu sein, ist weitgehend erloschen. Die meisten Europäer sind mit sich selbst beschäftigt. Zu größerem außenpolitischen Engagement wird künftig wenig Neigung bestehen. Politische Macht wächst aus wirtschaftlicher Kraft.

In sich gekehrt und in sich gespalten taugen die Europäer nicht zum globalen Spieler, hat Außenminister Westerwelle dieser Tage geschrieben. Da hat er gewiss recht. Aber weltpolitische Gestaltungskraft, vom Willen dazu mal ganz abgesehen, erlangt Europa nur dann, wenn es zu kollektiver ökonomischer Stärke und Vitalität zurückfindet. Es langt nicht, dass einige Länder sich im globalen Wettbewerb gut, ja glänzend behaupten können, während andere immer mehr den Anschluss verlieren. Deshalb gehören die Überwindung der Staatsschuldenkrise und die Entwicklung moderner Strukturen als Voraussetzung für Wohlstand unauflöslich zusammen. Das nähme Spannung aus dem Euroraum und würde die Europäer gleichzeitig mit neuem Selbstbewusstsein auftreten lassen.

Klaus-Dieter Frankenberger, in FAZ vom 24. Juli 2012

Nehmen Sie Stellung zu folgenden Äußerungen des Autors:

a) „Die politische Macht wächst aus wirtschaftlicher Kraft."

b) „Die Brötchen werden kleiner, werden kleiner sein müssen".

Hoffnungen und Ängste der Währungsunion

Eine wichtige Hoffnung bei der Umsetzung der Währungsunion war ein erwarteter Wachstumsschub. Die einheitliche Währung im

Europäischen Binnenmarkt sollte zu einer Steigerung der Nachfrage und einer Senkung der Kosten führen. Dafür sollten Wechselkursunsicherheiten wegfallen und eine Verminderung von Transaktionskosten entstehen. In allen EU-Staaten, auch in den ärmeren Staaten, hoffte man auf mehr Investitionen durch eine gemeinsame Währung. Tatsächlich fiel das Wachstum in der Eurozone zwischen 1999 und 2007 mit rund 2,2 % jährlich eher mittelmäßig aus. Zum Vergleich: In den USA wuchs das BIP (Bruttoinlandsprodukt) in derselben Zeit mit 2,8 % jährlich.

Eine weitere Hoffnung bei der Umsetzung der Währungsunion war die höhere Preisstabilität. Insbesondere die Regierungen von früheren Hochinflationsländern wie Italien erwarteten einen Aufschwung durch die Abgabe der geldpolitischen Entscheidungsmacht an die EZB. Die EZB sollte stabilitätsorientierte Entscheidungen übernehmen, die sonst für die nationalen Banken nur schwer durchsetzbar gewesen wären. Im Ganzen veränderte sich die **Inflationsrate** insbesondere in Deutschland seit Einführung des Euros kaum. Allerdings war in den ersten Jahren nach der Einführung die gefühlte Inflation besonders hoch. Der Euro bekam von den Bürgerinnen und Bürger den Spitznamen „Teuro".

Inflation:
Bezeichnet eine allgemeine Erhöhung der Güterpreise, die entsprechend das Absinken der Kaufkraft zur Folge hat

Schließlich wurde die Währungsunion auch als weiterer Schritt zur Bildung einer politischen Union in Europa angesehen. Sie sollte das Bewusstsein für die europäische Integration stärken und damit das allgemeine friedenssichernde Ziel der Europäischen Union unterstützen.

2.4 Leben, Lernen und Arbeiten in der EU

Mit der Europäischen Union verbindet man zunächst den freien Handel, offene Grenzen und eine gemeinsame Währung. Die EU bietet aber auch für jeden EU-Bürger das Recht, in einem EU-Land seiner Wahl zu reisen, zu leben, zu arbeiten, zu studieren oder seinen Ruhestand zu verbringen. Es gibt viele Möglichkeiten, die EU aktiv kennenzulernen. Eines der bekanntesten Programme aus dem Konzept für ein lebenslanges Lernen kommt aus dem Bereich der beruflichen und allgemeinen Bildung. Förderung einer leistungsfähigen Wissensgesellschaft und Erhöhung der Wettbewerbsfähigkeiten in Europa sind primäre Ziele dieser Förderprogramme. Unterschiede innerhalb der Leistungen der einzelnen Bildungssysteme sollen abgestellt werden. Beispiele für solche Mobilitätsprogramme sind:

© ullstein bild – Lebrecht Music & Arts

Leonardo da Vinci:
(1452–1519)
Maler, Zeichner, Bildhauer, Erfinder, visionärer Konstrukteur, Mathematiker, Architekt und leidenschaftlicher Naturforscher Als typischer Vertreter seiner Zeit glaubte er an die Freiheit der Kunst und des Menschen und strebte nach Bildung und Wissen.

▶ Comenius (Schulbildung)

▶ Erasmus (Hochschulbildung)

▶ Leonardo da Vinci (Allgemeine und berufliche Bildung)

▶ Grundtvig (Erwachsenenbildung)

Das Programm **Leonardo da Vinci** finanziert eine breite Palette von Berufsbildungsmaßnahmen. Ziel ist es, berufsbezogene Kenntnisse durch Auslandspraktika zu verbessern und Kooperationsprojekte zwischen den Bildungseinrichtungen verschiedener Länder zu schaffen. Dabei sind die Lernerfahrungen der Jugendlichen ein zentrales Anliegen der EU. Bis 2013 will die EU ihr Ziel verwirklichen, im Rahmen dieses Programms 80.000 Menschen an Praxis-aufenthalten in Unternehmen teilnehmen zu lassen.

Die Mobilität in der beruflichen Bildung steht auf EU-Ebene immer mehr im Mittelpunkt. Die EU-Bildungsminister betonten bereits 2008, dass Mobilität ein wichtiger Bestandteil der europäischen Zusammenarbeit im Bereich der allgemeinen und beruflichen Bildung sei. Mittel zur Förderung der Mobilität von Auszubildenden werden vom Europäischen Parlament bereitgestellt. Ziel ist es, die wichtigsten Hindernisse für die Mobilität von Auszubildenden und jungen Menschen in der beruflichen Erstausbildung zu ermitteln und Lösungen zu entwickeln.

Maßnahmen zur Verbesserung der Berufsbildung tragen dazu bei, die für den Arbeitsmarkt notwendigen Fertigkeiten, Kenntnisse und Kompetenzen bereitzustellen. Daher sind sie ein wesentlicher Beitrag zum Arbeitsprogramm „Allgemeine und berufliche Bildung 2020" der EU. Ein weiterer Impuls für die europäische Zusammenarbeit in der beruflichen Aus- und Weiterbildung verfolgt die Strategie „Europa 2020". Hier werden u. a. Maßnahmen zur Förderung von Transparenz, Anerkennung und Qualität festgehalten. Beispiele wären:

▶ der Europäische Qualifikationsrahmen (EQR),

▶ der Europass,

▶ das Europäische Leistungspunktesystem für die Berufsbildung (ECVET),

▶ der Europäische Bezugsrahmen für die Qualitätssicherung in der beruflichen Aus- und Weiterbildung (EQAVET).

An dieser Stelle soll nur der Europass näher erläutert werden. Alle weiteren Maßnahmen sind auf der Internetseite der Europäischen Kommission nachzulesen.

Der Europass

Arbeitssuchende, die im In- oder Ausland eine Stelle finden möchten, müssen in der Lage sein, ihre Qualifikationen und Fertigkeiten so darzustellen, dass Arbeitgeber diese verstehen und richtig einschätzen können. Der Europass ist ein öffentlicher Dienst, um die erworbenen Qualifikationen und Fertigkeiten europaweit besser verständlich zu machen. Dabei handelt es sich nicht um einen Pass im herkömmlichen Sinne. Vielmehr besteht das System Europass aus mehreren Elementen:

Logo Euro-Pass

▶ *Lebenslauf-Dienst*

Das Europäische Zentrum für die Förderung der Berufsbildung bietet ein interaktives Instrument, mit dessen Hilfe der Europass-Lebenslauf und der Europass-Sprachenpass erstellt werden können. Der Europass-Lebenslauf dokumentiert alle individuellen Fertigkeiten und Fähigkeiten der Nutzer, einschließlich der Kompetenzen, die außerhalb der allgemeinen und beruflichen Bildung erworben wurden.

▶ *Europass-Mobilität*

Er dient als Nachweis einer Lernerfahrung im Ausland. Damit kann einem Arbeitgeber im europäischen Raum beispielsweise die Durchführung von Praktika nachgewiesen werden.

Fachstufe II/III

▸ *Der Europass-Diplomzusatz*

Er stellt eine formalisierte Beschreibung von Art, Niveau, Kontext, Inhalt und Status aller Hochschulstudiengänge dar, den die betreffende Person erfolgreich abgeschlossen hat.

▸ *Die Europass-Zeugniserläuterung*

Sie beschreibt die Kompetenzen, die ein berufliches Abschlusszeugnis beinhaltet und erleichtert Arbeitgebern eine Einschätzung der Fähigkeiten des Inhabers.

© H. Junghans

Europarat in Straßburg

Europarat:

Er wurde am 5. Mai 1949 gegründet und ist eine europäische Internationale Organisation, der 47 Staaten angehören.
Der Europarat ist ein Forum für Debatten über allgemeine europäische Fragen.
Seit 1993 widmet sich der Europarat verstärkt der Wahrung der demokratischen Sicherheit. Dazu zählt insbesondere:
▸ der Einsatz für die Menschenrechte,
▸ die Sicherung demokratischer Grundsätze sowie
▸ rechtsstaatliche Grundprinzipien.

Der Europarat ist institutionell nicht mit der Europäischen Union verbunden, auch wenn beide dieselbe Flagge und dieselbe Hymne verwenden.

Die Europäische Sozialcharta

Leben und Arbeiten in der EU setzt Rechte wie soziale Sicherheit und angemessene Arbeitsbedingungen für alle EU-Länder voraus. Aus diesem Grund wurde 1961 die Europäische Sozialcharta als Ergänzung der Europäischen Menschenrechte erarbeitet. Urheber dieser Charta ist der **Europarat.** Sie ist das grundlegende Dokument für die sozialen Werte in Europa. Sie beinhaltet 19 Grundrechte; unter anderem das Recht auf:

▸ Arbeit

▸ Soziale Sicherheit

▸ Wirtschaftlichen und sozialen Schutz der Familie

▸ Jugend- und Mutterschutz

▸ Kostenlose Schulbildung

Auch nach über 50 Jahren Europäische Sozialcharta hat noch nicht jedes der 47 Mitgliedsländer des Europarates alle Rechte in nationale Rechte verwirklicht (43 der 47 Staaten des Europarats haben die Charta ratifiziert, wenn auch nicht sämtliche Zusatzprotokolle). Intension der Charta war und ist es, den sozialen Fortschritt zu fördern und die Menschenrechte und Grundfreiheiten weiterzuentwickeln.

Präambel der Europäischen Sozialcharta

… in der Erwägung, dass es das Ziel des Europarats ist, eine engere Verbindung zwischen seinen Mitgliedern herzustellen, um die Ideale und Grundsätze, die ihr gemeinsames Erbe sind, zu wahren und zu verwirklichen und ihren wirtschaftlichen und sozialen Fortschritt zu fördern, insbesondere durch die Erhaltung und Weiterentwicklung der Menschenrechte und Grundfreiheiten;

… in der Erwägung, dass die Ausübung sozialer Rechte sichergestellt sein muss, und zwar ohne Diskriminierung aus Gründen der Rasse, der Hautfarbe, des Geschlechts, der Religion, der politischen Meinung, der nationalen Abstammung oder der sozialen Herkunft;

in dem Entschluss, gemeinsam alle Anstrengungen zu unternehmen, um durch geeignete Einrichtungen und Maßnahmen den Lebensstandard ihrer Bevölkerung in Stadt und Land zu verbessern und ihr soziales Wohl zu fördern.

COUNCIL OF EUROPE   CONSEIL DE L'EUROPE

Logo des Europarates

Die Europäische Sozialcharta steht bis heute im Schatten der Europäischen Menschenrechtskonvention.

Dabei haben gerade soziale Rechte im Zuge der Finanz- und Wirtschaftskrise (2009) an Bedeutung gewonnen. Durch die Wirtschaftskrise in Europa sind mehr Armut und mehr Diskriminierung entstanden. Auch Einschränkungen im Bereich der Arbeitnehmerrechte werden vom Europarat kritisiert. So wurde festgestellt, dass es nach der Wirtschaftskrise verstärkt zu überlangen Arbeitszeiten oder unbezahlten Überstunden gekommen ist.

1. Beschreiben Sie die Vorteile des Europass.
2. Welche Hauptaufgabe nimmt der Europarat war?

3 Institutionen und Entscheidungsprozesse in der EU

Ein solch komplexes Gebilde wie die EU braucht zum reibungslosen Ablauf klare Verwaltungsstrukturen. Bei der Vielzahl der Bürger in der EU ist dies nicht immer einfach. Die einzelnen Aufgaben und Entscheidungsprozesse werden immer wieder diskutiert.

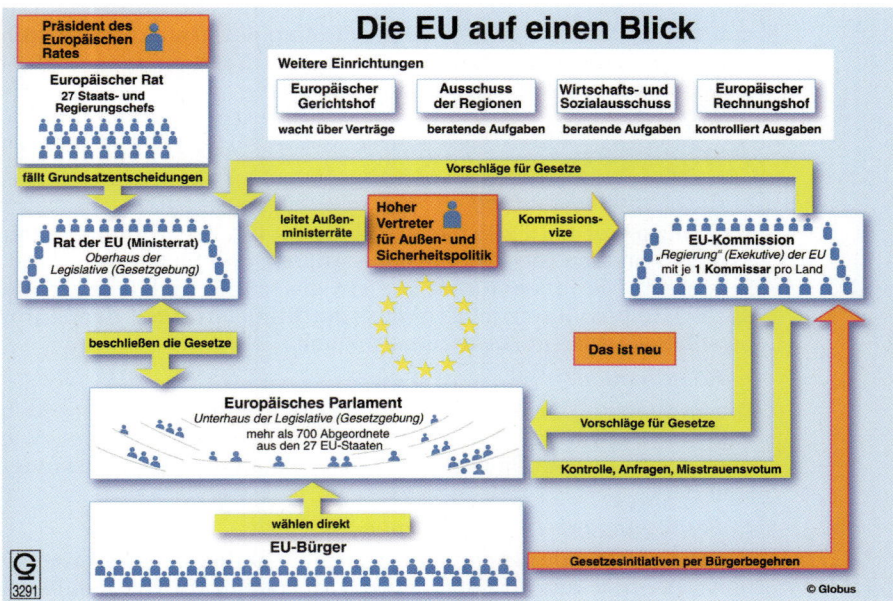

3.1 Der Europäische Rat

Mindestens zweimal im Jahr treffen sich Regierungschefs aller EU-Länder. Sie legen die allgemeinen politischen Zielvorstellungen der EU fest. Diese Zusammenkunft der Staats- und Regie-

Fachstufe II/III

rungschefs ist der Europäische Rat. Gastgeber ist das Land, das jeweils die Ratspräsidentschaft innehat. Diese wechselt nach sechs Monaten von Land zu Land.

Die Regierungschefs der EU-Länder bei einem der halbjährlichen Ratstreffen

3.2   Der Ministerrat (Rat der Europäischen Union)

Das eigentliche Machtzentrum für die täglichen Entscheidungen ist der Ministerrat. Im Rat ist jeder Mitgliedsstaat durch einen Minister vertreten. Diese Minister tragen die politische Verantwortung für ihre Entscheidungen sowohl gegenüber ihrem nationalen Parlament als auch gegenüber den Bürgern, die sie vertreten.

Sitz des Rates ist Brüssel, wo in der Regel auch die Ministertagungen stattfinden. Je nach der Tagesordnung wechseln die Minister. Am häufigsten tagen die Ministerräte für Landwirtschaft, Wirtschaft und Finanzen, Umwelt und Verkehr.

Aufgaben

▶ *Entscheidungsfindung*

Im Ministerrat wird beispielsweise durch die Außenminister der Mitgliedsstaaten die Gemeinsame Außen- und Sicherheitspolitik festgelegt. Die Innenminister regeln die Innen- und Justizpolitik der EU. In der Gesetzgebung muss der Ministerrat mit dem Europäischen Parlament zusammenarbeiten.

▶ *Koordination*

Die Grundzüge der Wirtschaftspolitik der Mitgliedsstaaten werden vom Rat entworfen. Darin werden zum Beispiel festgelegt, wie hoch die Neuverschuldung im Staatshaushalt der Mitgliedsländer sein darf.

▶ *Festlegung des Haushaltsplans*

Obligatorisch:

Notwendig, hier: die Ausgaben, über die das Europäische Parlament nicht bestimmen kann

Der Rat entscheidet über die sogenannten **obligatorischen** Ausgaben. Das sind im Wesentlichen die Ausgaben für die Landwirtschaft und die Drittstaaten (Staaten, die nicht EU-Mitglied sind). Fast die Hälfte der EU-Ausgaben fließt in die Landwirtschaft

Der Ministerrat beeinflusst die Gesetzgebung in den Mitgliedsländern. Viele Beschlüsse und Entscheidungen, die in Brüssel fallen, werden in nationales Recht umgewandelt. Rund ein Viertel aller Gesetze, die im Bundestag in Berlin verabschiedet werden, sind Umsetzungen von europäischem Recht.

3.3 Die Kommission

Die Kommission der Europäischen Union ist vergleichbar mit der Regierung eines Landes. Sie ist die Antriebskraft des wirtschaftlichen Vereinigungsprozesses in Europa. Von ihr kommen Vorschläge zur **Gemeinschaftspolitik.** Sie führt die von Rat und Parlament beschlossenen Aktionen durch. Dem Europäischen Parlament gegenüber muss sie sich politisch verantworten. Das Parlament kann der Kommission das Misstrauen aussprechen und sie so zur Amtsniederlegung zwingen.

Gemeinschaftspolitik:

Hier: Politische Arbeit, die alle EU-Länder betrifft

EU will Tabakkonsum weiter einschränken

now. BAD HOFGASTEIN, 27. September. Die Europäische Kommission strebt offenbar langfristig weitere Beschränkungen zur Vermarktung und zum Konsum von Tabakprodukten an. Das hat der für Verbraucherschutz zuständige EU-Kommissar David Byrne erkennen lassen. Auf dem Europäischen Gesundheitsforum in Bad Hofgastein stellte Byrne insbesondere ein Verbot der sogenannten indirekten Werbung sowie Auflagen für Zigarettenautomaten und zur Bekämpfung des sogenannten passiven Rauchens zur Diskussion. Eine halbe Million Menschenleben fordere der Tabakkonsum jährlich allein in den EU-Ländern, sagte Byrne. Ein erster Versuch der Kommission, ein weit reichendes Verbot für die Tabakwerbung in der Gemeinschaft durchzusetzen, war von der großen Mehrheit der EU-Staaten zwar gebilligt worden, aber nach einer Klage Deutschlands vor dem Europäischen Gerichtshof im Herbst 2000 gescheitert. Derzeit liegen dem Ministerrat und dem Europäischen Parlament Vorschläge vor, die das Urteil des Europäischen Gerichtshofs zwar berücksichtigen, aber unverändert auf ein allgemeines Verbot der Werbung in Zeitschriften und Zeitungen hinauslaufen. Die Bundesregierung hat weiter Vorbehalte, weil sie im Vorschlag eine Überschreitung der rechtlichen Zuständigkeiten der EU befürchtet. Der britische Gesundheitsrechtler Martin McKee kritisierte, dass die Bundesregierung dem Druck der deutschen Tabak**lobby** nachgebe.

Frankfurter Allgemeine Zeitung, 27.09.2002

Lobby:

Interessengruppen, die versuchen, ihre Ziele durch Beeinflussung von politischen Entscheidungsträgern zu erreichen

Des Deutschen liebste Glühbirne

Der Glühlampenausstieg gilt als eine der unpopulärsten Entscheidungen der EU. Sie ist tatsächlich ungewöhnlich radikal. Das sei absurd, sagt der Medienjournalist Dietrich Leder „angesichts der Liberalität gegenüber Fahrzeugbesitzern, die weiterhin ihre überdimensionierten Kraftwagen sinnlos durch die Gegend bewegen können".

Wie angemessen der Glühlampenausstieg ist, darüber lässt sich trefflich streiten. Ausschlaggebend für den Schritt waren im Jahr 2008 klima- und energiepolitische Überlegungen.

2020 sollen jährlich laut Verordnung durch eben diese EU-weit 39 Terawattstunden Energie eingespart werden. Das entspricht immerhin der Leistung von vier großen Kernkraftwerken im

© pix4U – Fotolia.com

Der Rebound-Effekt:

Bevor Glühlampen verboten wurden, versuchte man lange, die Menschen von den modernen Energiesparlampen zu überzeugen. Kostet mehr, hält aber achtmal so lange und spart 80 % Strom, lauteten die Argumente. Während ihrer Lebensdauer spart die Sparlampe Strom für 65 Euro ein, hieß es. Soweit die versprochene Haltbarkeit erreicht wird, stimmt das auch.

Was aber machen die Menschen mit den eingesparten 65 Euro? Zusätzliche Lampen einschrauben, denn Licht ist ja plötzlich so billig? Oder auf die hohe Kante legen für einen zusätzlichen Kurztrip nach Mallorca? All das verbraucht Energie.

Energieeffizienz ändert Kaufverhalten und Konsummuster. Manches der erhofften Einsparung prallt zurück, die Forscher sprechen vom „Rebound-Effekt". Mehrere Studien konnten zeigen, dass die tatsächliche Einsparung oft deutlich niedriger ist als die erwartete.

Dauerbetrieb. Unklar ist, ob die Einsparung erreicht werden wird.

Erfahrungen mit anderen Energiesparmaßnahmen zeigten, dass die Ziele wegen des sogenannten **„Rebound-Effekts"** häufig nicht erreicht wurden. Auch die oft diskutierte Quecksilberfrage wird in der Verordnung berücksichtigt. Weil viele Energiesparlampen ohne Recycling entsorgt würden, kämen in der EU 2,9 Tonnen Quecksilber in die Umwelt. Das soll trotz steigender Lampenzahl nicht mehr werden: durch weniger Quecksilber in jeder einzelnen Energiesparlampe und besseres Recycling.

Tagesschau, 30.8.2012

1. Wie beurteilen Sie, dass die Kommission in Brüssel bestimmen kann, ob in deutschen Zeitschriften Tabakwerbung gedruckt werden darf?

2. Was ist Ihrer Meinung nach wichtiger einzuschätzen: Die Freiheit der wirtschaftlichen Betätigung und dafür zu werben oder der Schutz der Bevölkerung vor übermäßigem Tabakkonsum?

3. Diskutieren Sie die Entscheidung der EU bezüglich des Glühbirnenverbots. In wie weit soll die EU über Gewohnheiten nationaler Staaten entscheiden können?

Die Mitglieder

Die Kommission besteht aus einem Kollegium von 28 Mitgliedern. Jedes Land entsendet einen Kommissar. Es handelt sich um Persönlichkeiten, die zuvor in ihrem Herkunftsland ein politisches Amt – oft auf Ministerebene – ausgeübt haben. Alle fünf Jahre wird die Kommission neu besetzt.

Sitz der Europäischen Kommission in Brüssel

Wer ist der derzeit amtierende Kommissionspräsident?

Lerngebiet 9

Die Aufgaben der Kommission

Die Europäische Kommission hat im Wesentlichen vier Aufgaben:

- Sie macht dem Parlament und dem Rat Vorschläge für neue Rechtsvorschriften
- Sie führt die Gemeinschaftspolitik durch
- Sie überwacht (gemeinsam mit dem Gerichtshof) die Einhaltung des Gemeinschaftsrechts
- Sie ist die Sprecherin der Europäischen Union und handelt völkerrechtliche Verträge aus (im Wesentlichen Handels- und Kooperationsabkommen).

Die Tätigkeitsbereiche der Kommissare

Ähnlich wie in einer Regierung die Minister, haben die Kommissare unterschiedliche Aufgabenbereiche. So z.B.:

- Wettbewerb
- Gesundheits- und Verbraucherschutz
- Landwirtschaft, Entwicklung des ländlichen Raums und Fischerei
- Unternehmen und Informationsgesellschaft
- Binnenmarkt, Steuern und Zollunion
- Forschung, Umwelt
- Wirtschaft und Währungsangelegenheiten
- Erweiterung, Außenbeziehungen
- Handel, Regionalpolitik
- Bildung und Kultur
- Haushalt, Justiz und Inneres
- Beschäftigung und soziale Angelegenheiten

© Eisenhans – Fotolia.com

Information über den Energieverbrauch: Die Kommission macht es zur Pflicht.

Beispiel für die Arbeit der Kommission

Firmen-Subventionen von EU-Kommission gekürzt

Neue EU-Regeln für Subventionen

Vom 1. Januar 2004 an können Firmen nur noch mit deutlich verringerten staatlichen Mitteln rechnen.

Wie die EU-Kommission mitteilte, werden die erlaubten Fördersätze für Firmenansiedlungen drastisch gekürzt. Besonders betroffen sind die ostdeutschen Bundesländer.

Für den Beschluss benötigt die Kommission nicht die Zustimmung der Mitgliedsstaaten. Die Kommission hatte nach Protesten aus ostdeutschen Ländern das in Kraft treten der Regeln um ein Jahr bis Anfang 2004 verschoben. Für bereits angemeldete

Subvention:
Staatliche Unterstützung für Unternehmen

Investition:
Geldmittel für den Bau oder
Erweiterung eines Betriebes

Vorhaben wie das BMW-Werk in Leipzig gelten die bisherigen Förderbedingungen.

Die EU-Kommission rechnete vor:

Wenn in ein neues Werk in Ostdeutschland 200 Mio. Euro **investiert** werden, durften Land und Bund bisher maximal 70 Mio. Euro (35 %) zuschießen. Nach der neuen Regelung sind nur noch 38 Mio. (19 %) Euro erlaubt.

www.geld-online, Zugriff: 25. März 2013

1. Ein EU-Staat darf ein Unternehmen, das sich im eigenen Land ansiedeln oder erweitern will nur beschränkt unterstützen. Was soll damit bewirkt werden?
2. Die nationale, staatliche Wirtschaftspolitik (hier Förderung bestimmter Regionen) wird erschwert. Wie bewerten Sie diese Einschränkung?

3.4   Das Europäische Parlament

Das Europäische Parlament ist die frei gewählte Vertretung der Bürger aller EU-Staaten. 1979 wurde das Parlament erstmals von allen Bürgern der Mitgliedsstaaten nach demokratischen Regeln gewählt.

Das Europäische Parlament in Straßburg

Wahl und Zusammensetzung

Das Parlament wird alle fünf Jahre gewählt und hat 754 Abgeordnete, davon 99 aus Deutschland (ab der Europawahl 2014 nur noch 751 Sitze, davon 96 aus Deutschland). Jeder Mitgliedsstaat entsendet im Verhältnis zu seiner Bevölkerungszahl Abgeordnete. Alle

Lerngebiet 9

Abgeordneten haben sich zu länderübergreifenden Fraktionen zusammengeschlossen. Diese repräsentieren die in den Mitgliedsstaaten der Union vertretenen großen politischen Richtungen.

Die Aufgaben

Die Kontrollfunktion

Das Parlament übt eine demokratische Kontrolle über die Kommission aus. Es überwacht die Ernennung der Kommissionsmitglieder und ihres Präsidenten. Die Kommission ist dem Parlament gegenüber politisch verantwortlich. Das Parlament kann der Kommission das Misstrauen aussprechen und dadurch zum Rücktritt zwingen.

> Vergleichen Sie dazu die Möglichkeiten des Deutschen Bundestages in Bezug auf die Bundesregierung.

Die Prüfung der von Bürgern eingereichten **Petitionen** und die Einsetzung von Untersuchungsausschüssen bilden weitere Kontrollmöglichkeiten durch das Parlament.

Petition:
Gesuch eines Bürger an das Parlament, wenn er sich durch Behörden ungerecht behandelt fühlt

Gesetzgebung

Gesetze heißen EU-Verordnungen oder EU-Richtlinien. Sie werden von der Kommission vorgeschlagen und vom Ministerrat sowie dem Europäischen Parlament beschlossen. Das Parlament hat ein Anhörungs- und Mitentscheidungsrecht.

Verordnungen gelten unmittelbar in allen Mitgliedsstaaten und sind verbindlich. Richtlinien müssen in den Parlamenten der EU-Mitgliedsstaaten in nationales Recht umgesetzt werden. Kommt ein EU-Staat dieser Pflicht nicht nach, drohen Zwangsgelder.

Außerdem muss das Parlament beteiligt werden, wenn es um wichtige politische Fragen geht, z.B.

▶ den Beitritt neuer Mitgliedsstaaten

▶ den Abschluss von internationalen Übereinkommen

▶ das Aufenthaltsrecht der Unionsbürger

▶ die Aufgaben und Befugnisse der Europäischen Zentralbank

Gemeinschaftshaushalt:
Verteilung der von den EU-Staaten einbezahlten Mittel zur Erfüllung der Gemeinschaftsaufgaben (ca. 100 Mrd. Euro pro Jahr)

Kontrolle der EU-Ausgaben

Parlament und Rat sind die Hauptakteure bei der alljährlichen Verabschiedung des **Gemeinschaftshaushalts.** Der Haushaltsplan ist erst gültig, wenn das Parlament ihm zugestimmt hat.

3.5 Die Europäische Zentralbank

Seit 1999 hat die Europäische Zentralbank (EZB) mit Sitz in Frankfurt/Main die alleinige Verantwortung für die Geldpolitik in der Euro-Zone. Als oberstes Ziel wird die Stabilität der europäischen Währung angestrebt. Daneben sorgt sie für das ordnungsgemäße Funktionieren der Zahlungssysteme. Auch die Versorgung mit Banknoten und Münzen gehört zu ihren Aufgaben.

© Iesniewski – Fotolia.com

Neubau der EZB in Frankfurt mit geplanter Fertigstellung 2014

Die EZB entscheidet unabhängig von den anderen europäischen Institutionen und auch unabhängig von den nationalen Regierungen.

Die EZB ist im Verlauf der Eurokrise für ihre Geldpolitik in die Kritik geraten. Unter anderem wurde kritisiert, dass die EZB Staatsanleihen von Banken finanzschwacher Euroländer aufgekauft hat. Dieser Aufkauf wäre direkt von den Regierungen der Mitgliedsstaaten nicht erlaubt. Der Umweg über die Banken wird daher kritisch gesehen und mit einem unmittelbaren Aufkauf durch die Staaten selbst verglichen. Der Erfolg ist umstritten, da das Geld nicht direkt in die von der Krise betroffenen Firmen fließt. Finanzmarktanalysten und Wirtschaftsweisen sehen der Entwicklung durch die EZB mit großer Sorge entgegen.

… Demnach sollen die Verantwortlichen bei der EZB ein „schlechtes Gefühl" gehabt haben, dass Unmengen an Geldmitteln in die Banken fließen. Mit diesem „billigen Geld", welches die EZB den Banken leiht, sollen die Banken gleichermaßen die Staatsanleihen von angeschlagenen europäischen Staaten aufkaufen.

Durch dieses „Karussellsystem" ist es möglich, dass die Zinssätze … künstlich nach unten gedrückt werden. Dass dieses Spielchen nicht auf Dauer gut gehen kann, scheinen nun auch die EZB-Chefs mitbekommen zu haben. Denn mittlerweile halten die Banken Unmengen an Staatsanleihen verschiedenster Krisenstaaten in Europa. Durch diesen Umstand kommt nun eine „Lawine ins Rollen". Auch Analysten der Citigroup gaben vor kurzer Zeit an, dass sie Bedenken gegen die aktuelle Strategie der EZB hegen. …

Denn wenn die Banken am Sekundärmarkt ihre gehaltenen Staatsanleihen verkaufen, würden die Zinssätze in die Höhe getrieben werden – man kann hier wahrhaftig von einem Teufelskreislauf sprechen. Die nun eingeschlagene Strategie der EZB soll derartige Probleme „lösen". Diese will das Geld nun nicht direkt in den Bankensektor fließen lassen, sondern in „angeschlagene Unternehmen pumpen". Nach den bisherigen Auswertungen der EZB sei von den bisherigen Geldern, die den Banken zugeflossen sind, nichts in der Realwirtschaft angekommen. Ob diese Maßnahme helfen wird, bleibt aus der heutigen Sicht her fraglich.

Glaronia.com vom 8. August 2012, EZB: Das Vertrauen in die Staaten ist dahin, nun sollen Unternehmen direkt finanziert werden

3.6 Der Europäische Gerichtshof

In EU-Rechtsfragen ist der Europäische Gerichtshof (EuGH) in Luxemburg die höchste Instanz. Er steht damit über den nationalen Gerichten. Die Entscheidungen des Europäischen Gerichtshofes gelten in der ganzen EU. Seine Urteile führen dazu, dass in der Europäischen Union Rechtsvorschriften vereinheitlicht werden. Damit können die Entscheidungen des EuGH konkrete Auswirkungen auf das tägliche Leben der Bürger haben. Die Richter des EuGH werden von den Regierungen der Mitgliedsländer für sechs Jahre ernannt.

Soldatinnen-Urteil

Auch Streitkräfte müssen sich an den Grundsatz der Gleichbehandlung von Mann und Frau halten. Dabei ging es um die Klage einer deutschen Frau. Die Bundeswehr hatte ihre Bewerbung für den Instandsetzungsdienst mit Verweis auf den Artikel 12a des Grundgesetzes abgelehnt, wonach Frauen auf keinen Fall Dienst an der Waffe leisten dürften.

Doch der allgemeine Ausschluss der Frauen vom Waffendienst verstoße gegen die Gleichstellungsrichtlinie, meinten die Richter.

Auf Grund dieses Urteils musste im Oktober 2000 der Artikel 12a des Grundgesetzes neu gefasst werden.

Die Europäische Union, Hrsg. Bundeszentrale für politische Bildung, Bonn 2001, S. 34

© manu – Fotolia.com

Der Europäische Gerichtshof verschaffte Frauen Gleichberechtigung bei der Bundeswehr.

Informieren Sie sich über die derzeitige Fassung von Art. 12a GG.

Fachstufe II/III

4 Auswirkungen des europäischen Einigungsprozesses

Die EU als Institution in Brüssel hat inzwischen eine Machtfülle, die dem einzelnen Bürger nicht immer bewusst ist. Ein beträchtlicher Teil der für den Bürger politisch wirksamen Entscheidungen wird dort gefällt. Allerdings sind an Brüsseler Entscheidungen immer deutsche Politiker beteiligt.

4.1 Übertragung nationaler Souveränitätsrechte

Die ignorierte Macht

Die Bevölkerung unterschätzt den Einfluss der europäischen Institutionen

Es gibt ein krasses Missverhältnis zwischen den Machtbefugnissen der europäischen Institutionen und der Aufmerksamkeit, die die Bevölkerung ihnen angedeihen lässt. Die Verlagerung von Befugnissen von der nationalen auf die europäische Ebene ist enorm weit vorangeschritten. Die Organe der EU machen von ihrem erweiterten Gestaltungsspielraum ausgreifend Gebrauch.

Die Zahl der Richtlinien, Verordnungen und anderen rechtswirksamen Entscheidungen der Kommission und des Europäischen Parlamentes hat sich in den letzten drei Jahrzehnten vervierfacht. …

Die direkten Regulierungen von Produktion und Handel ergänzen umfassende Regulierungen zum Schutz der Umwelt und Gesundheit. Die Folgen für die Wirtschaft können viel einschneidender sein als die Gesetze, die in Berlin verabschiedet werden. In Zukunft wird die Zuständigkeit für Verbraucherschutz verbreitert und damit die Einflussmöglichkeiten mit erheblichen wirtschaftlichen Folgen. Wer über die Richtlinien und Verordnungen für Umwelt, Gesundheits- und Verbraucherschutz und über Maßnahmen zur Vermeidung jeglicher **Diskriminierung** entscheidet, kann das Schicksal ganzer Branchen beeinflussen.

Frankfurter Allgemeine Zeitung, 10.02.2006

Diskriminierung:
Das ist die Benachteiligung, meist von Personengruppen wegen ihrer Hautfarbe, ihres Geschlechts oder Religionszugehörigkeit. Im EU-Bereich ist damit oft auch die Benachteiligung von Produkten anderer EU-Länder gemeint.

Nennen Sie Beispiele, in welchen Bereichen die EU versucht, Diskriminierung zu vermeiden.

Regionalismus – Nationalgedanke – Europaidee

Die Europäische Union kennt keine Bundesländer als Gesetzgebungspartner. Verhandlungspartner für die EU ist stets die Bundesregierung. Auf diese Weise wirkt die Bundesregierung in der EU an Entscheidungen mit, die in die Länderkompetenzen eingreifen.

Die Bundesrepublik ist verpflichtet, europäische Richtlinien umzusetzen. EU-Recht (Gemeinschaftsrecht) bricht nationales Recht. Der Vorrang des EU-Rechtes kann in einem Bundesstaat Probleme aufwerfen, nämlich dann, wenn Interessen der Bundesländer den Absichten der EU entgegenstehen.

4.2   Folgen der EU-Erweiterung

Kroatien trat am 01.07.2013 als vorerst letztes Land der EU bei. Über den Beitritt der Türkei in die EU gibt es unterschiedliche Meinungen.

© Dave Vaughan

Baustelle Europa

Ein möglicher EU-Beitritt der Türkei ist nicht nur unter den politischen Parteien, sondern auch in der deutschen Bevölkerung umstritten. In einer repräsentativen Umfrage der Forschungsgruppe Wahlen für das ZDF lehnten 52 % die Aufnahme der Türkei in die EU ab, während 41 % ihr zustimmen würden. Indessen rechnet die EU offenbar schon fest mit einer Mitgliedschaft der Türkei. „Bald wird Syrien ein Nachbar sein", antwortete der Beauftragte für die gemeinsame Außen- und Sicherheitspolitik, Solana, dieser Zeitung auf die Frage nach den zukünftigen Grenzen des strategischen Interessengebietes der EU.

Frankfurter Allgemeine Zeitung, 30. November 2012

Diskutieren Sie, welche Gründe für und welche gegen die Aufnahme der Türkei in die EU sprechen.

In der politischen Diskussion hört man verschiedene Argumente.

Pro:

Die Türkei ist eine europäisch orientierte Mittelmacht. Auf ihrem Boden entwickelten sich wichtige Abschnitte der antiken und jüdisch-christlichen Geschichte Europas.

Die türkische Mitgliedschaft in der EU wäre die beste Versicherung gegen möglichen fundamentalen Islamismus. Die Mitgliedschaft wäre eine strategische Stärkung der EU-Außenpolitik in der wichtigsten Weltregion. Europa sichert sich Zugang zu den dortigen Rohstoffen. Wesentliche Gründe für die Einwanderung türkischer Bürger in die übrige EU wären gebannt. Volle Freizügigkeit ist erst nach langen Übergangszeiten möglich.

Die türkische Wirtschaft wuchs in den vergangenen Jahren teilweise sehr stark. Die Türkei ist ein flexibler Partner mit junger Bevölkerung. Eine wachsende türkische Wirtschaft bedeutet Export-chancen für Deutschland.

Die von der EU geforderten Reformen verändern Politik und Ge-sellschaft, sie vermindern den Einfluss der Militärs in der Politik, sorgen für tatsächliche Gleichberechtigung der Frauen, Minder-heitsrechte für Kurden und bürgerliche Freiheitsrechte wie im westlichen Europa.

Kontra:

Beitrittsgegner behaupten, in der Türkei würden Reformen schlep-pend umgesetzt und es gäbe nur langsame Fortschritte bei der Achtung der Menschenrechte. Durch die Ausdehnung bis an die Nachbarstaaten der Türkei (z. B. Syrien, Irak, Iran) würde die EU alle Sicherheitsprobleme der Türkei übernehmen.

Ist die Europäische Idee in Gefahr durch die Eurokrise?

© Dave Vaughan

Die Probleme die Europa und speziell die Euro-Zone zurzeit mit der gemeinsamen Währungsunion haben, sind allgegenwärtig. Rettungsmaßnahmen für überschuldete Staaten werden häufig ge-gen den Willen vieler EU-Bürger ins Leben gerufen. Der derzeitige Europäische Stabilitätsmechanismus (ESM) soll den Wirtschafts-raum der EU mit 700 Milliarden Euro stützen.

Die Akzeptanz überschuldete Staaten finanziell zu unterstützen sinkt. Der eigentlichen Ziele eines friedlichen Zusammenlebens und die Nutzung von politischen und gesellschaftlichen Vorteilen sind gesunken. Das Interesse eines gemeinsamen Europas wird auf die Wirtschaftskrise runter gebrochen. Die Aufgabe wäre es, Europas Stärken den Bürgerinnen und Bürgern verständlich zu er-klären. Weiterhin die Angst vor einem wirtschaftlichen Zusam-menbruch zu nehmen und den Ausbau einer gemeinsamen An-näherung zielführend voranzutreiben. Folgende Themen müssen wieder in den Vordergrund rücken, damit Europa und die Europä-ische Union ein Erfolgsmodell der Zukunft bleibt:

▶ Demokratie stärken in allen Mitgliedsländern

▶ Verbraucherschutz

▶ Umweltschutz

▶ Starker und konkurrenzfähiger Wirtschaftsmarkt

▶ Bekämpfung der grenzübergreifenden Kriminalität

▶ Ausbau und Einhaltung der Menschenrechte auch über Europa hinaus

▶ …

Zusammenfassung

Der deutsche Bundeskanzler Adenauer und der französische Ministerpräsident Schuman gelten als die „Väter des vereinten Europas".

Die Grundsteinlegung für die Europäische Union erfolgte 1951 durch die Gründung der Montan-Union.

Die Europäische Wirtschaftsgemeinschaft (EWG) wurde 1957 gegründet. Dies war der erste Schritt zu einem gemeinsamen Binnenmarkt.

Das Europäische Parlament wurde 1979 erstmals gewählt.

1993 wurde durch den Vertrag von Maastricht die Europäische Union in ihrer heutigen Form gegründet.

Die europäische Währungsunion fand 2002 durch die Einführung des Euro ihre sichtbare Vollendung. 18 EU-Staaten gehören mittlerweile zur Euro-Zone.

28 Staaten Europas sind seit Mitte 2013 Mitglied der EU.

Über den Beitritt weiterer Länder, insbesondere der Türkei, gibt es in Deutschland und Europa keine einheitliche Meinung.

Wissens-Check

1. Nennen Sie drei Motive, die zur Gründung der Montanunion führten.

2. Welches waren die drei wichtigsten Ziele der Montanunion?

3. Welche vier Elemente gehören zum freien Binnenmarkt in der EU?

4. Welche europäischen Staaten gehören derzeit nicht zur EU?

5. Wer wählt das Europäische Parlament?

6. Nennen Sie die drei wichtigsten Organe, die für die Organisation der weiteren europäischen Einigung zuständig sind.

7. Welche Vorteile und welche Nachteile bietet der Euro als einheitliche europäische Währung?

We are
one world!

Fachstufe II/III

Globalisierung

10

Think global, act global!

Dimensionen der Globalisierung

Chancen und Risiken

Gewinner und Verlierer

LG 10 Globalisierung

1 Globalisierung

Die Globalisierung erfasst den ganzen Erdball.

Die Berufsschülerin Angelika Schleper steht heute früher auf, sie muss in die 40 Kilometer entfernte Berufsschule. Zum Frühstück trinkt sie schnell eine Tasse Kaffee. Der kommt aus Nicaragua. Für die Vormittagspause nimmt Angelika zwei Orangen mit, die in Israel angepflanzt wurden. Ihre Mutter hat ihr erlaubt, heute ihr Auto zu verwenden, einen japanischen Kleinwagen. Als sie die Schule erreicht hat, telefoniert sie mit ihrem finnischen Mobiltelefon nach Hause. Im Deutschunterricht hält Angelika ein Referat über den weltweiten Klimawandel. Die Informationen hat sie aus dem Internet. In der Mittagspause versorgt sich die Berufsschülerin in einem Fastfood-Restaurant und trinkt einen Cappuccino. Ihre Großmutter sagt immer, dass es zu ihrer Zeit solche Nahrungsmittel nicht gegeben habe. Für ihre Schwester kauft Angelika nach der Schule eine Jeans. Sie wurden in Honduras genäht, die Baumwolle kam aus Kasachstan.

Woran wird erkennbar, dass die Berufsschülerin in einer globalisierten Welt lebt?

1.1 Dimensionen der Globalisierung

Globalisierung als wirtschaftliche Entwicklung

Internationale Arbeitsteilung:
Die Produkte werden dort hergestellt, wo sich die geringsten Kosten ergeben. Geringe Transportkosten begünstigen diese Entwicklung.

Der Begriff Globalisierung bezieht sich vor allem auf den wirtschaftlichen Bereich. Globalisierung ist ein andauernder Vorgang, bei dem die einzelnen Märkte immer mehr staatliche Grenzen überschreiten. Bereits im vergangenen Jahrhundert fand Globalisierung im Rahmen der **internationalen Arbeitsteilung** statt. Innerhalb des Globalisierungsprozesses kommt es zu einer starken Zunahme der Handelsströme zwischen den einzelnen Volkswirtschaften. Darüber hinaus werden ganze Produktionsstätten in das Ausland verlagert. Es bilden sich Unternehmen, die weltweit tätig werden. Sie werden Transnationale Unternehmen (TUN) oder Global Players genannt. Weil durch die technologische Entwicklung (z. B. Telekommunikation) die räumliche Entfernung zwischen den Handelnden (z. B. Käufer, Verkäufer, Kapitalanleger) immer geringer wurde, spricht man vom „global village".

Globalisierung und kulturelle Entwicklung

Kultureller Austausch gehört zur Geschichte der Menschheit. Unser Zahlensystem stammt aus Arabien. Europäische Kulturgüter gelangten in der Kolonialzeit in die ganze Welt.

Die Globalisierung beeinflusst die Alltagskultur der Menschen in den verschiedenen Erdteilen. Da die multinationalen Unternehmen weltweit ihre Produkte verkaufen wollen, kommt es z. B. zu einer Angleichung der Mode und der Essgewohnheiten. Es sind Fastfood-Ketten in der ganzen Welt mit einem identischen Angebot vorzufinden und Sportartikelhersteller wollen mit einer einheitlichen Marke in verschiedenen Ländern ihre Produkte verkaufen. Durch das Internet und den verbesserten Zugang zu Informationen verstärkt sich die Entwicklung zu einer Einheitskultur.

Die Tendenz zum einheitlichen Lebensstil in der globalisierten Welt verursacht Gegenbewegungen. Wenn Menschen bewusst den Dialekt ihrer Region sprechen oder vermehrt landestypische Traditionen pflegen, kann dies aus Ablehnung gegenüber der kulturellen Globalisierung erfolgen. Sie kann dazu beitragen, dass sich bestimmte Bevölkerungsschichten abschotten und u. U. sogar einem **Fundamentalismus** zuwenden.

Demonstranten verbrennen amerikanische Symbole.

Fundamentalismus:
Kompromissloses Festhalten an politischen, ideologischen und religiösen Werten

1. Überlegen Sie sich Lebensmittel und Kleidungsstücke, die Sie vermutlich weltweit erhalten können!
2. Welche Vor- und Nachteile sehen Sie in der kulturellen Globalisierung?

Globalisierung und Umweltschutz

Die Lebensweise in den westlichen Industrienationen und die Standards im Umweltschutz wirken sich auch auf die Umweltsituation in anderen Kontinenten aus. Umweltkatastrophen wie Überschwemmungen machen nicht an den Landesgrenzen halt und Klimaveränderungen betreffen die Klimazonen weltweit. Maßnahmen zum Umweltschutz bedürfen daher einer globalen Abstimmung. Die UN-Umweltkonferenzen sind ein Ansatz für eine globale Umweltpolitik (**Global Governance**).

Global Governance:
Versuch, globale Probleme durch internationale Koordination, Kooperation und überstaatliche Organisationen zu lösen

Lerngebiet 10

Fachstufe II/III

1.2 Chancen und Risiken des Globalisierungsprozesses

„Globalisierung" hat sich in der öffentlichen Diskussion zu einem Begriff entwickelt, der Angst, Aggressionen, aber auch Hoffnungen auslöst. Sie berührt insbesondere die Wirtschaftspolitik. Globalisierung hat gesellschaftliche Konsequenzen (z. B. Auswanderung).

Globalisierung: Katalysator für das Wirtschaftswachstum

Veränderung des realen Pro-Kopf-Bruttoinlandsprodukts im Jahresdurchschnitt

	Industrieländer	Entwicklungsländer	
		Globalisierer	Nicht-Globalisierer
1960er Jahre	4,7	1,4	2,4
1970er Jahre	3,1	2,9	3,3
1980er Jahre	2,3	3,5	0,8
1990er Jahre	2,2	5,0	1,4

Industrieländer: 24 OECD-Länder, Chile, asiatische Tigerstaaten (Hongkong, Taiwan, Südkorea, Singapur); Globalisierer: Entwicklungsländer mit relativ starkem Anstieg des Verhältnisses zwischen Außenhandel und Wirtschaftsleistung seit Ende der siebziger Jahre; Nicht-Globalisierer: übrige Entwicklungsländer; Quelle: Dollar/Kray 2001

Institut der deutschen Wirtschaft Köln

© 41/2002 Deutscher Instituts-Verlag

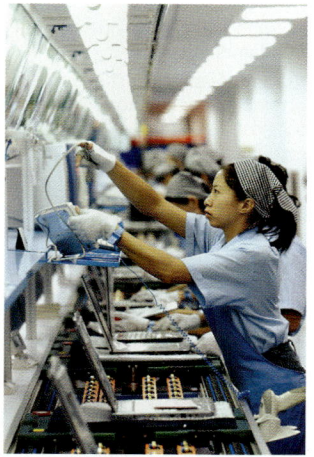
© dpa
Fließbandarbeiterinnen in Taiwan bei der Platinenherstellung

Das Institut für Demoskopie in Allensbach hat die Meinung der deutschen Bevölkerung ab dem 16. Lebensjahr zur Globalisierung mit folgender Frage untersucht: „Wenn von Globalisierung die Rede ist, was überwiegt bei Ihnen: sehen Sie da alles in allem mehr die Chancen oder mehr die Risiken?" Seit 1998 sehen die befragten Personen mit zunehmender Tendenz immer mehr Risiken; im Jahr 2006 waren es 47 %. Nur noch 20 % der befragten Personen finden, dass durch die Globalisierung sich eher Chancen ergeben.

Mittelschwäbische Zeitung, 29. August 2010

Globalisierung – eine Chance für die Entwicklungsländer?

Armut und Hunger sind auch heute in vielen Entwicklungsländern weit verbreitet. Der Einkommensunterschied zwischen den Menschen in den Industrieländern und jenen der Entwicklungsländer hat sich im vergangenen Jahrhundert dramatisch vergrößert. Der zunehmende weltweite Handel mit Waren hat in vielen Staaten der früheren „Dritten Welt" keine deutliche Wohlstandsmehrung gebracht. Eine genauere Betrachtung zeigt, dass es bei den Entwicklungsländern Globalisierungsgewinner und Globalisierungsverlierer gibt. Zu den Gewinnern gehören China und die „Tiger-Staaten" Ostasiens wie etwa Südkorea und Singapur. In Lateinamerika haben die „Jaguar-Staaten" (u.a. Mexiko, Chile, Brasilien) durch den Welthandel ihren Wohlstand vermehren können.

Bruttoinlandsprodukt (2011) pro Kopf in US-Dollar im internationalen Vergleich					
Schweiz	81161	Kambodscha	852	Brasilien	12789
Tschechien	20444	Burundi	279	Iran	6360
Slowakei	17644	Thailand	5394	Tschad	892
Australien	65477	Myanmar	832	Mali	669
Japan	45920	Südafrika	8066	Simbabwe	741
Griechenland	27073	Nepal	653	Laos	1204
Schweden	56956	Algerien	5304	Pakistan	1201
Italien	36267	Togo	506	USA	48387
Kroatien	14457	Burkina Faso	664	Vietnam	1374
Irland	47513	Israel	31986	Tadschikistan	831
Litauen	13075	Argentinien	10945	Malaysia	9700
Portugal	22413	Indien	1389	Ecuador	4424
Serbien	6081	Südkorea	22778	Philippinen	2223
Belgien	46878	Chile	14278	Kenia	851
Singapur	49271	Mexiko	10153	China	20101
Deutschland	43742	Äthiopien	360	Venezuela	10610

Quelle: IWF

Lerngebiet 10

1. Recherchieren Sie im Internet von drei Ländern das aktuelle BIP. Was hat sich verändert?

2. Welche Weltregionen haben noch nicht von der Globalisierung profitiert?

Als Voraussetzungen für eine positive Entwicklung in einem Entwicklungsland gelten:

▶ Geldwertstabilität

▶ Stabile Regierungsverhältnisse

▶ Exportorientierung bei teilweiser Öffnung gegenüber Importen

▶ Rechtssicherheit (z.B. Schutz vor Enteignungen)

▶ Geringe Korruption

▶ Investitionen in Bildung und Infrastruktur

Die Globalisierung hat in den begünstigten Entwicklungsländern auch Schattenseiten. Ihre Arbeitnehmer erhalten von den „Global Players" im Vergleich zu den Arbeitnehmern in Industrieländern sehr niedrige **Stundenlöhne.** Zudem unterliegen auch die Entwicklungsländer dem weltweiten Konkurrenzdruck. Die heimische Wirtschaft trifft auf ausländische Anbieter, deren Güter nicht mehr durch Zölle verteuert werden. Die Güter werden oft unter nicht sozialverträglichen Bedingungen produziert.

Stundenlöhne:

In Mexiko arbeiten Frauen für 1,40 $/Stunde am Fließband.

Fachstufe II/III

Thailands Landwirte in der Modernisierungsfalle

„Je mehr sie arbeiten, desto ärmer werden sie"

Kleinbauern im Norden des Landes protestieren gegen die Folgen der Globalisierung

Die Welthandelsorganisation WTO, der Internationale Währungsfonds, die Weltbank sind hier Schimpfwörter. „Die WTO macht die Preise von Zwiebeln, Reis und Früchten kaputt", sagt ein Bauer. „Weil es keine Zollschranken mehr gibt, wird das Land von Billigimporten überschwemmt."

Süddeutsche Zeitung, 17. April 2009

Die positiven Auswirkungen der Globalisierung können von den Industrienationen wie z. B. Deutschland auch unterstützt werden.

„Wir müssen unsere Märkte für alle Produkte der Entwicklungsländer öffnen … Jeder von uns kann etwas tun. Jeder kann zu einem fairen Welthandel beitragen. Das scheint naiv, aber es gibt gute Beispiele dafür. Viele Verbraucherinnen und Verbraucher kaufen fair gehandelten Kaffee, Orangesaft und Kakao. Waren mit Transfair-Siegel hatten im vergangenen Jahr in Deutschland einen Umsatz von 53 Millionen Euro."

Bundespräsident Johannes Rau im Mai 2002 zur Globalisierung

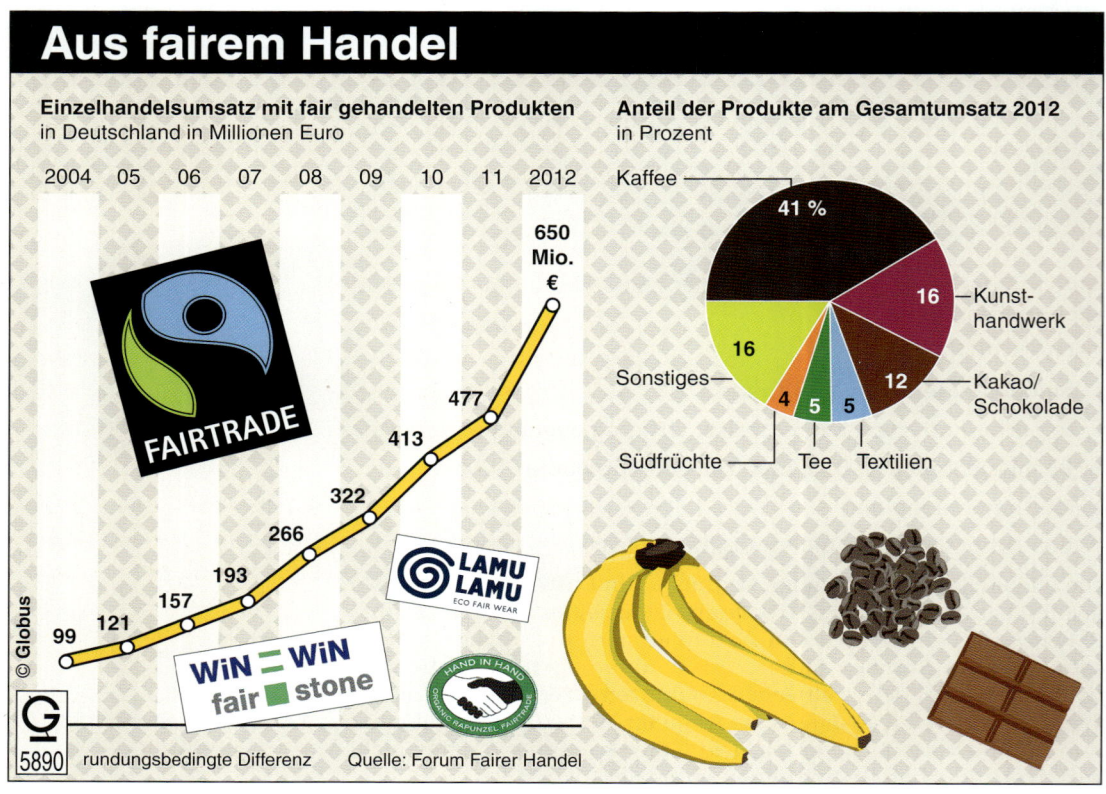

Aus fairem Handel

Einzelhandelsumsatz mit fair gehandelten Produkten
in Deutschland in Millionen Euro

2004	05	06	07	08	09	10	11	2012

650 Mio. €

477

413

322

266

193

157

121

99

© Globus

5890   rundungsbedingte Differenz   Quelle: Forum Fairer Handel

Anteil der Produkte am Gesamtumsatz 2012
in Prozent

Kaffee — 41 %

Kunsthandwerk — 16

Kakao/Schokolade — 12

Textilien — 5

Tee — 5

Südfrüchte — 4

Sonstiges — 16

FAIRTRADE

LAMU LAMU ECO FAIR WEAR

WiN = WiN fair ■ stone

HAND IN HAND ORGANIC RAPUNZEL FAIRTRADE

Wie hat sich der Umsatz mit FAIRTRADE-Produkten seit 2002 entwickelt?

Probleme durch die Globalisierung

Weil die „Global Players" ihre Produktionsstätten dorthin verlagern, wo die Lohnkosten gering sind und neue Absatzmärkte zu erwarten sind, gehen in den Industrieländern einfache Arbeitsplätze verloren. Der Verlust an Arbeitsplätzen wird verstärkt, indem internationale Unternehmen **Fusionen** eingehen.

Fusion:

Hier: Zusammenschluss internationaler Unternehmen

Die globale Wirtschaftskrise seit dem Jahr 2008 und die Bedrohung des internationalen Frachtverkehrs durch Piraten haben allerdings dazu geführt, dass Unternehmen ihre Produktionsstätten wieder heimatnah ansiedeln.

Die „Global Player" sind nicht durch die Wirtschaftspolitik eines Landes zu beeinflussen. Eine nationale Behörde wie das Bundeskartellamt kann sie nicht mehr überwachen und kontrollieren. Fusionen werden als Notwendigkeit aus dem internationalen Konkurrenzkampf begründet. Die Kritiker der Globalisierung sehen in diesem Prozess die Gefahr, dass die Politik ihren Einfluss gegenüber internationalen Konzernen verliert. Teilweise werden die Umweltvorschriften sowie die Steuer- und Sozialgesetze von einzelnen Staaten nur noch so gestaltet werden, dass sich „Global Players" ansiedeln. Eine besondere Bedeutung als Gegenpol zu dieser Entwicklung erlangen internationale Staatengemeinschaften wie die EU, die mit ihrer supranationalen Wirtschafts-, Umwelt- und Sozialpolitik ein Gegengewicht entwickeln können.

© dpa

Demonstrationen von Globalisierungsgegnern in Bangkok

Während der Finanzkrise der vergangenen Jahre haben einzelne Staaten Einfluss auf die Entwicklung genommen. Mit Maßnahmen wie z. B. der sogenannten Abwrackprämie oder Bürgschaften für Banken wurde von der deutschen Regierung gezielt auf die Wirtschaft eingewirkt.

Auch mit internationalen Beschlüssen haben die zwanzig wirtschaftlich wichtigsten Staaten auf dem G-20-Gipfel Regeln für die Finanzmärkte vereinbart. Dort soll zukünftig eine internationale Aufsichtsbehörde die Akteure überwachen.

Die globale Rezession der Jahre 2008/2009 hat die Abhängigkeit der deutschen Wirtschaft von der Globalisierung gezeigt.

Erst Segen, dann Fluch

Jahrelang war es ein Segen, nun wird es zu einem Fluch: Deutschlands Wirtschaft ist stark auf Exporte ausgerichtet. Ausfuhren tragen mehr als 40 % zum Bruttoinlandsprodukt bei. Diese Fokussierung hat das Land zu einem der größten Gewinner der Globalisierung gemacht, deutsche Autos und deutsche Maschinen waren weltweit gefragt. Doch so stark, wie der Außenhandel die Konjunktur im Boom angetrieben hat, so stark bremst er das Land jetzt aus: In wichtigen Absatzmärkten für Waren „Made in Germany" ist die Wirtschaft abgestürzt. Daher brechen die Exporte der hiesigen Firmen ein – und damit die komplette deutsche Wirtschaft. (...) Die Bundesregierung ist hierbei

Exporthafen Hamburg – eine globale Rezession trifft die deutsche Wirtschaft besonders

hilflos. Die Konjunkturpakete kurbeln zwar die heimische Nachfrage an, doch den Einbruch im Außenhandel können die Milliarden des Staates nicht wettmachen. Politikern, Firmenchefs und Arbeitnehmern bleibt nur übrig, zu hoffen, dass die Wirtschaft in bedeutenden Absatzmärkten für deutsche Produkte wie den USA oder Westeuropa bald wieder anspringt. Erst danach kann es hierzulande aufwärts gehen.

Süddeutsche Zeitung, 26. Februar 2012

Vorteile durch die Globalisierung

Durch die Globalisierung sind neue Beschäftigungschancen entstanden. Dies gilt z. B. für die Software-Industrie und die Multimediabranche.

Von der Globalisierung profitieren der arbeitsintensive Dienstleistungssektor sowie die Kapitalanleger.

Einen Vorteil aus der Globalisierung können die Verbraucher in den Industriestaaten ziehen. Der weltweite Wettbewerb führt zu einem Preisdruck. Bei einer Vielzahl von Anbietern können für die Produkte keine überhöhten Preise verlangt werden. Erkauft wird dieser Vorteil allerdings häufig durch starke Umweltverschmutzungen, Kinderarbeit und Lohndumping in den Entwicklungsländern.

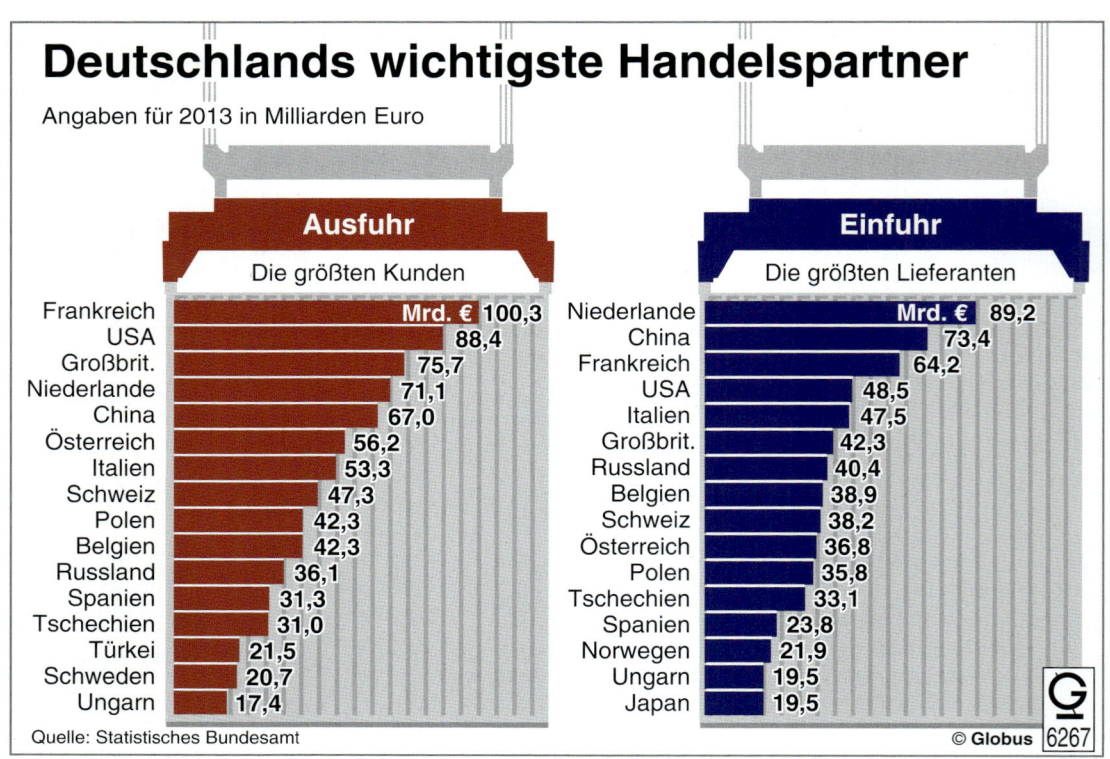

Deutschlands wichtigste Handelspartner

Angaben für 2013 in Milliarden Euro

Ausfuhr — Die größten Kunden

Land	Mrd. €
Frankreich	100,3
USA	88,4
Großbrit.	75,7
Niederlande	71,1
China	67,0
Österreich	56,2
Italien	53,3
Schweiz	47,3
Polen	42,3
Belgien	42,3
Russland	36,1
Spanien	31,3
Tschechien	31,0
Türkei	21,5
Schweden	20,7
Ungarn	17,4

Einfuhr — Die größten Lieferanten

Land	Mrd. €
Niederlande	89,2
China	73,4
Frankreich	64,2
USA	48,5
Italien	47,5
Großbrit.	42,3
Russland	40,4
Belgien	38,9
Schweiz	38,2
Österreich	36,8
Polen	35,8
Tschechien	33,1
Spanien	23,8
Norwegen	21,9
Ungarn	19,5
Japan	19,5

Quelle: Statistisches Bundesamt

© Globus 6267

Deutschland exportiert in großem Umfang Straßenfahrzeuge, Maschinen, chemische Erzeugnisse und Elektrotechnik in die ganze Welt. Der Anteil der Lebensmittelimporte übersteigt deutlich die Exporte an Lebensmitteln. Welche Vor- und Nachteile ergeben sich daraus für Deutschland bzw. für die hauptsächlich Lebensmittel exportierenden Länder?

Zusammenfassung

Globalisierung ist eine langfristige Entwicklung, bei der sich die weltweiten Wirtschaftsbeziehungen verflechten.

Der Begriff Globalisierung ist für die Menschen mit Sorgen und Ängsten, aber auch Erwartungen verbunden.

Unter günstigen Bedingungen bietet die Globalisierung den Ländern der Dritten Welt Entwicklungschancen.

Diese Chancen konnten bislang nur einige Staaten nutzen. In anderen Entwicklungsländern führt die Globalisierung zu vermehrter Armut, Kinderarbeit und Niedriglöhnen.

Die Globalisierung kann in den Industrieländern zu einem Verlust von Arbeitsplätzen führen.

Globalisierung geht einher mit einer zunehmenden Anzahl an Unternehmenszusammenschlüssen.

Die Globalisierung vermindert den Einfluss der staatlichen Wirtschaftspolitik.

Die internationale Arbeitsteilung führt zu erschwinglichen Preisen für die unterschiedlichsten Produkte.

Wissens-Check

1. Sammeln Sie Argumente zum Globalisierungsprozess für eine Pro- und Kontra-Diskussion in der Klasse.

2. Unter welchen Voraussetzungen hat die Globalisierung positive Auswirkungen in den Entwicklungsländern?

Lerngebiet 10

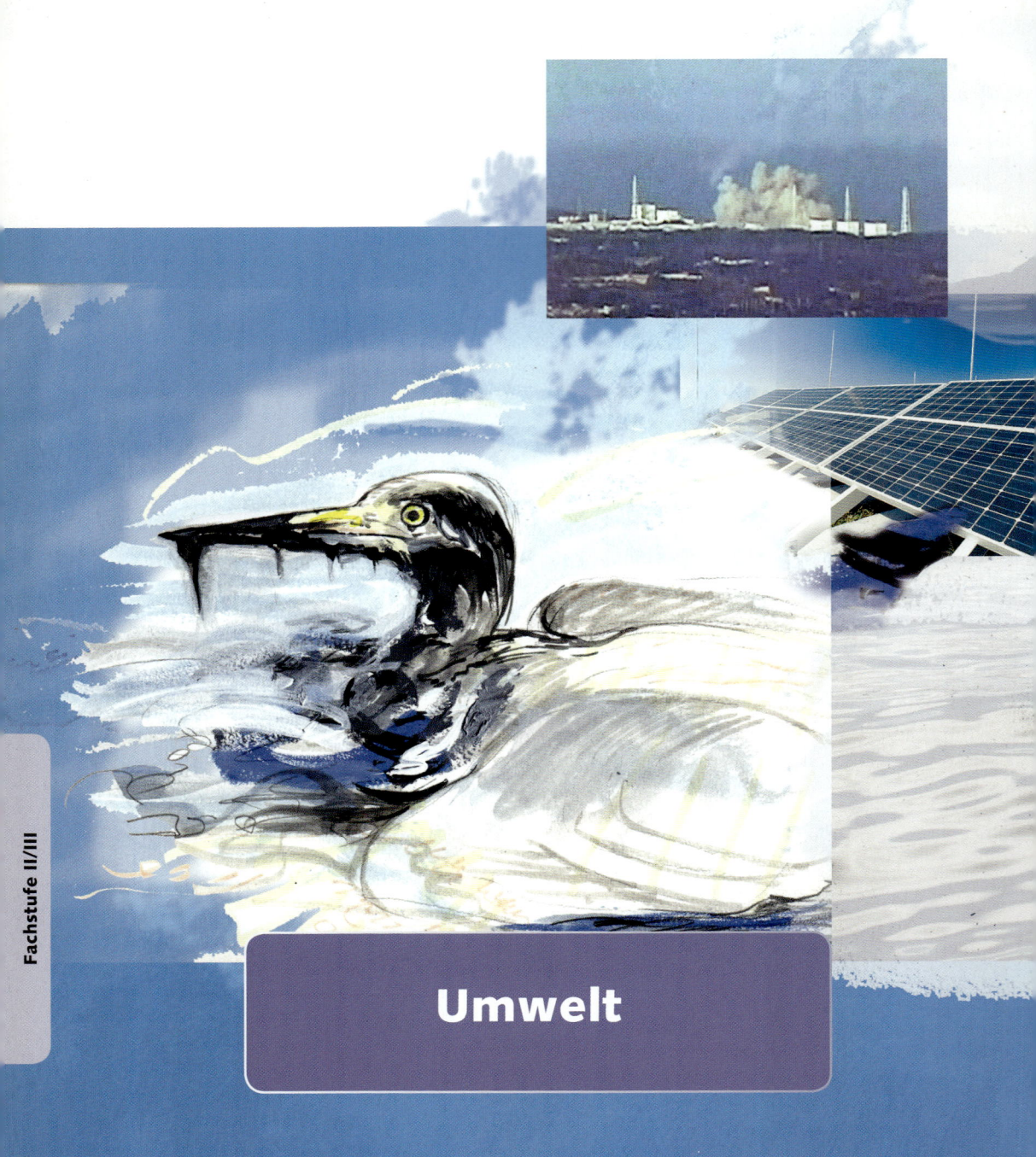

Umwelt

11

Strom aus Wind

Zentrale Umweltprobleme

Akute Gefährdungen

Energiewende

Lerngebiet 11

LG 11 Umwelt

1 Zentrale Umweltprobleme: Ursachen und Auswirkungen

Die Karikatur zeigt, wie sich das Umweltbewusstsein der deutschen Bevölkerung verändert hat.

1. Beschreiben Sie die Grenzen des Umweltbewusstseins in Deutschland.

2. Was könnte Ursache für diese veränderte Einstellung sein?

Umweltgefährdung und Umweltzerstörung macht nicht vor nationalen Grenzen halt. Die zentralen Umweltprobleme wirken grenzüberschreitend und global.

1.1 Klimawandel

Der Klimaschutz gehört für die Mehrzahl der Menschen zu den wichtigsten umweltpolitischen Aufgaben. Gerade hier sieht man in den letzten Jahren die wenigsten Fortschritte. Das Eintreten eines Klimawandels wird für höchst wahrscheinlich gehalten. Das man den Klimawandel durch entsprechende Maßnahmen noch verhindern kann, glaubt allerdings nur die Hälfte der Bevölkerung.

Der Mensch benötigt Energie, um Lebensbedürfnisse zu befriedigen, technologischen Fortschritt zu erreichen und wirtschaftliches Wachstum zu sichern. Lange Zeit waren Brennholz, Wasserkraft und Windenergie die wichtigsten Energieträger auf der Erde. Mit der Entwicklung der Dampfmaschine vor 200 Jahren konnte der Mensch erstmals über seine körperliche Leistungskraft hinaus in seine Umwelt eingreifen. Um den Lebensstandard weiter verbessern zu können, wurde mit dem Einsatz **fossiler Brennstoffe** und

Die ersten Raumfahrer bezeichneten die Erde als „blaue Perle im Weltall". Die empfindlichen Lebenserhaltungssysteme unseres Planeten sind jedoch akut gefährdet.

Fossile Brennstoffe:

Erdgas, Erdöl, Kohle

Fachstufe II/III

der Atomenergie die Produktion von Gütern und Dienstleistungen ständig gesteigert.

1. Auf welches Problem macht diese Karikatur aufmerksam?
2. Welche Gefahren sehen Sie in diesem Zusammenhang für die Umwelt?

Das Klima auf der Erde wird entscheidend von den Eigenschaften der Luft beeinflusst. Die langwellige Wärmestrahlung der Sonne wird von bestimmten Gasen in der Luft **absorbiert.** Dadurch gelangen nicht alle Wärmestrahlen zurück ins Weltall. Wie die Glasfenster eines Treibhauses hält die uns umgebende **Atmosphäre** einen bestimmten Teil der Wärmestrahlung der Sonne auf der Erde zurück. Dadurch stellt sich eine Durchschnittstemperatur von +15 Grad Celsius ein (Treibhauseffekt).

Absorbieren:
Aufsaugen, in sich aufnehmen

Atmosphäre:
Lufthülle der Erde

Lerngebiet 11

Prinzip des Treibhauseffektes

Quelle: Shell AG

Durch unvollständige Verbrennung beispielsweise in Wärmekraftwerken, Kraftfahrzeugmotoren und Heizungen in Privathaushalten wird Kohlenmonoxid freigesetzt. Dieses Gas wandelt sich in der

Emission:

Ausstoß von Störfaktoren (Gase/Lärm) in die Umwelt

Luft zu Kohlendioxid um (CO_2-**Emission**). Es gilt als hauptverantwortlich für die globale Erwärmung. Je mehr CO_2 sich in der Atmosphäre befindet, desto mehr Wärmestrahlung wird auf der Erde zurückgehalten. Die Folge ist eine weltweite Temperaturerhöhung. Die vom Menschen verursachte CO_2-Emission verstärkt somit den Treibhauseffekt.

Die Eismassen Grönlands und die Gebirgsgletscher schmelzen. Schmelzwasser und die Wärmeausdehnung des Wassers führen zu einem Anstieg des Meeresspiegels. Es wird befürchtet, dass bis zum Jahre 2100 der Meeresspiegel um 10 cm bis 90 cm steigen wird. Bewohner ungeschützter Küstenregionen und kleiner Inselstaaten (z. B. Bangladesch, Malediven, Niederlande) sind von der Überschwemmungsgefahr besonders betroffen.

Durch die weltweite Erwärmung verändern sich die Niederschläge. Der Verdunstungskreislauf wird beschleunigt. Das bedeutet, dass das Regenwasser nach kurzen heftigen Schauern schnell wieder verdunstet. Dadurch trocknen die Böden aus. In bestimmten Regionen können deshalb Dürreperioden und Trinkwasserknappheit häufiger auftreten.

Künftig könnten sich die landwirtschaftlich genutzten Flächen zu den Polen hin verlagern. In verschiedenen Ländern sind dann gravierende Einschnitte in der landwirtschaftlichen Produktion zu befürchten.

1. Erklären Sie mit eigenen Worten, wie es zum Treibhauseffekt kommt!

2. a) Wodurch verstärkt sich der natürliche Treibhauseffekt auf der Erde?

   b) Nennen Sie mögliche Folgen!

1.2 Boden- und Luftverschmutzung

Von Beginn an hat der Mensch seine Umgebung verändert, um sich bessere Lebensbedingungen zu schaffen. Aber v. a. durch die Industrialisierung im vorigen Jahrhundert wird der Lebensraum der Menschen immer mehr gefährdet.

Der Boden stellt dabei die zentrale Grundlage für ein funktionierendes **Ökosystem** dar, denn auf ihm wachsen die Nahrungsmittel für eine Vielzahl von Lebewesen. Er entsteht aus verwittertem Gestein und zersetzten Lebewesen. Dazu kommen noch Luft, Bakterien, Würmer und Wasser. Fruchtbaren Boden, der reich an Wasser, Mineralien und Humus ist, erkennt man an der dunklen Farbe.

Mithilfe der Pflanzen nimmt der Boden CO_2 auf und gibt Sauerstoff wieder in die Luft ab. Außerdem ist er für Landlebewesen als Lebensraum wichtig, da diese nicht im Wasser überleben können.

Die Wälder bestimmen das Weltklima maßgeblich. Sie dienen als Filter für Luftverunreinigungen. Trotzdem werden weltweit jährlich Waldgebiete der 1,5-fachen Waldfläche Deutschlands zerstört.

In Kanada und Russland werden großflächig Wälder zur industriellen Verarbeitung abgeholzt. Die Entwicklungsländer gewinnen neue Agrarflächen durch

▶ Brandrodung und

▶ illegalen Holzeinschlag.

Werden Wälder großflächig abgeholzt und nicht wieder ersetzt, kann der Boden seine Funktion nicht mehr erfüllen.

Besonders bewaldeter Boden lässt das Regenwasser langsam versickern. Dadurch werden Pflanzen länger mit Nährstoffen versorgt, die Boden**erosion** wird verhindert und das Grundwasser gefiltert.

Bei der Verbrennung fossiler Brennstoffe entstehen auch Schwefeloxide und Stickoxide. Diese Gase bilden mit dem Sauerstoff und dem Wasser in der Luft Säuren. Säurehaltige Niederschläge (saurer Regen) übersäuern den Boden und verursachen Schäden an Pflanzen und Bauwerken. Das „Waldsterben" wird auf den sauren Regen zurückgeführt. Unter Sonneneinstrahlung bildet sich aus Stickoxiden auch bodennahes Ozon, das für die Atemwege des Menschen gefährlich sein kann.

Langfristige Folgen der Zerstörung der Wälder sind:

▶ Ausdehnung von Wüsten

▶ Klimaveränderung durch fehlende Waldfläche (CO_2-Speicher)

Ökosystem:

Aus tierischen, pflanzlichen Lebewesen und unbelebter Umwelt bestehende natürliche Einheit, die durch deren Wechselwirkung ein gleichbleibendes System bildet

© MEV Verlag GmbH

Waldsterben

Erosion:

Zerstörungsarbeit von Wasser, Eis und Wind an der Erdoberfläche

Lerngebiet 11

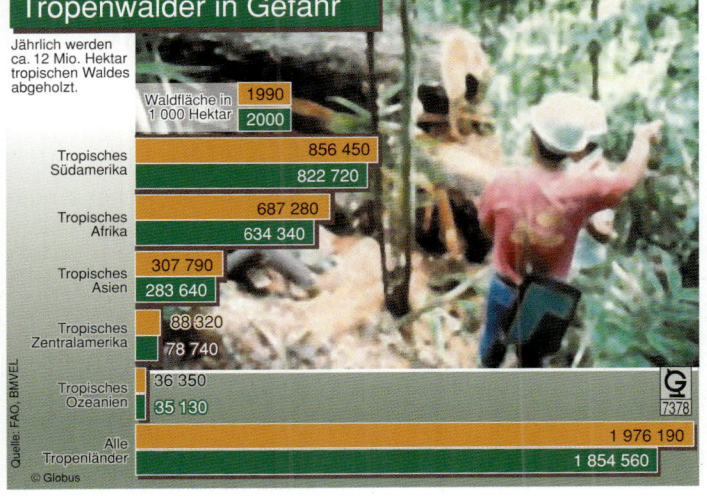

Tropenwälder in Gefahr

Jährlich werden ca. 12 Mio. Hektar tropischen Waldes abgeholzt.

Waldfläche in 1 000 Hektar	1990	2000
Tropisches Südamerika	856 450	822 720
Tropisches Afrika	687 280	634 340
Tropisches Asien	307 790	283 640
Tropisches Zentralamerika	88 320	78 740
Tropisches Ozeanien	36 350	35 130
Alle Tropenländer	1 976 190	1 854 560

Quelle: FAO, BMWEL

© Globus

7378

© MEV Verlag GmbH

Monokultur:

Anbau nur einer Nutzpflanze

Pestizid:

Mittel gegen tierische Schädlinge

Fachstufe II/III

Erklären Sie, wie fehlende Waldflächen den Treibhauseffekt beeinflussen.

Agrarwirtschaft

Seit Jahrhunderten betreiben die Menschen Ackerbau. Aber durch moderne Technik und intensive Landwirtschaft sind einige Landstriche unfruchtbar geworden.

Da sich der Boden nur langsam regeneriert, sollte man ihm nur sehr kontrolliert Nährstoffe entziehen.

Die Europäische Union zahlt Subventionen und garantierte Mindestpreise für Agrarprodukte. Wer mehr produziert, erhält auch mehr Geld. Um den Ertrag zu steigern, haben viele Landwirte auf **Monokulturen** und Massentierhaltung umgestellt. Zur Erhöhung der Ernteerträge ist der Einsatz von großen Mengen an Düngemitteln und **Pestiziden** notwendig. Diese giftigen Substanzen, welche Schwermetalle enthalten, gefährden aber auch Tiere wie z. B. Bienen und Regenwürmer, die uns Menschen nützlich erscheinen. Sie töten ebenso Wiesenpflanzen ab, die eine wichtige Lebensgrundlage für Insekten darstellen. Das Ausbringen riesiger Mengen von Gülle auf den Feldern aus der Massentierhaltung gefährdet das Wachstum der Nutzpflanzen. Die Qualität des Grundwassers ist dadurch auch gefährdet.

Eine weitere Ursache für Bodenverschmutzung sind Unfälle und nichtsachgemäße Lagerung von hochgiftigen Schadstoffen. Trotz steigendem Umweltbewusstsein gibt es immer wieder Umstände, die dazu führen, dass Menschen unwissend oder aber mutwillig die Verschmutzung der Umwelt in Kauf nehmen. Da eine nachhaltige Säuberung oder Abtragung des Bodens immer mit erheblichen Kosten verbunden ist, wird die Verschmutzung allzu oft verschwiegen.

Sogenannte Altlasten können beispielsweise auf ehemaligen Industrieanlagen und Militärgeländen auftreten. Die Belastungen sind abhängig vom jeweiligen Industriezweig und reichen von Blei, Cadmium, Chrom, Benzol, Toluol (Weichmacher) bis hin zu Quecksilber.

1.3　Wasserverschmutzung

Über 97 % der Wasservorräte der Erde sind für Menschen ungenießbares Salzwasser. 2 % sind als gefrorenes Süßwasser in Gletschern und Polkappen gebunden. Der geringe Rest ist verfügbares Süßwasser. Trotzdem würden diese Wasservorkommen für alle Menschen ausreichen, wären sie nicht regional so ungleich verteilt. Süßwasser ist der wichtigste Faktor bei der Nahrungsmittelproduktion. Zur Erzeugung von 50 kg Weizen braucht man 25.000 kg (Liter) Wasser.

70 % des Wassers werden in der Landwirtschaft benötigt. Zur Bewässerung der landwirtschaftlichen Nutzflächen wird vielfach mehr Grundwasser entnommen als sich auf natürlichem Weg neu

Liebe Kinder,
amüsiert Euch gut mit
meiner Hinterlassenschaft.

Euer Papa

© Dave Vaughan

bildet. Nitrate aus der landwirtschaftlichen Düngung und Phosphate aus Waschmitteln führen zur Überdüngung der Flüsse und Seen. Dadurch können Algen vermehrt wachsen und dem Wasser Sauerstoff entziehen, organische Haushaltsabfälle und **Fäkalien** werden teilweise ungeklärt in die Gewässer geleitet. Bakterien und Mikroben verwerten die darin enthaltenen Nährstoffe und verbrauchen dabei ebenfalls Sauerstoff. Durch den Sauerstoffmangel im Wasser sterben Fische und Wasserpflanzen.

Fäkalien:

Menschliche oder tierische Verdauungsprodukte

Die Süßwasserreserven werden belastet durch Pflanzenschutz- und Schädlingsbekämpfungsmittel aus der Landwirtschaft und versickernde Giftstoffe aus schlecht abgedichteten Mülldeponien usw. Insbesondere mit Schwermetallen belastete Industrieabwässer können nur mit hohem Aufwand wieder aufbereitet werden. Sie stellen ein hohes Risiko für die Gesundheit des Menschen dar, wenn sie ungeklärt in Flüsse und Seen geleitet werden. Stoffwechselstörungen, Allergien bis hin zu Entwicklungsstörungen bei Kindern können die Folge sein.

© Thomas Barrat – shutterstock.com

Der Jangtse, Chinas Langer Fluss, wird nach zehnjähriger Bauzeit mithilfe des Drei-Schluchten-Damms gestaut.

Rekordjagd ohne Sinn

Eines der größten Bauprojekte aller Zeiten, der 185 Meter hohe Drei-Schluchten-Staudamm am Jangtse-Fluss, ist nach 13 Jahren offiziell vollendet worden. Umweltschützer sagen, ihre schlimmsten Befürchtungen seien „noch übertroffen". Nicht einmal die Politiker wollten feiern.

Es ist vielleicht die ehrgeizigste Konstruktion seit dem Bau der Großen Mauer. Der Chef des Drei-Schluchten-Dammes, Li Yong'an, spricht vom „großartigsten Projekt des chinesischen Volkes in den vergangenen tausend Jahren". Kritiker sehen Größenwahn.

Süddeutsche Zeitung, 01.03.2012

Der globale Wasserverbrauch hat sich seit 1950 mehr als versechsfacht. Riesige Wassermengen werden aufgestaut um die Wasserversorgung einer bestimmten Region zu sichern. Andere Landstriche leiden dadurch an Wassermangel und werden zu Wüsten. Dies hat vor allem in jüngerer Zeit wiederholt zu internationalen Auseinandersetzungen geführt. Der Bau des Atatürk-Dammes in der Türkei führte beispielsweise zu einem Streit um das Euphratwasser auf türkischem Gebiet. Syrien und Irak befürchteten, dass die Türkei aus politisch-strategischen Gründen die Wasserzufuhr auch ganz unterbinden könnte.

Lerngebiet 11

Gefährdung der Meere

Ein großes Umweltproblem ist die Verunreinigung von Gewässern mit Mineralölprodukten. Durch den Betrieb oder Havarien von Schiffen und Bohrinseln sind Verschmutzungen durch Mineralöle in großem Ausmaß festzustellen. Öl verbleibt über Monate im Gewässer, sinkt ab und wird nur sehr langsam abgebaut. Der Ölfilm unterbricht die Wechselwirkung zwischen Wasser und Atmosphäre.

Die so verschmutzten Landstriche sind für viele Lebewesen jahrzehntelang nicht mehr nutzbar und im schlimmsten Fall wird so die Existenz einer ganzen Art gefährdet.

© Rufus52 – istockphoto.com

Strandreinigung nach Ölpest

Löschschiffe vor brennender Bohranlage „Deepwater Horizon" im Golf von Mexiko

© dpa

Ölverschmierter Vogel nach Tankerunglück

© forest badger – shutterstock.com

Die Reinigung ölverschmutzter Küstenabschnitte ist langwierig und nur in mühevoller Handarbeit möglich.

Negativrekord

Die Ölpest im Golf von Mexiko ist die schlimmste der Geschichte. Innerhalb von drei Monaten – bis zur provisorischen Abdichtung des Lecks Mitte Juli 2010 – strömten 780 Millionen Liter (666.400 Tonnen) Rohöl ins Meer.

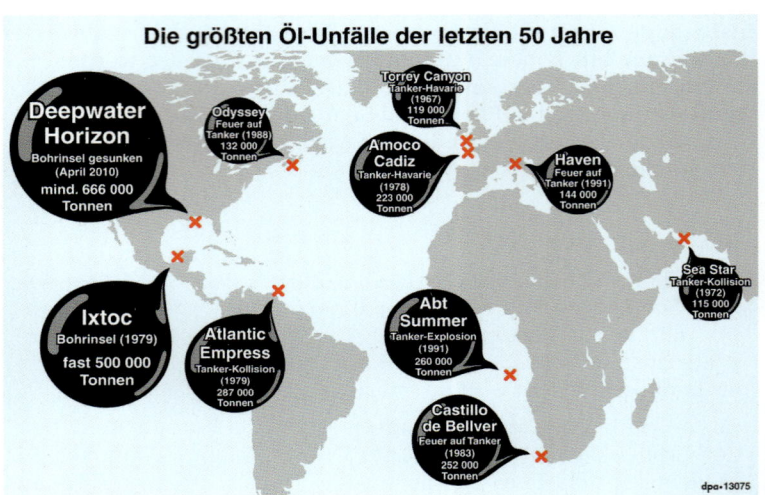

Die Weltmeere bedecken 71 % der Erdoberfläche. Für das Leben auf der Erde spielen sie eine zentrale Rolle. Die Meere

▸ beeinflussen als Wärme- und CO_2-Speicher Wetter und Klima,

▸ liefern als Nahrungsquelle jährlich 70 Millionen Tonnen Fisch,

▸ speichern Erdöl- und Erdgasvorkommen am Meeresgrund,

▸ bieten weltumspannende Transportwege für die Schifffahrt,

▸ liefern Salz.

Trotz dieser wichtigen Rolle der Weltmeere, sind diese Ökosysteme durch den Menschen bereits stark geschädigt, z.B. durch:

▸ Verschmutzung durch Einleitung von Abwässern und Giften **(Minamata-Krankheit),**

▸ Verunreinigungen durch die Schifffahrt (Tankerunfälle),

▸ Rohstoffausbeutung,

▸ Überfischung und rücksichtslose **Fangmethoden,**

▸ unkontrollierte Küstenbebauung und Landgewinnung.

Minamata-Krankheit:

Erstmals im Jahre 1956 in Minamata (Japan) beobachtete Krankheit, die sich durch Störungen des Sehens, Hörens und Tastempfindens sowie in abnormen Bewegungen äußert. Ursache der Erkrankungen war der Verzehr von Fischen und Krebsen aus der Minamata-Bucht, die mit Methylquecksilber verunreinigt waren

Fangmethoden:

Verbotene Fischfangmethoden sind beispielsweise:

▸ Fischfang durch mit Ketten beschwerte Schleppnetze, die über den Meeresboden gezogen werden

▸ Fischfang durch giftige, betäubende und explodierende Stoffe sowie elektrischen Strom

Fachstufe II/III

1.4 Gefährdung durch Strahlung

Radioaktive Strahlung

Eine der größten Gefahren für die Umwelt und für die Gesundheit der Menschen sind Unfälle bei der Erzeugung von elektrischem Strom durch Atomenergie. Dies ist nicht erst seit dem Reaktorunfall 1986 von Tschernobyl bekannt.

Rückblende:

Tschernobyl

Am 26. April 1986 ereignete sich in Tschernobyl der bislang größte Unfall in einem Kernkraftwerk. Es handelte sich um den ersten **Super-GAU** in der Geschichte der Kernenergienutzung. Durch eine Explosion verteilten sich die hochradioaktiven Spaltprodukte großräumig. Der havarierte Reaktor wurde in einen **Sarkophag** eingeschlossen. Im Umkreis von etwa 250 km um Tschernobyl wurden Strahlenschäden beobachtet, über 120.000 Menschen mussten evakuiert werden. Etwa 1 Mio. Soldaten und Arbeiter haben sich bei den Entseuchungs- und Aufräumarbeiten am Sarkophag

© Denis Avetisyan – Fotolia.com

Ein zerstörter Teil des Atomkraftwerks Tschernobyl wird mit einem Betonmantel umhüllt.

und in der 30-km-Sperrzone, die sich bis 1987 hinzogen, hohen Strahlenbelastungen ausgesetzt.

Je nach Quelle werden in Folge der Katastrophe in der ehemaligen UdSSR 200.000 bis 1 Mio. zusätzliche Krebstote erwartet, die durch den Reaktorunfall erkrankten. Der zerstörte Reaktor muss einige zehntausend Jahre gegen das Austreten weiterer Radioaktivität abgedichtet werden.

Nach: Umweltlexikon online

GAU:
Abkürzung für **G**rößter **A**nzunehmender **U**nfall

Super-GAU:
Ein Reaktorunfall, der über alle denkbaren Störfälle hinausgeht

Sarkophag:
hier: Betonummantelung des zerstörten Reaktors

---

1. Wo befindet sich das nächstgelegene deutsche Kernkraftwerk?

2. Wo befindet sich das nächstgelegene französische Kernkraftwerk?

In letzter Zeit gab es weltweit immer wieder Störfälle in Kernkraftwerken. Der schwerste Atomunfall nach Tschernobyl ereignete sich am 11. März 2011 im Atomkraftwerk Fukushima 1 in Japan. Ausgelöst durch eines der schwersten Erdbeben, 130 Kilometer vor der japanischen Küste, trifft ein bis zu 23 Meter hoher **Tsunami** das Atomkraftwerk Fukushima 1.

Tsunami:
Hohe zerstörerische Flutwelle, meist ausgelöst durch ein Seebeben

Lerngebiet 11

Phasen des explodierenden Kernkraft-Blocks in Fukushima

Die Reaktoren nehmen schweren Schaden und explodieren teilweise. Radioaktivität tritt ungehindert aus und gelangt in die Atmosphäre und ins Meer. Die Menschen im Umfeld der havarierten Anlage müssen evakuiert werden. Sie können die auf viele Jahre hinaus radioaktiv verstrahlte Gegend nicht mehr bewohnen. Trinkwasser, tierische und pflanzliche Produkte aus der Region um Fukushima sind auf unbestimmte Zeit verseucht und nicht zum Verzehr geeignet.

1. Recherchieren Sie, welche Möglichkeiten es gibt, radioaktiven Müll zu lagern.

2. Diskutieren Sie die daraus entstehenden Gefahren für Mensch und Natur.

© RWE

Das Kernkraftwerk Biblis in Hessen war seit dem 26. Februar 1975 am Netz und wurde am 31. August 2011 endgültig abgeschaltet.

© dpa

Anti-Atomkraft-Demo beim Ostermarsch 2011 vor dem Brandenbuger Tor

Ein weiteres Problem der Kernenergie ist die Endlagerung des radioaktiven Mülls und die Beseitigung stillgelegter Atomkraftwerke.

Deutschland hat sich dazu entschlossen, auf die Energiegewinnung durch Kernkraft zu verzichten. Die Risiken werden als zu hoch angesehen. Der Energiebedarf in Deutschland wird Schritt für Schritt durch umweltverträgliche und zukunftssichere Energiegewinnung gedeckt.

Der vollständige Atomausstieg soll nach dem „13. Gesetz zur Änderung des Atomgesetzes" vom 6. August 2011 spätestens im Jahre 2022 vollzogen sein. Das bedeutet, dass die letzten drei Atomkraftwerke in Deutschland am 31. Dezember 2022 abgeschaltet werden.

Weltweit werden jedoch laut **World Association of Nuclear Operators** zurzeit noch 433 Reaktoren betrieben, 63 weitere befinden sich im Bau und 160 Reaktorblöcke sind in Planung (Stand Juli 2012).

World Association of Nuclear Operators:

Weltverband der Kernkraftwerksbetreiber. Er ist eine Interessenorganisation der Atomindustrie. Sämtliche Staaten und Organisationen der Welt, die eine Anlage zur Stromerzeugung aus Kernenergie betreiben, sind Mitglied der WANO. Gegründet wurde die WANO 1989, drei Jahre nach der Katastrophe von Tschernobyl.

Elektromagnetische Strahlung

„Normaler" **Smog** entsteht durch Luftverunreinigung aufgrund giftiger Gase und Schwebeteilchen.

Der Begriff „Elektrosmog" ist Ende der siebziger Jahre entstanden. Elektrosmog bedeutet die Zunahme elektromagnetischer Strahlung.

Mobiltelefone senden direkt am Ohr, Babyfone werden häufig sehr nahe am Kinderbett installiert. Starke Sendeanlagen und Hochspannungsmasten stehen dicht neben Häusern.

Die gesundheitlichen Folgen durch Elektrosmog sind bislang nicht eindeutig geklärt. Die **WHO** stuft die Strahlung von Handys als möglicherweise gefährlich ein. Eine Studie von 2004 legt nah, dass bei intensiver Nutzung ein um 40 % erhöhtes Risiko für die Ausbildung eines **Glioms** besteht.

Smog:

Aus den beiden englischen Worten „smoke" (Rauch) und „fog" (Nebel) zusammengesetztes Wort

World Health Organization:

Weltgesundheitsorganisation; Sonderorganisation der Vereinten Nationen

Gliom:

Sammelbegriff für Hirntumore des Zentralnervensystems; treten auch im Bereich des Rückenmarks auf

Lerngebiet 11

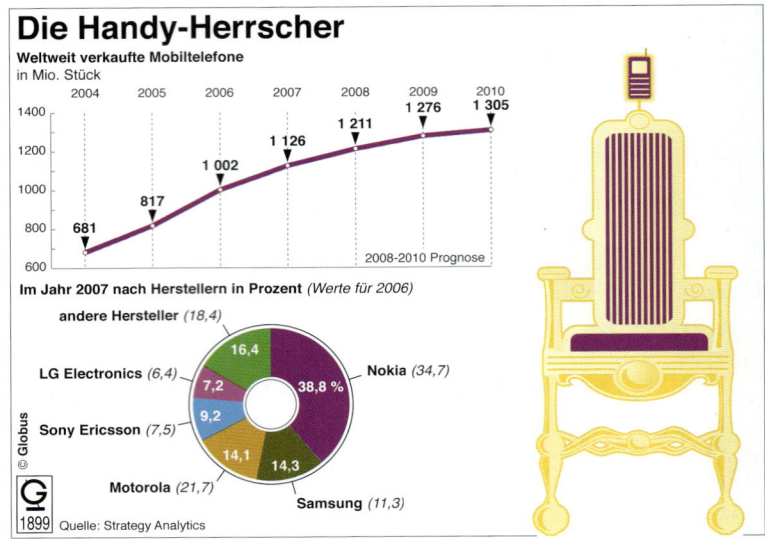

Nennen Sie Möglichkeiten, wie die tägliche Handybenutzung eingeschränkt werden kann.

1.5 Volkswirtschaftliche Auswirkungen

Umweltpolitik

Fachstufe II/III

Freie Güter:

Güter, die den Menschen in ausreichender Menge zur Verfügung stehen

Sie sind unentgeltlich verfügbar (z. B. Luft, Sonnenlicht).

Unternehmen nutzen zur Produktion von Waren häufig sogenannte **freie Güter.** Tatsächlich sind die freien Güter aber nicht uneingeschränkt verfügbar. Der Erhalt kostet viel Geld, das häufig die Allgemeinheit und nicht der Verbraucher des freien Gutes bezahlt (z. B. Abwasserreinigung). Die Einführung staatlicher Umweltschutzanforderungen für Unternehmen, schlagen sich als Kosten beim Verursacher nieder (Verursacherprinzip). Haben Konkurrenzunternehmen keine derartigen Auflagen zu beachten, entstehen Wettbewerbsnachteile. Der Absatz der Waren wird geringer, die Arbeitslosigkeit steigt, Betriebe wandern in Regionen oder Länder mit geringeren Umweltschutzbestimmungen ab.

Warum können nicht alle Kosten für den Erhalt der Umwelt nach dem Verursacherprinzip verteilt werden?

Strenge Umweltschutzbestimmungen haben auch positive Auswirkungen auf die Wirtschaft. Durch die hohen Anforderungen entsteht eine moderne Umweltschutzindustrie, die Arbeitsplätze schafft. Der technische Vorsprung verschafft den Unternehmen in dieser Branche Wettbewerbsvorteile auf den internationalen Märkten.

Verbraucherverhalten

Neben dem Staat beeinflusst auch der Verbraucher das Umweltverhalten der Wirtschaft. Werden vermehrt umweltschonend hergestellte und umweltverträgliche Produkte nachgefragt, werden sich die Anbieter auf die neue Marktsituation einstellen. Die Herstellungsmethoden werden umweltverträglicher. Das Angebot an umweltschädlichen Produkten nimmt ab.

Warum kaufen die Verbraucher immer noch viel zu wenig umweltschonend hergestellte und umweltverträgliche Produkte?

Wichtiger als der wirtschaftliche Effekt der Umweltpolitik und des Verbraucherverhaltens sind der Erhalt der natürlichen Lebensgrundlagen und die langfristige Sicherung der Produktionsgrundlage.

Zusammenfassung

Die zentralen Umweltprobleme wirken grenzüberschreitend und global.

Für den Klimawandel wird hauptsächlich die vom Menschen verursachte CO_2-Emission verantwortlich gemacht (Treibhauseffekt).

Der Schutz der Wälder und Böden, der Süßwasserreserven, der Meere und die Reduzierung der radioaktiven und elektromagnetischen Strahlung sind die Aufgaben der Zukunft.

Wissens-Check

1. Wie beeinflusst die Atmosphäre die Erdtemperatur?
2. a) Welches Gas ist hauptsächlich für den Treibhauseffekt verantwortlich?
   b) Wie wird dieses Gas freigesetzt?
   c) Welche Möglichkeiten gibt es, den Ausstoß dieses Gases zu reduzieren.
3. Welche Aufgabe hat der Boden im „Ökosystem Erde"?
4. Wie entsteht Elektrosmog?

Lerngebiet 11

2 Aktive Auseinandersetzung mit der Umweltproblematik

Die Probleme der Umwelt sind hinlänglich bekannt. Kein Zweifel besteht auch daran, dass die Umwelt ein hohes, schützenswertes Gut ist. Geeignete Maßnahmen sollen dem Rechnung tragen.

2.1 Prinzip der Nachhaltigkeit

Nachhaltige Forstwirtschaft bedeutet, dass geschlagenes Holz wieder aufgeforstet wird.

© Dietrich Claus

Der unbekannte Begriff

Mehr als zwei Drittel der Deutschen können sich nicht entsinnen, jemals von dem Begriff Nachhaltigkeit gehört zu haben. Das hat eine Umfrage im Auftrag des Umweltbundesamtes ergeben. Den Prinzipien der Nachhaltigkeit, zum Beispiel „Ressourcen schonen" oder „nicht mehr verbrauchen als nachwächst", stimmt jedoch die überwältigende Mehrheit der Deutschen zu.

Berliner Zeitung, 10.08.2010

Nachhaltigkeit ist ein in der Forstwirtschaft entwickeltes Prinzip der Bewirtschaftung, wonach nur so viel Holz geschlagen werden darf wie nachwachsen kann. Hiervon abgeleitet wurde der in der Umwelt- und Entwicklungspolitik gebrauchte Begriff „nachhaltige Entwicklung". Sie beschreibt in erster Linie eine Entwicklung, die den Bedürfnissen der heutigen Generation gerecht wird, ohne die Ressourcen künftiger Generationen zu gefährden.

Brundtland-Kommission:

Gro Harlem Brundtland war Leiterin der Kommission und Generaldirektorin der Weltgesundheitsorganisation.

Das Leitbild einer nachhaltigen Entwicklung wurde 1987 von der **Brundtland-Kommission** in ihrem Bericht „Our Common Future" (Unsere gemeinsame Zukunft) geprägt. Der Bericht war mit Auslöser für die UN-Konferenz für Umwelt und Entwicklung 1992 in Rio de Janeiro.

Dort wurde die Agenda 21 verabschiedet. Sie gibt den Regierungen detaillierte Handlungsanweisungen, um eine nachhaltige Nutzung der natürlichen Ressourcen sicherzustellen. Die „Lokale Agenda 21" beschreibt die Umsetzung der nachhaltigen Entwicklung auf kommunaler Ebene.

Irreversibel:

Nicht umkehrbar

Verstärkt sollten erneuerbare Ressourcen genutzt werden. Die Emissions- und Immissionsraten müssen so gewählt sein, dass die natürliche Umwelt (Luft, Boden und Wasser) diese verarbeiten kann. Des Weiteren sollte der Einsatz von Produkten und Technologien, deren ökologische bzw. soziale Folgen nicht abschätzbar oder mit **irreversiblen** Schäden verbunden sind, vermieden werden.

1. Erklären Sie mit eigenen Worten, was sie unter dem Prinzip der Nachhaltigkeit verstehen.
2. Notieren Sie Beispiele aus Ihrem beruflichen Umfeld, die Ihrer Meinung nach dem Gedanken der „Nachhaltigen Entwicklung" entsprechen.

2.2 Nationale Umweltschutzmaßnahmen

Umweltschutzgesetze

Die Verpflichtung des Staates die natürlichen Lebensgrundlagen zu schützen ist im Grundgesetz festgelegt.

Artikel 20a GG

Der Staat schützt auch in Verantwortung für die künftigen Generationen die natürlichen Lebensgrundlagen im Rahmen der verfassungsmäßigen Ordnung durch die Gesetzgebung und nach Maßgabe von Gesetz und Recht durch die vollziehende Gewalt und die Rechtsprechung.

Der Staat setzt seine umweltpolitischen Ziele zu einem wesentlichen Teil mittels Umweltgesetzen bzw. Umweltverordnungen und den entsprechenden Verwaltungsvorschriften durch. Die Umsetzung dieser Vorschriften erfolgt durch die Behörden oder kommunalen Einrichtungen (z. B. Umweltämter). Die Rechtsvorschriften sind nach **Sachgebieten** sortiert.

Umweltpolitik orientiert sich an grundlegenden Prinzipien, wie dem Vorsorge-, Verursacher-, Kooperations- und dem Integrationsprinzip.

Sachgebiete

der Rechtsvorschriften zum Umweltrecht:
- Allgemeiner Umweltschutz
- Immissionsschutz
- Gewässerschutz
- Bodenschutz
- Abfallwirtschaft
- Chemikalienrecht
- Naturschutz und Landschaftspflege
- Biotechnik
- Kerntechnische Sicherheit und Strahlenschutz

„Wäschewaschen ist nur bis 15.00 Uhr gestattet, ab 18.00 Uhr wird Bier gebraut."

Wilhelm II von Preußen, Deutscher Kaiser/König von Preußen

Preußisches Wassergesetz vom 7. April 1913

Wir Wilhelm von Gottes Gnaden König von Preußen, verordnen, mit Zustimmung der beiden Häuser des Landtags der Monarchie, was folgt:

§ 19 (1)

Es ist verboten, Erde, Sand, Schlacken, Steine, Holz, feste und schlammige Stoffe sowie tote Tiere in einen Wasserlauf einzubringen. Ebenso ist verboten, solche Stoffe an Wasserläufen abzulagern, wenn die Gefahr besteht, dass diese Stoffe hinein geschwemmt werden.

§ 23 (1)

Wer Wasser oder andere flüssige Stoffe … in einen Wasserlauf einleiten will, hat dies vorher der Wasserpolizeibehörde anzuzeigen. …

§ 24 (1)

Für den Schaden, der durch die unerlaubte Verunreinigung eines Wasserlaufs entsteht, haftet, … der Unternehmer der Anlage, von der die Verunreinigung herrührt.

§ 376 (1)

Werden den Vorschriften … zuwider Wasser oder andere flüssige Stoffe, durch deren Einleitung das Wasser verunreinigt werden kann in ein Gewässer eingeleitet, so sind der Unternehmer und der Betriebsleiter als solche, unabhängig von der Verfolgung der eigentlichen Täter, mit Geldstrafe von fünfzig bis zu fünftausend Mark zu bestrafen.

Auszüge aus dem Preußischen Wassergesetz vom 7. April 1913

Lerngebiet 11

Beim Tanken verdient der Staat mit.

Stromerzeugung belastet die Umwelt.

Fachstufe II/III

Zertifikat:
Hier: Berechtigung

Immissionsvolumen:
Umfang der Schadstoffeinleitung in die Umwelt

Prüfen Sie, welche grundlegenden Prinzipien moderner Umweltpolitik bereits im Preußischen Wassergesetz von 1913 verwirklicht wurden.

Umweltabgaben und Umweltprüfung

Ökosteuer

Ökosteuern haben den Zweck, die Nachfrage der Verbraucher umweltgerecht zu beeinflussen. Beispielsweise soll die Erhöhung der Mineralölsteuer dazu beitragen, dass weniger Auto gefahren wird. Das Geld fließt in den allgemeinen Staatshaushalt und kann dazu verwendet werden, an anderer Stelle die Steuern zu senken (z. B. durch Subventionierung umweltschonender Produkte).

Werden umweltschonende Produktionsverfahren und Produkte subventioniert, soll das Angebot verbilligt und so die Nachfrage erhöht werden.

„Rasen für die Rente – das ist keine Finanzpolitik, das ist gaga."
(Guido Westerwelle: FDP-Politiker)

Auf welchen Missstand möchte der damalige FDP-Fraktionsvorsitzende Guido Westerwelle mit dieser Aussage aufmerksam machen?

Umweltsonderabgaben

Umweltsonderabgaben sind zweckgebunden. Sie kommen der Umwelt wieder zugute. Muss ein Industriebetrieb eine Abwasserabgabe entrichten, sind die Einnahmen beispielsweise für den Bau einer Kläranlage zu verwenden.

Umweltzertifikate

Die Anzahl der Zertifikate für eine Region ist so gewählt, dass ein bestimmtes **Immissionsvolumen** nicht überschritten wird. Umweltzertifikate werden an Unternehmen ausgegeben. Der Betrieb erwirbt damit die Berechtigung, eine festgelegte Menge an Schadstoffen freizusetzen.

Mit Umweltzertifikaten kann gehandelt werden. Setzt eine Firma durch den Einbau von umweltschonender Technik weniger Schadstoffe frei, kann sie Nutzungsrechte verkaufen. Betriebe mit veralteter Technik können diese Rechte kaufen. In der Summe bleibt das Immissionsvolumen gleich.

Der Umweltschutz mithilfe von Umweltzertifikaten erfolgt bislang hauptsächlich in den USA.

„Der Zertifikathandel verhindert technische Neuerungen!"
Nehmen Sie Stellung zu dieser Behauptung.

Umweltverträglichkeitsprüfung (UVP)

Die Umweltverträglichkeitsprüfung (UVP) ist ein Prüfverfahren, mit dem die Auswirkungen eines Vorhabens auf die Umwelt bereits im Planungsstadium untersucht werden.

Untersucht werden die Auswirkungen eines Projektes auf Menschen, Tiere, Pflanzen, Boden, Wasser, Luft, Klima, Landschaft, Kultur- und sonstige Sachgüter. Die Umweltverträglichkeitsprüfung prüft aber nicht nur den Einfluss von Einzelkomponenten auf die Umwelt sondern auch deren Wechselwirkung. Es wird zum Beispiel geprüft, wie der Bau einer Autobahn, eines Kraftwerkes oder einer Skipiste das gesamte Ökosystem beeinflusst.

Umwelthaftungsgesetz (UmweltHG)

UmweltHG § 1 Anlagenhaftung bei Umwelteinwirkungen

Wird durch eine Umwelteinwirkung, ... , jemand getötet, sein Körper oder seine Gesundheit verletzt oder eine Sache beschädigt, so ist der Inhaber der Anlage verpflichtet, dem Geschädigten den daraus entstehenden Schaden zu ersetzen.

Mit dem Umwelthaftungsgesetz wurde eine umfassende Gefährdungshaftung eingeführt. Der Betreiber einer Anlage muss für Schäden an Personen und Sachen auch dann haften, wenn ihn kein Verschulden trifft. Bestimmte Anlagen müssen vom Betreiber so versichert werden, dass im Schadensfall, die Umweltschäden beseitigt werden können.

UmweltHG § 15 Haftungshöchstgrenzen

Der Ersatzpflichtige haftet für Tötung, Körper- und Gesundheitsverletzung insgesamt nur bis zu einem Höchstbetrag von 85 Millionen Euro und für Sachbeschädigungen ebenfalls insgesamt nur bis zu einem Höchstbetrag von 85 Millionen Euro, soweit die Schäden aus einer einheitlichen Umwelteinwirkung entstanden sind. ...

Aus welchem Grund wurden im UmweltHG Haftungshöchstgrenzen eingeführt?

Umweltstrafrecht

Umweltschädigendes Verhalten als Ordnungswidrigkeit oder Straftat wird durch das Umweltstrafrecht geahndet. Die Art und Höhe der Strafen ist im Strafgesetzbuch (StGB) und in den Umweltgesetzen geregelt.

Die Luftverunreinigungen eines Unternehmens schädigen die Ernte der umliegenden Bauern.

Recherchieren Sie im Internet, Höhe und Art der zu erwartenden Strafe.

Lerngebiet 11

Kreislaufwirtschaft

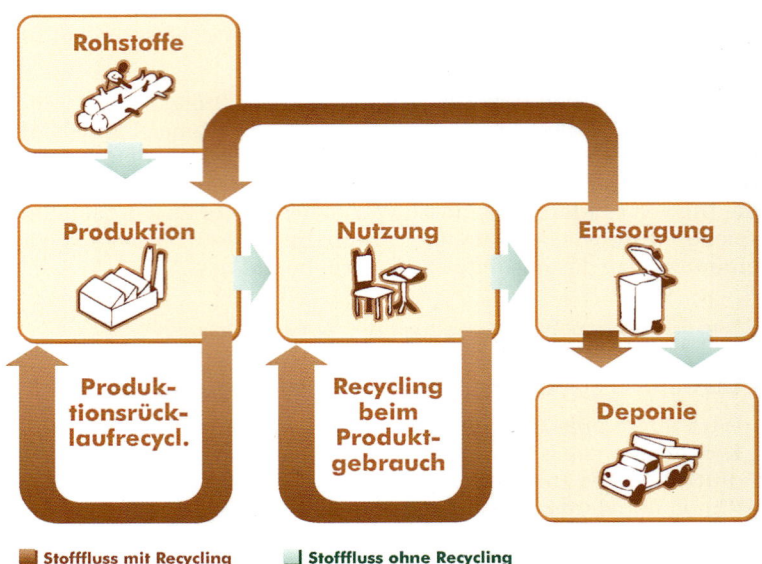

■ **Stofffluss mit Recycling**   □ **Stofffluss ohne Recycling**

Um die vorhandenen Ressourcen an Rohstoffen zu erhalten, sollen Produkte möglichst mehrfach verwendbar und technisch langlebig sein. Bei der Herstellung und dem Gebrauch von Erzeugnissen ist das Entstehen von Abfällen so weit wie möglich zu vermeiden. Angestrebt werden weitgehend geschlossene Kreisläufe. Aus verwertbaren Abfällen oder **sekundären Rohstoffen** sollen neue Produkte erzeugt werden. Bei umweltverträglichen Produkten ist nach Gebrauch eine umweltverträgliche Abfallverwertung oder eine ordnungsgemäße und schadlose Abfallbeseitigung sichergestellt.

Kreislaufwirtschafts- und Abfallgesetz (KrWG)

Gesetz zur Förderung der Kreislaufwirtschaft und Sicherung der umweltverträglichen Beseitigung von Abfällen.

> **KrWG § 1 Zweck des Gesetzes**
>
> Zweck des Gesetzes ist die Förderung der Kreislaufwirtschaft zur Schonung der natürlichen Ressourcen und die Sicherung der umweltverträglichen Beseitigung von Abfällen.

Nach dem KrWG gelten wiederverwertbare Stoffe wie z.B. Glas, Papier und Altmetall als Abfall. So soll vermieden werden, dass solche Stoffe als **Wirtschaftsgut** deklariert werden und nicht ordnungsgemäß entsorgt werden. Das Gesetz stellt die Abfallvermeidung und -verwertung in den Vordergrund. So müssen bestimmte Unternehmen Abfallwirtschaftskonzepte und sog. Abfallbilanzen aufstellen und der zuständigen Behörde auf Verlangen vorzeigen.

Welchen Nachteil hat die Bezeichnung des Industrieabfalls als „Wirtschaftsgut"?

Sekundäre Rohstoffe:

Aus Abfällen gewonnene Rohstoffe (Recycling)
Zum Recycling geeignet sind vor allem Glas, Papier, Pappe, Kartonagen, Eisen, Nichteisenmetalle und Kunststoffe. Voraussetzung für die stoffliche Verwertung ist eine möglichst sortenreine Sammlung der Wertstoffe oder ihre leichte Abtrennung (Sortierung) aus der Abfallfraktion (Abfalltrennung).

Wirtschaftsgut:

Knappe Güter stehen (im Gegensatz zu freien Gütern) nicht in einem ausreichenden Maß zur Verfügung und müssen durch die wirtschaftliche Tätigkeit von Menschen erzeugt werden.

Fachstufe II/III

Duales System

Duales System Deutschland AG (DSD) ist ein Unternehmen, das ein Sammelsystem für beim Verbraucher anfallende Verkaufsverpackungen aufgebaut hat. Hintergrund sind die Anforderungen der **Verpackungsverordnung.** Die Materialien werden getrennt und verwertet. Hersteller, Importeure oder Vertreiber führen an das DSD Gebühren für die Nutzung der Lizenz **Grüner Punkt** ab und sind dafür von Rücknahme- oder Pfanderhebungspflichten befreit.

Umweltzeichen

Umweltzeichen kennzeichnen die Umweltverträglichkeit bei Herstellung, Gebrauch und Entsorgung eines Produktes. Die Gestaltung, Vergabe und Verwendung der Umweltzeichen sind gesetzlich geregelt. Die Voraussetzungen der Vergabe sind je nach Zeichen unterschiedlich.

Der **Blaue Engel** ist das älteste Umweltzeichen der Welt. Am Blauen Engel erkennen Verbraucher Produkte, die umweltfreundlich hergestellt und vertrieben werden. Die Kriterien für die Vergabe werden durch eine vom Bundesinnenminister berufene unabhängige Jury beschlossen. Die Kennzeichnung bezieht sich nur auf bestimmte ökologische Aspekte und nicht auf das gesamte Produkt. Es wird immer ein Hinweis gegeben, warum dieses Produkt umweltfreundlicher und gesünder als andere ist

Die **Europäische Blume** wird für Produkte vergeben, die von der Entwicklung bis zur Verwendung geringere Umweltbelastungen bewirken als vergleichbare Produkte.

Umweltstandards

Im Sinne einer zukunftsgerichteten, nachhaltigen Entwicklung werden Leitwerte zugrundegelegt (Umweltqualitätsziele). Umweltstandards werden beispielsweise durch den Verein Deutsche Ingenieure (VDI) erarbeitet **(MIK-Werte).**

> Wie schützen Sie die Umwelt durch Ihr Verhalten am Arbeitsplatz?
>
> Diskutieren Sie, ob die globalen Umweltkatastrophen verhindert werden können – notieren Sie Ihre Argumente.

2.3 Internationale Umweltschutz-maßnahmen

Seit 1992 finden Umweltkonferenzen der Vereinten Nationen statt. Dort werden Grundregeln und Absichtserklärungen für möglichst viele Teilnehmerstaaten erarbeitet, um der Ausbeutung und Zerstörung der Umwelt entgegenzuwirken.

Die Menschen haben erkannt, dass Wachstum, Mobilität und technischer Fortschritt im Einklang mit der Umwelt und somit ökologisch und Ressourcen schonend stattfinden muss.

Verpackungsverordnung:

Sie verpflichtet die Hersteller zur Rücknahme der Verkaufsverpackungen.

Grüner Punkt:

Er ist ein auf Verpackungen aus wiederverwertbarem Material angebrachtes Symbol. Verpackungen mit diesem Zeichen sind gegen eine Gebühr an das DSD von der Rücknahme- und Pfanderhebungspflicht entbunden. Der Verbraucher bezahlt die Entsorgungskosten mit dem Kaufpreis.

Der Blaue Engel kennzeichnet umweltfreundlich hergestellte und vertriebene Produkte.

Europäische Blume

MIK-Werte:

Maximale Immissions-Konzentration

Bezeichnung für die Konzentrationen luftverunreinigender Stoffe, die nach derzeitigem Wissenstand für Mensch, Tier oder Pflanze bei Einwirkung von bestimmter Dauer und Häufigkeit als unbedenklich gelten.

Lerngebiet 11

© Dave Vaughan

WARUM MACHST DU DIR DENN SO VIEL MÜHE?

ICH MÖCHTE DEN MÜLL NACHHALTIG ENTSORGEN!

1. Diskutieren Sie die Karikatur.

2. Beschreiben Sie diese Art des Umweltverhaltens!

3. Nennen Sie Beispiele für richtiges Verhalten!

UN-Umweltkonferenzen:

1992	**Rio de Janeiro**	UN-Konferenz für Umwelt und Entwicklung **"Nachhaltige Entwicklung"**
1995	**Berlin**	Erste UN-Klimakonferenz **"Berliner Mandat"**
1996	**Genf**	Zweite UN-Klimakonferenz **"Genfer Erklärung"**
1997	**Kyoto**	Dritte UN-Klimakonferenz **"Protokoll von Kyoto"**
1998	**Buenos Aires**	Vierte UN-Klimakonferenz **"Aktionsplan von Buenos Aires"**
1999	**Bonn**	Fünfte UN-Klimakonferenz **"Fahrplan zur Umsetzung des Kyoto-Protokolls"**
2002	**Johannesburg**	**"Weltgipfel für nachhaltige Entwicklung Rio+10"**
2005	**Montreal**	**Weltklimakonferenz „künftiger Klimaschutz"**
2006	**Nairobi**	**Weltklimakonferenz „Prüfung des Kyoto-Protokolls 2008"**
2009	**Kopenhagen**	UN-Klimakonferenz **„Schritte zur Begrenzung globaler Erwärmung"**
2011	**Cancún**	UN-Klimakonferenz **„gemeinsame Vision der Emissionsminderung"**

Die Konferenz von Rio de Janeiro 1992

Auf der Konferenz von Rio wurde die Idee einer **nachhaltigen Entwicklung** vorgestellt. Seither prägt dieses zentrale Leitbild weltweit die Umwelt- und Entwicklungspolitik. Über 170 Staaten haben auf dieser Konferenz darauf hingewiesen, dass dringender Handlungsbedarf zur Erhaltung der Lebensgrundlagen auf der Erde besteht. Erstmals war man sich darüber einig, dass sich die menschliche Zivilisation langfristig selbst zerstört, wenn sie ihr Verhalten nicht ändert.

Nachhaltige Entwicklung:
Die gegenwärtige Generation soll ihren Bedarf befriedigen, ohne die Fähigkeit künftiger Generationen zur Befriedigung ihres eigenen Bedarfs zu beeinträchtigen.

Im Rahmen der Konferenz von Rio wurden in der „Rio-**Deklaration**" gemeinsame Grundprinzipien künftigen Handelns festgelegt.

Deklaration:
Grundlegende Erklärung

> **Grundsatz 1**
>
> Die Menschen stehen im Mittelpunkt der Bemühungen um eine nachhaltige Entwicklung. Sie haben das Recht auf ein gesundes und produktives Leben in Einklang mit der Natur.

Die teilnehmenden Staaten erklärten ihre Absicht,

▸ Wälder (Wald-Deklaration),

▸ Artenvielfalt (**Konvention** über die biologische Vielfalt) und

▸ Klima (Klimakonvention)

Konvention:
Völkerrechtliches Abkommen, Übereinkunft

ihren Möglichkeiten entsprechend zu schützen und künftigen Generationen zu erhalten.

Die Rio-Deklaration enthält wichtige umweltpolitische Grundsätze.

▸ Das Vorsorgeprinzip

Verbot von umweltfeindlichen Produktionsweisen und Verwendung giftiger Stoffe bevor Umweltschäden auftreten. Beispielsweise wurden ozonschädigende Fluor-Chlor-Kohlenwasserstoffe (FCKW) als Treibmittel für Spraydosen oder als Kühlmittel verboten. Sie wurden durch umweltfreundliche Produkte ersetzt.

▸ Das Verursacherprinzip

Die Kosten zur Beseitigung von Umweltschäden können jedem angelastet werden, der sie verursacht hat. Beispiel: Ein Unternehmen leitet illegal und ungefiltert giftige Stoffe in einen Fluss. Es muss die Kosten der Wiederherstellung von **Fauna** und **Flora** tragen.

Fauna:
Tierwelt

Flora:
Pflanzenwelt

▸ Das Kooperationsprinzip

Umweltschutz ist eine gemeinsame Aufgabe von Staat, Bürgern und Wirtschaft. Jeder muss bereit sein, das in seinem Rahmen Mögliche zu tun.

▸ Das Integrationsprinzip

Umweltschutz betrifft alle politischen Bereiche. Entscheidungen z. B. in der Verkehrs-, Energie- und Agrarpolitik müssen „umweltgerecht" sein.

Auch Deutschland hat alle Deklarationen und Konventionen von Rio unterzeichnet und sich damit bereiterklärt, seine umweltpolitischen Aktivitäten nach dem Leitbild der nachhaltigen Entwicklung auszurichten.

Lerngebiet 11

Die Industrieländer sagten damals unverbindlich zu, ihren Kohlen-dioxid-Ausstoß bis zum Jahr 2000 auf den Stand von 1990 zu sen-ken. Dieses Ziel wurde nicht erreicht.

> Überlegen Sie, welche Probleme bei grenzüberschreitenden Umweltschäden auftreten, wenn das Verursacherprinzip ange-wendet wird.

Agenda 21:
Wörtlich übersetzt bedeutet das lateinische Wort Agenda „das, was zu tun ist" (Arbeits-programm).
Der Zusatz „21" verdeutlicht, dass dieses Programm die Richtung in das 21. Jahrhundert weisen soll.

Agenda 21

> „Viele kleine Leute an vielen kleinen Orten, die viele kleine Dinge tun, werden das Gesicht der Erde verändern."
>
> Afrikanisches Sprichwort

Die Agenda 21 ist das zentrale, rechtlich allerdings nicht verbind-liche Abschlussdokument der UN-Konferenz von Rio de Janeiro. Sie richtet sich an alle Staaten der Welt.

Das Papier ist ein Aktionsprogramm für eine „bessere", zukunfts-fähige Welt im 21. Jahrhundert. Wichtige Feststellungen zu The-men wie Bevölkerungs-, Wirtschafts- und Umweltpolitik werden getroffen.

Die einzelnen Länder sollen im Rahmen ihrer Möglichkeiten und gemäß der vereinbarten Grundsätze Umweltschutz betreiben.

> In den Industrieländern leben 25 % der Weltbevölkerung. Sie verbrauchen aber 75 % der Energie. Könnte jeder Chinese und jeder Inder soviel Energie verbrauchen wie ein Westeuropäer, würde sich der Energieverbrauch weltweit verdoppeln. Die Kli-mafolgen wären verheerend.
>
> Im Laufe seines Lebens wird ein Mitteleuropäer mehr konsu-mieren und Abfall produzieren als 50 Einwohner eines Entwick-lungslandes.

Die Industrieländer haben die Aufgabe, ihre verschwenderische und umweltbelastende Lebensweise zu verändern.

Das größte Problem der Entwicklungsländer ist die herrschende Armut. Sie zu bekämpfen ist die zentrale Aufgabe aller Staaten.

Bei der Lösung der Probleme sollen alle Hand in Hand arbeiten: internationale Organisationen, Unternehmen, staatliche und kom-munale Behörden, private Organisationen, Bürgerinnen und Bürger.

Fachstufe II/III

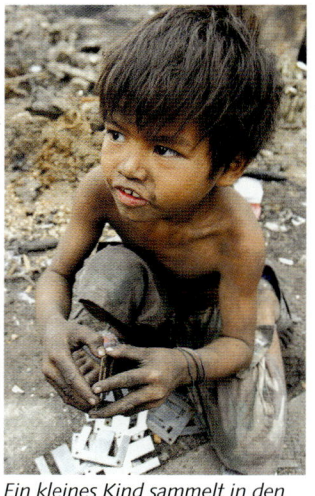

© dpa

Ein kleines Kind sammelt in den Trümmern eines Elendsviertels in Manila Metallstücke, um sie zu verkaufen.

Die Konferenz von Kyoto 1997

Die Konferenz von Kyoto beschließt, im Kampf gegen die Klimaän-derung die Verringerung der Emissionen bestimmter Treibhausga-se, die zur weltweiten Erwärmung beitragen. Die Unterzeichner-staaten verpflichten sich, die Menge der Treibhausgasemissionen stufenweise bis zum Jahr 2012 um 5 % bis 8 % unter das Niveau von 1990 zu senken.

Trotz des hohen Schadstoffausstoßes haben die USA die Vereinbarung zur Reduzierung der Emissionen nicht unterzeichnet.

Wie erklären Sie sich die Vorgehensweise der USA?

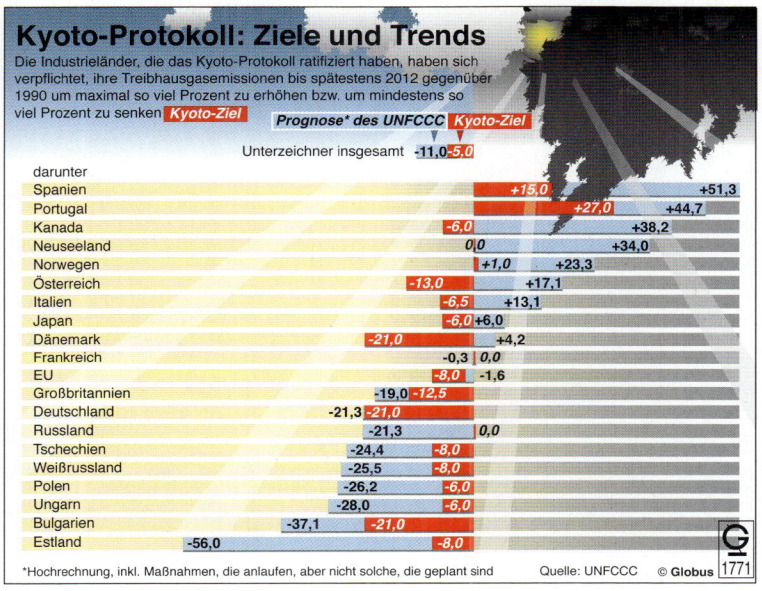

Rio + 10 – Johannesburg 2002

Im Rahmen des „Weltgipfels für Nachhaltige Entwicklung" wurde überprüft, ob die Länder die vereinbarten Ziele der Konferenz von Rio erreicht haben. Die Einstellung der Umwelt gegenüber hat sich leider nicht verändert. Die Industrieländer orientieren sich weiterhin an wirtschaftlichen Interessen und verschwenden unvermindert Ressourcen. Auch die Anzahl der Länder die versucht haben die Vorgaben umzusetzen war verschwindend gering.

In Deutschland setzten fast alle Bemühungen mit Verspätung ein und haben noch bei weitem nicht alle Regionen erfasst.

Welche Gründe könnte es geben, sich nicht an der Umsetzung der Agenda 21 zu beteiligen?

Die Konferenz von Montreal 2005

Die Teilnehmer an der Konferenz von Montreal haben sich auf wesentliche Punkte zum künftigen Klimaschutz geeinigt:

▶ Die Klimarahmenkonvention von Rio de Janeiro bildet weiter die Grundlage für den globalen Klimaschutz.

Lerngebiet 11

▷ Entwicklungs- und Schwellenländer sollen stärker in den globalen Klimaschutz einbezogen werden.

▷ Die Entwicklungsländer sollen finanzielle und technische Hilfe erhalten, um die Klimaschutzvereinbarungen umsetzen zu können.

▷ Die Senkung der Menge der Treibhausgasemissionen, die im Rahmen der Konferenz von Kyoto vereinbart wurde, wird über das Jahr 2012 hinaus fortgeführt.

© Drude

Die Konferenz von Cancún 2010

Die UN-Klimakonferenz in Cancún hat Entscheidungen getroffen, den Klimaschutz und die Anpassung an Klimafolgen voranzubringen. Zu den Unterzeichnerstaaten zählen auch die USA sowie China und weitere Schwellen- und Entwicklungsländer.

Alle Staaten bekennen sich zu dem Ziel, die Erderwärmung auf zwei Grad zu begrenzen. Die Gefahren des Klimawandels werden noch einmal ausdrücklich anerkannt. Die Anpassung an die Folgen des Klimawandels soll durch

▷ Bereitstellen finanzieller Mittel

▷ Vorantreiben technischer Entwicklungen

▷ Erweitern des Technologietransfers

umgesetzt werden. Die Mitglieder des Kyoto-Protokolls haben sich verpflichtet, bis 2020 ihre CO_2-Emissionen um 25 % bis 40 % unter den Stand von 1990 abzusenken.

Die Konferenz von Durban 2011

Die EU hat beim Klimagipfel in Südafrika einen Fahrplan zu einem Weltklimavertrag durchgesetzt, der auch die Klimaziele der Nicht-Kyoto-Staaten erfasst und so die vermeintlichen Klimasünder wie USA, China und Indien mit in die Verantwortung nehmen soll. Dieser Vertrag soll bis 2015 erarbeitet und dann im Jahr 2020 in Kraft treten.

Der Klimagipfel von Doha (Katar) 2012

Die erste UN-Klimakonferenz im arabischen Raum ging am 8. Dezember nach einem Verlängerungstag mit einer Marathonsitzung zu Ende. Zwar kam es unter den Teilnehmern zu einem Kompromiss, in dem das Kyoto-Protoll bis 2020 verlängert wurde. Aber weiterhin vermissen v. a. Umweltverbände weltweit ein konkretes Programm zur Begrenzung der Erderwärmung. Gemessen an der Dringlichkeit des Klimawandels ist der Wille politisch verbindliche Vereinbarungen zu beschließen bei den Hauptakteuren USA, China und der EU eher schwach ausgeprägt.

2.4 Individuelle Umweltschutzmaßnahmen in Beruf und Haushalt

Der Klimaschutz und die Erhaltung der Umwelt geht nicht nur die Industrie und Energiewirtschaft etwas an. Jeder kann etwas zum schonenden Umgang mit unserer Umwelt beitragen.

© Dave Vaughan

SOBALD'S WIEDER RAUSKIMMT, FAHR MA WEITER...

Sammeln Sie Vor- und Nachteile, die umweltgerechtes Verhalten mit sich bringt.

Kauf ökologisch erzeugter Produkte

Verbraucherinnen und Verbraucher wollen unbelastete, hochwertige und bezahlbare Lebensmittel. Gleichzeitig soll die landwirtschaftliche Produktion im Einklang mit der Umwelt stehen. Deshalb werden ökologisch produzierte Lebensmittel gekennzeichnet. Das Bundesverbraucherschutzministerium hat mit dem **Bio-Siegel** ein einheitliches Kennzeichen für Bio-Lebensmittel geschaffen. Bei Produkten, die mit dem Bio-Siegel versehen werden, sind Herkunft und Inhaltsstoffe nach der EG-Ökoverordnung geprüft. Ein Lebensmittel mit dem Bio-Siegel muss zu mindestens 95 % aus Öko-Produkten bestehen.

Das Bio-Siegel soll den Verbrauchern auf den ersten Blick signalisieren, dass das Lebensmittel nach den Richtlinien der EU-Ökoverordnung produziert und verarbeitet wurde.

Seit der EU-Ökoverordnung von 1993 sind „Bio" und „Öko" geschützte Begriffe. Wer Lebensmittel als Bio oder Öko anpreist, muss die Vorschriften der Verordnung einhalten.

EU-ÖKO-VERORDNUNG

Anwendungsbereich

Artikel 1

(1) Diese Verordnung gilt für … Erzeugnisse, sofern sie als Erzeugnisse aus ökologischem Landbau gekennzeichnet sind oder gekennzeichnet werden sollen …

Artikel 2

Im Sinne dieser Verordnung gilt ein Erzeugnis als aus ökologischem Landbau stammend gekennzeichnet, wenn in der Etikettierung, … seine Bestandteile oder die Futtermittel-Ausgangserzeugnisse gekennzeichnet sind … und zwar insbesondere durch einen oder mehrere der nachstehenden Begriffe oder der davon abgeleiteten gebräuchlichen Begriffe (wie Bio-, Öko- usw.)

EWG-Verordnung über den ökologischen Landbau und die entsprechende Kennzeichnung der landwirtschaftlichen Erzeugnisse und Lebensmittel

---

Die EU-Öko-Kontrollstellen überwachen sowohl Öko-Waren als auch Betriebe, in denen ökologische Lebensmittel erzeugt und verarbeitet werden. Auch importierte Waren werden streng kontrolliert. Werden Verstöße gegen die Vorschriften aufgedeckt, dürfen die beanstandeten Produkte nicht mehr vermarktet werden.

Biomarken wie Demeter, Bioland oder ANOG werden durch eigene Verbände streng kontrolliert. Diese Produkte sind meist nur in „Bioläden" oder „Naturkostfachgeschäften" zu einem höheren Preis als vergleichbare Lebensmittel erhältlich. Bio-Siegel-Produkte sind zu einem niedrigeren Preis auch im Supermarkt erhältlich.

Gemeinschaftslogo für alle in der EU produzierten ökologischen Lebensmittel

Bio-Produkte kosten mehr, weil ihre Produktion aufwendiger ist. Bio-Bauern verwenden zum Beispiel keine Insekten- oder Pflanzenschutzmittel und brauchen ausreichend Weideflächen für ihre Tiere.

Deshalb haben sie geringere Erträge als ihre konventionell wirtschaftenden Kollegen. Die Mehrausgaben für Bio-Produkte lassen sich beim Verbrauch anderer Lebensmittel zum Teil wieder einsparen. Fleisch, Fertiggerichte oder Süßwaren sind teure Lebensmittel, die Sie im Rahmen einer vollwertigen Ernährung reduzieren können.

Der Handel mit Öko-Lebensmitteln blüht hierzulande. Produkte, die das vom Verbraucherministerium eingeführte Bio-Siegel tragen, kommen schon längst nicht mehr nur von einheimischen Bio-Bauern. Mittlerweile sind in den Läden immer mehr Bio-Lebensmittel aus der ganzen Welt zu bekommen. Für deutsche Bio-Bauern bedeutet das eine ernstzunehmende Konkurrenz. Das Problem: Die EU-Öko-Verordnung gestattet es auch Produzenten aus dem außereuropäischen Ausland, den sogenannten Drittländern, ihre Waren mit dem Bio-Siegel zu kennzeichnen. Dies geschieht natürlich auch hier nur nach ausgiebiger Prüfung

durch die entsprechenden Kontrollstellen. Bio-Bauern und An-
bauverbände in Deutschland kritisieren jedoch, dass die EU-
Richtlinien weitaus niedrigere Kontrollstandards für ausländische Bio-Waren vorsehen, als es die Richtlinienstandards deutscher Bioverbände tun.

Sendung des NDR: Bio-Siegel international, 17.03.2011

Welcher Gefahr sehen sich die deutschen BIO-Bauern ausgesetzt?

Energieeinsparung

Heizung

Im privaten Umfeld fallen etwa 70 % der verbrauchten Energie auf
die Heizung. Der Rest verteilt sich auf Strom und andere Nutzun-
gen. Jeder Einzelne kann einen großen Beitrag zum Erhalt der Umwelt leisten, wenn er seine Heizgewohnheiten ändert. Allein die
Senkung der Raumtemperatur um nur 1° C senkt den Energieverbrauch der Heizung um 6 %.

Moderne Solaranlagen liefern auch in unseren Breiten genug Energie, um in den Sommermonaten den Warmwasserbedarf bis zu
100 % zu decken.

Der **Primärenergie**verbrauch kann durch bewusstes Sparen zum
Beispiel durch den Einsatz effektiver Heizsysteme oder durch das
Verwenden von **erneuerbaren Energien** wesentlich vermindert
werden. Am 1. Januar 2009 ist das **EEWärmeG** in Kraft getreten.
Das EEWärmeG schreibt Bauherren vor, erneuerbare Energien ein-
zusetzen.

Primärenergie:

Dies ist Energie, die aus natürlichen, noch nicht weiterverarbei-
teten Energieträgern stammt
(Kohle, Öl, Erdgas).

Erneuerbare Energien:

Die Energiequellen, die ohne Ein-
satz fossiler Rohstoffe erschlossen
werden, z. B.:
- Wasserkraft und Windenergie
- Photovoltaik mit Solarzellen
- Pflanzenöle (Biodiesel aus
  Rapsöl)
- Vergärung (Biogas)
- Verbrennung von Pflanzen-
  teilen

EEWärmeG:

Erneuerbare-Energien-Wärme-
Gesetz

Photovoltaikanlage

© MEV Verlag GmbH

Wer heute Hauseigentümer werden möchte, muss darüber hinaus
die Vorschriften der aktuellen **EnEV** erfüllen. Die EnEV regelt, wie
viel Energie neu gebaute Häuser, aber auch sanierte Altbauten maximal verbrauchen dürfen. Zielsetzung dabei ist den Energiebedarf
von Häusern zukünftig weiter zu reduzieren. Problematisch für
Bauherren ist jedoch, dass sich die Vorschriften innerhalb eines
Jahres ändern können. So verschärften sich die energetischen Anforderungen von 2007 auf 2012 um 30 %.

EnEV:

Energieeinsparverordnung

Fachmännisch ausgeführte Dämmung beim Dachausbau gemäß aktuell geltender EnEV

Die wichtigsten Vorschriften der EnEV sind:

▷ Dämmung von Dachboden (oberste Geschossdecke oder darüber liegendes Dach) und Warmwasserleitungen

▷ Austausch alter Nachtspeicherheizungen

▷ Energieausweispflicht (Ausweis erteilt Auskunft über den Energiebedarf eines Hauses und muss bei Vermietung oder Verkauf vorgelegt werden)

▷ Heizkesseltausch (Kessel, die vor 1978 in Betrieb genommen wurden, müssen ausgetauscht werden.)

▷ Energetische Sanierung (Modernisierung von Dach, Fassade oder Fenstern)

1. Wie können Sie sich verhalten, um die täglich benötigte Heizenergie zu reduzieren.

2. Beobachten Sie das Heizverhalten in Ihrem Schulgebäude.

   a) Welche grundsätzlichen Fehler werden gemacht?

   b) Wie könnte die Situation verbessert werden?

Strom

Energieeinsparung ist nicht immer gleichzusetzen mit Einschränkung oder Verlust von Lebensqualität. Durch die Vermeidung von Leerlaufverlusten (Stand-by-Betrieb) bei elektronischen Geräten könnten bundesweit etwa 1,5 % der klimaschädlichen CO_2-Emissionen eingespart werden. Im Durchschnitt kann hier jeder Haushalt ca. 50 Euro pro Jahr sparen.

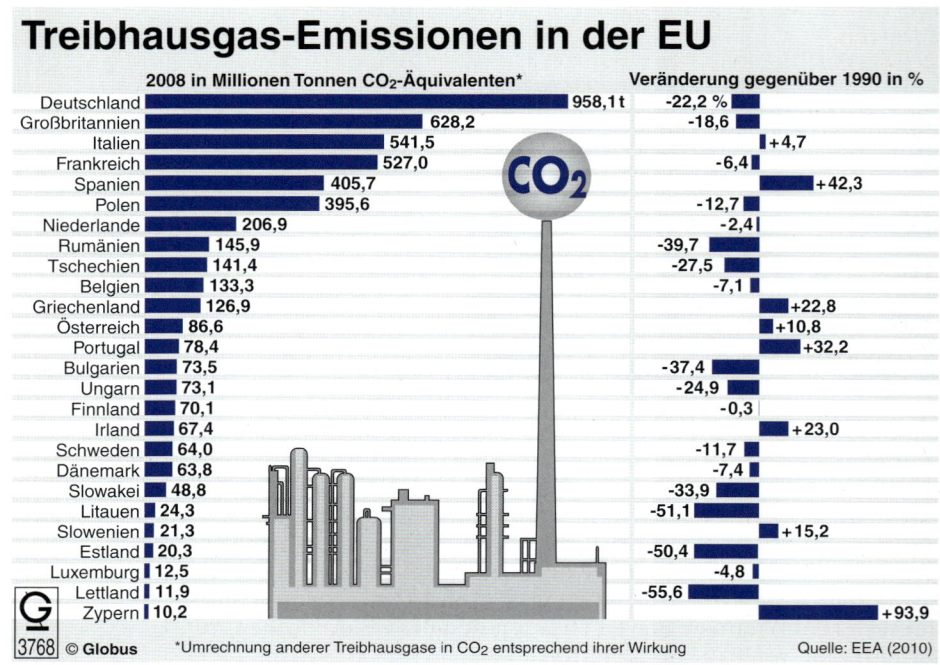

Treibhausgas-Emissionen in der EU

	2008 in Millionen Tonnen CO_2-Äquivalenten*	Veränderung gegenüber 1990 in %
Deutschland	958,1 t	-22,2 %
Großbritannien	628,2	-18,6
Italien	541,5	+4,7
Frankreich	527,0	-6,4
Spanien	405,7	+42,3
Polen	395,6	-12,7
Niederlande	206,9	-2,4
Rumänien	145,9	-39,7
Tschechien	141,4	-27,5
Belgien	133,3	-7,1
Griechenland	126,9	+22,8
Österreich	86,6	+10,8
Portugal	78,4	+32,2
Bulgarien	73,5	-37,4
Ungarn	73,1	-24,9
Finnland	70,1	-0,3
Irland	67,4	+23,0
Schweden	64,0	-11,7
Dänemark	63,8	-7,4
Slowakei	48,8	-33,9
Litauen	24,3	-51,1
Slowenien	21,3	+15,2
Estland	20,3	-50,4
Luxemburg	12,5	-4,8
Lettland	11,9	-55,6
Zypern	10,2	+93,9

3768 © Globus   *Umrechnung anderer Treibhausgase in CO_2 entsprechend ihrer Wirkung   Quelle: EEA (2010)

Schon ab 10 Euro 15 % Zinsen!

Das garantiert Ihnen derzeit keine Bank: Zinsen in zweistelliger Höhe und das ab 10 Euro. Mit einer zusätzlichen Investition von 10 Euro für eine Energiesparlampe verzinsen Sie Ihr „Kapital" um etwa 15 %. Denn Sie sparen über die gesenkte Stromrechnung circa 11,50 Euro. Und Sie vermeiden durch den Austausch nur einer Glühlampe jährlich knapp 22 kg CO_2-Emissionen!

Umweltbundesamt

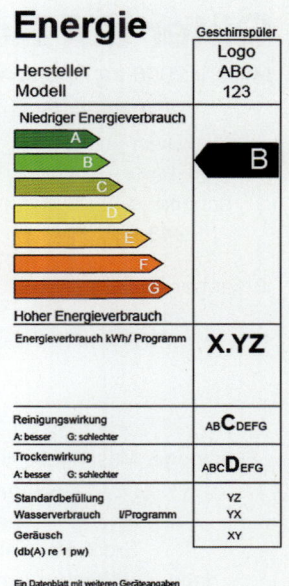

Energieetikett gemäß der Energieverbrauchskennzeichnungsverordnung (EnVKV)

Energiesparlampen haben eine bis zu acht Mal längere Betriebszeit. Während bei einer herkömmlichen Glühlampe bereits nach 1.000 Stunden das Licht ausgeht, brennen handelsübliche Energiesparlampen etwa 8.000 Stunden. Ihre Entsorgung ist jedoch aufwendiger.

Hersteller und Handel in der Europäischen Union sind verpflichtet, bestimmte Haushaltsgeräte und Leuchtkörper mit dem Energieetikett zu kennzeichnen.

Autofahren

Bei Tempo 160 km/h ist der Kraftstoffverbrauch um rund 50 % höher als bei 120 km/h. Erhöhte Kosten und Schadstoffemissionen rechtfertigen nicht die Zeitersparnis.

Am 1. Dezember 2011 trat die neue Regelung zur Kennzeichnung der CO_2-Effizienz von Pkw in Kraft. Seither müssen alle Neufahrzeuge innerhalb der EU mit einer Plakette gekennzeichnet sein, die Auskunft über den gewichtsbezogenen CO_2-Ausstoß gibt. Im Juli 2012 hat die Europäische Kommission neue Abgasnormen für Autos vorgeschlagen. Demnach dürfen bis zum Jahr 2020 Neu-Pkw nur mehr 95 g/km ausstoßen.

1. Ermitteln Sie im Internet Car-Sharing-Angebote in Ihrer Region. Nennen Sie Vor- und Nachteile.

2. Stellen Sie eine Rangfolge der Pkw nach Treibstoffverbrauch in Ihrer Klasse auf.

Güterverkehr und Konsum

Lebensmittel werden über immer weitere Strecken transportiert. Die Lebensmittelmenge, die pro Kopf und Jahr konsumiert wird, ist in den letzten 20 Jahren in etwa gleich geblieben. Der Transportaufwand für Lebensmittel hingegen hat sich fast verdoppelt. Wir konsumieren Produkte, die weit transportiert werden müssen (z. B. tropische Früchte). Der Großteil des Transportwachstums im Lebensmittelbereich ist jedoch auf veränderte Konsumgewohnheiten und Wirtschaftsweisen zurückzuführen. Immer seltener werden die Produkte von einem Unternehmen bzw. im eigenen Land hergestellt. Zutaten für Lebensmittel werden zunehmend arbeitsteilig und an verschiedenen Orten produziert. Das verlängert die Transportwege. In den letzten fünf Jahren wuchs das Güterverkehraufkommen um rund 40 %. Der Transport findet über immer größere Distanzen statt. Dabei nimmt der Transportanteil der Bahn ab, jener des Lkw-Verkehrs steigt an.

Lerngebiet 11

Güter auf Reisen

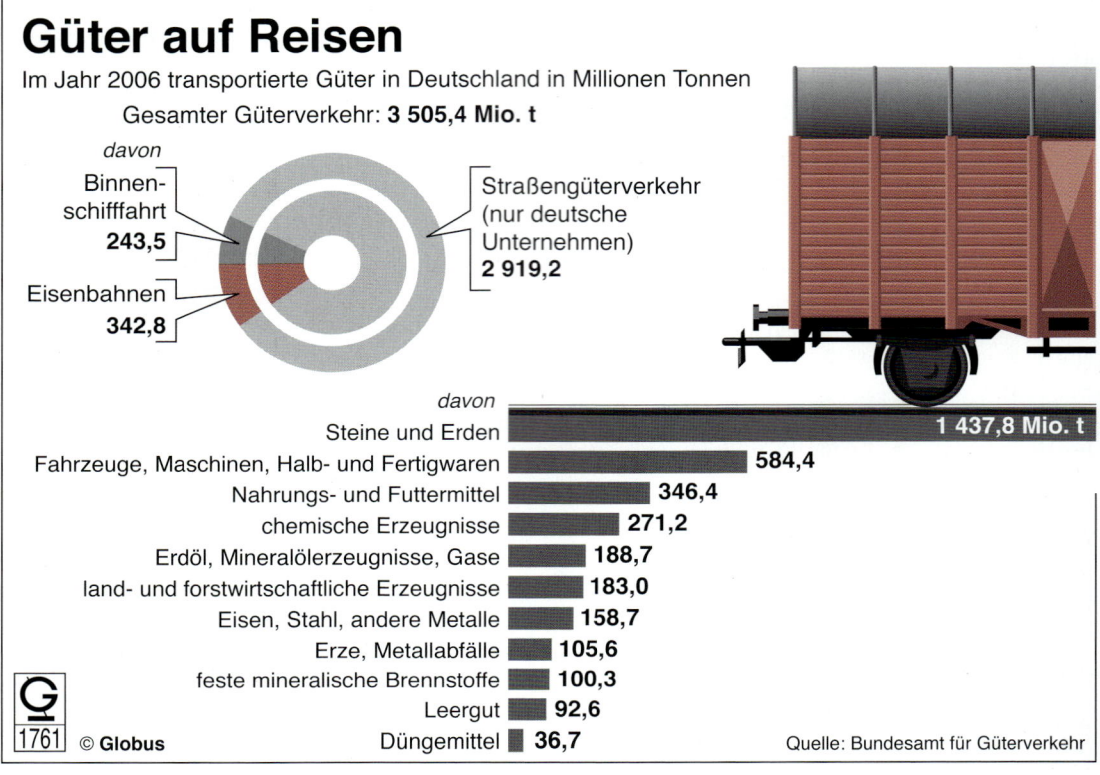

Im Jahr 2006 transportierte Güter in Deutschland in Millionen Tonnen

Gesamter Güterverkehr: **3 505,4 Mio. t**

davon

Binnen-
schifffahrt
243,5

Eisenbahnen
342,8

Straßengüterverkehr
(nur deutsche
Unternehmen)
2 919,2

davon

Steine und Erden	1 437,8 Mio. t
Fahrzeuge, Maschinen, Halb- und Fertigwaren	584,4
Nahrungs- und Futtermittel	346,4
chemische Erzeugnisse	271,2
Erdöl, Mineralölerzeugnisse, Gase	188,7
land- und forstwirtschaftliche Erzeugnisse	183,0
Eisen, Stahl, andere Metalle	158,7
Erze, Metallabfälle	105,6
feste mineralische Brennstoffe	100,3
Leergut	92,6
Düngemittel	36,7

G 1761 © **Globus**

Quelle: Bundesamt für Güterverkehr

Fachstufe II/III

Woher kommt der Erdbeerjoghurt?

Für einen in Stuttgart abgepackten 150-Gramm-Erdbeerjoghurt wurden polnische Erdbeeren im 800 km entfernten Aachen verarbeitet. Weiter ging's nach Stuttgart (446 km). Papier aus Uetersen (Niedersachsen) diente im 634 km entfernten Kulmbach (Bayern) der Etikettenproduktion, zu der sich noch Leim aus holländischen und belgischen EG-Beständen (220 km) gesellte. Die Etiketten traten dann ihre 314 km lange Reise gen Süden an. Das Aluminium für den Deckel legte inklusive Prägung 864 km, die Joghurtkulturen aus Niebüll 917 km zurück.

Quarzsand aus Frechen in Nordrhein-Westfalen wurde in Neuburg (Bayern) zu Glas. Die Anfahrtswege für Milch (36 km) und Zucker (107 km) nehmen sich da bescheiden aus. Insgesamt bringt es das fertige Joghurt-Produkt auf eine Transportstrecke von 9.115 km!

Ohne den produktionsbedingten Energiebedarf und die damit verbundene Schadstoffproduktion mitzurechnen, verursacht der tägliche Joghurtgenuss pro Person jährlich die Emission von 500 Kilo Stickoxiden, 35 Kilo Ruß und 32,5 Kilo Schwefeldioxid.

Dipl.-Ing.Stefanie Böge, Wuppertal, Institut für Klima, Umwelt und Energie

Eine Ursache ist die schrumpfende Fertigungstiefe vieler Unternehmen. Sie stellen immer weniger Produkte selbst her. Der Transport ist im Verhältnis zu anderen Produktionskosten zu billig.

Politiker und Umweltschützer schlagen folgende Wege aus der „Transportkrise" vor:

▶ Vereinheitlichung von Verpackungen

▶ Mehrweg- statt Einweggläser

▶ Einheitliche Flaschennormen für Mehrwegflaschen

▶ Belohnungssysteme für den Transport per Bahn

▶ Verteuerung von Kraftstoff

▶ Schwerverkehrsabgabe (Maut)

▶ Verpflichtung zu produktionsnaher Zulieferung

1. Nennen Sie mögliche Verpackungen, welche die Zahl der Transportkilometer für den Joghurt reduzieren würde.

2. a) Notieren Sie Argumente für und wider der Vorschläge zur Verringerung der Transportwege.

   b) Welcher Vorschlag hat Ihrer Meinung nach die größte Aussicht auf Erfolg?

© MEV Verlag GmbH

Trinkwasser sparen

Rechnet man den Verbrauch von Gewerbe, Industrie und Landwirtschaft ab und berücksichtigt nur die Privathaushalte und Kleinbetriebe, dann verbraucht statistisch jeder Einwohner des Saarlandes ca. 110 Liter Trinkwasser pro Tag.

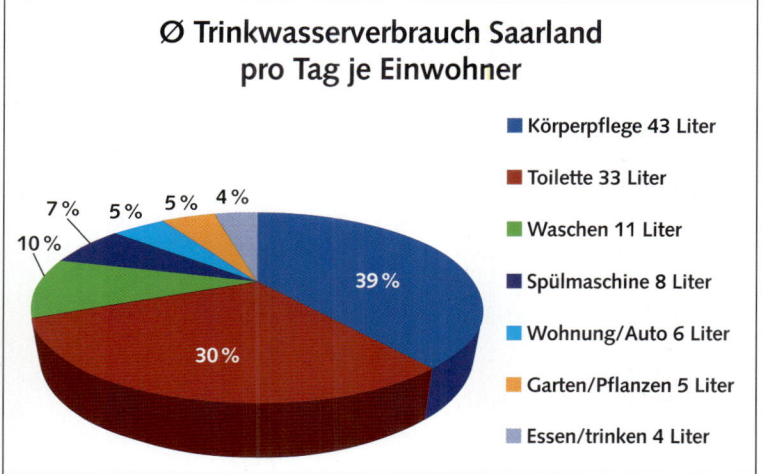

Ø Trinkwasserverbrauch Saarland pro Tag je Einwohner

- ■ Körperpflege 43 Liter
- ■ Toilette 33 Liter
- ■ Waschen 11 Liter
- ■ Spülmaschine 8 Liter
- ■ Wohnung/Auto 6 Liter
- ■ Garten/Pflanzen 5 Liter
- ■ Essen/trinken 4 Liter

39 %
30 %
10 %
7 %
5 %
5 %
4 %

Dennoch ging der Wasserverbrauch seit 1990 stetig zurück. Das gestiegene Umweltbewusstsein führt dazu, dass Wasser sparende Verfahren und Geräte im Haushalt (Wasch- und Spülmaschinen, Toilettenspülkästen mit Spartaste, Wasser sparende Armaturen) zunehmend Verwendung finden.

Lerngebiet 11

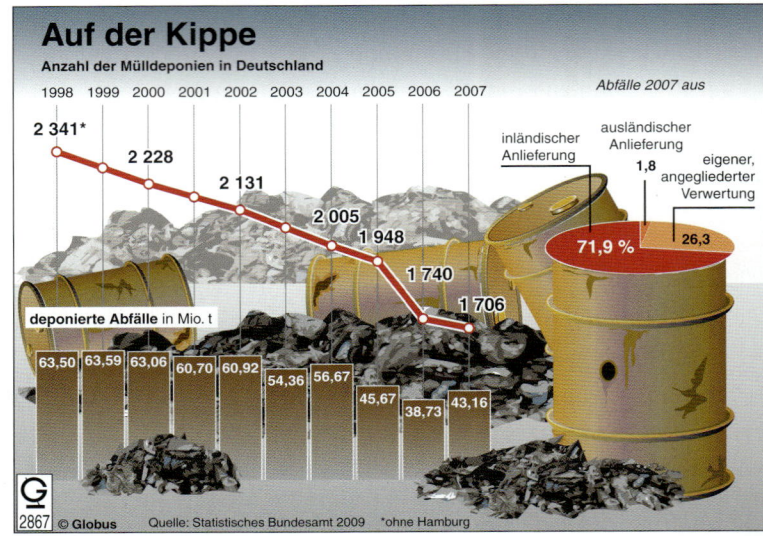

Notieren Sie Möglichkeiten, wie Sie durch Ihr Verhalten Wasser sparen können.

Diskutieren Sie, welche Möglichkeiten es an Ihrer Schule gibt Wasser einzusparen.

Müllvermeidung

Auf der Kippe

Anzahl der Mülldeponien in Deutschland

Abfälle 2007 aus

| 1998 | 1999 | 2000 | 2001 | 2002 | 2003 | 2004 | 2005 | 2006 | 2007 |

2 341*
2 228
2 131
2 005
1 948
1 740
1 706

inländischer Anlieferung: 71,9 %

ausländischer Anlieferung: 1,8

eigener, angegliederter Verwertung: 26,3

deponierte **Abfälle** in Mio. t

| 63,50 | 63,59 | 63,06 | 60,70 | 60,92 | 54,36 | 56,67 | 45,67 | 38,73 | 43,16 |

2867   © Globus   Quelle: Statistisches Bundesamt 2009   *ohne Hamburg

Im Extremfall kann 1 Liter versickertes Öl 1.000.000 Liter Grundwasser verseuchen.

Die moderne Industrie- und Wohlstandsgesellschaft produziert riesige Müllmengen. Müll enthält immer mehr Gift – und nicht wieder verwertbare Stoffe. Die Entsorgung wird daher schwieriger. Nicht wieder verwertbarer Müll wird in Deponien vergraben oder zu Bergen aufgetürmt oder verbrannt. Unvermeidbar ist daher eine Belastung des Bodens durch nicht vollständig abgedichtete oder gar „wilde" Mülldeponien. Auch die bei der Verbrennung entweichenden Gase belasten die Luft. Das Müllaufkommen ist so groß, dass Deponieraum knapp wird. Deshalb ist es besonders wichtig, dass jeder Einzelne in seinem privaten Bereich zum Abbau der riesigen Müllberge beiträgt.

Herr Schädling achtet auf eine saubere Umwelt!

Am Morgen macht sich Herr Schädling einen gesunden Obstsalat. Er gibt die Schalen in eine Plastiktüte, verknotet diese und wirft sie in den Mülleimer, das riecht sonst nach einiger Zeit erbärmlich. Beim anschließenden Einkauf im Supermarkt packt Herr Schädling seine Waren in Plastiktaschen. Er schwärmt von diesen Plastiktaschen. Sie sind so praktisch und haben besonders reißfeste Henkel. Man kann in ihnen fast alles transportieren. In einer Parfümerie kauft er sich ein teures Rasierwasser. Das ist aber ein kleines Fläschchen, denkt er sich noch, als er die aufwendige Verpackung in den nächstgelegenen Mülleimer wirft. Einkaufen macht durstig. Gut, dass er sich im Supermarkt eine Dose Cola gekauft hat. Er trinkt sie in einem Zug aus und wirft sie auch gleich in den Mülleimer – die Stadt soll ja sauber bleiben.

Zuhause angekommen werden die abgelaufenen Medikamente aussortiert, die leeren Batterien in den Taschenlampen erneuert und die alten Farbtöpfe aus der Werkstatt hervorgekramt. Nachdem Herr Schädlich die Farbreste in den Ausguss geschüttet hat, kommt alles in den gelben Sack und ab zur Wertstoffannahmestelle. In den großen Container, in den alle anderen Leute ihre Abfälle aus den gelben Säcken entsorgen, kippt auch Herr Schädling seinen Unrat – man bemüht sich ja die Umweltverschmutzung zu reduzieren. Am Abend fällt Herr Schädling müde, aber zufrieden ins Bett. Kurz bevor er einschläft denkt er sich noch: Morgen werfe ich als erstes den alten Radiowecker in die Mülltonne und kaufe mir einen ganz normalen Wecker, das ist viel umweltfreundlicher.

Schreiben Sie Herrn Schädling einen Stichwortzettel, wie er sich umweltgerecht verhalten kann.

Exkurs: Energiewende

Der Begriff „Energiewende" steht zunächst einmal für den Ausstieg aus der Atomenergie und die Abkehr von fossilen Energieträgern, wie Öl, Gas und Steinkohle. Stattdessen sollen langfristig erneuerbare Energien unseren Bedarf decken.

▸ Windenergie

▸ Sonnenenergie (Solarthermie und Photovoltaik)

▸ Wasserkraft (z. B. Gezeitenkraftwerke)

▸ Geothermie (Erdwärme)

▸ Biomasse/Biogas (Deponiegas, Klärgas)

Stationen bisher:

2000: Die rot-grüne Bundesregierung unter Bundeskanzler Gerhard Schröder leitet durch die Vereinbarung zwischen der Bundesregierung und den Energieversorgungsunternehmen vom 14. Juni den Atomausstieg in Deutschland ein. Dies bedeutet den stufenweisen Atomausstieg mit Reststrommengen allerdings ohne feste Abschalttermine.

2002: Der Vertrag wird durch die Novellierung des Atomgesetzes, die am 14. Dezember in Kraft tritt rechtlich verbindlich. Die Novelle beinhaltet das Verbot des Neubaus kommerzieller Atomkraftwerke und die Befristung der Regellaufzeit bestehender Anlagen auf durchschnittlich 32 Jahre nach Inbetriebnahme.

2010: Die schwarz-gelbe Bundesregierung (seit 2009 im Amt) unter der Bundeskanzlerin Angela Merkel schließt am 5. September mit

Lerngebiet 11

Atomkraftwerksbetreiber:
RWE, E.ON, EnBW, Vattenfall

den vier **Atomkraftwerksbetreibern** einen Vertrag über die Laufzeitverlängerung der deutschen Atomkraftwerke. Dabei sollten die sieben vor 1980 gebauten Atomkraftwerke acht Jahre und die zehn übrigen Anlagen 14 Jahre länger am Netz bleiben. Trotz starker Proteste auf allen gesellschaftspolitischen Ebenen tritt das elfte Gesetz zur Änderung des Atomgesetzes am 14. Dezember in Kraft. Neun Bundesländer und drei Bundestagsfraktionen reichen Verfassungsklage ein, da sie die erneute Änderung des Atomgesetzes für ein zustimmungsbedürftiges Gesetz halten.

2011: Im März, wenige Tage nach der tragischen Nuklearkatastrophe im japanischen Fukushima verkündet die Bundeskanzlerin einen deutlichen Wechsel ihrer Atom-/Energiepolitik. Am 30. Juni beschließt der Bundestag mit großer Mehrheit durch das 13. Gesetz zur Änderung des Atomgesetzes den definitiven Atomausstieg. Das Inkrafttreten des Gesetzes am 6. August bedeutete das sofortige Aus für acht der 17 deutschen Kernreaktoren. Die übrigen neun deutschen Kernreaktoren werden jeweils zum 31. Dezember nach folgendem Zeitplan vom Netz gehen:

2015: Kernkraftwerk Grafenrheinfeld
2017: Kernkraftwerk Gundremmingen Block B
2019: Kernkraftwerk Philippsburg Block II
2021: Kernkraftwerke Grohnde, Brokdorf und Gundremmingen
      Block C
2022: Kernkraftwerke Isar Block II, Neckarwestheim Block II und
      Emsland

Die von den Gegnern des deutschen Atomausstiegs, allen voran Frankreich, vielfach angekündigten Energieengpässe blieben aus. Deutschland musste weder „französischen Atomstrom" importieren noch seine fossile Stromerzeugung erweitern. Das Märchen der Stromknappheit wurde eindeutig von der Realität widerlegt. Der Ausbau der erneuerbaren Energie in den letzten beiden Jahren sorgte dafür, den bisherigen Wegfall der Atomkraft mehr als wettzumachen. Laut einer Pressemeldung des **BDEW** decken sie bereits seit der ersten Jahreshälfte 2012 mehr als ein Viertel des deutschen Strombedarfs.

BDEW:
Bundesverband der deutschen Energie- und Wasserwirtschaft e.V.

BMU:
Bundesministerium für Umwelt, Naturschutz und Reaktorsicherheit

Das Energiekonzept der Bundesrepublik sieht gemäß **BMU** folgende zentrale Bausteine für die Zukunft vor:

▸ zügiger Ausbau der erneuerbaren Energien

▸ Speicher und ein zunehmend flexibler konventioneller Kraftwerkspark sollen die fluktuierende Stromerzeugung aus erneuerbaren Energien stärker ausgleichen

▸ Steigerung des Anteils aus erneuerbaren Energien am Bruttostromverbrauch auf 35 % bis 2020

▸ Senkung des Stromverbrauch bis zum Jahr 2020 um 10 %

Offshore-Windparks:
stehen weit draußen im Meer und tief im Wasser

▸ Förderprogramm **„Offshore-Windenergie"** (Volumen von 5 Milliarden Euro) zur Realisierung der ersten 10 Offshore-Windparks

▸ Enge Zusammenarbeit von Bund und Ländern in der Bund-Länder-Initiative Windenergie. Für die Windenergie an Land ist insbesondere die Ausweisung von Eignungsflächen entscheidend

▸ Ausbau der Stromnetze: verpflichtende und koordinierte Netzausbauplanung für die großen Stromübertragungs- und Gasfernleitungsnetze (zehnjährige Netzentwicklungspläne)

▸ Als zusätzliche Sicherheit soll bis 2020 neben den bereits im Bau befindlichen Gas- und Kohlekraftwerken ein weiterer Zubau von bis zu 10 Gigawatt gesicherter Kraftwerksleistung erfolgen

▸ Energieeffiziente Gebäude: Im Gebäudebereich bleiben auch in Zukunft wirtschaftliche Anreize und die Anforderungen des Energieeinsparrechts wichtige Elemente der Strategie zur Steigerung der Energieeffizienz und für den Klimaschutz

Zusammenfassung

Die Staaten der Welt haben sich im Rahmen der UN-Umweltkonferenzen auf Umsetzungsmöglichkeiten des Prinzips der Nachhaltigkeit geeinigt.

In der Agenda 21 werden Grundsätze des Umweltschutzes vereinbart an die sich alle Länder weltweit halten sollen.

Im Rahmen der Konferenz von Kyoto wird erstmals die Reduzierung der Treibhausgase beschlossen.

Umweltpolitische Grundsätze sind im Vorsorge-, Verursacher-, Kooperations- und Integrationsprinzip verankert.

Jeder Einzelne kann durch sein Verhalten zum Schutz der Umwelt beitragen.

Der Staat regelt durch Umweltschutzgesetze das Umweltverhalten der privaten Haushalte und der Wirtschaft.

Mithilfe von Umweltabgaben (Ökosteuer, Umweltsonderabgaben), versucht er umweltgerechtes Verhalten zu unterstützen.

Produkte sollen möglichst Ressourcen schonend hergestellt, gebraucht und entsorgt werden. Aus den verwertbaren Abfällen werden wieder neue Produkte erzeugt (Kreislaufwirtschaft). Umweltverträgliche bzw. umweltverträglich erzeugte Produkte sind durch Umweltzeichen gekennzeichnet.

Wissens-Check

1. Sie kaufen neue Möbel. Worauf achten Sie, wenn Sie nach dem Prinzip der Nachhaltigkeit handeln?

2. Beschreiben Sie die umweltpolitischen Grundsätze mithilfe von Beispielen.

3. Geben Sie die wesentlichen Aussagen der Agenda 21 wider.

4. Erklären Sie, warum bei der Lebensmittelproduktion der Transportaufwand ständig steigt?

5. Welche positiven Effekte erzielt die Stromsteuer für die Umwelt?

6. Ein Skigebiet in den Alpen soll erweitert werden. Welcher Prüfung wird dieses Projekt unterzogen? Beschreiben Sie die möglichen Untersuchungsergebnisse.

7. Erklären Sie das Duale System (Umwelt) Deutschlands.

Lerngebiet 11

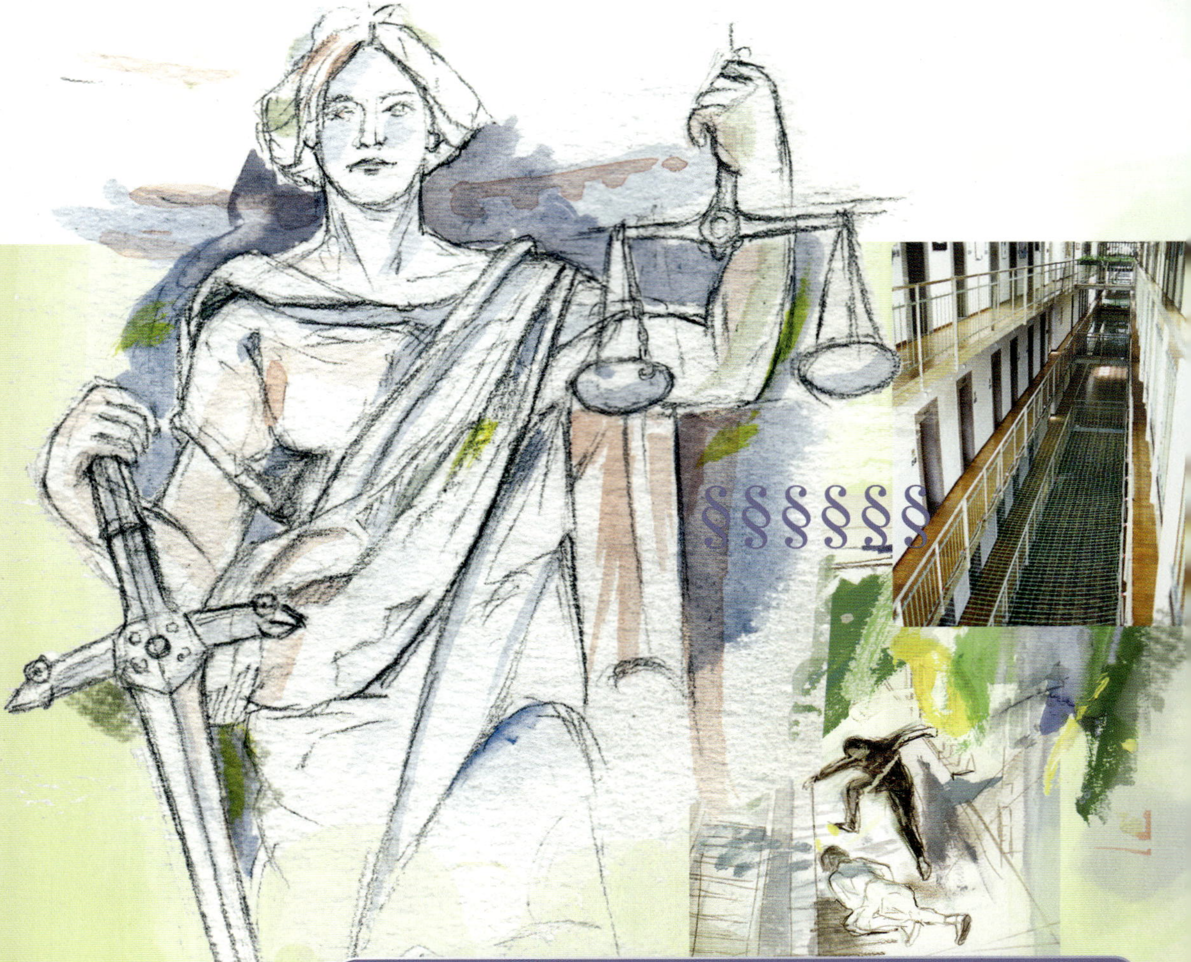

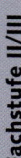

Frieden und Sicherheit

Niemand hat das Recht den Anderen zu beleidigen, zu verletzen oder auszugrenzen!

Ich habe Mitverantwortung für ein friedliches Miteinander.

Fachstufe II/III

12

Internationale Friedenspolitik

UNO, NATO, Bundeswehr

Unterentwicklung und Migration

LG 12 Frieden und Sicherheit

1 Problemfelder internationaler Friedenspolitik

Die größten Herausforderungen der Weltpolitik liegen heute weniger in der Stärke bestimmter Staaten, als in deren Schwäche. Durch zerfallende Staaten werden Regionen destabilisiert und es entstehen Bedrohungen wie Bürgerkriege und humanitäre Krisen. Aber auch klimatische Veränderungen und der Wettlauf um Ressourcen wie Wasser oder Öl haben bereits heute existenzbedrohende Bedeutung für viele Menschen. Gerade unterentwickelte Länder sind Leidtragende vieler weltweiter Probleme. Dies kann in Zukunft vermehrt Konsequenzen für die Stabilität staatlicher Strukturen und damit auch für die Sicherheit Deutschlands haben.

1.1 Zerfallende Staaten

Damit das Leben in einem Staat reibungslos ablaufen kann, müssen die Staatsorgane bestimmte Bedürfnisse der Bürger befriedigen, zum Beispiel Sicherheit, Rechtsstaatlichkeit und soziale Absicherung. Werden die staatlichen Strukturen (Behörden, Gerichte, etc.) durch negative Einflüsse wie Unterdrückung, Korruption,

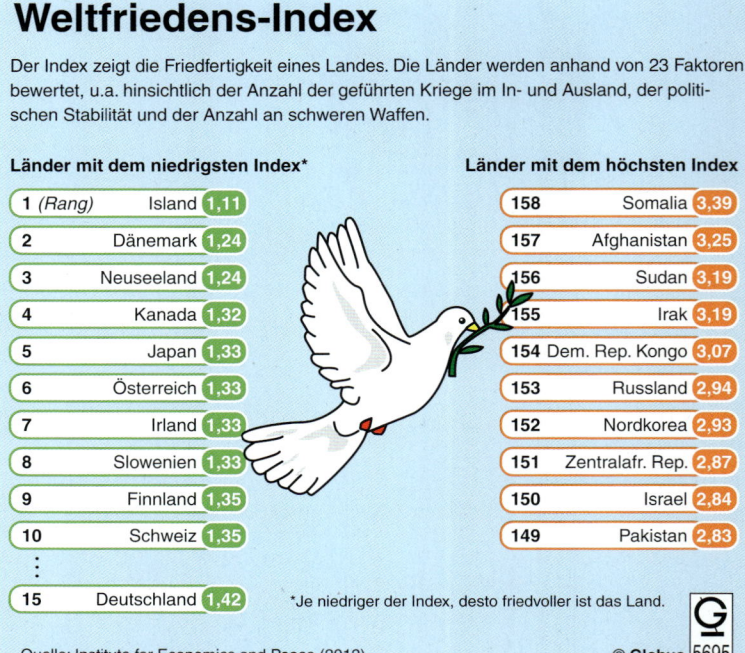

Weltfriedens-Index

Der Index zeigt die Friedfertigkeit eines Landes. Die Länder werden anhand von 23 Faktoren bewertet, u.a. hinsichtlich der Anzahl der geführten Kriege im In- und Ausland, der politischen Stabilität und der Anzahl an schweren Waffen.

Länder mit dem niedrigsten Index*

1 *(Rang)*	Island	1,11
2	Dänemark	1,24
3	Neuseeland	1,24
4	Kanada	1,32
5	Japan	1,33
6	Österreich	1,33
7	Irland	1,33
8	Slowenien	1,33
9	Finnland	1,35
10	Schweiz	1,35
⋮		
15	Deutschland	1,42

Länder mit dem höchsten Index

158	Somalia	3,39
157	Afghanistan	3,25
156	Sudan	3,19
155	Irak	3,19
154	Dem. Rep. Kongo	3,07
153	Russland	2,94
152	Nordkorea	2,93
151	Zentralafr. Rep.	2,87
150	Israel	2,84
149	Pakistan	2,83

*Je niedriger der Index, desto friedvoller ist das Land.

Quelle: Institute for Economics and Peace (2012)   © Globus 5695

Willkür oder Armut gestört, kann dies zum Scheitern des Staates führen. Man spricht dann von einem **„failed state"**.

Schon seit Jahren führen afrikanische Staaten die Liste der gescheiterten Staaten an, allen voran Somalia. Der Staat am Horn von Afrika ist vom Bürgerkrieg zerstört, eine staatliche Ordnung gibt es nicht mehr. Hingegen leben laut Statistik in Nordeuropa die Menschen, denen es weltweit am besten geht.

Die Ursachen für diese Zerfallsprozesse sind vielfältig, zum Beispiel:

▶ die willkürliche Grenzziehung während der Kolonialzeit

▶ der Verlust der geostrategischen Bedeutung nach dem kalten Krieg und somit

▶ der Wegfall wirtschaftlicher Unterstützung

Häufig wechselnde politische Führungen und autoritäre Regime erschweren die Stabilität solcher Regionen. Durch den Staatszerfall entstehen Gebiete, die sich außerhalb der internationalen Ordnung stellen und die bewaffneten Gruppen und Terroristen als Rückzugsort dienen.

1. Suchen Sie im Internet oder in den Tageszeitungen nach aktuellen Konflikten in „gescheiterten Staaten" und deren Ursachen!

2. Erläutern Sie, welche Gefährdungen aus einem Staatszerfall für die Menschen in diesem Land, für die Region oder auch die internationale Staatengemeinschaft entstehen können?

3. Welchen Einfluss kann ein solcher Konflikt auch für Deutschland haben?

Die internationale Gemeinschaft muss diesen Staaten helfen, wieder eine Ordnung herzustellen.

Dazu gehören Maßnahmen wie:

▶ Die Stationierung internationaler Friedenstruppen

▶ Die Entwaffnung und die **Reintegration** von Kämpfern

▶ Der Aufbau oder die Reform der Polizei

▶ Die Förderung von Friedensprozessen und der Demokratisierung

▶ Der Aufbau oder Wiederaufbau der Infrastruktur in dem zerstörten Land

▶ Die Sicherung der Grundversorgung der Bevölkerung

▶ Die Bekämpfung der Korruption

▶ Finanzhilfen und Kredite

„In diesem Zeitalter der gegenseitigen Abhängigkeit müssen wir uns von der Vorstellung lösen, dass manche Bedrohungen nur einige von uns betreffen. ... Indem wir die Sicherheit anderer stärken, schützen wir unsere eigene."

UNO-Generalsekretär Kofi Annan, 2005

Failed state (engl.):
Gescheiterter Staat

© dpa – Bildarchiv

Wenn die staatliche Ordnung zerbricht, regieren bewaffnete Gruppen.

© dpa

Die Blauhelmsoldaten der UNO sind weltweit zur Friedenssicherung im Einsatz.

Reintegration:
Wiedereingliederung in die zivile Gesellschaft

Lerngebiet 12

Zehn durch islamistische Terroristen gezündete Sprengsätze zerrissen 2004 einen Personenzug im spanischen Madrid. Dabei kamen fast 200 Menschen ums Leben, über 2.000 wurden teils schwer verletzt.

11. September 2001:

Zwei von Terroristen entführte Passagierflugzeuge stürzen in die beiden Türme des World Trade Centers in New York und töten über 3.000 Menschen.

Terror (lat.):

„Schrecken", „Furcht"

Fachstufe II/III

1. Was meint Kofi Annan mit dieser Aussage?
2. Nennen Sie weitere Möglichkeiten zur Stabilisierung gescheiterter Staaten!

1.2   Internationaler Terrorismus

© dpa

9/11 – Der Angriff auf das Herz Amerikas schockiert die Welt.

Was ist eigentlich Terrorismus?

Den Begriff **„Terrorismus"** klar abzugrenzen, fällt schwer. Was die eine Konfliktpartei als Terrorismus ansieht, bezeichnet die andere als „Freiheitskampf".

Fest steht aber, dass Terrorismus immer eine über einen längeren Zeitraum andauernde, geplante Anwendung von Gewalt ist. Die Terroristen versuchen damit das bestehende politische System des Gegners zu destabilisieren oder seine Wirtschaft zu schädigen.

1. Was verstehen Sie unter einem „Terroristen", was unter einem „Freiheitskämpfer"?
2. Warum wollen Terroristen die Wirtschaft ihrer Gegner schwächen?

Kennzeichen des Terrorismus

Bezeichnend für die meisten terroristischen Attentate ist, dass die Terroristen bewusst die Tötung Unbeteiligter einplanen, die sich zufällig am Ort des Attentates befinden. Die Attentate richten sich oft gegen symbolträchtige Ziele. Auch öffentliche Plätze sind Ziel der Terroristen.

Dabei geht es ihnen nicht nur um den materiellen Schaden, sondern um eine möglichst hohe Zahl an Opfern. Terroristen wollen mit ihren Anschlägen Angst und Unsicherheit unter der Bevölkerung verbreiten. Der Gegner soll eingeschüchtert werden. Besonders gefürchtet sind Selbstmordattentäter, da man sich gegen sie kaum schützen kann. Um den Effekt ihrer Anschläge zu maximieren, nutzen Terroristen die modernen Medien. Die Medien verbreiten durch ihre Berichterstattung die Botschaften der Attentäter in der ganzen Welt. So konnten zum Beispiel Millionen Zuschauer vor ihren Fernsehern live verfolgen, wie das zweite Flugzeug in das World Trade Center einschlug.

© dpa – Fotoreport

2005 sprengten sich in London insgesamt vier Selbstmordattentäter („Rucksackbomber") in die Luft. Die Terrororganisation Al-Qaida hatte sich später zu den Anschlägen mit 52 Toten und rund 700 Verletzten bekannt.

Mehr als 160 Tote nach Anschlägen in Nigeria

Einen Tag nach der koordinierten Anschlagsserie im Norden Nigerias ist die Zahl der Toten auf mehr als 160 gestiegen. Seit den Explosionen und Feuergefechten vom späten Freitag seien in die Leichenhalle der Stadt Kano mindestens 162 Opfer gebracht worden, sagte ein Mitarbeiter. …

Zu den Angriffen, die sich vor allem gegen Polizeireviere und andere öffentliche Einrichtungen richteten, bekannte sich die Islamistengruppe Boko Haram. … Mindestens zwei der Anschläge sollen von Selbstmordattentätern verübt worden sein. …

Boko Haram hatte in den vergangenen Wochen bei mehreren Anschlägen bereits Dutzende Menschen getötet. Die meisten Angriffe richteten sich gegen Christen im Norden Nigerias. … Die Islamisten kämpfen seit Jahren für einen islamischen Staat im Norden. Die Bewegung lehnt jeden westlichen Lebensstil und das Christentum strikt ab.

Zeit Online (Zugriff 21. Januar 2012)

1. Mit welchen terroristischen Mitteln kämpft diese nigerianische Gruppierung?

2. Welche Ziele verfolgt diese Gruppierung mit ihren Attentaten?

3. Suchen Sie in den Medien weitere aktuelle Beispiele für Terroranschläge.

Formen des Terrorismus

Manche Terrororganisationen treten nur regional auf, andere verbreiten den Terror weltweit.

Dem regional operierenden Terrorismus liegt meist keine bestimmte Ideologie zugrunde. Im Vordergrund stehen vielmehr **separatistische** Motive, da sich eine ethnische Minderheit von der Bevölkerungsmehrheit oder dem Staat diskriminiert fühlt.

Europäische Beispiele hierfür waren die IRA in Nordirland oder die baskische ETA. Auch heute noch kämpfen die kurdische PKK oder die Uiguren in China mit terroristischen Methoden für politische Unabhängigkeit.

Separatismus:

Der Begriff bezeichnet hier das Bestreben nach einer Loslösung eines Bevölkerungsteils von einem Staat, um entweder einen eigenen Staat zu gründen oder sich einem anderen Staat anzuschließen.

Lerngebiet 12

© dpa

Der Islam ist eigentlich eine friedliche Religion. Nur ein sehr kleiner Teil der ca. 1,5 Milliarden Muslime billigt oder unterstützt die Terrorattentate der Islamisten.

Der heutige internationale Terrorismus ist meist religiös oder ideologisch motiviert.

Eine der größten Bedrohungen für die internationale Staatengemeinschaft ist laut Verfassungsschutz der islamistische Terrorismus. Die radikalen Muslime, die Islamisten, fordern die Einführung einer „islamischen Ordnung" in allen Lebensbereichen, welche sie mit Gewalt durchsetzen wollen. Sie kämpfen gegen alles „Westliche", vor allem symbolisiert durch die USA.

Die von Osama Bin Laden gegründete Terrororganisation Al-Quaida bildet mittlerweile ein Netzwerk an selbstständig handelnden Gruppen in über 50 Ländern. Auch nach über 10 Jahren Kampf gegen den Terror und dem Tod Osama Bin Ladens ist die Gefahr weiterer Anschläge hoch.

Die schlimmsten Anschläge von al-Qaida und deren Ablegern

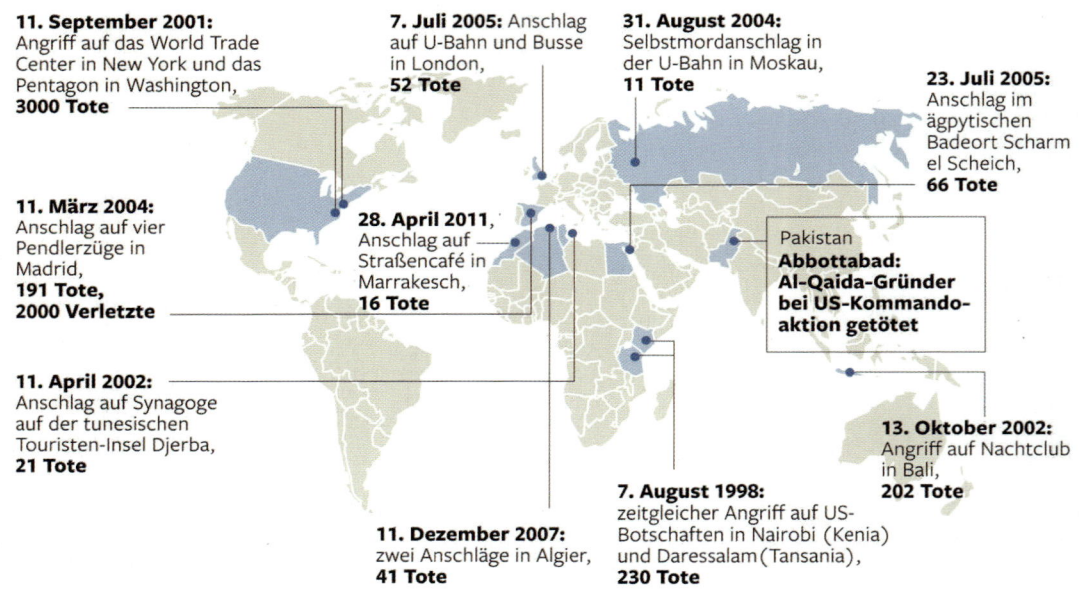

11. September 2001:
Angriff auf das World Trade Center in New York und das Pentagon in Washington,
3000 Tote

7. Juli 2005: Anschlag auf U-Bahn und Busse in London,
52 Tote

31. August 2004:
Selbstmordanschlag in der U-Bahn in Moskau,
11 Tote

23. Juli 2005:
Anschlag im ägyptischen Badeort Scharm el Scheich,
66 Tote

11. März 2004:
Anschlag auf vier Pendlerzüge in Madrid,
191 Tote, 2000 Verletzte

28. April 2011,
Anschlag auf Straßencafé in Marrakesch,
16 Tote

Pakistan
Abbottabad:
Al-Qaida-Gründer bei US-Kommandoaktion getötet

11. April 2002:
Anschlag auf Synagoge auf der tunesischen Touristen-Insel Djerba,
21 Tote

13. Oktober 2002:
Angriff auf Nachtclub in Bali,
202 Tote

11. Dezember 2007:
zwei Anschläge in Algier,
41 Tote

7. August 1998:
zeitgleicher Angriff auf US-Botschaften in Nairobi (Kenia) und Daressalam (Tansania),
230 Tote

Anschläge der Terrorgruppe Al-Quaida

Gefahr für Deutschland?

Am 31. Juli 2006 deponierten islamistische Attentäter Kofferbomben in zwei Regionalzügen auf den Strecken Mönchengladbach–Koblenz und Aachen–Hamm. Die Bomben explodierten jedoch nicht. Unser Staat steht weiter im Fokus islamistischer Terrorgruppen, zum einen als sicherer Rückzugsort, aber auch als Ziel neuer Anschläge.

Zwölf Jahre Haft für Terrorist aus dem Saarland

Der Neunkircher Islamist Daniel Schneider muss wegen der Planung verheerender Terror-Anschläge zwölf Jahre in Haft. Auch seine Komplizen erhielten im „Sauerland-Prozess" hohe Strafen.

Die vier Islamisten der Sauerland-Gruppe müssen wegen der Planung von Terroranschlägen auf Diskotheken, Flughäfen und

Sauerlandgruppe:
Eine in Deutschland operierende „Terrorzelle" einer islamistischen Organisation, die in Afghanistan ansässig ist.

US-Einrichtungen in Deutschland für bis zu zwölf Jahre ins Gefängnis. … Sie wurden der Mitgliedschaft in der ausländischen Terrorvereinigung Islamische Dschihad Union (IJU), wegen Verabredung zum vielfachen Mord sowie Vorbereitung eines Explosionsverbrechens schuldig gesprochen…

In einem Ferienhaus in Oberschledorn hatten sie begonnen, aus mehr als 700 Liter Wasserstoffperoxid gewaltige Autobomben zu bauen. Allerdings hatten Polizisten die Chemikalie bereits heimlich verdünnt.

Saarbrücker Zeitung (5. März 2010)

© dpa

Der ehemalige Messdiener und Gymnasiast Daniel Schneider aus Neunkirchen/Saar

1. Welche Gründe könnten dazu geführt haben, dass Daniel Schneider zum Terroristen wird?
2. Wie kann man eine solche Gefahr in Zukunft eindämmen?

Nicht nur international operierende Terrororganisationen, sondern auch unabhängig arbeitende Kleingruppen bis hin zu Einzeltätern bilden das Spektrum terroristischer Gefahr.

Frankfurter Flughafen-Attentäter bekommt lebenslänglich

Knapp ein Jahr nach dem tödlichen Anschlag auf US-Soldaten am Frankfurter Flughafen ist der Attentäter zu einer lebenslangen Haftstrafe verurteilt worden. Arid U. hatte gestanden, im März 2011 zwei US-Soldaten erschossen und zwei weitere schwer verletzt zu haben. … Die Tat gilt als erster tödlicher Anschlag mit islamistischem Hintergrund in Deutschland…

© dpa

Der angeklagte Arid U. (22) während der Verhandlung vor Gericht

Die Anklage hatte sich überzeugt gezeigt, dass Arid U. mit der Tat seinen persönlichen Beitrag zum Dschihad (Heiligen Krieg) leisten wollte. Er habe sich zum „Herrn über Leben und Tod gemacht" und seine Opfer willkürlich ausgesucht. Die Bundesanwaltschaft ging auch davon aus, dass er ein Einzeltäter war, der sich über das Internet radikalisiert hat. Arid U. hatte die Taten vor Gericht gestanden. „Ich musste etwas tun und habe geglaubt, dass es keine Alternativen dazu gibt", sagte er. Die Angehörigen der Opfer hatte er zudem um Verzeihung gebeten und seine Tatgründe als „totalen Schwachsinn" bezeichnet.

Zeit online (Zugriff 10. Februar 2012)

1. Welche Motive hatte der Attentäter Arid U.?
2. Wie denkt er jetzt über seine Tat?

„Wir haben längst den Online-**Dschihad**"

A. Eisvogel 2012 (Vizepräsident des Bundesamtes für Verfassungsschutz)

Dschihad:

Heiliger Krieg

Diskutieren Sie über dieses Zitat.

Lerngebiet 12

Die Antiterroreinheit GSG9 der Bundespolizei muss sich immer wieder neuen Aufgaben stellen.

© dpa

Durch Integration werden Parallelgesellschaften vermieden.

© Sandnes – Fotolia.com

Lösungsmöglichkeiten

Die Staatengemeinschaft steht bei der Bekämpfung des neuen, internationalen Terrorismus vor schwierigen Herausforderungen.

▷ Niemand kann vorhersehen, wann und wie ein neuer Angriff der Terroristen erfolgen wird.

▷ Mittlerweile bestehen internationale Terrornetzwerke aus selbstständig arbeitenden Gruppen („Zellen"), die auch dann weitermachen, wenn eine andere Gruppe oder ein Anführer gefasst wird.

Deswegen ist eine Fülle von Gegenmaßnahmen nötig, um das Problem des Terrorismus zu lösen.

Bekämpfung

Bereits bestehende terroristische Gruppierungen müssen bekämpft werden. Dazu gehören Maßnahmen wie:

▷ Militärische Einsätze sowie der Einsatz von Spezialkräften und Antiterroreinheiten

▷ Arbeit der Polizei

▷ Politische Entscheidungen wie das Verbot von Organisationen, Einfrieren von Konten etc.

▷ Aufklärung und Überwachung durch die Geheimdienste

Prävention

Die meisten Terrorgruppen entstehen in Regionen, die politisch instabil sind oder in wirtschaftlich ärmeren Ländern.

Daher gilt für die Terrorismusprävention:

▷ der Demokratisierungsprozess muss weiter vorangetrieben werden. Wenn keine andere politische Meinung in einem Land geduldet wird, steigt die Gefahr, dass radikale Gruppierungen Zulauf und Sympathie aus der Bevölkerung erhalten.

▷ politische Konflikte müssen schnell gelöst werden

▷ der internationale Waffenhandel muss eingedämmt werden

▷ die wirtschaftlich schwachen Länder müssen stärker an der Weltwirtschaft beteiligt werden. Wirtschaftliche Ungleichheiten führen schnell zu gesellschaftlichen und politischen Spannungen.

▷ innenpolitisch muss die Integration verbessert werden, um die Entstehung von „Parallelgesellschaften" zu vermeiden.

1. Welche der Lösungsmöglichkeiten sehen Sie als die Wichtigsten an? Gibt es weitere?

2. Beschreiben und interpretieren Sie die Karikatur.

3. Finden Sie aktuelle Beispiele zum Spannungsverhältnis zwischen Freiheit und Sicherheit.

Fachstufe II/III

1.3 Umweltkonflikte – Sicherheitsrisiko Klimawandel

Der Klimawandel verändert unsere Welt drastisch. Viele Forscher rechnen mit einem weltweiten Temperaturanstieg von ca. 2–6 °C bis zum Jahr 2100. Dadurch werden Wetterextreme wie Dürren, Hitzewellen, Überschwemmungen und Stürme zunehmen.

Insbesondere in Afrika und in Südasien ist mit starken Ertragseinbußen in der Landwirtschaft und somit einer Zunahme von Hunger und Armut zu rechnen. Dies wird einige Staaten vor schwierige Anpassungsprobleme stellen. Unruhen, Aufstände und große Migrationsströme könnten die Folge sein. Die Sicherheitsstrategen haben längst die Auswirkungen des Klimawandels als neue politische Bedrohung erkannt.

> **Beispiel Indien/Pakistan/Bangladesch:** Die durch den Klimawandel verstärkte Gletscherschmelze im Himalaya gefährdet die Wasserversorgung für Millionen von Menschen, Wetterveränderungen beeinflussen die Landwirtschaft. Der Meeresspiegelanstieg und Wirbelstürme bedrohen die Lebensräume der hier lebenden Menschen, in einer Region, in der es heute schon militärische Konflikte und instabile Regierungen gibt.

Degradation:
Verringerung, Verschlechterung

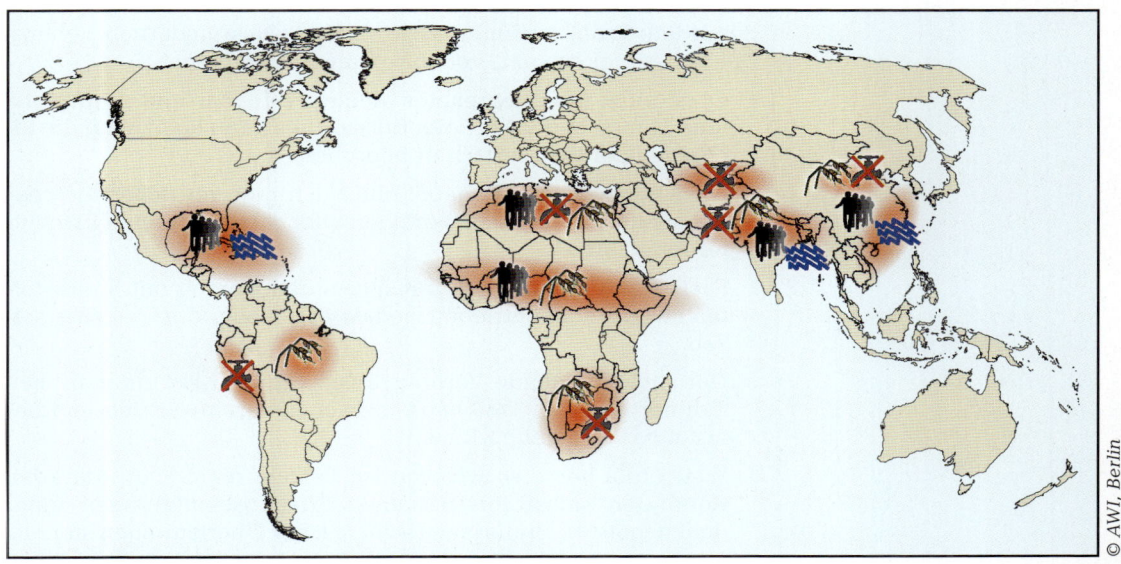

© AWI, Berlin

Lerngebiet 12

Konfliktkonstellationen in ausgewählten Brennpunkten:

 Klimabedingte Degradation von Süßwasserressourcen

 Klimabedingter Rückgang der Nahrungsmittelproduktion

Brennpunkt

 Klimabedingte Zunahme von Sturm- und Flutkatastrophen

 Umweltbedingte Migration

Sicherheitsrisiko Klimawandel. Gerade instabile Staaten werden mit der Anpassung große Schwierigkeiten haben.

1.4   Konflikte um Ressourcen

Die moderne Gesellschaft basiert auf dem Verbrauch von natürlichen Ressourcen. Ohne bestimmte Rohstoffe ist ein Leben, wie wir es kennen, nicht möglich.

Die Nachfrage nach Energie wird weiter wachsen

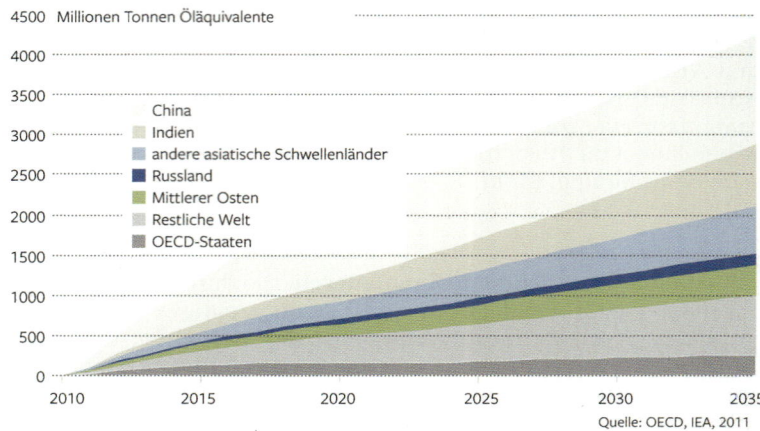

Der Energiehunger Chinas steigt rasch an.

Konfliktstoff Erdöl

Besonders Erdöl bestimmt viele Aspekte des modernen Lebens. Die Abhängigkeit vom Erdöl birgt gewisse Risiken:

▸ Öl ist nicht in unbegrenzter Menge verfügbar und es gibt bislang keinen gleichwertigen Ersatz. Dies kann langfristig die Sicherheit der Weltwirtschaft bedrohen.

▸ Die Kluft zwischen Angebot und Nachfrage vergrößert sich immer mehr, was das Risiko gravierender wirtschaftlicher Erschütterungen erhöht.

▸ Fast alle Verkehrs- und Transportmittel werden mit Brennstoffen aus Erdöl angetrieben, sodass es schwierig ist, es zu ersetzen.

▸ Der stetig steigende Verbrauch von Erdöl ist für einen großen Teil der globalen Treibhausemissionen verantwortlich und belastet das weltweite Klima.

▸ Weil Erdöl heute so wertvoll ist, besteht die Gefahr, dass bei Konflikten selbst internationale Friedensbemühungen unter dem negativen Einfluss wirtschaftlicher Überlegungen stehen.

Kurz gesagt: Während Erdöl früher mit zu Sicherheit und Wohlstand beitrug, kann es heute in zunehmendem Maße zum Sicherheitsrisiko werden.

Beispiel Zweiter Irakkrieg 2003:

Der offizielle Grund für den amerikanisch-britischen Angriff auf den Irak war die mangelnde Zusammenarbeit bei der Kontrolle seiner Waffenprogramme. Viele Menschen, auch hochrangige Politiker, sind der Meinung, dass die irakischen Erdölfelder ebenso ein Motiv für den Krieg waren.

Erkundete Erdölreserven der Welt in Milliarden Barrel

Barrel:
Flüssigkeitsmaß:
1 Barrel = 158,97 Liter

Auch der ehemalige UNO-Generalsekretär (1992–1996) Butros Butros Ghali sah andere Gründe für diesen Krieg.

Spiegel: Wie erklären Sie sich die Verbissenheit des Weißen Hauses, Saddam zu stürzen?

Ghali: Die wahren Motive der US-Regierung … sind doch ganz andere: George W. Bush strebt nach einer starken US-**Präsenz** im arabischen Teil der Welt. … Auch der direkte Zugriff auf das Erdöl Bagdads spielt für den amerikanischen Präsidenten ganz offensichtlich eine gewichtige Rolle. Vergessen Sie nicht: Die irakischen Ölreserven sind enorm.

Der Spiegel (3/2003)

Präsenz:
Hier: Anwesenheit

1. Welche Gründe nennen die USA für den Krieg?
2. Welche Gründe sieht Butros Butros Ghali als Auslöser für den Krieg?
3. Wie schätzen Sie die vorgebrachten Gründe ein?

Lerngebiet 12

Konfliktstoff Wasser

Weniger als 1 % des weltweit vorhandenen Wassers ist für die Menschen nutzbar. Diese Menge würde zur Versorgung aller Menschen ausreichen, wäre das Wasser gleichmäßig verteilt. Dennoch wird nach UNO-Schätzungen die Zahl der Menschen, die mit Wasserknappheit leben müssen, innerhalb der nächsten 25 Jahre auf etwa 5,4 Milliarden steigen.

▸ Um die schnell anwachsende Weltbevölkerung zu ernähren, müssen immer größere Anbauflächen bewässert werden.

▸ Bereits heute fließen 70 % des weltweit verfügbaren Trinkwassers in die Landwirtschaft.

Wenn Flüsse durch mehrere Länder gleichzeitig fließen oder wenn Seen auf der Grenze zwischen zwei Ländern liegen, müssen sich Staaten die Süßwasserreserven oftmals teilen. In Gebieten, in denen Wasser knapp ist, kann es schnell zu politischen Konflikten um die Wassernutzung kommen. Mehr als 50 gewaltsame Konflikte um sauberes Wasser werden pro Jahr gezählt.

Ursachen für Wasserkonflikte sind meist

▸ Wassermangel, z. B. durch den Klimawandel

▸ Wasserverschmutzung, z. B. durch Abwässer

▸ Staudämme, z. B. zur Energiegewinnung

▸ Wasserumleitungen, z. B. zur Bewässerung

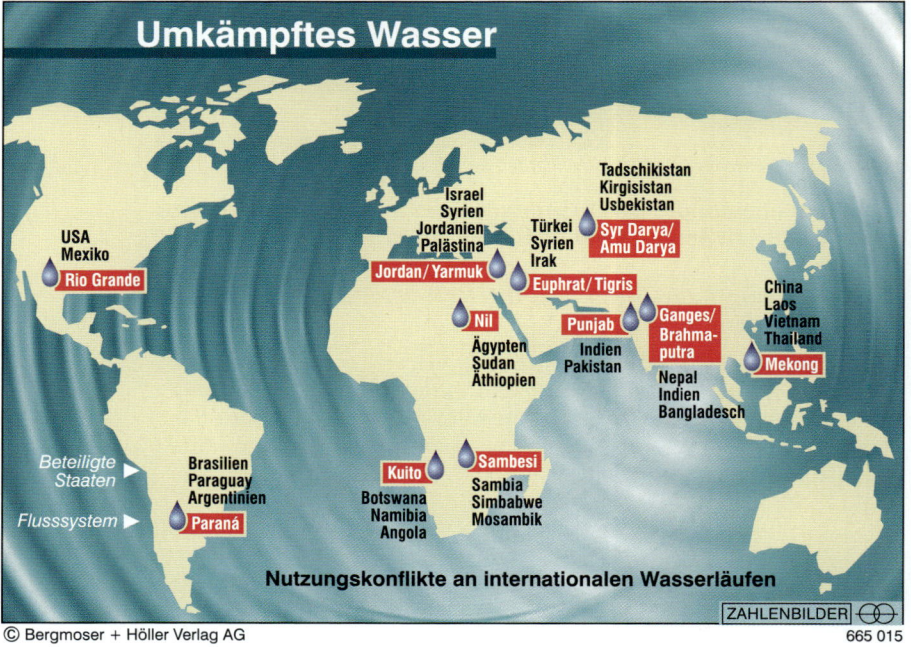

Nutzungskonflikte an internationalen Wasserläufen

Fachstufe II/III

Wasser als Menschenrecht

© dpa

Wassermangel in Indien

Derzeit leiden rund eine Milliarde Menschen unter ungenügendem Zugang zu Wasser und mehr als 2,6 Milliarden Menschen haben keinen Zugang zu einfachen sanitären Einrichtungen. Jeden Tag sterben 5.000 Kinder unter fünf Jahren an Krankheiten, die von verunreinigtem Wasser und mangelnder Hygiene verursacht werden.

Die Generalversammlung der UNO hat daher im Jahr 2010 eine Resolution verabschiedet, die den Zugang zu sicherem und sauberem Trinkwasser und zu sanitären Einrichtungen als Menschenrecht anerkennt.

Der Anspruch auf sauberes Wasser ist völkerrechtlich nicht verbindlich. Einklagbar ist er demnach nicht. Die Resolution hat aber einen hohen symbolischen Wert und Einfluss auf die Politik von Staaten und der Vereinten Nationen.

1. „Wasser wird für das 21. Jahrhundert, was Erdöl für das 20. Jahrhundert war." Nehmen Sie Stellung zu dieser Aussage.

2. Recherchieren Sie, wie viel Liter Wasser in Deutschland pro Tag und Einwohner verbraucht wird.

3. Was versteht man unter dem „virtuellen" Wasserverbrauch?

4. Welche aktuellen Konflikte sind durch den Mangel an Ressourcen begründet? Welche Lösungsmöglichkeiten sehen Sie bei diesen Konflikten?

1.5 Unterentwicklung

„Entwicklungsländer", „Dritte Welt" – es gibt viele Bezeichnungen für die armen Länder unserer Welt. Der Begriff „Unterentwicklung" umfasst aber nicht nur die finanzielle Armut, sondern berücksichtigt auch die strukturellen Defizite und die unzureichende

Lerngebiet 12

Fähigkeit der Staaten, die eigene Bevölkerung mit den notwendigen Gütern wie Nahrungsmitteln, Medikamenten und Kleidung zu versorgen.

Ursachen und Kennzeichen der Unterentwicklung

Viele der heutigen Entwicklungsländer waren früher Kolonien. Die Kolonialmächte haben die Länder unterdrückt und ausgebeutet. Bis in die 60er-Jahre des vorigen Jahrhunderts konnten sich die Entwicklungsländer nur schwer aus dieser Situation lösen. Die Kolonien waren hauptsächlich Lieferanten für Rohstoffe. Sie spezialisierten sich auf diese Funktion, eine eigenständige Industrie und eine umfassende wirtschaftliche Selbstständigkeit konnte sich nicht entwickeln. Diese Spezialisierung ist heute kaum zu durchbrechen, weil der Export der Rohstoffe oft die einzige Einnahmequelle ist. Die Weltmarktpreise für die meisten Rohstoffe sind jedoch gering und die erzielten Einnahmen mager.

Andere Ursachen für Unterentwicklung sind:

▸ Niedriges Bildungsniveau

▸ Schlechte Berufsausbildung

▸ Extremes Klima

▸ Rohstoffarmut

▸ Politische Unruhen (Bürgerkrieg)

▸ extrem ungleiche Eigentumsverhältnisse

▸ Misswirtschaft

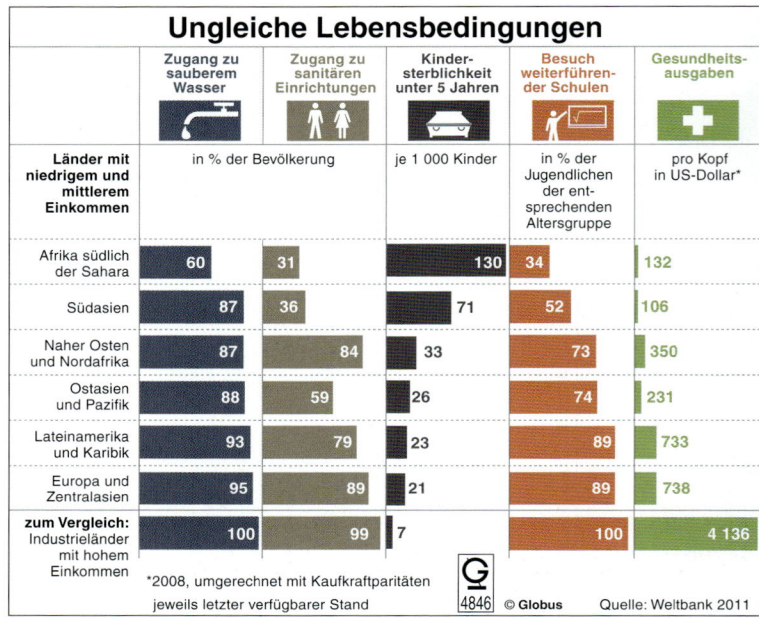

Ungleiche Lebensbedingungen					
	Zugang zu sauberem Wasser	Zugang zu sanitären Einrichtungen	Kindersterblichkeit unter 5 Jahren	Besuch weiterführender Schulen	Gesundheitsausgaben
Länder mit niedrigem und mittlerem Einkommen	in % der Bevölkerung		je 1 000 Kinder	in % der Jugendlichen der entsprechenden Altersgruppe	pro Kopf in US-Dollar*
Afrika südlich der Sahara	60	31	130	34	132
Südasien	87	36	71	52	106
Naher Osten und Nordafrika	87	84	33	73	350
Ostasien und Pazifik	88	59	26	74	231
Lateinamerika und Karibik	93	79	23	89	733
Europa und Zentralasien	95	89	21	89	738
zum Vergleich: Industrieländer mit hohem Einkommen	100	99	7	100	4 136

*2008, umgerechnet mit Kaufkraftparitäten
jeweils letzter verfügbarer Stand

4846   © Globus   Quelle: Weltbank 2011

Es lässt sich an bestimmten Merkmalen erkennen, ob ein Land ein Entwicklungsland ist. Diese Merkmale treffen nicht immer gleichzeitig zu:

▶ Mangelhafte Ernährung der Bevölkerung

▶ Schlechte Gesundheitsversorgung

▶ Geringe Lebenserwartung

▶ Hohe Geburtenrate

▶ Kaum Industrialisierung

▶ Unzureichende Infrastruktur

▶ Niedriges Pro-Kopf-Einkommen

Problem: Wachstum der Weltbevölkerung

Die Weltbevölkerung hat sich in den zurückliegenden 50 Jahren mehr als verdoppelt: Waren 1962 ca. 3,1 Milliarden Menschen auf der Welt, überschritt die **Weltbevölkerung** am 31. Oktober 2011 offiziell die Marke von sieben Milliarden. Weitere 83 Millionen Menschen kommen jährlich dazu. Das sind mehr Menschen, als in Deutschland leben. Es ist schwer, sich diese Zahl vorzustellen. Umgerechnet bedeutet dies, dass weltweit jede Minute 158 Menschen geboren werden. Im Jahre 2100 wird die Erde laut UNO schätzungsweise von über zehn Milliarden Menschen bewohnt.

Der rasante Anstieg der Bevölkerung stellt vor allem die Menschen in den Entwicklungsländern vor große Herausforderungen

Weltbevölkerung:

1804 – 1 Milliarde Menschen
1927 – 2 Milliarden Menschen
1960 – 3 Milliarden Menschen
1974 – 4 Milliarden Menschen
1987 – 5 Milliarden Menschen
1999 – 6 Milliarden Menschen
2011 – 7 Milliarden Menschen

Prognose (Quelle: UNO)
2025 – 8 Milliarden Menschen
2043 – 9 Milliarden Menschen
2083 – 10 Milliarden Menschen

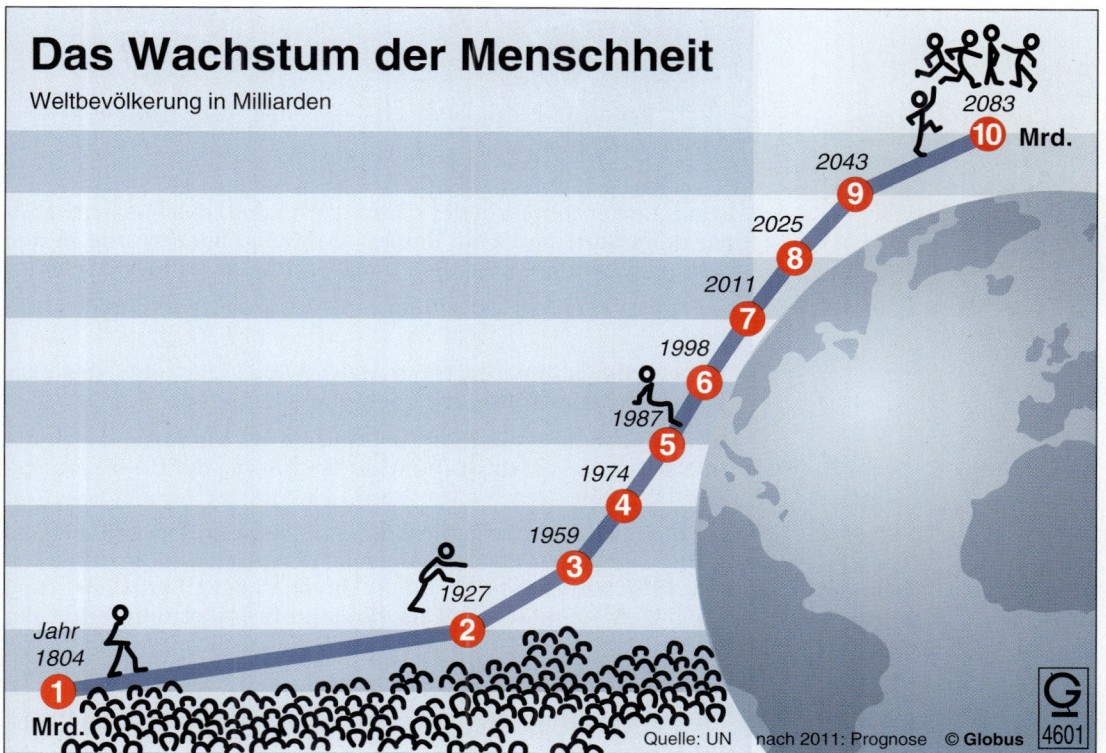

Das Wachstum der Menschheit
Weltbevölkerung in Milliarden

2083 — 10 Mrd.
2043 — 9
2025 — 8
2011 — 7
1998 — 6
1987 — 5
1974 — 4
1959 — 3
1927 — 2
Jahr 1804 — 1 Mrd.

Quelle: UN nach 2011: Prognose © Globus 4601

Lerngebiet 12

© dpa

„Badefreuden" in der Bucht von Qingdao/China – allein in Asien leben ca. 4 Milliarden Menschen.

Realistisch betrachtet ist die Welt überbevölkert, weil nicht alle Menschen menschenwürdig leben können. Drei Viertel der Menschheit lebt in Entwicklungsländer und hier entstehen 90 % des Bevölkerungswachstums. Jedes Jahr kommen in diesen Ländern 75 Millionen Menschen allein durch ungewollte Schwangerschaften zur Welt. Das Problem des rasanten Bevölkerungswachstums könnte nur durch Geburtenrückgang gelöst werden. In den wirtschaftlich wohlhabenden Ländern – vor allem auch in Europa – nehmen die Bevölkerungszahlen dagegen ab.

Langfristig kann die Überbevölkerung zu einem Problem für die gesamte Welt werden. Verschiedene Faktoren – Religion, mangelnde Bildung, schlechte Versorgung – verhindern eine nachhaltige

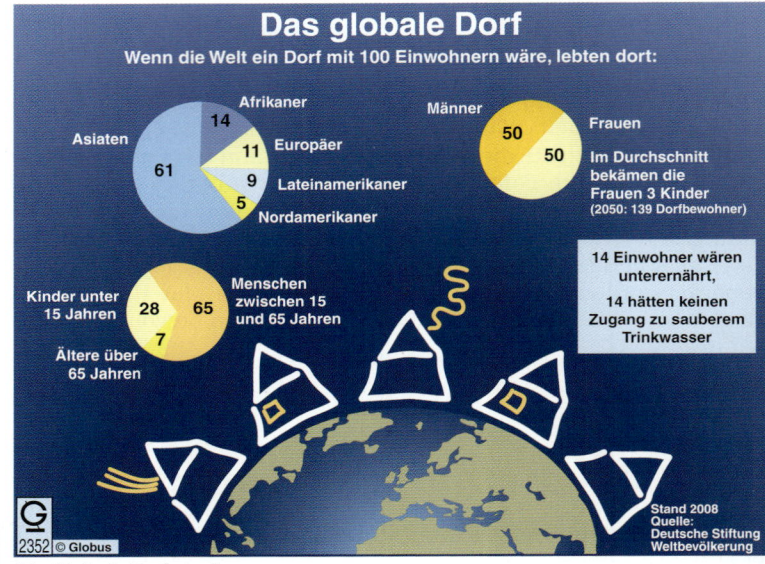

Die Welt als Dorf gesehen

© picture alliance/Landov

Überfüllter Zug in Indien

Lösung. Bisher gibt es außer China kein Land, das Geburtenkontrolle eingeführt hat. Eine Reihe von Maßnahmen wurde in den betroffenen Ländern ergriffen, um die Situation zu beherrschen:

▶ Sexualaufklärung, Verteilung von empfängnisverhütenden Mitteln

▶ Entwicklungshilfe, um über den „Wohlstand" das Bevölkerungswachstum indirekt zu beeinflussen

▶ Einbindung führender Politiker der Entwicklungsländer in die internationale Verantwortung zur Gestaltung der Bevölkerungspolitik

Diese Maßnahmen führen nicht direkt zum Erfolg. Deshalb müssen sich die westlichen Staaten, also auch Deutschland, in ihrer Außen- und Sicherheitspolitik auf die Situation der Überbevölkerung auf der Welt einstellen und nachhaltige Bevölkerungspolitik betreiben:

▶ die Bekämpfung der Massenarmut

▶ die Verbesserung der Bildungschancen und der Gesundheitsfürsorge

Fachstufe II/III

▶ den Ausbau sozialer Sicherungssysteme in armen Ländern, die den Druck vermindern, möglichst viele Kinder zur eigenen Alterssicherung zu gebären.

Die Machtverhältnisse in der Welt werden sich verändern. Im Jahre 2025 werden voraussichtlich 16 Staaten die 100 Millionen Einwohnerschwelle überschritten haben. Von den hoch entwickelten Industrienationen werden nur Japan und die USA dazugehören.

Die Welt altert

Nach Berechnungen der Bevölkerungswissenschaftler wird die Weltbevölkerung – auch in armen Ländern – immer älter. Bis zum Jahr 2050 soll sich die Zahl der Menschen über 65 Jahre mehr als verdoppelt haben. Das bringt in allen Ländern große Probleme in der Alters- und Gesundheitsversorgung mit sich.

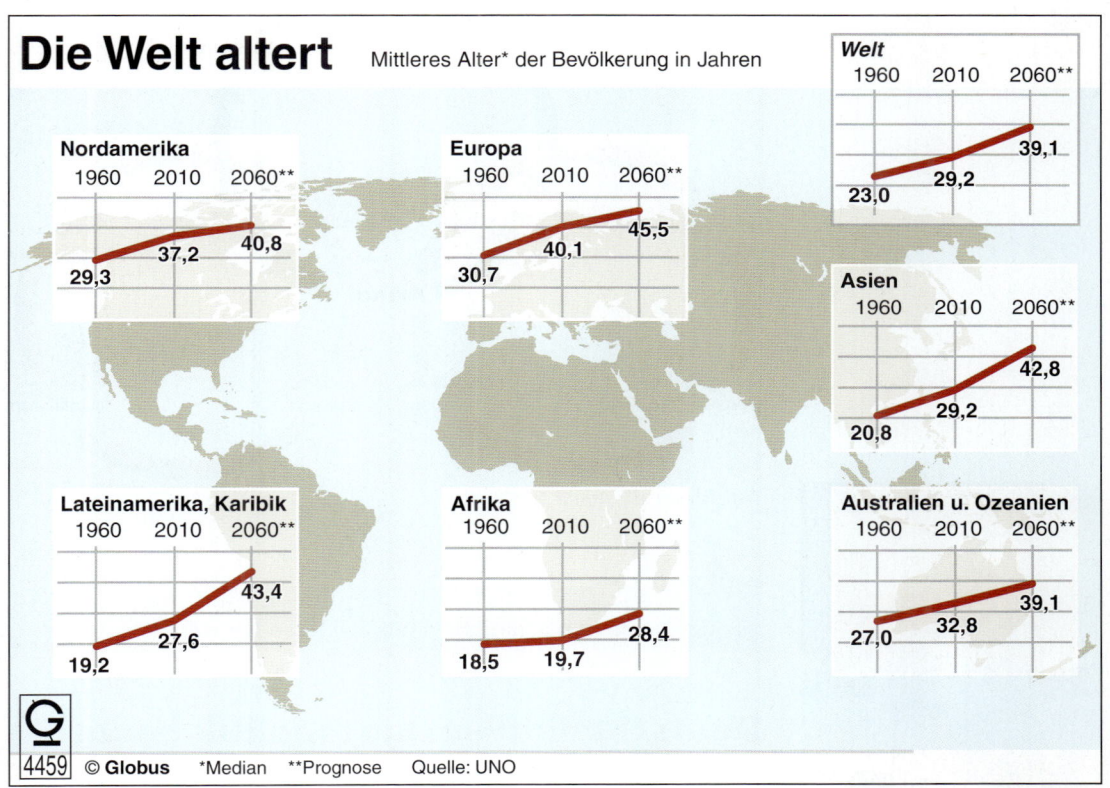

1. Glauben Sie, dass das Bevölkerungsproblem wirklich so ernst zu nehmen ist? Begründen Sie Ihre Meinung.

2. Wie könnte es Ihrer Meinung nach am wirkungsvollsten behoben werden?

3. Welche konkreten Probleme bringt die zunehmende Alterung der Bevölkerung mit sich?

Wirtschaftliche Hilfsmöglichkeiten

Kapitalzufluss durch Entwicklungshilfe und die Entschuldung der ärmsten Länder sind wirtschaftliche Hilfsmöglichkeiten, die Unterentwicklung zu verringern. Mit dem Geld können Ausbildungsplätze und Arbeitsplätze geschaffen und eine bessere medizinische Versorgung gewährleistet werden.

Die Produkte aus den Entwicklungsländern müssen freien Zugang zu den Märkten der Industrienationen haben. Bisher schotten sich einige Industrieländer gegen Einfuhren aus Entwicklungsländern ab, um ihre eigene Wirtschaft zu schützen.

Allein können die Entwicklungsländer selten ihre Probleme lösen: Der Teufelskreis der Armut ist schwer zu durchbrechen.

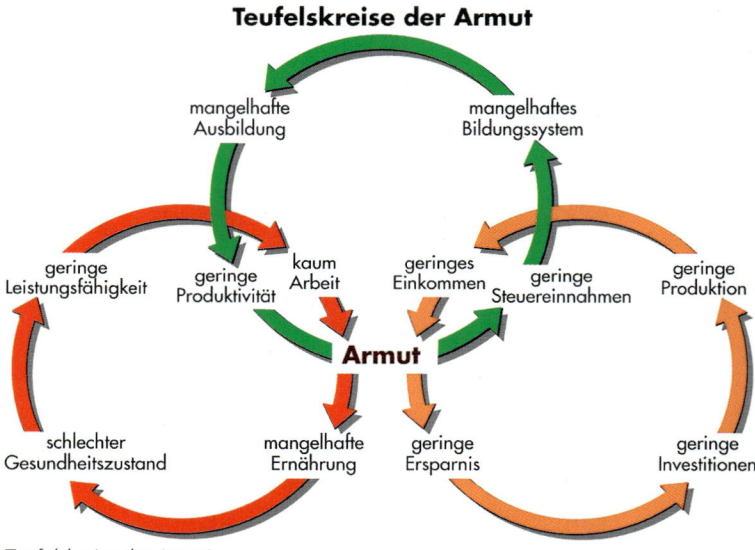

Teufelskreise der Armut

Teufelskreise der Armut

Erklären Sie das Schaubild „Teufelskreise der Armut".

Deutsche Entwicklungspolitik heute

Die heutige deutsche Entwicklungspolitik hat vier Hauptziele:

▶ Soziale Gerechtigkeit

▶ Wirtschaftliche Leistungsfähigkeit

▶ Politische Stabilität

▶ Ökologisches Gleichgewicht

Um diese Ziele zu erreichen, hilft die Bundesrepublik Deutschland den Entwicklungsländern, ihre elementaren Lebensvoraussetzungen zu sichern. Sie sollen sich auf Dauer selbst helfen können und eine leistungsfähige Wirtschaft aufbauen. Dabei wird auch die gesellschaftliche Vielfalt gefördert.

© picture alliance/Landov

Entwicklungspolitik beginnt im Kleinen: Durch die Nutzung eines Solarkochers entfällt die zeitaufwendige Suche nach Feuerholz. Die gewonnene Zeit kann nutzbringend für andere Aufgaben eingesetzt werden.

Fachstufe II/III

Unmittelbare Hilfe leistet Deutschland dort, wo Menschen in Hunger und Elend leben. Damit sollen die Grundbedürfnisse befriedigt und der Wille zur Selbsthilfe gestärkt werden. Die meisten bedürftigen Länder befinden sich in Afrika, südlich der Sahara.

Für einen langfristigen Erfolg der Förderung der Entwicklungsländer sind leistungsfähige Infrastrukturen und liberale Wirtschafts- und Gesellschaftsordnungen nötig. Diese Rahmenbedingungen müssen die Entwicklungsländer selbst schaffen. Ihre Aktivitäten sollen von den Geberländern nicht vorgeschrieben werden.

Die Bundesregierung unterstützt die Politik der Entwicklungsländer, die sich um eine wirtschaftlich leistungsfähige und sozial ausgeglichene Gesellschaftsordnung bemühen.

Weil die Entwicklungspolitik Teil der Friedenspolitik ist, fördert die BRD besonders die Kräfte des Ausgleichs. Totalitäre Staaten mit absolutem Herrschaftsanspruch werden nicht gefördert.

Die Verwirklichung der Menschenrechte ist Ziel dieser Politik. Verstößt ein Staat gegen die Menschenrechte, kann keine Entwicklungshilfe geleistet werden.

Entwicklungspolitik darf nicht auf Entwicklungshilfe verkürzt werden. Sie muss ein Ganzes darstellen, das die soziale, ökonomische, ökologische und politische Entwicklung mit einschließt.

Ein großes Problem für die Entwicklungsländer sind niedrige Rohstoffpreise. Weil die importierten Fertigprodukte für die Entwicklungsländer gleichzeitig teurer werden, sind die Handelsbedingungen für diese Länder ständig ungünstig. Dieses Ungleichgewicht der „Terms of Trade", also des Austauschverhältnisses zwischen Import und Export, bringt die Entwicklungsländer immer tiefer in die Schuldenfalle.

Die wirtschaftlichen Strukturen in den Ländern hindern eine Verbesserung der wirtschaftlichen Situation. Da diese Länder sich meist auf wenige Produkte konzentrieren (Monokulturen), sind sie besonders anfällig für Preisschwankungen. Außerdem gibt es wenig Kleinbauern, die flexibel auf wirtschaftliche Probleme reagieren können. Die Großbauern dieser Regionen können ihre Produktion meist nur schwer auf andere Produkte umstellen.

Um den Entwicklungsländern dauerhaft zu helfen, müssen die Industrienationen die wirtschaftlichen Rahmenbedingungen ändern. Wichtig sind ein besserer Zugang und die Teilhabe an der Weltwirtschaft, nicht nur als Rohstofflieferanten.

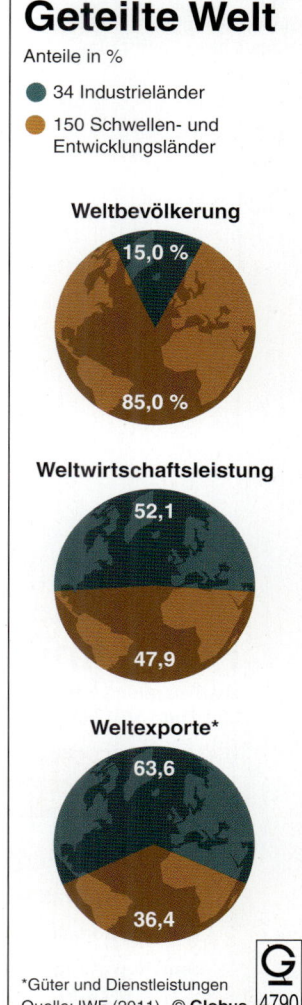

*Güter und Dienstleistungen
Quelle: IWF (2011) © Globus 4790

Geteilte Welt

1. Wie kann den ärmsten Menschen in totalitären Systemen geholfen werden? Sehen sie Möglichkeiten?

2. Welche weiteren Möglichkeiten der „Hilfe zur Selbsthilfe" kann Ihrer Meinung nach Entwicklungspolitik leisten?

Migration:
Abwanderung aus dem ursprünglichen Lebensraum

1.6 Migration

Migration ist die Entscheidung eines Menschen, seine Heimat zu verlassen. Dabei ist „Migration" der Oberbegriff für Wanderungsbewegungen, die sowohl wirtschaftliche als auch politische Ursachen haben können.

Deshalb gibt es auch sehr unterschiedliche Gruppen von Migranten: Flüchtlinge, Asylbewerber, Vertriebene, Umweltflüchtlinge, Arbeitsmigranten, Migranten wegen Familienzusammenführung, um nur die Wichtigsten zu nennen.

Was ist ein Flüchtling?

Ein Flüchtling ist eine Person, die „aus der begründeten Furcht vor Verfolgung wegen ihrer Rasse, Religion, Nationalität, Zugehörigkeit zu einer bestimmten sozialen Gruppe oder wegen ihrer politischen Überzeugung sich außerhalb des Landes befindet, dessen Staatsangehörigkeit sie besitzt, und den Schutz dieses Landes nicht in Anspruch nehmen kann oder wegen dieser Befürchtungen nicht in Anspruch nehmen will; …"

Artikel 1A der Genfer Flüchtlingskonvention

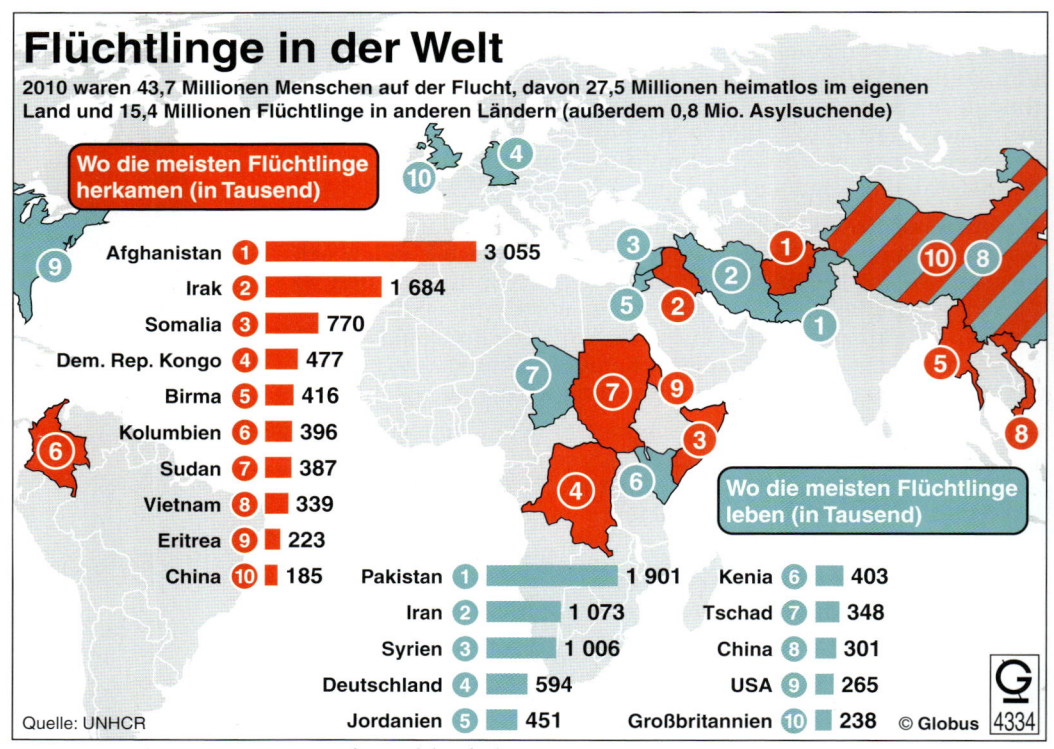

Menschen auf der Flucht

Ursachen

Die Migrationsforscher haben eine Reihe von Ursachen der Migration erkannt und diese in zwei Hauptgruppen unterteilt: die Schubfaktoren (push-Faktoren) und die Sogfaktoren (pull-Faktoren).

push-Faktoren:

▶ Kriegssituationen, politische Unterdrückung

▶ Menschenrechtsverletzungen

▶ Armut, wirtschaftliche Notlagen

▶ Arbeitslosigkeit und hohe Bevölkerungsdichte

▶ Zerstörung der natürlichen Umwelt (Industrie/Katastrophen)

pull-Faktoren:

▶ Problemlose wirtschaftliche und gesellschaftliche Verhältnisse in den Gastländern

▶ Bedarf an Arbeitskräften

▶ Attraktivere Verdienstmöglichkeiten

▶ Bessere Bildungschancen

Diese Unterscheidung zeigt, dass Migration nicht allein mit Unterentwicklung zu begründen ist.

Eine Migration in entfernte Länder ist für die Ärmsten der Armen erst gar nicht möglich. Die Kosten der Reise, zum Beispiel die „Schlepperkosten" für illegale Grenzüberschreitungen, hindern viele an der Migration. Der Weg vom Heimatland zum Zielland führt die Migranten meist über weitere „Transitstaaten". Die Bedingungen auf ihrer Reise sind oft gefährlich und menschenunwürdig.

1. Welche push-Faktoren sind Ihrer Meinung nach die entscheidendsten? Warum?

2. Welche pull-Faktoren könnten am stärksten wirken? Wieso?

3. Ordnen Sie die Ursachen der Migration den unterschiedlichen Gruppen von Migranten zu.

„Festung Europa"

Alassane floh 2002 vor dem Krieg in der Elfenbeinküste zu Fuß über die Grenze nach Mali. Die Wüste durchquerte er mit 25 anderen Menschen in einem Lastwagen. In Marokko nahm ihn die Polizei fest und brachte ihn mit anderen Migranten an die algerische Grenze und ließ sie in der Wüste zurück. Viele verdursteten auf dem Weg. Alassane gelangte in letzter Not an die Küste. Ein Boot brachte ihn auf die Kanaren, wo er bei den spanischen Behörden Asyl beantragte.

Global Lernen (2/2011)

In der EU ist das Land für einen Asylantrag zuständig, welches von einem Flüchtling zuerst betreten wird. Die Europäische Menschenrechtskonvention verbietet die Zurückweisung ohne Prüfung der Schutzbedürftigkeit. Dennoch werden insbesondere an den südlichen Außengrenzen Europas die Flüchtlinge vor Erreichen der Grenze bereits abgefangen und zurückgeschickt. Einige EU-Staaten haben Rückführungsübereinkommen mit anliegenden Staaten, damit diese den Migranten noch vor Erreichen der europäischen Grenzen den Zutritt verwehren.

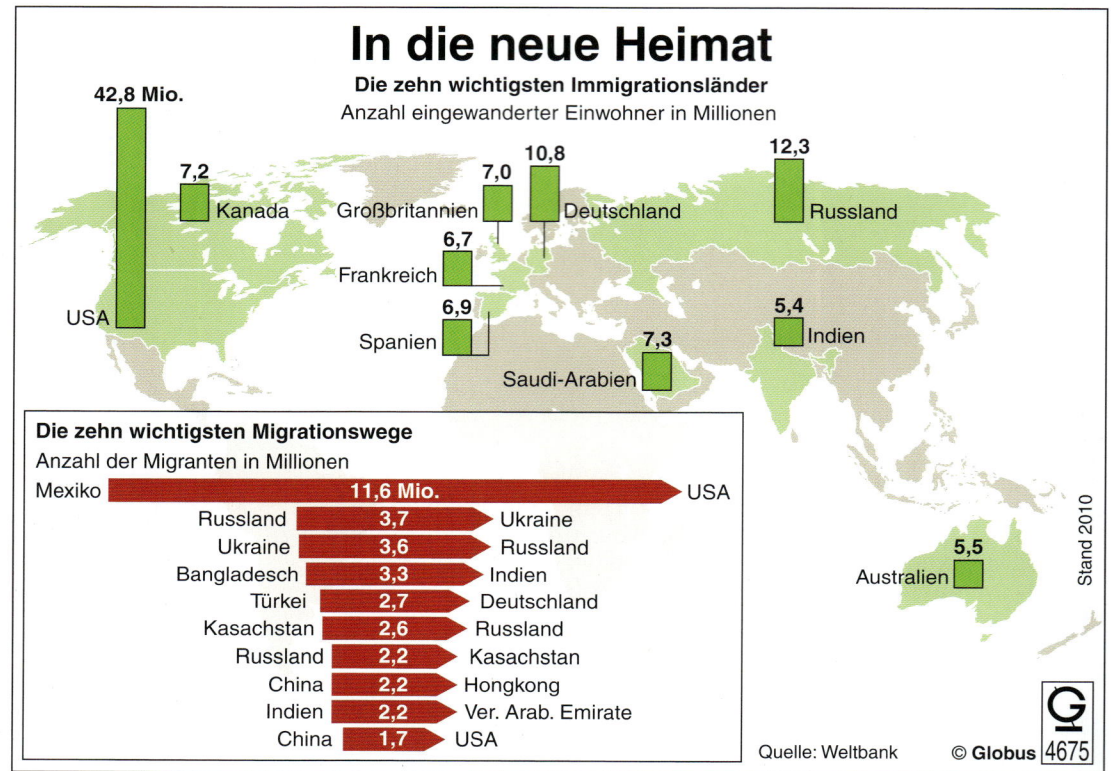

In die neue Heimat

Die zehn wichtigsten Immigrationsländer

Anzahl eingewanderter Einwohner in Millionen

42,8 Mio. — USA
7,2 — Kanada
7,0 — Großbritannien
10,8 — Deutschland
12,3 — Russland
6,7 — Frankreich
6,9 — Spanien
7,3 — Saudi-Arabien
5,4 — Indien
5,5 — Australien

Stand 2010

Die zehn wichtigsten Migrationswege

Anzahl der Migranten in Millionen

Von	Mio.	Nach
Mexiko	11,6 Mio.	USA
Russland	3,7	Ukraine
Ukraine	3,6	Russland
Bangladesch	3,3	Indien
Türkei	2,7	Deutschland
Kasachstan	2,6	Russland
Russland	2,2	Kasachstan
China	2,2	Hongkong
Indien	2,2	Ver. Arab. Emirate
China	1,7	USA

Quelle: Weltbank   © **Globus** 4675

Nächtliche Überfahrt in den Tod

Madrid/Tripolis. Bis zu 250 Menschen sind in der Nacht zu Mittwoch beim Untergang eines libyschen Fischerboots im Mittelmeer ertrunken. Der überladene Kahn war vor Tagen aus dem Bürgerkriegsland aufgebrochen. Zwischen Malta und Lampedusa hielt er einem Sturm nicht stand. Bei den Opfern handelt es sich nach Informationen des UN-Flüchtlingshochkommissariats (UNHCR) um Afrikaner aus Eritrea und Somalia sowie aus Schwarzafrika und der Elfenbeinküste. …

Italiens Grenzschutz hatte am frühen Mittwochmorgen einen Notruf von dem nach Behördenangaben 13 Meter langen Boot empfangen, das zwischen sechs Meter hohen Wellen trieb. Als die Küstenwache versuchte, das Boot in ruhigeres Wasser zu eskortieren, schlug das Schiff in den Wellentälern um, zerbrach und die Passagiere versanken in den Fluten. …

Nur 51 Menschen konnten bisher gerettet werden. Drei Schiffe, ein Flugzeug und ein Helikopter suchten gestern verzweifelt nach weiteren Überlebenden. „Wir haben die ganze Zeit gehofft, dass vielleicht jemand hilfesuchend den Arm hebt, aber keiner hat sich gerührt", erzählten die Piloten von Dutzenden im Meer treibenden Leichen. Auch kleine Körper von Kindern hätten sie gesichtet. …

Das nur 130 Kilometer von der tunesischen Küste entfernte Lampedusa ist seit langem für viele Verzweifelte das „Tor nach Europa". Die Überfahrt gilt als extrem gefährlich. Oft sind die Boote wenig seetauglich, fast immer überladen. Viele der Afrikaner können nicht schwimmen. Weitere Tragödien scheinen damit programmiert.

Saarbrücker Zeitung (7. April 2011)

Wie könnten solche Flüchtlingsdramen wirksam und dauerhaft vermieden werden?

Migrationsland Deutschland?

In Deutschland leben ca. 15 Millionen Menschen mit Migrationshintergrund. Davon haben über 8 Millionen die deutsche Staatsangehörigkeit. Inzwischen hat jedes dritte Kind in Deutschland einen Migrationshintergrund. Der größte Anteil davon hat türkische oder italienische Wurzeln. In den Anfangsjahren der Bundesrepublik kamen sie als Gastarbeiter ins Land.

Ein Zusammenleben kann nur reibungsfrei funktionieren, wenn eine Integration in die Gesellschaft gelingt. Dort, wo eine Integration scheitert, entstehen Parallelgesellschaften. Dies begünstigt gegenseitige Vorurteile und Ablehnung.

„Integration muss gezielt gefördert, aber sie muss auch gefordert werden! Integration kann nur gelingen, wenn wir mit den Migranten sprechen und nicht über sie!"

Integrationsbeauftragte Maria Böhmer 2011 vor dem deutschen Bundestag

1. Nehmen Sie Stellung zum obigen Zitat!

2. Welche Faktoren sind für eine gelungene Integration Ihrer Meinung nach am Wichtigsten?

3. Gibt es bei Ihnen auch Mitschüler mit Migrationshintergrund?

Wer heute aus einem Nicht-EU-Land in Deutschland einwandern und dauerhaft arbeiten möchte, hat nur wenige Möglichkeiten. Zugang erhalten nur:

▸ Hochqualifizierte mit Arbeitsvertrag und einem bestimmten Mindestgehalt

▸ Selbstständige mit einer Mindest-Investitionssumme von 250.000 Euro, die mindestens fünf Arbeitsplätze schaffen.

▸ Mitarbeiter eines Forschungsprojektes

▸ Studierende für die Dauer ihres Studiums

▸ Familienangehörige in Deutschland lebender Personen

Aus aller Welt in Deutschland

Ausländische Bevölkerung in Deutschland
(in Tausend)

2004	6717	
2005	6756	
2006	6751	
2007	6745	
2008	6728	
2009	6695	
2010	6754	
2011	6931	

Die häufigsten Staatsangehörigkeiten 2011
(in Tausend):

1 607	Türkei
520	Italien
468	Polen
284	Griechenland
223	Kroatien
198	Serbien
195	Russland
176	Österreich
159	Rumänien
153	Bosnien und Herzegowina
138	Niederlande
137	Kosovo

ohne vorübergehende Aufenthalte
Quelle: Ausländerzentralregister,
© Globus 4906   Stat. Bundesamt

1. Halten Sie diese Aufnahmekriterien für gerechtfertigt?

2. Stellen Sie eigene Aufnahmekriterien zusammen.

Lösungsmöglichkeiten

Zur Lösung der Migrationsproblematik gibt es kein schnell wirkendes Rezept. Die Abschottung der Industriestaaten ist auf Dauer keine wirkungsvolle Maßnahme. Es müssten in den Herkunftsländern die wirtschaftlichen und politischen Gründe für die Migration beseitigt werden.

Zusammenfassung

Negative Faktoren wie Armut oder Korruption, aber auch ein unterdrückter Konflikt zwischen Bevölkerungsgruppen können die Strukturen eines Staates stören. Der Staat kann seine Aufgaben nicht mehr erfüllen. Dies kann zum Zerfall und sogar zum Scheitern des Staates führen. Man spricht dann von einem „failed state". Durch solche Staaten werden Regionen destabilisiert und es entstehen Bedrohungen wie Bürgerkriege und humanitäre Krisen.

Terroristen wollen die politische Handlungsfähigkeit und die Wirtschaft ihrer Gegner schwächen. Bei ihren Anschlägen geht es nicht nur um den materiellen Schaden. Sie wollen damit Angst und Unsicherheit unter der Bevölkerung verbreiten. Der heutige internationale Terrorismus ist meist religiös oder ideologisch motiviert. Eine der größten Bedrohungen ist der islamistische Terrorismus. Auch Deutschland ist Ziel islamistischer Terroristen. Die Staatengemeinschaft versucht durch gezielte Bekämpfung der Terroristen, aber auch durch vorbeugende Maßnahmen den internationalen Terrorismus einzudämmen.

Auch der Klimawandel bedroht die Sicherheit und den Frieden in einigen Regionen. Dürren oder Überschwemmungen können zu Ertragseinbußen in der Landwirtschaft und somit zu Hungernöten führen. Die Folge sind Unruhen, Aufstände und Migration.

Ressourcen wie Erdöl und der Zugang zu sauberem Wasser führen immer öfter zu politischen Konflikten.

Der Begriff Unterentwicklung steht für die finanzielle Armut vieler Staaten sowie für die strukturellen Defizite und die unzureichende Fähigkeit, die eigene Bevölkerung ausreichend zu versorgen.

Migration kann durch Missstände im Heimatland, aber auch durch vermeintlich bessere Verhältnisse im Zielland ausgelöst werden. Der Weg der Migranten ist beschwerlich und gefährlich. In Deutschland leben heute ca. 7 Millionen Menschen ausländischer Herkunft.

Wissens-Check

Was versteht man unter einem „failed state"?

Welche Probleme bringt ein „failed state" für die umliegende Region mit sich und wie können diese Probleme nachhaltig gelöst werden?

Welche Ziele verfolgen Terroristen mit ihren Anschlägen?

Welche Lösungsmöglichkeiten zur Eindämmung des internationalen Terrorismus kennen Sie?

Welche Rolle spielen Ressourcen wie Erdöl und Wasser für die internationale Sicherheit?

Welche Hauptursachen hat die Unterentwicklung eines Landes?

Welche Probleme bringt das stetige Wachstum der Weltbevölkerung mit sich?

Nennen Sie drei push- und drei pull-Faktoren für die Entstehung von Migration.

2 Analyse internationaler Konflikte

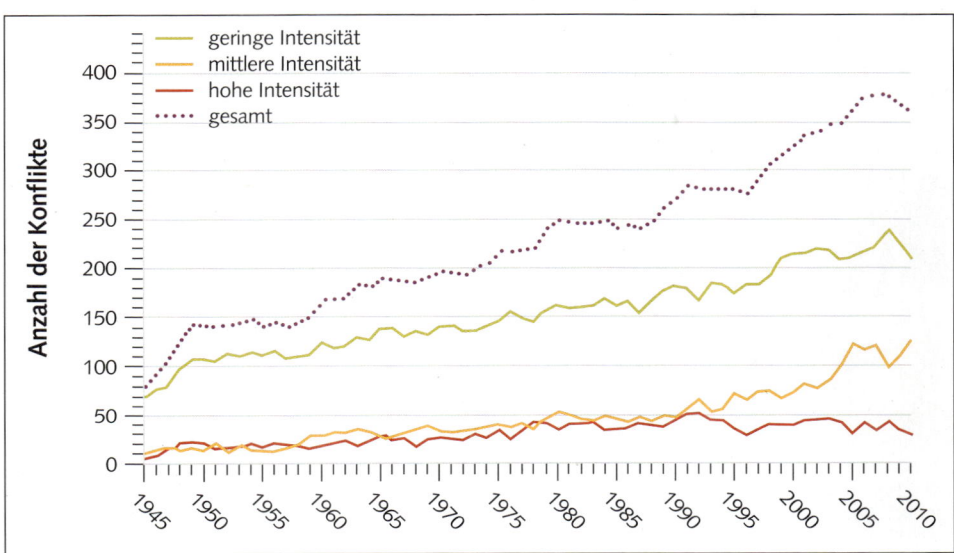

Global betrachtet leben wir nicht in friedlichen Zeiten. Die Zahl der Kriege weltweit ist 2011 auf den höchsten Stand seit 1945 gestiegen. Insgesamt gab es seit 1990 20 Kriege sowie 38 weitere hoch gewaltsame Konflikte. Meistens handelte es sich um innerstaatliche Auseinandersetzungen.

Um Kriege und Konflikte friedlich zu lösen, ist im Vorfeld eine systematische Analyse notwendig.

2.1 Was ist eigentlich Krieg?

Den Begriff Krieg zu erklären, ist nicht mehr einfach. Wer führt eigentlich den Krieg? Wo wird er ausgetragen? Wann ist er zu Ende?

In früheren Zeiten führten Staaten Krieg gegeneinander, sobald formal eine Kriegserklärung ausgesprochen wurde. Dann prallten die Streitkräfte der Kriegsparteien auf den Schlachtfeldern aufeinander. Wer die letzte Schlacht gewann, war der Gewinner des Krieges, der Verlierer kapitulierte. Heute gibt es bei Auseinandersetzungen kaum noch formale Kriegserklärungen.

Die große Mehrheit der Kriege wird nicht mehr zwischen zwei Staaten ausgetragen, sondern sind meist innerstaatliche Konflikte wie Bürgerkriege und Aufstände. Moderne Kriege sind nicht mehr an bestimmte Austragungsorte gebunden, eine klare Frontlinie gibt es nicht. Besonders in **asymmetrischen Kriegen** begegnen sich die Widersacher selten in einer offenen Schlacht.

Ein Ende finden heutige Kriege selten durch den militärischen Sieg einer Seite. Häufiger wird der Krieg durch einen Verhand-

Asymmetrischer Krieg:

Krieg zwischen einer staatlichen und einer nicht staatlichen Partei

Lerngebiet 12

lungsfrieden beendet oder durch ein Abflauen der Gewalt, bis nicht mehr von einem „Krieg" gesprochen werden kann.

Wie entstehen Kriege?

Was auch immer der Kriegsauslöser ist – Kriege haben eine lange Vorgeschichte. Die Faktoren, die zu einem Krieg oder einem bewaffneten Konflikt führen, sind sowohl vielfältig als auch vielschichtig.

Die Ursachen

Die eigentlichen Ursachen eines Krieges zu verstehen, ist nicht einfach. Ein politischer Konflikt kann bei näherer Betrachtung beispielsweise wirtschaftliche Gründe haben, bei religiösen Streitigkeiten können kulturelle oder geschichtliche Gründe eine Rolle spielen, z.B.:

© dpa

Palästinensische Studenten verbrennen Flaggen. Die eigentlichen Ursachen eines Konflikts sind oft vielschichtig und nicht leicht zu verstehen.

▸ Streit zweier Staaten um Territorien, um Zugänge zum Meer oder zu Flüssen

▸ Unabhängigkeitsbestreben einer bestimmten Bevölkerungsgruppe vom Rest des Landes

▸ Wettstreit unterschiedlicher Gesellschaftsordnungen, z.B. im Kalten Krieg

▸ wirtschaftliche Ursachen, z.B. Spannungen zwischen Arm und Reich

▸ Ethnische und religiöse Differenzen

▸ Mangelnder Zugang zu Ressourcen wie Wasser, Öl

Diese Differenzen münden nicht zwangsläufig in gewaltsamen Konflikten. Bestimmte Faktoren führen aber dazu, dass sich eine Konfliktseite dazu entscheidet, ihre Interessen mit Gewalt durchzusetzen, zum Beispiel:

▸ Machterhalt, Machterlangung

▸ Wirtschaftliche Gier

▸ Wunsch, die „Anderen" zu verdrängen oder zu vernichten

▸ Beseitigung einer Sicherheitsbedrohung

▸ Erlangung der Militärvorherrschaft

Die Schwelle, ab wann Gewalt als geeignetes Mittel angesehen wird, ist von der jeweiligen kulturellen Einstellung der Gruppe abhängig. Das Aufflammen von Gewalt geht oft zeitlich mit einer Störung der politischen Ordnung (z.B. Staatszerfall, politischer Wechsel) oder einer Wirtschaftskrise einher.

Der Auslöser

Ein einzelnes Ereignis löst häufig den Ausbruch kriegerischer Handlungen aus.

▸ Politische Ereignisse, z.B. Wahlen, Attentate

▸ Religiöse Aufforderungen zu Gewalt, z.B. Dschihad

▸ Entweihung religiöser Symbole

▸ Militärische Angriffe oder Rebellenüberfälle

Bombardierung Beiruts: 2006 löste die Entführung zweier israelischer Soldaten den Krieg zwischen Israel und dem Libanon aus.

Die Länge und die Intensität eines Krieges ist davon abhängig, wo und mit welchen Waffen gekämpft wird. Die finanzielle und personelle Stärke entscheidet darüber, wie lange der Krieg fortgeführt werden kann. Auch die Intervention externer politischer Akteure wie UNO und NATO beeinflussen den Konfliktverlauf.

Durch welche Ereignisse wurden und werden Kriege ausgelöst?

Leitfaden für die Analyse internationaler Konflikte

1. Wer sind die Konfliktparteien?

2. Warum wird politisch/militärisch gestritten?

3. Wie ist der Konflikt entstanden und welche Argumente und Interessen liegen miteinander in Streit?

4. Welche Mittel haben die Konfliktparteien, ihre Interessen durchzusetzen, und welche Folgen ergeben sich daraus für die Konfliktlösung?

5. Welcher Anlass kann/hat den Konflikt eskalieren lassen?

6. Hat der Konflikt Auswirkungen auf andere Regionen?

7. Wie reagiert die internationale Gemeinschaft auf diesen Konflikt?

8. Welche Kompromisse sind möglich, und wie sind diese politisch zu beurteilen?

Vgl. Buchners Kolleg Politik, Band 4: Internationale Politik. Grundlagen, Ziele, Probleme. Bamberg 1996, S. 139 f.

Ist Krieg erlaubt?

Es klingt fast zu schön, um wahr zu sein, aber Krieg ist tatsächlich offiziell verboten. Jedes Mitglied der Vereinten Nationen (UNO) ist mit seiner Mitgliedschaft die Verpflichtung eingegangen, grundsätzlich keinen Angriffskrieg gegen einen anderen Staat zu füh-

© dpa – Report

Grenzzaun zwischen Israel und dem Westjordanland. Trennung als letzte Möglichkeit für Frieden?

ren. Selbst die Androhung eines Krieges ist untersagt. Einen weltweiten Frieden konnte die UNO mit dieser Regel nicht erreichen. Zum einen gilt sie ohnehin nur für Staaten, also für die selten gewordenen regulären Kriege. Zum anderen versuchen die Staaten, einen bewaffneten Konflikt nicht als Krieg zu bezeichnen und eine Kriegserklärung zu vermeiden. Begriffe wie Sicherheitspolitik, Präventive Maßnahmen oder humanitäre Einsätze verschleiern manchmal die wahren Motive des Militärschlages.

1. Finden Sie heraus, ob es Ausnahmen für das grundsätzliche UNO-Verbot von Krieg gibt.
2. Recherchieren Sie, wie viele Kriege in den letzten Jahren weltweit gezählt wurden. Vergleichen Sie dazu die Anzahl der „bewaffneten Krisen" und „hochgewaltsamen Konflikte".

2.2　Der lange Weg zum Frieden

Die meisten Menschen wünschen sich nichts sehnlicher, als in Frieden leben zu können. Doch ebenso wie für den Begriff Krieg gibt es viele Ansichten, wann eigentlich Frieden herrscht. Ein sogenannter negativer Frieden ist dann erreicht, wenn die Waffen schweigen und es keine offenen Kämpfe mehr gibt. Doch Frieden ist weitaus mehr als die Abwesenheit von Krieg. Ein positiver Frieden bedeutet für die meisten Menschen, dass sie ohne Unterdrückung in Freiheit und friedlichen Miteinander leben können. Eine Reihe von Maßnahmen kann bei einem Konflikt schon im Vorfeld den Ausbruch der Gewalt verhindern:

▸ Verstärkung diplomatischer Beziehungen

▸ Entwicklungshilfe

▸ Hilfe beim Aufbau demokratischer und rechtsstaatlicher Strukturen

▸ Förderung der Zivilgesellschaft, zum Beispiel durch Aufbau von Schulen

Wenn bereits gekämpft wird, versuchen Politiker mit Vermittlungsgesprächen die Konfliktpartner wieder an den Verhandlungstisch zu bekommen. Zudem können **Sanktionen** und **Embargos** den Druck auf eine verhandlungsunwillige Konfliktpartei erhöhen.

Führen diese zivilen Maßnahmen nicht zum Erfolg, müssen die Konfliktpartner notfalls mit militärischen Mitteln voneinander getrennt werden, z.B. durch „Blauhelmeinsätze" oder durch militärische Intervention. Erst dann können weitere Maßnahmen folgen, wie:

▸ Entwaffnung der Konfliktparteien

▸ Wiederherstellung der Ordnung

▸ Durchführung und Beobachtung von Wahlen

▸ Rückführung der Flüchtlinge

▸ Schutz der Menschenrechte

Sanktion:

Reaktion eines Staates auf völkerrechtswidriges Verhalten eines anderen Staates, z. B. Einreiseverbote, Vermögenssperren

Embargo:

Staatliche Unterbindung des Güterhandels mit einem bestimmten Land, z. B. Öl- oder Waffenembargos

Fachstufe II/III

Der Wiederaufbau des Staatsapparats im Krisengebiet ist der wichtigste und langwierigste Schritt des **Nation Building** auf dem Weg zum nachhaltigen Frieden. Maßnahmen wie der Aufbau eines funktionierenden Polizei- und Justizsystems oder der Verwaltung zählen hier dazu. Doch mit Beginn der Waffenruhe gibt es noch lange keinen Frieden zwischen den Konfliktgruppen. Schreckliche Erfahrungen mit Hass, Gewalt und Tod sind nicht von heute auf morgen aus der Welt zu schaffen. Die Kriegsfolgen müssen beseitigt, Feindbilder müssen überwunden werden. Ein dauerhafter Frieden braucht Versöhnung. Erst wenn die neue politische Ordnung, z. B. eine neue Regierung oder ein neuer Staat, von allen Konfliktgruppen akzeptiert und anerkannt wird, kann nachhaltiger Frieden entstehen.

Nation Building (Nationenbildung):

Politischer Entwicklungsprozess, der aus Gemeinschaften (gleiche Sprache, Traditionen, Gebräuche, Abstammung) einen Staat werden lässt

© Jorge Chaves – Fotolia.com

Die einstigen Rivalen Deutschland und Frankreich verbindet heute eine tiefe Freundschaft.

1. Finden Sie historische Beispiele für ein gelungenes (gescheitertes) „Nation Building".
2. Glauben Sie, dass Demokratien friedlicher sind als andere Regierungsformen? Begründen Sie Ihre Entscheidung.

Zusammenfassung

Heute gibt es mehr innerstaatliche als zwischenstaatliche Kriege.

Insbesondere asymmetrische Kriege werden nicht mehr in offenen Schlachten, sondern in kleinen Scharmützeln, mit Anschlägen oder Guerillataktik ausgetragen.

Der Krieg kann viele Ursachen haben, z. B. politische, wirtschaftliche, kulturelle oder religiöse.

Meist löst erst ein Einzelereignis die kriegerischen Handlungen aus.

Jedem UNO-Mitgliedsstaat ist das Führen eines Angriffskrieges grundsätzlich verboten. Daher wird bei bewaffneten Konflikten der Begriff Krieg von den Konfliktparteien vermieden.

Um Frieden zu schaffen oder zu erhalten, stehen präventive Maßnahmen wie Verhandlungen oder Entwicklungshilfe zur Verfügung. Notfalls müssen Konfliktparteien mit militärischer Intervention voneinander getrennt werden.

Wissens-Check

Definieren Sie den Begriff „Krieg".

Wie hat sich die Anzahl der Kriege und bewaffneter Konflikte seit dem Zweiten Weltkrieg entwickelt?

Welche Ursachen können Kriege haben? Nennen Sie Beispiele für kriegsauslösende Ereignisse.

Nennen Sie Maßnahmen, die helfen können, einen bewaffneten Konflikt oder Krieg zu vermeiden.

Was versteht man unter dem Begriff „Nation Building"?

3 Internationale Zusammenarbeit zur Friedenssicherung

UNO, NATO, EU – diese Kürzel hat jeder schon einmal gehört. Fast täglich wird in den Medien über ihre Arbeit im Zusammenhang mit der Globalisierung, der wirtschaftlichen Entwicklung und der Friedenssicherung berichtet. Aber welche Organisationen stecken hinter diesen Abkürzungen und welche Aufgaben und Möglichkeiten haben sie zur internationalen Sicherung des Friedens?

3.1 Die UNO (United Nations Organization)

Am 26. Juni 1945 wurde die Satzung der UNO (111 Artikel) in San Francisco/USA von 51 Staaten unterzeichnet, am 24. Oktober des gleichen Jahres trat sie in Kraft.

Die Unterzeichnerstaaten haben sich zusammengeschlossen, um den Weltfrieden zu bewahren. Eine Katastrophe wie den Zweiten Weltkrieg sollte es nicht mehr geben. Zudem sollten menschenwürdige Lebensbedingungen für die Weltbevölkerung geschaffen werden. Durch die freundschaftliche Zusammenarbeit souveräner Mitgliedsstaaten sollten fortan Probleme aller Art auf friedlichem Weg gelöst werden.

Deutschland ist der UNO 1973 beigetreten. Momentan sind 193 Staaten Mitglieder der UNO.

Artikel 2 Abs. 4 der Charta der Vereinten Nationen wird von allen Mitgliedsstaaten als „Globale Verfassung" bezeichnet. Das darin festgeschriebene „Allgemeine Gewaltverbot" stellt die grundlegende Norm des Völkerrechts dar.

Zwei Ausnahmen von diesem „Allgemeinen Gewaltverbot" sind in der UN-Charta vorgesehen.

„Das Denkmal für den Frieden" steht vor dem UNO-Hauptquartier in New York. Der Verzicht auf Gewaltanwendung ist ein zentraler Grundsatz in der „Charta der Vereinten Nationen".

Fachstufe II/III

Artikel 2(4):

Alle Mitglieder unterlassen in ihren internationalen Beziehungen jede gegen die territoriale Unversehrtheit oder die politische Unabhängigkeit eines Staates gerichtete oder sonst mit den Zielen der Vereinten Nationen unvereinbare Androhung oder Anwendung von Gewalt.

Nach Artikel 51 der UN-Charta darf sich ein Staat, der angegriffen wird, selbst verteidigen. Andere Staaten dürfen den angegriffenen Staat militärisch unterstützen. Die zweite Ausnahme ist die Ermächtigung zu militärischer Gewalt durch den UN-Sicherheitsrat. Dies kann dann eintreten, wenn ein Staat den Weltfrieden durch kriegerische Aktivitäten gegen einen anderen Staat stört.

Die Aufgabenfelder der UNO sind vielfältig, z.B. Friedensicherung, Schutz der Menschenrechte, Flüchtlings- und Katastrophenhilfe, Umweltschutz, Armutsbekämpfung bis zur Bekämpfung von Krankheiten.

Finden Sie weitere Aufgabengebiete der Vereinten Nationen.

Die UN-Generalversammlung

In der Generalversammlung sind alle UN-Mitgliedsstaaten vertreten. Jedes Mitglied hat eine Stimme. Die Generalversammlung ist das einzige UN-Organ, in dem alle Mitglieder vertreten sind. Eine

Wie kommt ein Staat in die UN?

Vollmitgliedschaft

1 **Bewerbung beim UN-Generalsekretär**, offizielle Anerkennung der UN-Charta.

2 **Beratung des UN-Sicherheitsrats**, 9 von 15 Mitgliedern müssen zustimmen, darunter die 5 ständigen Mitglieder: USA, Großbritannien, Frankreich, Russland, China

3 **Abstimmung der UN-Generalversammlung** (193 Mitglieder), Zweidrittelmehrheit notwendig.

4 **Vollmitgliedschaft** tritt in Kraft

Alternative: **Erweiterter Beobachterstatus**

Rechte ähnlich Vollmitgliedschaft, keine Teilnahme an Abstimmungen, keine Kandidaten für Ämter

1 **Antrag bei der UN-Generalversammlung**

2 **Abstimmung der UN-Generalversammlung**, einfache Mehrheit notwendig

3 Staat erhält **Beobachterstatus**

dpa•17848   Quelle: UN

© ddp

UN-Generalversammlung

jährliche Tagung ist verpflichtend, Sondersitzungen können bei Bedarf anberaumt werden.

In den Aufgabenbereich der Generalversammlung fällt die Wahl der Mitglieder aller anderen Organe der UN. Einzige Ausnahme ist der Sicherheitsrat, dessen fünf „Ständige Mitglieder" unveränderbar feststehen.

Die Generalversammlung prüft und genehmigt den UN-Haushalt, ebenso legt sie die Beiträge der Mitglieder fest. Die Prüfung der Jahres- und Sonderberichte des Sicherheitsrates und der übrigen UN-Organe gehört zu ihren Aufgaben.

Gegenüber dem Sicherheitsrat hat die Generalversammlung keine Möglichkeit der Einflussnahme. Allen anderen Organen kann sie Auflagen machen.

Der UN-Sicherheitsrat

Der Sicherheitsrat ist das Macht- und Entscheidungszentrum der UNO. China, Frankreich, Großbritannien, Russland und die USA sind ständige Mitglieder. Beschlüsse zu politischen Sachfragen sind nur dann möglich, wenn alle fünf ständigen Mitglieder im Konsens abstimmen. Diese Regelung wird auch **Vetorecht** genannt. Enthaltungen sind jedoch möglich.

Die beiden Privilegien

▹ Festlegung der fünf ständigen Mitglieder

▹ Vetorecht jedes ständigen Mitglieds

werden als **„Jalta-Formel"** bezeichnet.

Vetorecht:

Hier: Stimmt eines der fünf ständigen Mitglieder gegen einen Beschluss, so kommt dieser nicht zustande.

Jalta-Formel:

Diese Beschlüsse wurden bereits auf der Konferenz von Jalta (4.–11. Februar 1945) zwischen Stalin, Roosevelt und Churchill gefasst. In der UN-Charta sind sie in Artikel 27, Abs. 3 verankert.

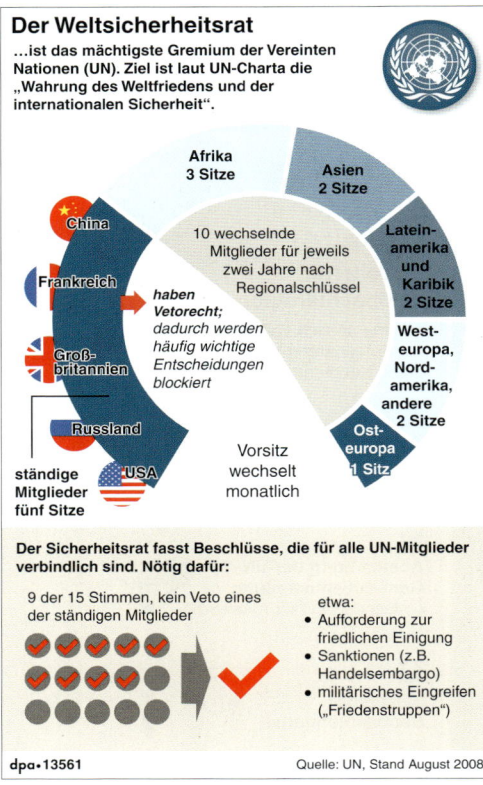

Der Weltsicherheitsrat

…ist das mächtigste Gremium der Vereinten Nationen (UN). Ziel ist laut UN-Charta die „Wahrung des Weltfriedens und der internationalen Sicherheit".

Afrika 3 Sitze

Asien 2 Sitze

China

Frankreich

haben Vetorecht; dadurch werden häufig wichtige Entscheidungen blockiert

10 wechselnde Mitglieder für jeweils zwei Jahre nach Regionalschlüssel

Lateinamerika und Karibik 2 Sitze

Groß- britannien

Westeuropa, Nordamerika, andere 2 Sitze

Russland

ständige Mitglieder fünf Sitze

USA

Vorsitz wechselt monatlich

Osteuropa 1 Sitz

Der Sicherheitsrat fasst Beschlüsse, die für alle UN-Mitglieder verbindlich sind. Nötig dafür:

9 der 15 Stimmen, kein Veto eines der ständigen Mitglieder

etwa:
• Aufforderung zur friedlichen Einigung
• Sanktionen (z.B. Handelsembargo)
• militärisches Eingreifen („Friedenstruppen")

dpa·13561   Quelle: UN, Stand August 2008

Artikel 27, Abs. 3

(3) Beschlüsse des Sicherheitsrates … bedürfen der Zustimmung von neun Mitgliedern einschließlich sämtlicher ständigen Mitglieder, jedoch mit der Maßgabe, dass sich … die Streitparteien der Stimme enthalten. …

Durch diesen Abstimmungsmodus bedingt, hat jedes ständige Mitglied die Möglichkeit, Beschlüsse zu blockieren, die gegen seine Interessen sind. Zur Zeit des Ost-West-Gegensatzes wurden mehr als 200 Vetos eingelegt. Die UNO hat sich dadurch häufig ins politische Abseits manövriert.

Weitere zehn, nicht ständige Mitglieder des Sicherheitsrates, werden von der Generalversammlung für jeweils zwei Jahre gewählt. Diese Mitglieder haben kein Vetorecht.

Die Beschlüsse des Sicherheitsrates sind völkerrechtlich bindend. Durch das Veto eines ständigen Mitgliedes kann die Behandlung bestimmter Themen verhindert werden oder Beschlüsse, sogenannte UN-Resolutionen, kommen nicht zustande.

© Fotolia.com – Berlin

Sitzungssaal des UN-Sicherheitsrates

1. Ist das Vetorecht der fünf ständigen Mitglieder im UN-Sicherheitsrat geeignet, Kriege zu verhindern? Nehmen Sie Stellung.

2. Suchen Sie aktuelle Beispiele für einvernehmliche Entscheidungen und für „Blockaden" durch einzelne Mitglieder.

3. Halten Sie die Begrenzung des Sicherheitsrates auf fünf ständige Mitglieder noch für zeitgemäß? Begründen Sie Ihre Meinung.

UN-Friedensmissionen

Seit den 50er-Jahren gibt es die sogenannten „Blauhelme". Die Soldaten der UNO werden sogenannt, weil sie blaue Helme tragen. Auf den Seiten der Helme steht in Großbuchstaben UN („United Nations"). Die UNO besitzt allerdings keine eigenen Streitkräfte, diese werden von den Mitgliedsstaaten zur Verfügung gestellt.

Die „Blauhelme" sind zur strikten Neutralität verpflichtet und werden zur Überwachung von Friedensverträgen bzw. Waffenstillstandsabkommen eingesetzt.

© dpa

UN-Blauhelmsoldat

Eigentlich sollten die Blauhelme als Militärbeobachter – nur zur Selbstverteidigung leicht bewaffnet – zwischen Konfliktparteien stehen. Weil die Einsätze immer gefährlicher wurden, musste die UNO ihre reine Beobachterfunktion aufgeben. Sie übernahm fortan weitere Aufgaben:

▸ Entwaffnung der Konfliktparteien

▸ Minenräumung

▸ Polizeidienst

▸ Überwachung zur Einhaltung der Menschenrechte

▸ Überwachung von Wahlen

▸ Aufbau von Verwaltungen

© dpa

Die UNO überwacht die Wahlen in Kabul, Afghanistan.

Lerngebiet 12

Heute sind über 80.000 Soldaten und Polizisten aus über 100 Staaten bei 17 friedenssichernden Einsätzen der Vereinten Nationen aktiv – unterstützt von rund 18.000 Helfern. Neben diesen reinen UN-Missionen gibt es auch Einsätze, die zwar auf einem Mandat (= offizieller Auftrag) der UNO beruhen, aber von einer anderen Organisation geleitet werden. So wird seit Ende 2003 die ISAF-Mission in Afghanistan von der NATO geführt.

Sanktion:

Straf- oder Zwangsmaßnahme

> Die Vereinten Nationen unterscheiden ihre Friedensmaßnahmen nach der Zielsetzung:
>
> **– Friedensschaffende Maßnahmen (peace making)**
>
> sind diplomatische Maßnahmen zur friedlichen Lösung eines Konflikts. Neben Vermittlung und Schlichtung können sie auch diplomatische Isolationsmaßnahmen und **Sanktionen** wie Kontosperrungen und Reiseverbote umfassen.
>
> **– Friedenserhaltende Maßnahmen (peace keeping)**
>
> sind Aktivitäten zur Eindämmung, Entschärfung und/oder Beendigung von Feindseligkeiten zwischen Staaten oder in Staaten … Militärische Streitkräfte und zivile Organisationen können die politische Streitbeilegung ergänzen … Friedenserhaltende Maßnahmen beinhalten die Stationierung einer Friedenstruppe im Krisengebiet. Die Zustimmung der Konfliktparteien ist nicht erforderlich.
>
> **– Friedenskonsolidierende Maßnahmen (peace building)**
>
> sind Maßnahmen zur Bestimmung und Förderung von Strukturen, die geeignet sind, den Frieden zu festigen …, um das Wiederaufleben eines Konflikts zu verhindern. Diese können sowohl militärisches als auch ziviles Eingreifen erfordern.
>
> **– Friedenserzwingende Maßnahmen (peace enforcing)**
>
> sind Maßnahmen zur Wiederherstellung des Friedens in Konfliktgebieten unter Einsatz militärischer Mittel. Die Zustimmung der Konfliktparteien ist nicht erforderlich.
>
> (vgl. Frieden und Sicherheit, 2003, S. 24)

Rückschläge der Friedensmissionen waren unter anderem der blutige Einsatz in Somalia 1993. Auch bei dem Massaker an 8.000 bosnischen Muslimen in Srebenica waren die Soldaten der UNO zur Tatenlosigkeit gezwungen. Die aktuelle UN-Mission in Syrien kann bislang den Frieden nicht sichern. Trotz dieser Rückschläge sind die Blauhelmmissionen oft die einzigen stabilisierenden Faktoren in ansonsten gewalttätigen Auseinandersetzungen.

Deutschland beteiligt sich an diesem Prozess der weltweiten Friedenssicherung aktiv durch finanzielle Beiträge an die UNO, durch Entsendung von Militärbeobachter oder Sanitätern und durch militärische Beteiligung an UN geführten Missionen.

Der Sicherheitsrat genehmigte nach dem Überfall des Irak auf Kuwait 1990 zum ersten Mal die Anwendung von militärischer Gewalt gegen einen Friedensbrecher.

Die terroristischen Anschläge des 11. September 2001 auf das World Trade Center in New York führten zur Resolution 1368 des UN-Sicherheitsrats, die das Selbstverteidigungsrecht von Staaten bestätigt, auch wenn es sich um nichtstaatliche Angreifer handelt. Das war die Grundlage des NATO-Einsatzes gegen das **Regime** der Taliban in Afghanistan.

Regime:

Herrschaft

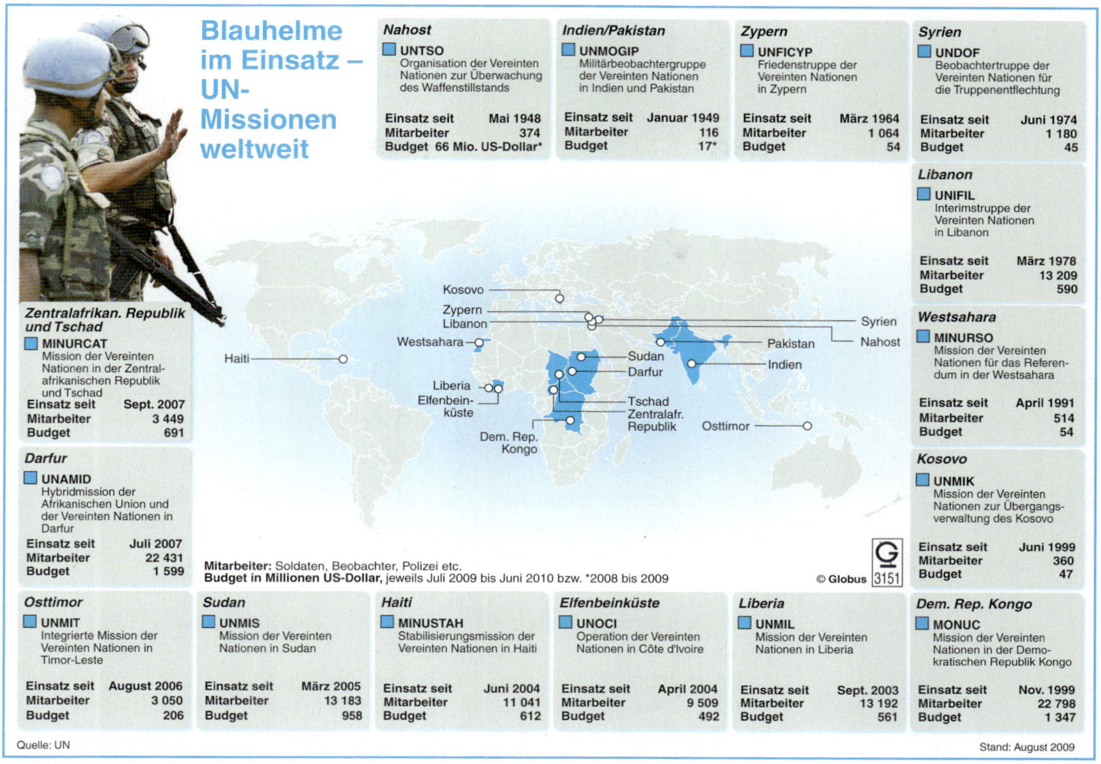

Blauhelme im Einsatz – UN-Missionen weltweit

Nahost	Indien/Pakistan	Zypern	Syrien
■ UNTSO Organisation der Vereinten Nationen zur Überwachung des Waffenstillstands	■ UNMOGIP Militärbeobachtergruppe der Vereinten Nationen in Indien und Pakistan	■ UNFICYP Friedenstruppe der Vereinten Nationen in Zypern	■ UNDOF Beobachtertruppe der Vereinten Nationen für die Truppenentflechtung
Einsatz seit Mai 1948 Mitarbeiter 374 Budget 66 Mio. US-Dollar*	Einsatz seit Januar 1949 Mitarbeiter 116 Budget 17*	Einsatz seit März 1964 Mitarbeiter 1 064 Budget 54	Einsatz seit Juni 1974 Mitarbeiter 1 180 Budget 45

Libanon
■ UNIFIL
Interimstruppe der Vereinten Nationen in Libanon
Einsatz seit März 1978
Mitarbeiter 13 209
Budget 590

Westsahara
■ MINURSO
Mission der Vereinten Nationen für das Referendum in der Westsahara
Einsatz seit April 1991
Mitarbeiter 514
Budget 54

Zentralafrikan. Republik und Tschad
■ MINURCAT
Mission der Vereinten Nationen in der Zentralafrikanischen Republik und Tschad
Einsatz seit Sept. 2007
Mitarbeiter 3 449
Budget 691

Darfur
■ UNAMID
Hybridmission der Afrikanischen Union und der Vereinten Nationen in Darfur
Einsatz seit Juli 2007
Mitarbeiter 22 431
Budget 1 599

Kosovo
Zypern
Libanon
Westsahara
Haiti
Liberia
Elfenbein-
küste
Dem. Rep.
Kongo
Sudan
Darfur
Tschad
Zentralafr.
Republik
Syrien
Nahost
Pakistan
Indien
Osttimor

Mitarbeiter: Soldaten, Beobachter, Polizei etc.
Budget in Millionen US-Dollar, jeweils Juli 2009 bis Juni 2010 bzw. *2008 bis 2009
© Globus 3151

Kosovo
■ UNMIK
Mission der Vereinten Nationen zur Übergangsverwaltung des Kosovo
Einsatz seit Juni 1999
Mitarbeiter 360
Budget 47

Osttimor	Sudan	Haiti	Elfenbeinküste	Liberia	Dem. Rep. Kongo
■ UNMIT Integrierte Mission der Vereinten Nationen in Timor-Leste	■ UNMIS Mission der Vereinten Nationen in Sudan	■ MINUSTAH Stabilisierungsmission der Vereinten Nationen in Haiti	■ UNOCI Operation der Vereinten Nationen in Côte d'Ivoire	■ UNMIL Mission der Vereinten Nationen in Liberia	■ MONUC Mission der Vereinten Nationen in der Demokratischen Republik Kongo
Einsatz seit August 2006 Mitarbeiter 3 050 Budget 206	Einsatz seit März 2005 Mitarbeiter 13 183 Budget 958	Einsatz seit Juni 2004 Mitarbeiter 11 041 Budget 612	Einsatz seit April 2004 Mitarbeiter 9 509 Budget 492	Einsatz seit Sept. 2003 Mitarbeiter 13 192 Budget 561	Einsatz seit Nov. 1999 Mitarbeiter 22 798 Budget 1 347

Quelle: UN

Stand: August 2009

UN-Missionen weltweit

Das friedenssichernde System der UNO funktioniert allerdings nur so lange, wie alle Staaten die Regeln akzeptieren und einhalten. Im Jahr 2002 beschuldigte die USA den Irak schwerwiegender Verstöße gegen Auflagen der UNO. Die Ausführungen des US-amerikanischen Außenministers Colin Powell überzeugten den UN-Sicherheitsrat aber nicht von der Notwendigkeit eines Kriegseinsatzes. Dennoch griffen die USA im März 2003 mit ihren Verbündeten den Irak an.

Schon wieder so viele Kollateralschäden..

Die UN verurteilt diesen Krieg, der immer mehr Opfer unter der Zivilbevölkerung fordert

© Dave Vaughan

1. Welches Problem spricht die Karikatur an?
2. Was sind „Kollateralschäden"? (Internet-Recherche)

Organisationen und Programme der UNO

Neben der direkten Konfliktregelung widmet sich die UNO weiteren wichtigen Aufgaben. Hierzu hat sie Organisationen und Programme eingerichtet.

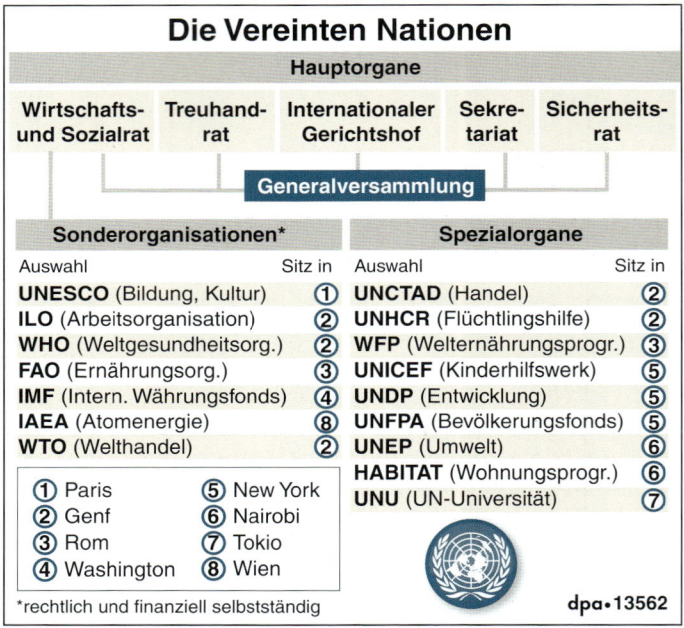

Die Vereinten Nationen

Hauptorgane

Wirtschafts- und Sozialrat	Treuhand-rat	Internationaler Gerichtshof	Sekre-tariat	Sicherheits-rat

Generalversammlung

Sonderorganisationen*		Spezialorgane	
Auswahl	Sitz in	Auswahl	Sitz in
UNESCO (Bildung, Kultur)	①	**UNCTAD** (Handel)	②
ILO (Arbeitsorganisation)	②	**UNHCR** (Flüchtlingshilfe)	②
WHO (Weltgesundheitsorg.)	②	**WFP** (Welternährungsprogr.)	③
FAO (Ernährungsorg.)	③	**UNICEF** (Kinderhilfswerk)	⑤
IMF (Intern. Währungsfonds)	④	**UNDP** (Entwicklung)	⑤
IAEA (Atomenergie)	⑧	**UNFPA** (Bevölkerungsfonds)	⑤
WTO (Welthandel)	②	**UNEP** (Umwelt)	⑥
		HABITAT (Wohnungsprogr.)	⑥
		UNU (UN-Universität)	⑦

① Paris	⑤ New York
② Genf	⑥ Nairobi
③ Rom	⑦ Tokio
④ Washington	⑧ Wien

*rechtlich und finanziell selbstständig

dpa•13562

Generalsekretär der UNO, Ban Ki-moon

© dpa

Das Sekretariat mit dem Generalsekretär als höchsten Verwaltungsbeamten erstattet der Generalversammlung jährlich Bericht über die Tätigkeiten der UN. Ban Ki-moon aus Südkorea wurde 2007 zum Generalsekretär gewählt. Er kann die Aufmerksamkeit des Sicherheitsrates auf Angelegenheiten lenken, die seiner Meinung nach die internationale Sicherheit gefährden. Der Generalsekretär ist verantwortlich für die friedenserhaltenden Aktionen der UN-Blauhelme.

Wirtschafts- und Sozialrat (ECOSOC)

Der Wirtschafts- und Sozialrat (ECOSOC) besteht aus 54 Mitgliedern, von denen jährlich 18 von der Generalversammlung auf drei Jahre neu gewählt werden. Er hält die Verbindung zu vielen Sonderorganisationen der UN, wie der Weltbank, der Weltgesundheitsorganisation (WHO), der Internationalen Atomenergieorganisation (IAEO), der UN-Organisation für Erziehung, Wissenschaft und Kultur (UNESCO), dem Internationalen Währungsfonds (IWF) oder dem Umweltprogramm (UNEP).

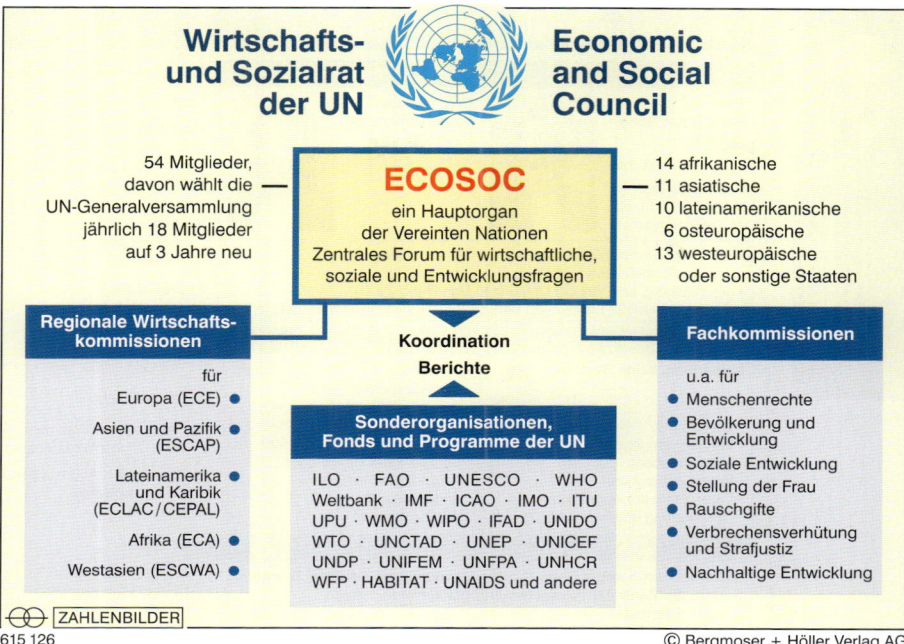

Wirtschafts- und Sozialrat der UN **Economic and Social Council**

ECOSOC
ein Hauptorgan
der Vereinten Nationen
Zentrales Forum für wirtschaftliche,
soziale und Entwicklungsfragen

54 Mitglieder,
davon wählt die
UN-Generalversammlung
jährlich 18 Mitglieder
auf 3 Jahre neu

14 afrikanische
11 asiatische
10 lateinamerikanische
6 osteuropäische
13 westeuropäische
oder sonstige Staaten

Regionale Wirtschafts- kommissionen

für
Europa (ECE) ●
Asien und Pazifik ●
(ESCAP)
Lateinamerika ●
und Karibik
(ECLAC / CEPAL)
Afrika (ECA) ●
Westasien (ESCWA) ●

Koordination
Berichte

Sonderorganisationen, Fonds und Programme der UN

ILO · FAO · UNESCO · WHO
Weltbank · IMF · ICAO · IMO · ITU
UPU · WMO · WIPO · IFAD · UNIDO
WTO · UNCTAD · UNEP · UNICEF
UNDP · UNIFEM · UNFPA · UNHCR
WFP · HABITAT · UNAIDS und andere

Fachkommissionen

u.a. für
● Menschenrechte
● Bevölkerung und
Entwicklung
● Soziale Entwicklung
● Stellung der Frau
● Rauschgifte
● Verbrechensverhütung
und Strafjustiz
● Nachhaltige Entwicklung

ZAHLENBILDER
615 126

© Bergmoser + Höller Verlag AG

Internationaler Gerichtshof

Der Internationale Gerichtshof mit Sitz in Den Haag, als Haupt-rechtsprechungsorgan der UN, besteht aus 15 unabhängigen Rich-tern unterschiedlicher Nationalität. Er entscheidet bei Rechtsstrei-tigkeiten zwischen Staaten, sofern alle beteiligten Parteien seine Zuständigkeit in dem konkreten Fall anerkannt haben. Die Ent-scheidungen sind rechtsverbindlich. Die Richter werden von der Generalversammlung und vom Sicherheitsrat gemeinsam auf je neun Jahre gewählt und sind nicht ihrem Herkunftsland, sondern dem Völkerrecht verpflichtet.

© Fotolia.com – Berlin

Internationaler Gerichtshof in Den Haag

Internationaler Strafgerichtshof

Für Verbrechen einzelner Personen gegen das Völkerrecht (Völker-mord, Verbrechen gegen die Menschlichkeit und Kriegsverbre-chen) ist der internationale Strafgerichtshof zuständig, der auch in Den Haag ansässig ist. Er wurde 1998 durch einen internationalen Vertrag („Rom Statut") gegründet. Bislang haben 120 Staaten den Vertrag **ratifiziert.** 19 weitere Staaten unterzeichneten den Vertrag, ratifizierten ihn aber nicht, so unter anderem die USA (Unterzeich-nung zurückgezogen), Russland, Indien, Pakistan, Iran und Israel.

Ratifizieren:

Völkerrechtlich verbindlich machen

Suchen Sie nach Gründen, warum viele Staaten das Rom Statut nicht ratifiziert haben.

Internationale Strafgerichtshöfe (umgangssprachlich UN-Kriegs-verbrechertribunal) werden auf Beschluss des UN-Sicherheitsrates geschaffen. Ihre Aufgabe ist die Verfolgung der Kriegsverbrechen, wie im früheren Jugoslawien oder Verbrechen gegen das Völker-strafrecht in Ruanda.

Lerngebiet 12

© dpa

Anhörung des Serben Karadzic vor dem UN-Tribunal

Der Internationale Strafgerichtshof

Das Gericht	Anklagebehörde	Das Verfahren §
Präsident **Sang-Hyun Song** (Südkorea)	Chefanklägerin **Fatou Bensouda** (Gambia)	**Voraussetzung:** Der Staat, in dem das Verbrechen begangen wurde, kann oder will die Straftat nicht verfolgen.
+ 17 weitere Richter Ehemalige Richter bleiben im Amt, bis ihr Fall beendet ist.		

- Richter und Chefankläger werden von Versammlung der Vertragsstaaten bestimmt.
- eigenständig, kein Teil der UN, Sitz in Den Haag (NLD)
- derzeit haben 122 Länder den Vertrag (das Römische Statut) ratifiziert

1 Internationaler Strafgerichtshof wird aktiv auf/wegen:
- Initiative eines Vertragsstaates
- Resolution des UN-Sicherheitsrats
- Initiative des Anklägers

Die Angeklagten	Bedingungen für Anklage
Individuen, keine Staaten wegen:	• Taten müssen nach Inkrafttreten des Römischen Statuts (am 1. Juli 2002) begangen worden sein
• Völkermord • Verbrechen gegen die Menschlichkeit • Kriegsverbrechen • Verbrechen der Aggression (Anwendung frühestens 2017)	• Verbrechen wurden in einem Vertragsstaat verübt oder Angeklagter hat Staatsangehörigkeit eines Vertragsstaates

2 Ermittlungen

3 Vorermittlungskammer (Pre-Trial) tritt zusammen

Vorladung des Angeklagten, ggf. wird Haftbefehl ausgestellt

Fälle

bisher Verfahren wegen Verbrechen in **Uganda**, der **Dem. Rep. Kongo**, **Sudan**, der **Zentralafrikanischen Republik**, **Kenia**, **Libyen** und der **Elfenbeinküste**

4 Prozess

Höchststrafe 30 Jahre Haft oder lebenslänglich

dpa·18266   Quelle: IStGH, Römisches Statut, Auswärtiges Amt

Weltbank und IWF

Schon im Juli 1944, also bereits zehn Monate vor dem Ende des Zweiten Weltkriegs, wurden im amerikanischen Bretton Woods die Grundlagen des Weltfinanzsystems nach dem Krieg gelegt, ein Teil davon: die Weltbank. Der gleichzeitig gegründete Internationale Währungsfonds (IWF) sollte den weltweiten Handel ermöglichen und erleichtern. Er trat als Vermittler bei Geschäften auf, wenn ein Land Waren importierte, aber nicht in einer akzeptablen und frei **konvertierbaren** Währung zahlen konnte. Die Weltbank hatte dagegen einen sozialpolitischen Ansatz.

Konvertieren:
Umtauschen

Oberstes Ziel der Weltbank ist die Bekämpfung der Armut. Zunächst zählten hierzu die im Zweiten Weltkrieg zerstörten Länder. Die Weltbank unterstützte durch ihre Arbeit den Wiederaufbau in Europa. Inzwischen fördert die Weltbank die nachhaltige wirtschaftliche Entwicklung von weniger entwickelten Ländern durch finanzielle und technische Hilfen: Abwasserwirtschaft in der Dominikanischen Republik und Costa Rica, Lehrerausbildung in Guatemala, Umweltprojekte in Kolumbien und Venezuela – bei all dem unterstützt die Weltbank.

Der Nutzen und die Folgen solcher Unterstützung waren in der Geschichte der Weltbank oftmals umstritten. Das große Ziel, die weltweite Armut zu verringern, wurde noch nicht erreicht. Es gibt immer noch mehr als eine Milliarde Menschen in absoluter Armut. Aber sie leben nicht mehr in den ärmsten Ländern der Welt, sondern zu rund 70 % in Staaten mit mittleren Einkommen wie China, Indien oder Brasilien. Diese einstigen Entwicklungsländer benötigen keine Hilfen der Weltbank mehr und sind heute oft selbst in der Entwicklungspolitik engagiert, also Geldgeber statt Geldempfänger.

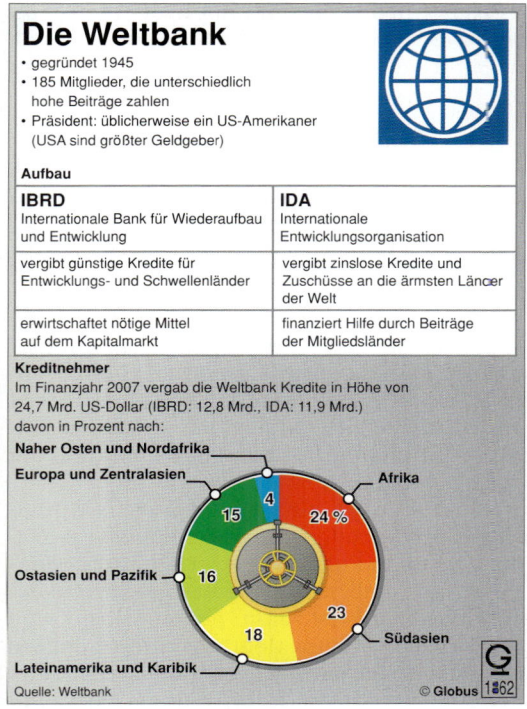

Die Weltbank

- gegründet 1945
- 185 Mitglieder, die unterschiedlich hohe Beiträge zahlen
- Präsident: üblicherweise ein US-Amerikaner (USA sind größter Geldgeber)

Aufbau

IBRD	IDA
Internationale Bank für Wiederaufbau und Entwicklung	Internationale Entwicklungsorganisation
vergibt günstige Kredite für Entwicklungs- und Schwellenländer	vergibt zinslose Kredite und Zuschüsse an die ärmsten Länder der Welt
erwirtschaftet nötige Mittel auf dem Kapitalmarkt	finanziert Hilfe durch Beiträge der Mitgliedsländer

Kreditnehmer

Im Finanzjahr 2007 vergab die Weltbank Kredite in Höhe von 24,7 Mrd. US-Dollar (IBRD: 12,8 Mrd., IDA: 11,9 Mrd.) davon in Prozent nach:

Naher Osten und Nordafrika
Europa und Zentralasien — 4
15 — Afrika 24 %
Ostasien und Pazifik — 16
18 — 23 — Südasien
Lateinamerika und Karibik

Quelle: Weltbank © Globus 1562

Die Weltbank und ihre Arbeit

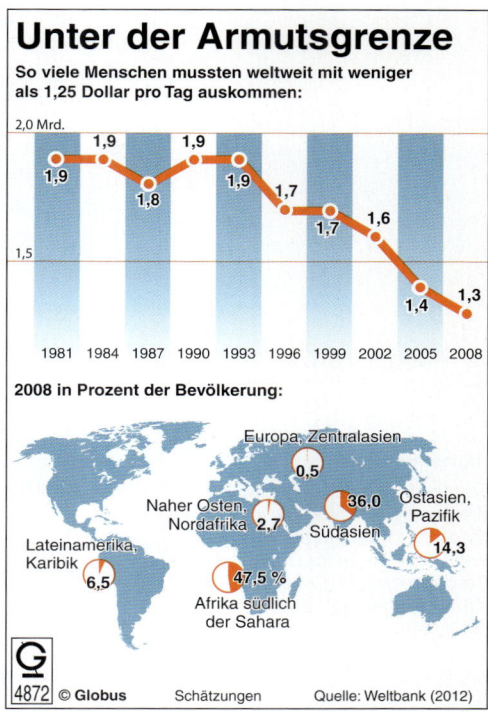

Unter der Armutsgrenze

So viele Menschen mussten weltweit mit weniger als 1,25 Dollar pro Tag auskommen:

2,0 Mrd.

1,9 — 1,9 — 1,9
1,8 — 1,9 — 1,7
1,7 — 1,6
1,5
1,4 — 1,3

1981 1984 1987 1990 1993 1996 1999 2002 2005 2008

2008 in Prozent der Bevölkerung:

Europa, Zentralasien 0,5
Naher Osten, Nordafrika 2,7
Ostasien, Pazifik 14,3
Südasien 36,0
Lateinamerika, Karibik 6,5
Afrika südlich der Sahara 47,5 %

4872 © Globus   Schätzungen   Quelle: Weltbank (2012)

Armut weltweit

Zu den Aufgaben des Internationalen Währungsfonds (IWF) gehört die Ausweitung des Welthandels, Stabilisierung von Wechselkursen sowie die internationale Zusammenarbeit in der Währungspolitik. Wenn Mitglieder in Zahlungsschwierigkeiten geraten, können sie beim IWF-Kredite beantragen. Diese Kredite werden gegen Auflagen gewährt. Die betroffenen Staaten müssen Strukturanpassungen vornehmen, ihre politischen und wirtschaftlichen Strukturen also so verändern, dass diese im Sinne des IWF Erfolg verspre-

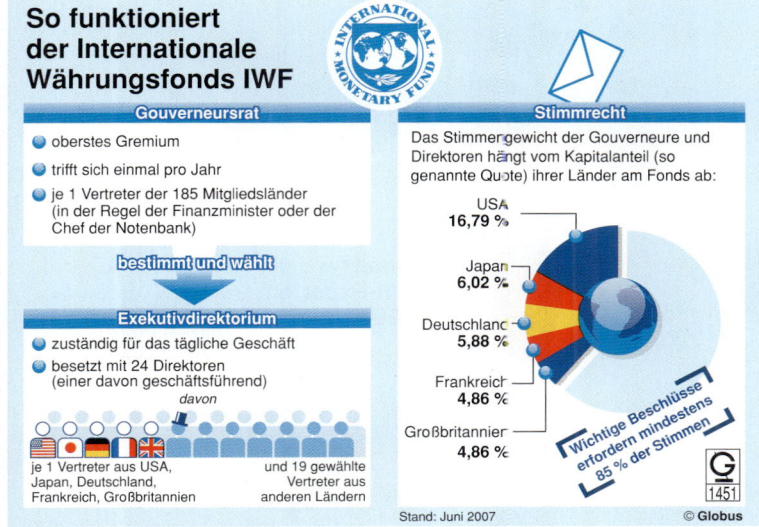

So funktioniert der Internationale Währungsfonds IWF

Gouverneursrat

- oberstes Gremium
- trifft sich einmal pro Jahr
- je 1 Vertreter der 185 Mitgliedsländer (in der Regel der Finanzminister oder der Chef der Notenbank)

bestimmt und wählt

Exekutivdirektorium

- zuständig für das tägliche Geschäft
- besetzt mit 24 Direktoren (einer davon geschäftsführend)

davon

je 1 Vertreter aus USA, Japan, Deutschland, Frankreich, Großbritannien
und 19 gewählte Vertreter aus anderen Ländern

Stimmrecht

Das Stimmgewicht der Gouverneure und Direktoren hängt vom Kapitalanteil (so genannte Quote) ihrer Länder am Fonds ab:

USA 16,79 %
Japan 6,02 %
Deutschland 5,88 %
Frankreich 4,86 %
Großbritannien 4,86 %

Wichtige Beschlüsse erfordern mindestens 85 % der Stimmen

Stand: Juni 2007   © Globus   1451

Aufbau und Stimmverteilung des IWF

chend sind und zur wirtschaftlichen Gesundung führen. Die Folgen dieser Maßnahmen werden dabei durchaus unterschiedlich eingeschätzt und führten oft bei ärmeren Bevölkerungsschichten zu weiterer Verarmung.

> Recherchieren Sie im Internet, in welchen Ländern die IWF-Maßnahmen sich positiv oder negativ für die Bevölkerung ausgewirkt haben.

GATT und WTO

Protektionismus:

So nennt man den Schutz inländischer Produzenten vor ausländischer Konkurrenz mithilfe von Verboten, mengenmäßigen Beschränkungen (Quotierung, Kontingentierung), Zöllen oder Auflagen.

Eine wichtige Rolle hat auch das Allgemeine Zoll- und Handelsabkommen übernommen (General Agreement on Tariffs and Trade – GATT). Es wurde von 23 Staaten 1947 gegründet. Mit seiner Hilfe soll der Wirtschafts**protektionismus** weltweit bekämpft und der freie Welthandel gefördert werden. Inzwischen sind dem GATT mehr als 120 Staaten beigetreten – China ist noch kein Vollmitglied. Zwar ist es gelungen, insbesondere im Warenhandel die Zölle zwischen den Ländern nach und nach zu reduzieren und Mengenbegrenzungen für Einfuhren abzubauen, von einem vollkommen unbeschränkten Welthandel ist man jedoch noch weit entfernt. Das GATT-Abkommen erlaubt den einzelnen Ländern sogar ausdrücklich, zum Schutz besonders gefährdeter nationaler Wirtschaftsbereiche Schutzmaßnahmen für die eigene Wirtschaft zu ergreifen. Es gibt außerdem keine rechtlichen Mittel, die Einhaltung des GATT durchzusetzen.

Das GATT, das nur ein Vertragswerk ist, wurde am 1. Januar 1995 durch die WTO (World Trade Organization = Welthandelsorgani-

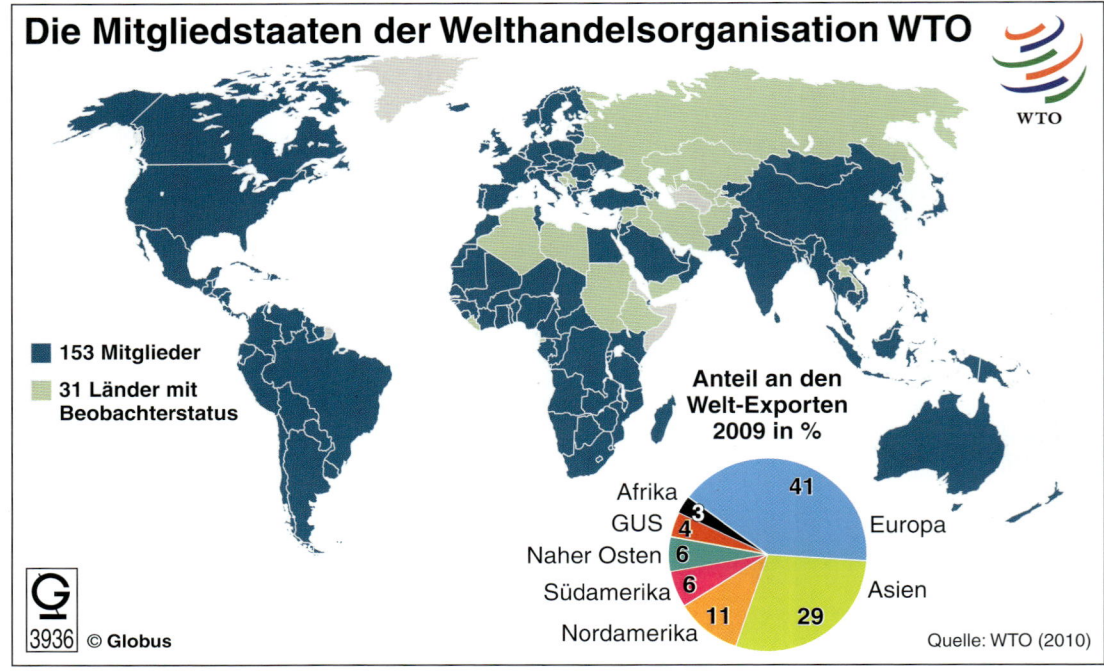

Die Mitgliedstaaten der Welthandelsorganisation WTO

■ 153 Mitglieder

■ 31 Länder mit Beobachterstatus

Anteil an den Welt-Exporten 2009 in %

Afrika 3
GUS 4
Naher Osten 6
Südamerika 6
Nordamerika 11
Asien 29
Europa 41

3936 © Globus

Quelle: WTO (2010)

sation) in Genf abgelöst. Hinter den GATT-Verträgen steht damit jetzt eine dauerhafte Institution, von der man sich mehr Einfluss im Sinne eines ungehinderten Welthandels verspricht.

UN-Menschenrechtsrat (UNHRC)

Der im Jahr 2006 aus der UN-Menschenrechtskommission hervorgegangene UN-Menschenrechtsrat (UN Human Rights Council – HRC) mit Sitz in Genf ist ein weiteres Nebenorgan der UN. Er besteht aus 47 gleichberechtigten Mitgliedern, deren Sitze in geheimer Abstimmung durch die UN-Vollversammlung nach regionalen Gruppen verteilt werden. Als Kontrollinstanz zur Einhaltung der Menschenrechte kann er Beobachter zur Überwachung der Menschenrechtssituation entsenden und in entsprechenden Resolutionen Menschenrechtsverletzungen aufzeigen.

Finanziert werden die Vereinten Nationen über Beiträge ihrer Mitgliedsstaaten. Dabei wird, je nach Verwendungszweck, nach Pflichtbeitrag, Pflichtbeitragsumlage und freiwilligen Beitragsleistungen unterschieden. Ihre Höhe richtet sich nach der Finanzkraft eines jeden Staates. Der Berechnungsschlüssel hierfür wird alle drei Jahre neu festgelegt.

1. Informieren Sie sich mithilfe des Internets über gegenwärtige sowie vergangene Unterstützungsmaßnahmen der Weltbank und des IWF.
2. Erarbeiten Sie Aufgaben und Einsatzbereiche von weiteren UN-Sonderorganisationen oder des Internationalen Gerichtshofes.

Zusammenfassung

Momentan sind 193 Staaten Mitglieder der UNO. Deutschland ist der UNO 1973 beigetreten.

Artikel 2 Abs. 4 der Charta der Vereinten Nationen schreibt das „Allgemeine Gewaltverbot" vor.

Der Sicherheitsrat ist das Macht- und Entscheidungszentrum der UNO. China, Frankreich, Großbritannien, Russland und die USA sind ständige Mitglieder. Diese haben mit ihrem Vetorecht, Beschlüsse zu blockieren, die gegen ihre Interessen sind.

Die „Blauhelme" sind zur strikten Neutralität verpflichtet und werden zur Überwachung von Friedensverträgen bzw. Waffenstillstandsabkommen eingesetzt.

Der Internationale Gerichtshof entscheidet bei Rechtsstreitigkeiten zwischen Staaten. Für Verbrechen einzelner Personen gegen das Völkerrecht ist der internationale Strafgerichtshof zuständig.

Oberstes Ziel der Weltbank ist die Bekämpfung der Armut. Der Internationale Währungsfonds (IWF) fördert den weltweiten Handel, die Stabilisierung von Wechselkursen sowie die internationale Zusammenarbeit in der Währungspolitik. Die WTO (World Trade Organization = Welthandelsorganisation) besteht aus über 150 Mitgliedsstaaten und versucht, Handelshemmnisse wie Schutzzölle abzubauen.

Wissens-Check

Nenne Ziele und Grundsätze der UNO.

Wie setzt sich der UN-Sicherheitsrat zusammen? Was versteht man unter der „Jalta-Formel"?

Welche Aufgaben übernehmen die „Blauhelme" bei UN-Friedenseinsätzen?

Nennen Sie konkrete Beispiele für friedensschaffende Maßnahmen, friedenserhaltende, friedenskonsolidierende und friedenserzwingende Maßnahmen der UNO.

Welche Aufgaben übernehmen Weltbank und der Internationale Währungsfond (IWF)?

3.2 Die NATO (North Atlantic Treaty Organization)

Benelux-Staaten:

Belgien, Niederlande, Luxemburg

Am 4. April 1949 wurde die NATO in Washington gegründet. Zehn westeuropäische Staaten (Großbritannien, Frankreich, die **Benelux-Staaten**, Dänemark, Norwegen, Island, Portugal, Italien), die USA und Kanada schlossen sich zu dem Verteidigungsbündnis zusammen. 1952 traten Griechenland und die Türkei bei, 1955 die Bundesrepublik Deutschland und 1982 Spanien.

Der Hauptgrund für die Gründung der NATO war es, ein militärisches Verteidigungsbündnis gegen die kommunistische Sowjetunion und die von ihr beherrschten osteuropäischen Staaten aufzubauen. Die Kriegsverhütung durch Abschreckung mit **konventionellen** und atomaren Waffen stellte das oberste Ziel der NATO dar.

Konventionelle Waffen:

Alle nicht atomaren, biologischen oder chemischen Waffen

Der NATO stand der „Warschauer Pakt", das Militärbündnis Osteuropas, gegenüber. Er wurde 1955 in Warschau gegründet. Neben der Sowjetunion waren Polen, Rumänien, Bulgarien, Albanien, Ungarn, die Tschechoslowakei und die DDR Gründungsmitglieder. Nach dem Zusammenbruch der Sowjetunion im Jahre 1989 löste sich der Warschauer Pakt auf.

© dpa

Die Bundesrepublik Deutschland ist seit 1955 NATO-Mitglied.

Präambel:

Erklärung als Einleitung eines Staatsvertrages oder einer Verfassungsurkunde

Der NATO-Vertrag

Präambel

Die vertragsschließenden Parteien bestätigen ihren Glauben an die Ziele der Charta der Vereinten Nationen und ihren Wunsch, mit allen Völkern und mit allen Regierungen in Frieden zu leben. ...

Sie sind bestrebt, die Stabilität und Wohlfahrt im nordatlantischen Gebiet zu fördern. ...

Artikel 5

Die vertragsschließenden Staaten sind darüber einig, dass ein bewaffneter Angriff gegen einen oder mehrere von ihnen in Europa oder Nordamerika als ein Angriff gegen sie alle betrachtet wird und infolge dessen kommen sie überein, dass im Falle eines solchen bewaffneten Angriffs jeder von ihnen in Ausübung des in Artikel 51 der Charta der Vereinten Nationen anerkannten Rechtes zur persönlichen oder gemeinsamen Selbstverteidigung ... die Vertragsstaaten ... unterstützen wird ....

Auszug aus dem NATO-Vertrag vom 4. April 1949

Mit dem Anschlag vom 11. September 2001 in New York setzte das Militärbündnis erstmals in seiner Geschichte den Bündnisfall in Kraft. Die USA baten die NATO-Staaten um Hilfe im Kampf gegen den Terrorismus.

Welche Voraussetzungen müssen erfüllt sein, damit der Verteidigungsfall ausgelöst wird?

Aufbau der NATO

Die NATO-Kommandostruktur ist seit der NATO-Gründung immer wieder verändert worden. Auf der politischen Ebene gibt es den NATO-Rat in Brüssel, der sich mit allen Bereichen der Bündnispolitik beschäftigt, ausgenommen der Verteidigungs- und Nuklearplanung. Das oberste militärische Gremium ist der NATO-Militärausschuss, ebenfalls in Brüssel. Ihm sind strategische und operative Führungskommandos nachgeordnet.

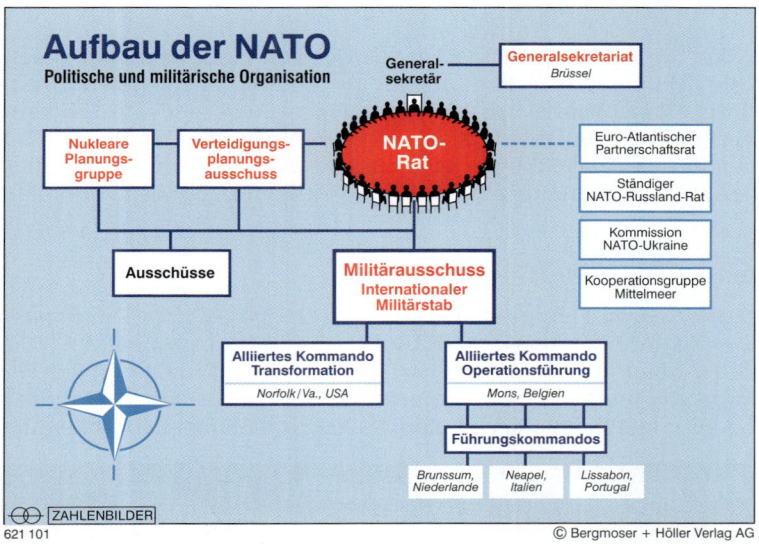

Die NATO heute

Das Ende des Ost-West-Konfliktes stellte die NATO vor neue Herausforderungen. Ihr Hauptgegner war nicht mehr vorhanden. Seitdem entwickelte sie ihr strategisches Konzept weiter. So wurde mit dem 1997 gegründeten „Euro-atlantischen Partnerschaftsrat" die sicherheitspolitische Zusammenarbeit zwischen Russland sowie weiteren mittel- und osteuropäischen Staaten vereinbart. Viele der ehemaligen Ostblockstaaten sind mittlerweile der NATO beigetreten.

Die im NATO-Vertrag formulierten Ziele haben sich bis heute nicht geändert. Allerdings wurden die Aufgaben der NATO an die veränderten sicherheitspolitischen Gegebenheiten angepasst.

Die wichtigste Änderung ist, dass zur Friedenssicherung und Krisenbewältigung auch militärische Operationen außerhalb des NATO-Gebietes zur vorbeugenden Gefahrenabwehr möglich sind (sog. „Out-of-Area-Einsätze").

Die NATO heute

Die 28 NATO-Staaten

Albanien	Litauen
Belgien	Luxemburg
Bulgarien	Niederlande
Dänemark	Norwegen
Deutschland	Polen
Estland	Portugal
Frankreich	Rumänien
Griechenland	Slowakei
Großbritann.	Slowenien
Island	Spanien
Italien	Tschechien
Kanada	Türkei
Kroatien	Ungarn
Lettland	USA

Neue Mitglieder **Albanien Kroatien**

dpa•10534

Mitgliedsstaaten der NATO

Luftangriffe der NATO unterstützten in Lybien 2011 die Kämpfe der Rebellen gegen den Diktator Muammar al-Gaddafi. Deutschland beteiligte sich nicht an diesen Einsätzen.

© ffly – Fotolia.com

Wenn die NATO in internationalen Konflikten eingreift, bei denen kein Mitgliedsstaat unmittelbar als Konfliktpartei beteiligt ist, spricht man oft auch von „Out-of-Defence-Einsätzen". Da dies kein Verteidigungsfall darstellt, ist die Teilnahme freiwillig. Die NATO behält sich das Recht vor, auch ohne Mandat der Vereinten Nationen (UN) in Krisengebieten zu intervenieren (z. B. Kosovo 1999).

Die NATO von morgen

Leere Kassen zwingen auch die NATO zum Sparen. Die Staats- und Regierungschefs der NATO-Staaten beschlossen im Mai 2012 daher unter dem Begriff „Smart defence" eine Bündelung der Fähigkeiten und eine Spezialisierung einzelner Staaten. Nicht jeder NATO-Staat muss alles können. So hat zum Beipiel Lettland keine

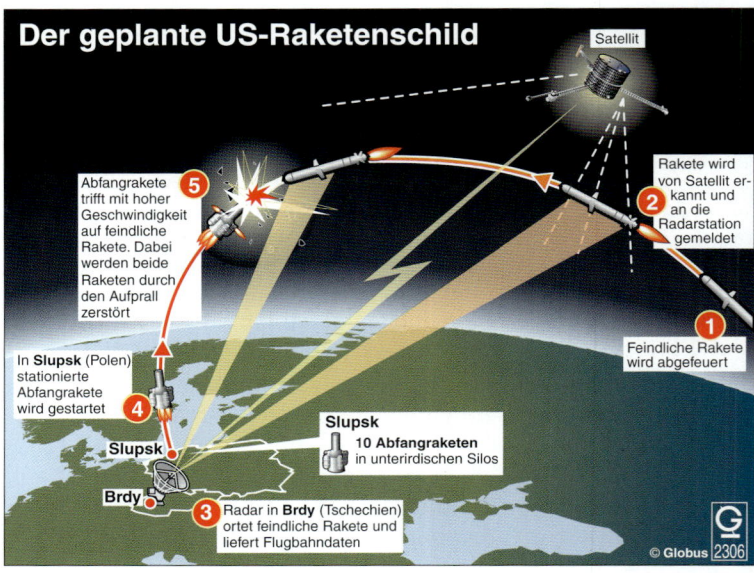

Der geplante US-Raketenschild

Satellit

5 Abfangrakete trifft mit hoher Geschwindigkeit auf feindliche Rakete. Dabei werden beide Raketen durch den Aufprall zerstört

2 Rakete wird von Satellit erkannt und an die Radarstation gemeldet

1 Feindliche Rakete wird abgefeuert

In **Slupsk** (Polen) stationierte Abfangrakete wird gestartet **4**

Slupsk
10 Abfangraketen in unterirdischen Silos

Slupsk

Brdy

3 Radar in **Brdy** (Tschechien) ortet feindliche Rakete und liefert Flugbahndaten

© Globus 2306

eigenen Abfangjäger mehr, sondern wird abwechselnd von der Luftwaffe größerer Mitgliedsstaaten wie Deutschland geschützt. Im Gegenzug stellt die lettische Armee Sprengstoffspezialisten zur Verfügung.

Für die Zukunft sieht die NATO weiterhin eine intensive Zusammenarbeit mit Russland vor.

Darüber hinaus bringen Themen wie **„Cyber-Angriffe"** und die bis 2020 geplante Errichtung eines Raketenschildes zum Schutz Europas gegen feindliche Raketenangriffe neue Herausforderungen.

Cyber-Angriffe:
Angriffe auf und über die elektronische Infrastruktur für Kommunikation

3.3   Europäische Verteidigungs- und Friedenspolitik

Die OSZE

Die UNO strebt an, weltweit Konflikte zu verhüten. Dies versucht die OSZE auf europäischer Ebene zu verwirklichen.

Der Vorläufer der OSZE war die KSZE (Konferenz für Sicherheit und Zusammenarbeit in Europa). Sie wurde von 35 Staaten 1975 in Helsinki gegründet, um zwischen dem Ost- und Westblock zu Zeiten des Kalten Krieges zu einem geregelten Miteinander zu kommen. Deutschland war von Anfang an Mitglied. 1994 wurde die KSZE in die Organisation für Sicherheit und Zusammenarbeit in Europa (OSZE) umgewandelt.

Die mittlerweile 56 Staaten der OSZE wollen ein System kollektiver Sicherheit entwickeln. Es sollen Kriege verhindert und Streit zwischen Staaten mit friedlichen Mitteln beseitigt werden.

Seit dem Ende des Ost-West-Konflikts ist ein großer Krieg in Europa unwahrscheinlich geworden. Umso mehr treten regionale Krisen und Konflikte in den Vordergrund.

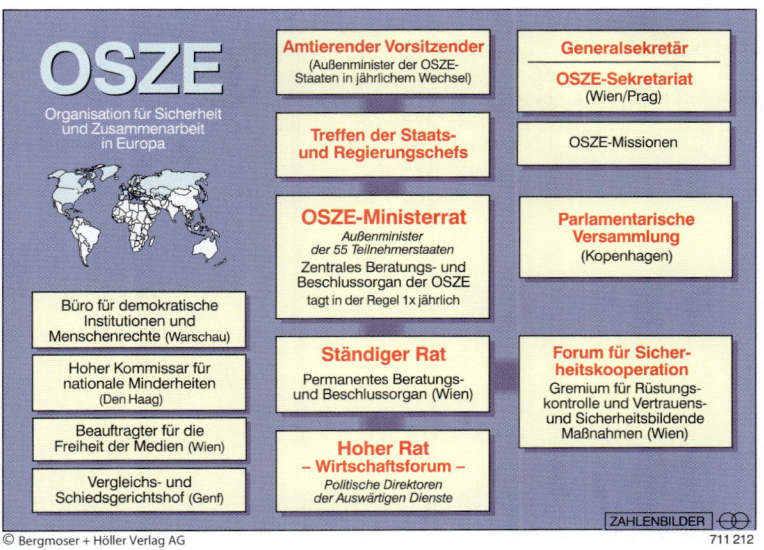

© Bergmoser + Höller Verlag AG   711 212

Aufbau der OSZE

Konsensprinzip:

Bei Entscheidungen ist die Zustimmung aller Teilnehmer erforderlich

Die OSZE trifft ihre Entscheidungen nach dem **Konsensprinzip.**

Sie ist die einzige sicherheitspolitische Organisation, in der alle europäischen Länder und die USA und Kanada gleichberechtigt vertreten sind. Deshalb spricht man in Bezug auf die OSZE von „kooperativer Sicherheitspolitik". Weil die Übereinstimmung von 55 Staaten selten zu erreichen ist, hat die OSZE den Ruf, eine schwache Sicherheitsorganisation zu sein.

Die OSZE hat nicht das Recht, anderen Organisationen oder Staaten den Einsatz von Waffen zu erlauben. Dieses Recht bleibt dem Sicherheitsrat der Vereinten Nationen (UN) vorbehalten.

Aktivitäten der OSZE sind:

▸ Wahlbeobachtung, die die Durchführung der Wahl nach demokratischen Grundsätzen überwacht

▸ Beratung und Unterstützung

▸ Finanzielle Hilfe und politische Beratung wird beim Aufbau demokratischer Institutionen in Weißrussland gewährt. 1999 errichtete die OSZE im Kosovo eine Polizeischule.

▸ Konfliktverhütung

Durch Vermittlung sollen die Konfliktparteien von kriegerischen Handlungen abgehalten werden. Nach Konflikten soll ein gewaltfreies Zusammenleben gesichert werden.

Polizeischule im Kosovo

© ddp

1. Warum ist die OSZE aus Ihrer Sicht eine wirkungsvolle/wirkungslose Organisation?

2. Welche Gründe sprechen dafür/dagegen, die OSZE-Missionen mit Waffeneinsatz zu stützen?

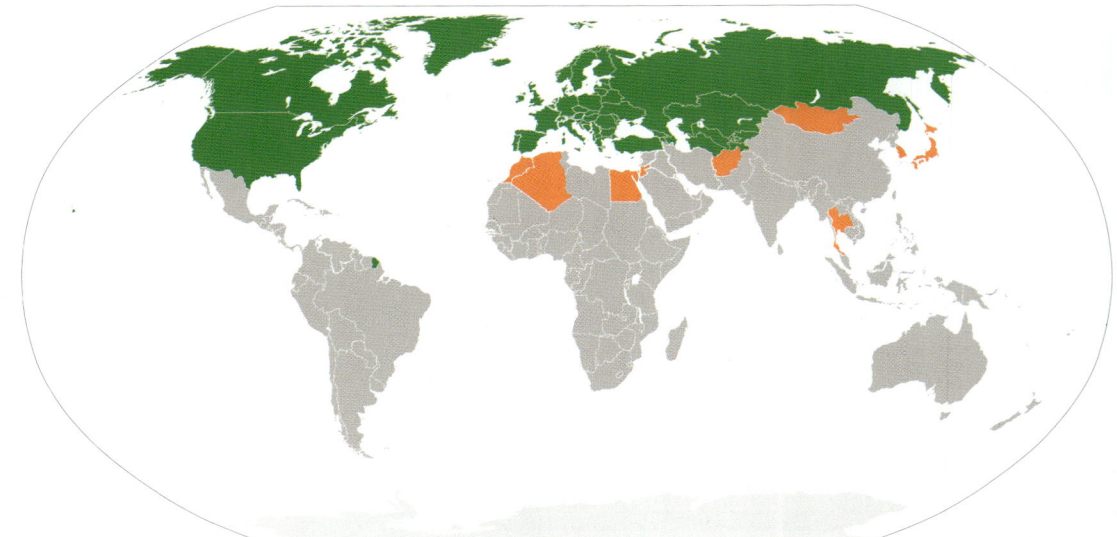

Die OSZE: Mitglieder (grün) und Partner (orange)

Die Friedenssicherungsbemühungen der Europäischen Union

Die globalen Herausforderungen betreffen auch die Europäische Union und hat Konsequenzen für deren Weiterentwicklung. Die EU hat daher mit der „Europäischen Sicherheitsstategie" (ESS) ein Konzept entwickelt, die die wichtigsten Bedrohungen beschreibt.

Schon 2003 wurden der Terrorismus, die Verbreitung von Massenvernichtungswaffen, regionale Konflikte, gescheiterte Staaten sowie die organisierte Kriminalität als Hauptbedrohungen erkannt. Bei der Überarbeitung dieser Strategie wurden 2008 noch die Sicherheit im Internet, die Sicherheit der Energieversorgung als weitere Bedrohungen hinzugefügt. Der Klimawandel wird als ein „Bedrohungsmultiplikator" angesehen. Aus ihm erwachsen verschärft weitere Konflikte.

Die globale Verstrickung der Probleme führt dazu, dass Entscheidungen nicht mehr nur auf die aktuelle Situation bezogen getroffen werden dürfen. Es muss auch der größere Zusammenhang bis hin zu globalen Konsequenzen berücksichtigt werden, der durch die entsprechenden Entscheidungen mit beeinflusst wird. Zum Beispiel wirk sich Agrarpolitik mit etwaiger Abschottung der Märkte gegenüber Drittländern nicht nur in der EU aus, sondern hat auch negative Auswirkungen im Bereich der Entwicklungspolitik und Armutsbekämpfung.

Der Vertrag von Lissabon bietet den Rahmen für eine bessere Koordinierung und gemeinsame Beschlussfassung im Bereich der „Gemeinsamen Sicherheits- und Verteidigungspolitik" (GSVP).

Seit Januar 2013 bildet die EU Streitkräfte im afrikanischen Staat Mali aus. Die Bundeswehr beteiligt sich an dieser Mission.

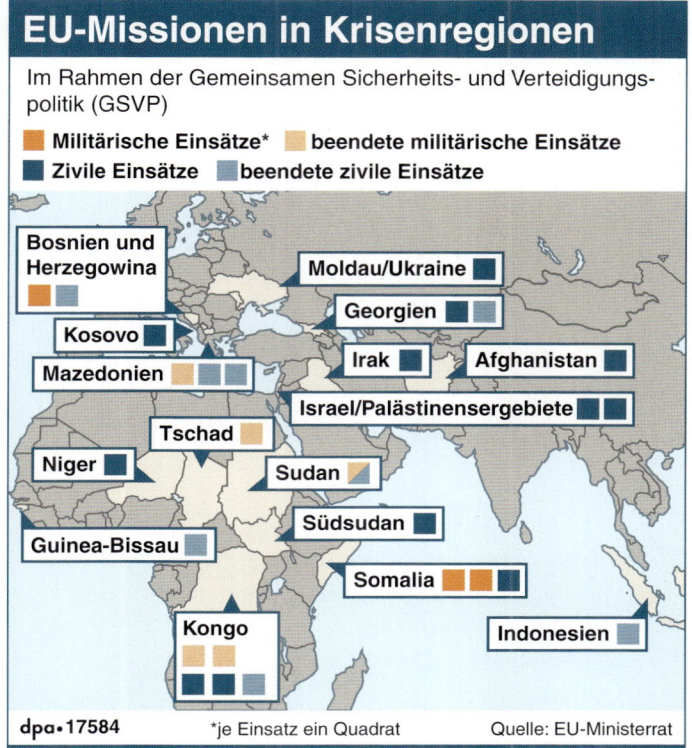

EU-Missionen in Krisenregionen

Im Rahmen der Gemeinsamen Sicherheits- und Verteidigungspolitik (GSVP)

- Militärische Einsätze*
- beendete militärische Einsätze
- Zivile Einsätze
- beendete zivile Einsätze

Bosnien und Herzegowina
Moldau/Ukraine
Georgien
Kosovo
Irak
Afghanistan
Mazedonien
Israel/Palästinensergebiete
Tschad
Niger
Sudan
Guinea-Bissau
Südsudan
Somalia
Kongo
Indonesien

dpa·17584 *je Einsatz ein Quadrat Quelle: EU-Ministerrat

Militärische Möglichkeiten der EU

Die EU verfügt, ebenso wie die NATO, nicht über eigene Soldaten oder gar eine europäische Armee. Stattdessen greift die EU auf die Streitkräfte der Mitgliedsstaaten zurück. Die Beteiligung deutscher Soldaten muss laut Grundgesetz durch einen Beschluss des Bundestages genehmigt werden.

Bereits 1993 wurde das Eurokorps gegründet, ein multinationaler Truppenverband mehrerer EU-Länder. 2003 wurde die EUFOR (Einsatzkräfte der Europäischen Union) mit dem Ziel friedensunterstützender Maßnahmen ins Leben gerufen. In ihr arbeiten Truppen aus EU-Mitgliedsstaaten sowie Nichtmitgliedsstaaten zusammen.

Ergänzend beschloss 2004 der Europäische Rat, schnell verlegbare Gefechtsverbände (EU-Battlegroups) aufzustellen. Diese Kampftruppen haben eine Größenordnung von jeweils 1.500 Soldaten. Sie können von einem Land oder einer Gruppe von Ländern aufgestellt werden. Diese hochflexiblen Einheiten können nach einem einstimmigen Ministerratsbeschluss und auf Grundlage eines UN-Votums innerhalb von zehn Tagen einsatzbereit und nach weiteren fünf Tagen im entsprechenden Zielgebiet sein. Seit 2007 stehen jeweils zwei dieser meist multinationalen Verbände für jeweils sechs Monate einsatzbereit zur Verfügung. Die Battlegroups sollen die Fähigkeit der EU verbessern, nach einer entsprechenden politischen Entscheidung auch schnell militärisch auf Krisen und Konflikte reagieren zu können. Die Einsatzmöglichkeiten der EU-Battlegroups reichen von humanitären und friedenserhaltenden Einsätzen über Evakuierungs- und Stabilisierungsoperationen hin bis zu Kampfeinsätzen zur Friedenssicherung.

© df-brigade

Deutsch-Französische Brigade als Teil der EU-Battlegroups

© dpa

EUFOR-Zeichen am Ärmel eines Bundeswehrsoldaten in der Demokratischen Republik Kongo, 2006

„Wir müssen einer gemeinsamen europäischen Armee näher kommen. Die EU-Kommission wird handlungsfähiger werden, und zwar mit klar geregelten Zuständigkeiten."

Bundeskanzlerin Angela Merkel 2007 zur BILD-Zeitung

Das langfristige Ziel ist der Aufbau einer europäischen Armee unter voller parlamentarischer Kontrolle. … Wir wollen ein starkes europäisches Krisenmanagement. Dies soll andere Sicherheitsstrukturen nicht ersetzen. Mehr Europa richtet sich gegen niemanden. Vor Europa muss sich niemand fürchten, aber auf Europa soll sich jeder verlassen können.

Außenminister Guido Westerwelle 2010 auf der Münchner Sicherheitskonferenz

1. Welche Vorteile und welche Nachteile sehen Sie in der Schaffung von EU-Eingreiftruppen?

2. Sollte die EU eine eigene Armee haben?

3. Welche Meinung hat die Bundesregierung zur Schaffung europäischer Militäreinheiten?

JEMEN
400 km
Golf von Aden
DSCHIBUTI
SOMALIA
ÄTHIOPIEN
Haupeinsatzgebiet der Schiffe im Rahmen der EU-Misson „Atalanta"
Indischer Ozean
KENIA   Mogadischu ●
Kismaayo ●
QUELLE: APA /// GRAFIK: Die Presse /// HR

Piratenjagd am Horn von Afrika

Einsätze der Europäischen Union

Die Europäische Union sorgt im Rahmen ihrer Gemeinsamen Außen- und Sicherheitspolitik schon seit fast zehn Jahren für mehr Stabilität in den Krisengebieten der Welt. Deutschland beteiligt sich seit Beginn an den militärischen Einsätzen der europäischen Union.

Auf dem Balkan sicherte die EU 2003 den Frieden in Mazedonien. Bis heute übernimmt sie militärische Aufgaben zur Umsetzung und Überwachung des Friedensvertrages in Bosnien und Herzegowina. Die Operation EULEX unterstützt das Kosovo mit der Entsendung von Polizisten, Richter oder Zollbeamten aktiv beim Aufbau rechtsstaatlicher Institutionen.

Somalische Piraten

Auch in Afrika ist die Europäische Union mit zahlreichen Militärbeobachtern aktiv. Diese sollen darauf achten, dass bereits bestehende Friedensabkommen eingehalten werden. In der Demokratischen Republik Kongo kamen bereits zwei Mal Europäische Streitkräfte zum Einsatz. Im Tschad sorgte die EU mit fast 4.000 Soldaten für eine deutliche Verbesserung der Sicherheitslage.

Der derzeit größte Einsatz der EU findet unter dem Namen „Atalanta" vor der Küste Somalias statt. Ziel der Mission ist der Schutz von humanitären Hilfslieferungen des Welternährungsprogramms (WFP) nach Somalia, der Schutz der Handelsschiffe und die Bekämpfung der Piraterie am Horn von Afrika. Fünf bis zehn Kriegsschiffe überwachen dabei ein Gebiet, das etwa eineinhalb Mal so groß ist wie Europa. Deutschland beteiligt sich mit dem größten Schiff der Marine, der „Berlin", daran. Selbst Luftangriffe mit Hubschraubern gegen Piratenverstecke an Land sind seit 2012 begrenzt möglich. Bodeneinsätze der Bundeswehr sind jedoch nur im Notfall erlaubt, wenn zum Beispiel bei einem Hubschrauberabsturz die Besatzung gerettet werden muss.

Die „Berlin" im Einsatz vor Somalia

Zusammenfassung

Die NATO ist ein Verteidigungsbündnis, das 1949 gegründet wurde. Seit Ende des Ost-West-Konfliktes sind viele ehemalige Ostblockstaaten der NATO beigetreten. Heute hat die NATO 28 Mitgliedsstaaten. Zudem hat die NATO weltweit Partnerschaften, zum Beispiel mit Russland

Zur Friedenssicherung und Krisenbewältigung kann die NATO auch militärische Operationen außerhalb des NATO-Gebietes zur vorbeugenden Gefahrenabwehr durchführen („Out-of-Area-Einsätze"). Bei Einsätzen in internationalen Konflikten, bei denen kein Verteidigungsfall vorliegt, ist die Teilnahme der Mitgliedsstaaten freiwillig.

Die OSZE versucht auf europäischer Ebene den Frieden zu bewahren und Konflikte zu verhüten. Alle 56 Mitgliedsstatten der OSZE müssen einstimmig entscheiden. Dies erschwert ihre Arbeit.

Auch die Europäische Union hat ein eigenes Sicherheits- und Verteidigungskonzept entwickelt. 2003 wurde die EUFOR (Einsatzkräfte der Europäischen Union) mit dem Ziel friedensunterstützender Maßnahmen ins Leben gerufen. EU-Battlegroups sollen die Fähigkeit der EU verbessern, nach einer entsprechenden politischen Entscheidung auch schnell militärisch auf Krisen und Konflikte reagieren zu können.

Die Europäische Union sorgt somit auch mit militärischen Mitteln für mehr Stabilität in den Krisengebieten der Welt. Deutschland beteiligt sich seit Beginn an den Einsätzen.

Lerngebiet 12

Wissens-Check

Welche Gründe führten zur Gründung der NATO?

Seit wann ist Deutschland Mitglied der NATO?

Gab es bereits Verteidigungsfälle, bei denen das Bündnis in Kraft gesetzt wurde? Wenn ja, welche?

Was versteht man unter „Out-of-Area"-Einsätzen?

Welche Aufgaben übernimmt die OSZE?

Beschreiben Sie das Sicherheits- und Verteidigungskonzept der Europäischen Union.

Welche militärischen Möglichkeiten stehen der EU zur Verfügung?

4 Die neue Rolle der Bundeswehr

Art. 73 GG

(1) Der Bund hat die ausschließliche Gesetzgebung über:
1. die auswärtigen Angelegenheiten sowie die Verteidigung
   einschließlich des Schutzes der
   Zivilbevölkerung; …

Deutschland ist in internationale Bündnissysteme eingebunden. Der militärische Bereich der deutschen Friedenssicherung wird durch die Bundeswehr übernommen. Sie besteht aus dem Heer (Landstreitkräfte), der Marine (Seestreitkräfte) und der Luftwaffe. Im Frieden untersteht sie dem Verteidigungsminister, im Kriegsfall dem Bundeskanzler.

4.1   Entstehung der Bundeswehr

*Das Eiserne Kreuz als Hoheits-
zeichen der Bundeswehr*

© emeraldphoto - Fotolia.com

Bereits seit der Gründung der Bundesrepublik Deutschland 1949 wurde die Frage nach einem eigenem Militär heftig diskutiert. Unter dem Eindruck des Kalten Krieges wurde 1954 mit Zweidrittelmehrheit des Bundestags die Grundlage zur Schaffung der Bundeswehr gelegt. Am 9. Mai 1955, also fast genau 10 Jahre nach dem Zusammenbruch des Dritten Reiches wird die Bundesrepublik Deutschland in das Nordatlantische Verteidigungsbündnis (NATO) aufgenommen. Am 12. November 1955 traten die ersten 101 Soldaten der neuen Bundeswehr ihren Dienst an.

Das 1956 verabschiedete Wehrpflichtgesetz schreibt für alle Männer zwischen dem 18. und 45. Lebensjahr die allgemeine Wehrpflicht vor (Art. 12a GG).

Zum einen konnte nur durch eine allgemeine Wehrpflicht die angestrebte Truppenstärke von einer halben Million aktiver Soldaten (plus 700.000 Reservisten) erreicht werden.

Daneben soll die Armee stärker mit der deutschen Gesellschaft verbunden werden. Die Bundeswehrsoldaten sollen „Staatsbürger in Uniform" sein. Bis 2011 leisteten mehr als acht Millionen Deutsche den Grundwehrdienst ab.

Art. 12a GG

(1) Männer können vom vollendeten achtzehnten Lebensjahr an zum Dienst in den Streitkräften, im Bundesgrenzschutz oder in einem Zivilschutzverband verpflichtet werden.

(2) Wer aus Gewissensgründen den Kriegsdienst mit der Waffe verweigert, kann zu einem Ersatzdienst verpflichtet werden. Die Dauer des Ersatzdienstes darf die Dauer des Wehrdienstes nicht übersteigen. Das Nähere regelt ein Gesetz, das die Freiheit der Gewissensentscheidung nicht beeinträchtigen darf und auch eine Möglichkeit des Ersatzdienstes vorsehen muss, die in keinem Zusammenhang mit den Verbänden der Streitkräfte und des Bundesgrenzschutzes steht.

Seit dem Ende des Kalten Krieges haben sich die Anforderungen an die Bundeswehr völlig verändert. Nicht mehr die Anzahl der Soldaten, sondern die Ausbildung kleinerer Spezialtruppen entscheidet über den Einsatzerfolg.

Daher ist seit Juli 2011 die Wehrpflicht ausgesetzt, bleibt aber im Grundgesetz weiter verankert. So kann die Wehrpflicht im Notfall über ein einfaches Gesetz wiederbelebt werden. Frauen sind seit 2001 auch zum „Dienst mit der Waffe" zugelassen.

Immer mehr NATO-Partnerländer haben die Wehrpflicht zugunsten einer Freiwilligenarmee abgeschafft. Erörtern Sie Vor- und Nachteile dieses Vorgehens.

4.2   Staatsbürger in Uniform

In der Bundesrepublik Deutschland sind die Streitkräfte in die demokratischen Strukturen der Gesellschaft integriert. Sie unterliegen der Kontrolle des Bundestages. Das Grundgesetz der Bundesrepublik Deutschland unterscheidet nicht zwischen Soldaten und zivilen Bürgern. Dies war nicht immer so. In der Weimarer Republik waren die Grundrechte der Soldaten grundsätzlich eingeschränkt, zum Beispiel hatten sie kein Wahlrecht und durften nur mit Erlaubnis des vorgesetzten Offiziers heiraten.

Auch die Art der Truppenführung ist auf dieses Miteinander von Staat, Gesellschaft und Militär ausgelegt. Das Prinzip der Inneren Führung in der Bundeswehr versucht die Funktionsbedingungen einsatzfähiger Streitkräfte mit den Regeln eines demokratischen Rechtsstaates in Einklang zu bringen. Es gilt das **Primat** der Politik: Die zuständigen politischen Institution bestimmen und kontrollieren die Aktivitäten der Bundeswehr. Der Verteidigungsminister und der Bundeskanzler (im Verteidigungsfalle) sind die einzigen Zivilisten, die den Soldaten Befehle erteilen können. Der Verteidigungsfall, also die Tatsache, dass das Bundesgebiet mit Waffengewalt angegriffen wird oder dieser Angriff unmittelbar bevorsteht, muss nach Art. 115a GG vom Bundestag festgestellt werden. Auch der Bundesrat muss zustimmen.

© 2003 Bundeswehr/Eibern

Staatsbürger in Uniform

Primat:

Vorrang

Lerngebiet 12

1. Weshalb kam es nach dem Zweiten Weltkrieg zum NATO-Beitritt und zur Gründung der Bundeswehr?

2. Warum ist es erforderlich, als Staatsbürger in Uniform die freiheitlich demokratische Grundordnung aktiv anzuerkennen?

3. Überlegen Sie, in wieweit sich die Bundeswehr und ihre Grundlagen im Grundgesetz von früheren deutschen Armeen unterscheidet.

Art. 87a GG:

(1) Der Bund stellt Streitkräfte zur Verteidigung auf. …

(4) Zur Abwehr einer drohenden Gefahr für den Bestand … des Bundes oder eines Landes kann die Bundesregierung … Streitkräfte … beim Schutze von zivilen Objekten und bei der Bekämpfung organisierter und militärisch bewaffneter Aufständischer einsetzen. ….

Art. 26 GG:

(1) Handlungen, die geeignet sind und in der Absicht vorgenommen werden, das friedliche Zusammenleben der Völker zu stören, insbesondere die Führung eines Angriffskrieges vorzubereiten, sind verfassungswidrig. Sie sind unter Strafe zu stellen.

© dpa

Bundeswehr im Auslandseinsatz

4.3 Aufgaben der Bundeswehr

Die Aufgabe der Bundeswehr ist laut Grundgesetz die Verteidigung der Bundesrepublik.

Während des Kalten Krieges wurde die Bundeswehr aufgebaut, sich dem drohenden Angriff der Sowjetunion und der restlichen Mitgliedern des Warschauer Paktes entgegenzustellen. Zur Abschreckung und als Reaktion wurde das Konzept der „Flexiblen Erwiderung" (flexible response) entwickelt. Gemeinsam mit den NATO-Verbündeten sollte im Fall eines Angriffs dem Gegner mit der Härte und den Waffengattungen begegnet werden, die der Angreifer selbst gewählt hat. Das führte zu einem „Gleichgewicht des Schreckens": Ende der 80er-Jahre standen sich ca. 100.000 Panzer, 12.000 Kampfflugzeuge und über 10 Millionen Soldaten gegenüber. Dazu kamen über 50.000 nukleare Gefechtsköpfe, die eine vielfache Übertötungskapazität (Overkill) darstellten und im Falle eines Atomkrieges auch zur völligen Vernichtung beider Seiten geführt hätte. Mit dem Ende des Ost-West-Konfliktes hat sich das Aufgabenspektrum der Bundeswehr stark verschoben. Die klassische Verteidigung der Landesgrenzen ist in den Hintergrund getreten. Heute ist das Hauptziel der Bundeswehr die internationale Krisenbewältigung. Die Bundeswehr hat als Instrument einer umfassend angelegten Sicherheits- und Verteidigungspolitik den Auftrag,

▶ Deutschland und seine Bürgerinnen und Bürger im In- und Ausland zu schützen,

▶ die außenpolitische Handlungsfähigkeit der Bundesrepublik zu sichern,

▶ zur Verteidigung der Verbündeten beizutragen,

▶ einen Beitrag zur Friedenssicherung, Stabilität und Partnerschaft im internationalen Rahmen zu leisten und

▶ die multinationale Zusammenarbeit und europäische Integration zu fördern.

Vor diesem Hintergrund sind auch die Aufgaben der Bundeswehr vielseitiger geworden:

▶ Unterstützung aller NATO-Partner im Bündnisfall

▶ Internationale Konfliktvermeidung und Krisenbewältigung

▶ Kampf gegen den internationalen Terrorismus

- Beteiligung an militärischen Einsätzen im Rahmen der Gemeinsamen Sicherheits- und Verteidigungspolitik der EU
- Hilfe bei Naturkatastrophen und schweren Unglücksfällen
- Schutz kritischer Infrastruktur und bei innerem Notstand
- Rettung und Evakuierung im Ausland, z. B. bei Geiselnahmen
- Partnerschaft und Kooperation als Teil einer multinationalen Integration und globalen Sicherheitszusammenarbeit
- Humanitäre Hilfe im Ausland

© Dave Vaughan

1. Auf welche Probleme weist das Bild hin?
2. Beschreiben Sie die Veränderung des Bundeswehrauftrags seit ihrer Gründung.
3. Der frühere Verteidigungsminister Peter Struck sagte am 5. Dezember 2002: „Die Sicherheit der Bundesrepublik wird auch am **Hindukusch** verteidigt." Nehmen Sie Stellung zu dieser Aussage.

Hindukusch:
Gebirge in Afghanistan

4.4 Auslandseinsätze der Bundeswehr

Seit ihrer Gründung im Jahre 1955 haben sich die Einsatzmöglichkeiten der Bundeswehr grundlegend geändert.

Einsätze im Ausland waren anfangs auf humanitäre Aufgaben beschränkt, meist in Form von finanzieller und materieller Hilfe.

Doch bereits unmittelbar nach dem Ende des kalten Krieges und der Wiedervereinigung Deutschlands begann eine heftige Debatte über den Einsatz der Bundeswehr **„out of area"**.

Durch die direkte Beteiligung deutscher Soldaten am UN-Einsatz im Bürgerkrieg in Somalia 1993 wurde das Gebot des Nichteinsatzes in Kampfhandlungen erstmals gebrochen. Weil die Bundes-

Bundeswehrsoldat in Afghanistan

© dpa

Out of area:
Außerhalb des NATO-Verteidigungsgebietes

Lerngebiet 12

© ullstein bild – ddp

Kehrseite der Auslandseinsätze:
Gefallener Bundeswehrsoldat

regierung für diesen Einsatz nicht die Zustimmung des Bundestages eingeholt hatte, klagten die Oppositionsparteien. So kam es zu dem Grundsatzurteil des Bundesverfassungsgerichts von 1994.

> **Auszug aus dem Urteil des Zweiten Senats des Bundesverfassungsgerichts von 1994:**
>
> „Art. 87a GG steht der Anwendung des Art. 24 Abs. 2 GG … für den Einsatz bewaffneter Streitkräfte im Rahmen eines Systems gegenseitiger kollektiver Sicherheit nicht entgegen. …"

Dieses Urteil erlaubt die Teilnahme der Bundeswehr an bewaffneten militärischen Einsätzen auch außerhalb des NATO-Verteidigungsgebietes. Voraussetzung ist, dass der Einsatz unter dem

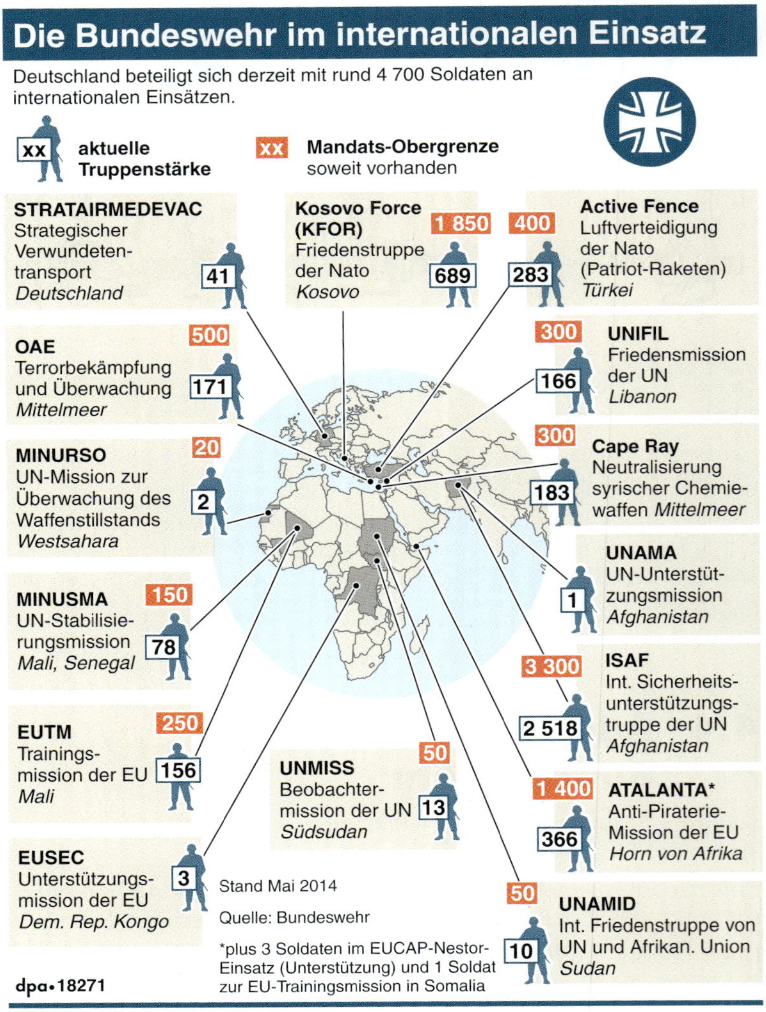

Die Bundeswehr im internationalen Einsatz

Deutschland beteiligt sich derzeit mit rund 4 700 Soldaten an internationalen Einsätzen.

xx aktuelle
     Truppenstärke

xx Mandats-Obergrenze
     soweit vorhanden

STRATAIRMEDEVAC
Strategischer
Verwundeten-
transport
Deutschland
41

Kosovo Force (KFOR)
Friedenstruppe
der Nato
Kosovo
1 850 400
689 283

Active Fence
Luftverteidigung
der Nato
(Patriot-Raketen)
Türkei

OAE
Terrorbekämpfung
und Überwachung
Mittelmeer
500
171

UNIFIL
Friedensmission
der UN
Libanon
300
166

MINURSO
UN-Mission zur
Überwachung des
Waffenstillstands
Westsahara
20
2

Cape Ray
Neutralisierung
syrischer Chemie-
waffen *Mittelmeer*
300
183

MINUSMA
UN-Stabilisie-
rungsmission
Mali, Senegal
150
78

UNAMA
UN-Unterstüt-
zungsmission
Afghanistan
1

EUTM
Trainings-
mission der EU
Mali
250
156

ISAF
Int. Sicherheits-
unterstützungs-
truppe der UN
Afghanistan
3 300
2 518

UNMISS
Beobachter-
mission der UN
Südsudan
50
13

ATALANTA*
Anti-Piraterie-
Mission der EU
Horn von Afrika
1 400
366

EUSEC
Unterstützungs-
mission der EU
Dem. Rep. Kongo
3

Stand Mai 2014

Quelle: Bundeswehr

*plus 3 Soldaten im EUCAP-Nestor-
Einsatz (Unterstützung) und 1 Soldat
zur EU-Trainingsmission in Somalia

UNAMID
Int. Friedenstruppe von
UN und Afrikan. Union
Sudan
50
10

dpa•18271

Auslandseinsätze der Bundeswehr

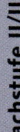

Mandat der UNO oder der NATO steht und der Bundestag – mit einfacher Mehrheit – zustimmt.

Es befinden sich ca. 6.500 (Stand 2013) deutsche Soldaten zur internationalen Krisenbewältigung in den Einsatzgebieten, mehr als die Hälfte davon in Afghanistan. Dort bildet die Bundeswehr die Polizei und die Armee aus. Wie auch in allen anderen Krisengebieten unterstützt sie beim Aufbau von Sicherheitsinstitutionen. Dies ist ein wesentlicher Teil des Nation Building. Die Staaten sollen selber für ihre Sicherheit sorgen können und so eine Ausbreitung des Terrorismus auf ihrem Gebiet selbstständig verhindern. Bis zu diesem Ziel ist es oft ein langer und blutiger Weg.

Tragen Sie Argumente für und gegen Auslandseinsätze der Bundeswehr zusammen.

Zusammenfassung

1955 wurde die Bundeswehr gegründet. Seit Juli 2011 wurde die Wehrpflicht ausgesetzt, bleibt aber im Grundgesetz verankert.

Die zuständigen politischen Institutionen bestimmen und kontrollieren die Aktivitäten der Bundeswehr. Die deutsche Verfassung unterscheidet nicht zwischen zivilen Bürgern und Soldaten, sie sind „Staatsbürger in Uniform".

Das Hauptziel der Bundeswehr ist die Landesverteidigung.

Heute ist ein Ziel der Bundeswehr die internationale Krisenbewältigung.

Ca. 6.500 deutsche Soldaten sind derzeit in Krisengebieten weltweit im Einsatz.

Wissens-Check

Die Soldaten der Bundeswehr sind Staatsbürger in Uniform. Was bedeutet das?

Welche Aufgaben übernimmt die Bundeswehr heute?

Was bedeutet „out-of-area"-Einsatz?

Seit wann kann die Bundeswehr auch außerhalb des NATO-Bündnisgebiets militärisch aktiv werden?

In welchen Staaten ist die Bundeswehr momentan im Auslandseinsatz?

Lerngebiet 12

Karte Saarland

Karte BRD

Karte Europa

Karte Welt

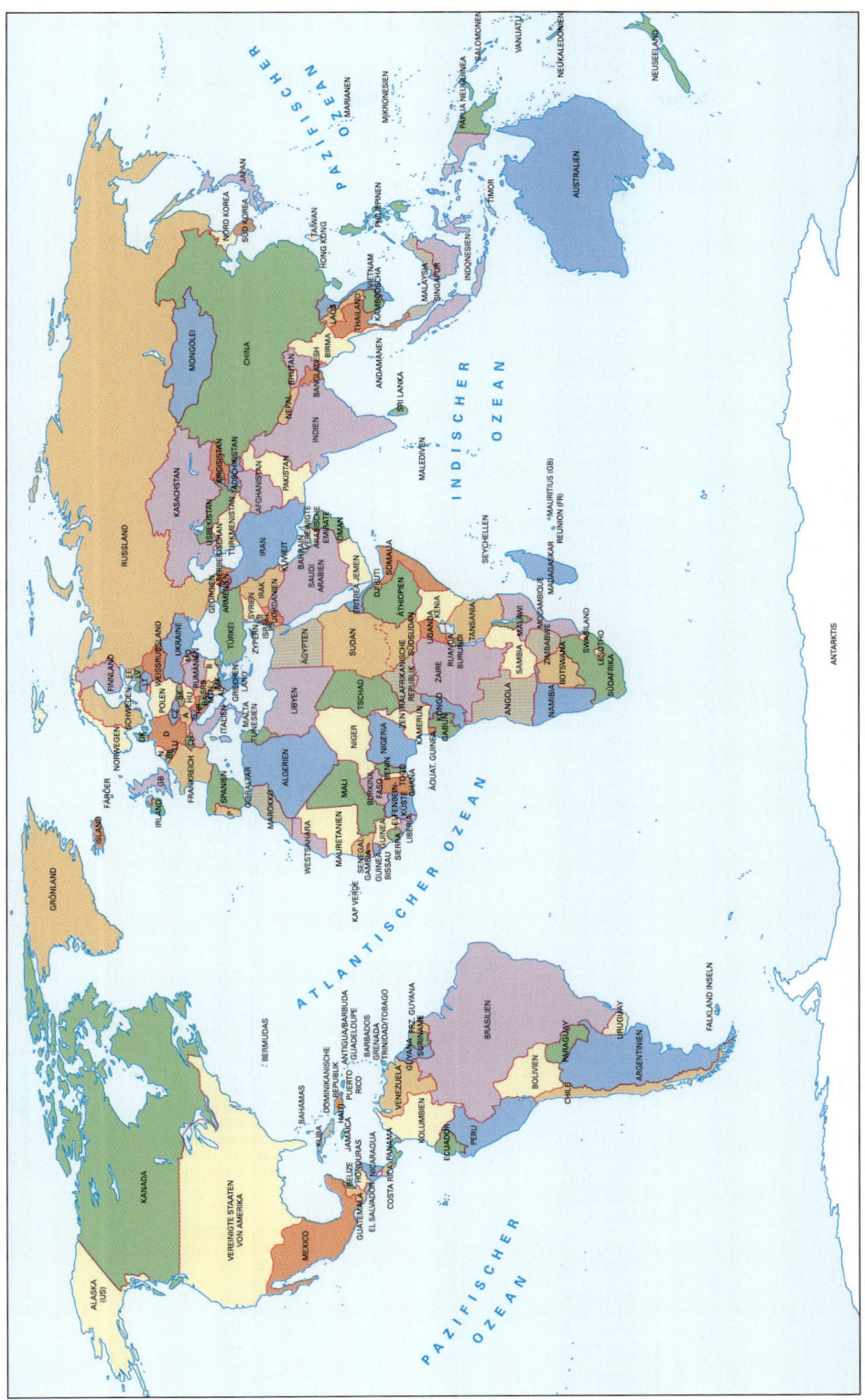